개념과 유형을 한 번에

펀드투자
권유대행인

핵심유형 총정리

펀드투자권유대행인 핵심유형 총정리

초판 1쇄 발행일 2019년 3월 5일
초판 1쇄 인쇄일 2019년 1월 10일
초판인쇄일 2019년 1월 10일

발 행 인 박영일
책임편집 이해욱
편   저 유창호 · 송범용 · 조성

편집진행 김준일 · 이경민
표지디자인 김미숙
본문디자인 이은미

발 행 처 (주)시대고시기획
출판등록 제10-1521호
주   소 서울특별시 마포구 큰우물로 75 [도화동 538 성지 B/D] 9F
전   화 1600-3600
팩   스 02-701-8823
홈페이지 www.sidaegosi.com

I S B N 979-11-254-5371-0(13320)
가   격 24,000원

펀드투자권유대행인 핵심유형 총정리 교재로 수험생 여러분을 만나게 되어 가슴 벅찬 기쁨과 보람을 느낍니다.

2014년 금융자격증 제도 개편으로, 투자상담사(3종) 시험이 현직자만 응시할 수 있는 투자권유자문인력(3종)과 비현직자도 응시할 수 있는 투자권유대행인(2종)의 두 가지 종류로 나뉘어 졌습니다. 이로써 시행된 투자권유대행인 자격시험이 2015년 1회 시험을 시작으로 2019년 4월에 9회 시험을 맞이하고 있습니다.

2013년 공기업의 NCS 채용제도 도입을 필두로 채용시장 전반에 스펙보다는 직무능력을 중시하는 흐름이 강화되면서, 금융자격증 취득에 대한 자세도 양적인 취득보다는 질적인 취득으로 변화되었습니다. 즉, 직무와 연관된 1개의 자격증이 연관성이 없는 5개의 자격증보다 우대받는 시대가 된 것입니다.

다행히 2017년부터 은행권 채용에서 펀드투자대행인 자격을 포함하여 금융자격증 우대조치가 재개되었는데, 이는 금융기관에서 금융자격증이 직무에 도움이 되고 있다는 것을 반증하는 것이라 봅니다. 특히 모든 금융기관에서 펀드를 판매하고 있는 점을 감안한다면, 펀드자문인과 펀드대행인 자격은 그 직무연관성이 매우 높다고 하겠습니다.

따라서 펀드투자권유대행인 시험에 합격하는 것은 모든 금융기관에 범용으로 사용될 수 있는 직무자격증을 취득하는 것이며, 또한 상위 금융자격증에도 도전할 수 있는 기본기를 마련한다는 의미가 있습니다.

본서는 이러한 의미에 부응하기 위해 출간되었습니다.
위밍업! 핵심정리노트 → 본문(핵심문제 + 첨삭식해설 + 보충문제) → 모의고사의 3단계로 구성되어 있으며, 3단계를 통해 중복학습이 가능하도록 하였습니다. 또한 이해를 돕기 위해 시중의 어떤 교재보다도 풍부한 해설을 담았습니다.

특히 1단계 워밍업 핵심정리노트는 사전학습기능 뿐 아니라 최종적으로 시험범위 전체를 체계적으로 정리하는데 도움이 되므로 꼭 활용하시길 바랍니다!

취업하기 힘든 시대입니다. 그럴수록 자격증 취득과 그로 인한 자신감 업그레이드는 취업전선에서 생존할 수 있는 핵심자산이 된다고 봅니다. 동 시험을 필두로 해서 많은 합격의 기쁨을 누리고 강해지는 자신감을 체험하시기를 바랍니다.

아무쪼록 본서로 학습하는 모든 분들이 소기의 목적을 달성하기를 바라고, 이를 바탕으로 더 높은 곳에 도전하시기를 기원합니다. 마지막으로 본서가 나오기까지 물심양면으로 격려를 아끼지 않으신 ㈜시대고시기획 임직원 여러분께 진심으로 감사의 말씀을 드립니다.

편저자 유창호, 송범용, 조성 드림

펀드투자권유대행인 시험안내

시험시간 120분(3과목 : 100문항)

시험구성

구 분	과목명	문항 수		세부과목명	문항 수
		총	과 락		
1과목	펀드투자	35	14	펀드·신탁의 이해	15
				투자관리	10
				펀드평가	10
2과목	투자권유	45	18	펀드 관련 법규	10
				영업실무	10
				직무윤리	10
				투자권유와 투자자분쟁예방	10
				투자권유 사례분석	5
3과목	부동산펀드	20	8	부동산펀드 관련 법규	5
				부동산펀드 영업실무	15
합 계					100

문제형식 객관식 4지선다형

합격기준 응시과목별 정답비율이 40% 이상인 자 중에서, 응시 과목의 전체 정답 비율이 60%(60문항) 이상인 자(과락 기준은 상단의 과목정보 참조)

합격자발표 자격시험 접수센터(http://license.kofia.or.kr) 접속 ⇒ 회원 로그인 ⇒ 시험결과 / 합격발표에서 확인

2019 시험일정

회 차	시험일	접수기간	발표일
9회	4.14(일)	3.18~3.22	4.25(목)
10회	9.1(일)	8.5~8.9	9.11(수)

※ 상기 시험일정은 금융투자협회(www.kofia.or.kr) 사정에 따라 변경될 수 있으므로, 다시 한 번 정확한 일정을 확인하시기 바랍니다.

응시원서 작성 및 접수

1. 응시원서 접수방법 : 인터넷(http://license.kofia.or.kr)에서 작성 및 접수
2. 원서접수 마감시한까지 응시료 결제를 마쳐야만 원서접수가 완료된 것임
3. 방문(오프라인) 접수는 받지 않고, 인터넷(온라인) 접수만 가능함
※ 시험 응시대상 및 기타 자세한 사항은 금융투자협회 홈페이지를 참고하시기 바랍니다.

과 목	세부과목	학습안내
1과목 펀드투자	**펀드 · 신탁의 이해 (15문항)**	펀드대행인 자격시험의 중추가 되는 내용이다. 2과목의 펀드 관련 법규와 40%정도 다루는 분야가 중복되는데, 두 과목을 합치면 전체의 25%가 된다. 비중이 높은 만큼 정성을 들여야 하며, 특히 집합투자기구의 종류(자본시장법상의 5가지, 특수한 형태의 분류 5가지)는 확실하게 이해해야 한다.
	투자관리 (10문항)	자산배분이론을 말하는데 처음 배우는 입장에서는 어려울 수 있다. 하지만 난이도가 어려운 과목이 아니며, 이해를 하고 나면 쉽게 고득점을 할 수 있다. 기본서 분량이 적다는 점에서 전략과목으로 삼아야 한다.
	펀드평가 (10문항)	집합투자기구 평가 프로세스 9단계의 순서와 각 단계의 내용을 체계적으로 이해하는 것이 중요하다. 위험조정성과지표(샤프비율 등)를 어려워 하는데, 본서의 예제와 설명으로 충분히 이해할 수 있다. 역시 기본서 분량이 적다는 점에서 전략과목으로 삼아야 한다.
2과목 투자권유	**펀드 관련 법규 (10문항)**	10문항이 출제되지만 기본서 분량이 매우 많아 어려움이 있는 과목이다. 하지만 1과목 펀드 · 신탁의 이해와 시너지효과를 기대할 수 있으며, 잘 학습해 두면 향후 상급 자격증 시험에 도전할 때 큰 도움이 된다.
	영업실무 (10문항)	분량이 적은 편이나 펀드 입 · 출금 계산, 세제 파트가 까다롭기 때문에 펀드대행인 과정에서 가장 어려운 과목으로 꼽는다. 타 과목에 비해 더 많은 시간을 투입하는 것이 당연하다고 생각하고 학습에 임할 필요가 있다.
	직무윤리 및 투자자분쟁예방 (15문항)	난이도는 평범하지만 기본서 분량이 많다는 점에서 약간의 어려움이 있다. 하지만 대행인 2종, 자문인 3종을 포함하여 금융투자협회의 모든 시험에 동일한 내용으로 반영이 된다. 따라서 처음에 학습을 잘해 둘 필요가 있다.
	투자권유 및 투자권유 사례분석 (10문항)	투자권유준칙의 세부내용을 다루는 투자권유와 개인재무설계로 구성된다. 개인재무설계는 평이한 내용이나, 투자권유파트에서 금융투자상품을 5가지 위험도로 분류하고 투자자유형도 5가지로 분류한 후 서로 매칭시키는 문제는, 암기를 필요로 한다. 암기가 필요한 부분은 반복학습을 권장한다.
3과목 부동산펀드	**부동산펀드 관련 법규 (5문항)**	1과목의 펀드 · 신탁의 이해와 2과목 펀드 관련 법규에서 대부분의 내용이 중복되므로, 순서대로 정독하였다면 무난하게 정리할 수 있다.
	부동산펀드 영업실무 (15문항)	Equity투자와 Debt투자의 비교, REITs의 구조, PF의 특징, 실물형펀드의 4종류, 전통투자 4방식, 수익환원법 등 중요한 내용들이 많다. 기본서 분량에 비해서는 출제문항이 많으므로 고득점을 할 수 있도록 집중학습을 권장한다.

2주 초단기 학습플랜

아래의 학습 캘린더를 따라 매일 2주 동안 학습합니다.
하루에 최소 3시간은 집중하여 학습해야 합니다.

이 책의 구성과 특징

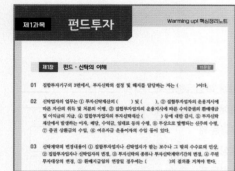

워밍업! 핵심정리노트로 펀드투자권유대행인 미리보기!

워밍업! 핵심정리노트에는 각 과목별 꼭 숙지하여야 할 내용들을 담았습니다. 본격적인 학습 시작 전 과목별 시험을 위한 핵심적인 흐름을 파악할 수 있습니다.

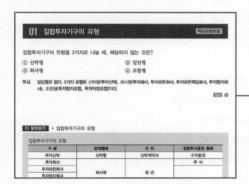

핵심유형문제 → 보충문제 → 실전예상문제를 통한 핵심총정리

시험 출제율 및 주요 출제포인트를 주제별로 정리한 핵심유형문제와 이를 좀 더 세분화한 보충문제로 출제 흐름을 파악하고 실전예상문제로 효율적인 학습을 할 수 있습니다.

또한 혼자서는 정리하기 힘든 이론은 더 알아보기를 통해 자세하고 친절하게 정리하였습니다.

---

07 다음은 집합투자기구의 법적 형태에 따른

번 호	구 분	
①	투자자의 지위	
②	법원(法源)	
③	집합투자증권	
④	가능한 펀드 형태	M&

문제를 꼼꼼히! 2회독 하기

보충문제와 실전예상문제를 풀 때 정답 및 오답을 회독 표시 박스에 OX로 표시합니다. 1회독 때 틀렸던 문제는 2회독 때 한 번 더 풀어 보고 또 틀린 문제는 오답노트를 작성하여 실력을 재점검하고 보완합니다.

---

01 제1회 최종모의고사

1 펀드투자 1~35번

01 투자신탁을 설정한 집합투자업자가 금융위원회의 승인을 받지 않고도 투자신탁을 해지할 수 있는 사유가 아닌 것은?
① 수익자총수가 1인이 되는 경우
② 수익자 전원이 해지에 동의한 경우
③ 수익증권 전부에 대한 환매청구가 발생한 경우
④ 사모집합투자기구 아닌 투자신탁으로서 설정한 후 1년이 되는 날에 원본액이 50억원 미만이거나, 설정하고 1년이 지난 1개월 간 계속하여 투자신탁의 원본액이 50억원 미만인 경우

실제 시험처럼! 모의고사 2회로 총정리하기!

최종모의고사 2회로 출제율이 높은 문제를 섭렵하여 학습을 마무리하고 최종 합격에 한걸음 더 다가가실 수 있습니다.

Contents

워밍업! 핵심정리노트

I wish you the best of luck!

(주)시대고시기획
(주)시대교육

www. **sidaegosi**.com

시험정보 · 자료실 · 이벤트
합격을 위한 최고의 선택

시대에듀

www. **sdedu**.co.kr

자격증 · 공무원 · 취업까지
BEST 온라인 강의 제공

제1장 펀드·신탁의 이해 15문항

01 집합투자기구의 3면에서, 투자신탁의 설정 및 해지를 담당하는 자는 (　　　　)이다.

02 신탁업자의 업무는 ① 투자신탁재산의 (　　　) 및 (　　　), ② 집합투자업자의 운용지시에 따른 자산의 취득 및 처분의 이행, ③ 집합투자업자의 운용지시에 따른 수익증권의 환매대금 및 이익금의 지급, ④ 집합투자업자의 투자신탁재산 (　　　) 등에 대한 감시, ⑤ 투자신탁 재산에서 발생하는 이자, 배당, 수익금, 임대료 등의 수령, ⑥ 무상으로 발행되는 신주의 수령, ⑦ 증권 상환금의 수입, ⑧ 여유자금 운용이자의 수입 등이 있다.

03 신탁계약의 변경내용이 ① 집합투자업자나 신탁업자가 받는 보수나 그 밖의 수수료의 인상, ② 집합투자업자나 신탁업자의 변경, ③ 투자신탁의 종류나 투자신탁계약기간의 변경, ④ 주된 투자대상의 변경, ⑤ 환매지급일의 연장일 경우에는 (　　　　)의 결의를 거쳐야 한다.

04 신탁계약의 변경내용이 수익자총회의 결의를 통과한 경우에는 공시를 하며, 수익자에게는 별도 의 통지를 할 필요가 없다. ○　×

05 수익자가 수익자총회를 소집하기 위해서는 (　　　) 이상의 지분을 소유한 수익자이어야 한다.

06 수익자는 총회에 참석하지 않고는 의결권을 행사할 수 없다. ○　×

07 간주의결권제도는 수익자총회 개최에도 불구하고 의결권을 행사하지 않은 수익자에 대해 총회 의 결의방향대로 의결권을 행사한 것으로 간주하는 것을 말하는데, 동 제도의 오남용을 막기 위해 수익자총회에서 최소 (　　　) 이상의 의결권이 행사되었을 경우에만 적용할 수 있다.

⊕ 정답과 해설

01 **위탁자(또는 집합투자업자)** ▶ 자산운용회사를 말한다.

02 **보관, 관리, 운용지시**

03 **수익자총회** ▶ 비교하여 보수의 지급, 판매업자의 변경은 총회결의사항이 아니다.

04 × ▶ 수익자에게도 통보해야 한다.

05 **5%**

06 × ▶ 행사할 수 있다(서면행사 가능).

07 **1/10** ▶ 간주의결권제도는 중립투표제도(Shadow voting)를 말한다.

08 수익자 전원이 투자신탁의 해지에 동의하면 (임의해지 / 법정해지) 사유가 된다.

09 수익증권 전부에 대한 환매청구가 발생한 경우 (임의해지 / 법정해지) 사유가 된다.

10 사모집합투자기구가 아닌 투자신탁으로서 설정한 후 1년이 되는 날에 원본액이 (　　　) 미만인 경우 또는 1년이 지난 후 1개월간 계속하여 투자신탁원본액이 (　　　) 미만인 경우는, 금융위원회의 사전승인 없이도 투자신탁을 해지할 수 있다.

11 수익자총수가 1인이 되는 경우는 (임의해지 / 법정해지) 사유가 된다.

12 자본시장법상의 집합투자기구 중 회사형에는 (　　　), (　　　), (　　　), (　　　)의 4가지가 있다.

13 법인이사가 1인, 감독이사가 2인 이상이며 일반사무관리회사가 반드시 필요한 회사형 집합투자기구는 (　　　)이다.

14 집합투자재산의 대한 법률적 소유자는 투자신탁은 (　　　), 투자회사는 (　　　)이다.

15 국내 대부분의 집합투자기구는 (투자신탁 / 투자회사)이다. 왜냐하면 (투자신탁 / 투자회사)의 경우 회사형이므로 펀드설립비용, 임원보수 등의 비용이 들기 때문이다.

16 M&A펀드나 등기·등록이 필요한 선박펀드, 타법인의 경영권지배를 목적으로 하는 PEF의 경우, 투자신탁보다는 (　　　)의 형태가 필요하다.

⊕ 정답과 해설

09 임의해지
08 임의해지
10 50억원, 50억원
11 법정해지
12 투자회사, 투자유한회사, 투자합자회사, 투자유한책임회사
13 투자회사
14 신탁업자(또는 수탁자), 집합투자기구
15 투자신탁, 투자회사
16 투자회사 ▸ M&A펀드는 지분의 법률적소유권 문제가 있어 반드시 투자회사로 설립해야 한다.

17 (　　　　　)는 집합투자업자가 무한책임사원이며 다수의 유한책임사원으로 이루어진 상법상의 회사이다.

18 투자합자회사는 투자회사의 감독이사에 해당하는 자가 없으므로, 청산감독인 관련 내용을 제외한 투자회사의 해산, 청산, 합병의 규정을 준용한다. ☐ O ☐ X

19 주식회사처럼 유한책임을 지지만, 이사와 감사를 선임하지 않아도 되는 등 회사의 설립이나 운영 등에서 사적 영역을 인정하는 회사형 집합투자기구는 (　　　　　)이다.

20 (투자합자조합 / 투자익명조합)은 영업자 1인과 그 조합원 1인이 기명날인 또는 서명함으로써 설립하며, 영업자 1인이 조합재산의 운용을 담당한다.

21 자본시장법상의 집합투자기구 분류는 증권집합투자기구, 부동산집합투자기구, 특별자산집합투자기구, (　　　　), (　　　　)의 5가지로 분류된다.

22 (　　　　　)는 집합투자재산의 50%를 초과하여 증권에 투자하는 집합투자기구로써, 부동산집합투자기구나 특별자산집합투자기구가 아닌 집합투자기구를 말한다.

23 부동산투자목적회사가 발행한 지분증권에 집합투자재산의 50%를 초과하여 투자하는 펀드는 (증권 / 부동산)집합투자기구이다.

24 부동산 등이 신탁재산의 50% 이상을 차지할 경우, 해당 신탁을 50%를 초과해서 편입한 집합투자기구는 (　　　　)집합투자기구가 된다.

⊕ 정답과 해설

17 투자합자회사
18 O
19 투자유한책임회사
20 투자익명조합
21 혼합자산집합투자기구, 단기금융집합투자기구(MMF)
22 증권집합투자기구
23 부동산
24 부동산 ▶ 신탁재산, 집합투자재산, 유동화자산과 관련해서는 50% 이상~50% 초과의 패턴을 보임에 주목한다.

25 부동산 관련 자산을 기초자산으로 하는 자산유동화증권의 유동화자산의 가액이 (   ) 이상 인 유동화증권에, 집합투자재산의 50%를 초과하여 투자하는 펀드는 부동산집합투자기구이다.

26 사회기반시설사업의 시행을 목적으로 하는 법인이 발행한 증권에 집합투자재산의 50%를 초과 하여 투자하는 펀드는 (증권 / 부동산 / 특별자산)집합투자기구이다.

27 특별자산집합투자기구의 특별자산이란 (   )과 (   )을 제외한 투자대상자산을 말 한다.

28 자본시장법상의 5가지 펀드유형 중에서 '운용대상이 사전에 특정되지 않기 때문에 보다 많은 투자기회를 찾고 그만큼 수익을 향유할 수 있다는 장점이 있으나, 반면 그로 인한 투자손실 가능성도 높다'고 할 수 있는 것은 (   )이다.

29 MMF에 대해서는 타 집합투자기구보다 더 (강화된 / 완화된) 운용제한 규정을 적용한다.

30 MMF는 잔존만기 (   ) 이내의 양도성 예금증서, 잔존만기 (   ) 이내의 국채, 잔존만기 (   ) 이내의 지방채, 특수채, 기업어음에 투자할 수 있다.

31 MMF는 다른 MMF에 투자할 수 있고, 금융기관이나 체신관서에 예치가 가능하며, 전자단기사 채에 투자할 수 있고, 단기대출이 가능하다. ☐ ○ ☐ × ☐

32 MMF는 증권의 차입이나 대여를 할 수 없으며, 남은 만기가 1년 이상인 국채에는 (   ) 이내에 서 운용해야 하며, 환매조건부매도는 펀드가 보유하는 증권총액의 (   ) 이내이어야 하며, 펀드재산의 (   ) 이상을 채무증권에 투자해야 한다.

⊕ 정답과 해설

25 **70%** ▶ 부동산전문 유동화증권은 부동산 관련 자산이 70% 이상이어야 한다.

26 **특별자산**

27 **증권, 부동산**

28 **혼합자산집합투자기구**

29 **강화된** ▶ 안전하게 운용해야 하므로 더 강화된 운용제한을 적용한다.

30 **6개월, 5년, 1년** ▶ 단, 잔존만기 1년 이상인 국채에는 자산총액의 5% 이내에서 운용해야 한다.

31 **○**

32 **5%, 5%, 40%**

33 MMF는 ① 현금, ② 국채, ③ 통안증권, ④ 잔존만기가 (　　　) 내의 CD, 지방채, 특수채, 사채권, 기업어음, 전자단기사채, ⑤ 환매조건부 매수, ⑥ 단기대출, ⑦ 수시입출금이 가능한 금융기관 예치의 각 호에 펀드재산의 (　　) 이상을 투자해야 한다.

34 MMF는 ① 현금, 국채, 통안증권, ② 잔존만기가 (　　　) 내의 CD, 지방채, 특수채, 사채권, 기업어음, 전자단기사채, ③ 환매조건부 매수, 단기대출, 수시입출금이 가능한 금융기관 예치의 각 호에 펀드재산의 (　　) 이상을 투자해야 한다.

35 판매회사는 고유자금으로 MMF판매규모의 (　　　)와 (　　　) 중 큰 금액 내에서, 개인투자자의 환매청구에 응할 수 있다.

36 환매금지형집합투자기구는 존속기간을 정한 집합투자기구에서만 가능하며, 환매금지형으로 설정할 경우 집합투자증권을 최초발행한 날로부터 (　　　) 이내에 증권시장에 상장해야 한다.

37 시장성 없는 자산에 펀드자산의 (　　　)를 초과해서 투자할 경우 환매연기를 할 수 있지만, 시장성 없는 자산에 펀드자산의 (　　　)를 초과해서 투자할 경우는 환매금지형 집합투자기구로 설정·설립해야 한다.

38 종류형 집합투자기구는 특정 종류의 투자자에 대해서만 이해관계가 있는 때에는 그 종류의 투자자만으로 총회를 개최할 수 있으며, 이미 만들어진 비종류형집합투자기구도 종류형 집합투자기구로 전환할 수 있다. 　　　　　　　　　　　　　　　　　　　　　　　　　 ○ ✕

39 다양한 자산과 투자전략을 가진 투자기구를 묶어 하나의 투자기구세트를 만들고 투자자는 그 세트 내에 속하는 다양한 투자기구 간에 교체투자를 할 수 있는 것은 (　　　　　)이다.

⊕ **정답과 해설**

33	1영업일
34	7영업일
35	5%, 100억원
36	90일
37	10%, 20%
38	○
39	전환형집합투자기구

40 모자형집합투자기구와 재간접집합투자기구(FOFs)의 차이는 (   )는 운용의 효율성을 위해 도입된 것이나 (   )는 운용능력의 아웃소싱을 위한 것이라는 것이다.

41 (   )집합투자기구에서는 펀드 간 이동을 하여도 포트폴리오의 변경은 없으나, (   )집합투자기구의 경우 펀드 간 전환을 하면 포트폴리오가 변한다는 차이점이 있다.

42 특수한 형태의 집합투자기구 중에서 운용의 효율성을 위한 집합투자기구는 (   )집합투자기구와 (   )집합투자기구가 있다.

43 ETF는 (상장형 / 비상장형)이며, (인덱스형 / 개별주식형)이며, (추가형 / 단위형)이며, (개방형 / 폐쇄형)이며, ETF는 일반펀드와는 달리 증권실물로 설정을 할 수 (있다 / 없다).

44 ETF에는 두 가지 시장이 있는데 (   )에서는 지정참가회사(AP)를 통해 ETF의 설정과 해지 또는 환매가 이루어지며, (   )에서는 일반투자자와 지정참가회사와 ETF수익증권의 매매를 한다.

45 ETF는 그 특성상 이해관계인인 대주주와 거래할 수 (있다 / 없다).

46 ETF는 Shadow Voting으로 의결권을 행사하는 것이 원칙이다.　　　　　　　ㅇ　ㅣ　ㄨ

47 ETF는 자산운용보고서를 제공하지 않아도 된다.　　　　　　　　　　　　　ㅇ　ㅣ　ㄨ

48 ETF는 동일종목에 자산총액의 (   )까지 투자할 수 있다.

⊕ 정답과 해설

40　모자형집합투자기구, 재간접집합투자기구
41　종류형, 전환형
42　종류형, 모자형
43　상장형, 인덱스형, 추가형, 개방형, 있다. ▸ETF는 그 특수성으로 금전납입원칙의 예외가 적용된다(납입한 금전으로 증권을 매입해야 하므로 증권납입을 허용함).
44　발행시장, 유통시장 ▸ETF를 개방형이라고 하는 것은 기관투자가는 발행시장에서 매입하고 환매하기 때문이다.
45　있다.
46　ㅇ ▸단, 집합투자재산의 손실이 명백하게 예상되는 사안이 있는 경우는 적극적으로 의결권을 행사할 수 있다.
47　ㅇ ▸ETF운용은 지수를 구성하고 보유하는 것이므로 별도의 자산운용보고서를 제공하지 않아도 된다.
48　30% ▸동일법인 지분증권에 대해서는 20%까지 투자할 수 있다.

49 ETF를 폐지하는 경우에는 상장폐지일로부터 (   ) 이내에 펀드를 해지해야 하며, 해지일로부터 (   ) 이내로 금융위에 보고해야 한다.

50 전문투자형 사모집합투자기구는 금전차입의 제한이 (있으며 / 없으며), 자산운용보고서를 작성 및 제공할 필요가 (있으며 / 없으며), 기준가격의 산정, 공고, 게시의무가 (있으며 / 없으며), 외부회계감사를 받을 의무가 (있으며 / 없으며), 환매금지형의 상장의무가 (있다 / 없다).

51 장외파생상품펀드는 기간에 따라 수익구조가 달라질 수 있으므로 (추가형 / 단위형)으로 설정 하는 것이 일반적이다.

52 장외파생상품펀드는 공모형의 경우 (개방형 / 폐쇄형)으로 설정하는 것이 일반적이다.

53 공모펀드를 폐쇄형으로 설정할 경우 상장의무(90일 내 상장)를 부과하는 것은 유동성측면을 고려한 것이다.

O	X

54 증권형펀드 중에서 주식비중이 펀드재산의 50% 미만인 펀드를 (   )펀드라 하고, 주식비 중이 50% 이상 60% 미만인 펀드를 (   )펀드라 한다.

55 시장위험은 (주식 / 채권)이 더 높고, 유동성위험은 (주식 / 채권)이 더 높은 것이 일반적이다.

56 향후 국내 경기가 차츰 회복되고 주식시장이 안정될 때 미래성장성을 바탕으로 투자하는 펀드 는 (성장주펀드 / 가치주펀드)이다.

⊕ **정답과 해설**

49 **10일, 7일** ▶ ETF는 설정 후 30일 내로 상장하고, 상장폐지일로부터 10일 내로 펀드를 해지한다.
50 **없으며, 없으며, 없으며, 없으며, 없다.**
51 **단위형**
52 **개방형** ▶ 성격상으로는 폐쇄형이 적합하나, 폐쇄형의 경우 상장부담이 있으며 또한 마케팅의 용이성을 감안하여 개방형으로 설정한다.
53 **O** ▶ 부동산펀드의 경우 환매청구 시 부동산을 분할하여 매도할 수 없으므로 그 수익증권을 상장한다(환매금지 형은 설정일로부터 90일 내로 상장).
54 **채권혼합형, 주식혼합형** ▶ [참고] 주식형펀드는 주식비중이 60% 이상, 채권형펀드는 채권비중이 60% 이상이다.
55 **주식, 채권** ▶ 주식의 가격변동성이 채권보다 크고, 유동성은 주식이 채권보다 풍부하다.
56 **성장주펀드** ▶ 하락 시에는 주가변동성이 가치주펀드보다 크다는 단점이 있다.

57 기업의 내재가치에 비해서 저평가되어 있는 기업을 골라서 투자하는 펀드는 (성장주펀드 / 가치주펀드)이다.

58 (성장주 / 가치주)는 현재가치에 비해 미래의 수익이 클 것으로 기대되지만, (성장주 / 가치주)는 성장은 더디지만 현재가치에 비해 저평가된 주식을 말한다.

59 운용시작 후 예상한 배당수익률 이상으로 주가가 상승하면 주식을 팔아 시세차익을 얻고, 반대로 주가가 오르지 않으면 배당시점까지 주식을 보유해서 예상배당금을 획득하는 펀드를 (성장주펀드 / 가치주펀드 / 배당주펀드)라고 한다.

60 (   )는 주식과 채권의 효율적배분을 통해 주식의 성장성과 채권의 안정성을 동시에 추가하는 펀드이다.

61 파생형펀드에서 장외파생상품에 투자할 경우 증권형과 달리 거래상대방 위험이 추가된다.

$\boxed{\bigcirc} \boxed{\times}$

62 대부분의 펀드는 (상장형 / 비상장형)이다.

63 수익증권을 상장하는 상장형 펀드에는 설정·설립 후 (   ) 내로 상장하는 환매금지형과 설정 후 (   ) 내로 상장하는 ETF의 두 가지 형태가 있다.

64 판매회사의 보유현금으로 자금을 납입하여 펀드를 설정한 후 설정된 펀드의 수익증권을 보유하고 있던 판매회사가 고객의 수익증권 매입청구에 대응하여 보유 중인 수익증권을 고객에게 매각하는 펀드를 (모집식 / 매출식)펀드라고 한다.

⊕ 정답과 해설

57 가치주펀드 ▶ 성장주펀드에 비해 주가변동폭이 작다.
58 성장주, 가치주 ▶ 강세장에서는 성장주, 약세장에서는 가치주를 선호하는 것이 일반적이다.
59 배당주펀드
60 혼합형펀드
61 ○ ▶ 장외파생상품에 투자할 경우 거래상대방의 결제불이행 위험(신용위험)에 노출된다.
62 비상장형 ▶ 대부분의 펀드는 개방형이며, 개방형은 비상장형이다.
63 90일, 30일
64 매출식 ▶ 현재 대부분은 모집식으로 하고 있다(매출식은 판매사의 자금부담이 크기 때문).

65 Cost Averaging 효과는 (거치식 / 적립식)펀드에서 얻을 수 있는 효과이다.

66 해외투자펀드는 투자 지역을 기준으로 글로벌투자펀드(Global fund), 지역투자펀드(Regional fund), 개별 국가투자펀드(Single country fund)로 구분된다. 이 중에서 기대수익과 위험이 가장 높은 펀드는 (   )이다.

67 대부분의 글로벌투자펀드는 투자지역을 선진국 위주로 한다. ☐ O ☐ X

68 해외투자펀드는 환위험에 노출되며 환헤지를 하게 되면 환위험을 완전하게 제거할 수 있다.
 ☐ O ☐ X

69 (   )운용전략은 Top-down Approach와 Bottom-up Approach의 두 가지로 나눌 수 있다.

70 주식 운용에 있어 자산 간·섹터 간 투자의사 결정을 함에 있어 거시경제 및 금융변수에 대한 예측을 하지 않고 투자대상종목의 저평가 여부만을 투자의 기준으로 판단하는 것은 (Top-down approach / Bottom-up approach)에 해당된다.

71 '인덱스형, 포트폴리오보험형, 차익거래형, 롱숏형, 시스템트레이딩형'은 (패시브 / 액티브)운용전략에 속한다.

72 인덱스펀드는 인덱스의 수익률을 목표로 하지만 현실적으로 '인덱스+α'를 운용목표로 하는 것이 일반적인데, 이는 마케팅에 도움이 되기 때문이다. ☐ O ☐ X

⊕ **정답과 해설**

65 적립식

66 개별 국가투자펀드

67 O ▸ 선진국이 이머징마켓이나 프런티어마켓보다 수익률은 낮지만 투자제한이 없고 안정적인 수익을 추구할 수 있기 때문이다.

68 X ▸ 환헤지는 환율변동 위험을 완전하게 제거하는 것이 아니라, 현재시점의 환율을 계약기간 종료시점의 환율로 고정시키는 것이다.

69 액티브(active)

70 Bottom-up approach ▸ 실제는 두 가지 운용전략을 혼용한다.

71 패시브

72 O ▸ 이때 +α를 추구하는 방법은 액티브와 달리 위험이 낮은 차익거래 등을 활용한다.

73 'KOSPI, KOSPI200, KRX, STAR, S&P500, Dow, Nasdaq' 중에서 국내 주식시장의 인덱스가 아닌 것은 (   ), (   ), (   )가 있다.

74 인덱스를 구성하는 방법은 완전복제법과 샘플링법이 있는데, 현실적으로 (   )이 많이 활용된다.

75 '저렴한 비용, 투명한 운용, 시장 수익률의 힘'은 (   )펀드의 특징이다.

76 인덱스펀드의 수익률은 추적대상지수의 수익률보다 항상 (낮을 / 높을) 수 밖에 없는데 그 이유는 아래의 4가지이며 만일 완전복제법으로 지수를 구성한다면, 아래 4가지 중 (   )으로 인한 오차는 제거할 수 있다. ① 인덱스펀드에 부과되는 보수 등의 비용, ② 인덱스펀드의 포트폴리오를 구축하기 위한 거래비용, ③ 인덱스펀드의 포트폴리오와 추적대상지수 포트폴리오의 차이, ④ 포트폴리오 구축 시 적용되는 가격과 실제 매매가격과의 차이

77 인덱스펀드가 추적하는 지수를 완전복제하였다고 해도 거래비용이나 운용보수, 신탁보수 등이 존재하기 때문에 (   )는 완전히 제거되지 않는다.

78 추적오차를 최소화하기 위해 고안된 펀드는 ETF이다. | ○ | × |

79 추적대상지수 수익률을 초과하는 수익률을 목표로 하는 인덱스펀드를 (   )라고 한다.

80 인핸스드 인덱스펀드의 추적오차는 정통 인덱스펀드의 추적오차보다 (크다 / 작다).

⊕ 정답과 해설

73 S&P500, Dow, Nasdaq ▸ [참고] STAR지수는 국내 코스닥의 선물지수를 말한다.

74 샘플링법(Sampling) ▸ 완전복제법은 비용과 시간의 부담이 있기 때문이다.

75 인덱스

76 낮을, ③ ▸ 인덱스펀드와 추적대상지수의 수익률의 차이를 추적오차(tracking error)라고 하는데, 완전복제법을 사용할 경우 추적오차 요인 중 ③을 제거할 수는 있지만 추적오차 전체는 제거할 수 없다.

77 추적오차

78 ○ ▸ ETF는 차익거래를 통해 주가와 펀드 순자산가치의 차이를 근소한 범위 내로 유지한다(따라서 추적오차가 가장 작은 펀드라고 할 수 있음).

79 인핸스드 인덱스펀드 ▸ 강화된(Enhanced) 인덱스펀드라는 뜻이다.

80 크다 ▸ 정통 인덱스보다는 크고 액티브펀드에 비해서는 훨씬 작다.

81 알파추구전략이나 차익거래전략을 통하여 '인덱스수익률+알파'의 수익률을 추구하는 펀드를 (   )라고 하며, KOSPI200을 추종하는 인덱스펀드는 대부분 여기에 해당된다.

82 인핸스드 인덱스펀드 중 (   )은 기본적으로 인덱스펀드의 포트폴리오 중 일부를 변경해서 인덱스펀드보다 높은 수익률을 얻겠다는 전략이다.

83 부동산펀드의 투자대상으로서의 '부동산에 투자한다'의 의미에 해당하지 않는 것은 (취득 및 처분 / 관리 및 개량 / 임대 / 개발 / 개발사업자에 대한 대출 / 매매중개)이다.

84 부동산개발과 관련된 법인에게 대출을 하는 투자행위는 부동산 관련 펀드로 (인정된다 / 인정되지 않는다).

85 취득이나 처분대상으로써 '부동산 등'에는 부동산 권리도 포함이 되는데, 그 부동산 권리에는 '(   ), 지역권, 전세권, 임차권, 분양권'이 해당된다.

86 부동산투자목적회사란, 해당회사와 그 종속회사가 소유하고 있는 자산을 합한 금액 중 부동산 또는 부동산 관련 자산(부동산 권리)을 합한 금액이 100분의 (   ) 이상인 회사를 말한다.

87 부동산펀드에서 취득한 부동산 중 국내부동산은 취득 후 1년 이내에 처분할 수 없는데, 이는 공모펀드와 사모펀드를 불문하고 적용된다. ☐ O ☐ X

88 부동산펀드에서 토지를 취득한 후 그 토지에 대하여 부동산 개발사업을 시행하기 전에 해당 토지를 처분하는 행위를 할 수 없다. 다만, 해당펀드가 합병되거나 관련법령의 개정 등으로 인해 사업성이 (   ) 떨어진 경우에는 예외가 적용된다.

⊕ 정답과 해설

81 **인핸스드 인덱스펀드** ▸ KOSPI200을 추종하는 펀드는 차익거래를 할 수 있고, 차익거래를 통해 인덱스펀드보다 높은 수익률을 창출할 수 있다는 의미에서, 인핸스드 인덱스펀드라고 본다.

82 **알파 추구 전략**

83 **매매중개**

84 **인정된다.** ▸ 대출형부동산펀드(PF형 펀드)를 말한다(부동산개발과 관련된 법인 = 시행법인).

85 **지상권** ▸ 비교하여 저당권은 해당되지 않는다.

86 **90** ▸ 전체 자산 중 부동산 비중이 90% 이상을 말한다.

87 **O** ▸ 외국부동산의 처분제한 기간은 집합투자규약에서 정하는 바에 따른다.

88 **현저하게 또는 명백하게**

89 부동산펀드를 크게 5가지로 분류한다면 '(   ), (   ), 권리형, 증권형, 파생상품형' 으로 분류할 수 있다.

90 실물형부동산펀드의 종류에는 (   ), (   ), (   ), (   ), (   ) 부동산펀드가 있다.

91 Buy & Lease형이라고 할 수 있는 것은 (   )부동산펀드이며, 자본적 지출을 하는 펀드는 (   )부동산펀드이며, 부동산물건을 저가매수하는 것이 주목적인 것은 (   )부동산펀 드이며, 가장 높은 기대수익률과 위험을 안고 있는 것은 (   )부동산펀드이다.

92 실물형부동산펀드 중에서 임대수익(Income Gain)을 전혀 얻을 수 없는 펀드는 (   )부동 산펀드이다.

93 일반적으로 PF형부동산펀드라고 하며, 우리나라에서 가장 먼저 개발된 부동산펀드는 (   )부동산펀드이다.

94 권리형부동산펀드의 투자대상 권리로 인정되지 않는 것은 (지상권 / 지역권 / 전세권 / 임차권 / 분양권 / 저당권 / 부동산을 담보로 한 금전채권)이다.

95 부동산투자회사(REITs)가 발행한 주식에 펀드재산의 50%를 초과해서 투자하는 펀드는 (증권 집합투자기구 / 부동산집합투자기구)이다.

96 특별자산집합투자기구의 투자대상이 될 수 없는 것은 (일반상품 / 선박·항공기 / 미술품 / 사회기반시설사업의 시행을 목적으로 하는 법인의 발행증권 / 부동산을 담보로 한 금전채권) 이다.

⊕ **정답과 해설**

89 실물형, 대출형
90 매매형, 임대형, 개량형, 경공매형, 개발형
91 임대형, 개량형, 경공매형, 개발형
92 매매형
93 대출형
94 저당권
95 **부동산집합투자기구** ▶ 증권형부동산펀드의 대상이 되는 부동산 관련 회사 3가지 : ① 부동산투자회사, ② 부동산 개발회사, ③ 부동산투자목적회사
96 부동산을 담보로 한 금전채권

97 선박투자회사법에 따른 선박투자회사가 발행한 주식에 펀드재산의 50%를 초과해서 투자하는 펀드는 (증권집합투자기구 / 특별자산집합투자기구)이다.

98 공모특별자산펀드임에도 불구하고 '사회기반시설에 대한 민간투자법'에 따른 사회기반시설사업의 시행을 목적으로 하는 법인이 발행한 주식과 채권에는 각 펀드 자산총액의 100분의 (   )까지 투자할 수 있다.

99 (특별자산집합투자기구 / 부동산집합투자기구)를 금융위에 등록하는 경우에는 등록신청서에 추가하여 특별자산의 평가 방법을 기재한 서류를 별도로 첨부해야 한다.

100 (   )이란 '위탁자와 수탁자 간의 신임관계에 기하여 위탁자가 수탁자에게 특정의 재산을 이전하고 수탁자로 수익자의 이익을 위하여 특정의 재산을 관리, 처분, 운용하는 행위를 하게 하는 법률관계'를 말한다.

101 신탁(信託)은 신탁계약이나 유언 또는 신탁선언에 의해 설정되는데, 대부분의 신탁계약은 (   )와 (   ) 간의 신탁계약에 의해 설정된다.

102 신탁이 설정되면 신탁재산은 법률적으로는 수탁자의 재산이 되나 실질적으로는 수익자의 재산이 된다. 즉, 신탁재산은 위탁자나 수탁자의 고유재산으로부터 독립된 재산이 되는데 이를 신탁재산의 (독립성 / 혼동)이라 한다.

103 신탁재산 독립성에 따라 신탁재산에 대해 강제집행, 상계가 금지되며, (수탁자 / 수익자)의 상속인이 상속할 수 없으며 (수탁자 / 수익자)의 파산재단에 포함되지 않는다.

⊕ 정답과 해설

97 특별자산집합투자기구

98 100 ▶ 사회기반시설에 투자할 경우 그 공익성도 있음을 감안하여 공모형펀드의 분산투자규정인 10% 한도제한을 예외로 인정하고 있다(100% 투자가능).

99 특별자산집합투자기구 ▶ 특별자산은 그 자산의 다양한 특수성이 있으므로 별도의 평가 방법이 있어야 함을 말한다.

100 신탁(信託) ▶ 신탁법 제2조(신탁의 정의)이다.

101 위탁자, 수탁자 ▶ 신탁이나 집합투자는 3면관계인데 3면관계의 주요 당사자는 위탁자와 수탁자이다.

102 독립성

103 수탁자, 수탁자 ▶ 반면 수익자의 상속인은 상속할 수 있다.

104 신탁의 기본 원칙 3가지는 ① 수탁자의 선관의무 및 충실의무, ② 신탁재산의 분별관리의무, ③ (   )이다.

105 신탁은 실적배당상품이므로 원금이 보전되는 신탁은 없다. ☐ ○ ☐ ✕

106 신탁과 (   )는 간접투자상품이라는 점에서는 동일하지만, 투자자 별로 구분하여 운용하는가의 차이가 있다.

107 신탁과 (   )는 투자재산을 분별관리한다는 점에서는 동일하지만, 신탁재산은 법적인 소유권을 완전히 이전한다는 점에서 차이가 있다.

108 신탁재산을 돈으로 맡기면 (   ), 재산으로 맡기면 (   )이다.

109 금전신탁에는 (   ), (   )이 있으며, 재산신탁에는 증권신탁, 금전채권신탁, 동산신탁, 부동산신탁, 무체재산권신탁이 있다.

110 2015년 6월 말 기준 전체 신탁상품잔액은 총 586.7조원인데, 이 중에서 가장 큰 규모의 신탁은 (특정금전신탁 / 부동산신탁)이다.

111 위탁자인 고객이 신탁재산의 운용방법을 수탁자인 수탁회사에게 지시하고, 신탁회사는 위탁자의 운용지시에 따라 신탁재산을 운용한 후 실적 배당하는 단독운용상품을 (특정금전신탁 / 불특정금전신탁)이라 한다.

⊕ 정답과 해설

104 실적배당의 원칙
105 ✕ ▸ 연금신탁은 그 특수성으로 납입원금을 보장한다.
106 집합투자 ▸ 신탁은 투자자별로 구분하여 운용하는 것이 원칙이다.
107 랩어카운트 ▸ 랩어카운트는 위탁재산에 대해 법적소유권의 이전 없이 대리인의 자격으로 운용을 한다.
108 금전신탁, 재산신탁
109 특정금전신탁, 불특정금전신탁 ▸ 불특정금전신탁은 합동운용상품이므로 운용하지 않는 것이 원칙이나 연금신탁에 한해 예외가 인정된다.
110 특정금전신탁 ▸ 특정금전신탁(305.8조), 부동산신탁(158조), 금전채권신탁(102조)의 순이다.
111 특정금전신탁 ▸ 금전신탁의 대부분은 특정금전신탁이다(연금신탁은 불특정금전신탁).

112 특정금전신탁에서 위탁자 본인이 수익자가 되지 않고 제3자를 수익자로 지정하는 경우에는 증여세가 과세된다. ☐ O ☐ ✕

113 특정금전신탁은 신탁자산의 운용방법을 위탁자가 지정하는 대로 운용하는 것이므로, 신탁회사에 투자판단의 전부 또는 일부를 위탁할 수 없다. ☐ O ☐ ✕

114 특정금전신탁은 신탁재산의 운용대상을 제한하지 않으므로 어떠한 투자대상자산도 운용할 수 있다. ☐ O ☐ ✕

115 특정금전신탁은 고객의 니즈를 반영하여 다양한 상품개발이 가능한데, 특정금전신탁에 ELS를 포함시킨 상품을 (   ), MMF처럼 운용하여 수시입출이 가능하도록 한 상품을 (   )이라 한다.

116 연금신탁은 현재 불특정금전신탁상품 중 유일하게 판매가 되고 있다. ☐ O ☐ ✕

117 연금신탁(2013.1.1. 이후 가입상품)은 가입자연령이 폐지되었으며, 최소가입기간은 (   ), 최소수익자연령은 (   ), 최소연금수령기간은 (   )이며 해당기간 동안 연금수령한도를 초과해서 연금을 수령시에는 기타소득세가 부과된다.

118 연금신탁은 운용대상에 따라 채권형과 주식형으로 구분되는데, 주식형 상품은 총자산의 (   ) 이내에서만 주식에 투자할 수 있다.

⊕ **정답과 해설**

112 ○ ▸ 위탁자와 수익자가 다르면 타익신탁이라고 하고 타익신탁은 증여세가 부과된다.

113 ✕ ▸ 위탁할 수 있다. 특정금전신탁을 설정하고 투자판단의 전부 또는 일부를 위임한 것을 '비지정형 특정금전신탁'이라고 한다.

114 ✕ ▸ 운용대상자산의 제한이 없는 것이 원칙이다. 단, 자본시장법상 신탁재산을 보험상품으로 운용하는 것은 금지된다.

115 ELT(Equity Linked Trust), MMT(Money Market Trust)

116 ○

117 5년, 만 55세, 10년 ▸ 기타소득세 세율은 16.5%(지방세 포함)이다.

118 10% ▸ 연금신탁은 원금보전신탁이므로 주식비중을 10%로 제한한다.

119 연금신탁의 세제혜택은 연금 납입 시에는 세액공제혜택을 받으며, 연금 수령 시에는 저율의 분리과세혜택을 받는다. ○ ✕

120 ( )은 신탁의 수익권을 제3자에게 양도함으로써 자금을 조달하는 자산유동화의 목적으로 주로 이용된다.

121 부동산신탁에는 '부동산담보신탁, 부동산관리신탁, 부동산처분신탁, 부동산개발신탁, 부동산분양관리신탁' 등이 있는데, 이 중에서 자금차입을 목적으로 하는 것은 ( )이다.

122 투자권유를 희망하는 일반투자자에게는 신탁상품을 권유하기 전에 ( )를 통하여, 투자자의 투자목적, 재산상황, 투자경험 등을 파악해야 한다.

123 투자권유를 희망하지 않는 일반투자자에게는 ( )로 확인을 받은 후, 적합성 원칙 등의 투자자보호절차를 생략할 수 있다.

124 신탁상품 중 ( ), ( ), ( )의 경우, 투자자가 자신의 정보를 제공하지 않으면 신탁상품의 거래가 불가하다.

125 위탁자인 투자자가 자신에게 적합하지 않은 것으로 판단되는 신탁상품에 투자하고자 할 경우에는 해당 투자가 적합성에 위배된다는 사실과 해당 신탁상품의 위험성을 고객에게 알린 후 서명 등의 방법으로 이를 고지하였다는 사실을 확인받아야 한다. 그러나 ( )의 경우에는 이러한 확인을 받는다고 하여도 신탁계약을 체결할 수 없다.

⊕ **정답과 해설**

119 ○ ▸ 세액공제혜택은 '납입한도 400만원×13.2% 또는 16.5%'를 말하며, 분리과세혜택은 '3.3%~5.5%(연령에 따라 차등)'를 말한다.
120 금전채권신탁
121 부동산담보신탁 ▸ 신탁회사가 발생하는 수익권증서를 담보로 하여 자금을 차입하는 상품이다.
122 투자자정보 확인서
123 투자권유불원 확인서 ▸ 또는 투자정보미제공확인서
124 불특정금전신탁, 비지정형 특정금전신탁, 파생상품
125 비지정형 특정금전신탁 ▸ 비지정형 금전신탁은 다른 금융투자상품에 비해 규제가 엄격하다.

126 (   )을 판매할 경우, (1) 위탁자가 신탁재산인 금전의 운용방법을 정하고, 신탁회사는 지정된 운용방법에 따라 운용한다는 사실, (2) 위탁자는 신탁계약에서 정한 바에 따라 특정금전신탁의 운용방법을 변경지정할 수 있고 계약해지도 요구할 수 있다는 사실, (3) 위탁자는 자기의 재무상태, 투자목적 등에 대해 신탁회사의 임직원에게 상담을 요청할 수 있으며, 신탁회사 임직원은 그 상담요구에 대해 응할 준비가 되어 있다는 사실, (4) 특정금전신탁재산의 운용내역 및 평가가액을 위탁자가 조회할 수 있다는 사실에 대해서 추가로 설명하고 '상품설명서 및 상담확인서'를 통해 확인받아야 한다.

127 전문투자자와 특정금전신탁을 체결할 경우, 투자권유절차 중 일부는 생략이 가능하지만 상품설명서 및 상담확인서는 징구해야 한다.　　　　　　　　　　　　　　　　　　|ㅇ|×|

128 비지정형 특정금전신탁은 매분기 1회 이상 고객의 재무상태 등의 변경여부를 확인하여 신탁재산 운용에 반영해야 한다.　　　　　　　　　　　　　　　　　　　　　　|ㅇ|×|

129 장외파생상품이 포함된 신탁상품을 일반투자자가 거래하고자 할 경우에는, 투자권유여부와 관계없이 위험회피목적에 한해서 거래가 가능하다.　　　　　　　　　　　　　|ㅇ|×|

130 (   )에 대한 특칙으로서, ① 신탁회사는 하나 이상의 자산배분유형군을 마련해야 하며, 하나의 자산배분유형군은 둘 이상의 세부자산 배분유형으로 구분되어야 한다. ② 신탁회사는 투자자유형에 적합한 세부자산 유형군을 정하고 신탁계약을 체결해야 한다.

⊕ 정답과 해설

126 특정금전신탁
127 ㅇ ▸ 일반 금융투자상품에 대한 투자권유절차에서는 전문투자자에 대한 설명의무가 생략된다는 점에서 차이가 있다.
128 ㅇ
129 ㅇ
130 비지정형 특정금전신탁

01 (   )이란 기대수익률과 위험수준이 다양한 여러 자산집단을 대상으로 투자자금을 배분하여 최적의 자산 포트폴리오를 구성하는 일련의 투자과정을 말한다.

02 자산배분의 중요성이 강조되는 이유는 아래의 3가지이다. ① 투자대상자산군이 증가하고 있기 때문이다. ② 투자위험에 대한 관리필요성이 증대되고 있기 때문이다. ③ 투자수익률 결정에 자산배분효과가 절대적인 영향력을 미친다는 투자자들의 인식이 높아지고 있기 때문이다. 그렇다면, Brinson, Beebower, Singer 등의 3인이 공동으로 연구한 결과는 위의 3가지 중 (   )을 입증하는 것이다.

03 투자관리의 3가지 핵심솔루션(또는 3가지 과제)은 '자산배분, 종목 선택, 투자시점 선택'인데, 이 가운데 투자관리의 근간이 되는 것은 (   ), (   )이다.

04 투자목표를 설정하기 전에 재무목표가 먼저 설정되어야 한다. ◯ ✕

05 (   )를 설정하기 위해서는 투자시계(time horizon), 위험수용도, 세금관계, 법적 규제, 투자자금의 성격, 고객의 특별한 요구사항 등과 같은 여러 제약조건과 투자자의 개인선호도를 고려해야 한다.

06 자산배분의 대상이 되는 자산집단(asset class, 자산군)은 아래와 같은 기본적 성격을 지녀야 한다. ① 하나의 자산군 내의 자산은 (   )이어야 한다. ② 자산군 간에는 (   )이어야 한다. ③ 자산군은 분산투자효과가 있어야 한다. ④ 자산군은 투자가능한 자산군의 대부분을 커버해야 한다. ⑤ 자산군 내의 자산은 충분히 많아야 한다.

07 분산투자효과는 편입대상의 자산군 간의 상관관계가 (높을수록 / 낮을수록) 커진다.

⊕ 정답과 해설

01 자산배분(Asset Allocation)
02 ③ (투자수익률 결정에 자산배분효과가 절대적인 영향력을 미친다는 투자자들의 인식이 높아지고 있기 때문이다)
　　▶ 이들의 연구에 의하면 수익률에 대한 설명요인으로 자산배분정책이 91.5%, 증권선택이 4.6%, 시장예측이 1.8%이므로 '자산배분효과'가 매우 크고 가장 중요함을 말한다.
03 자산배분, 종목 선택
04 ◯ ▶ 재무목표가 좀 더 큰 목표이다.
05 투자목표
06 동질적, 배타적
07 낮을수록

08 인플레이션이 진행될 경우에는 (이자지급형 자산 / 투자형 자산)에 투자하는 것이 좋다.

09 (이자지급형 자산 / 투자형 자산)은 낮은 변동성이라는 장점을 지니고 있지만 높은 인플레이션이 발생할 경우 원금가치가 유지되지 않는 단점을 지니고 있다.

10 (이자지급형 자산 / 투자형 자산)은 중장기적으로 인플레이션을 반영한 실질자본의 증가를 가져온다.

11 (   )는 자산운용자의 운용계획을 표현하는 수단인 동시에 투자자와 커뮤니케이션수단이 된다.

12 KOSPI와 KOSPI200은 (   ), MSCI ACWI는 (   ), KOBI120은 (   ), CD91일물은 단기금융상품의 벤치마크이다.

13 투자가치는 기대수익률이 (   ), 위험이 (   ) 증가한다.

14 기대수익률이 동일할 경우 위험이 낮은 자산을 선택하고, 위험이 동일할 경우는 기대수익률이 높은 자산을 선택하는 원리를 (   )라고 한다.

15 기대수익률을 산출하는 방법은 (   ), (   ), (   ), (   )의 4가지가 있다.

16 기대수익률의 측정방식 중에서, 자산집단의 과거 장기간 수익률을 분석하여 미래의 수익률로 사용하는 방법을 말하는데 미국과 달리 자본시장의 역사가 짧은 우리나라의 경우 사용하기 적합하지 않는 방식은 (   )이다.

⊕ 정답과 해설

08 투자형 자산
09 이자지급형 자산
10 투자형 자산
11 벤치마크
12 국내주식, 해외주식, 국내채권
13 높을수록, 낮을수록
14 지배원리(dominance principle)
15 추세분석법, 시나리오 분석법, 펀드멘탈 분석법, 시장공동예측치 사용법
16 추세분석법

17 호경기, 정상, 불경기가 나타날 확률이 각각 30%, 50%, 20%이고 각 국면별 기대수익률이 각각 20%, 10%, −30%라고 할 때, 기대수익률은 (   )이다. 또 이렇게 기대수익률을 측정하는 방식을 (   )이라고 한다.

18 과거의 자료를 바탕으로 하되 미래의 발생상황에 대한 기대치를 추가하여 수익률을 예측하는 방법으로써, 과거의 시계열자료를 토대로 각 자산별 위험프리미엄 구조를 반영하는 기대수익률 측정방식은 (   )이다.

19 국고채3년물 수익률 2%, A회사채의 위험프리미엄 3%, B부동산의 위험프리미엄 4%, C주식의 위험프리미엄 6%일 경우, A회사채의 기대수익률은 (   ), B부동산의 기대수익률은 (   ), C주식의 기대수익률은 (   )이다.

20 시장참여자들 간에 공통적으로 가지고 있는 미래 수익률에 대한 추정치를 사용하는 방법으로써 채권의 기대수익률은 채권수익률곡선으로, 주식의 기대수익률은 배당평가모형이나 현금흐름 방법 등으로 추정하는 기대수익률 측정방식은 (   )이다.

21 (   )이란 미래의 불확실성 때문에 투자자로부터 발생할 것으로 예상되는 기대값과 다른 값이 나타날 가능성을 말한다.

22 (   )의 정도는 미래수익률의 분산도로 측정되는데, 흔히 범위, 분산, 표준편차, 변동계수 등이 측정에 이용되고 있다.

23 (   )은 발생가능한 수익률의 평균수익률로부터의 편차의 제곱들을 평균한 값으로 변동성의 크기를 측정한 것이다.

⊕ **정답과 해설**

17 5%, 시나리오 분석법 ▸ (20% × 0.3) + (10% × 0.5) + (− 30% × 0.2) = 5%
18 펀드멘탈 분석법 ▸ 예 채권의 기대수익률 = 무위험수익률 + 채권의 위험프리미엄
19 5%, 6%, 8% ▸ 무위험수익률로 국고채3년물을 사용한다. 펀드멘탈 분석법에 해당된다(예 C주식의 기대수익률 = 2% + 6%). 그리고 무위험수익률은 '실질금리 + 물가상승률'로 구성된다.
20 시장공동예측치 사용법
21 위험(Risk)
22 위험 ▸ 위험을 말하는 가장 일반적인 지표는 표준편차이다.
23 분산 ▸ 또한 분산을 루트로 풀어내면 표준편차가 된다.

24 자산배분의 실행과정은 '고객성향파악 → 자본시장예측 → 최적자산배분 및 수정 → 투자변수에 대한 모니터링 → 투자성과측정 및 피드백'의 순서로 진행된다. ☐ O ☐ X

25 ( )이란 투자자의 수익률목표와 투자기간을 고려한 위험수용도, 유동성, 세금, 규제 등 특별한 사항들을 반영한 명문화된 문서를 의미한다.

26 자산배분의 실행과정에서, 투자대상자산의 기대수익률과 위험을 측정할 수 있는 단계는 ( )이다.

27 리밸런싱과 업그레이딩은 자산배분 실행과정 중 ( )에 속한다.

28 자산집단의 상대가격의 변동에 따른 투자비율의 변화를 원래대로의 비율로 환원시키는 방법을 (리밸런싱 / 업그레이딩)이라 한다.

29 시장상황의 변화에 따라, 증권에 비해 기대수익률이 더 높거나 위험이 낮은 증권이 생겼을 때 이러한 증권으로 교체하는 것을 (리밸런싱 / 업그레이딩)이라 한다.

30 전략적 자산배분은 대개 ( )을 단위로, 전술적 자산배분은 ( )을 단위로 고객과 자본시장의 변화를 자산배분에 반영한다.

31 투자성과를 측정하기 위한 수익률에는 단일기간 수익률과 다기간 수익률이 있는데, 총투자수입을 기초의 투자금액으로 나누어서 계산할 수 있는 방법은 ( )이다.

32 다기간 수익률의 3가지 종류는 ( ), ( ), ( )이다.

⊕ **정답과 해설**

24 O

25 **투자정책(Investment Policy)** ▶ 투자정책서라고도 하며, 자산운용 실행과정 중 '고객성향파악'단계에 해당된다.

26 **자본시장 예측(2단계)**

27 **최적자산배분 및 수정** ▶ 리밸런싱과 업그레이딩은 자산배분 후의 수정과정을 말한다.

28 **리밸런싱(Rebalancing)** ▶ 일정한 주기를 정해두고, 자산구성의 구성비율이 변화되었을 때 최초비율로 환원시키는 것을 말한다.

29 **업그레이딩(upgrading)**

30 **6개월, 1개월**

31 **단일기간 수익률** ▶ 계산이 쉽다는 장점이 있으나, 투자대상끼리 비교할 수 없다는 단점이 있다.

32 **내부수익률, 산술평균수익률, 기하평균수익률**

33 다기간수익률 중에서 '현금유출액의 현재가치와 현금유입액의 현재가치를 일치시켜주는 할인율을 계산하여 측정'하는 것은 (　　　　)방식이다.

34 (　　　　　)은 기간별 투자금액의 크기를 고려하지 않고 계산된 단일기간 수익률을 근거로 계산되며, 결국 기간에만 가중치가 주어지므로 시간가중평균수익률이라고도 한다.

35 (　　　　　)은 중도에 현금흐름이 재투자되어 증식되는 것을 감안한 평균수익률의 계산방식인데, 중도현금이 재투자되는 경우는 산술평균수익률보다 합리적이다.

36 (전략적 자산배분 / 전술적 자산배분)은 투자목적을 달성하기 위해 장기적인 포트폴리오의 자산구성을 정하는 의사결정이다.

37 구체적으로 (　　　　　　)이란, 장기적인 자산구성비율과 중기적으로 개별 자산군이 취할 수 있는 투자비율의 한계(boundary)를 결정하는 의사결정을 뜻한다.

38 '주식 : 채권 : 부동산 = 5 : 3 : 2'로 자산배분을 결정하고, 각 자산군의 변경한도를 상하 10%로 설정하였을 때, 주식 자산군에 대한 최대투자비중은 (　　　)이다.

39 (　　　　)의 이론적 배경은 효율적 투자기회선이다.

40 기대수익률과 위험을 알면 지배원리를 통해 효율적 증권을 선별할 수 있으며, 이러한 효율적 증권을 연결한 선을 (　　　　　)이라 한다.

⊕ **정답과 해설**

33 **내부수익률** ▸ 내부수익률의 특징은 화폐의 시간가치가 반영되는 것이다(금액가중평균수익률이라고도 함).

34 **산술평균수익률**

35 **기하평균수익률**

36 **전략적 자산배분**

37 **전략적 자산배분** ▸ 각 자산군의 변경한도 내에서 적극적인 증권선택과 시장예측을 통해 초과수익을 얻고자 하는 전략은 전술적 자산배분이다.

38 **55%** ▸ 50%의 상하 10%이므로 '최대 55% ~ 최저 45%'이다(이 범위 내에서 적극적으로 운용하는 것이 전술적 자산배분).

39 **전략적 자산배분**

40 **효율적 투자기회선**(또는 효율적 프런티어라고 한다)

41 지배원리를 통해 도출한 효율적 투자기회선과 각 투자자의 효용함수가 만나는 접점이 각 투자자의 최적 증권이 되며, 이렇게 최적 증권을 찾아 투자하는 방법을 '위험-수익 최적화 방법'이라 하며, 이는 (전략적 / 전술적) 자산배분의 실행방법에 해당된다.

42 위험-수익 최적화 방법은 정교하다는 장점이 있지만, 현실적으로 기대수익률과 위험을 정확히 측정하기 어렵다는 단점과 입력변수(input)가 조금만 변해도 자산구성비율의 변화(output)가 크게 변동하여 운용조직 간의 갈등이 유발될 수 있다는 단점이 있다. ▢ O ▢ ×

43 현실적으로 미래의 기대수익률과 위험을 정확히 추정하는 것은 불가능하므로, 변수추정의 오류를 반영하여 효율적 투자기회선을 선이 아닌 영역(밴드)으로 추정하기도 한다. ▢ O ▢ ×

44 전략적 자산배분의 실행방법으로는 '(   ), (   ), 투자자별 특수상황을 고려하는 방법, 다른 유사한 기관투자가의 자산배분을 모방하는 방법'의 4가지가 있다.

45 여러 가지 투자자산들의 포트폴리오 내 구성비중을 각 자산이 시장에서 차지하는 시가총액의 비율과 동일하게 포트폴리오를 구성하는 방법은 (   )이다.

46 전략적 자산배분을 실행하는 방법 중 하나로써 다른 기관투자가의 자산배분을 모방하는 방식은 일반적이지 않다. ▢ O ▢ ×

47 (   )이란 시장의 변화방향을 예측하여 사전적으로 자산구성을 변화시켜 초과수익을 얻고자 하는 적극적인 운용전략이다.

48 (   )이란 이미 정해진 자산배분을, 운용담당자의 자산가격에 대한 예측에 따라 투자비중을 변경하는 행위이며, 이는 중단기적인 가격착오현상을 적극적으로 활용하여 고수익을 지향하는 운용전략의 일환이다.

⊕ **정답과 해설**

41 전략적
42 O
43 O ▸ [참고] 효율적 투자기회선을 밴드로 추정하는 것을 퍼지 투자기회선이라 한다.
44 시장가치 접근방법, 위험-수익 최적화방법
45 시장가치 접근방법 ▸ CAPM이론상으로 부합한 전략이지만, 소규모펀드에는 적용하기 어렵다는 단점이 있다.
46 × ▸ 일반적이다. 우리나라의 경우 국민연금의 모델을 모방하는 것이 보편화되어 있다.
47 전술적 자산배분
48 전술적 자산배분

49 전술적 자산배분의 이론적 배경은 증권시장의 과잉반응현상, 역투자전략 등에 있다.

□ O □ X

50 전술적 자산배분전략은 본질적으로 역투자전략이다.

□ O □ X

51 전술적 자산배분전략이 성립되기 위해서는 자산집단의 가격이 단기적으로는 내재가치에서 벗어나지만, 장기적으로는 내재가치로 회귀한다는 (   )을 따른다는 가정이 성립해야 한다.

52 전술적 자산배분전략의 실행과정은 가치평가과정이고 또 위험인내과정이라 할 수 있다.

□ O □ X

53 자산집단의 균형가격은 어떠한 모형이나 이론으로도 명확히 규명되기 어려우므로, 전술적 자산배분에서는 (객관적인 / 주관적인) 가격판단을 활용하는 경우도 많다.

54 전술적 자산배분전략의 실행도구에는 '가치평가모형, 기술적 분석, 포뮬러 플랜'이 있다.

□ O □ X

55 전술적 자산배분전략의 실행도구로써 (   )은 기본적 분석방법이나 CAPM이론과 같은 요인모형 등을 사용한다.

56 전술적 자산배분전략의 실행도구로써 (   )은 막연하게 시장과 역으로 투자함으로써 고수익을 지향하고자 하는 기법이다.

57 시장가치 접근방법은 (   ) 자산배분, 가치평가모형은 (   ) 자산배분의 실행방법에 속한다.

⊕ 정답과 해설

49 O
50 O ▸ 내재가치 대비 초과 상승 시 매도하고 초과 하락 시 매수하므로 역투자전략이다.
51 평균반전과정(Mean Reverting Process)
52 O
53 주관적인
54 O
55 가치평가모형
56 포뮬러 플랜 ▸ 정액법과 정률법이 있다.
57 전략적, 전술적

01 펀드투자과정에서 양호한 성과를 달성하는 데 영향을 주는 3요소는 '자산배분의 선택, 투자시점의 선택, 투자한 펀드의 운용수익률'이다. 그렇다면 펀드투자를 함에 있어 주식형에 투자할 것인가, 채권형에 투자할 것인가를 결정하는 것은 3요소 중 (   )에 해당한다.

02 펀드투자과정에서 양호한 성과를 달성하는 데 영향을 주는 3요소는 '자산배분의 선택, 투자시점의 선택, 투자한 펀드의 운용수익률'인데, 이는 곧 (투자자관점 / 운용자관점)의 성과평가 대상이 된다.

03 펀드운용자와 운용회사의 운용능력을 평가하고자 하는 것은 (투자자관점 / 펀드관점)의 성과평가이다.

04 '펀드관점의 성과평가'는 투자자가 해당펀드에 일시불로 투자한 다음 평가기간 말까지 그대로 유지했을 경우의 '투자자관점 성과평가'와 (동일하다 / 동일하지 않다).

05 (   )이란 분석대상 펀드의 특징을 찾아내는 과정이며, (   )란 평가대상 펀드의 운용성과를 측정하여 그 우열이나 순위를 가리는 과정을 말한다.

06 계량적으로 펀드성과를 측정한 결과 양호한 집합투자기구로 선택할 수 있는 것은 ① 수익률이 절대적, 상대적으로 (   ) 펀드, ② 위험이 절대적, 상대적으로 (   ) 펀드, ③ 위험조정성과가 절대적, 상대적으로 (   ) 펀드이다.

⊕ **정답과 해설**

01 **자산배분의 선택**

02 **투자자관점** ▸ 펀드투자에서 양호한 성과를 달성하는 3요소 자체가 투자자관점에 의한 것이므로, 투자자관점의 성과평가 대상이 된다.

03 **펀드관점** ▸ ※ 관점에 따른 성과평가의 종류

투자자관점의 평가	펀드관점의 평가
① 자산배분의 선택 ② 투자시점의 선택 ③ 선택한 펀드의 운용수익률	펀드운용자와 운용회사의 운용능력을 평가하고자 하는 것

04 **동일하다.** ▸ 펀드운용 시 중도에 현금흐름이 없다면 투자자관점이나 펀드관점의 성과평가는 동일하다.

05 **펀드분석(fund analysis), 펀드평가(fund evaluation)**

06 **높은, 낮은, 높은**

07 계량적으로 측정한 성과는 과거의 성과로서 성과가 양호했다는 결과를 보여줄 뿐, 그러한 성과가 미래에도 계속해서 지속된다는 것을 보장해 주지 않는다. [○ | ×]

08 1차적으로 (정량평가 / 정성평가)를 통해 양호한 집합투자기구에 해당하는지를 판단하며, 2차적으로 (정량평가 / 정성평가)를 통해 미래에도 양호한 집합투자기구로 지속될 수 있는지를 판단할 수 있다.

09 집합투자기구의 운용결과를 분석하는 궁극적인 이유는 환매여부나 재투자여부를 결정하기 위함이다. [○ | ×]

10 집합투자기구 평가회사는 성과원인이 운용사 또는 운용자의 의사결정과정의 체계적인 프로세스에 인한 것인지 아니면 단순한 운(luck)에 의한 것인지를 평가하는데, 이를 (정량적 / 정성적) 평가라고 한다.

11 집합투자기구 평가프로세스는 ① 집합투자기구의 유형분류, ② 벤치마크 설정, ③ 수익률측정, ④ 위험 측정, ⑤ 위험조정 성과측정, ⑥ 등급부여(Rating), ⑦ 성과요인 분석, ⑧ 포트폴리오 분석, ⑨ 운용회사에 대한 질적 평가인데, 이 중에서 정량평가는 (   )이며 정성평가는 (   )이다.

12 '위험조정 성과측정, 성과요인 분석, 포트폴리오 분석, 운용회사에 대한 질적 평가' 중에서 집합투자기구의 성과가 지속될 수 있는지의 여부를 판단할 수 없는 것은 (   )이다.

13 (   )이란 집합투자기구의 성과를 상대적으로 비교 측정하기 위하여, 집합투자기구 투자목적, 투자자산, 투자전략, 투자스타일, 특징 등이 유사한 집합투자기구끼리 묶어 놓은 동류집단(peer group)을 말한다.

⊕ 정답과 해설

07 ○ ▸ 따라서 정성평가가 필요하다.
08 정량평가, 정성평가 ▸ 정량평가는 계량적 평가와 같은 말이다.
09 ○
10 정성적 ▸ ※ 정량평가 VS 정성평가

정량평가	정성평가
성과의 우열을 가리기 위함 → 수익률, 위험, RAPM 평가	운용성과가 지속될 수 있는지의 여부를 평가 → 운용사 또는 운용자의 프로세스 평가

11 정량평가 : ③④⑤⑥, 정성평가 : ⑦⑧⑨ ▸ [참고] ①, ②는 평가를 위해 사전에 선행되어야 하는 것이다.
12 위험조정 성과측정 ▸ 성과의 지속성 여부는 정성평가를 통해 할 수 있다. 위험조정 성과측정은 정량평가이다.
13 집합투자기구 유형(fund category) ▸ 예를 들어 주식형과 채권형은 서로 다른 집합투자기구의 유형이 된다(주식형은 주식형끼리 비교하고, 채권형은 채권형끼리 비교해야 한다).

14 (   )는 사전적인 의미로 기준, 잣대라는 뜻이다.

15 (   )는 투자자로 하여금 해당 집합투자기구에 투자할지를 사전에 판단할 수 있게 하는 투자지침(guideline) 역할을 한다.

16 집합투자기구의 벤치마크는 (   )가 사전에 집합투자기구별로 정한다.

17 벤치마크의 종류 중에서, 가장 넓은 대상을 포함하며 운용에 특이한 제약조건이 없는 경우에 적합한 것은 (시장지수 / 섹터지수 / 합성지수)이다.

18 벤치마크의 종류 중에서, 특정분야에 집중투자하는 경우 적합한 것은 (   )이다.

19 벤치마크의 종류 중에서, 복수의 자산유형에 투자할 때 적합한 것은 (   )이다.

20 벤치마크의 종류 중에서, 투자가능한 종목만으로 포트폴리오를 구성한 것으로서 채권형 벤치마크로 많이 활용되는 것은 (   )이다.

21 벤치마크의 종류 중에서, 특정 집합투자기구의 운용과 평가를 위한 것이며 일반성이 적은 펀드를 평가하기 위한 것은 (   )이다.

22 벤치마크 중에서 KOSPI는 (   )에 해당되며, 혼합형 집합투자기구에 적합한 것은 (   ), 포트폴리오 보험전략으로 운용하는 집합투자기구에 적합한 것은 (   )이다.

⊕ **정답과 해설**

14 벤치마크

15 벤치마크 ▸ 벤치마크는 성과평가의 잣대이자 투자가이드 역할을 한다.

16 집합투자업자

17 시장지수(market index) ▸ 섹터지수는 업종지수와 같이 시장지수의 하위개념이고, 합성지수는 2개 이상의 지수를 합성한 것을 말한다.

18 스타일지수(또는 섹터지수)

19 합성지수 ▸ 혼합형펀드에 적합하다.

20 정상 포트폴리오

21 맞춤형 포트폴리오

22 시장지수, 합성지수, 맞춤형 포트폴리오 ▸ 합성지수는 2개 이상의 지수를 혼합한 것이므로 혼합형펀드에 적합하다. 또 포트폴리오보험펀드는 일반성이 적은 특수한 펀드이므로 맞춤형 포트폴리오가 적합하다.

23 운용회사의 그룹수익률이란 운용회사 또는 집합투자기구 유형에 속한 집합투자기구 전체를 하나의 집합투자기구로 간주하고 측정하는 수익률이다. ☐ O ☐ X

24 운용회사의 그룹수익률을 산출하는 이유는 ① (   )의 오류를 제거하고, ② (   )의 오류를 제거하고, ③ 운용사 간의 성과를 객관적으로 비교할 수 있기 때문이다.

25 운용회사의 수익률을 산출하는 이유의 하나는, '성과가 나빠서 중단된 집합투자기구를 제외하고 현재시점에서 존재하는 집합투자기구만을 대상으로 평가함으로써 부실한 고객이탈이 많은 회사의 운용수익률이 상대적으로 높게 표시되는 (   )'를 제거하기 위함이다.

26 벤치마크 수익률이 +10%이고, 동류그룹(peer group)펀드의 수익률이 +15%이고, 평가대상 펀드의 수익률이 +13%라면, 해당 펀드는 (   )으로 우수하나 (   )으로 열위하다고 할 수 있다.

27 위험지표에는 절대적 지표와 상대적 지표가 있는데, 절대적 지표에는 '(   ), VaR'가 있으며 상대적 지표에는 '공분산, (   ), 초과수익률, 상대VaR, 추적오차'가 있다.

28 수익률의 안정성을 중시하는 전략에 적합한 위험지표는 (절대적 / 상대적) 위험지표이다.

29 A주식과 B주식의 기대수익률은 +10%로 동일하다. 그런데 A주식은 −10% ~ +30%의 수익률 분포를 보이고, B주식은 −20% ~ +40%의 분포를 보였다면, 표준편차가 더 큰 주식은 (A / B)이다.

30 수익률의 변동성을 말하며, 가장 일반적인 위험지표는 (   )이다.

⊕ **정답과 해설**

23 O

24 대표계정, 생존계정 ▶ 운용회사 수익률은 ①②③의 장점이 있으나, 운용자의 이동이 발생할 경우 성과의 이전가능성이라는 문제가 발생한다.

25 생존계정의 오류 ▶ 생존계정의 오류와 비교하여 대표계정의 오류는 해당 운용사에서 가장 좋은 펀드만을 골라서 수익률을 산출하는 것을 말한다.

26 절대적, 상대적

27 표준편차, 베타

28 절대적 ▶ 표준편차가 대표적이다.

29 B ▶ B의 수익률변동성이 A의 수익률변동성보다 크다. 즉 B의 표준편차가 더 크다(더 위험하다).

30 표준편차 ▶ 일반적으로 좋은 펀드는 샤프비율이 높고 표준편차가 낮다.

31 집합투자기구 수익률과 벤치마크 수익률 간의 상대적인 관계로 파악하는 위험지표 중 가장 대표적인 지표로써, (　　　)가 1보다 큰 경우 공격적인 투자, 1보다 작은 경우는 방어적인 투자라고 할 수 있다.

32 사전에 자산배분이 정해지고, 실제운용단계에서 벤치마크를 추구하는 경우에 적합한 것은 (절대적 / 상대적) 위험지표이다.

33 펀드재산을 주식에 투자하는 경우, 강세장에서는 (고베타주 / 저베타주)를, 약세장에서는 (고베타주 / 저베타주)를 매입하는 것이 유리하다.

34 성과평가를 위해 수익률과 위험을 결합하여 하나의 값으로 나타낸 지표를 (　　　　)지표라고 하는데, 이를 사용하는 이유는 지배원리로도 평가할 수 없는 증권을 평가하기 위함이다.

35 위험조정 성과지표의 종류에는 (　　　　), (　　　　), (　　　　) 등이 있다.

36 펀드수익률에서 무위험수익률을 차감한 초과수익률을 총위험으로 나눈 지표가 (　　　)인데, 위험조정 성과지표로서 가장 많이 쓰이는 지표이며 높을수록 좋다.

37 포트폴리오의 수익률이 20%, 무위험수익률이 8%, 표준편차가 10%일 때 샤프비율은 (　　　　)이다.

⊕ 정답과 해설

31 베타 ▸ 베타가 1보다 크면 고베타주, 1보다 작으면 저베타주라고 한다.

32 상대적 ▸ 베타가 대표적이다.

33 고베타주, 저베타주 ▸ 고베타주는 공격적 운용, 저베타주는 방어적 운용의 대상이다.

34 위험조정성과 ▸ 샤프비율, 젠센의 알파 등을 위험조정성과지표라고 한다.

35 샤프비율, 젠센의 알파, 정보비율 ▸ 샤, 젠, 정으로 암기

36 샤프비율 ▸ 위험조정 성과지표의 종류

샤프비율	젠센의 알파	정보비율
$S_p = \dfrac{R_p - R_f}{\sigma_P}$	$\alpha_P = (R_P - R_f) - \beta_p(R_m - R_f)$	$\dfrac{R_P - R_B}{S_d(R_p - R_B)}$

※ 샤프비율의 초과수익은 무위험수익률(Rf)을 기준으로 하지만, 정보비율에서의 초과수익은 벤치마크 대비 수익률을 기준으로 한다.

37 1.2 ▸ $\dfrac{20\% - 8\%}{10\%} = 1.2$

38 (　　　　)을 통한 성과분석 시 유의사항은 ① 반드시 평가기간이 동일해야 하며, 동일한 유형의 집합투자기구 간에만 비교해야 한다. ② 수익률 구간에 따라 평가결과가 다르게 나타날 수도 있다. ③ 정규분포가 나타날 수 있는 장기수익률을 측정해야 한다(월간데이터, 30개월 이상). ④ 초과수익률이 마이너스로 나타날 때는 왜곡이 발생한다.

39 부(-)의 수익률을 보이는 펀드를 평가할 경우 샤프비율은 (더욱 정확해진다 / 왜곡이 발생한다).

40 (　　　　　)는 집합투자기구 수익률에서 균형하에서의 기대수익률을 차감하여 계산되는데, 이는 집합투자기구의 실제수익률이 시장균형을 가정한 경우의 기대수익률보다 얼마나 높은지를 의미한다.

41 젠센의 알파가 0보다 크다는 것은 시장균형하에서의 (　　　) 위험을 가진 집합투자기구의 수익률보다 해당 집합투자기구의 수익률이 더 높았다는 것을 의미한다.

42 젠센의 알파는 운용자의 종목선택능력 등을 측정하는 데 도움이 되지만, 성과요인을 분석함에 있어 종목선택 능력과 시장예측 능력을 정확히 구분하지 못하는 단점이 있다. 　　　　　○ │ ×

43 (　　　　)이란 적극적 투자활동의 결과로 발생한 초과수익률과 집합투자기구의 초과수익률에 대한 표준편차(트래킹에러)의 비율로 나타내며, 평가비율(appraisal ratio)이라고도 한다.

44 샤프비율과 트레이너비율의 초과수익은 무위험수익률 대비 초과수익이지만, 정보비율의 초과수익은 (　　　) 대비 초과수익을 말한다.

⊕ **정답과 해설**

38 샤프비율

39 왜곡이 발생한다.

40 젠센의 알파

41 베타

42 ○ ▸ 따라서, 시장예측과 종목선택활동을 모두 활용하는 집합투자기구를 평가할 때, 젠센의 알파는 적절한 지표가 될 수 없다.

43 정보비율

44 벤치마크 ▸ 집합투자기구 수익률이 벤치마크 수익률보다 높을수록 좋은 분자의 개념과, 집합투자기구의 수익률이 벤치마크 수익률과 큰 차이를 보이면 곤란하다는 분모의 개념이 결합된 것이다.

45 짧은 기간 동안 계산된 정보비율일수록 신뢰도가 (높다 / 낮다).

46 정보비율이 0.5 이상이면 (   ), 0.75 이상이면 (   ), 1.0 이상이면 (   )한 것으로 판단한다.

47 (   )는 일정기간 펀드수익률이 이에 대응하는 벤치마크수익률에 비해 어느 정도 차이를 보이는가를 측정하는 지표이다.

48 트래킹에러가 (크다 / 작다)는 것은 펀드가 투자한 종목의 구성이 벤치마크와 크게 다르다는 것을 의미한다.

49 추적오차는 위험조정 성과지표로 본다. | ○ | × |

50 집합투자기구 등급이란, 집합투자기구의 성적을 몇 개의 급수로 나누어 평가하는 것인데 이는 (정량평가 / 정성평가)에 속한다.

51 높은 평가등급을 받은 집합투자기구는 향후에도 매우 좋은 성과를 낼 것으로 예상할 수 있다. | ○ | × |

52 성과요인 분석은 성과의 원인을 파악하는 과정인데, 일반적으로 성과요인은 (   )과 (   )으로 나눌 수 있다.

⊕ **정답과 해설**

45 **낮다.** ▸ 통계기간은 충분히 길어야 한다. 일반적으로 높은 정보비율은 집합투자기구 운용자의 능력이 탁월한 것을 의미하지만, 짧은 기간 동안에 계산된 정보비율에는 운용자의 능력 외에 운(luck) 등이 작용할 수 있다.

46 우수, 매우 우수, 탁월

47 추적오차 또는 트래킹에러(tracking error)

48 크다

49 × ▸ 추적오차는 그 자체로 위험의 측정치로 간주된다(정보비율의 분모에 해당됨). 즉, 수익률과 위험을 동시에 반영하지 않으므로 위험조정 성과지표로 보지 않는다.

50 정량평가

51 × ▸ 앞으로도 좋은 성과를 낸다는 보장은 없다. 성과의 지속 여부는 정성평가(성과요인 분석, 포트폴리오 분석, 운용자의 질적 평가)를 통해 알 수 있다.

52 종목선택 능력, 시장예측 능력

53 시장의 흐름을 잘 예측한다면 저점에 매수하고 고점에 매도할 수 있고 자산의 비중 조절을 통해서 초과수익을 얻을 수 있는데, 이러한 능력은 (시장예측 능력 / 종목선택 능력)이다.

54 성과요인 분석을 하는 이유는, 해당 능력이 잘 발휘될 수 있는 펀드를 선택할 수 있으며 이는 높은 성과로 이어질 수 있기 때문이다. ☐ O ☐ X

55 포트폴리오 분석은 포트폴리오의 결과물이 아닌 포트폴리오 자체의 특성을 분석하는 것으로서 (정량적 / 정성적) 분석에 속한다.

56 포트폴리오 분석상, 주식편입비중이 최소 60%인 집합투자기구의 실제 주식편입비중이 95%라면 이 펀드는 시장전망을 (낙관적 / 비관적)으로 보고 있는 것이다.

57 포트폴리오 분석 중에서 집합투자기구 평가사의 기능을 가장 잘 설명해 주는 것은 (   )이다.

58 스타일 분석은 (   )으로는 좋은 수익률을 보일 펀드를 고르는 판단요소가 되며, (   )으로는 과거 펀드성과의 원인을 적절하게 설명해주는 역할을 한다.

59 집합투자기구의 (단기 / 장기) 성과는 해당 집합투자기구를 운용하는 운용자와 운용회사의 질적인 특성의 결과로 나타난다.

60 운용회사의 질적 특성을 구성하는 변수에는 운용프로세스, 운용조직 및 인력, 위험관리능력, 운용규모, 운용회사의 재무적 안정성 등이 있다. ☐ O ☐ X

⊕ 정답과 해설

53 시장예측 능력 ▸ 종목선택 능력(증권선택 능력)은 시장의 흐름과 무관하다는 전제에서 향후 상승가능성이 높은 저평가된 종목을 선택할 수 있는 능력을 말한다.

54 O ▸ 성과요인 분석은 정성평가에 속한다.

55 정성적

56 낙관적

57 스타일 분석 ▸ 스타일 분석을 통해 펀드의 성과요인을 가장 잘 분석할 수 있다는 의미이다. 가치주·성장주, 대형주·중형주·소형주 등이 스타일분류이다.

58 사전적, 사후적

59 장기 ▸ 단기 성과는 운(luck)에 의해 나타날 수 있지만, 장기적인 성과는 운용사의 체계적인 운용프로세스 등 질적인 특성에 의해 나타난다.

60 O

제1장 펀드 관련 법규 10문항

01 투자펀드(집합투자)는 '집단성, (　　　), (　　　), 투자자평등원칙, 펀드자산의 분리'의 속성을 지닌다.

02 집합투자의 개념요소에는 '① 2인 이상의 자에게 판매를 할 것, ② 투자자로부터 모은 금전 등을 집합하여 운용할 것, ③ (　　　　　　　　　　　), ④ 재산적 가치가 있는 투자대상자산을 취득, 처분 그 밖의 방법으로 운용할 것, ⑤ 운용결과의 투자자 귀속'이 있다.

03 집합투자기구의 형태는 신탁형, 회사형, 조합형으로 구분되는데 공모형으로 가장 많이 설정 · 설립되는 형태는 (　　　)과 (　　　)이다.

04 투자신탁의 세 당사자는 (　　), (　　), (　　)이며, 자산의 보관 및 관리를 담당하는 자는 (　　)이다.

05 투자신탁을 설정하고 해지하고, 투자신탁재산을 운용하고, 수익증권발행 업무를 수행하는 자는 (　　　)이다.

06 (　　　　)는 주식회사제도를 집합적, 간접적 투자에 맞게 변형한 제도라고 할 수 있다.

⊕ 정답과 해설

01 간접성, 실적배당원칙 ▸ 이러한 속성은 공모펀드를 전제로 한다.
02 일상적인 운용지시를 받지 않을 것 ▸ '일상적인 운용지시를 받지 아니하면서'의 의미 → 펀드매니저가 전문적으로 운용(투자자입장에서는 직접투자가 아닌 간접투자 즉 간접성을 의미함)
03 투자신탁, 투자회사
04 위탁자, 수탁자, 수익자, 수탁자 ▸ 위탁자 = 집합투자업자(자산운용사), 수탁자 = 신탁업자(은행), 수익자 = 투자자
05 위탁자(또는 집합투자업자)
06 투자회사

07 투자회사는 서류상의 회사(paper company)이므로 투자업무 이외의 업무는 할 수 없고 본점 외의 영업소도 둘 수 없다. 따라서 모든 업무는 외부전문가에 위임을 해야 하는데 자산운용은 ( )에게, 자산보관은 ( )에게, 판매 및 환매는 ( )에게, 기타 업무는 ( )에게 위탁해야 한다.

08 ( )은 수익증권을 발행하며, ( )는 주식을 발행한다.

09 수익자총회의 의결사항은 크게 '합병/환매연기/신탁계약중요내용 변경'으로 구분할 수 있는데 '집합투자 또는 신탁보수의 지급, 집합투자 또는 신탁보수의 인상, 집합투자업자의 변경, 신탁업자의 변경, 판매업자의 변경' 중에서 수익자총회의 의결사항에 포함되지 않는 것은 ( ), ( )이다.

10 수익자총회의 소집은 집합투자업자, ( ), 그리고 수익증권 총좌수의 ( ) 이상 보유수익자가 서면으로 요청하면 집합투자업자가 1개월 이내에 수익자총회를 소집해야 하며, 수익자총회의 의결은 '출석수익자의 과반수와 전체의 ( ) 이상'의 수로 의결한다(법정의결사항에 대함).

11 법정의결사항이 아닌 신탁계약으로 정한 수익자총회 결의사항에 대해서는 '출석과반수와 전체 수익증권의 ( ) 이상'의 수로 의결할 수 있다.

12 투자신탁을 설정한 집합투자업자는 수익자총회의 결의가 이루어지지 아니한 경우 그날부터 ( ) 이내에 연기된 수익자총회를 소집해야 하며, 연기수익자총회의 의결은 수익자총회와 달리 출석한 수익자의 과반수와 발행된 수익증권 총좌수의 ( ) 이상으로 결의할 수 있다(법정결의사항에 대함).

⊕ **정답과 해설**

07 **집합투자업자, 신탁업자, 판매사, 일반사무관리회사** ▶ 투자회사 자산의 운용 → 집합투자업자, 투자회사의 운영 → 일반관리회사

08 **투자신탁, 투자회사** ▶ 투자자의 입장에서 수익증권에 투자하면 수익자, 주식에 투자하면 주주가 된다.

09 **보수의 지급, 판매업자의 변경** ▶ 보수지급, 판매업자의 변경은 이사회 결의(∵일반적 사항이므로), 보수의 인상, 집합투자업자나 신탁업자의 변경은 수익자총회 결의(∵중요사항이므로)를 요구한다.

10 **수탁자, 5%, 1/4** ▶ 수익자총회소집 → '출석 1/2 이상 & 전체 1/4 이상'의 찬성으로 의결. 참고로 총의의결사항에 반대하는 수익자(또는 주주)는 매수청구권의 행사가 가능하다.

11 **1/5** ▶ 법정사항은 전체 1/4 이상, 법정사항이 아닌 것은 전체 1/5 이상의 수가 있어야 한다(출석과반수 전제).

12 **2주, 1/8** ▶ 연기수익자총회를 두는 이유는 장기간 총회가 성립되지 않으면 수익자이익이 침해될 수 있기 때문이다.

36 **워밍업!** | 핵심정리노트

13 법정의결사항이 아닌 신탁계약으로 정한 총회 결의사항에 대해서 연기수익자총회를 통해 결의할 경우 '출석과반수와 전체수익증권의 (　　　) 이상'의 수가 필요하다.

14 총회결의에 반대하는 수익자는 수익자매수청구권을 행사할 수 있는데, 총회결의일로부터 (　　) 이내에 서면으로 매수를 청구할 수 있다.

15 투자회사의 이사는 법인이사와 감독이사로 구분되어 있으며, 내부감사가 없는 대신 외부감사가 의무화되어 있다.　　　　　　　　　　　　　　　　　　　　　　　　　　　　　□ ○ │ × □

16 투자회사는 (　　　) 1인과 (　　　) 2인 이상을 선임하여야 하며, 당해 투자회사의 집합투자업자가 (　　　)가 된다.

17 투자회사는 (　　　)의 방법으로만 설립해야 한다.

18 투자신탁은 집합투자업자와 (　　　) 간의 신탁계약에 의해 설정되며, 신탁계약을 변경하고자 하는 경우에도 집합투자업자와 (　　　) 간의 변경계약이 있어야 한다. 또한 신탁계약 변경 시 중요사항은 사전에 (　　　)의 결의를 거치고 그 내용을 공시해야 하며 공시 외에도 수익자에게 개별통지해야 한다.

19 투자신탁 외의 형태의 펀드(회사형, 조합형펀드)는 등록신청 당시 자본금 또는 출자금이 (　　) 이상이어야 한다.

20 집합투자업자는 금융위에 등록된 집합투자기구의 관련 사항이 변경된 경우에는 (　　　) 이내에 그 내용을 금융위에 변경등록해야 한다.

⊕ **정답과 해설**

13　1/10　▸ 법정사항은 전체 1/8 이상, 법정사항이 아닌 것은 전체 1/10 이상의 수가 있어야 한다(출석과반수 전제).
14　20일
15　○　▸ 서류상의 회사이므로 내부감사가 별도로 없으며, 따라서 외부감사가 의무화된다.
16　법인이사, 감독이사, 법인이사
17　발기설립
18　신탁업자, 신탁업자, 수익자총회
19　1억원　▸ 등록 시 1억원 이상은 모두 동일하나 투자신탁은 자본금(또는 출자금)이 아니라 신탁원본액이다.
20　2주

21 집합투자업자는 수익증권의 발행가액 전액이 납입된 경우 (   )의 확인을 받아 수익증권을 발행해야 한다.

22 펀드매입을 위한 납입은 금전으로 하는 것이 원칙이나, (   )으로서 다른 수익자 전원의 동의를 얻은 경우에 한해 실물자산으로 납입이 가능하다.

23 집합투자증권의 발행은 (/   )으로 발행해야 한다.

24 투자회사의 수익증권은 실물증권발행에 따르는 문제점을 제거하기 위해 (   )을 명의로 하여 일괄예탁방법으로 발행한다.

25 투자회사의 주식은 (/   )으로 발행해야 하며, 오로지 보통주로만 발행해야 한다.

26 집합투자증권을 공모로 발행하는 경우에는 (   )를 제출해야 하며, 제출의무자는 발행인이다.

27 증권신고서의 효력발생기간은 개방형, 폐쇄형 모두 최장 (   )일이며, 정정신고서의 효력발생기간은 원칙적으로 (   )일이다.

28 증권신고서의 효력이 발생한 집합투자증권을 취득하고자 하는 자에게는 반드시 (   )를 교부해야 한다(전문투자자 및 서면 등으로 수령거부의사를 표시한 일반투자자에게는 교부를 하지 않아도 됨).

⊕ **정답과 해설**

21 신탁업자

22 사모투자신탁 ▶ 금전납입원칙의 예외이다.

23 무액면, 기명식

24 예탁결제원 ▶ 투자회사의 주식도 동일하다.

25 무액면, 기명식 ▶ 무액면, 기명식은 투자신탁이든 투자회사든 동일하다. 일반 주식회사와 달리 투자회사는 우선주나 상환주 등의 발행이 불가하다(보통주만 가능).

26 증권신고서

27 15, 3

28 투자설명서 ▶ 투자설명서는 일반투자자에게 반드시 교부해야 하는 법정 투자권유문서이다.

29 정식투자설명서는 반드시 효력발생 후에 사용할 수 있으며, (   )는 신고의 효력이 발생하지 않았다는 사실을 덧붙여서 효력발생 전에도 사용할 수 있다.

30 개방형펀드는 최초 투자설명서를 제출 후 매년 (   )회 이상 정기적으로 투자설명서를 갱신해야 하며, 집합투자기구를 변경등록 시에는 그 통지를 받은 날로부터 (   )일 이내에 투자설명서를 갱신해야 한다.

31 적합성 원칙, 적정성 원칙, 설명의무는 일반투자자에게만 적용된다.   ○ ×

32 (   )란 투자위험을 감수할 수 있는 자를 말하며, 국가·지자체·한국은행·금융기관·주권상장법인 등을 말한다.

33 일반법인은 금융투자상품 잔고가 (   ) 이상인 경우 전문투자자로 전환할 수 있다.

34 개인투자자가 전문투자자가 되기 위해서는 '금융투자상품 잔고가 (   ) 이상 & 직전년도소득액이 1억원 이상이거나 재산가액이 10억원 이상'인 요건을 충족해야 한다.

35 투자자가 일반투자자인 경우에는 집합투자증권의 투자를 권유하기 전에 투자자의 특성을 파악하기 위해 (   ), (   ), (   ) 등을 투자자와의 면담 등을 통해 파악하고, 이를 그 투자자로부터 확인을 받아 유지·관리해야 하며, 확인받은 내용을 투자자에게 지체 없이 제공해야 한다(확인방법은 서명, 기명날인, 녹취, ARS 등 다양한 방법으로 가능함).

36 일반투자자에게 투자권유를 하지 않고 파생상품 등을 판매하려는 경우에는 면담, 질문 등을 통하여 일반투자자의 투자목적, 재산상황 및 투자경험 등의 정보를 파악해야 한다.   ○ ×

⊕ 정답과 해설

29 예비투자설명서 ▸[참고] 홍보전단과 같은 간이투자설명서는 효력발생 전후를 구분하지 않고 사용할 수 있다.

30 1, 5

31 ○ ▸비교하여 '부당권유금지 규정(불초청권유금지 등)'은 전문투자자에게도 적용된다.

32 전문투자자 ▸전문투자자 중에서 지자체와 주권상장법인 등은 일반투자자로 대우를 받기 원하는 경우 금융투자회사에 서면통지하면 된다(이들이 장외파생상품 매매 시에는 일반투자자로 간주됨).

33 100억원 ▸외감법의 적용을 받을 경우는 50억원

34 5억원

35 투자목적, 재산상황, 투자경험 ▸KYC Rule을 말한다.

36 ○ ▸적정성 원칙을 말한다.

37 KYC Rule, 적합성의 원칙, 설명의무, 적정성의 원칙 중에서 그 위반 시 자본시장법상 손해배상 책임을 지는 것은 (   )이다.

38 투자자로부터 투자권유 요청을 받지 않고 방문, 전화 등 실시간 대화의 방법으로 투자권유를 하는 것을 (   )라고 하며, 이는 장외파생상품에 국한하여 금지된다.

39 투자권유를 받은 투자자가 이를 거부하는 취지의 의사를 표시한 후 (   )이 지난 후에 동일상 품을 다시 권유한다면 재권유 금지의 대상이 아니다.

40 '적합성 원칙, 적정성 원칙, 설명의무, 부당권유의 금지' 중에서 기관투자자에게도 적용되는 것은 (   )이다.

41 (   )에 대해서는 일반투자자의 투자목적, 재산상황, 투자경험 등을 고려하여 차등화 된 투자권유준칙을 마련해야 한다.

42 금융투자회사가 투자권유대행인으로 하여금 투자권유를 하게 하려면, 먼저 금융위 등록업무를 위탁받은 (   )에 그 투자권유대행인을 등록해야 한다.

43 투자권유대행인은 위탁한 금융투자업자를 대리하여 계약을 체결하는 행위를 할 수 없다.

$\boxed{O} \boxed{\times}$

44 투자권유대행인도 고객파악의무(KYC Rule) 및 설명의무를 준수해야 하며, 동 의무를 위반하여 투자자에게 손해배상책임을 질 경우는 금융투자업자도 사용자로서의 배상책임이 있다.

$\boxed{O} \boxed{\times}$

⊕ 정답과 해설

37 **설명의무** ▸[참고] 자본시장법상 손배책임은 설명의무가 유일하나 나머지도 위반 시 민법 상 손배책임의 대상은 될 수 있다.

38 **불초청권유(unsolicited call)** ▸불초청권유의 금지 원칙이나 자기거래금지 원칙은 장외파생상품에만 적용된다.

39 **1개월** ▸동일상품의 경우 1개월이 지난 후 권유하면 재권유금지가 적용되지 않는다.

40 **부당권유의 금지**

41 **파생상품 등**

42 **금융투자협회**

43 **O** ▸계약체결대리, 투자자로부터의 재산수취는 금지된다.

44 **O**

45 집합투자증권의 광고규제는 '① 집합투자기구에서 반드시 광고에 포함시켜야 할 사항, ② 집합투자기구에서 광고에 포함시킬 수 있는 사항, ③ 금융투자상품에 전체에 적용되는 광고 시 준수사항'의 세 가지로 구분되는데, '과거운용실적이 미래 수익률을 보장하지 않는다는 사실'은 ①, ②, ③ 중 (   )에 해당한다.

46 집합투자증권을 판매한 투자매매업자 또는 투자중개업자가 투자자에게 지속적으로 제공하는 용역의 대가로 집합투자기구로부터 받는 금전은 (판매수수료 / 판매보수 / 환매수수료)이다.

47 판매수수료는 납입금액 또는 환매금액의 (   )가 한도이며, 판매보수는 집합투자재산의 연평균가액의 (   )이 한도이며, 이는 공모형펀드에 한한다.

48 판매수수료는 투자자로부터 받으며 판매보수는 (투자자 / 집합투자기구)로부터 받으며, 둘 다 판매업자에게 귀속된다.

49 환매기간은 (   )을 초과하지 않는 범위 내에서 집합투자기구가 정할 수 있으며, 다만 '펀드재산의 (   )를 초과하여 시장성 없는 자산에 투자하는 경우 또는 (   )를 초과하여 해외자산에 투자하는 경우'는 법정환매기간을 초과하여 정할 수 있다.

50 대량환매청구는 환매연기사유가 된다. [○ | ×]

51 투자자의 환매요청 시 집합투자업자나 신탁업자나 판매업자가 자기 또는 제3자의 계산으로 매입을 할 수 없는데 이는 '자기거래금지의 원칙'에 입각한 것이다. 그런데 MMF를 판매한 투자매매업자, 투자중개업자가 전체의 (   ) 상당금액과 (   )억원 중 큰 금액의 범위 내에서 개인투자자로부터 환매청구를 받은 경우에는 환매청구일에 공고되는 기준가격으로 매입할 수 있다.

⊕ **정답과 해설**

45 ① ▸[참고] '과거의 운용실적이 있는 경우 그 운용실적'은 ②, '금융투자업자의 경영실태평가와 영업용순자본비율'은 절대 비교하지 말아야 하는 것으로 ③에 해당한다.

46 판매보수

47 100분의 2, 100분의 1

48 **집합투자기구** ▸ 판매보수는 집합투자기구 자산에서 차감하는 형식으로 수취한다(따라서 투자자의 체감비용은 낮은 편).

49 15일, 10%, 50% ▸ 법정환매기간 15일. 환매연기 결정시에는 6주 이내 총회를 열어야 한다([참고] 수익자총회의 결사항–합병/환매연기/신탁내용의 중요사항 변경).

50 × ▸ 대량환매청구 자체는 환매사유가 되지 않는다. 대량환매가 발생하여 '집합투자재산의 처분이 불가하여 사실상 환매에 응할 수 없는 경우'가 되면 환매연기사유가 된다.

51 5%, 100 ▸ 개인이 MMF를 전체 5% 또는 100억원 중 큰 금액을 환매 시에는 원활한 유동성의 제공을 위하여 판매업자가 매입할 수 있도록 하고 있다(이는 자기거래금지 원칙의 예외가 됨).

52 집합투자업자가 환매연기를 결정하면 그 결정일로부터 (   ) 이내에 집합투자자총회에서 결의해야 한다.

53 (   )란 집합투자재산의 일부가 환매연기사유에 해당하는 경우 그 일부에 대해서는 환매를 연기하고 나머지에 대해서는 집합투자자가 보유하고 있는 집합투자증권의 지분에 따라 환매에 응하는 것을 말한다.

54 환매수수료는 환매금액 또는 이익금을 기준으로 부과할 수 있으며, 환매수수료는 (   ) 에 귀속된다.

55 자본시장법은 투자자로부터 집합투자증권의 매수 또는 환매청구를 받은 이후 최초로 산정된 순자산가치로 판매 또는 환매가격을 정하는데, 이를 (   )방식이라 한다.

56 투자자가 금융투자상품의 매도나 환매에 따른 수취한 결제대금으로 결제일에 (   )를 매수하기로 미리 약정한 경우는, 미래가격방식의 예외로써 당일의 기준가격을 적용할 수 있다.

57 (   )란, 투자설명서에서 정하고 있는 펀드지분의 판매 및 환매주문 접수 종료시점 이후에 접수된 주문에 대하여 종료시점 이전에 접수된 주문처럼 거래가격을 적용하는 불법적인 거래를 말한다.

58 투자신탁은 그 자체로는 법인격이 없으므로 신탁재산에 대한 운용은 (   )가 필요한 운용지시를 하고 (   )가 그 지시에 따라 거래를 집행하는 구조를 취한다.

⊕ 정답과 해설

52 6주 ▶ 환매연기는 중요사항으로써 총회결의사항이다.

53 부분환매연기제도 ▶ 유사한 것으로 펀드분리 제도가 있는데, 펀드분리 시에 펀드 지분 보유자의 동의를 얻지 않아도 된다.

54 집합투자기구

55 미래가격(forward pricing) ▶ 미래가격방식은 과거가격방식(backward pricing)에서 발생하는 무임승차의 문제를 해소하기 위함이다. '청구 이후 최초로 산정된 순자산가치'는 오늘 청구 시 내일의 기준가격을 적용함을 말한다.

56 MMF(단기금융집합투자기구)

57 장 마감 후거래(late trading)

58 집합투자업자, 신탁업자(수탁자) ▶ 집합투자업자가 신탁업자에게 운용지시를 한다. 다만, 운용의 효율성과 적시성을 위하여 집합투자업자가 직접 거래할 수 있도록 예외를 두고 있다(상장주권의 매매 / 단기대출 / CD의 매매 / 장내파생상품 매매 / 위험회피목적에 한정된 장외파생상품).

59 공모펀드는 동일종목에 대해 펀드재산의 10%를 초과하여 투자할 수 없으나, 국채나 통안채는 (   ), 지방채나 특수채는 (   )까지 예외적으로 투자할 수 있다.

60 동일법인이 발행한 지분증권에 대해서는 '집합투자기구의 자산총액의 10%, 동일한 집합투자기구업자가 운용하는 모든 집합투자기구의 자산총액기준으로는 (   )%'까지 투자할 수 있다.

61 파생상품매매에 따른 위험평가액은 공모펀드의 경우 집합투자 순재산총액의 (   ), 사모펀드의 경우 (   )를 초과할 수 없다.

62 동일 거래상대방과의 (장내파생상품 / 장외파생상품) 매매에 따른 거래상대방 위험평가액이 각 펀드 자산총액의 10%를 초과할 수 없다.

63 집합투자기구에서 국내소재 부동산을 취득한 경우에는 취득일로부터 (   )년 이내, 국외부동산의 경우 집합투자규약에서 정하는 기간 이내에는 처분할 수 없는 것이 원칙이다.

64 집합투자기구가 다른 집합투자증권에 투자할 경우, 동일한 집합투자기구에 대한 투자는 해당 집합투자기구 자산총액의 (   )를, 동일한 집합투자업자가 운용하는 전체 집합투자기구들에 대한 투자는 자산총액의 (   )를 초과할 수 없다.

65 다른 집합투자기구에 주로 투자하는 펀드(재간접펀드 ; FOFs)에 대한 투자는 금지되는데, 재간접투자기구란 집합투자재산의 (   ) 이상을 타집합투자기구에 투자하는 펀드를 말한다.

66 (공모)집합투자기구는 사모집합투자기구에 펀드재산의 (   )를 초과하여 투자할 수 없다.

⊕ 정답과 해설

59 100%, 30% ▶ 안전하므로 예외를 허용하는 것
60 20 ▶ 각 10%, 전체의 20%(→ 지분증권에 대한 취득제한은 ① 분산투자강제, ② 무분별한 경영권위협문제의 억제를 위한 것임)
61 100%, 400% ▶ 순자산총액의 100%, 400%(기준이 자산총액이 아니라 순자산총액임에 주의)
62 장외파생상품 ▶ 거래상대방위험(신용위험)은 장내상품에는 존재하지 않는다.
63 1 ▶ 이는 사모펀드에도 적용된다.
64 20%, 50% ▶ 각 펀드 20% – 전체 펀드 50%
65 40% ▶ 재간접펀드는 타펀드에 투자하는 것을 주목적으로 하는 펀드인데, 재간접펀드에 대한 투자를 금지하는 것은 재재간접펀드를 허용하지 않는 차원이다(전문성이 지나치게 약화).
66 5% ▶ 동 규제가 없으면 공모펀드가 실질적으로 사모펀드가 될 수도 있다.

67 각 집합투자기구는 자산총액의 (　　)까지 증권차입을 할 수 있으며, 증권대여는 보유하고 있는 증권총액의 (　　)까지 가능하다.

68 공모펀드는 부실화방지를 위하여 집합투자기구의 금전차입과 대여를 원칙적으로 금지한다. 그러나, 대량환매로 인해 환매자금이 부족한 경우에는 예외적으로 차입을 허용하는데 이 경우에도 차입의 대상이 (　　　)이어야 하며, 순자산총액의 (　　)까지만 차입이 허용된다.

69 집합투자업자는 펀드재산의 운용에 있어 집합투자재산인 지급보증을 포함하여 금전을 대여할 수 없다. 단, 금융기관에 대한 30일 이내의 단기대출은 허용된다. ☐ O ☐ ×

70 집합투자업자는 이해관계인과 거래를 할 수 없는데, 집합투자재산의 (　　　) 이상을 보관하는 신탁업자나, 집합투자증권을 (　　) 이상을 판매하는 판매업자는 이해관계인으로 간주된다.

71 이해관계인이 되기 (　　　) 이전에 체결한 계약에 따른 거래는 이해관계인과의 거래제한의 예외가 인정된다.

72 집합투자업자는 계열사가 발행한 지분증권에 투자할 경우, 각 펀드 자산총액의 25% 및 자신이 운용하는 전체 펀드 자산총액의 5%를 초과할 수 없다. ☐ O ☐ ×

73 집합투자업자는 공모 집합투자기구의 운용실적에 연동하여 성과보수를 받는 것은 절대 금지된다. ☐ O ☐ ×

74 집합투자로 취득한 주식에 대한 의결권행사는 운용의 한 부분에 해당하므로 (　　　　)가 의결권을 행사한다.

⊕ **정답과 해설**

67 20%, 50% ▶ '차입 20% -. 대여 50%', [참고] 환매조건부매도는 증권총액의 50%를 초과할 수 없다.
68 금융기관, 10% ▶ 차입을 한 경우 차입금을 변제하기 전까지는 투자대상자산의 매입이 불가하다(2017 개정사항).
69 O
70 30%, 30% ▶ 이해관계인의 정의 및 거래제한 내용 숙지
71 6개월
72 O ▶ 계열사 지분증권에 대한 투자는 '각 25%, 전체 5%'로 암기
73 × ▶ 요건 충족 시 예외가 인정된다(요건은 본문 참조).
74 집합투자업자

75 집합투자업자가 의결권행사여부를 공시해야 하는 의결권공시대상 법인은 '펀드재산의 ( ) 이상 또는 ( ) 이상의 주식을 펀드가 소유할 경우' 그 주식을 발행한 기업을 말한다.

76 집합투자업자는 자산운용보고서를 ( )에 ( ) 이상 투자자에게 교부해야 한다.

77 수시공시사항이 발생하면 ① 판매업자 및 협회의 인터넷홈페이지에 공시하는 방법, ② 판매회사가 투자자에게 전자우편으로 알리는 방법, ③ 집합투자업자나 판매업자의 본·지점 등에 게시하는 방법에서 (①②③중 하나를 / ①②③ 모두를) 공시하는 방법으로 이행해야 한다.

78 투자운용인력의 변경, 환매연기가 발생하였을 때 지체 없이 공시해야 하는데, 이는 (   ) 에 해당한다.

79 투자자는 집합투자업자에게 영업시간 내에 이유를 기재한 서면으로 그 집합투자재산에 관한 장부·서류의 열람이나 등초본의 교부를 청구할 수 있는데, 이때 집합투자업자는 정당한 사유 없이는 요구를 거부할 수 없다. 이때 투자자는 집합투자증권 ( ) 이상을 가진 자를 말한다.

80 집합투자업자는 파생상품매매에 따른 위험평가액이 집합투자기구 자산총액의 ( )를 초과할 경우, 위험지표 등에 대한 공시의무가 부과된다.

81 집합투자업자는 장외파생상품매매에 따른 위험평가액이 집합투자기구 자산총액의 ( )를 초과할 경우, 장외파생상품 운용에 따른 위험관리방법을 작성하여 (   )의 확인을 받아 금융위에 신고해야 한다.

⊕ **정답과 해설**

75 5%, 100억원
76 3개월, 1회 ▶ 집합투자재산을 10만원 이하 보유하고 있는 투자자에게는 '자산운용보고서를 교부하지 않는다는 집합투자규약이 있다면' 교부를 하지 않아도 된다.
[참고]

자산운용보고서	자산보관·관리보고서
집합투자업자 → 투자자, 분기별 1회 이상	신탁업자 → 투자자, 사유발생일로부터 2개월 이내

77 ①②③ 모두를
78 수시공시
79 1좌 ▶ 수량제한 없이 행사가 가능하다. 거부할 수 있는 '정당한 사유'는 본문 참조
80 10%
81 10%, 신탁업자

82 공모형부동산펀드는 특례로써 순자산총액의 (　　)까지 차입이 가능하며, 대여는 순자산총액의 (　　)까지 가능하다. 부동산펀드가 아니라도 펀드재산에 부동산을 보유하고 있다면 그 가액의 (　　)까지 차입이 가능하며, 차입한 금액은 부동산 취득에만 사용해야 한다.

83 부동산개발사업을 할 경우 사전에 (　　　　)를 작성하고 공시해야 하며, 부동산을 취득하고 처분한 후에는 (　　　　)를 작성하고 비치해야 한다.

84 (　　　　　)는 집합투자재산의 50%를 초과하여 증권에 투자하되 부동산집합투자기구나 특별자산집합투자기구가 아닌 펀드를 말한다.

85 집합투자재산의 50%를 초과하여 부동산투자회사의 주식에 투자하면 (　　)집합투자기구가 된다.

86 집합투자재산을 운용함에 있어 투자대상자산의 제한을 받지 않는 집합투자기구는 (　　　　　)이다.

87 특별자산집합투자기구에서의 (　　　)이란, 증권과 부동산을 제외한 투자대상자산을 말한다.

88 단기금융집합투자기구(MMF)는 집합투자재산의 (　　　)를 단기금융상품에 투자하는 펀드를 말한다.

89 MMF는 편입한 자산의 가중평균 잔존만기가 (　　) 이내이어야 한다.

90 MMF는 증권의 대여와 차입이 금지된다.　　　　　　　　　　　　　| O | X |

⊕ **정답과 해설**

82 200%, 100%, 70%
83 사업계획서, 실사보고서
84 증권집합투자기구
85 부동산　▸부동산집합투자기구 중 증권형부동산집합투자기구에 해당한다.
86 혼합자산집합투자기구
87 특별자산
88 전부(또는 100%)
89 75일
90 O　▸타 집합투자기구에서 증권의 차입은 펀드재산의 20%, 대여는 50%까지 가능하다.

91 MMF에서 CD는 남은 만기가 (   ) 이내, 국채는 (   ) 이내, 지방채나 특수채는 (   ) 이내로 운용해야 한다.

92 MMF가 남은 만기가 1년 이상인 국채에 투자할 경우는 집합투자재산의 (   )를 초과할 수 없다.

93 MMF는 펀드재산의 (   ) 이상을 채무증권으로 운용해야 하며, 투자대상인 채무증권은 신용평가등급상 상위 (   ) 등급 이내이어야 한다.

94 MMF가 동일법인이 발행한 채무증권에 투자할 경우 최상위등급의 채권에는 (   ), 차상위등급의 채권에는 (   )를 초과할 수 없다.

95 MMF는 다른 MMF에 투자할 수 (있다 / 없다).

96 원칙적으로 환매금지형으로 설정·설립해야 하는 펀드는 (   ), (   ), (   ) 집합투자기구이며, 이들은 설정·설립일로부터 (   ) 이내에 증권시장에 상장할 의무가 있다.

97 폐쇄형펀드는 기준가격의 산정 및 공고에 관한 규정이 적용되지 않는다. ○ ┃ ×

98 (   )에 편입된 여러 클래스의 펀드는 판매수수료체계는 서로 다르되, 운용보수 및 신탁보수는 반드시 동일해야 한다.

99 종류형집합투자기구는 특정 종류의 집합투자자만으로도 총회개최가 가능하다. ○ ┃ ×

⊕ **정답과 해설**

91 6개월, 5년, 1년
92 5% ▸ 가중평균 잔존만기를 75일 이내로 맞추기 위한 규정이다.
93 40%, 2개
94 5%, 2% ▸ 어음의 경우는 최상위 3%, 차상위 1%이다.
95 있다.
96 부동산, 특별자산, 혼합자산, 90일
97 ○ ▸ 환매를 하지 않으므로(상장되어 거래), 매일 매일 기준가격을 공고할 필요가 없다.
98 종류형집합투자기구(Multi-class fund)
99 ○

100 전환형집합투자기구는 동일 세트 내의 펀드에서 다른 펀드로 전환할 경우 환매수수료를 징구하지 않는다. ☐ O ☐ ✕

101 모자형집합투자기구에서 투자자에게 공모하는 대상은 (모 / 자)집합투자기구이다.

102 모자형펀드는 운용의 효율성을 위한 것이지만, (   )는 전문능력의 아웃소싱을 위한 것이다.

103 ETF는 설정일로부터 (   ) 이내에 상장해야 한다.

104 ETF는 운용제한의 예외로서 자산총액의 (   )까지 동일종목에, 동일법인이 발행한 지분증권 총수의 (   )까지 동일지분증권에 투자할 수 있다.

105 ETF는 이해관계인과의 거래를 할 수 있다. ☐ O ☐ ✕

106 집합투자재산은 원칙적으로 시가로 평가하고, 시가를 구할 수 없는 경우에는 (   )으로 평가해야 한다. 다만, (   )에 대하여는 장부가평가를 허용하고 있다.

107 (   )이란, 집합투자재산평가위원회가 충실의무를 준수하고 평가의 일관성을 유지하며 평가한 가격을 말한다.

108 MMF의 장부가와 시가의 차이가 (   )를 초과하거나 초과할 염려가 있는 경우에는 집합투자 규약이 정하는 바에 따라 필요한 조치를 해야 한다.

⊕ **정답과 해설**

100 O
101 자(子)
102 재간접펀드
103 30일 ▸ 환매금지형의 90일과 구분해야 한다.
104 30%, 20% ▸ ETF가 편입하는 것은 지수의 구성을 위한 것이므로 동일종목이나 지분증권 투자 한도(각 10% − 전체 20%)의 예외가 적용된다.
105 O ▸ 할 수 있다(일반펀드와는 다름).
106 공정가액, MMF
107 공정가액
108 1,000분의 5

109 기준가격은 기준가격 공고·게시일 전일의 집합투자기구 대차대조표상에 계상된 (   )에서 (   )을 뺀 금액을 그 공고·게시일 전일의 집합투자증권 총수로 나누어서 산정한다.

110 집합투자업자가 공고, 게시한 기준가격이 잘못 계산된 경우 기준가격을 변경하고 다시 공고, 게시해야 한다. 단, MMF의 경우 그 차이가 (   )을 초과하지 않는 경우는 재공고를 하지 않아도 된다.

111 투자신탁이나 투자회사 등이 기준가격을 변경하고자 할 때에는, 사전에 (   )과 (   )의 확인을 받아야 하며, 변경내용은 금융위에 보고해야 한다.

112 집합투자업자 또는 투자회사 등은 각 집합투자재산에 대해 회계기간의 말일 등부터 (   ) 이내에 회계감사인의 감사를 받아야 한다. 단, 자산총액이 (   ) 이하인 집합투자기구 등은 외부감사가 면제된다.

113 집합투자재산의 운용에 따라 발생한 이익금을 투자자에게 금전 또는 새로 발행하는 집합투자증권으로 분배해야 한다. 다만, 집합투자규약에 정함이 있으면 이익금의 분배를 유보할 수 있으며 또는 초과분배도 가능하다. 단, (   )는 유보가 불가하다.

114 신탁업자가 집합투자재산을 보관·관리함에 있어서 고유재산과의 거래는 금지된다. 단, 금융기관예치나 단기대출의 경우 고유재산과 거래를 할 수 있다. ○ ×

115 집합투자재산을 보관·관리하는 신탁업자는 집합투자업자의 운용행위를 감시하는 기능도 있는데 여기서 말하는 감시기능이란 예를 들어 (시장을 능가하는 수익률의 달성여부 / 집합투자규약에서 정하는 편입비중을 준수하는지의 여부)를 감시하는 것을 말한다.

⊕ **정답과 해설**

109 자산총액, 부채금액 ▶ 기준가격 = 순자산총액/발행증권총수
110 1만분의 5
111 준법감시인, 신탁업자
112 2개월, 300억원 ▶ '2300'으로 암기
113 MMF(또는 단기금융집합투자기구)
114 ○ ▶ 안전한 거래이고 운용의 효율성을 높일 수 있어 허용된다.
115 집합투자규약에서 정하는 편입비중을 준수하는지의 여부 ▶ 소극적 감시기능이라 한다.

116 집합투자업자가 펀드재산의 운용과정에서 법령이나 규약을 위반할 경우, 투자회사의 경우 신탁업자는 (   )에게 위반사항을 보고해야 한다.

117 (   )가 산정한 기준가격과 (   )가 산정한 기준가격의 편차가 1000분의 3을 초과하는 경우에는 지체 없이 집합투자업자에게 또는 투자회사의 감독이사에게 그 시정을 요구해야 한다.

118 집합투자재산을 보관·관리하는 신탁업자는 펀드의 회계기간 종료, 존속기간 종료 등 사유발생일로부터 (   ) 이내에 자산보관·관리보고서를 투자자에게 제공해야 한다.

119 투자신탁의 해지는 (   )와 (   )로 구분되는데, 투자신탁이 해지되면 투자신탁 계약관계는 종료되고 신탁재산은 투자자에게 지급된다.

120 집합투자업자는 (   ) 사유가 발생하면 지체 없이 투자신탁을 해지하고 그 사실을 금융위에 보고해야 하며(사후보고), 임의로 해지를 하려면 사전에 금융위 승인을 얻어야 한다. 다만, 공모·개방형펀드로서 설정 후 1년이 되는 날에 원본액이 (   ) 미만인 경우나 수익자 전원이 동의하는 등의 경우, 수익증권 전부에 대한 환매요청이 있는 경우에는 사전승인을 받지 않고도 해지할 수 있다.

121 수익자총회에서의 해지 결의는 (   ) 사유이다.

122 수익자 전원이 해지에 동의하는 경우는 (   ) 사유이다.

123 집합투자업자는 투자신탁 해지로 인해 투자신탁관계가 종료되면 투자신탁재산을 결산하여 (   )과 이익분배금을 수익자에게 지급해야 한다.

⊕ **정답과 해설**

116 **감독이사** ▸ 그리고 감독이사가 집합투자업자에게 시정을 요구해야 한다.

117 **집합투자업자, 신탁업자**

118 **2개월**

119 **임의해지, 법정해지**

120 **법정해지, 50억원**

121 **법정해지** ▸ 계약기간종료, 피흡수합병, 수익자총회 해지결의, 수익자총수가 1인인 경우

122 **임의해지** ▸ 수익자 전원의 동의, 수익증권전부에 대한 환매청구 등은 임의해지 사유이다('임동환'으로 암기).

123 **상환금** ▸ 원금＝상환금, 수익금＝이익분배금

124 합병계획서를 작성하여 합병하는 각 투자신탁(투자회사)은 (   )의 승인을 얻어야 한다.

125 집합투자기구의 합병은 법적형태가 같은 집합투자기구 간에만 허용된다. 〔 ○ │ × 〕

126 공모 집합투자기구는 설립 전에 금융위에 등록해야 하지만, 사모집합투자기구는 설립 후 (   ) 내로 금융위에 등록하면 된다.

127 사모집합투자기구는 2015년 자본시장법의 사모펀드체계 개편에 따라, (   ) 사모집합 투자기구와 (   ) 사모집합투자기구로 구분된다.

128 전문투자형 사모집합투자기구의 등록요건은 필요자기자본이 (   ) 이상, 상근 임직원으로 서 투자운용인력이 (   ) 이상이며, 물적설비나 이해상충방지체계 등을 갖추어야 한다.

129 파생상품매매에 따른 위험평가액이나 차입금총액이 펀드 순자산총액의 200%를 초과하는 전문투 자형사모펀드의 경우, 동 펀드에 투자할 수 있는 개인이나 법인의 최소투자금액은 3억원이다. 〔 ○ │ × 〕

130 파생상품을 매매할 경우, 파생상품 매매에 따른 위험평가액이 공모펀드의 경우 펀드 순자산총 액의 (   ), 전문투자형사모펀드는 펀드 순자산총액의 (   )를 초과할 수 없다.

131 '경영참여형 사모펀드(PEF)'를 설립하기 위해서는 1인 이상의 (   )과 1인 이상의 (   ) 이 있어야 하며, 사원의 총수는 (   ) 이하이어야 한다.

⊕ **정답과 해설**

124 수익자총회 ▶ 합병은 수익자총회 의결사항이다. 단, 소규모 합병의 경우 수익자총회 결의를 생략할 수 있다.

125 ○ ▶ 투자신탁과 투자신탁 간, 투자회사와 투자회사 간에만 합병이 가능하다.

126 2주일

127 전문투자형, 경영참여형 ▶ 경영참여형 사모펀드를 PEF라고 한다.

128 20억원, 3인

129 ○ ▶ 200% 미만의 전문투자형사모펀드의 경우는 1억원 이상이면 된다.

130 100%, 400%

131 무한책임사원, 유한책임사원, 49인 ▶ 무한책임사원 중에서 1인 이상을 업무집행사원으로 정한다.

132 경영참여형 사모집합투자기구의 업무집행사원이 되고자 할 경우에는, 필요자기자본이 (   ) 이상, 투자운용인력이 (   ) 이상이며, 물적설비나 이해상충방지체계 등을 갖추어야 한다.

133 PEF는 2년 이내에 출자한 금액의 50% 이상을 타회사 지분에 (   ) 이상 투자하는 것을 원칙으로 하며, 취득한 지분은 (   ) 이상 유지해야 한다.

134 외국집합투자기구의 등록요건은 외국집합투자업자요건과 외국집합투자증권 요건으로 나누어져 있는데, 외국집합투자업자는 최근 사업연도말 현재의 운용자산규모가 (   ) 이상이어야 하며, 적격연락책임자를 국내에 둘 것 등의 요건을 갖추어야 한다.

135 (외국집합투자업자 / 외국집합투자증권)의 판매 적격요건은 'OECD가맹국, 홍콩, 싱가폴의 법률에 의해 발행될 것, 보수 등의 투자자비용이 국제관례에 비추어 지나치게 높지 않을 것 등'이다.

136 적격요건을 갖춘 외국집합투자증권을 판매할 경우 증권신고서를 제출하지 않아도 된다.

| ○ | × |

⊕ 정답과 해설

132 1억원, 2인
133 10%, 6개월
134 1조원
135 외국집합투자증권
136 × ▶ 증권신고서 제출, 기준가격 공시, 자산운용보고서 교부의무 등 대부분의 규제는 외국집합투자증권에게도 동일하게 적용된다.

01 펀드 판매절차 1단계인 투자자정보 파악은 (   )의 서류를 통해 파악한다.

02 펀드 판매절차에서, 투자자가 투자자성향에 따른 판매회사의 권유를 거부하고 더 높은 위험수준의 펀드매수를 요청하는 경우 (투자자정보 확인서 / 부적합 금융투자상품 거래확인서)를 받고 판매할 수 있다.

03 적합성 보고서는 (   ), (   ), (   ), (   ), (   ), (   )를 신규투자자 등에 판매할 경우 교부해야 한다.

04 적합성 보고서를 교부하는 대상은 (   ), (   ), (   )이다.

05 우리나라 수익증권의 매매방식은 '수익증권현물거래 → 수익증권예탁통장제도 → 수익증권저축제도'의 순서로 발전되어 왔다.　　　　　　　　　　　　　　　　　　 ○ │ ✕

06 (   )는 수익증권예탁통장제도가 가지고 있는 좌수위주의 보관개념을 금액위주의 저축개념으로 전환시킴으로써 수익증권을 은행의 예금거래와 같이 편리하게 매매할 수 있게 되었다.

07 수익증권저축의 종류는 (   ), (   ), (   )이 있다.

08 저축자가 저축금 인출요건과 저축기간, 저축금액 및 저축목표금액을 정하면 (   ), 정하지 않으면 (   )이다.

⊕ 정답과 해설

01 투자자정보 확인서
02 부적합 금융투자상품 거래확인서
03 ELS, ELF, ELT, DLS, DLF, DLT
04 신규투자자, 고령투자자, 초고령투자자
05 ○
06 수익증권저축제도
07 임의식, 목적식, 목표식
08 목적식, 임의식

09 (임의식 / 목표식) 저축은 편리하게 납입하고 인출할 수 있는 장점이 있으나, 인출 시 환매수수료 면제혜택이 없다.

10 목적식 저축에는 거치식과 적립식이 있는데, 중도인출금에 대해서 환매수수료를 징구하지 않는 것은 (   )이다.

11 수익증권저축의 종류 중에서 중도인출금에 대해서 환매수수료를 징구하지 않는 거치식에는 (   ), (   )이 있다.

12 정액적립식의 경우 저축자가 (   ) 이상 저축금을 납입하지 않은 경우에는 저축자에게 (   ) 이상의 기간을 정하여 납입최고를 한 후, 추가납입이 안 될 경우 계약을 해지할 수 있다.

13 (   ) 저축은 임의식과 적립식을 혼합한 저축방식인데, 이와 유사하면서도 편리한 자유적립식이 도입되면서 현재 널리 이용되지 않는 것이 현실이다.

14 저축자의 요청이 있을 경우, 저축목표금액의 도달과 관계없이 저축기간을 종료하거나 연장할 수 있고, 저축목표금액의 감액이나 증액도 가능하다. 　　　　　　　　　　　　　　　　　○ ✕

15 저축기간은 수익증권의 최초매수일부터 시작한다. 　　　　　　　　　　　　　　　　　○ ✕

16 저축자는 현금이나 즉시 받을 수 있는 수표, 어음 등으로 저축금을 납입할 수 있다. 　　　　　　　　　　　　　　　　　○ ✕

17 판매회사는 수익증권을 1좌 단위로 매각 또는 환매할 수 있다. 　　　　　　　　　　　　　　　　　○ ✕

⊕ 정답과 해설

09 임의식

10 거치식 ▸ 거치식에는 수익금인출식, 일정금액인출식이 있다.

11 수익금인출식, 일정금액인출식

12 6개월, 14일

13 목표식

14 ○

15 ○

16 ○

17 ○

18 판매회사는 월간 매매내역, 잔량현황 등을 다음 달 (　　)까지 저축자에게 통지해야 한다. 그리고 반기동안 매매나 그 밖의 거래가 없는 경우에는 그 반기 종료 후 (　　)까지 저축자에게 통지해야 한다.

19 저축기간을 월 또는 연단위로 정한 경우, 저축기간이 만료되는 월의 최초납입상당일을 만기지급일로 한다. 단, 만료되는 월에 그 해당일이 없는 경우에는 그 월의 말일을 만기지급일로 한다. ○ ×

20 2018년 6월 30일에 가입하고 만기를 3개월로 한다면 만기지급일은 (2018년 9월 30일 / 2018년 9월 31일)이다.

21 2018년 8월 31일에 가입하고 만기를 6개월로 한다면 만기지급일은 (2019년 2월 말일 / 2019년 3월 1일)이다.

22 저축기간을 일단위로 정한 경우, 수익증권의 최초매수일로부터 계산하여 저축기간이 만료되는 날을 만기지급일로 한다. ○ ×

23 2018년 5월 15일에 가입하고 저축기간을 10일로 하면 만기지급일은 (　　　)이다.

24 투자자의 환매요청에 따라 저축재산을 일부 인출할 경우 (선입선출법 / 후입선출법)에 의해 지급한다.

25 저축자는 판매회사의 동의가 없어도, 저축계좌의 저축금 및 수익증권을 양도할 수 있다. ○ ×

⊕ **정답과 해설**

18 20일, 20일
19 ○
20 2018년 9월 30일
21 2019년 2월 말일
22 × ▸ '만료되는 날의 다음영업일'을 지급일로 한다.
23 5월 25일 ▸ 5월 15일 + 10일
24 선입선출법
25 × ▸ 판매회사의 동의 없이는 양도가 불가하다. 판매회사의 동의 없이 저축통장만 양도해봐야 효력이 없기 때문이다.

26 저축기간을 1년 이상으로 하는 목적식 저축에서, 저축기간 종료 후 수익증권을 환매할 경우 환매수수료 징구를 면제한다. ○ ✕

27 저축기간을 연장하고 기존의 종료기간 이후에 수익증권을 환매할 경우 환매수수료 징구를 면제한다. ○ ✕

28 가입일이 2018년 5월 10일인 목적식 저축의 저축기간은 1년이다. 환매일이 2019년 5월 20일이라면 환매금액에 대한 환매수수료가 (면제된다 / 면제되지 않는다).

29 저축재산에서 발생한 이익분배금을 새로 발행하는 집합투자증권으로 받고, 해당 집합투자증권을 환매할 경우는 환매수수료가 면제된다. ○ ✕

30 소규모 투자신탁을 해지하고 그 자금으로 판매회사로부터 안내받은 수익증권을 매수한 경우 선취판매수수료를 면제하고, 해당 수익증권을 환매할 경우에는 후취판매수수료 및 환매수수료를 면제한다. ○ ✕

31 저축자 간 과세금액을 확정하기 위해 수익증권을 양도하고 그 환매대금으로 즉시 해당 수익증권을 재매수한 때에는 환매분에 대한 환매수수료를 면제한다. ○ ✕

32 저축자가 세금정산을 목적으로 수익증권 전부를 환매하고 즉시 그 환매자금으로 해당 수익증권을 재매입한 때에는, 환매 시의 환매수수료와 매입 시의 판매수수료를 연 (   )에 한하여 면제한다.

33 펀드 매입 시 좌수는 매입금액을 기준가격으로 나누어서 구하는데, 이때 (좌수절상 / 좌수절사)이 적용된다.

⊕ **정답과 해설**

26 ○
27 ○
28 면제된다.
29 ○ ▸재투자분에 대해서는 환매수수료를 면제한다(재투자 활성화 차원).
30 ○ ▸이때 판매보수는 면제대상이 아니다.
31 ○
32 2회
33 좌수절상 ▸1,000,000원으로 기준가격 1,148.25에 매입 시 870,890.4855가 된다. 이때 수익증권 좌수는 870,890좌(좌수절상)로 한다.

34 '환매 시 출금금액 = 환매 시 평가금액 − (   ) − 세액'이다.

35 집합투자기구의 세제는 펀드단계와 투자자단계로 나누어 살펴볼 수 있는데, 펀드단계의 소득에 대해서는 과세하지 않는다.   ○ ✕

36 현행 소득세법은 거주자별로 연간 금융소득의 합계액이 2천만원 이하인 경우는 원천징수로써 납세의무를 종결하며, 2천만원을 초과하는 경우에는 그 초과분을 다른 소득과 합산하여 누진세율로 과세한다.   ○ ✕

37 환매조건부채권의 매매차익은 비열거소득이므로 과세대상이 아니다.   ○ ✕

38 직장공제회 초과반환금은 (이자소득 / 배당소득)에 해당한다.

39 저축성보험의 보험차익은 (이자소득 / 배당소득)에 해당한다.

40 저축성보험의 보험차익은 최초납입일로부터 만기일 또는 중도해지일까지의 기간이 10년 이상인 계약으로써, '종신형으로 연금을 수령할 것, 보험료 합계액이 (   ) 이하일 것, 5년 이상의 월납 보험계약으로서 월납 금액이 (   ) 이하일 것' 중의 하나를 충족하면 비과세이다.

41 집합투자기구로부터의 이익은 (이자소득 / 배당소득)에 해당한다.

42 형식상으로는 배당이 아니라도 사실상 회사의 이익이 주주 등에 귀속되는 경우 이를 배당으로 간주하는 것을 (   )이라 한다.

⊕ **정답과 해설**

34 환매수수료
35 ○ ▸ 투자자가 환매를 할 때 배당소득세로 과세한다(펀드단계가 아닌 투자자단계에서 과세).
36 ○ ▸ 금융소득종합과세의 과세방법을 말한다.
37 ✕ ▸ 이자소득으로 과세한다.
38 이자소득
39 이자소득
40 1억원, 150만원
41 배당소득
42 의제배당

43 ELS, DLS, ETN으로부터 발생하는 수익은 '유사 배당소득'으로서 배당소득으로 과세한다.

| ○ | × |

44 장내파생상품이나 ELW의 매매차익은 비열거소득으로 비과세되었으나, 2016년부터 'KOSPI200을 기초자산으로 하는 선물, 옵션, ELW'에 한해서 (　　　　　)로 과세한다.

45 KOSPI200 주가지수선물에 대한 양도차익은 비열거소득이므로 과세가 되지 않는다.

| ○ | × |

46 집합투자기구로부터의 이익은 (　　　　)로 과세하고, 집합투자기구 이외의 신탁의 이익은 소득의 내용별로 과세를 한다.

47 소득세법 상 변액보험을 세법 상 집합투자기구에서 제외하고 있어, 변액보험의 수익에 대해서는 저축성보험의 보험차익(이자소득)으로 과세한다.

| ○ | × |

48 소득세법 상 적격 집합투자기구의 요건은 (1) 자본시장법에 의한 집합투자기구일 것, (2) 집합투자기구 설정일로부터 매년 1회 이상 결산·분배할 것, (3) 금전으로 위탁받고 금전으로 환급할 것, (4) 자본시장법에 의한 사모집합투자기구일 경우, 특정단독사모집합투자기구가 아닐 것의 4가지 요건을 갖추어야 한다.

| ○ | × |

49 세법 상 적격집합투자기구 요건을 충족할 경우 '운용보수·수탁보수 등'의 보수가 비용으로 (인정되어 / 인정되지 않아) 비적격에 비해 절세효과가 크다.

⊕ 정답과 해설

43 ○ ▸ 용어가 비슷한 것으로써 ETF는 상장주식과 같으므로 비과세이다. ELW도 상장되고 거래되어 비과세가 원칙이지만 코스피200을 기초자산으로 하는 것에 한해서 양도소득세가 부과된다.

44 **양도소득세** ▸ 즉, 코스피200을 기초자산으로 하는 ELW의 매매차익은 양도소득세의 과세대상이지만, 코스피200이 아닌 개별주식 등을 기초자산으로 할 경우는 비과세이다.

45 × ▸ 2016년부터 과세가 시작되었다(2018년부터 탄력세율 10% 적용).

46 **배당소득세** ▸ 집합투자기구 이외의 신탁은 은행의 신탁상품(특정금전신탁이나 재산신탁)을 말한다.

47 ○

48 ○ ▸ 특정단독사모집합투자기구란 거주자 1인 또는 그 특수관계인으로만 이루어지고 투자자가 사실상 자산운용의 의사결정을 하는 펀드를 말한다.

49 **인정되어**

50 세법 상 적격 집합투자기구는 비적격과는 달리 일부손익과세제외 제도가 (적용된다 / 적용되지 않는다).

51 상장주식의 매매차익은 일부손익과세제외의 대상이다. ☐ O ☐ X

52 일부손익과세제외 제도는 직접투자와 간접투자의 과세형평을 고려한 것인데, 채권의 매매차익은 직접투자에서는 비과세이지만 펀드투자에서는 과세가 된다는 점에서 과세형평이 완전히 실현되는 것은 아니다. ☐ O ☐ X

53 집합투자기구로부터의 이익은 집합투자기구에 소득이 귀속되는 때가 아니라 투자자에게 소득이 분배되는 때에 과세한다. ☐ O ☐ X

54 투자신탁 외의 신탁(자본시장법상의 투자신탁이 아닌 특정금전신탁 등을 말함)은 원칙적으로 소득이 신탁재산에 귀속되는 때가 수입시기가 된다. 다만, 귀속 시마다 원천징수하는 불편함을 덜기 위하여 귀속된 날로부터 (   ) 이내 특정일을 과세시기로 한다.

55 투자자가 집합투자증권을 환매하지 않고 양도하여 얻은 이익에 대해서도 배당소득세로 과세한다. ☐ O ☐ X

56 펀드 내의 부동산을 양도하여 얻은 이익에 대해서는 양도소득세가 과세되지 않고, 투자자가 환매 또는 이익분배금으로 수령 시에 배당소득으로 과세된다. ☐ O ☐ X

57 거주자의 소득은 '종합소득, 양도소득, 퇴직소득'으로 분류된다. ☐ O ☐ X

⊕ 정답과 해설

50 **적용된다.** ▸ 일부손익과세제외 제도는 직접투자 시 비과세가 된다면 이를 펀드투자에도 적용하여 과세형평성을 실현하고자 하는 제도이다.

51 O ▸ 상장주식, 비상장에서는 벤처기업 주식, 상장주식을 기초자산으로 하는 장내파생상품이 일부손익과세제외의 대상이다.

52 O

53 O ▸ 집합투자기구로부터의 이익(적격펀드)은 투자자가 환매할 때 과세한다.

54 **3개월**

55 O ▸ 환매가 아닌 양도의 경우는 양도소득세를 과세하였으나 2011년 후로 배당소득세로 전환되었다.

56 O ▸ 적격 펀드 내의 모든 수익(부동산양도소득 포함)에 대해서 투자자가 환매할 때 배당소득세가 부과된다.

57 O ▸ 양도소득과 퇴직소득은 종합소득에 합산하지 않고 분류과세한다.

58 금융소득을 지급할 때에는 (1) 무조건 분리과세, (2) 조건부 종합과세, (3) 무조건 종합과세의 절차에 따라 과세한다. ☐ O ☐ X

59 금융소득 지급 시 예외적으로 원천징수가 되지 않았다면 기준금액 2천만원에 미달하더라도 종합과세를 해야 하는데, 이는 ( )의 절차에 해당된다.

60 집합투자기구로부터의 이익에 대해서 배당소득세를 과세할 경우, 금융소득합산 2천만원까지는 14%(지방세 별도)의 원천징수세율로 과세하여 납세의무를 종결하고, 2천만원 초과분에 대해서는 타 종합소득에 합산하여 기본세율(6%~42%)로 종합과세한다. ☐ O ☐ X

⊕ **정답과 해설**

58 O
59 **무조건 종합과세** ▸ 양도소득과 퇴직소득은 종합소득에 합산하지 않고 분류과세한다.
60 O

01 도덕규칙을 지킬 경우 나쁜 결과가 예상된다면 도덕규칙을 지키지 않아도 된다는 것은 (의무론 / 목적론)적 윤리기준이다.

02 윤리에 합당한 법, 정의에 좀 더 부합하는 법은 (있는 그대로의 법 / 있어야 할 법)이다.

03 기업윤리가 (거시적 / 미시적) 개념이라면 직무윤리는 (거시적 / 미시적) 개념이다.

04 기업윤리는 (윤리강령 / 임직원 행동강령)으로 반영되는 것이 일반적이다.

05 '이윤추구를 최고의 목표로 삼고 이익추구와 상충하는 경우 직무윤리는 물론 법규조차 준수하지 않는' 경영방식을 (비윤리경영 / 합법경영 / 윤리경영)이라 한다.

06 '경영과 윤리를 별개의 영역으로 인식하고 합법적 테두리 안에서는 직무윤리를 무시해도 좋다'는 경영방식을 (비윤리경영 / 합법경영)이라 한다.

07 '경영의 적법성뿐만 아니라 법과 제도의 취지 및 직무윤리를 경영에 적용하는 경영방식'으로 경제적책임, 법적책임 및 윤리적책임을 부담하는 경영방식을 (   )이라 한다.

08 직무윤리는 오늘날과 같은 포스트 산업사회에서 신용 또는 믿음이라는 (   )으로 인식된다.

⊕ **정답과 해설**

01 **목적론** ▶ 칸트의 도덕이론은 의무론, 밴담과 밀의 공리주의는 목적론을 대표한다.
02 **있어야 할 법** ▶ 법은 최소한의 윤리이며, 윤리를 최대한 반영하는 법은 있어야 할 법이다.
03 **거시적, 미시적**
04 **윤리강령** ▶ 임직원 행동강령은 직무윤리이다.
05 **비윤리경영**
06 **합법경영**
07 **윤리경영**
08 **무형의 자본** ▶ 직무윤리는 무형의 자본이자 기업의 지속성장을 위한 윤리인프라이기도 하다.

09 윤리는 경제적으로 이득이 되지는 않지만 신뢰(reliability)나 평판(reputation)에 중대한 영향을 주므로 최대한 준수하는 것이 좋다. ☐ O ☐ ×

10 (   )에서 직무윤리의 중요성이 더 큰 이유는 판매대상인 금융투자상품의 원본손실 가능성, 고객자산의 수탁, 불특정다수와의 비대면거래 등의 산업특성 때문이다.

11 직무윤리준수가 자기보호(safeguard)의 역할을 하는 것은 모든 산업에 해당된다. ☐ O ☐ ×

12 직무윤리는 강행규정이 아니다. ☐ O ☐ ×

13 '금욕적인 생활윤리에 기반한 노동과 직업은 신성한 것이다'라는 사상으로 초기 자본주의 발전의 토대를 마련한 사람은 (칼뱅 / 베버)이다.

14 국제투명성기구(TI)가 평가한 국가별 부패인식지수를 볼 때, 한국은 경제규모에 비해 윤리수준이 (높게 / 낮게) 평가되고 있다.

15 윤리경영을 평가하는 국제적인 지표 중 사회적 책임을 평가하는 것은 (BITC / CR Index)이다.

16 2016년 9월 28일부터 시행된 법률로써 소위 '김영란법'이라고도 불리는 법은 (   )이다.

17 직무윤리는 직무행위에 종사하는 일체의 자를 대상으로 하는데, 여기서 '일체의 자'란 회사와의 고용관계에 있지 않는 자, 무보수로 일하는 자, 금융투자전문인력 자격이 없는 자 등을 포함한다. ☐ O ☐ ×

⊕ **정답과 해설**

09 × ▸ 윤리는 결과적으로는 경제적으로도 이득이 된다(Ethics does pay).

10 금융투자산업

11 O ▸ 금융투자산업에서 좀 더 크게 작용하지만 모든 산업에 공통된다.

12 × ▸ 강행규정이다. 직무윤리 위반 시 법적처벌을 받을 수도 있다(예 신의성실의 양면성).

13 칼뱅 ▸ 베버는 '프로테스탄티즘의 윤리와 자본주의 정신'이라는 사상으로 근대 자본주의 발전의 동인이 되었다고 평가된다.

14 낮게

15 CR Index ▸ Corporate Responsibility Index는 사회적 책임을 평가하는 지표이다.

16 청탁금지법 ▸ 1회 100만원, 1년 300만원을 초과하는 금품을 받으면 대가성과 직무관련성을 따지지 않고 법적처벌을 하는 법률이다.

17 O ▸ 정식고용관계 여부, 보수의 유무 등을 불문하고 오직 관련 직무에 종사할 경우 직무윤리의 준수대상이 된다.

18 (   )는 금융투자업과 관련된 일체의 직무활동으로서 투자정보의 제공, 투자의 권유, 금융투자상품의 매매 또는 그 밖의 거래, 투자관리 등과 이에 직접 또는 간접으로 관련된 일체의 행위를 말한다.

19 2015년 12월에 개정된 '금융투자회사 표준윤리준칙'은 16개의 조항으로 구성되어 있는 데, 윤리 준수의 대상이 어딘가에 따라 분류를 하면 (   ), (   ), (   ), (   )의 4가지로 분류할 수 있다.

20 직무윤리에서 가장 기본적이고 핵심이 되는 2가지 원칙은 (   ), (   )이다.

21 금융투자업에서 준수해야 할 가장 중요한 2가지 직무윤리인 '고객 우선의 원칙'과 '신의성실의 원칙'의 기본적인 근거가 되는 의무를 (   )라 한다.

22 '회사와 임직원은 항상 고객의 입장에서 생각하고 고객에게 보다 나은 금융서비스를 제공하기 위해 노력해야 한다'는 금융투자회사 표준윤리준칙 제2조인 (   )에 해당된다.

23 '회사와 임직원은 (   )과 (   )를 가장 중요한 가치관으로 삼고, 신의성실의 원칙에 입각하여 맡은 업무를 충실히 수행해야 한다'는 금융투자회사 표준윤리준칙 제4조인 '신의성실의 원칙'에 해당된다.

24 (   )은 금융투자회사의 임직원이 준수해야 할 직무윤리이면서 동시에 법적 의무이기도 하다.

25 금융투자업 직무윤리의 기본 원칙에 따라 발생하는 의무를 법제화시킨 것은 (   ), (   )이다.

⊕ **정답과 해설**

18 직무행위
19 고객에 대한 의무, 본인에 대한 의무, 회사에 대한 의무, 사회에 대한 의무 ▸고객에 대한 의무의 예로는 '제2조 고객 우선, 제4조 신의성실'이 있다.
20 고객 우선의 원칙, 신의성실의 원칙 ▸이 두 가지는 금융투자회사 표준윤리준칙 2조와 4조에 해당되기도 한다.
21 선량한 관리자로서의 주의의무 ▸선관주의 의무라고 한다.
22 고객 우선의 원칙
23 정직, 신뢰
24 신의성실의 원칙 ▸신의성실원칙의 양면성이라고 한다.
25 이해상충 방지 의무, 금융소비자 보호 의무

26 금융투자업을 영위하는 회사 내에서 (공적업무 / 사적업무)에서 얻은 정보를 (공적업무 / 사적업무)에 이용할 경우 이해상충이 발생한다.

27 이해상충이 발생하는 대표적인 예는 (과당매매 / 과잉권유)이다.

28 이해상충발생가능성이 있다고 판단되는 경우 먼저 해당 고객에게 알려야 하고, 거래를 하기 전에 이해상충발생가능성을 투자자보호에 문제가 없는 수준까지 낮추어야 하며, 낮추는 것이 곤란하다고 판단되는 경우는 해당 거래를 하지 말아야 한다. ○ ×

29 고유자산운용업무와 집합투자업 간에는 정보교류를 차단해야 하는 데, 이때의 정보차단벽을 (   )이라고 한다.

30 고객이익과 회사이익, 직원이익이 충돌할 경우 올바른 업무처리순서는 (   ) → (   ) → (   )의 순서이다.

31 투자매매업자 또는 투자중개업자는 금융투자상품에 관한 매매에 있어서, 자신이 본인이 됨과 동시에 상대방의 투자중개업자가 되어서는 안되는데, 이를 (   )라 한다.

32 자기거래금지의무는 (증권 / 장내파생상품 / 장외파생상품)만을 대상으로 적용된다.

33 금융소비자 보호 의무는 신중한 투자자의 원칙과 (   )에 그 바탕을 둔다.

⊕ **정답과 해설**

26 **사적업무, 공적업무** ▸ 사적업무란 미공개중요정보를 얻을 수 있는 M&A관련 업무를 말한다.
27 **과당매매** ▸ 비교하여 과잉권유는 적합성 원칙에 위배되는 사항이다.
28 **○** ▸ 이해상충의 공시 또는 회피의 원칙이라고도 한다. disclosure → control → avoid
29 **Chinese Wall** ▸ 만리장성처럼 견고한 벽을 쌓아야 한다는 의미이다. 이해상충 방지 의무의 일환이며 충실의무의 개념에 속한다.
30 **고객이익, 회사이익, 직원이익** ▸ 금융투자회사 내부통제기준 제50조의 내용이다.
31 **자기거래금지의무**
32 **장외파생상품** ▸ 상대방이 우연히 결정되는 장내상품은 자기거래금지의 예외가 적용된다.
33 **전문가로서의 주의의무**

34 신중한 투자자의 원칙(Prudent Investor Rule)과 전문가로서의 주의의무는 금융투자업종사자에게 금융소비자 보호 의무를 준수하는 차원에서 부과되는 원칙과 의무이다. ☐ ○ ☐ × ☐

35 전문가로서의 주의의무는 금융회사가 금융소비자에게 판매할 상품을 개발하는 단계에서부터 판매이후 단계까지 전 단계에 걸쳐 적용되는 의무이다. ☐ ○ ☐ × ☐

36 금융투자업종사자가 고객 등의 업무를 수행함에 있어서 '① 그 때마다의 구체적인 상황에서 ② 전문가로서의 ③ 주의를 기울여야 한다'는 주의의무 중에서 결과론적으로 판단하지 말아야 한다는 것은 (① / ② / ③)에 해당하는 의미이다.

37 금융회사는 관련 규정에 따라 금융소비자 보호업무를 총괄하는 금융소비자보호 총괄책임자인 (CEO / CFO / CCO)를 지정해야 한다.

38 ELS가 포함된 특정금전신탁은 파생상품투자권유자문인력 자격증이 있는 임직원이 권유할 수 있는데, 이처럼 임직원의 자격의 적격성을 확보하는 것은 (상품개발 단계 / 상품 판매 이전 단계 / 상품 판매 단계 / 상품 판매 이후 단계)의 금융소비자보호 조치에 해당된다.

39 '요청하지 않는 투자권유의 금지, 부당한 투자권유의 금지 등 준수'는 (상품 판매 이전 단계 / 상품 판매 단계 / 상품 판매 이후 단계)의 금융소비자 보호 의무 이행사항이다.

40 '미스터리 쇼핑, 해피콜서비스, 불완전판매 배상제도 등의 운영'은 (상품 판매 이전 단계 / 상품 판매 단계 / 상품 판매 이후 단계)의 금융소비자 보호 의무 이행사항이다.

⊕ **정답과 해설**

34 ○

35 ○

36 ① ▸ 주의의무에 대한 설명이다. ②는 일반인 이상의 수준으로, ③은 사전적으로 주의(care)해야 한다는 의미이다.

37 CCO ▸ CCO(Chief Consumer Officer)는 대표이사 직속의 독립적인 지위를 갖는다.

38 상품 판매 이전 단계

39 상품 판매 단계

40 상품 판매 이후 단계

41 KYC Rule(Know Your Customer Rule)은 투자자의 (   ), (   ), (   ) 등을 면담·설문조사 등을 통해 파악하고 이를 투자자로부터 서명·기명날인·녹취·ARS 등의 방식으로 확인받아 이를 투자자에게 제공하고 유지·관리하는 것을 말한다.

42 적합성의 원칙은 '고객에게 적합하지 않는 상품을 권유하지 않을 것'이라는 (   )인 적합성 원칙과 '고객에게 가장 적합한 상품을 권유할 것'이라는 (   )인 적합성 원칙을 모두 포함한다.

43 설명의무란, '중요한 내용'에 대해서는 일반투자자가 (   ) 설명하여야 하고, 허위나 누락해서는 안되며, 위반 시 손해배상책임을 지는 것을 말한다.

44 금융소비자에게 제공하는 정보는 알아보기 쉽도록 글자크기가 크고, 읽기 쉽게 제작하여야 하며, 이해도를 높이기 위해 그림이나 기호 등 시각적인 요소를 적극 활용해야 한다. ☐ O ☐ X

45 금융투자상품의 취득으로 인하여 일반투자자가 지급하였거나 지급하여야 할 금전 등의 총액에서 그 금융투자상품의 처분, 그 밖의 방법으로 그 일반투자자가 회수하였거나 회수할 수 있는 금전 등의 총액을 뺀 금액을 제1항에 따른 손해액으로 추정하는데, 이는 자본시장법상 (   )를 위반 시의 손해배상책임의 추정금액을 말한다.

46 금융투자업자는 일반투자자에게 투자권유를 하지 않고 파생상품, 그 밖에 대통령령으로 정하는 금융투자상품(파생상품 등)을 판매하려는 경우에는 면담·질문 등을 통하여 그 일반투자자의 투자목적·재산상황 및 투자경험 등의 정보를 파악해야 하는데, 이를 (   )이라고 한다.

47 투자권유대행인은 파생상품 등을 권유할 수 (있다 / 없다).

⊕ **정답과 해설**

41 **투자목적, 투자경험, 재산상황** ▶ [참고] 자료의 유지기간은 10년이다.

42 **소극적, 적극적** ▶ 과잉권유(boiler room)의 경우 적합성 원칙을 위배한다.

43 **이해할 수 있도록** ▶ [참고] 투자권유관련 자본시장법상 손해배상책임이 명시된 것은 설명의무가 유일하다.

44 **○** ▶ 금융소비자에게 제공하는 자료의 접근성과 용이성에 해당되는 내용이다.

45 **설명의무** ▶ 자본시장법 제48조에 해당한다.

46 **적정성의 원칙** ▶ 자본시장법 제46조의 2

47 **없다.**

48 고객에게 제공하는 정보는 객관적인 사실과 미래의 예측을 포함한 담당자의 의견을 명확히 구분하여 제공해야 한다. ☐ O ☐ ✕

49 중요한 사실이 아닐 경우, 그것을 설명함으로 인해 고객의 판단에 혼선을 가져올 수 있는 사항은 (설명을 생략할 수 있다 / 설명을 생략할 수 없다).

50 투자자로부터 투자권유의 요청을 받지 아니하고 방문·전화 등 실시간 대화의 방법을 이용하는 행위는 금지되는데, 이를 (   )이라고 한다.

51 투자권유를 받은 자가 거부의사표시를 한 후 1개월이 지나 다시 투자권유를 하는 행위, 다른 종류의 금융투자상품에 대하여 투자권유를 하는 행위는 (   )의 예외가 된다.

52 A회사 주식에 대한 투자권유를 거부한 투자자에게 다음 날에 B회사 채권을 투자권유하는 행위는 재권유금지 원칙의 예외가 된다. ☐ O ☐ ✕

53 금융투자업종사자가 허위·과장·부실표시를 하지 않음에 있어 '부실표시'는 문서에 의한 표시만을 제약한다. ☐ O ☐ ✕

54 업무수행과정에서 알게 된 고객의 정보를 누설하거나 부당 이용하는 것은 예외 없이 금지된다. ☐ O ☐ ✕

55 임의매매와 일임매매를 구분하는 것은 투자일임약정이 실제 존재하는가의 여부인데, 이는 보고 및 기록의무와 관련이 있으며 금융투자업종사자의 의무 중 (상품 판매 단계 / 상품 판매 이후 단계)에 해당된다.

⊕ 정답과 해설

48 O ▶주의의무 중 판매 전 단계인 합리적 근거의 제공 및 적정한 표시의무에 속하는 내용이다.
49 설명을 생략할 수 있다. ▶반면, 중요한 사실은 반드시 설명해야 한다.
50 불초청권유금지 원칙 ▶불초청권유의 금지대상은 장외파생상품에 국한된다(자기거래금지의 예외사유와 동일한 논리).
51 재권유금지 의무 ▶[참고] 투자성이 있는 보험계약(변액보험)은 예외 대상에서 제외되었다.
52 O ▶다른 종류의 금융투자상품은 자본시장법상의 분류를 적용한다(지분증권과 채무증권은 다른 상품이다).
53 ✕ ▶구두와 문서를 불문하고 허위 또는 과장, 부실표시를 해서는 안 된다.
54 ✕ ▶법원명령이나 영장에 의한 정보제공은 가능한데 이 경우도 최소한의 범위 내에서 이루어져야 한다.
55 상품 판매 이후 단계

56 판매 후 모니터링 제도 상, 금융회사는 판매계약을 맺은 날로부터 (　　　　) 이내에 금융소비자와 통화하여 불완전판매가 없었는지를 확인해야 한다.

57 금융소비자는 본인에 대한 금융투자회사의 불완전판매가 있었음을 알게 된 경우, 가입일로부터 (　　) 이내에 금융투자회사에 배상을 신청할 수 있다.

58 금융투자회사 표준윤리준칙 제3조 법규준수는 (고객에 대한 의무 / 본인에 대한 의무)이다.

59 금융투자회사 표준윤리준칙 제8조 상호존중의무는 (본인에 대한 의무 / 회사에 대한 의무)이다.

60 금융투자회사 표준윤리준칙 제9조 주주가치극대화는 (회사에 대한 의무 / 사회에 대한 의무)이다.

61 법규를 모르고 위반했을 경우 관련 당사자에게 구속력이 (있다 / 없다).

62 '금융투자산업은 글로벌 경제환경의 변화를 많이 받는 산업으로서 그 변화의 속도가 매우 빠르므로, 금융투자업종사자는 이에 맞추어 전문성을 갖추기 위한 노력을 해야 한다'는 표준윤리준칙 중 (　　　　)에 해당한다.

63 '하급자는 상급자의 부당한 명령이나 지시를 거부해야 한다'는 표준윤리준칙 중 (　　　　　) 에 해당한다.

⊕ **정답과 해설**

56 **7영업일** ▸ 해피콜서비스라고도 한다.
57 **15일** ▸ 불완전판매 배상제도이다.
58 **본인에 대한 의무** ▸ 본인에 대한 의무에는 법규준수(3조), 자기혁신(7조), 품위유지의무(13조), 사적이익 추구금지(14조)가 있다.
59 **회사에 대한 의무** ▸ 회사에 대한 의무로는 정보보호(6조), 상호존중(8조), 경영진의 책임(11조), 위반행위보고(12조), 고용계약 종료 후의 의무(15조), 대외활동(16조)가 있다.
60 **사회에 대한 의무** ▸ 사회에 대한 의무로는 시장질서 존중(5조), 주주가치극대화(9조), 사회적책임(10조)가 있다.
61 **있다.** ▸ 법규는 알고 모르고를 떠나서 준수해야 하는 것이다. 표준윤리준칙 제3조 법규준수에 해당된다.
62 **자기혁신** ▸ 표준윤리준칙 제7조 자기혁신의무에 해당한다.
63 **품위유지의무** ▸ 넓은 의미의 품위유지의무는 공정성과 독립성의 의미를 지닌다.

64 동일 거래상대방에게 최근 5년 간 제공한 재산상의 이익이 (   )을 초과할 경우, 인터넷홈페이지를 통해 즉시 공시해야 하는데, 이는 금융투자회사 표준윤리준칙 14조 사적이익 추구금지 및 자본시장법 68조에 해당되는 사항이다.

65 거래상대방만 참석한 여가 및 오락활동 등에 수반되는 비용을 제공하는 것은 부당한 재산상의 이익이 되어 제공 및 수수가 금지된다. ○ ×

66 금융투자업개정(2017.3)으로 재산상 이익의 1인당 제공한도, 회사별 한도가 모두 폐지되었다. ○ ×

67 상명하복(上命下服)이라는 조직문화는 표준윤리준칙 제8조 (   )의무를 저해하는 요소라고 할 수 있다.

68 회사와 중간책임자가 소속직원에 대한 지도지원의무를 이행하지 못하여 소속직원이 고객에 대한 손해배상책임을 질 경우, 회사는 사용자책임을 지고 중간책임자는 일반불법행위책임을 지는데, 이는 표준윤리준칙의 (   )에 해당한다.

69 회사의 비밀정보를 제공해야 할 경우는 (   )의 사전승인과 (   )의 요건을 충족할 경우 제공할 수 있다.

70 비밀정보여부가 불투명할 경우 준법감시인의 사전확인을 받아야 하는데, 사전확인절차가 결정되기 전까지는 비밀정보로 추정된다. ○ ×

71 내부제보제도(Whistle Blower)는 금융투자회사 표준윤리준칙 제12조 (   )에 해당되며, 동시에 금융투자회사의 내부통제기준상 준수사항이기도 하다.

⊕ **정답과 해설**

64 10억원
65 ○
66 ○ ▸ 금융투자회사의 영업자율성 보장을 위함
67 상호존중
68 경영진의 책임
69 준법감시인, 필요성에 의한 제공 원칙(Need to Know Rule)
70 ○
71 위반행위의 보고

72 표준윤리준칙 제16조의 대외활동 조항에 의거하여, 금융투자업종사자는 대외활동으로 인하여 회사의 업무수행에 어떠한 지장도 주어서는 안 된다. ☐ O ☒ X

73 임직원이 웹사이트나 인터넷게시판에 특정 금융투자상품을 분석한 내용 또는 투자권유를 하는 내용을 게시하고자 할 경우 사전에 준법감시인의 출처를 받아야 한다. 단, 자료출처를 명시하고 인용하는 경우나 (   )에 따른 투자권유는 준법감시인의 사전승인을 받지 않아도 된다.

74 시장질서교란행위 규제는 '내부자, 준내부자, 1차 수령자 뿐만 아니라 미공개정보임을 알면서도 이를 수령하거나 전달한 모든 자'를 대상으로 한다. ☐ O ☒ X

75 시장질서교란행위에 대한 규제는 불공정거래의 목적성이 인정되어야 적용된다. ☐ O ☒ X

76 금융투자업종사자의 직무윤리준수를 독려하고 감독하는 내부통제의 수단에는 (   ), (   )가 있다.

77 내부통제기준의 제정과 변경은 (이사회 결의 / 주총 보통결의)로 한다.

78 (   )는 회사의 임직원 모두가 선량한 관리자로서의 의무에 입각하여 금융소비자의 이익을 위해 최선을 다했는지, 업무를 수행함에 있어 윤리기준을 포함한 제반 법규를 엄격히 준수하고 있는지에 대하여 사전적으로 또는 상시적으로 통제, 감독하는 장치를 말한다.

79 준법감시인을 임면할 경우 (   )를 거쳐야 하며, 특히 해임 시에는 이사총수의 (   ) 이상의 찬성으로 의결한다.

⊕ **정답과 해설**

72 ✕ ▸ 주된 업무수행에 지장을 주어서는 안 된다.
73 기술적 분석
74 O ▸ 종전에는 내부자, 준내부자, 1차 수령자까지만 처벌이 가능하였다.
75 ✕ ▸ 목적성이 입증되지 않아도 처벌할 수 있는 포괄주의가 적용된다.
76 내부통제기준, 준법감시인제도
77 이사회 결의
78 준법감시인제도 ▸ 사전적, 상시적으로 통제, 감독하는 장치이다.
79 이사회 결의, 2/3

80 최근 사업연도말 자산총액이 (　　　) 미만인 금융투자회사, 보험회사, 여신전문금융회사와 (　　　) 미만의 상호저축은행은 내부통제위원회를 설치하지 않아도 된다.

81 내부통제위원회의 위원장은 (　　　)로 하며, 매 반기별 1회 이상 개최해야 한다.

82 (위험관리업무 / 자산운용업무 / 회사의 겸영업무 / 회사의 부수업무) 중 준법감시인의 겸임금지대상에 속하지 않는 것은 (　　　　)이다.

83 내부제보제도의 운영 상 내부제보자에게 인사상 및 금전적인 혜택을 줄 수는 있어도 미제보자에 대한 불이익을 줄 수는 없다.　　　　　　　　　　　　　　　　　　　　| ○ | × |

84 준법감시체계의 하나로써 금융사고의 우려가 높은 업무를 담당하는 직원에게는 일정기간 휴가를 명령하고 당해 기간에 해당직원의 업무적정성을 평가, 점검하는 제도는 (　　　　)이다.

85 회사가 내부통제기준을 마련하지 않거나, 준법감시인을 두지 않거나, 이사회 결의를 거치지 않고 준법감시인을 임면한 경우 (1억원 / 3천만원)의 과태료가 부과된다.

86 회사가 준법감시인의 겸직금지 규정을 위반하거나, 준법감시인의 임면 사실을 금융위에 보고하지 않은 경우는 (1억원 / 3천만원)의 과태료가 부과된다.

87 직무윤리 위반 시 가해지는 제재 중에서 '자율규제'는 (금융투자회사 / 금융투자협회)의 제재를 말한다.

⊕ **정답과 해설**

80 **5조원, 7천억원** ▶ 단, 금융투자회사의 경우 5조원 미만이라 하더라도 운용재산이 20조원 이상인 경우는 예외가 인정되지 않는다.

81 **대표이사**

82 **회사의 부수업무**

83 **×** ▶ 내부제보제도는 미제보자에 대한 불이익 부과의 규정까지 포함해야 한다.

84 **명령휴가제도**

85 **1억원**

86 **3천만원**

87 **금융투자협회** ▶ 협회가 자율규제기관이므로 자율규제라 한다.

88 감독권, 등록취소권, 6개월 이내의 업무의 전부 또는 일부의 정지명령권은 외부통제의 하나로써 (   )가 (   )에게 가하는 제재의 수단이다.

89 금융투자회사의 임직원에 대한 해임요구나 면직요구, 정직요구는 청문의 대상이 된다.

☐ O ☐ X

90 청문 및 이의신청권이 인정되는 외부통제의 종류는 (   )이다.

91 금융위원회의 처분 또는 조치에 대해 불복할 경우, 해당 처분 또는 조치를 받은 날로부터 (   ) 이내에 그 사유를 갖추어 금융위원회에 이의신청을 할 수 있다. 이때 금융위원회는 해당 이의신청에 대해 (   ) 이내에 결정을 해야 하며, 부득이한 사정으로 그 기간 내에 결정을 할 수 없을 경우에는 (   )의 범위 내에서 그 기간을 연장할 수 있다.

92 민사 상 책임에는 (   ), (   )의 두 가지 종류가 있다.

93 민사책임을 부담하는 방법의 하나로써, 중대한 하자가 있을 경우에는 (   ), 경미한 하자가 있을 경우에는 (   )로써 법률행위의 효력을 실효시킬 수 있다.

94 고객이나 시장으로부터 신뢰상실과 명예실추, 고객과의 관계단절 등은 (   )통제라고 하는데 직접적인 외부통제는 아니지만 가장 무섭고 어려운 제재라고 할 수 있다.

95 금융투자상품 권유 및 판매와 관련하여 판매직원에게 부여되는 의무는 '고객이익의 최우선의 원칙(선관의무 등), 소속회사에 대한 충실의무, 정확한 정보제공의무'가 있다.

☐ O ☐ X

⊕ 정답과 해설

88 금융위원회, 금융투자회사 ▸행정제재에 속한다.

89 X ▸정직요구는 청문의 대상이 아니다(정직은 해임이나 면직에 비해 사안이 중대하지 않음).

90 행정제재

91 30일, 60일, 30일

92 손해배상책임, 실효

93 무효, 취소

94 시장

95 O

96 금융투자회사 판매직원이 준수해야 하는 고객이익최우선의 원칙은 (   ) 고객의 희생 위에 자기 또는 제3자의 이익을 취하는 것을 금지하는 것에 그치는 것이 아니라, (   ) 고객이 실현가능한 최대한의 이익을 취득할 수 있도록 업무를 수행해야 함을 말한다.

97 어떠한 경우에도 고객의 이익은 회사나 임직원의 이익에 우선하고, 회사의 이익은 임직원의 이익에 우선하며, 모든 고객의 이익은 상호 동등해야 한다. ☐ O ☐ ✕

98 회사와 판매직원 간에 약정한 고용계약기간이 종료되면 소속회사에 대한 충실의무는 부과되지 않는다. ☐ O ☐ ✕

99 고객에게 정보를 제공함에 있어 유의해야 할 것은 고객에게 유리한 정보에만 치중될 것이 아니라, 반드시 불리한 정보도 제공해서 고객이 이를 이해할 수 있도록 해야 한다. ☐ O ☐ ✕

100 고객에 관한 어떤 정보가 비밀정보인지의 여부가 불명확할 경우에는 일단 비밀이 요구되는 정보인 것으로 취급해야 한다. ☐ O ☐ ✕

101 보호되어야 하는 고객의 정보 중에서 계좌개설 시 얻게 되는 금융거래정보는 (   )인 정보이며, 매매주문동향을 통해 알게 되는 정보는 (   )인 정보이다.

102 임직원이 고객 또는 회사의 비밀정보를 관련법령에 따라 제공하는 경우에도, (   )의 사전 승인을 받아 직무수행에 필요한 최소한의 범위 내에서 제공해야 한다.

103 (   )은 개인정보를 대량으로 처리하는 기관 등에서 대규모 개인정보가 유출되는 사고의 예방 및 개인정보의 수집·유출·남용으로부터 사생활의 비밀 등을 보호하기 위해 만든 법률이다.

⊕ 정답과 해설

96 소극적으로, 적극적으로
97 O ▸이해상충이 발생하였을 때의 우선순위의 기준이다.
98 ✕ ▸계약이 종료되더라도 일정기간까지는 의무가 부과된다.
99 O
100 O
101 정적, 동적
102 준법감시인
103 개인정보보호법

104 고객의 개인정보보호를 위한 법령근거 중에서 가장 후순위로 적용되는 것은 (금융실명법 / 신용정보법 / 전자금융거래법 / 개인정보보호법)이다.

105 개인정보는 개인정보의 처리목적에 필요한 범위 내에서 적합하게 개인정보를 처리해야 하며, 그 목적 외의 용도로 사용해서는 안 된다.　　　　　　　　　　　　　　　　　| O | X |

106 개인정보의 익명처리가 가능한 경우에는 익명에 의해 처리될 수 있도록 해야 한다.　| O | X |

107 개인정보 중 정보주체와의 계약 체결 및 이행에 불가피한 정보는 정보주체의 동의를 받지 않아도 수집 가능하다.　　　　　　　　　　　　　　　　　　　　　　　　| O | X |

108 정보주체의 동의를 받고 개인정보를 처리하고자 할 경우 정보주체에게 4가지 사항을 알려야 하며 그 4가지 사항은 (1) 개인정보의 수집이용의 목적, (2) 수집하려는 개인정보의 항목, (3) 개인정보의 보유 및 이용기간, (4) 동의를 거부할 권리가 있다는 사실과 거부에 따른 불이익이 있을 경우 그 불이익의 내용이다.　　　　　　　　　　　　　　　| O | X |

109 (　　　) 및 (　　　　　)는 정보주체에게 별도의 동의를 얻거나, 법령에서 구체적으로 허용된 경우에 한하여 예외적으로 처리를 허용하도록 엄격하게 제한하고 있다.

110 개인정보보호법에는 징벌적 손해배상제도가 도입되어 있는데, 고의 또는 중과실로 개인정보를 유출한 기관에 대해서는 피해액의 최대 (　　　)까지 가중책임이 부과되며, 피해자 입장에서는 피해액을 입증하지 못하더라도 (　　　) 이내에서 법원판결금액을 보상받을 수 있다.

111 금융소비자 보호가 필요한 이유는 금융소비자가 금융상품의 공급자에 비해 (　　　　)이 떨어지기 때문이다.

⊕ 정답과 해설

104 개인정보보호법 ▸ 나머지는 개인정보보호법의 특별법이다.
105 O
106 O ▸ 익명처리가 우선이다.
107 O
108 O
109 민감정보, 고유식별정보
110 3배, 300만원
111 교섭력 ▸ 교섭력의 차이 또는 정보의 비대칭성이 존재하므로 금융소비자보호가 필요하다.

112 회원의 제명요구, 회원자격의 정지, 제재금의 부과 등은 (행정제재 / 자율규제)에 해당된다.

113 금융투자협회의 자율규제위원회는 회사의 (임원 / 직원)에 대하여 해임, 6개월 이내의 업무집행정지, 경고, 주의를 권고할 수 있다.

114 금융투자협회의 자율규제위원회는 회사의 (임원 / 직원)에 대하여 징계면직, 정직, 감봉, 견책, 주의를 권고할 수 있다.

115 (금융위원회 / 금융투자협회)는 금융투자업자의 임원에게 해임요구, 6개월 이내의 직무정지, 문책경고 등의 조치를 취할 수 있으며, 직원에게는 면직, 정직, 감봉, 견책, 경고, 주의 등의 조치를 취할 수 있다.

116 분쟁조정제도는 소송에 비해서는 시간과 비용이 절감되고 전문가의 조언을 받을 수 있는 장점이 있다. 반면 양당사자의 합의가 도출되지 않을 경우 분쟁처리가 지연될 수 있다는 단점이 있다. ☐ ○ ☐ ✕ ☐

117 금융소비자의 경우 분쟁조정기구를 이용할 경우 금융회사에 비해 유리한 결과가 나오는 것이 일반적이므로, 소송보다는 금융분쟁조정기구를 이용하는 것이 좋다. ☐ ○ ☐ ✕ ☐

118 수사기관이 수사 중이거나 법원에 제소된 경우 또는 직접적인 이해관계가 없는 자가 조정신청을 하는 경우 등은 위원회에 회부하기 전에 종결 처리할 수 있다. ☐ ○ ☐ ✕ ☐

⊕ 정답과 해설

112 자율규제 ▸ 회원(협회에 가입한 금융투자회사)에 대한 제재는 금융투자협회(자율규제기관)의 제재이다.

113 임원

114 직원

115 금융위원회 ▸ 금융위원회는 공적기관으로서 직원의 면직 등을 직접 조치할 수 있지만, 자율규제기관은 면직 등에 대한 권고만 할 수 있다.

116 ○

117 ✕ ▸ 분쟁조정은 소송에 비해서는 시간과 비용을 절감할 수 있다. 또한 전문가의 도움을 받을 수 있지만, 분쟁조정결과는 중립적인 것이므로 금융소비자에게 일방적으로 유리하다고 할 수 없다.

118 ○ ▸ 금융분쟁조정위원회와 협회의 분쟁조정위원회에 마찬가지로 적용된다.

119 회원사 간의 영업관련 분쟁이나 착오매매로 인한 분쟁은 (   )의 분쟁조정기구에서 조정한다.

120 유가증권시장이나 코스닥시장, 파생상품시장에서의 매매거래와 관련하여 발생한 권리의무 또는 이해관계에 관한 분쟁은 (   )의 분쟁조정기구에서 조정한다.

121 금융분쟁조정위원회는 신청일로부터 (   ) 내로 회부하며, 회부일로부터 (   ) 내로 심의·의결한다.

122 금융투자협회의 분쟁조정위원회는 신청일로부터 (   ) 내로 회부하고, 회부일로부터 (   ) 내로 심의·의결하며, 부득이한 경우 (   ) 이내에서 기한을 연장할 수 있다.

123 금융감독원의 분쟁조정기구에서 쌍방 간에서 조정안이 수락되면 (재판상 화해 / 민법상 화해)의 효력을 가진다.

124 금융투자상품의 내재적 특성은 '(   ), (   ), 그리고 투자상품에 대한 지속적인 관리요구'의 3가지라고 할 수 있다.

125 금융투자상품 관련 분쟁의 유형은 '(   ), (   ), (   ), (   ), 주문착오, 기타분쟁'이 있다.

126 '당초 체결한 일임계약의 취지를 위반하여 과도한 매매(수수료수입 증대목적)를 하여 고객에게 피해를 입힌 경우'는 (   )로 인한 금융분쟁유형이라 할 수 있다.

⊕ **정답과 해설**

119 한국금융투자협회
120 한국거래소
121 30일, 60일 ▶ 협회나 거래소의 분쟁조정기구는 30일-30일이 적용된다.
122 30일, 30일, 15일
123 재판상화해 ▶ 민법상 화해와 달리 재판상 화해가 성립되면 이후 어떠한 법적 다툼도 인정되지 않는다.
124 원금손실가능성, 투자결과에 대한 본인책임
125 일임매매, 임의매매, 부당권유, 불완전판매
126 일임매매

127 금융투자회사의 직원이 고객의 주문을 받지 않았음에도 불구하고 고객의 예탁자산을 마음대로 매매하여 발생하는 분쟁유형은 (　　　)이다.

128 고객으로부터 포괄적 일임매매를 받지 않는 것은 분쟁조정의 유형 중 (　　　)를 예방하는 것이다.

129 [분쟁사례] 고객이 증권사직원에게 주식매매를 일임한 기간에 월매매 회전율이 약 1,400%에 달했고 단기매매를 했어야 할 특별한 사정이 없었던 점 등을 고려컨대 (　　　)가 인정된다. 또한 고객의 당일 '전부 처분 지시'에도 불구하고 직원의 지정가주문으로 일부 수량만 매도되었다면 (　　　)를 해태한 것으로 본다.

130 [분쟁사례] 직원이 '혼자만 알고 있는 호재인데 소문이 날까 봐 이를 밝힐 수 없다. 지금 당장 투자하지 않으면 시기를 놓친다.'는 등의 말로 매매를 권유한 것은 (임의매매 / 일임매매 / 부당권유)로 인정되는 사례이다.

01 (   )란 특정 투자자를 상대로 금융투자상품의 매매 또는 투자자문계약, 투자일임계약, 신탁계약의 체결을 권유하는 것을 말한다.

02 금융투자상품의 매매 또는 계약체결의 권유가 수반되지 않은 정보제공 등은 투자권유로 보기 어렵다. ○ ×

03 투자자가 투자권유를 받지 않고 투자하고자 하는 경우에는 원금손실가능성, 투자에 따른 손익은 모두 투자자에게 귀속된다는 사실 등의 수반되는 주요 유의사항을 알리지 않아도 된다. ○ ×

04 투자자가 투자자문업자로부터 적합성 원칙 및 설명의무 이행 및 설명서를 교부받았음을 확인하는 증빙서류를 제출하는 경우, 판매회사는 해당 투자자에게 적합성 원칙 및 설명의무와 설명서 교부를 생략할 수 있다. ○ ×

05 전문투자자 중 대통령령으로 정하는 자가 일반투자자와 같은 대우를 받겠다는 의사를 금융투자업자에게 서면으로 통지하는 경우, 금융투자업자는 정당한 사유가 없는 한 이에 동의해야 한다. ○ ×

06 주권상장법인이 (   )을 거래하고자 할 경우에는 일반투자자로 간주한다.

07 투자권유 단계는 첫째 (   )를 통해 투자자의 정보를 파악하고, 둘째 이를 통해 투자자성향을 분석하며, 마지막으로 투자자성향에 적합한 금융투자상품을 권유하는 것이다.

⊕ **정답과 해설**

01 투자권유
02 ○
03 × ▸ 주요 유의사항은 알려야 한다.
04 ○ ▸ 투자자문업자로부터 이미 적합성 원칙, 설명의무를 이행받았음이 확인될 경우 판매회사인 금융투자회사는 생략이 가능하다.
05 ○ ▸ 여기서 대통령령으로 정하는 전문투자자란 주권상장법인 등의 상대적 전문투자자를 말한다.
06 장외파생상품
07 투자자정보 확인서

08 투자자 정보를 파악할 때 사용하는 투자자정보 확인서의 내용은 반드시 고객이 자필로 작성해야 한다. ○ ×

09 투자자정보는 반드시 투자자 본인으로부터만 파악해야 한다. ○ ×

10 회사는 온라인으로 판매하는 펀드가 멀티클래스펀드(종류형 펀드)일 경우, 클래스별 수수료 및 보수의 차이점을 비교하여 표시해야 한다. ○ ×

11 MMF, 국채증권, 지방채증권, 특수채증권, 환매조건부매매채권 등 위험이 높지 않은 금융투자상품만을 거래하는 투자자에게는 간략하게 투자정보를 파악할 수 있는 투자자정보 확인서를 사용할 수 있다. ○ ×

12 적합성을 판단하는 4가지 방식에는 (   ), (   ), (   ), (   ) 이 있는데, 어느 한 가지 방식이 절대적으로 우위에 있다고 할 수 없다.

13 적합성판단에 사용되는 4가지 방식 중에서, 객관적이며 이해가 용이하지만 단순 합산만으로는 투자자성향을 반영하지 못할 수도 있는 것은 (   )이다.

14 부적합상품을 추출함으로써 불완전판매가능성을 낮출 수 있는 장점이 있지만, 정교한 설문과 프로세스를 갖추어야 하는 부담이 있는 것은 (   )이다.

15 점수화 방식과 추출방식을 혼합한 방식이며, 점수화 방식보다는 불완전판매가능성이 낮고 추출방식보다는 시스템이 덜 복잡한 것은 (   )이다.

⊕ 정답과 해설

08 × ▸ 파악한 내용을 컴퓨터에 입력하고 이를 출력하여 투자자에게 확인을 받는 방법도 가능하다.
09 × ▸ 합법적인 위임을 받은 대리인으로부터도 파악이 가능하다.
10 ○
11 ○
12 점수화 방식, 추출방식, 혼합방식, 상담보고서 방식
13 점수화 방식(Scoring 방식) ▸ 4가지 중에서는 불완전판매 가능성이 가장 높다고 할 수 있다.
14 추출방식(Factor out 방식) ▸ 점수화 방식의 불완전판매가능성을 개선할 수 있다.
15 혼합방식 ▸ 단점은 점수화 방식보다는 절차가 복잡하다는 점이다.

16 심층상담을 통해 투자자의 실제 성향에 가장 근접 가능하지만, 판매 직원별로 질적 차이가 발생하며 판매시간이 오래 걸릴 수 있는 것은 (   )이다.

17 회사가 이미 투자자정보를 알고 있는 투자자에 대해서는, 기존 투자자성향과 그 의미에 대해 설명하고 투자권유를 하는 것이 바람직하다. | O | X |

18 투자자가 보유자산에 대한 (   ) 목적으로 투자를 하거나 (   )으로 투자하는 등, 해당 투자를 통해 투자에 수반되는 위험을 회피하거나 낮출 수 있다고 판단하는 경우에는, 적합성판단에 따른 금융투자상품 위험도 분류기준보다 완화된 기준을 적용하여 투자할 수 있다.

19 투자자가 회사가 파악한 투자자성향에 비해 위험도가 높은 투자상품에 투자하고자 하는 경우에는 판매를 중단하여야 한다. | O | X |

20 투자권유대행인은 투자자로부터 투자권유의 요청을 받지 아니하고 방문·전화 등 실시간 대화의 방법을 이용하는 행위는 할 수 없다. 단, 증권과 장내파생상품에 대해서는 예외가 인정된다. | O | X |

21 투자권유를 받은 투자자가 이를 거부하는 취지의 의사표시를 한 후 (   )이 지난 후에 다시 투자권유를 하는 행위는 금지되지 않는다.

22 투자권유대행인은 투자자의 투자자성향 및 금융투자상품의 특성을 고려하여 장기투자가 유리하다고 판단되는 경우, 그 투자자에게 해당 금융투자상품에 대한 장기투자를 권유할 수 있다. | O | X |

⊕ **정답과 해설**

16 **상담보고서 방식** ▶ 불완전판매가능성이 가장 낮다고 할 수 있다.

17 O

18 **위험회피, 적립식**

19 × ▶ 판매를 중단하지는 않으며, 부적합금융투자상품 거래확인서를 징구하고 판매를 하거나, 회사가 정한 기준에 따라 판매를 중단할 수도 있다.

20 O ▶ 불초청권유의 금지 규정을 말한다.

21 **1개월** ▶ 재권유금지의 예외 중 하나이다.

22 O ▶ 이때 비교하여 유리하다고 판단된다 하더라도 단기투자는 권유할 수 없다.

23 투자권유대행인은 투자자의 투자분산이 특정 종목의 금융투자상품에만 편중되지 않도록 분산하여 투자할 것을 권유할 수 있다.　　　　　　　　　　　　　　　　　□ ○ □ × □

24 일반투자자에게 계열회사의 집합투자업자가 운용하는 펀드를 투자권유하는 경우에는, 집합투자업자가 회사와 계열회사 등에 해당한다는 사실을 고지해야 하고, 계열회사 등이 아닌 집합투자업자가 운용하는 유사한 펀드를 함께 투자권유해야 한다.　　　　　　　　　□ ○ □ × □

25 투자자에게 투자권유를 하는 경우 해당 금융투자상품의 중요사항에 대해서 투자자가 이해할 수 있도록 설명하고, 설명한 내용을 투자자가 이해하였음을 서명 등의 방법으로 확인을 받아야 한다.　　　　　　　　　　　　　　　　　　　　　　　　　　　　□ ○ □ × □

26 해당 금융투자상품의 복잡성 및 위험도 등 상품측면과 투자자의 투자경험 및 인식능력 등 투자자측면을 고려하여 설명으로 정도를 달리할 수 있다.　　　　　　　　　□ ○ □ × □

27 투자자가 주요 손익구조 및 손실위험을 이해하지 못하는 경우에는 준법감시인의 확인을 받은 후 투자권유를 할 수 있다.　　　　　　　　　　　　　　　　　　　□ ○ □ × □

28 투자자가 추후에도 금융투자상품에 대해 문의할 수 있도록 자신의 성명, 직책, 연락처 및 콜센터 또는 상담센터 등의 이용방법을 알려야 한다.　　　　　　　　　□ ○ □ × □

29 투자권유대행인은 외화증권이나 해외투자상품에 대해 투자권유를 할 경우에는 더 세심한 설명을 해야 할 필요가 있다.　　　　　　　　　　　　　　　　　　　　□ ○ □ × □

30 해외투자 시 환위험 헤지가 모든 환율변동 위험을 제거하지는 못하며, 투자자가 직접 환위험 헤지를 할 경우, 시장상황에 따라 헤지비율을 조정하지 않을 경우 손실이 발생할 수 있다는 사실을 알려야 한다.　　　　　　　　　　　　　　　　　　　　□ ○ □ × □

⊕ **정답과 해설**

23 ○
24 ○
25 ○
26 ○
27 × ▸ 투자자가 이해하지 못하는 경우에는 투자권유를 계속할 수 없다(이해할 수 있도록 설명해야 하는 것을 위배).
28 ○
29 ○
30 ○

31 금융투자상품의 위험등급은 (　　　), (　　　), (　　　), (　　　), (　　　)의 5개 등급으로 분류할 수 있다.

32 투자자의 투자성향은 (　　　), (　　　), (　　　), (　　　), (　　　)의 5개 유형으로 분류할 수 있다.

33 (　　　) 투자자에게는 초저위험 등급의 금융투자상품만 투자권유할 수 있으며, (　　　) 투자자에게는 저위험 등급 이하, (　　　) 투자자에게는 중위험 등급 이하, (　　　) 투자자에게는 고위험 등급 이하, (　　　) 투자자에게는 초고위험 등급 이하의 금융투자상품을 권유할 수 있다.

34 초저위험 등급의 금융투자상품에는 (　　　), (　　　), (　　　), (　　　), (　　　), (　　　), 보증채가 있다.

35 (　　　)의 금융투자상품에는 '채권형펀드, 원금보존추구형 파생상품펀드, 금융채, A+등급 이상의 회사채, 원금보장형 ELS'가 있다.

36 (　　　)의 금융투자상품에는 '채권혼합형펀드, 해외투자채권펀드, BBB+~A0 등급의 회사채, 원금부분보장형 ELS'가 있다.

37 (　　　)의 금융투자상품에는 '주식형펀드, 주식혼합형펀드, 원금손실율이 20% 이내로 제한되는 파생상품투자펀드, BBB-~BBB0 등급의 회사채, 주식, 원금비보장형 ELS'가 있다.

⊕ 정답과 해설

31 초저위험 등급, 저위험 등급, 중위험 등급, 고위험 등급, 초고위험 등급
32 안정형, 안정추구형, 위험중립형, 적극투자형, 공격투자형
33 안정형, 안정추구형, 위험중립형, 적극투자형, 공격투자형 ▶ 투자자의 투자성향에 맞는 금융투자상품을 권유하는 것은 적합성 원칙에 해당된다.
34 MMF, 국채, 지방채, 특수채, 통안채, RP ▶ [참고] 국채, 지방채, 특수채를 합쳐서 '공공채'라고 하기도 한다.
35 저위험 등급
36 중위험 등급
37 고위험 등급

38 (   )의 금융투자상품에는 '해외투자펀드, 파생상품투자펀드, 부동산펀드, 특별자산펀드, 혼합자산펀드, BB+ 이하 등급의 회사채, 주식 신용거래, 선물옵션, 원금비보장형 ELS, ELW, 장외파생상품'이 있다.

39 채권형펀드는 (   ), 채권혼합형펀드와 해외투자채권펀드는 (   ), 주식형펀드와 주식혼합형, 원금손실율이 20% 이하인 파생상품투자펀드는 (   ), 해외투자펀드와 파생상품투자펀드, 환매금지형펀드(부동산, 특별자산, 혼합자산)는 (   )이다.

40 주식은 (   ) 등급이고, 주식신용거래(   ) 등급에 속한다.

41 원금보장형 ELS는 (   ), 원금 부분보장형 ELS는 (   ), 원금비보장형 ELS는 (   ) 또는 (   )에 속한다.

42 MMF는 모든 투자자에게 권유할 수 있으며, ELW는 (   )에게만 투자권유할 수 있다.

43 주식신용거래, 선물옵션, ELW, BB+ 이하 등급의 회사채, 원금비보장형 ELS는 (   ) 투자자에게만 투자권유할 수 있다.

44 포트폴리오투자의 경우, 이를 구성하는 개별 금융투자상품의 위험도를 투자금액 비중으로 가중평균한 포트폴리오 위험도를 사용할 수 있다. ☐ O ☐ ×

45 투자권유대행인은 투자자가 입을 손실의 전부 또는 일부를 보전하여 줄 것을 사전에 약속하는 행위를 하면 안 된다. ☐ O ☐ ×

⊕ **정답과 해설**

38 초고위험 등급
39 저위험 등급, 중위험 등급, 고위험 등급, 초고위험 등급 ▸[참고] 펀드에서 초저위험 등급은 MMF가 유일하다.
40 고위험, 초고위험
41 저위험 등급, 중위험 등급, 고위험, 초고위험 등급 ▸[참고] 원금보장형ELS는 ELB(파생결합채권)이라고 하며 채무증권으로 분류된다. 따라서 채권형펀드와 같이 저위험 등급이 된다.
42 공격투자형
43 공격투자형
44 O
45 O

46 투자권유대행인은 투자자에게 회사가 발행한 주식의 매매를 권유해서는 안 된다. ☐ O ☐ X

47 투자권유대행인은 손실보전 등의 금지 및 불건전영업행위의 금지 등을 회피할 목적으로 장외파생상품거래, 신탁계약 또는 연계거래 등을 이용해서는 안 된다. ☐ O ☐ X

48 투자권유대행인은 매매거래에 관한 경험부족 등으로 투자권유대행인의 투자권유에 크게 의존하는 투자자에게 신용공여를 통한 매매거래나 선물·옵션 등의 위험성이 높은 금융투자상품의 매매거래를 권유해서는 안 된다. ☐ O ☐ X

49 (   )란, 현재 또는 미래의 재무자원을 증대시키고 보전하여 우리가 바라는 생활양식에 적합한 재무목표를 설정하고, 이를 달성하기 위해 행동계획을 수립하고 실행하는 전 생애에 걸친 과정이다.

50 재무설계라는 전략적인 아이디어를 가지고 투자권유에 임할 때 성공확률을 높일 수 있다. ☐ O ☐ X

51 재무관리가 필요한 이유는 '우리가 바라는 생활양식의 달성, 생애 소비만족의 극대화, 미래의 불확실성에 대한 대비, 사회경제적 환경의 변화'가 있는데, 미래 불확실성에 대한 대비는 (   )와 (   )로 구분할 수 있다.

52 (   )이란 사람들의 모든 요구와 대부분의 욕망을 충족시킬 만큼 재무자원이 충분하다고 느끼는 편안한 상태를 말한다.

53 재무설계과정의 5단계는 '고객관련 자료수집 및 재정상태의 평가 → (   ) → 재무목표를 달성하기 위한 대안모색 및 평가 → (   ) → 재무행동계획의 재평가와 수정'이다.

⊕ **정답과 해설**

46 O
47 O
48 O
49 재무설계
50 O
51 실질구매력 하락에 대한 대비, 재무자원 손실에 대한 대비 ▸ 물가 상승으로 인한 실질구매력 하락, 가장의 실업과 질병, 사고 등으로 인한 재무자원 손실에 대한 대비가 필요하다.
52 재무안전감
53 재무목표의 설정, 재무행동계획의 실행

54 재무설계에 필요한 자료를 분류할 때, '인적사항, 대출사항, 소득자료, 보험보장범위와 관련자료, 세금자료, 유언 및 상속자료, 위험인내수준, 생명보험에 대한 태도' 중에서 양적인 자료가 아닌 것은 (   ), (   )이다.

55 고객의 재정상태는 고객의 (   )와 (   )를 통해서 파악할 수 있다.

56 (   )란 개인의 재무상태를 나타내는 개인대차대조표이며, 자산 및 부채포트폴리오가 적절한가, 한 종류에 자산에 너무 편중된 것이 있는가 등을 평가할 수 있다.

57 (   )란 고객의 현금유입과 현금유출을 나타내는 것으로서, 이를 통해 지출의 원천과 건전성을 평가함으로써 잉여자금 마련에 도움을 줄 수 있다.

58 일반적으로 1년 내에 달성해야 하는 재무목표를 (   ), 목표달성에 1~3년이 요구되는 재무목표를 (   ), 3년 이상이 요구되는 재무목표를 (   )라 한다.

59 재무목표는 이상적이어야 한다.   ◯ ☓

60 재무목표는 구체적이고 측정가능한 용어로 기술되어야 한다.   ◯ ☓

61 노인가계의 기본적인 생활자금은 '노부부생활비 + 남편사망 후 부인생활비'로 구성된다.
                                                                            ◯ ☓

62 노인가계의 긴급예비자금은 최소한 (   )에서 (   )분의 생활비 정도를 갖출 것을 권장한다.

➕ 정답과 해설

54 위험인내수준, 생명보험에 대한 태도 ▸ 위험인내수준이나 생명보험에 대한 태도는 숫자로 계량될 수 없는 질적인 자료에 속한다.
55 자산상태표, 현금수지상태표
56 자산상태표
57 개인현금수지상태표
58 단기목표, 중기목표, 장기목표
59 ☓ ▸ 재무목표는 현실적이어야 한다.
60 ◯ ▸ 재무목표는 반드시 수치화되어야 한다.
61 ◯
62 3개월, 6개월 ▸ 최소한의 필요자금은 3개월분의 생활비이다.

63 노인가계를 위한 포트폴리오 작성원칙은 '자산증식에 주목적을 둘 것, 인플레이션으로 부터 자산가치를 보호할 것, 투자와 상속계획은 충분한 여유자금이 있을 때에 수행할 것'이다. ☐ O ☐ X

64 노인가계의 자산관리를 위한 포트폴리오를 짤 때는 노인고객의 경험이나 가치관, 기타 상황을 고려하여 3~4개 정도의 대안을 준비한 다음 고객이 스스로 하나를 선택하게 하는 것이 좋다. ☐ O ☐ X

65 노인가계에서 자녀들에게 퇴직금이나 그동안 모은 돈의 사용계획을 미리 명확히 알려주는 것이 좋다. ☐ O ☐ X

66 노인가계의 상품 포트폴리오에 포함되기 어려운 것은 '주식, 변동금리상품, 확정금리상품, 실세연동금리상품, CD, 국공채, MMF, MMDA, 은행 정기예금' 중에서 (   ), (   )이다.

67 노인가계에서 부채가 있을 경우, 현금자산이 없으면 주택의 크기를 줄여서라도 부채를 먼저 갚는 것이 바람직하다. ☐ O ☐ X

68 비과세 상품으로 활용할 수 있는 것은 '비과세종합저축, 연금저축계좌, 10년 이상의 장기저축성보험'이 있다. ☐ O ☐ X

69 상속세과세대상인 경우 미리 자녀에게 합법적으로 증여하거나 또는 상속세를 낮출 수 있는 형태로 자산을 배분하는 것이 바람직하다. ☐ O ☐ X

⊕ **정답과 해설**

63 × ▸ 자산증식보다는 안정적인 소득창출이 주목적이어야 한다.
64 O
65 O ▸ 자녀들의 갈등을 미연에 방지할 수 있다.
66 **주식, 변동금리상품** ▸ 노인가계에서는 안정성이 우선이다.
67 O
68 O ▸ 금융상품에 대한 이자소득이 종합과세대상의 기준인 2천만원을 넘지 않도록 하는 것이 유리하다.
69 O ▸ 자녀에 증여 시 5천만원씩 공제되므로(10년), 10년 단위로 증여하는 것이 유리하다.

부동산펀드

제1장 부동산펀드 관련 법규 5문항

01 민법은 '부동산은 토지와 그 정착물'로 규정하고 있다. ☐ O ☐ X

02 부동산에 대한 간접투자상품은 자본시장법 상의 (   )와 부동산투자회사법상의
(   )가 있다.

03 리츠나 부동산펀드 모두 모집에 있어 (공모 / 사모) 방식이 주로 활용되고 있어, 개인투자자가
투자기회를 찾기가 용이하지 않은 것이 현실이다.

04 자본시장법은 펀드재산의 50%를 초과하여 부동산 등에 투자하면 부동산펀드로 규정되는데,
여기서 '부동산 등'에는 부동산 실물투자 뿐 아니라 관리 및 개량, 임대 및 운영, 부동산의 개발,
개발사업을 영위하는 법인에 대한 대출, 부동산과 관련된 권리에 투자하는 경우, 부동산을 담보
로 한 금전채권에 투자하는 경우도 부동산 투자의 범위에 포함시키고 있다. ☐ O ☐ X

05 부동산펀드가 직접 부동산개발사업시행자로서 부동산개발사업에 투자하는 경우 적합한 펀드
의 법적형태는 (   ), (   )의 2가지가 있다.

⊕ 정답과 해설

01 O
02 부동산집합투자기구, 부동산투자회사(REITs)
03 사모 ▶ 전문투자형 사모집합투자기구는 1억원 또는 3억원 이상의 일반투자자가 투자할 수 있다.
04 O
05 부동산투자회사, 부동산투자유한회사 ▶ 펀드의 법인격이 있되 유한책임을 지는 부동산투자회사, 부동산투자유한
회사의 2가지가 적합하다.

06 법인이사가 집합투자업자이며 사원총회를 여는 부동산집합투자기구는 (   )이다.

07 무한책임사원이 집합투자업자이며 사원총회를 여는 부동산집합투자기구는 (   )이다.

08 펀드는 일반적으로 투자자평등원칙에 입각하여 투자자 간 이익분배 등에 있어 차별을 허용하지 않는데, 이에 대한 예외로써 (   ), (   )은 배당률이나 배당순서를 달리 할 수 있다.

09 부동산펀드는 주로 사모펀드로 설정·설립이 되는데, 전문투자형사모펀드에 투자할 수 있는 적격투자자는 펀드별로 (   ) 또는 (   ) 이상을 투자하는 일반투자자를 말한다.

10 자본시장법상 부동산펀드를 설정·설립하는 경우에는 (   )으로 설정·설립하는 것이 원칙이다.

11 환매금지형부동산펀드를 공모형으로 설정하는 경우 설정일로부터 90일 내로 상장을 해야 하는데, 이때 상장의무가 부과되는 집합투자기구의 법적형태는 (   ), (   )의 2가지이다.

⊕ **정답과 해설**

06 **부동산투자유한회사** ▸ 부동산투자회사는 주주총회를 연다.

※ 부동산집합투자기구

구 분	집합투자업자	투자자총회
부동산투자신탁	집합투자업자	수익자총회
부동산투자회사	법인이사	주주총회
부동산투자유한회사	법인이사	사원총회
부동산투자합자회사	무한책임사원	사원총회
부동산투자유한책임회사	업무집행자	사원총회
부동산투자합자조합	무함책임조합원	조합원총회
부동산투자익명조합	영업자	익명조합원총회

07 **부동산투자합자회사**

08 **투자합자회사, 투자합자조합** ▸ 합자회사(또는 합자조합)는 무한책임사원(또는 무한책임조합원)과 유한책임사원(또는 유한책임조합원) 간의 배당률이나 배당순서의 차이를 둘 수 있다(무한책임사원(무한책임조합원)은 무한책임을 지므로 더 많은 배당을 받을 수 있도록 한다).

09 **1억원, 3억원** ▸ 전문투자형사모펀드에 투자할 수 있는 최소투자규모는, 펀드가 부담하는 총레버리지가 200% 이하이면 1억원, 200%를 초과하면 3억원 이상이다.

10 **환매금지형** ▸ 반드시에서 원칙적으로 바뀜(부동산펀드라도 시장성이 있는 경우는 환매금지형으로 설정하지 않아도 된다.)

11 **투자신탁, 투자회사** ▸ 나머지 법적형태의 경우 상장의무가 부과되지 않는다.

12 사모형 환매금지형부동산펀드는 상장의무가 없다. ☐ O ☐ X

13 환매금지형부동산펀드는 존속기간을 정하도록 하고 있기 때문에 존속기간이 도래하면 원칙적으로 해산해야 하지만 투자자산 중 현금화되기 어려운 자산이 있는 경우 존속기간을 연장할 수 있는데, 이때 수익자총회의 의결을 거쳐야 한다. ☐ O ☐ X

14 자본시장법은 펀드재산의 50%를 초과하여 '부동산 등'에 투자하면 부동산집합투자기구로 인정하는데, 부동산개발과 관련된 법인에 대한 대출은 '부동산 등'에 포함되지 않는다. ☐ O ☐ X

15 자본시장법상의 법적 요건을 충족한 부동산펀드는 나머지 펀드재산으로 다른 자산, 즉 '증권 및 특별자산'에 자유롭게 투자할 수 (있다 / 없다).

16 부동산에 투자하는 방법은 실물부동산의 취득뿐 아니라 부동산의 관리 및 개량, 임대 및 운영, 부동산 개발, 부동산 중개 등이 포함된다. ☐ O ☐ X

17 '지상권, 지역권, 전세권, 임차권, 분양권, 저당권, 부동산을 담보로 한 금전채권' 중 부동산 관련 투자대상자산으로 인정되지 않는 것은 (   )이다.

18 공모형 부동산집합투자기구는 동일종목에 대한 10% 투자한도가 있음에도 불구하고, ① (   )가 발행한 주식, ② (   )가 발행한 증권, ③ 주택저당증권에 대해서는 100%까지 투자가 가능하다.

19 특정한 부동산을 개발하기 위해 존속기간을 정하여 설립하는 회사를 (부동산개발회사 / 부동산투자목적회사)라고 한다.

⊕ **정답과 해설**

12 O
13 O ▸ 존속기간의 연장은 신탁계약기간의 변경으로써 신탁계약 중요내용에 해당된다. 따라서 수익자총회의 의결을 통해 존속기간의 연장이 가능하다.
14 X ▸ 포함된다(대출형부동산펀드에 해당).
15 있다. ▸ 펀드재산의 50%를 초과해서 '부동산 관련 자산'에 투자하고 나머지는 증권 및 특별자산에 투자할 수 있다.
16 X ▸ 부동산 중개는 제외된다.
17 저당권
18 부동산개발회사, 부동산투자목적회사 ▸ 단, 부동산투자회사가 발행한 주식은 100% 투자대상에서 제외된다.
19 부동산개발회사

20 (   )는 부동산에 투자할 목적으로 설립되고, 회사가 소유하고 있는 자산의 90% 이상이 부동산 관련 자산인 회사를 말한다.

21 부동산을 담보로 한 금전채권이 신탁재산의 50% 이상을 차지하는 경우의 수익증권에, 자산총액의 50%를 초과해서 투자할 경우 (증권집합투자기구 / 부동산집합투자기구)가 된다.

22 부동산펀드에서 취득한 부동산 중 국내 부동산은 취득 후 (   ) 이내에는 처분할 수 없다.

23 부동산펀드에서 토지를 취득한 후 그 토지에 대하여 부동산 개발사업을 시행하기 전에 해당 토지를 처분하는 행위를 할 수 없다. 다만, 해당펀드가 합병되거나 관련법령의 개정 등으로 인해 사업성이 떨어진 경우에는 예외가 적용된다. | ○ | × |

24 부동산을 기초로 하는 파생상품에 투자하는 경우, 동 파생상품의 위험평가액은 공모형의 경우 펀드 순자산총액의 (   )를 초과할 수 없고, 사모형의 경우 펀드 순자산총액의 (   )를 초과할 수 없다.

25 집합투자업자가 펀드재산으로 부동산개발사업에 투자하고자 하는 경우에는 사전에 (사업계획서 / 실사보고서)를 작성하고 공시하여야 한다.

26 집합투자업자는 펀드재산을 부동산을 취득하거나 처분하는 경우 (사업계획서 / 실사보고서)를 작성하고 비치해야 한다.

27 '부동산의 거래가격, 부동산과 관련된 재무자료, 부동산의 수익에 영향을 미치는 요소, 부동산 개발사업 추진일정' 중에서 실사보고서를 적성하지 않아도 되는 것은 (   )이다.

⊕ **정답과 해설**

20 **부동산투자목적회사**
21 **부동산집합투자기구** ▸ 50% 이상 – 50% 초과 패턴이다. 부동산을 담보로 한 금전채권에 투자하는 것은 부동산과 관련된 투자행위가 되므로 부동산펀드가 된다.
22 **1년** ▸ 동 제한은 실물부동산에만 해당되며, 전문투자형사모펀드에도 적용되는 규제이다.
23 **×** ▸ 현저하게 또는 명백하게 떨어진 경우에만 예외가 인정된다.
24 **100%, 400%** ▸ 그리고 파생상품의 위험평가액 산정 시 위험회피목적의 거래는 제외된다.
25 **사업계획서**
26 **실사보고서**
27 **부동산개발사업 추진일정** ▸ 미래형이므로 사업계획서에 해당된다.

28 공모부동산펀드의 차입한도는 (자산총액 / 순자산총액)의 200%이고, 대여한도는 (자산총액 / 순자산총액)의 100%이다.

29 부동산펀드가 아닌 펀드에서 부동산을 취득함에 있어 금전을 차입하고자 하는 경우에는 펀드가 보유하고 있는 부동산가액의 100분의 (   )까지 차입할 수 있다.

30 부동산펀드는 상호저축은행으로부터는 차입을 할 수 있지만, 신용협동조합으로부터는 차입을 할 수 없다.　　　　　　　　　　　　　　　　　　　　　　　　　　　　　　　 ○ ✕

31 부동산펀드는 다른 부동산펀드로부터 차입을 할 수 없다.　　　　　　　　　　　 ○ ✕

32 부동산펀드의 펀드재산에 대한 평가업무는 제3자에게 위탁이 가능하다.　　　　 ○ ✕

33 부동산의 취득 및 처분업무는 제3자에게 위탁이 가능하다.　　　　　　　　　　 ○ ✕

34 부동산펀드의 업무를 제3자에게 위탁하고자 할 경우, 그 업무를 위탁받은 자가 해당 업무를 실제로 수행하려는 날의 (   ) 전까지 금융위원회에 보고해야 한다.

35 부동산펀드의 (   )이란, 부동산의 취득가격, 부동산의 거래가격 및 감정평가업자가 제공한 가격 등을 고려하여, 집합투자재산평가위원회가 충실의무를 준수하고 평가의 일관성을 유지하여 평가한 가액을 말한다.

⊕ 정답과 해설

28 **순자산총액, 순자산총액** ▸ 차입, 대여한도는 순자산액을 기준으로 한다.
29 **70** ▸ 그리고 차입금은 부동산의 운용으로만 사용해야 한다.
30 ○
31 ✕ ▸ 차입을 할 수 있다.
32 ✕ ▸ 본질적업무에 대해서는 위탁할 수 없다.
　　 ※ 본질적업무 : 신탁계약의 체결·해지업무, 회사의 설립업무, 운용 및 운용지시업무, 펀드재산의 평가업무
33 ✕ ▸ 취득 및 처분업무는 본질적업무 중 '운용 및 운용지시 업무'에 해당된다.
34 **7일**
35 **공정가액** ▸ 집합투자재산은 시가로 평가하고, 신뢰할 만한 시가가 없는 경우는 공정가액으로 평가한다.

01 부동산은 주식에 비해 변동성이 낮으므로 중위험 중수익상품이라고 할 수 있다. `○` `×`

02 부동산은 주식, 채권과 상관관계가 (낮으므로 / 높으므로), 부동산을 포트폴리오에 편입할 경우 (낮은 / 높은) 분산투자효과를 얻을 수 있다.

03 부동산에 투자하면 인플레이션 헤징효과를 얻을 수 있다. `○` `×`

04 부동산펀드에서 공모형과 사모형을 비교할 때, (   )은 주로 실물자산을 매입하며, (   )은 지분출자나 대출 등 다양한 대상에 투자한다.

05 부동산펀드에서 공모형과 사모형을 비교할 때, 유동성에서는 (   )이, 수익성에서는 (   )이 더 좋다고 평가한다.

06 부동산펀드에서 자산운용을 수행 중에, 투자자 요구사항에 대한 계약조건이나 상품구조를 변경할 수 있는 것은 (공모형 / 사모형)이다.

07 부동산시장의 상승기에는 고수익창출이 가능한 (Equity / Debt)투자에, 하락기에는 안정적인 (Equity / Debt)투자에 집중되는 경향이 있다.

⊕ **정답과 해설**

01 ○ ▸채권 : 저위험/저수익, 부동산 : 중위험/중수익, 주식 : 고위험/고수익
02 **낮으므로, 높은**
03 ○
04 **공모형, 사모형** ▸사모형의 투자대상이 좀 더 다양하다.
05 **공모형, 사모형**
06 **사모형** ▸수익자의 수가 적은 사모형(49인 이하)에서는 조건이나 구조를 변경할 수 있다. 즉, 유연한 투자를 할 수 있다.
07 Equity, Debt

08 부동산의 투자를 'Debt투자, Equity투자−실물임대형, Equity투자−개발형'의 3가지로 구분할 때, 가장 고위험·고수익에 해당하는 것은 (   )이다.

09 부동산의 투자를 'Debt투자, Equity투자−실물임대형, Equity투자−개발형'의 3가지로 구분할 때, 인허가위험에 노출되지 않는 것은 (   )이다.

10 부동산투자회사(REITs)는 '자기관리리츠, 위탁관리리츠, 기업구조조정리츠'의 3가지로 구분되는데, 이 중에서 실체가 있는 회사는 (   )가 유일하다.

11 자기관리 REITs를 설립하기 위한 최저자본금은 (50억원 / 70억원)이다.

12 부동산투자회사(REITs)에서는 회사 자산의 70% 이상을 부동산에 투자해야 한다.　ㅇ　ㅣ　×

13 실물부동산을 매입 후 1년 이내 처분을 제한하는 규정은 (자기관리리츠 / 위탁관리리츠 / 기업구조조정리츠)에는 적용되지 않는다.

14 실물형부동산펀드 중에서, 가치투자형 부동산펀드라고 할 수 있는 것은 (임대형 / 개량형 / 경공매형 / 개발형) 부동산펀드이다.

15 프로젝트 파이낸싱(PF)이란, 해당 프로젝트 자체에서 발생하는 미래의 현금흐름을 대출자금의 상환재원으로 인식하고 대출방식으로 자금을 제공해 주는 금융조달방식이다.　ㅇ　ㅣ　×

⊕ 정답과 해설

08 Equity투자−개발형
　　　※ 투자종류별 특징

구 분	Debt	Equity−실물임대형	Equity−개발형
기대수익 & 위험	저위험·저수익	중위험·중수익	고위험·고수익
투자기간	3년	5년	7년

09 Equity투자−실물임대형 ▸ 개발형은 인허가위험에 노출되며, 개발업자에게 대출을 해주는 Debt형도 간접적으로 인허가위험에 노출된다.

10 자기관리리츠 ▸ 나머지는 명목상의 회사이다.

11 70억원 ▸ 실체가 있는 회사이므로 명목상의 회사(50억원)에 비해서 최소자본금이 더 많다.

12 O ▸ 부동산투자전문회사이므로 70% 이상을 부동산에 투자하도록 하고 있다.

13 기업구조조정리츠(CR−REITs)

14 경공매형 ▸ 가치주펀드나 경공매형 모두 저가매입이 주목적이다.

15 O ▸ 담보대출을 위주로 하는 전통형 금융과 차이가 있다.

16 프로젝트파이낸싱(PF)은 기업금융에 비해 대출규모가 (크고 / 적고), (소구금융 / 비소구금융), (부내금융 / 부외금융)의 특성을 가지고 있다.

17 시행법인에 대해 자금을 제공하는 PF의 방식에는 크게 출자방식(Equity투자)과 대출방식(Debt 투자)이 있는데, 우리나라는 대부분 (   )으로 시행법인에 자금을 제공해주고 있다.

18 프로젝트 파이낸싱은 다양한 주체의 참여가 가능하고 또한 참여한 주체별로 위험배분이 가능하다.
〔 ○ │ × 〕

19 PF사업의 물적담보 확보수단인 저당권과 담보신탁 중에서, 목적물관리의 안전성이나 효율성, 그리고 채권실행의 편리성 등의 장점이 있는 것은 (   )이다.

20 민법 상 물권 본원은 소유권과 제한물권으로 구분된다.
〔 ○ │ × 〕

21 제한물권 중 (   )에는 지상권, 지역권, 전세권이 있으며, (   )에는 유치권, 질권, 저당권이 있다.

22 PF형 부동산펀드라고 불리는 것은 (   )부동산펀드이다.

23 자본시장법은 부동산펀드에서 부동산개발회사 등에 대출을 할 때 '부동산에 대한 담보권을 설정하거나 시공사들로부터 지급보증을 받는 등 대출금회수를 위한 법적 장치를 반드시 갖출 것'을 요구하고 있다.
〔 ○ │ × 〕

⊕ **정답과 해설**

16 크고, 비소구금융, 부외금융 ▸ PF는 비소구금융 또는 제한적 소구금융이며, 부외금융(off balance)이다.

17 대출방식

18 ○ ▸ 비소구금융이라는 점은 채권자의 대출위험을 증가시키는 것이지만, PF는 다양한 주체의 참여와 각 참여주체의 신용보강을 통해 이를 보강한다.

19 담보신탁 ▸ 처분가를 보면 저당권은 경매를 통해 처분함으로써 저가로 처분하게 되지만, 담보신탁은 일반시장에서 처분하므로 상대적으로 고가에 처분하게 된다.

20 ○ ▸ 소유권은 해당 물건이 가지는 사용가치와 교환가치의 전부를 지배할 수 있는 권리이고, 제한물권은 그 소유권을 제한하는 물권이다.

21 용익물권, 담보물권

22 대출형

23 × ▸ 적절한 수단을 갖출 것을 요구한다. 대출금회수를 위한 법적 안전장치를 확보한다면 투자형이 아닐 것이며, 가능하다 해도 안전한 만큼 대출이자가 지나치게 낮아져 투자형으로서의 기대수익률 달성이 어려울 것이다.

24 대출형부동산펀드에서는 시행사의 채무불이행위험으로부터 대출채권을 담보하기 위해, ( )가 소유하는 사업부지에 담보권을 설정하고 이에 더해 중첩적으로 ( )의 책임준공확약, 지급보증, 채무인수 등의 신용보강장치를 둔다.

25 ( )의 주요점검사항으로는 ① 시행법인의 사업부지확보, ② 시행법인의 인허가, ③ 시공사의 신용평가등급, ④ 부동산개발사업의 사업성이 있다.

26 대출형부동산펀드는 사업부지확보 위험에 노출된다.　　　　　　　　　　　　　O ╱ X

27 일반적으로 대출형부동산펀드는 지급보증 또는 채무인수 등 신용보강을 하는 (시행사 / 시공사)의 신용평가등급으로 투자적격 이상의 등급을 요구하고 있다.

28 대출형부동산펀드는 차입위험이 없다.　　　　　　　　　　　　　　　　　　　　O ╱ X

29 시행법인의 인허가 위험에 노출되는 것은 (대출형 / 임대형)부동산펀드이다.

30 ( )란, 부동산을 취득한 후 직접 부동산개발사업을 추진하여 부동산을 분양, 매각하거나 임대 후 매각함으로써 개발이익을 획득하는 것을 목표로 하는 펀드이다.

31 자본시장법은 집합투자업자가 부동산펀드재산으로 부동산개발사업에 투자하고자 할 경우, 사전에 ( )를 작성하도록 하고 그 적정성의 검증을 위해 ( )로부터 확인을 받아 인터넷 홈페이지 등에 공시하도록 하고 있다.

32 실물형부동산펀드를 대표하는 것은 (임대형 / 개량형 / 경공매형 / 개발형)이다.

⊕ 정답과 해설

24 시행사, 시공사

25 대출형부동산펀드

26 O ▸ 펀드를 설정하더라도 시행사가 적법하게 사업부지를 확보하지 못한다면 펀드가 조기에 해지될 수 있다.

27 **시공사** ▸ 투자적격등급 이상이라 함은 회사채등급기준으로 BBB(−) 이상을 의미한다.

28 O ▸ 대출형펀드가 대출을 하는 것은 순자산금액으로 한정하기 때문에 차입위험에 노출될 수 없다.

29 **대출형** ▸ 대출형부동산펀드는 개발형부동산펀드의 모든 위험(인허가위험 등)을 간접적으로 부담하게 된다.
　　※ 임대형은 인허가 위험이 없지만(완공된 오피스 등을 매입하므로), 차입위험이 있다.

30 개발형부동산펀드

31 사업계획서, 감정평가업자

32 임대형

33 임대형부동산펀드는 임대료 이외의 기타소득도 병행하여 수령할 필요가 있는데, 기타소득 중 가장 임대수익에 기여도가 높은 것은 (관리비 / 주차료 / 전용선임대료)이다.

34 임대형부동산펀드에서 공실률이 높을수록 임대수익은 (증가 / 감소)한다.

35 차입위험에 노출될 수 있는 펀드는 (대출형 / 임대형)부동산펀드이다.

36 (   )는 펀드만기 이전에 부동산을 매각해야 하므로 향후의 부동산시장 환경 및 부동산가격의 동향이 매우 중요하다.

37 개량형부동산펀드는 인허가위험에 노출되지 않는다.   ○ | ×

38 광열비, 전기 및 수도료는 개량형부동산펀드에서의 자본적 지출로 보지 않는다.   ○ | ×

39 펀드투자자들로부터 펀드자금을 모집하기 이전에 사전적으로 펀드의 투자대상자산 또는 투자 행위를 특정하고, 펀드자금을 모집한 후에 사전에 특정된 투자대상자산에 투자하거나 투자행위를 하는 방식의 펀드를 (사전특정형 / 사전불특정형)펀드라고 한다.

40 대부분의 경공매형펀드는 (사전특정형 / 사전불특정형)이다.

41 Blind형 자금모집방식, 미운용자금(idle money)의 존재, 유동화방안(exit plan)을 마련하기가 쉽지 않다는 특성을 가진 부동산펀드는 (개발형 / 경공매형)부동산펀드이다.

⊕ 정답과 해설

33 관리비
34 감소 ▸ 임대형부동산펀드의 가장 대표적인 위험은 공실률 증가위험이다.
35 임대형 ▸ 임대형은 임대물건(오피스빌딩 등)을 취득하기 위해 차입을 과다하게 한 경우 수익성 저하의 요인이 된다.
36 임대형부동산펀드
37 × ▸ 개량(리모델링 등)에도 인허가 절차가 요구된다.
38 ○ ▸ 일반적 경비이다.
39 사전특정형(Designated)
40 사전불특정형(Blind형)
41 경공매형

42 경공매형부동산펀드는 펀드규모가 클수록 수익률 달성에 유리하다.　　　　　　□ O | × □

43 경공매부동산이 (아파트나 토지 / 상업용부동산)일 경우, 경공매형부동산펀드에서 기대하는 수익률 달성이 어려울 수 있다.

44 수익형부동산의 가치분석방법에는 (　　　　　), (　　　　　), (　　　　　)의 3가지가 있다.

45 (　　　　　)은 최근에 거래된 유사부동산의 매매사례를 분석하여 대상부동산의 시장가치를 평가하는 부동산가치분석방법이며, 이는 (시장접근법 / 비용접근법 / 소득접근법)에 해당된다.

46 (　　　　　)은 기존 건물의 가치를 기존 건물의 신규비용에서 감가상각액을 차감하여 구하는 부동산가치분석방법이며, 이는 (시장접근법 / 비용접근법 / 소득접근법)에 해당된다.

47 (　　　　　)은 부동산의 가치를 장래에 기대되는 편익을 현재가치로 환원한 값으로 구하는 부동산가치분석방법이며, 이는 (시장접근법 / 비용접근법 / 소득접근법)에 해당된다.

48 월임대료가 100만원, 자본환원율이 10%라고 할 때, 부동산시장가격을 수익환원법을 통해 추정하면 (　　　)이다.

⊕ **정답과 해설**

42 × ▶ 경공매형의 펀드규모가 너무 크면 미운용자금(idle money)의 비중이 높아 수익률이 높아지기 어려우며, 펀드규모가 너무 작을 경우 소수의 경공매부동산에 의해 전체 수익률이 결정되는 집중투자의 위험이 있다(즉, 규모는 적정해야 함).

43 **아파트나 토지** ▶ 아파트나 토지는 일반인의 참여가 용이하여 낙찰가격이 상승할 우려가 있고, 이 경우 경공매형 펀드의 수익률은 저하된다(즉, 상업용 오피스가 유리함).

44 시장접근법, 비용접근법, 소득접근법

※ 부동산 가치분석방법

시장접근법	비용접근법	소득접근법
매매사례비교법	원가방식	수익환원법

45 매매사례비교법, 시장접근법

46 원가방식, 비용접근법

47 수익환원법, 소득접근법

48 1억 2천만원 ▶ 추정부동산가치 $= \dfrac{1{,}200만원}{0.1} = 1억\ 2천만원$ (순영업소득 = 월임대료 × 12 = 1,200만원)

49 수익환원법으로 부동산가치를 추정할 때 사용되는 자본환원율(cap rate)은 $\dfrac{\text{순영업이익(NOI)}}{\text{부동산 가격}}$ 의 산식으로 구한다.　　　　　　　　　　　　　　　　　　　　　　　　　| O | X |

50 부동산개발사업성을 바탕으로 ABS를 발행하여 PF의 자금을 조달하는 방식을 부동산PF-ABS 라고 한다.　　　　　　　　　　　　　　　　　　　　　　　　　　　　　| O | X |

51 만기가 단기인 CP를 반복적으로 차환발행함으로써 장기의 ABS에 비해 이자비용을 절감시킬 수 있는 것은 부동산PF-ABCP이다.　　　　　　　　　　　　　　　　　　| O | X |

52 집합투자재산으로 부동산을 취득할 경우, 일반 부동산취득과 달리 취득세와 등록면허세를 납부 하지 않아도 된다.　　　　　　　　　　　　　　　　　　　　　　　　　　　| O | X |

53 자본시장법상 부동산집합투자기구는 투자기구일 뿐이므로 법인세를 부과하지 않는다.
　　　　　　　　　　　　　　　　　　　　　　　　　　　　　　　　　　　| O | X |

54 부동산투자회사(REITs)의 경우 상법상 배당가능이익의 90% 이상을 주주에게 배당하고, 배당 한 금액은 소득금액에서 공제하므로 사실상 법인세가 부과되지 않는다.　　　| O | X |

55 부동산투자에 있어서 투자의 알파와 오메가는 (　　　)이다.

56 부동산투자에 있어 자산운용사의 과거 운용실적과 평판이 중요한데, 시장의 평판을 고려함에 이어 부동산 관련 업체에서의 평판보다 일반적으로 대중에게 알려진 평판이 더 중요하다.
　　　　　　　　　　　　　　　　　　　　　　　　　　　　　　　　　　　| O | X |

⊕ **정답과 해설**

49　O
50　O
51　O　▶ABCP는 자산유동화기업어음으로써, ABS에 비해서 자금조달비용을 절감할 수 있다.
52　X　▶취득 시 취득세와 등록면허세 납부는 동일하며, 양도시에는 양도소득세가 아니라 배당소득세가 과세된다.
53　O
54　O
55　**입지(location)**　▶부동산펀드가 투자하고자 하는 투자대상자산의 입지를 우선적으로 살펴보아야 한다.
56　X　▶부동산 관련 업체에서의 평판이 더 중요하다.

57 부동산투자에 있어 전통적인 4가지 투자전략은 (   ), (   ), (   ), (   )이다.

58 전통적인 부동산투자전략 중에서, 중심지역이나 교통의 요지에 존재하는 부동산에 대한 투자로 가장 보수적인 낮은 리스크를 감수하며 낮은 기대수익을 추구하는 전략은 (   )이다.

59 전통적인 부동산투자전략 중에서, 핵심전략보다는 다소 높은 리스크를 감수하며 보다 높은 수익을 추구하는 전략으로 다소간의 가치제고활동을 수반하거나 입지여건의 개선이 기대되는 부동산에 투자하는 전략을 (   )이라 한다.

60 전통적인 부동산투자전략 중에서, 부동산개량이나 일정수준의 재개발투자를 실행하고 시장이 좋을 때 되파는 전략을 사용하는 것은 (   )이다.

61 전통적인 부동산투자전략 중에서, 고위험을 감수하고 고수익을 추구하는 전략으로 개발되지 않은 토지에 투자하여 개발하거나 저평가된 시장이나 교통이 덜 발달된 지역의 토지 등에 투자하는 것은 (   )이다.

62 전통적인 부동산투자전략 중에서, 중위험·고수익 전략에 해당되는 것은 (핵심플러스 / 가치부가 / 기회추구)전략이다.

63 전통적인 부동산투자전략 중에서, 개량이나 재개발사업은 (   )에, 개발사업은 (   )에 해당된다.

64 부동산펀드에 투자 시 부담하는 운용보수와 판매보수는 모두 순자산가액을 기준으로 산출된다.

$\boxed{\text{O}}\boxed{\text{X}}$

65 공모형부동산펀드의 가격변동위험은 (   )의 가격변동위험과 (   )에서의 가격변동위험의 2가지로 구분된다.

66 이익배당을 많이 지급하는 부동산펀드의 경우, 연말에 배당수요가 증가하여 실물부동산의 가격동향과 관계없이 상장시장에서 가격이 상승할 수 있다. ☐ O ☐ ×

67 공모형부동산펀드는 집합투자증권이 거래소시장에 상장되는데, 거래소시장에서의 거래가격은 부동산시장의 유동성위험을 감안하여 상당부분 (할인 / 할증)되어 거래된다.

68 부동산펀드가 상장되어 거래되는 가격은 부동산펀드의 순자산가치보다 할인되어 거래되는 것이 일반적이므로, 유통시장에서 만기 전에 매도하는 것은 (유리하다 / 불리하다).

69 공모형부동산펀드의 경우, 유통시장에서 매입하는 것이 발행시장에서 매입하는 것보다 유리하다. ☐ O ☐ ×

70 환위험을 관리하기 위해 펀드자체에서 환헤지 전략을 수행할 수 있는데, 이 경우 환위험을 완벽하게 제거할 수 있다. ☐ O ☐ ×

71 장외파생상품 계약을 통해서 부동산펀드의 만기시점과 기간을 일치시켜서 위험을 헤지한다면, 환위험을 완벽하게 제거할 수 있다. ☐ O ☐ ×

⊕ 정답과 해설

65 **실물부동산, 상장시장**

66 O ▸ 반대의 경우도 가능한데 과세부담회피를 위한 매도가 연말에 집중될 경우, 실물가격과 관계없이 상장시장에서 가격이 하락할 수 있다.

67 **할인** ▸ 공모형부동산펀드는 상장되어 거래되므로 사모형보다 유동성이 좋은 것은 사실이지만, 그렇다 하더라도 원초적인 부동산의 유동성부족이 반영 및 상장되어 거래되는 가격도 순자산가치에 비해 할인되어 거래되는 것이 일반적이다.

68 **불리하다.** ▸ 만기 전 매도를 할 경우 할인된 가격으로 매도해야 하므로 불리하다(가급적 만기보유가 바람직).

69 O ▸ 즉 매도의 입장에서는 만기까지 보유하는 것이 유리하며 매수의 입장에서는 유통시장에서 매수하는 것이 유리하다.

70 × ▸ 환헤지전략은 환위험을 완벽하게 제거하는 것이 아니라, 결제시점의 환율을 거래시점의 환율로 고정시킴으로써 환위험을 최소화하고자 하는 전략이다.

71 × ▸ 부동산펀드의 만기시점 또는 부동산매각 예상시점과 일치시킨다 하더라도, 부동산의 원초적인 유동성위험으로 인해 실제 부동산매각시점과 장외파생계약의 만기시점이 불일치할 가능성이 크다(즉, 이 경우 환위험 헤지는 완벽하지 않다).

72 최근에 판매하는 해외부동산펀드 공모형은 투자원본의 전부 또는 일부에 대해서 환위험에 노출 되도록 하여 판매된다. ☐ ○ ☐ × ☐

73 신흥국에 투자하는 펀드의 경우 해당 신흥국통화와 직접 헤지가 어려울 경우 원달러 환율변동 위험만을 헤지하기도 하는데, 이 경우 더 큰 환위험에 노출될 수도 있다. ☐ ○ ☐ × ☐

74 자산운용사나 수탁은행 등은 투자자에 대한 주의의무를 이행해야 하는바, 위탁받은 업무를 충 실하게 수행하지 못한 결과 발생하는 손실에 대해서는 연대하여 투자자에게 손해를 배상한다. ☐ ○ ☐ × ☐

75 불완전판매로 인해 투자자가 손해를 입게 되는 경우, 투자자는 감독기관에 분쟁을 조정하거나 법원에 손해배상을 청구할 수 있는데, 소송에는 많은 시간과 비용이 투입되지만 소송과정에서 불완전판매의 입증이 용이하여 투자자입장에서 좀 더 유리한 손해배상을 받을 수 있다. ☐ ○ ☐ × ☐

⊕ 정답과 해설

72 ○ ▸ 이 경우 만일 투자자가 개인적으로 환위험 헤지를 한다면 그에 대한 별도의 비용을 감수해야 한다.

73 ○

74 ○ ▸ 단, 자산운용사(위탁자)나 수탁은행(수탁자)의 귀책사유가 명백하지 않은 부분에 대해서는 투자자가 손실을 감수해야 한다.

75 × ▸ 분쟁조정이든 소송이든 간에 부동산펀드에서의 불완전판매를 입증하는 것은 어려우므로, 투자자가 원하는 수준의 손해배상을 받는 것은 힘들다(부동산펀드는 투자기간이 타펀드에 비해서 긴 편이므로, 불완전판매를 입증 하기가 더 어렵다).

여기서 멈출 거예요? 고지가 바로 눈앞에 있어요.
마지막 한 걸음까지 시대에듀가 함께할게요!

01 펀드 · 신탁의 이해

01 집합투자기구의 유형 핵심유형문제

집합투자기구의 유형을 3가지로 나눌 때, 해당하지 않는 것은?

① 신탁형
② 일임형
③ 회사형
④ 조합형

해설 일임형은 없다. 3가지 유형은 신탁형(투자신탁), 회사형(투자회사, 투자유한회사, 투자유한책임회사, 투자합자회사), 조합형(투자합자조합, 투자익명조합)이다.

정답 ②

더 알아보기 ▶ 집합투자기구의 유형

집합투자기구의 유형

구 분	법적형태	규 약	집합투자증권 형태
투자신탁	신탁형	신탁계약서	수익증권
투자회사	회사형	정 관	주 식
투자유한회사			출자증권
투자합자회사			
투자유한책임회사			
투자합자조합	조합형	합자조합계약	
투자익명조합		익명조합계약	

집합투자기구의 법적 형태별 주요내용(표의 굵은 글씨는 집합투자업자를 말함)

법적형태에 따른 구분	관련당사자 & 주요 내용
투자신탁	**집합투자업자**(위탁자)와 신탁업자(수탁자)의 신탁계약으로 설정
투자회사	**법인이사 1인** & 감독이사 2인 이상, 주주 및 주주총회
투자유한회사	**법인이사 1인**, 사원 및 사원총회
투자합자회사	**무한책임사원 1인** & 유한책임사원, 사원 및 사원총회
투자유한책임회사	**업무집행자 1인** & 사원
투자합자조합	**무한책임조합원 1인** & 유한책임조합원, 조합원 및 조합원총회
투자익명조합	**영업자 1인**, 익명조합원 및 익명조합원총회

01 집합투자기구의 법적형태에 해당하지 않는 것은?

① 투자합명회사   ② 투자유한회사

③ 투자합자회사   ④ 투자회사

> **해설** 투자합명회사의 형태는 없다.

02 집합투자기구 형태에 따른 집합투자업자가 잘못 연결된 것은?

① 투자회사 – 법인이사

② 투자합자회사 – 무한책임사원

③ 투자유한회사 – 유한책임사원

④ 투자익명조합 – 영업자

> **해설** 투자유한회사의 집합투자업자는 법인이사이다.
> ※ 무한책임사원과 유한책임사원이 있는 법적형태는 **투자합자회사**, 무한책임조합원과 무한책임조합원
> 이 있는 법적 형태는 **투자합자조합**이다.

03 보기의 요건을 충족하지 못하는 집합투자기구는?

> 회사형, 집합투자규약은 정관, 집합투자증권의 형태는 출자증권, 사원총회

① 투자유한회사   ② 투자회사

③ 투자합자회사   ④ 투자유한책임회사

> **해설** 보기에 해당하는 집합투자기구는 **투자유한회사, 투자합자회사, 투자유한책임회사**의 3가지이다. 투자회
> 사는 집합투자증권 형태가 주식이며 주주총회를 개최한다.

04 펀드의 설정·설립의 주체가 나머지 셋과 다른 것은?

① 투자신탁　　　　　　　　　② 투자회사

③ 투자유한회사　　　　　　　④ 투자익명조합

> **해설**　투자회사는 발기인이 설립하고, 나머지는 집합투자업자가 설정·설립한다.

05 투자합자회사에 대한 설명이다. 가장 적절하지 않은 것은?

① 집합투자업자가 무한책임사원이며 다수의 유한책임사원으로 이루어진 상법 상의 합자회사 형태의 집합투자기구이다.

② 투자회사의 해산, 청산, 합병에 관한 규정을 준용한다.

③ 투자합자회사는 이익배당 시에 무한책임사원과 유한책임사원의 배당률이나 배당순서를 차등하여 적용할 수 있다.

④ 투자합자회사는 손실을 배분함에 있어 무한책임사원과 유한책임사원의 배분율이나 배분순서를 차등하여 적용할 수 있다.

> **해설**　투자합자회사의 경우 이익배당 시에는 무한책임사원과 유한책임사원을 대상으로 차등배분이 가능하지만, 손실배분 시에는 차등배분을 할 수 없다.
> ※ 투자합자회사의 이익배분의 차등적용
> - 펀드는 투자자평등원칙에 따라 지분에 따라 공평하게 배분하는 것이 원칙이지만, 무한책임사원이 무한책임을 지는 투자합자회사의 특성을 고려하여 무한책임사원에게 유리한 방향으로 배분을 하도록 허용하고 있다.
> - 이익배당 시 차등배분이 가능하고 손실배분 시에는 차등배분이 불가하게 한 것은, 무한책임사원의 참여를 활성화하는 차원에서의 메리트로 이해할 수 있다.

06 보기에 해당하는 집합투자기구의 법적형태는?

> 집합투자기구의 출자자들이 채권자에 대해서 자기의 투자액의 한도 내에서 법적인 책임을 부담하는 회사로서, 파트너십에 주식회사의 장점을 보완해서 만들어진 회사이다.

① 투자회사　　　　　　　　　② 투자유한회사

③ 투자유한책임회사　　　　　④ 투자합자회사

> **해설**　투자유한책임회사이다. 투자유한책임회사는 채권자에 대해서도 책임을 부담하는 형태이다. 자신의 출자액 내에서 책임을 부담한다는 것은 투자회사·투자유한회사와 동일하지만, 채권자에 대한 책임도 진다는 것은 투자회사·투자유한회사와 다른 점이다.

다음 중 투자신탁의 집합투자업자에 대한 설명이다. 가장 거리가 먼 것은?

① 수탁회사인 신탁업자를 상대로 하여 투자신탁계약을 체결한다.
② 집합투자기구를 설정하고 해지한다.
③ 투자신탁재산의 운용을 담당하며 신탁업자에게는 운용을 지시한다.
④ 투자신탁재산에서 발생하는 이자, 배당, 수익금, 임대료 등을 수령한다.

해설　　④는 신탁업자의 역할이다.

정답 ④

더 알아보기 ▶ 투자신탁

투자신탁의 설정
집합투자업자와 신탁업자의 신탁계약을 통해 설정된다.

투자신탁 당사자별 역할 : 보충문제 1 참고

구 분	역 할
집합투자업자	• 투자신탁의 설정 및 해지 • 투자신탁재산의 운용 또는 운용지시
신탁업자	• 투자신탁재산의 보관 및 관리 • 집합투자업자의 운용지시에 따른 투자신탁재산의 취득 및 처분의 이행 • 집합투자업자의 운용지시에 따른 환매대금의 지급 • 집합투자업자의 운용지시에 대한 감시[주1] • 투자신탁재산에서 발생하는 이자, 배당금 등의 수령 • 무상으로 발행하는 신주의 수령, 증권 상환금의 수령 • 여유자금 운용이자의 수입
판매업자	• 집합투자증권의 판매 • 집합투자증권의 환매

* 주1 : 신탁업자의 감시기능은 소극적 감시를 말하는데, 이는 투자성과에 대한 감시가 아니라 집합투자업자의 운용행위가 집합투자규약을 준수하는가의 차원이다.

투자신탁계약의 변경 : 보충문제 2, 3 참고

수익자총회결의가 필요한 사항	수익자총회가 필요하지 않은 사항
집합투자업자, 신탁업자의 변경[주1]	판매업자의 변경
신탁계약기간의 변경	–
주된 투자대상자산의 변경	–
비환매금지형에서 환매금지형으로 변경	–
환매지급일의 연장(환매연기)	–
운용보수, 수탁보수의 인상[주2]	각종 보수의 지급

* 주1 : 집합투자업자와 신탁업자의 변경은 중요사항이므로 수익자총회결의가 필요하지만, 계약의 주 당사자가 아닌 판매업자의 변경은 중요사항이 아니므로 총회를 거치지 않는다.
* 주2 : 운용보수나 수탁보수의 인상은 투자자에 불이익을 줄 수 있으므로 수익자총회를 거쳐야 하지만, 규약에서 정해진 보수를 지급하는 것은 중요사항이 아니므로 총회를 거치지 않는다.

01 투자신탁의 당사자별 업무에 대한 설명이다. 가장 적절하지 않은 것은?

① 집합투자업자는 투자신탁재산을 설정하고 해지한다.
② 신탁업자는 집합투자업자의 운용지시에 따른 투자신탁재산의 취득 및 처분을 이행한다.
③ 판매업자는 집합투자업자의 운용지시에 따른 환매대금을 지급한다.
④ 신탁업자는 투자신탁재산에서 발생하는 이자, 배당금, 기타의 수익금을 수령한다.

> **해설** 집합투자업자의 운용지시에 따른 환매대금의 지급은 신탁업자의 업무이다.
> ※ 투자자의 환매청구 → 판매업자가 집합투자업자에게 환매에 응할 것을 요구 → 집합투자업자는 처분을 통해 환매대금 조성 → 신탁업자는 **판매회사를 통하여** 환매대금을 투자자에게 지급

02 투자신탁의 신탁계약 변경사항 중에서 수익자총회의 결의를 거치지 않아도 되는 것은?

① 집합투자업자의 변경
② 신탁업자의 변경
③ 판매업자의 변경
④ 환매연기

> **해설** 판매업자의 변경은 수익자총회 의결사항이 아니다.

03 투자신탁의 신탁계약을 변경한 경우, 집합투자업자가 취해야 할 조치를 정확히 서술한 것은?

① 회사의 인터넷 홈페이지에 공시한다.
② 모든 신탁계약의 변경사항에 대해서 회사의 인터넷 홈페이지에 공시하고 동시에 수익자에게 통지한다.
③ 신탁계약의 변경사항에 대해서 회사의 인터넷 홈페이지에 공시하고, 수익자총회의 결의를 통한 변경사항에 대해서는 수익자에게 통지한다.
④ 모든 신탁계약의 변경사항에 대해서 홈페이지 공시 없이 수익자에게 통지한다.

> **해설** 홈페이지 공시 + 수익자 통지(수익자 통지사항은 총회 의결사항에 한정)

수익자총회를 소집할 수 있는 자를 모두 묶은 것은?

> ㉠ 집합투자업자
> ㉡ 신탁업자
> ㉢ 5% 이상을 보유한 수익자

① ㉠, ㉡   ② ㉡, ㉢
③ ㉠, ㉢   ④ ㉠, ㉡, ㉢

해설   모두 소집이 가능하다.

정답 ④

더 알아보기 ▶ 수익자총회(수익자총회의 본 내용은 '2과목-펀드관련법규-핵심유형문제 05'에 수록되어 있음)

수익자총회의 소집 : 핵심유형문제 참고

수익자총회의 결의요건 : 보충문제 1 참고

법정결의사항[주1]	법정결의사항이 아닌 결의사항
출석한 수익자의 과반수 & 전체수익자의 1/4의 찬성으로 결의	출석한 수익자의 과반수 & 전체수익자의 1/5의 찬성으로 결의

* 주1 : '법정결의사항'은 자본시장법이나 신탁계약에서 집합투자자총회의 결의가 필요하다고 정한 사항을 말한다.

간주의결권 제도
• 간주의결권(shadow voting) 행사를 위한 요건 : 보충문제 2 참고
• 간주의결권의 취지
 − 간주의결권의 개념 : 수익자총회에 출석하지 않은 수익자의 의결권을 수익자총회에 출석한 수익자의 결의
 내용에 영향을 미치지 않도록 행사하게 하는 제도이다.
  예 출석한 수익자의 찬성 : 반대의 비율이 7:3이라면, 출석하지 않은 수익자의 의결권을 7:3으로 나누어
  행사한다. 의결의 방향이 바뀌지 않도록 의결권을 행사한다고 하여 그림자투표(shadow voting)라
  한다.
 − 즉, 간주의결권은 의결에 필요한 정족수를 채워주는 역할을 하는데, 남용을 방지하기 위해 총좌수의 1/10
 이상의 의결권이 행사된 경우에 한해서 인정한다.

기타사항
• 수익자는 총회에 참석하지 않고 서면으로 의결권을 행사할 수 있다.
• 수익자총회의 의장은 총회에서 수익자 중에서 선출된다.
• 수익자총회 결의에 반대하는 수익자는 **수익자 매수청구권**을 행사할 수 있으며, 그 행사가 있을 경우 투자신
 탁은 해당 수익자의 수익증권을 매수해야 한다.

01 투자신탁의 신탁업자를 변경하는 건에 대해서 수익자총회에서 결의하고자 한다. 찬성이 되기 □□ 위한 요건을 정확히 서술한 것은?

① 출석수익자의 과반수와 전체수익자의 1/4의 찬성으로 결의한다.
② 출석수익자의 과반수와 전체수익자의 1/5의 찬성으로 결의한다.
③ 출석수익자의 과반수와 전체수익자의 1/8의 찬성으로 결의한다.
④ 출석수익자의 과반수와 전체수익자의 1/10의 찬성으로 결의한다.

> **해설** **신탁업자의 변경**은 법정결의사항이므로, ①의 요건으로 결의한다. ②는 법정결의사항이 아닌 경우에 해당되며, ③은 연기수익자총회의 법정결의사항, ④는 연기수익자총회의 법정결의사항이 아닌 경우에 해당된다.
> ※ 연기수익자총회 결의사항 : 2과목 펀드관련법규 핵심유형문제 05 참조

02 수익자총회에서 간주의결권을 행사할 수 있는 요건을 나열하였다. 잘못된 것은?
□□ ① 수익자에게 의결권 행사 통지가 있었으나 행사되지 아니하였을 것
② 간주의결권의 행사방법이 규약에 기재되어 있을 것
③ 수익자총회의 의결권을 행사한 총좌수가 발행된 총좌수의 1/5 이상일 것
④ 그 밖에 수익자 이익보호와 수익자총회 결의의 공정성을 위해 간주의결권의 행사결과를 금융위원회가 정하여 고시하는 바에 따라 수익자에게 제공하는 것을 따를 것

> **해설** 1/5이 아니라 1/100이다.

투자신탁을 설정한 집합투자업자는 아래의 사유가 발생할 경우 금융위의 사전승인 없이 임의해지를 할 수 있다. 그 사유를 잘못 서술한 것은?

① 투자신탁의 수익자 전원이 동의하는 경우
② 투자신탁의 수익증권 전부에 대한 환매를 청구할 경우
③ 투자신탁을 설정한 후 1년이 되는 날에 신탁원본액이 50억원 미만인 경우
④ 투자신탁을 설정한 후 1년이 지난 후 3개월간 계속하여 신탁원본액이 50억원 미만인 경우

해설　④에서 3개월이 아니라 1개월이다.

정답 ④

더 알아보기 ▶ 투자신탁의 해지

법정해지	임의해지
아래의 사유가 발생하면, 지체 없이 투자신탁을 해지하고 **금융위에 보고(사후보고)**해야 한다.	사전승인을 받아야 하나, **아래에 해당하는 사유는 사전승인 없이 해지가 가능하다.**
1) 신탁계약에서 정한 신탁계약의 종료 2) 수익자총회에서의 투자신탁 해지결의 3) 투자신탁의 피흡수합병 4) 투자신탁의 등록취소 5) 전체수익자의 수가 1인이 되는 경우(단, 예외가 있을 수 있음) 6) 투자신탁인 전문투자형사모펀드가 요건을 갖추지 못해 해지명령을 받은 경우	1) 수익자 전원이 동의한 경우 2) 수익증권 전부에 대한 환매청구 시 3) 설정 후 1년이 되는 날에 원본액이 50억원 미만인 경우 4) 설정 후 1년이 지난 후 1개월간 계속하여 투자원본액이 50억원 미만인 경우

01 보기에서 투자신탁의 법정해지사항이 아닌 항목의 수는?

> 가. 수익자 전원이 해지에 동의한 경우
> 나. 수익자 전부에 대한 환매청구가 있는 경우
> 다. 수익자총회에서 투자신탁의 해지를 결의한 경우
> 라. 수익자의 총수가 1인이 되는 경우
> 마. 신탁계약에서 정한 신탁계약기간이 종료된 경우

① 0개   ② 1개
③ 2개   ④ 3개

 가, 나는 임의해지사유이다.
※ 암기법 : '임.동.환'(**임**의해지, 해지**동**의, **환**매청구)

다음은 투자신탁과 투자회사를 비교한 것이다. 옳지 않은 것은?

번호	구 분	투자신탁	투자회사
①	형 태	계약관계	회사형태
②	법률행위주체	신탁업자	집합투자업자
③	자산소유자	신탁업자	집합투자기구
④	집합투자자 총회	수익자총회	주주총회

해설　법률행위주체는 '신탁업자-집합투자기구'이다. 투자회사의 경우 법인격이 있으므로 집합투자기구의 명의로 법률행위를 할 수 있다(집합투자업자 ≠ 집합투자기구).

정답 ②

더 알아보기 ▶ 투자신탁과 투자회사의 비교

공모형 7가지(이 중에서 투자신탁과 투자회사가 일반적이며 가장 많은 것은 투자신탁이다)

계약형	회사형	조합형
투자신탁	투자회사 / 투자유한회사 / 투자합자회사 / 투자유한책임회사	투자합자조합 / 투자익명조합

투자신탁 vs 투자회사

구 분	투자신탁	투자회사
형 태	계약관계 – 법인격이 없으므로 법률행위의 주체가 될 수 없음	회사형태 – **법인격이 있으므로** 직접 법률행위의 주체로서 수행
당사자	집합투자업자 / 신탁업자 / 수익자 / 판매업자	집합투자기구 / 집합투자업자 / 신탁업자 / **일반사무관리회사** / 판매업자 / 주주
자산의 보관·관리자	신탁업자(**소유인으로서**)	집합투자기구(**보관대리인으로서**)
투자기구관련 의사결정	집합투자업자가 대부분의 의사결정. 다만, 법에서 정하는 범위 내에서 수익자총회에서 결정한다.	이사회, 주총에서 의사결정. 다만, 실무적으로 집합투자업자(법인이사)가 의사결정과정에서 중요한 역할을 수행한다.
가능한 투자기구형태	MMF, 주식형, 채권형 등 일반펀드	M&A펀드, 부동산펀드, PEF펀드 등

※ 회사형에는 펀드설립비용, 임원보수 등 비용이 들기 때문에, 국내 대부분의 펀드는 투자신탁으로 설정된다.
※ M&A펀드는 투자회사로만 존재하며(∵펀드명의로 법률행위를 행사해야 하므로), 부동산펀드나 선박펀드는 등기주체가 필요하고, PEF는 M&A펀드와 유사하기 때문에 투자회사가 더 적합하다.

01 다음 중 투자회사에 대한 설명 중 잘못된 것은?

① 투자회사는 집합투자업자가 법인이사이며 2인 이상의 감독이사로 이사회가 이루어진 상법 상 주식회사 형태의 집합투자기구이다.

② 투자회사에게는 이사회 및 주주총회를 보조하고 업무를 대행하는 일반사무관리회사가 반 드시 필요하다.

③ 투자회사는 펀드설립비용, 이사회개최 및 유지비용, 임원 보수 등의 측면에서 투자신탁보 다 비용이 적은 반면 경제적 실질 측면에서는 큰 차이가 없어서, 국내 대부분의 펀드는 투 자회사 형태로 설정되고 있는 편이다.

④ 기업인수증권투자회사(M&A fund)는 투자회사의 형태로만 존재한다.

> **해설** 투자회사는 펀드설립비용, 임원보수 등에서 투자신탁보다 비용이 많이 든다. 따라서 **국내 대부분의 펀드 는 투자신탁의 형태를 취하고 있다.** 다만, M&A펀드의 경우 투자회사의 형태로만 설립되고 있는데 이는 타법인의 주식 매수 후(인수 후) 타회사를 계열회사로 편입할 수 있어야 하는데 투자신탁의 경우 불가능 하기 때문이다(법률적행위의 주체가 될 수 없기 때문).

02 다음 중 펀드의 설정 · 설립에 있어 투자회사의 형태가 더 적합한 것이 아닌 것은?

① 단기금융펀드(MMF)

② 기업인수증권투자회사(M&A Fund)

③ 사모투자전문회사

④ 부동산 및 선박펀드

> **해설** ①은 개방형펀드로서 ② · ③ · ④와 같이 특별한 사유가 있지 않는 한 투자회사가 투자신탁보다 비용이 많이 들기 때문에 투자신탁형태가 유리하다.
> ※ M&A펀드는 지분매수 후 계열사로 편입할 수 있어야 하므로 법률적 행위주체가 있는 투자회사의 형태 로만 존재한다.

자본시장법상에서 분류한 5가지 집합투자기구에 해당하지 않는 것은?

① 증권집합투자기구
② 부동산집합투자기구
③ 특별자산집합투자기구
④ 파생상품집합투자기구

해설 증권, 부동산, 특별자산, 혼합자산, 단기금융 집합투자기구이다. 파생상품집합투자기구는 기초자산에 따른 5가지 유형 중 하나로 분류된다.

정답 ④

더 알아보기 ▶ 자본시장법상의 분류-집합투자기구의 5가지 유형

증권집합투자기구
• 펀드재산의 50%를 초과하여 증권에 투자하는 집합투자기구로써 부동산집합투자기구, 특별자산집합투자기구가 아닌 것을 말한다.
• 일반투자자들이 투자하는 대부분의 펀드로 주식형 / 혼합형 / 채권형 / 파생상품형 등 다양한 형태로 판매되고 있다.

부동산집합투자기구
펀드재산의 50%를 초과하여 '부동산 등'에 투자하는 집합투자기구이다.

'부동산 등'의 종류
• 부동산실물(→ 실물형부동산펀드)
• 부동산관련 권리 : 지상권, 지역권, 전세권, 임차권, 분양권, 부동산을 담보로 하는 금전채권(→ 권리형부동산펀드)
  – 부동산개발사업을 영위하는 법인에 대한 대출(→ 대출형부동산펀드)
  – 부동산을 기초로 하는 파생상품(→ 파생상품형부동산펀드)
  – 부동산관련 증권(→ 증권형부동산펀드)

> • 부동산전문 3사가 발행한 증권
>   – 부동산투자회사가 발행한 주식
>   – 부동산개발회사가 발행한 증권
>   – 부동산투자목적회사가 발행한 증권
> • 부동산이나 부동산권리, 부동산을 담보로 한 금전채권이 '펀드 / 신탁 / 유동화 재산의 50% 이상을 차지하는 집합투자증권 / 수익증권 / 유동화증권'
> • 부동산이나 부동산매출채권, 부동산담보부채권 등 부동산 관련 자산이 70% 이상을 차지하는 유동화증권(부동산전문 유동화증권)
> • 한국주택금융공사가 지급보증한 주택저당증권 또는 주택저당담보부채권

특별자산집합투자기구
• 증권 또는 부동산이 아닌 경제적 가치가 있는 대상에 투자하는 집합투자기구이다.
• 특별자산 예시 : 선박, 일반상품(원자재), 와인, 그림 등 예술품, 골동품 등

혼합자산집합투자기구
• 펀드재산운용에 있어 증권, 부동산, 특별자산의 비중제한을 받지 않는 집합투자기구이다.

- 투자대상이 사전에 특정되지 않으므로 보다 많은 투자기회를 찾아 투자하고 그 수익을 향유할 수 있으나 반면 그로 인한 투자손실의 가능성도 더 높은 집합투자기구라 할 수 있다.

단기금융집합투자기구(MMF)

- 집합투자재산의 전부를 단기금융상품에 투자하는 집합투자기구이다.
- **장부가로 평가하여** 기준가격등락이 작다(은행예금과 같은 안정적 수익을 기대할 수 있음).
- 투자대상 단기금융상품

> – 잔존만기 6개월 이내인 CD
> – 잔존만기 5년 이내인 국채 / 잔존만기 1년 이내인 지방채・특수채・사채권・기업어음・전자단기사채(환매조건부 매수는 만기제한이 없음)
> – 단기대출 / 금융기관예치 / 체신관서 예치
> – 타 MMF에 투자 / 전자단기사채

- MMF에 대한 운용제한(Ⅰ)
  - 증권의 차입이나 대여 금지(금전의 대여는 가능함(단기대출))
  - 남은 만기가 1년 이상인 국채증권에는 펀드재산의 5% 이내에서 운용할 것
  - 환매조건부 매도는 증권총액의 5% 이내일 것
  - 환매조건부 매수는 만기제한이 없음
  - 해당 펀드의 가중평균잔존만기는 75일 이내일 것
  - 펀드재산의 40% 이상을 채무증권에 운용할 것(환매조건부매매는 제외)
  - 채무증권편입 시 신용평가등급이 상위 2개 이내일 것(취득시점 기준)
  - 파생상품 등에 투자하지 아니할 것

- MMF에 대한 운용제한(Ⅱ) : 아래 자산에 대해서는 MMF자산의 10% 이상을 투자할 경우에만 취득이 가능함 (2013.5 개정)

> – 현 금
> – 국 채
> – 통화안정증권
> – 잔존만기가 1영업일 이내의 양도성예금증서・정기예금 / 지방채・특수채・사채권・기업어음 / 기업어음이 아닌 타어음 / 전자단기사채
> – 환매조건부 매수
> – 단기대출
> – 금융기관 예치(수시입출식 상품 한정)

※ 대량환매대금의 지급으로 일시적으로 이상의 운용비율을 하회할 경우, 1개월 후에는 정상의 운용비율로 회복해야 한다.

- MMF에 대한 운용제한(Ⅲ) : 아래 자산에 대해서는 MMF자산의 30% 이상을 투자할 경우에만 취득이 가능함 (2013.5 개정)

> – 현금 / 국채증권 / 통화안정증권
> – 잔존만기가 7영업일 이내의 양도성예금증서・정기예금 / 지방채・특수채・사채권・기업어음 / 기업어음이 아 닌 타어음 / 전자단기사채
> – 환매조건부 매수 / 단기대출 / 수시입출이 가능한 금융기관 예치

※ 대량환매대금의 지급으로 일시적으로 이상의 운용비율을 하회할 경우, 1개월 후에는 정상의 운용비율로 회복해야 한다.

- MMF를 판매한 판매회사는 투자자의 환매가 있을 경우 **MMF판매규모의 5%와 100억원 중 큰 금액**을 한도로 고유자금으로 매입할 수 있다(투자자편의를 위한 자기매매금지의 예외).

01 증권집합투자기구에 대한 설명으로 틀린 것은?

① 일반적으로 일반투자자들이 투자하는 대부분의 집합투자기구는 증권집합투자기구이다.

② 증권집합투자기구의 대표적인 유형으로 주식형, 채권형, 혼합형이 있다.

③ 증권집합투자기구가 투자대상으로 하는 증권은 해당 증권을 기초자산으로 하는 파생상품도 포함하는 개념이다.

④ 어떤 자산이라도 증권의 형태로 된 자산에 50%를 초과해서 투자하면 증권집합투자기구가된다.

> **해설**
> 증권의 형태라도 그 내용이 부동산(특별자산)인 자산에 50%를 초과해서 투자하면 부동산(특별자산)집합투자기구가 된다.

02 다음 중에서 증권집합투자기구에 해당하는 것은?

① 신탁재산·집합투자재산·유동화자산의 50% 이상을 부동산이 차지하는 신탁증권·집합투자증권·유동화증권에 자산의 50%를 초과하여 투자하는 집합투자기구

② 부동산투자회사가 발행한 증권에 자산의 50%를 초과하여 투자하는 집합투자기구

③ 선박투자회사가 발행한 증권에 자산의 50%를 초과하여 투자하는 집합투자기구

④ 채무증권에 자산의 50%를 투자하는 집합투자기구

> **해설**
> ①·②는 부동산집합투자기구(증권형), ③은 특별자산집합투자기구이다. 증권의 내용에 따라 집합투자기구의 종류가 달라진다.

03 다음 중 자본시장법상의 부동산집합투자기구가 될 수 없는 것은?

① 부동산투자회사법에 의해 설립된 부동산투자회사

② 특정부동산의 개발을 위해 존속기간을 정하여 설립된 회사

③ 부동산투자를 목적으로 설립된 회사로써 부동산 관련 자산이 그 회사와 종속회사의 전체자산의 90% 이상인 회사

④ 자산 중 부동산 비중이 높은 상장회사

> **해설**
> ④는 부동산과 관련성이 있기는 하지만, 부동산전문회사로 분류되지 않는다.
> ※ 부동산전문 3社 : 1. 부동산투자회사(REITs), 2. 부동산개발회사, 3. 부동산투자목적회사

04 다음은 어떤 집합투자기구에 대한 설명인가?

> • 투자대상을 확정하지 않고 가치가 있는 모든 자산에 투자할 수 있다.
> • 사전에 투자대상을 특정하지 않음으로 인해 보다 많은 투자기회를 찾아 투자하고 그 수익을 향유할 수 있으나 반면 그로인해 투자손실의 가능성도 더 높다.
> • 환매금지형으로 설정·설립하는 것이 원칙이다.

① 증권집합투자기구
② 특별자산집합투자기구
③ 혼합자산집합투자기구
④ 부동산집합투자기구

해설 혼합자산집합투자기구의 내용이다.

05 다음은 단기금융펀드(MMF)의 운용제한에 대한 내용이다. 빈칸이 올바르게 채워진 것은?(순서대로)

> • 남은 만기가 1년 이상인 국채증권에 집합투자재산의 (　　) 이내에서 운용할 것
> • 해당 집합투자기구의 집합투자재산의 남은 만기의 가중평균이 (　　) 이내일 것
> • 집합투자재산의 (　　) 이상을 채무증권에 운용할 것
> • 취득시점을 기준으로 채무증권의 신용평가등급이 상위 (　　) 등급 이내일 것

① 5%, 75일, 40%, 2개
② 5%, 75일, 50%, 2개
③ 10%, 90일, 40%, 2개
④ 10%, 90일, 50%, 2개

해설 5%, 75일, 40%, 2개이다. MMF에 대해서는 그 운용제한이 일반펀드보다 더 강화되어 적용 된다(더 알아보기 참조).

06 단기금융펀드의 투자대상으로서 적합하지 않은 것은?

① 남은 만기가 6개월 이내인 양도성예금증서
② 남은 만기가 5년 이내인 국채
③ 남은 만기가 1년 이내인 기업어음
④ 남은 만기가 6개월 이내인 장내파생상품

> **해설**
> MMF는 파생상품에 투자할 수 없다(안전성 강화차원).

07 단기금융펀드에서 10% 이상을 투자해야 하는 대상이 아닌 것은?

① 현 금
② 단기대출
③ 남은 만기가 1영업일 이내인 양도성예금증서·정기예금
④ 환매조건부 매도

> **해설**
> 환매조건부 매수는 10% 이상 투자대상이다. 그러나 환매조건부 매도는 10% 이상 투자대상과 관련이 없으며, MMF가 보유한 증권총액의 5% 이내로 운용이 가능하다.
> ※ 환매조건부 매도는 **차입**과 같으므로 5% 한도로 엄격히 규제하는 것이며, 환매조건부 매수는 **저축**과 같으므로 단기대출과 동일하게 10% 이상의 투자대상으로 두고 있다.

08 MMF운용과 관련하여 빈칸에 들어갈 수 없는 것은?

> • 환매조건부 매도는 펀드가 보유한 증권총액의 (　　　) 이내에서 운용이 가능하다.
> • MMF가 환매조건부 매수에 투자할 경우 펀드자산의 (　　　) 이상을 투자해야 한다.
> • 국채의 남은만기가 3년일 경우, 펀드자산의 (　　　) 이내에서 운용이 가능하다.
> • MMF는 투자대상별로 10% 이상 또는 30% 이상 투자의무가 있는데, 일시적인 대량환매대금의 지급으로 동 투자의무비율을 하회할 경우에는 (　　　)까지는 예외를 인정한다.

① 5%
② 10%
③ 30%
④ 1개월

> **해설**
> 차례대로 5%, 10%, 5%, 1개월이다.

보기 중 집합투자재산의 운용상 '규모의 경제 효과'를 달성하고자 하는 것은?

> ㉠ 환매금지형집합투자기구　　　　　㉡ 종류형집합투자기구
> ㉢ 전환형집합투자기구　　　　　　　㉣ 모자형집합투자기구
> ㉤ 상장지수집합투자기구

① ㉠, ㉣　　　　　　　　　　　　② ㉡, ㉢
③ ㉢, ㉣　　　　　　　　　　　　④ ㉡, ㉣

해설　규모의 경제를 달성하고자 설정되는 펀드는 종류형과 모자형이다.

정답 ④

더 알아보기 ▶ 특수한 형태의 집합투자기구 5가지 유형

환매금지형집합투자기구
- **부동산 / 특별자산 / 혼합자산집합투자기구와 펀드재산의 20%를 초과하여 시장성 없는 자산에 투자하는 경우는 환매금지형으로 설정·설립하는 것을 원칙으로 한다.**
- ※ 2013.5 개정사항 : '부동산 / 특별자산 / 혼합자산펀드'는 반드시 환매금지형(폐쇄형)으로 설정·설립하는 것을 의무화했으나, 개정 후에는 '증권 등의 형태로 시가나 공정가액으로 조기에 현금화가 가능한 펀드에 대해서는 예외를 허용하였음
- 환매금지형으로 설정·설립한 경우, 집합투자증권을 최초로 발행한 날로부터 90일 이내에 증권시장에 상장해야 한다.
- 환매금지형펀드는 존속기간이 정해진 단위형에만 가능하여 추가발행이 불가하나 아래의 경우 예외적으로 가능함(예외요건은 보충문제 2 참고).

종류형집합투자기구
- 소규모투자기구의 양산으로 적정운용규모가 달성되지 못하는 것은 보이지 않는 투자자의 피해가 됨 → 이를 해결하기 위해 동일업자의 펀드 가운데 **판매수수료 체계만 다른 것은 하나의 펀드(종류형펀드)로 합할 수 있게 함으로써 펀드운용의 효율성을 제고하였다**(운용보수, 신탁보수 등 판매수수료체계를 제외한 나머지 비용은 모든 종류에 동일하게 적용됨).
- 종류(class) 수에는 제한이 없으며, 종류 간 전환이 가능하며(이때 환매수수료 부과 없음), 비종류형에서 종류형으로의 전환도 가능하며, 해당종류의 수익자만으로 종류총회를 개최할 수 있다.

전환형집합투자기구
- 다양한 자산과 투자전략을 가진 투자기구를 묶어 하나의 세트로 만들고 그 세트 내에 속하는 투자기구 간 전환이 가능하게 한 펀드를 말한다(전환 시 환매수수료가 부과되지 않는 것이 원칙이나 최소한의 기간에 못미치는 등의 경우 환매수수료가 부과될 수 있음).
- 전환에 있어서 전환형과 종류형의 차이

종류형에서의 전환	전환형에서의 전환
펀드의 포트폴리오가 변하지 않음	펀드 내 포트폴리오가 변함

모자형집합투자기구

- 모자형 설정(설립)의 요건

> 子펀드는 母펀드에만 투자할 것 / 母펀드에는 子펀드만 투자할 수 있을 것 / 동일업자일 것

- 모자형 vs 재간접펀드

모자형	재간접펀드(FOFs)
• 운용의 효율성을 위함 • 모자펀드의 집합투자업자가 동일	• 아웃소싱을 위함 • 집합투자업자가 동일하지 않음

상장지수집합투자기구(ETF)

- ETF의 일반적인 특징 : **인덱스형 / 개방형 / 추가형 / 상장형 / 실물형**(ETF는 실물납입도 가능)
- ETF의 두 가지 시장(보충문제 9 그림 참고) : 기관투자자들은 **발행시장**에서 매입/환매하며, 일반투자자는 **유통시장**에서 주식처럼 매수/매도한다. **지정참가회사(AP)를 2사**를 두며, 1사는 유통시장에서 유동성공급역할(LP)을 한다. AP는 발행시장의 순자산가치와 유통시장의 주가를 일치시키기 위해 차익거래를 수행하며 이때 발생하는 이익금은 **신탁분배금**으로 배당한다.
- ETF 특례

배제되는 규제	운용특례
대주주와의 거래제한 / 자산운용보고서 제공 의무 / 내부자 단기매매차익반환의무 / 금전납입원칙	동일종목 투자한도 30% / 동일법인이 발행한 지분증권 투자한도 20% / 이해관계인과의 거래가능

- ※ **ETF는 의결권행사를 Shadow Voting으로 하는 것이 원칙이다**(지수구성차원의 편입이므로 적극적인 의결권행사를 인정하지 않는다는 취지).
- ETF 폐지요건 : **추적오차율이 10%를 초과하여 3개월간 지속되는 경우** / 지수를 산정할 수 없거나 이용할 수 없게 되는 경우

01 환매금지형집합투자기구(폐쇄형펀드)를 공모형으로 설정한 경우에 대한 설명이다. 가장 적절하지 않은 것은?

① 집합투자증권을 최초발행한 날로부터 90일 이내로 증권시장에 상장해야 한다.
② 펀드의 존속기간을 정한 집합투자기구만 환매금지형 설정이 가능하다.
③ 매일 기준가격을 산정하여 공시해야 한다.
④ 기존투자자를 해할 우려가 없다고 인정되는 경우 신탁업자의 확인을 받아 집합투자증권을 추가로 발행할 수 있다.

> **해설** 공모형 환매금지형집합투자기구는 증권시장에 상장하므로 기준가격 공시의무는 면제된다.

02 환매금지형집합투자기구(폐쇄형펀드)는 집합투자증권을 추가로 발행할 수 없는 것이 원칙이지만 예외가 인정된다. 그 예외 요건을 잘못 기술한 것은?

① 이익분배금의 범위 내에서 추가 발행하는 경우
② 기존투자자의 이익을 해할 우려가 없다고 신탁업자의 확인을 받는 경우
③ 기존투자자 전원의 동의를 받는 경우
④ 추가로 발행되는 집합투자증권에 대해 기존투자자에게 보유비율과 관계없이 모든 투자자에게 매수기회를 부여하는 경우

> **해설** ④ 추가로 발행되는 경우 기존투자자의 보유비율에 따라 우선 매수기회를 부여하는 경우

03 보기가 설명하는 집합투자기구의 종류는 무엇인가?

> 우리나라는 아직까지 대부분의 투자기구의 존립기간이 짧고 소규모투자기구가 양산되는 문제가 있다. 그 결과 오랜 역사를 가진 투자기구가 없고 투자기구의 소규모화로 적정 운용규모를 달성하지 못하고 그로 인한 투자자의 눈에 보이지 않는 손실이 있었음을 부정할 수 없다. 이를 해결하기 위한 하나의 방법으로 (   )가 도입되었다.

① 환매금지형집합투자기구　　　② 종류형집합투자지구
③ 전환형집합투자기구　　　　　④ 모자형집합투자기구

종류형집합투자기구이다. 동일한 집합투자기구 내에 다양한 판매보수 또는 판매수수료 구조를 가진 클래스를 만들어 수수료체계의 차이에서 발생하는 신규펀드의 설정을 억제하고, 여러 클래스에 투자된 자산을 합쳐서 운용하여 **규모의 경제**를 달성할 수 있도록 만들어진 집합투자기구이다.

참고 종류형집합투자기구(Multi-Class Fund)의 구분

구 분	A-class	B-class	C-class	D-class
운용보수	동 일			
수탁보수	동 일			
판매수수료	선취수수료	후취수수료	×	선취&후취수수료
판매보수	판매보수	판매보수	Only 판매보수	판매보수

04 종류형집합투자기구에 대한 설명이다. 가장 거리가 먼 것은?

① 기존에 만들어진 비종류형집합투자기구를 종류형집합투자기구로 전환할 수 있다.
② 동일한 종류형집합투자기구 내에서 다른 종류형으로 전환할 수 있으며, 이때 환매수수료가 부과된다.
③ 특정 종류의 투자자에 대해서만 이해관계가 있는 경우에는 해당 종류형의 투자자만으로 총회를 개최할 수 있다.
④ 판매수수료 체계(판매수수료, 판매보수)를 제외한 나머지 보수(운용보수, 신탁보수 등)는 무조건 동일해야 한다.

동일한 종류형집합투자기구 내에서의 종류 간 이동은 판매수수료체계를 전환하기 위한 것이므로 포트폴리오의 변경이 없다. 따라서 환매수수료 청구와는 관련이 없다.

05 보기가 설명하는 집합투자기구의 종류는 무엇인가?

다양한 자산과 투자전략을 가진 투자기구를 묶어 하나의 투자기구세트로 만들고, 투자자는 그 투자기구세트 내의 다양한 투자기구 간에 교체투자를 가능케 해주는 집합투자기구이다.

① 환매금지형집합투자기구　　　　　② 종류형집합투자지구
③ 전환형집합투자기구　　　　　　　④ 모자형집합투자기구

전환형집합투자기구이다.

06 보기가 설명하는 집합투자기구의 종류는 무엇인가?

> 동일한 집합투자업자의 투자기구를 상하구조로 나눈 다음, 하위투자기구의 집합투자증권을 투자자에게 매각하고 매각된 자금으로 조성된 투자기구의 재산을 상위투자기구에 투자하는 구조의 집합투자기구이다.

① 환매금지형집합투자기구　　　　　② 종류형집합투자지구
③ 전환형집합투자기구　　　　　　　④ 모자형집합투자기구

해설 모자형집합투자기구이다.

07 특수한 형태의 집합투자기구에 대한 설명이다. 잘못된 것은?

① 일반펀드와 전환형펀드가 다른 점은 전환형펀드에서 펀드를 변경할 경우 환매수수료가 부과되지 않는다는 것이다.
② 종류형펀드에서의 종류 간 전환은 전환형펀드에서의 전환과는 달리 펀드의 포트폴리오가 전혀 바뀌지 않는다는 점에서 차이가 있다.
③ 재간접펀드(fund of funds)는 집합투자업자의 운용의 효율성을 위해 도입이 되었으나 모자형펀드의 경우 운용능력의 아웃소싱을 위해 도입된다는 점에서 차이가 있다.
④ 모자형펀드에서는 모펀드와 자펀드의 집합투자업자가 동일해야 하는데 재간접펀드는 해당 펀드와 투자대상 펀드의 집합투자업자가 동일하지 않는 경우가 대부분이다.

해설 **모자형펀드와 재간접펀드가 바뀌었다.** 아웃소싱(outsoursing)이란 운용 혹은 경영의 효율성 극대화를 위하여 제3자에게 위탁하는 것을 말한다.

08 상장지수집합투자기구(ETF)의 성격을 나열하였다. 가장 적합하지 않은 것은?

① ETF는 인덱스펀드이다.　　　　　② ETF는 상장형펀드이다.
③ ETF는 주식형펀드이다.　　　　　④ ETF는 실물형펀드이다.

해설 ETF는 인덱스펀드인데, 인덱스는 주식형인덱스 뿐만 아니라 채권형인덱스, 그리고 기타의 인덱스도 가능하다(주식형인덱스로 한정할 수 없음).

09 다음 빈칸에 알맞은 말은?

> ETF의 Primary market에서는 (   )를 통하여 ETF의 설정과 해지가 발생하게 되고 Secondary market에서는 일반투자자들과 (   )가 ETF 수익증권의 매매를 하게 된다. 이 과정에서 (   )는 ETF 수익증권의 순자산가치와 증권시장에서의 거래가격을 근접시키기 위하여 차익거래를 수행하게 된다.

① 집합투자업자
② 지정참가회사
③ 신탁업자
④ 일반사무관리회사

해설

지정참가회사(AP = Autorized Participant)이다. 지정참가회사는 ETF의 발행시장에서 투자자와 집합투자업자 사이에서 ETF의 설정 및 해지(환매) 신청의 창구역할을 담당하고(발행시장에서의 역할), 유통시장에서는 ETF의 거래가 원활하게 되도록 유동성을 공급하고(AP중 1사가 LP로 지정), 그 가격이 좌당 순자산가치에 일치되도록 노력(차익거래 수행)한다.

더 알아보기 ▸ ETF의 두 가지 시장(지정참가회사의 역할)

- ETF(Exchange Traded Fund) : 기관투자자는 발행시장에서 AP를 통해 펀드매입과 환매를 하며(개방형), 일반투자자는 AP(LP)를 통해 증권시장에서 ETF를 매매한다(상장형).
- ETF의 성질 : 인덱스형, 상장형(30일 내 상장 의무), 실물형, 개방형으로 분류할 수 있다.

10 상장지수집합투자기구(ETF)의 특례이다. 가장 적절하지 않은 것은?

① ETF는 자산운용보고서를 제공하지 않아도 된다.
② ETF는 일반펀드의 금전납입원칙의 예외로써 실물납입이 가능하다.
③ ETF는 대주주의 발행증권도 소유할 수 있다.
④ ETF는 의결권을 행사할 수 없다.

> **해설**
> ETF는 일반펀드와 달리 의결권을 Shadow Voting(중립투표)으로 하는 것이 원칙이다.
> ※ 집합투자기구의 의결권행사
> • 일반 집합투자기구 : 집합투자업자가 선관주의의무와 충실의무에 입각하여 행사하고, 계열사 등의 관계가 있을 경우에는 shadow voting을 한다.
> • ETF : ETF가 보유한 주식은 지수편입차원의 보유에 불과하므로 적극적인 의결권이 아닌 shadow voting으로 행사하는 것을 원칙으로 한다. 단, ETF수익자의 이익이 명백하게 침해될 것으로 예상되는 경우에는 적극적으로 행사할 수 있다.

11 ETF의 운용특례와 관련해서 빈칸에 알맞은 것은?

구 분	공모형집합투자기구	ETF
동일종목증권 투자한도	10%	(㉠)
동일법인이 발행한 지분증권 투자한도	10%	(㉡)

	㉠	㉡			㉠	㉡
①	20%	20%		②	20%	30%
③	30%	20%		④	30%	30%

> **해설**
> 30%, 20%이다. ETF의 투자대상은 지수를 구성종목의 하나일 뿐이라고 여기므로 여타의 목적성이 없다. 따라서 일반 펀드에 비해 운용규제가 완화되어 적용된다.

12 빈칸을 옳게 연결한 것은?

> ETF가 상장폐지될 경우 상장폐지일로부터 (   ) 이내에 펀드를 해지해야 하며, 해지일로부터 (   ) 이내에 금융위에 보고해야 한다.

① 3일, 7일
② 7일, 7일
③ 10일, 7일
④ 15일, 10일

> **해설**
> 10일, 7일이다.

다음은 공모집합투자기구에 적용되는 규제로써, 전문투자형 사모집합투자기구에는 적용이 배제되는 특례이다. 해당하지 않는 것은?

① 투자광고 규제
② 판매보수 및 판매수수료 제한
③ 자산운용의 제한
④ 설정·설립 후의 금융위원회 보고 의무

해설　　①, ②, ③은 전문투자형 사모집합투자기구에는 적용이 면제되는 규제이다. ④는 사모집합투자기구의 의무로써, 사모집합투자기구는 펀드의 설정·설립 후 2주 내에 금융위에 보고해야 한다.

정답 ④

더 알아보기　▶ 전문투자형 사모집합투자기구의 운용특례

공모펀드에는 적용되는 규제이나, 전문투자형사모펀드에는 그 적용을 배제하는 것 : 핵심유형문제 ①, ②, ③에 추가하여, 금전차입제한, 자산운용보고서 작성 및 제공 의무, 수시공시 의무, 집합투자재산에 대한 보고 의무, 환매연기 통지 의무, 기준가격의 매일 산정·공고·게시 의무, 집합투자재산의 회계감사 수감 의무 등이 면제된다.
※ 파생상품의 경우 완화적용됨 : 공모펀드는 파생상품매매에 따른 위험평가액이 순자산의 100%까지 허용되지만, 전문투자형사모펀드의 경우 400%까지 허용된다.

공모펀드의 경우 설정·설립 이전에 금융위에 신고·등록해야 하지만(투자자보호를 위한 사전 심사를 거침), 사모펀드^{주1}의 경우 설정·설립 후 2주일 이내에 금융위에 보고하면 된다.
* 주1 : 이때 사모펀드는 전문투자형과 경영참여형을 모두 포함한다.

보충문제

01　전문투자형 사모집합투자기구에도 적용되는 규제는?

① 적격요건을 갖추지 못한 자와의 장외파생상품의 거래
② 자산운용보고서의 제공 의무
③ 기준가격의 매일 공고·게시 의무
④ 환매금지형집합투자기구의 상장 의무(90일 이내)

해설　공·사모에 공통적용되는 것은 ①에 추가하여 **의결권제한**이 있다.
※ 사모집합투자기구 개편(2015.10 자본시장법 개정) : 종전의 사모집합투자기구는 **전문투자형 사모집합투자기구**와 **경영참여형 사모집합투자기구(PEF)**로 개편되었다.

보기의 정의에 가장 부합하는 펀드 형태는?

> 투자신탁의 계약기간 내에 수익자가 본인이 보유하고 있는 수익증권의 환매를 요구할 수 없는 집합투자기구이다.

① 개방형집합투자기구
② 폐쇄형집합투자기구
③ 추가형집합투자기구
④ 단위형집합투자기구

해설　집합투자기구의 정의 상 환매가 가능하면 개방형이고 환매가 불가하면 폐쇄형이다.

정답 ②

더 알아보기 ▶ 성격에 따른 집합투자기구의 분류

추가설정여부	환매가능여부	편입대상	파생상품편입	상장여부	판매방법
추가형 단위형	개방형 폐쇄형	주식형 채권형 혼합형	증권형 파생형	상장형 비상장형	모집식 매출식

- 장외파생상품의 경우 단위형펀드로 설정하는 것이 적합하다(기간이 달라지면 수익구조도 달라지기 때문).
- 부동산펀드나 선박펀드는 쉽게 환매에 응할 수 없으므로 폐쇄형이 적합하다.
- 장외파생상품은 유동성이 부족한 성격 상 폐쇄형이 적합하지만, 상장부담을 덜고 마케팅의 용이성을 감안하여 개방형으로 설정하는 것이 대부분이다.
- 주식비중(채권비중)이 60% 이상이면 주식형(채권형), 주식비중이 50% 미만이면 채권혼합형, 주식비중이 50% 이상 60% 미만이면 주식혼합형이다.
- 파생상품매매에 따른 위험평가액이 자산총액의 10% 초과할 경우 파생형으로 분류한다(→ 자본시장법에서 파생상품펀드를 별도로 분류하지 않으므로 동 기준은 실무적인 분류이다).
- 상장형에는 ETF(30일 이내 상장), 공모형폐쇄형펀드(90일 이내 상장 의무)의 두 가지가 있다.
- 모집식은 선청약 / 후발행, 매출식은 선발행 / 후청약이라 할 수 있다(매출식은 판매회사의 자금부담 문제가 있어 현재 대부분은 모집식으로 함).

01 다음은 펀드의 분류에 대한 설명이다. 잘못된 것은?

① 펀드의 최초 모집기간이 종료된 이후에는 동일한 펀드에 추가로 투자할 수 없도록 한 것을 단위형이라 한다.

② 장외파생상품의 경우 투자일자에 따라 수익구조가 달라질 수 있으므로 추가형으로 설정하는 것이 보통이다.

③ 대부분의 일반 펀드는 개방형으로 설정되나 유동성이 부족한 부동산이나 선박투자펀드 등은 폐쇄형으로 설정이 된다.

④ 최초로 펀드를 설정한 후 투자자의 수요에 따라 신탁원본을 증액하여 수익증권을 추가로 발행할 수 있는 형태를 추가형이라고 한다.

> **해설** 장외파생상품의 경우 투자일자가 달라지면 수익구조가 달라지므로 단위형으로 설정하는 것이 보통이다.

02 장외파생상품에 대한 분류를 옳게 연결한 것은?

① 추가형, 개방형

② 단위형, 개방형

③ 단위형, 폐쇄형

④ 추가형, 폐쇄형

> **해설** 장외파생상품은 **단위형, 개방형**으로 설정하는 것이 일반적이다.

03 다음의 설명 중 잘못된 것은?

① 펀드재산의 60% 이상을 주식에 투자하는 펀드를 주식형이라 한다.

② 펀드재산의 60% 이상을 채권에 투자하는 펀드를 채권형이라 한다.

③ 최대주식 편입비율이 50% 이상인 펀드를 채권혼합형, 최대주식 편입비율이 50% 미만인 펀드를 주식혼합형으로 분류한다.

④ 일반적으로 채권은 주식보다 유동성위험은 높은 편이고 시장위험은 낮은 편이라 할 수 있다.

최대주식 편입비율이 50% 미만이면 주식보다 채권이 더 많게 되므로 채권혼합형이 된다. 증권형펀드가 갖는 위험으로 시장위험, 개별위험, 유동성위험이 있는데 채권은 주식에 비해 시장위험은 작은 반면 유동성위험은 더 높은 편이다.

※ 성격에 따른 집합투자기구의 분류

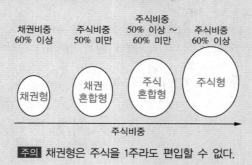

주식형 VS 채권형 VS 혼합형의 구분

주의 채권형은 주식을 1주라도 편입할 수 없다.

04 주식형펀드에 투자할 경우 노출될 수 있는 위험으로써, 비상장기업에 투자할 경우 (   )에 노출될 수밖에 없다. (   ) 안에 알맞은 것은?

① 시장위험
② 개별위험
③ 유동성위험
④ 거래상대방위험

비상장기업은 상장기업에 비해 유동성이 부족하므로 유동성위험에 노출된다.

※ 투자위험

시장위험	개별위험	유동성위험	거래상대방위험
물가, 환율, 원자재가격 등 시장전체를 대상으로 발생하는 위험	자동차회사의 리콜, 반도체가격 하락 등 개별기업을 대상으로 발생하는 위험	매도 시 **제 때에 제 값을 받지 못할 위험**을 말함	상대방이 결제를 하지 않을 위험을 말하는데, 장외파생상품에서만 발생함
주식의 시장위험이 채권보다 크다.	주식의 개별적인 가격변동성이 채권보다 크다.	특히 비상장기업이 노출되는 위험이다.	신용위험(Credit Risk)이라고도 함

05 주식형펀드에 투자할 경우, 보기 중에서 성장주펀드의 특징으로만 연결한 것은?

> 가. 경기가 본격적으로 회복할 때 주가상승에 따른 투자수익을 기대할 수 있다.
> 나. 기업의 내재가치에 비해 저평가되어 있는 기업을 골라서 투자하는 펀드이다.
> 다. 예상한 배당수익률보다 주가가 상승하면 매도하여 시세차익을 얻고, 그렇지 않을 경우 보유하여 배당금을 수령하는 펀드이다.
> 라. 주가하락 시 변동성이 커서 원금손실의 폭이 클 수 있다.
> 마. 당장 주가가 오르는 것이 아니기 때문에 투자수익을 얻기 위해서는 주가가 오를 때까지 기다려야 한다.
> 바. 결산기를 앞두고 주로 이용되는 펀드이다.

① 가, 라
② 나, 마
③ 다, 바
④ 가, 다, 라

해설
가, 라 : 성장주펀드, 나, 마 : 가치주펀드, 다, 바 : 배당주펀드

06 채권형펀드에 투자할 경우 노출되지 않는 위험은?

① 시장위험
② 개별위험
③ 유동성위험
④ 거래상대방위험

해설
거래상대방위험은 장외파생상품에 투자할 경우에만 노출되는 위험이다. ①·②·③은 주식투자와 채권투자에 공히 발생하는 위험이다.

07 빈칸이 옳게 연결된 것은?(순서대로)

> 공모형 환매금지형집합투자기구는 최초로 집합투자증권을 발행한 날로부터 (　　　) 이내로 증권시장에 상장해야 하며, 상장지수집합투자기구는 펀드설정일로부터 (　　　) 이내로 증권시장에 상장해야 한다.

① 90일, 90일
② 90일, 30일
③ 30일, 30일
④ 30일, 90일

해설
90일, 30일이다. 상장형은 **환매금지형펀드**와 ETF의 두 가지 형태가 있다.

08 모집식과 매출식 펀드 판매에 대한 설명이다. 잘못된 것은?

☐☐
① 펀드를 설정하기 전에 미리 투자자로부터 펀드의 투자에 대해 청약을 받고 그 청약대금을 확보한 후 펀드의 설정을 요청하는 형식을 모집식이라 한다.
② 판매회사의 보유현금으로 자금을 납입하여 펀드를 설정한 후 설정된 펀드의 수익증권을 보유하고 있던 판매회사가 고객의 수익증권 매입청구에 대응하여 보유 중인 수익증권을 고객에게 매각하는 형식을 매출식이라 한다.
③ 매출식으로 펀드를 판매하는 경우 투자매매업자, 투자중개업자(판매업자)의 자금문제가 발생할 수 있는 단점이 있으나 판매업자의 입장에서 수익의 원천이 되기 때문에 대부분의 펀드 판매는 현재 매출식으로 이루어지고 있다.
④ 모집식은 선청약·후발행 방식이라 할 수 있다.

> **해설** 매출식은 판매업자의 자금문제가 발생할 수 있을 뿐더러, 매출식 판매과정에서 판매업자의 손실과 이익의 기회가 모두 존재하는데 이러한 불확실성의 부담을 회피하기 위하여 현재 **대부분의 펀드는 모집식으로 판매되고 있다.**

09 현재 판매되고 있는 대부분의 펀드의 성격과 가장 거리가 먼 것은?

☐☐
① 개방형펀드
② 증권형펀드
③ 상장형펀드
④ 모집식펀드

> **해설** 대부분의 펀드는 비상장형이다(대부분의 펀드는 투자신탁의 개방형펀드).

투자지역에 따른 펀드분류이다. 가장 거리가 먼 것은?

① 글로벌펀드(Global fund)는 해외투자펀드 중 펀드의 수익률 변동성이 가장 낮은 수준에 속한다.

② 대부분의 글로벌 펀드(Global fund)는 선진국 위주로 투자되는 경우가 많은데 이는 선진국에 투자하는 것이 수익률 측면에서 더 유리하기 때문이다.

③ 글로벌 펀드보다 좀 더 좁은 지역에 투자하는 펀드를 지역펀드(Regional fund)라고 하며 이머징마켓투자펀드, Brics펀드, 동남아펀드 등이 이에 속한다.

④ 가장 좁은 지역에 투자하는 펀드는 개별 국가펀드(Single country fund)라고 하는데 개별 국가펀드는 글로벌펀드나 지역펀드에 비해서 기대수익률이 높고 동시에 위험도 가장 높다고 할 수 있다.

해설　글로벌투자펀드가 선진국에 주로 투자하는 것은 수익률이 가장 높아서가 아니라 안정적인 투자가 가능하기 때문이다.

정답 ②

더 알아보기 ▶ 기타의 집합투자기구 분류

분 류

투자지역에 따른 분류	투자전략에 따른 분류	투자대상자산에 따른 분류
• 글로벌투자펀드(선진국 위주) • 지역펀드(BRICs 등) • 개별 국가펀드(차이나펀드 등)	• 액티브펀드 : 스타일펀드, 테마펀드 등) • 패시브펀드 : 인덱스펀드, 포트폴리오보험전략 등 • 섹터펀드 : 액티브 / 패시브 혼합	국내펀드는 주식 / 채권을 주대상으로 하나, 해외투자펀드는 해외주식 / 채권 / 실물 / 헤지펀드 등 투자대상이 다양하다.

• 글로벌펀드는 선진국 위주로 투자된다(고수익성이 아니라 **안정적 투자회수**가 가능하기 때문).
• 해외투자펀드의 리스크 : 국내펀드보다 추가된 리스크를 부담해야 한다(환리스크). 프런티어마켓의 경우 투자자금 송금이 곤란할 수도 있다.
• 액티브운용전략에는 'Top down approach'와 'Bottom up approach'가 있다(실제는 혼용함).
• 패시브운용전략 : 인덱스형 / 포트폴리오보험형 / 차익거래형 / 롱숏형 / 시스템트레이딩형 등

인덱스펀드
• 패시브운용전략의 대표적인 펀드는 인덱스펀드(인덱스의 종류 : KOSPI / KOSPI200 / KRX / KIS Autos / Dow / Nasdaq / MSCI / FTSE / GSCI 등)

인덱스펀드의 특징	추적오차(트래킹 에러) 발생 이유
• 저렴한 비용 : 액티브펀드보다 낮은 보수 • 투명한 운용 : 수익률 예상이 명쾌함 • 시장수익률의 힘 : 장기적으로 지수 수익률을 능가하기는 쉽지 않다.	• 인덱스펀드에 부과되는 보수 등 비용 • 인덱스펀드의 포트폴리오구축 시 거래비용 발생 • 인덱스펀드의 포트폴리오와 추적대상지수 포트폴리오의 차이 　(→ 완전복제 시 없어짐) • 포트폴리오 구축 시 적용되는 가격과 실제매매가격과의 차이 등

→ **추적오차를 최소화**하는 것이 ETF이며, ETF가 아닌 일반펀드가 추적오차를 가장 작게 하는 방법은 완전복제방법이다(인덱스구성법 : 완전복제법과 샘플링방법 – 대부분은 샘플링으로 함).

• 인핸스드 인덱스펀드(Enhanced Index Fund)

알파추구형	차익거래형
포트폴리오의 일부를 바꾸어 추가 수익률을 획득하는 전략(실패할 경우 낮은 수익률 실현가능)	KOSPI200을 추정하는 펀드는 대부분 차익거래형이라고 할 수 있다.

→ 인핸스드 인덱스펀드는 액티브펀드와는 달리 제한적 위험을 부담하는 전략이다.

보충문제

01 해외투자펀드의 리스크에 대한 설명이다. 잘못된 것은?

① 해외투자펀드를 투자할 경우에는 국내투자펀드와는 달리 환율변동이라는 리스크가 추가된다.

② 환헤지란 그 환율변동에서 발생하는 리스크를 완전히 제거하는 거래를 말한다.

③ 해외투자는 국내투자와는 달리 국내외 간 복잡한 결제과정 및 현금 운용과정에서 추가적인 리스크가 발생할 수 있다.

④ 투자대상국가가 프론티어 마켓일 경우 국가정책에 따라 투자자금 송금이 곤란해질 수도 있다.

해설 환헤지의 개념은 환위험을 완전히 제거한다는 개념이 아니라, 현재 시점의 환율을 해당 환헤지거래의 계약기간 종료시점에 고정시켜주는 즉, 더 이상의 환율위험에 노출되지 않는다는 개념이다(프런티어 마켓 : 이제 막 자본시장(증권시장)이 형성되고 있는 시장, 주로 후발 개발도상국의 증권시장을 말한다).

02 다음의 해외투자펀드 중에서 가장 높은 수익률을 기대할 수 있는 펀드는?

① 글로벌투자펀드

② Brics투자펀드

③ China투자펀드

④ 이머징마켓투자펀드

해설 개별 국가투자펀드의 기대수익률과 위험이 가장 높다.

03 액티브운용전략에 대한 설명 중 옳지 않은 것은?

① 벤치마크를 초과하는 수익률을 얻고자하는 전략이다.

② Bottom-up Approach는 자산 간, 섹터 간 투자의사결정을 함에 있어서 거시경제 변수를 고려하지 않고 투자대상 종목의 저평가 여부만을 투자의 기준으로 판단하는 접근법을 말한다.

③ Top down Approach는 개별종목의 성과보다 자산배분 혹은 업종 간 투자비율 등이 펀드 수익에 미치는 영향이 더 크다는 전제하에 출발하는 접근법이다.

④ 실제 펀드매니저들은 Bottom up Approach나 Top down Approach 중 하나를 선택하는 경향이 강하다.

> **해설** 양자 간의 분류는 형식상인 분류의 측면이 강하다. 실제 대부분의 펀드매니저들은 양자의 접근법을 **혼합하여 자산을 운용**하고 있기 때문이다.

04 다음 중 패시브운용전략펀드와 가장 거리가 먼 것은?

① 인덱스펀드 ② 차익거래펀드
③ 가치주펀드 ④ 롱숏펀드

> **해설** **가치주펀드는 스타일투자전략으로서 액티브펀드에 속한다.** 롱숏펀드(Long-Short Fund)는 하나는 매수하고 나머지 하나는 매도하여 시장의 방향과 관계없는 절대수익을 추구하는데, 차익거래의 일종이다.

05 인덱스펀드의 장점이라고 볼 수 없는 것은?

① 저렴한 비용
② 투명한 운용
③ 원금보전의 가능
④ 장기적인 성과 양호

> **해설** 인덱스펀드는 벤치마크 수익률의 획득을 목표로 하여 Buy & Hold 전략을 취한다. 따라서 보수가 저렴하고 운용이 투명하며 장기적인 성과가 양호하다는 장점이 있으나 **그렇다고 해서 원금보전이 되는 것은 아니다.**

06 인덱스펀드의 추적오차(tracking error)에 대한 설명이다. 틀린 것은?

① 추적오차를 완전히 제거하기 위해서는 완전복제법(fully replication)으로 인덱스를 구성하면 된다.

② 현실적으로 완전복제법의 사용에 한계가 있으므로 인덱스가 추종하는 지수를 잘 반영할 수 있는 표본을 추출하여(sampling) 인덱스를 구성한다.

③ 인덱스펀드의 추적오차를 최소화하기 위해 고안된 펀드가 ETF이다.

④ 인덱스펀드의 추적오차에 의한 수익률의 하락 부분을 보상받을 수 있는 정도의 초과수익을 획득하고자 하는 것이 인핸스드 인덱스펀드이다.

> **해설** 완전복제법을 사용한다고 해도 추적오차는 발생할 수밖에 없다.

07 다음 중 인핸스드 인덱스펀드(Enhanced Index Fund)에 대한 설명이다. 틀린 것은?

① 인핸스드 인덱스펀드는 추적대상지수의 수익률을 초과하는 수익률을 목표로 한다는 점에서 액티브펀드로 분류된다.

② 인덱스펀드의 포트폴리오를 일부 변경하여 인덱스펀드보다 높은 수익률을 얻고자하는 것이 '알파추구전략'이다.

③ KOSPI200을 추적하는 인덱스펀드의 경우 KOSPI200과 KOSPI200 지수선물과의 가격차이를 활용하여 차익거래를 함으로써 인덱스펀드보다 높은 수익률을 추구할 수 있다.

④ KOSPI200을 추적하는 인덱스펀드는 대부분 인핸스드 인덱스펀드로 분류할 수 있다.

> **해설** 인핸스드 인덱스펀드가 초과수익률을 추구하는 것은 액티브펀드의 정도의 수준이 아니라 인덱스펀드의 추적오차를 보강할 수 있는 정도의 초과수익만을 원한다. 즉 인핸스드 인덱스펀드는 초과수익을 추구한다고 해서 액티브펀드라고 할 수 없고, 액티브와 패시브의 중간영역 정도로 이해할 수 있다.
> ※ 인핸스드 인덱스펀드의 두 가지 전략
> ① 인덱스펀드의 포트폴리오 일부 변경 전략
>
>
>
> 알파추구전략
> 포트폴리오의 일부를 수정하여 초과수익을 얻고자 하는 전략.
> 그러나 알파를 추구하는 만큼 실패시에 알파만큼의 손실이
> 발생할 수 있다.
>
> ② 차익거래전략
> KOSPI200 지수선물을 이용한 차익거래도 무위험수익을 추구한다. 일반적으로 KOSPI200 지수를 추종하는 펀드는 대부분 '인핸스드 인덱스펀드'라고 할 수 있다.

부동산집합투자기구에 대한 내용이다. 가장 적절하지 않은 것은?

① 집합투자재산의 100분의 50을 초과하여 부동산 등에 투자하면 부동산집합투자기구가 된다.
② 부동산펀드를 설정·설립하는 경우에는 환매금지형으로 설정·설립해야 하며, 이 경우 집합투자증권을 최초로 발행한 날로부터 90일 이내에 증권시장에 상장해야 한다.
③ 환매금지형 부동산집합투자기구 중 상장 의무가 부과되는 법적인 형태는 투자신탁과 투자회사이다.
④ 부동산집합투자기구는 부동산 관련 자산만 투자할 수 있다.

해설 집합투자재산의 50%를 초과하여 부동산 등에 투자하면 부동산집합투자기구로 분류되며, 펀드재산의 나머지 금액으로 증권, 특별자산 등 다양한 자산에 투자할 수 있다.

정답 ④

더 알아보기 ▸ 부동산펀드

부동산집합투자기구 개요 : 핵심유형문제 참고

부동산펀드의 투자대상('부동산 등') : 보충문제 1 참고

부동산펀드의 운용제한 : 보충문제 2 참고

부동산펀드의 종류 : 보충문제 3 참고

01 펀드재산의 50%를 초과하여 부동산 등에 투자할 경우 부동산집합투자기구로 정의된다. 그렇다면 보기 중에서 '부동산 등에 대한 투자'에 해당하지 않는 항목의 수는?

□□

가. 민법상 토지의 그 정착물로 정의되는 부동산 실물에 대한 취득 및 처분, 관리 및 개량, 부동산임대 및 운영, 부동산개발'

나. 지상권, 지역권, 전세권, 임차권, 분양권, 부동산을 담보로 한 금전채권에 대한 투자

다. 부동산개발사업을 영위하는 법인에 대한 대출

라. 부동산을 기초자산으로 하는 파생상품에 대한 투자

마. 부동산투자회사, 부동산개발회사, 부동산투자목적회사가 발행한 증권에 대한 투자

바. 부동산이나 부동산권리, 부동산을 담보로 한 금전채권이 펀드 · 신탁 · 유동화 재산의 50% 이상을 차지하는 집합투자증권 · 수익증권 · 유동화증권에 대한 투자

사. 부동산이나 부동산매출채권, 부동산담보부채권 등 부동산 관련 자산이 70% 이상을 차지하는 유동화증권(부동산전문 유동화증권)에 대한 투자

아. 한국주택금융공사가 지급 보증한 주택저당증권에 대한 투자

자. 부동산의 중개

차. 저당권에 대한 투자

---

① 1개   ② 2개

③ 3개   ④ 4개

 해설 자, 차가 해당하지 않는 항목이다. 부동산중개행위는 **실물형 투자방법(가)**에서 제외되는 것이며 저당권은 **권리형 투자방법(나)**의 예외가 된다.

02 부동산펀드의 운용제한 및 운용특례에 대한 내용이다. 그 내용이 잘못된 항목의 수는?

> 가. 국내부동산을 취득한 경우 국내주택법에 해당여부를 불문하고 1년 이내에 처분이 금지되는 것이
>   원칙이다. 이때 국외부동산의 경우 집합투자규약에서 정한 기간 이내로 처분할 수 없다.
> 나. 부동산개발사업을 위해 토지를 취득한 후, 개발사업시행 전 토지인 상태로 처분하는 것은 금지되
>   는 것이 원칙이다.
> 다. 부동산개발사업을 시행하기 전에는 사업계획서를 작성·공시해야 하며, 부동산을 취득 또는 처분
>   한 후에는 실사보고서를 작성·게시해야 한다.
> 라. 부동산펀드는 일반펀드와 달리 차입과 대여가 가능한데, 차입은 순자산의 200% 그리고 대여는
>   순자산의 100%를 한도로 한다.
> 마. 부동산펀드가 아니지만 부동산을 보유하고 있을 경우, 부동산가액의 70%를 한도로 차입이 가능하
>   며, 차입금은 부동산의 운용으로만 사용해야 한다.
> 바. 부동산의 개발, 관리 및 개량, 임대 및 그 부수행위에 대해서는 제3자에게 업무위탁을 할 수 있다.
>   단 운용업무나 재산평가업무와 같은 본질적 업무에 대해서는 제3자업무위탁이 금지된다.

① 0개   ② 1개

③ 2개   ④ 3개

해설 모두 옳은 내용이다.
※ '가'에 대한 예외 : 합병이나 펀드의 해지·해산, 개발사업으로 분양하는 경우에는 예외적으로 처분이
   가능하다.
※ '나'에 대한 예외 : 합병이나 펀드의 해지·해산, 사업성이 현저하게 떨어지는 경우에는 예외적으로
   처분이 가능하다.

03 보기는 여러 종류의 부동산산펀드의 정의를 나열하였다. 이 중에서 실물형부동산펀드가 아닌
□□ 항목의 수는?

가. 펀드재산의 50%를 초과하여 부동산을 취득한 후, 단순히 매각하는 펀드를 말한다.
나. 펀드재산의 50%를 초과하여 부동산을 취득한 후, 임차인에게 임대한 후 매각하는 펀드를 말한다.
다. 펀드재산의 50%를 초과하여 부동산을 취득한 후, 해당부동산의 가치를 증대시키기 위해 개량한
　　다음 단순매각하거나 임대 후 매각하는 펀드를 말한다.
라. 펀드재산의 50%를 초과하여 부동산 중에서 경매부동산 또는 공매부동산을 취득한 후, 단순매각하
　　거나 임대 후 매각하는 펀드를 말한다. 또한 경매나 공매부동산에 대해서 개량 후 매각하거나
　　임대 후 매각할 수 있다.
마. 펀드재산의 50%를 초과하여 부동산을 취득한 후, 개발사업을 통해 분양 또는 매각하거나 임대
　　후 매각하는 펀드를 말한다.
바. 펀드재산의 50%를 초과하여 부동산개발과 관련된 법인에 대한 대출 형태의 투자 행위를 하는
　　펀드를 말한다.
사. 펀드재산의 50%를 초과하여 지상권, 지역권, 전세권, 임차권, 분양권 등 부동산 관련 권리의 취득
　　방법으로 투자행위를 하는 펀드를 말한다.
아. 펀드재산의 50%를 초과하여 부동산과 관련된 증권에 투자하는 펀드를 말한다.
자. 펀드재산의 50%를 초과하여 부동산을 기초자산으로 하는 파생상품에 투자하는 펀드를 말한다.

---

① 2개　　　　　　　　　　　　　② 3개
③ 4개　　　　　　　　　　　　　④ 5개

 4개이다(바 : 대출형, 사 : 권리형, 아 : 증권형, 자 : 파생상품형부동산펀드).
※ 실물형부동산펀드 – 가 : 매매형, 나 : 임대형, 다 : 개량형, 라 : 경공매형, 마 : 개발형

특별자산집합투자기구에 대한 설명이다. 틀린 것은?

① 특별자산펀드는 펀드재산의 50%를 초과해서 특별자산에 투자하는 펀드로 정의된다.
② 자본시장법은 특별자산펀드에서 투자할 수 있는 특별자산을 열거주의로 의거한다.
③ 선박투자회사법에 따라 50인 이상의 투자자로부터 자금을 모집하여 공모방식으로 설립되는 '공모
선박투자회사'를 자본시장법상의 특별자산집합투자기구의 하나로 인정하고 있다.
④ 투자회사의 발기인은 투자회사의 재산을 선박에 투자하는 특별자산투자회사를 설립해서는 안 되
고, 특별자산투자회사는 설립 후에도 선박에 투자하는 형태로 변경할 수 없다.

해설   자본시장법은 특별자산을 포괄주의에 의거하여, 증권과 부동산을 제외한 경제적 가치가 있는 자산을 특별자산으
로 정의하고 있다. 열거주의가 아닌 포괄주의로 규정을 했기 때문에 항후로도 다양한 특별자산펀드가 개발될
수 있는 환경을 만들었다.

정답 ②

더 알아보기   ▶ 특별자산펀드 개요

- 자본시장법상의 특별자산펀드 정의 : 펀드재산의 **50%를 초과**하여 **특별자산에 투자하는 펀드** → 특별자산이
라 함은 **증권과 부동산이 아닌 경제적 가치가 있는 것으로 포괄적 정의**를 한다.
- 특별자산펀드의 법적형태 : 투자신탁(신탁계약)을 제외하고는 모두 상법에 근거한다.

특별자산 투자신탁	특별자산 투자회사	특별자산 투자유한회사	특별자산 투자합자회사	특별자산 투자유한책임 회사	특별자산 투자합자조합	특별자산 투자익명조합

- 특별자산투자회사는 '선박'에 투자할 수 없다(∵선박투자회사법에 의한 선박투자회사도 특별자산간접투자
상품으로 인정하므로 중복을 방지하는 차원).
- 특별자산펀드의 운용대상

> 일반상품(원자재) / 선박·항공기 등 등기 등의 공시방법을 갖춘 동산 / 미술품 등 / 문화콘텐츠 상품 / 특별자산에
> 해당하는 증권 / 통화·신용위험 / 어업권·광업권·탄소배출권 등 / 기타

  ※ 특별자산에 해당하는 증권
     – 특별자산이 50% 이상인 수익증권 / 집합투자증권 / 유동화증권
     – 선박투자회사가 발행한 주식
     – 사회간접시설사업을 하는 법인이 발행한 증권
- 특별자산펀드의 운용특례 : 공모펀드임에도 불구하고 동일종목투자제한 10% 규정의 예외로써, **사회기반시**
설에 대한 민간투자법'에 따른 사회기반시설사업의 시행을 목적으로 하는 법인이 발행한 증권에 대해서는
100% 투자가 가능하다.
- 특별자산의 평가 : 특별자산의 금융위원회 등록 시 등록신청서에 추가하여 특별자산평가방법을 기재한 서류
를 별도로 첨부해야 한다(∵특별자산은 평가하기 어려우므로).

01 자본시장법상 집합투자재산으로 선박에 투자할 수 없는 집합투자기구는?

① 특별자산투자신탁   ② 특별자산투자회사

③ 특별자산투자유한회사   ④ 특별자산투자합자회사

> **해설** 특별자산투자회사는 선박에 투자할 수 없다. 이는 선박투자회사법에 의한 선박투자회사가 자본시장법상의 공모펀드로 인정받고 있기 때문이다.

02 다음 중에서 특별자산의 운용대상에 속하지 않는 것은?

① 일반상품(commodities)

② 선박, 항공기, 건설기계, 자동차 등과 같이 등기·등록의 공시방법을 갖춘 동산(動産)

③ 미술품

④ 선박을 다량 보유하고 있는 상장회사의 주식

> **해설** ④는 내용 상 특별자산과 연관성이 있긴 하지만, 자본시장법상의 특별자산으로 분류되지는 않는다 (cf. 개정 전에는 이를 '준특별자산펀드'라 하였음).

03 특별자산집합투자기구의 특징에 대한 설명이다. 틀린 것은?

① 특별자산펀드는 공모형일지라도 사회기반시설사업의 시행을 목적으로 하는 법인 등이 발행한 주식과 채권에 대해서는 펀드자산의 100분의 100까지 투자할 수 있다.

② 특별자산펀드는 부동산펀드 및 혼합자산펀드와 마찬가지로 환매금지형으로 설정·설립하는 것이 원칙이다.

③ 특별자산펀드를 금융위에 등록하는 경우 등록신청서와 특별자산펀드의 평가방법을 기재한 서류를 별도로 첨부하여야 한다.

④ 특별자산은 신뢰할 만한 시가가 없는 경우가 대부분이므로 집합투자업자는 특별자산의 평가를 처음부터 공정가액으로 평가하도록 하고 있다.

> **해설** 특별자산펀드의 자산평가방법은 다른 집합투자기구와 동일하다. **시가(時價)로 평가하되 신뢰할 만한 시가가 없는 경우에는 공정가액으로 평가한다.** 다만, 특별자산은 종류도 다양하고 신뢰할 만한 시가가 부족하므로 평가방법을 기재한 서류를 특별자산펀드의 등록 시 별도로 첨부해야 한다. ①은 특별자산펀드의 운용특례로써, 사회간접자본에 투자 시에는 펀드재산의 100%까지 투자를 허용한다.

04 빈칸에 들어갈 수 없는 것은?

> (   )을(를) 기초자산으로 하는 파생상품을 집합투자재산의 50%를 초과하여 투자할 경우 특별자산집합투자기구가 된다.

① 증 권

② 통 화

③ 신용위험

④ 일반상품(commodities)

> **해설** 증권을 기초자산으로 한 파생상품을 펀드재산의 50% 초과해서 투자하면 증권집합투자기구가 된다.

빈칸에 들어갈 말이 올바르게 묶인 것은?

> 신탁이란 신탁을 설정하는 자(㉠)와 신탁을 인수하는 자(㉡) 간의 신임관계에 기하여 (㉠)가
> (㉡)에게 특정의 재산을 이전하거나 담보권의 설정 또는 그 밖의 처분을 하고 (㉡)로 하여금 일정한
> 자(㉢)의 이익 또는 특정의 목적을 위하여 그 재산의 관리, 처분, 운용, 개발, 그 밖에 신탁 목적의 달성을
> 위하여 필요한 행위를 하게 하는 법률관계를 말한다.

	㉠	㉡	㉢			㉠	㉡	㉢
①	(위탁자)	(수탁자)	(수익자)		②	(수탁자)	(수익자)	(위탁자)
③	(수익자)	(위탁자)	(수탁자)		④	(위탁자)	(수익자)	(수탁자)

해설　신탁의 정의이다(신탁법 제2조).

정답 ①

더 알아보기　▶ 신탁 개요

신탁의 정의
위탁자와 수탁자 간의 신임관계에 기하여 위탁자가 수탁자에게 특정재산을 이전하거나 담보권의 설정 또는
그 밖의 처분을 하고 수탁자로 하여금 수익자의 이익 또는 특정의 목적을 위하여 그 재산의 관리, 처분, 운용,
개발, 그 밖에 신탁목적의 달성을 위하여 필요한 행위를 하게 하는 법률관계를 말한다.
※ 신탁을 설정하는 경우는 **신탁계약, 유언, 신탁선언**의 3가지인데, 대부분은 위탁자와 수탁자 간의 신탁계약을 통해
　설정된다.

신탁의 구조와 신탁관계인

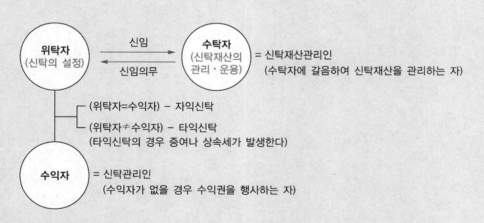

신탁과 집합투자기구 차이점(3면관계라는 점은 동일)

집합투자기구	신 탁
위탁자 : 자산운용회사, 수탁자 : 보관·관리	위탁자 : 일반개인도 가능, 수탁자 : 운용도 함

신탁재산의 법적 특성(신탁재산의 독립성을 말함)

강제집행 금지	수탁자의 상속금지 등	신탁재산의 상계금지	신탁재산의 불혼동

- **신탁재산은 법률적으로는 수탁자의 것이나**(∵신탁 시 위탁자가 수탁자에게 신탁재산의 명의이전을 해야 하므로), **실질적으로는 수익자의 것**이다. 따라서 신탁재산은 **누구의 것도** 아니므로 타 이해관계로부터 독립성을 지킬 필요가 있다.
- 신탁재산에 대해서는 압류 등의 강제집행이 금지된다(예외 : 신탁 전에 이미 저당권이 설정되었거나 신탁 설정 후에 수탁자가 신탁사무를 처리하는 과정에서 저당권을 설정해 준 경우는 신탁재산이라도 강제집행이 가능함).
- 수탁자의 파산재단이나 상속재산에 포함되지 않는다(cf. 수익자의 상속재산에는 포함된다).

신탁의 기본원칙

수탁자의 선관의무 및 충실의무	신탁재산의 분별관리의무	실적배당의 원칙

- 고객의 재산을 관리하므로 선관의무가 부과되며, 남용 시 수익자의 이익이 침해될 수 있으므로 충실의무도 부과된다.
- 신탁회사의 고유재산과 신탁재산을 구분하고, 신탁이 여러 개일 경우는 각 건별로 구분하여 관리해야 한다.
- 실적배당상품이므로 원금보전불가가 원칙이지만, 연금신탁에 한해서 원금보전을 한다(연금이라는 특수성을 고려).

신탁과 유사한 제도(유사하나 내용상의 차이가 있음)

민법에 의한 대리제도	집합투자	투자일임
신탁과 달리 소유권이전이 없음	신탁재산과 달리 집합해서 운용함	신탁과 달리 소유권이 고객에 있음

01 신탁계약의 양 당사자는 누구인가?

① 위탁자 ↔ 수탁자
② 수탁자 ↔ 수익자
③ 위탁자 ↔ 수익자
④ 신탁자 ↔ 수탁자

> **해설** 신탁계약은 위탁자와 수탁자의 계약에 의해 성립된다(집합투자기구도 마찬가지).

02 신탁재산의 법적 특성에 대한 설명이다. 옳지 않은 것은?

① 신탁재산에 대해서는 강제집행, 담보권실행 등을 위한 경매, 보전처분, 국세 등 체납처분을 할 수 없다.
② 신탁재산은 수탁자가 사망하거나 파산한 경우에도 수탁자의 파산재단이나 상속재산에 포함되지 않는다.
③ 수익자의 채권자라 할지라도 신탁재산에 대해서는 강제집행을 할 수 없다.
④ 신탁 전의 원인으로 발생한 권리의 경우에도 신탁재산에 대해서는 강제집행을 할 수 없다.

> **해설** 신탁 설정 전에 이미 저당권이 설정되었다면 **신탁재산에 대한 강제집행**이라 볼 수 없으므로 강제집행이 가능하다고 본다.

03 신탁의 기본원칙에 대한 설명이다. 옳지 않은 것은?

① 수탁자는 신탁재산을 관리하는 자이므로 기본적으로 민법에 의한 선량한 관리자로서 주의의무를 가진다.
② 수탁자는 자신의 재산이 아닌 신탁재산을 자기 이름으로 소유하므로 수탁자가 권한남용을 할 경우 수익자의 이익이 침해될 여지가 있다. 따라서 이를 방지하기 위해 선량한 관리자의 주의의무에 추가하여 충실의무를 부가하고 있다.
③ 신탁재산은 고유재산과 분별관리를 해야 한다.
④ 신탁재산은 투자형 상품이므로 실적배당원칙이 준수되어야 하고, 따라서 모든 신탁상품은 원금보장이 되지 않는다.

신탁상품은 기본적으로 실적배당이 적용되나 연금이나 퇴직신탁은 특별한 필요성을 인정하여 원금보장을 할 수 있도록 예외를 두고 있다.
※ 고유재산과의 분별관리 의무

04 신탁과 유사한 제도에 대한 설명이다. 적절하지 않은 것은?

① 민법에 의한 대리(代理)제도는 남에게 재산의 관리 및 운용을 맡기는 점은 신탁과 동일하나 재산의 소유권이 대리인에게 이전되지 않는다는 점에서 신탁과 다르다.

② 신탁과 집합투자는 수익자를 위해서 운용하고 배당하는 간접투자상품이라는 점에서 동일하나 여러 재산을 집합해서 운용하는가(집합투자), 아니면 투자자별로 구분해서 운용하는가(신탁)의 차이가 있다.

③ 신탁은 수익자가 재산의 운용을 지시할 수 없으나 집합투자는 자기의 책임하에 재산의 운용을 지시하거나 관여할 수 있다는 차이점이 있다.

④ 투자일임제도는 투자자별로 투자재산을 구분해서 운용한다는 점에서 신탁과 유사하나 투자일임은 투자재산의 소유권이 고객에게 있고, 신탁은 위탁자로부터 재산의 소유권을 완전히 넘겨 받는다는 점에서 차이가 있다.

집합투자와 신탁이 바뀌었다.

자본시장법상의 금융투자상품 중 신탁의 분류이다. 잘못 설명된 것은?

① 신탁은 금융투자상품에 속한다.
② 신탁은 증권에 속한다.
③ 신탁은 수익증권으로 분류된다.
④ 원금보전신탁도 금융투자상품으로 분류된다.

해설   신탁 = 금융투자상품 > 증권 > 수익증권
       원금보전신탁은 투자성이 없으므로 금융투자상품에서 제외된다(원금보전신탁 = 노후생활연금신탁, 퇴직연금신탁, 연금신탁).

정답 ④

더 알아보기 ▶ 신탁상품의 종류

자본시장법상 신탁은 금융투자상품 → 증권 → 수익증권에 속한다. 다만, 원금보전신탁과 관리신탁은 그 특성상 금융투자상품에서 제외된다.

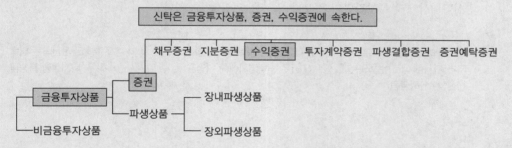

신탁은 금융투자상품, 증권, 수익증권에 속한다.

채무증권   지분증권   수익증권   투자계약증권   파생결합증권   증권예탁증권

금융투자상품 — 증권 — 파생상품 — 장내파생상품 / 장외파생상품

비금융투자상품

특정금전신탁
위탁자(고객)가 신탁재산의 운용방법을 수탁자(신탁회사)에게 지시하고, 신탁회사는 위탁자의 운용지시에 따라 신탁재산을 운용한 후 실적배당을 하는 단독운용신탁상품

가입금액	가입기간	수익자 지정	신탁재산의 운용
보통 1천만원 이상이나 법령상의 제한은 없음	특별한 제한이 없음(하루만 가입할 수도 있음)	수익자가 본인이 아닐 경우 (타익신탁) 과세가 됨	위탁자가 지시하는 대로 운용이 됨(예외 있음)

- 위탁자의 지정방법대로 운용할 수 없는 잔액이 있는 경우 만기 1일의 고유계정대출이나 콜론으로 일시 운용이 가능하다. 또한 고객은 필요한 경우 **투자판단의 전부나 일부를 위임할 수도 있다**(비지정형 특정금전신탁).
- 자본시장법은 신탁재산인 금전을 보험상품으로 운용하는 것은 원칙적으로 금지한다.
- 신탁의 해지 시 신탁재산을 현금화하지 않고 운용현상 그대로 교부할 수도 있다(고객이 원하는 경우).
- ELT(Equity Linked Trust) : 특정금전신탁에 ELS를 포함시켜 구조화한 상품으로, ELS의 인기와 함께 특정금전신탁의 핵심상품으로 자리매김하고 있다.

금전채권신탁

금전의 급부를 목적으로 하는 금전채권을 신탁재산으로 인수한 후 신탁회사가 신탁계약에서 정한 바에 따라 신탁된 금전채권의 관리·추심 및 추심된 자금의 운용업무 등을 수행하는 신탁을 말한다(추심관리를 목적으로 신탁하는 경우는 거의 없으며 주로 자산유동화를 목적으로 한다).

부동산신탁

담보신탁	관리신탁	처분신탁	분양관리신탁
신탁 후 담보로 하여 **자금차입**을 하는 상품	소유권 관리, 건물수선·유지 등의 **제반 관리** 수행	**처분업무** 및 처분완료까지의 관리업무 수행	선분양시 피분양자보호를 위한 **자금관리업무** 대리

보충문제

01 특정금전신탁에 대한 설명이다. 틀린 것은?

☐☐
① 금전신탁은 위탁자의 자산운용지시의 특정여부에 따라 특정금전신탁과 불특정금전신탁으로 구분된다.
② 특정금전신탁의 가입기간에는 특별한 제한이 없다.
③ 일반적인 신탁의 경우 위탁자와 수익자가 다를 경우 증여세가 부과되나 특정금전신탁에서는 증여세가 부과되지 않는다.
④ 특정금전신탁은 원칙적으로 자산의 운용방법을 고객(위탁자)이 지정을 하나, 필요한 경우 신탁회사에게 투자판단의 전부나 일부를 위임할 수 있다.

> **해설**
> 위탁자와 수익자가 다르면(타익신탁) 예외 없이 증여세가 부과된다. ①·④의 경우 특정금전신탁은 위탁자가 지시한 대로 운용되는데, 필요할 경우 신탁업자에게 위임을 할 수 있다(→ 이 경우 '비지정형 특정금전신탁'에 해당됨).

02 다음 중 금전신탁에 속하는 것으로 묶인 것은?

☐☐
㉠ 특정금전신탁	㉡ 불특정금전신탁
㉢ 금전채권신탁	㉣ 동산신탁

① ㉠
② ㉠, ㉡
③ ㉠, ㉡, ㉢
④ ㉠, ㉡, ㉢, ㉣

> **해설**
> 금전채권은 **돈을 받을 수 있는 권리**를 말하는 것으로, 금전신탁이 아님에 유의한다.

03 빈칸에 알맞은 말은?(순서대로)

> 2015년 6월 말 기준 전체 신탁상품잔액은 총 586.7조이다. 신탁상품별로는 (　　　　　)이 305.8조원
> 으로 전체 신탁상품의 52.1%로 가장 큰 규모이고, 다음으로는 (　　　　　)이 158조원으로 26.9%의
> 규모를 보이고 있다.

① 부동산신탁, 금전채권신탁
② 부동산신탁, 특정금전신탁
③ 특정금전신탁, 부동산신탁
④ 특정금전신탁, 금전채권신탁

해설 **특정금전신탁, 부동산신탁**이다. 그 다음은 금전채권신탁(17.5%), 불특정금전신탁(2.5%)의 순이다.
※ 신탁의 분류

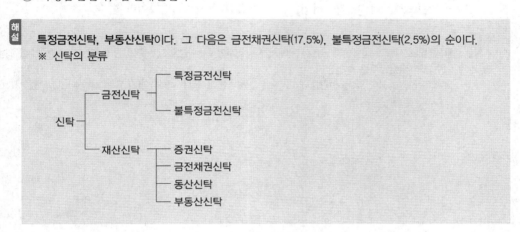

04 금전채권신탁의 상품 내용에 대한 설명이다. 틀린 것은?

① 금전의 급부를 목적으로 하는 금전채권을 신탁재산으로 인수한 후 신탁회사가 신탁계약에
서 정한 바에 따라 신탁된 금전채권의 관리·추심업무 및 추심된 자금의 운용업무 등을
수행하는 신탁을 말한다.
② 금전채권신탁은 금전채권의 추심관리를 주목적으로 한다.
③ 금전채권신탁의 수익권을 제3자에게 양도함으로써 자금을 조달하는 자산유동화의 목적으
로 주로 이용된다.
④ 금전채권신탁의 위탁자는 금전채권의 채권자가 된다.

해설 추심관리를 목적으로 금전채권신탁을 이용하는 경우는 **거의 없다.**

05 부동산신탁의 상품 내용에 대한 설명이다. 틀린 것은?

① 부동산신탁이란 위탁자로부터 토지와 그 정착물, 즉 부동산을 신탁 받아서 위탁자의 지시 또는 신탁계약에서 정한 바에 따라 신탁회사가 그 부동산을 관리, 운용, 처분 및 개발하여 주는 신탁상품을 말한다.

② 부동산신탁은 부동산신탁을 전문으로 취급하는 부동산신탁회사가 주로 취급하지만 은행, 증권 등의 신탁겸영금융회사들도 많이 취급하고 있다.

③ 부동산신탁은 담보신탁, 관리신탁, 처분신탁, 개발신탁, 관리형 개발신탁, 분양관리신탁 등으로 구분된다.

④ 부동산을 신탁회사에 신탁한 후 신탁회사가 발행한 수익권증서를 담보로 하여 위탁자가 금융기관으로부터 자금을 차입하는 상품을 부동산관리신탁이라 한다.

> **해설**
> **부동산담보신탁의 내용이다.** 담보신탁에서 신탁회사가 하는 일은 담보물의 관리 또는 대출금회수를 위한 담보물의 처분업무를 수행한다.
> ※ 부동산관리신탁 : 부동산 소유권의 관리, 건물수선과 유지, 임대차관리 등의 제반 관리업무를 신탁회사가 수행하는 상품

신연금신탁(연금계좌, 2013.2.15 이후 상품)에 대한 설명으로 옳지 않은 것은?

① 연금신탁은 현재 불특정금전신탁 중 유일하게 계속 판매가 되고 있는 상품이다.

② 연금수령은 만 55세부터 가능하며, 연금납입한도는 퇴직연금을 포함하여 연간 1,800만원이다.

③ 연금신탁은 납입 시에는 세액공제혜택이 있으며, 연금수령 시에는 5.5%~3.3%의 분리과세율이 적용된다.

④ 만 18세 이상이 가입할 수 있으며, 위탁자와 수익자가 다른 타익신탁도 가능하다.

해설　신연금신탁은 가입자 연령제한이 폐지되었다. 그리고 세제적격연금신탁은 위탁자와 수익자가 동일한 자익신탁(自益信託)만 가능하다.

※ 신연금저축의 세액공제율(지방소득세율 포함)

총급여 5,500만원 이하(종합소득 4천만원 이하)	총급여 5,500만원 초과(종합소득 4천만원 초과)
16.5%	13.5%

정답 ④

더 알아보기 ▶ 신연금저축(신연금신탁)의 이해

제도 변경 내용(세율은 지방세 제외)

구 분	연금저축	신연금저축(2013.2.15~)	
가입연령	만 18세 이상	가입연령제한 없음	
의무납입기간	10년	5년	
연금수령기간	만 55세 이후 5년 이상	만 55세 이후 10년 이상[주1]	
납입한도	분기한도 300만원 / 연 1,200만원 (퇴직연금은 별도)	분기한도 없음 / 연 1,800만원 (퇴직연금과 합산)	
연금과세 (과세대상 : 원금 + 이자)	5%(주민세 포함 5.5%)	만 55세~만 69세	5.5%
		만 70세~만 79세	4.4%
		만 80세 이상	3.3%
소득공제 또는 세액공제 한도	소득공제 연 400만원 (퇴직연금 포함 시 연 700만원)	연 400만원 한도에 대해 세액공제 15% 또는 12%(퇴직연금 포함 시 연 700만원)	
해지가산세	2%	없 음	
기타소득세	해지 및 일시금수령 시 20% 과세	해지 및 연금수령한도(신설)를 초과하는 연금외수령 시 16.5% 과세[주2]	
비 고	기존가입자는 현 제도와 신연금저축의 의무납입기간·수령기간을 본인이 유리하게 선택 가능하다(예 5년 납입 – 5년 수령이 가능).		

* 주1, 주2 : 연금수령한도 = $\dfrac{\text{과세기간 개시일 현재 연금계좌 평가 총액}}{11 - \text{연금수령연차}} \times 120\%$

• 만 55세 이후에 매년 연금수령한도 내에서 수령해야 한다(15년차까지 적용). 만일 연금수령한도를 초과하여 인출한 금액은 연금외수령으로 간주, 기타소득세(퇴직연금의 경우 퇴직소득세)가 부과된다.

• 시행 전에 가입한 연금계좌의 경우 기산연차를 11년차부터 시작한다.

연금제도 개정의 취지(2001년 이후 12년만의 개정)
• 가입조건을 완화하고 연금수령기간을 대폭 늘려 고령화에 실질적인 도움
• 세제혜택 강화 : 소득공제혜택은 동일하나, 연금과세율을 연령별로 일부 인하하고 분리과세율을 확대하여 종합과세 부담 완화

01 신연금저축(2013.2.15 이후 가입분)의 상품 내용이다. 틀린 것은?

☐☐

① 세제적격상품으로 세제혜택을 받기 위해서는 최소가입기간 5년 이상, 연금수령기간 10년 이상이어야 한다.
② 연금개시 전 해지하거나 연금수령한도를 초과하여 연금을 수령할 경우는 16.5%의 기타소득세가 부과된다.
③ 적립한 원본에 대해서는 신탁업자가 보장한다.
④ 연금신탁의 주식형상품은 총자산의 30%를 한도로 주식을 편입할 수 있다.

해설 10%를 한도로 한다.

신탁상품의 판매절차에 대한 설명이다. 틀린 것은?

① 투자권유를 희망하는 일반투자자에게는 신탁상품을 권유하기 전에 투자자정보 확인서를 통하여, 투자자의 투자목적, 재산상황, 투자경험 등을 파악한다.

② 신탁회사는 각 신탁상품별로 객관적이고 합리적인 방법으로 위험등급을 부여하여야 하며, 고객의 투자성향에 비추어 적합하다고 인정되는 상품만을 투자권유해야 한다.

③ 투자권유를 희망하지 않는 일반투자자에게는 투자권유불원확인서(또는 투자정보미제공확인서)로 확인을 받은 후, 적합성원칙 등의 투자자보호절차를 생략할 수 있다.

④ 투자자가 운용대상을 특정종목과 비중 등 구체적으로 지정하지 않을 경우에도, 투자권유불원확인서 또는 투자정보미제공확인서로 확인을 받고 적합성원칙 등의 투자자보호절차를 생략할 수 있다.

해설   ④는 비지정 특정금전신탁을 말하는데, 비지정 특정금전신탁의 경우 투자정보를 제공하지 않는 고객과는 신탁계약의 체결이 불가하다.

정답 ④

더 알아보기 ▶ 신탁상품의 판매

신탁상품의 판매절차
- **신탁상품의 투자권유** : 핵심유형문제 참고
  ※ 신탁상품의 투자권유 FLOW(도해)

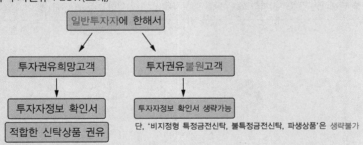

만일, 투자자가 부적합한 신탁상품에 투자하고자 한다면, 부적합한 사실과 해당 상품의 위험성을 고지하고 확인을 받아야 함

단, '비지정형 특정금전신탁'의 경우는 부적합한 경우 계약을 체결할 수 없다.

- **신탁상품의 투자권유 시 유의사항**
  – 투자권유희망고객은 **투자자정보제공확인서**를 통해 정보를 제공하며, 투자권유불원고객은 **투자불원확인서**를 징구하고 적합성원칙 등의 투자자보호절차를 생략할 수 있다.
  – 신탁회사는 투자자(위탁자)가 제공한 정보를 활용하여 위탁자를 위험등급분류상 일정유형으로 분류해야 하며, 해당 유형에 맞는 신탁상품을 권유해야 한다.
  – 만일 투자자가 본인에게 적합한 상품보다 더 위험한 상품에 투자하고자 할 경우에는, 부적합사실과 위험성을 고지하고 확인받아야 한다(부적합확인서). 단, 비지정형 금전신탁은 부적합시 계약을 체결할 수 없다.
  – 만일 장외파생상품을 신탁으로 거래하고자 하는 투자자는 **장외파생상품 투자자정보 확인서**를 통해 추가정보를 신탁회사에 제공해야 한다.

- 파생상품(ELT 등), 비지정형 특정금전신탁, 불특정금전신탁의 경우 투자자정보를 제공하지 않으면 신탁상품의 거래를 할 수 없다(보충문제 1 참고).
- **불특정금전신탁** : 투자자가 운용대상을 지정하지 않는 특정금전신탁을 말한다(현재 연금신탁에게만 적용됨).
- **비지정형 특정금전신탁**(종전기준 '일임형 금전신탁'에서 2016년에 용어변경) : 투자자가 운용대상을 지정하되, 특정종목과 비중 등을 구체적으로 지정하지 않아 신탁회사가 운용권의 일부 또는 전부를 행사하는 신탁을 말한다.

신탁상품에 대한 설명의무

- 위탁자에게 설명해야 할 사항 : 신탁상품의 명칭과 종류, 운용방법, 운용제한, 중도해지방법, 신탁보수에 관한 사항, 투자위험에 관한 사항 등
- 특정금전신탁에 대한 추가설명 사항 : 보충문제 2 참고
- 판매단계의 일부를 생략할 수 있는 전문투자자라 하더라도 '상품설명서 및 상담확인서'는 징구해야 한다.

사후관리

- 고객이 수령을 거절하지 않는 한, 분기별 1회 이상 주기적으로 자산운용보고서를 작성, 제공해야 한다.
- 비지정형 특정금전신탁의 경우, 분기별 1회 이상 재무상태 등의 변경여부를 확인해야 한다.

비지정형 특정금전신탁에 대한 특칙 : 보충문제 3 참고

신탁상품의 판매관련 불건전영업행위 : 보충문제 4 참고

집합하여 운용하는 행위 금지(합동운용금지) / 신탁거래와 관련하여 확정되지 않은 사항을 확정적으로 표시하거나 포괄적으로 나타내는 행위 / 특정금전신탁재산의 운용내역 및 자산의 평가가액을 위탁자가 조회할 수 있다는 사실 등을 사전에 위탁자에게 고지하는 않는 행위 / 원본손실이 발생할 수 있다는 내용을 기재하지 않는 행위 / 요건을 충족하지 않은 상태에서 성과보수를 수취하는 행위 / 기준을 초과하는 재산상 이익의 제공 및 수령 행위 / 일반투자자와 같은 대우를 받겠다는 전문투자자의 요구에 정당한 사유 없이 동의하지 않는 행위 등

01 투자자정보를 제공하지 않을 경우 신탁상품의 판매가 불가한 대상은?

> ㉠ 파생상품이 아닌 특정금전신탁을 계약하려는 투자권유불원고객
> ㉡ ELT를 계약하려는 투자권유불원고객
> ㉢ 비지정형 특정금전신탁을 계약하려는 투자권유불원고객
> ㉣ 불특정금전신탁을 계약하려는 투자권유불원고객

① ㉠, ㉡, ㉢
② ㉡, ㉢, ㉣
③ ㉠, ㉢, ㉣
④ ㉠, ㉡, ㉢, ㉣

해설 투자권유희망고객은 투자자정보를 제공한다(투자자정보 확인서를 통함). 투자권유불원고객은 투자자정보를 제공하지 않아도 되지만, 만일 투자권유불원고객이 **파생상품 등**(㉡)이나, **비지정형 특정금전신탁**(㉢)이나, **불특정금전신탁**(㉣)의 계약을 체결하고자 할 경우에는 **투자자정보를 반드시 제공해야 한다**(미제공 시 거래불가).

02 특정금전신탁에 대한 추가설명의무를 나열한 것이다. 잘못된 것은?

① 위탁자가 신탁재산인 금전의 운용방법을 지정하고, 신탁회사는 지정된 운용방법에 따라 신탁재산을 운용한다는 사실
② 특정금전신탁계약을 체결한 위탁자는 신탁계약에서 정한 바에 따라 특정금전신탁의 운용방법을 변경지정하거나 계약의 해지를 요구할 수 있으며, 신탁회사는 특별한 사유가 없는 한 위탁자의 운용방법 변경지정 또는 계약의 해지요구에 대하여 응할 의무가 있다는 사실
③ 특정금전신탁을 체결한 위탁자는 자기의 재무상태, 투자목적 등에 대해 신탁회사의 임직원에게 상담을 요청할 수 있으며, 신탁회사의 임직원은 그 상담요구에 대해 거절할 수 있다는 사실
④ 특정금전신탁재산의 운용내역 및 자산의 평가가액을 위탁자가 조회할 수 있다는 사실

해설 **신탁회사의 임직원은 그 상담요구에 대하여 응할 준비가 되어 있다는 사실**이 옳은 내용이다.

03 비지정형 금전신탁상품의 투자권유 특칙에 대한 설명이다. 틀린 것은?

☐☐ ① 신탁회사는 하나 이상의 자산배분유형군을 마련해야 하며, 하나의 자산배분유형군은 둘 이상의 세부 자산배분유형으로 구분하여야 한다.
② 신탁회사는 투자자유형에 적합한 세부 자산배분유형을 정하고 신탁계약을 체결해야 한다.
③ 분산투자규정이 없을 수 있어 수익률의 변동성이 집합투자기구 등에 비해 더 커질 수 있다는 사실에 대해 설명하여야 한다.
④ 신탁재산의 운용에 대해 투자자가 개입할 수 없다는 사실에 대해 설명해야 한다.

> **해설** **비지정형 금전신탁**(또는 비지정형 특정금전신탁)은 운용의 일부 또는 전부를 신탁회사에 일임하는 것이므로 투자자가 전혀 개입할 수 없는 것은 아니다. 즉, ④는 **투자자유형별 위험도를 초과하지 않는 범위 내에서만 신탁재산의 운용에 대해 투자자가 개입할 수 있다**는 사실이 옳은 내용이다.

04 신탁상품의 판매와 관련하여 금지되는 불건전 영업행위에 속하지 않는 것은?

☐☐ ① 여러 신탁재산을 집합하여 운용하는 행위
② 위탁자가 구체적인 운용지시를 할 수 없도록 사전에 운용할 자산을 정해두는 행위
③ 신탁거래와 관련하여 확정되지 않은 사항을 확정적으로 표시하거나 포괄적으로 나타내는 행위
④ 신탁업자와 투자자의 합의에 따라 성과보수의 기준을 정하는 행위

> **해설** ④는 허용되는 행위이다. 원칙 상 신탁업자는 금융위가 정하는 기준에 따라 성과보수를 수취할 수 있으나, 투자자와의 합의에 따라 기준을 변경하는 것은 예외적으로 인정된다.

03 ④ 04 ④ 정답

1 펀드 · 신탁의 이해 15문항 대비

01 주식회사처럼 출자자들이 유한책임을 지지만, 이사와 감사를 선임하지 않아도 되는 집합투자기구는?

① 투자회사
② 투자유한회사
③ 투자합자회사
④ 투자유한책임회사

> 해설 투자유한책임회사는 투자회사나 투자유한회사와 달리 회사의 설립 · 운영 · 구성에 있어서 사적 영역을 인정한다.

02 조합형집합투자기구에 대한 설명이다. 틀린 것은?

① 투자조합이란 2인 이상의 특정인이 모여 공동사업을 하거나, 영업자가 사업을 영위할 수 있도록 하고 그 사업의 결과를 자금을 출연한 투자자가 취하는 것으로 그 경제적 실질은 투자신탁과 동일하다.
② 투자합자조합에서 채무에 대해 무한책임을 지는 자는 집합투자업자인 업무집행조합원이다.
③ 투자합자조합은 투자회사의 감독이사에 해당하는 자가 없으므로, 청산감독인 관련 내용을 제외한 투자회사의 청산규정을 투자합자조합의 청산에 준용한다.
④ 투자익명조합은 영업자 1인과 유한책임조합원 1인이 기명날인 또는 서명함으로써 설립한다.

> 해설 투자익명조합은 영업자 1인과 익명조합원 1인이 기명날인 또는 서명함으로써 설립한다.

03 빈칸을 옳게 연결한 것은?(순서대로)

> • 집합투자업자의 투자신탁재산 운용지시에 따른 수익증권의 환매대금 및 이익금의 지급하는 것은 (　　　)의 업무이다.
> • 투자신탁재산에서 발생하는 이자, 배당, 수익금, 임대료 등을 수령하는 것은 (　　　)의 업무이다.

① 신탁업자, 신탁업자　　　　② 신탁업자, 판매업자
③ 판매업자, 신탁업자　　　　④ 판매업자, 판매업자

> 해설　둘 다 신탁업자의 업무이다.

04 수익자총회와 관련한 다음 설명 중 가장 적절하지 않은 것은?

① 수익자총회는 집합투자업자만 소집할 수 있다.
② 법정결의사항에 대해서 수익자총회가 결의되기 위해서는 출석한 수익자의 과반수와 전체 발행증권 총수의 1/4 이상의 찬성이 있어야 한다.
③ 수익자는 총회에 출석하지 않고 서면에 의해 의결권을 행사할 수 있다.
④ 수익자총회 결의사항에 대해서 반대하는 수익자가 서면으로 반대의사를 밝힌 경우에는 투자신탁은 해당 수익자의 수익증권을 매수해야 한다.

> 해설　총회소집을 요구할 수 있는 자 : 집합투자업자, 신탁업자, 5% 이상의 수익자

05 수익자총회와 관련하여 빈칸을 옳게 연결한 것은?(순서대로)

> • 법정결의사항에 대한 수익자총회의 결의는 '출석과반수 & 발행된 총좌수의 (　　) 이상'의 수로 의결한다.
> • 법정결의사항이 아닌 결의사항에 대한 수익자총회 결의는 '출석과반수 & 발행된 총좌수의 (　　) 이상'의 수로 의결한다.
> • 간주의결권을 행사하기 위해서는 수익자총회에서 의결권을 행사한 총좌수가 (　　) 이상이어야 한다.

① 1/4, 1/5, 1/8　　　　② 1/4, 1/5, 1/10
③ 1/5, 1/4, 1/8　　　　④ 1/5, 1/4, 1/10

> 해설　차례대로 1/4, 1/5, 1/10이다.

06 투자회사에 대한 설명이다. 가장 적절하지 않은 것은?

① 법인이사 1인, 감독이사 2인 이상의 이사회로 구성되는 상법 상 주식회사이다.
② 서류상의 회사이므로 일반사무관리회사가 반드시 필요하다.
③ 신탁회사의 명의로 집합투자재산을 보관한다.
④ M&A펀드나 PEF펀드, 부동산펀드, 선박펀드는 투자회사로 설립하는 것이 적합하다.

> **해설**
> 투자회사는 법인격이 있으므로 집합투자기구의 명의로 법률행위가 가능하다. 즉 투자회사에서는 집합투자기구의 명의로 집합투자재산을 보관한다(신탁업자는 집합투자업자로부터 위임을 받아 보관함).

07 다음은 집합투자기구의 법적 형태에 따른 분류이다. 잘못된 것은?

번호	구 분	투자신탁	투자회사
①	투자자의 지위	수익자	주 주
②	법원(法源)	신탁계약	상 법
③	집합투자증권	수익증권	주 식
④	가능한 펀드 형태	M&A펀드, 부동산펀드, PEF펀드 등	MMF, 주식형, 채권형 등 일반적 투자상품

> **해설**
> 투자신탁과 투자회사의 가능한 펀드 형태의 내용이 서로 바뀌었다.

08 집합투자재산의 자산별 투자비중이 다음과 같다면 자본시장법상의 분류로 어떤 집합투자기구에 해당하는가?

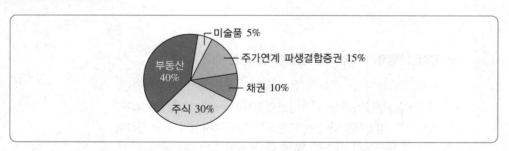

① 파생상품집합투자기구
② 증권집합투자지구
③ 부동산집합투자기구
④ 혼합자산집합투자기구

> **해설**
> **주식 + 채권 + 증권을 기초자산으로 하는 파생상품 = 55%**
> 즉, 50%를 초과하여 증권에 투자하고 있으므로 증권집합투자기구이다. 파생상품집합투자기구는 자본시장법상의 집합투자기구에는 속하지 않는다.

09 다음 중 MMF의 운용제한에 대한 설명이다. 옳은 것은?

① 증권의 대여나 차입이 예외 없이 금지된다.
② 금전의 대여나 차입이 예외 없이 금지된다.
③ 다른 MMF펀드의 집합투자증권의 매수가 금지된다.
④ 국채는 가장 안전한 자산이므로 잔존만기와 관련 없이 편입이 가능하다.

> **해설**
> ② 금전의 차입과 대여가 원칙적으로 금지되나 일정한 조건을 갖춘 단기대출은 허용된다.
> ③ 타 MMF를 매수할 수 있다.
> ④ MMF의 가중평균잔존만기는 75일 이내이어야 하므로 잔존만기가 1년 이상인 국채는 집합투자재산의 5%를 초과하여 편입할 수 없다.

10 환매금지형집합투자기구에 대한 설명 중 옳지 않은 것은?

① 집합투자재산을 장기적, 안정적으로 운용할 수 있게 되어 운용의 효율성을 제고할 수 있다.
② 부동산펀드 및 특별자산펀드는 환매금지형으로 설정할 것을 원칙으로 하며, 최초로 집합투자증권을 발행한 날로부터 90일 이내에 증권시장에 상장시켜야 한다.
③ 자산총액의 10%를 초과하여 시장성 없는 자산에 투자할 경우 환매금지형으로 설정해야 한다.
④ 환매금지형펀드는 존속기간을 정한 집합투자기구에 대해서만 설정이 가능하다.

> **해설**
> 10%가 아니라 20%이다. 10%를 초과하여 시장성 없는 자산에 투자할 경우 환매를 연기할 수 있다는 점과 구분한다.

11 모자형집합투자기구에 대한 설명이다. 틀린 것은?

① 모펀드의 투자자로부터 받은 납입금으로 자펀드에 투자한다.
② 기존 집합투자기구를 모자형집합투자기구로 변경할 수 있다.
③ 자펀드의 집합투자업자는 모펀드의 집합투자업자와 동일하다.
④ 펀드 운용업무의 간소화 및 합리화 차원에서 유리하다.

> **해설**
> 子펀드의 투자자로부터 받은 자금을 母펀드에 투자한다.

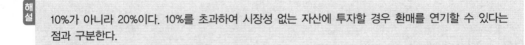

12 상장지수펀드(ETF)에 대한 설명으로 가장 적절하지 않은 것은?

① 상장지수펀드는 설정일로부터 30일 이내에 증권시장에 상장해야 한다.
② 상장지수펀드는 그 의결권을 중립적으로 행사하는 것이 원칙이다.
③ 상장지수펀드는 일반펀드와 달리 두 개의 시장이 존재하는데 일반투자자가 ETF에 투자하기 위해서는 primary market을 이용해야 한다.
④ 상장지수펀드는 각 펀드의 자산총액의 30%까지 동일종목의 증권에 투자할 수 있다.

> **해설**
> primary market에서는 지정참가회사(AP)를 통해 ETF의 설정과 해지가 발생하고, secondary market에서 일반투자자와 지정참가회사가 매매를 하게 된다.

13 장외파생상품에 대한 설명이다. 틀린 것은?

① 장외파생상품에 투자할 경우 거래상대방위험에 노출된다.
② 불초청권유나 자기거래금지원칙은 장외파생상품을 대상으로만 적용된다.
③ 장외파생상품펀드는 단위형으로 설정하는 것이 일반적인데, 추가형으로 할 경우 장외파생상품의 수익구조가 달라질 수 있기 때문이다.
④ 장외파생상품펀드는 폐쇄형으로 설정하는 것이 일반적이다.

> **해설**
> 장외파생상품펀드는 대부분 **단위형, 개방형**으로 설정한다.
> ※ 개방형으로 설정하는 이유 : 상장을 회피하는 차원과 마케팅의 용이성 차원에서 개방형으로 설정한다.
>   단, 환매를 최소화하기 위해 높은 수준의 환매수수료를 부과한다.

14 다음 중 증권집합투자기구의 혼합형펀드의 특징에 대한 설명이 잘못된 것은?

① 주식형펀드 수익률에 만족하지 못하여 투자자금의 일부를 주식에 투자하기를 희망하는 투자자에게 적합한 펀드이다.
② 채권과 주식의 효율적 배분을 통해 채권의 안정성과 주식의 수익성을 동시에 추구하는 것을 목적으로 한다.
③ 다소 중립적인 투자성향을 보이는 투자자에게 적합한 펀드이다.
④ 혼합형 펀드의 수익과 위험은 가격변동성이 큰 주식투자 부문에서 결정되는 경향이 높다.

> **해설**
> 채권형펀드의 수익률에 만족하지 못하는 투자자가 선택할 수 있는 펀드이다.

15 다음 중 상장의 이유가 다른 하나는?

① ETF의 상장
② 부동산펀드의 상장
③ 특별자산펀드의 상장
④ 혼합자산펀드의 상장

> **해설** ETF는 그 자체로 상장이 되어 거래되는 펀드이며, ②·③·④는 환매금지형으로써 상장된다.

16 다음 중 국내 인덱스(Index)가 아닌 것은?

① KOSPI
② KRX지수
③ S&P500지수
④ 국고채프라임지수

> **해설** S&P500은 미국의 500개 대기업의 주가를 반영한 지수이다.

17 다음은 인덱스펀드에서 추적오차가 발생할 수밖에 없는 요인들이다. 만일 완전복제법(fully replication)으로 인덱스를 구성하면 발생하지 않는 요인은 무엇인가?

① 인덱스펀드에 부과되는 보수 등의 비용
② 인덱스펀드의 포트폴리오 구축과정에서 발생하는 거래비용
③ 인덱스펀드의 포트폴리오와 추적대상지수의 포트폴리오의 차이
④ 포트폴리오 구축 시 적용되는 가격과 실제 매매가격과의 차이

> **해설** 완전복제법을 사용하면 포트폴리오의 차이는 없게 된다. 그러나 완전복제법은 비용 등의 문제로 현실성이 없고 표본추출법(sampling)을 주로 사용한다.

18 추적오차를 최소화하기 위해 고안된 펀드는?

① 인덱스펀드
② 상장지수펀드
③ 가치주펀드
④ 액티브펀드

> **해설** ETF(상장지수펀드)이다. ETF는 상장 유지를 위해 추적오차를 최소수준으로 유지해야 하는데 지정참가회사가 차익거래를 수행함으로써 가능하다.

19 다음 중 패시브(passive) 운용전략과 가장 거리가 먼 것은?

① Bottom up Approach
② 알파추구전략
③ 차익거래전략
④ 포트폴리오 보험전략

> **해설** 액티브(active) 운용전략은 Top down Approach와 Bottom up Approach로 나뉜다. 알파추구전략과 KOSPI200지수선물을 이용한 차익거래전략은 Enhanced Index전략인데, 인핸스드 인덱스전략은 패시브와 액티브의 중간영역이라고 볼 수 있다.
>
>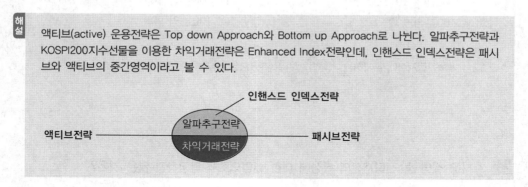

20 부동산의 운용제한 중 국내부동산의 경우 취득 후 1년 이내에는 처분할 수 없는 것이 원칙이다. 이에 대한 예외에 해당하는 것을 모두 묶은 것은?

> ㉠ 해당펀드가 합병이 될 경우
> ㉡ 해당펀드가 해지가 될 경우
> ㉢ 해당펀드가 해산이 될 경우
> ㉣ 부동산개발사업에 따라 해당 부동산을 분양한 경우

① ㉠
② ㉠, ㉡
③ ㉠, ㉡, ㉢
④ ㉠, ㉡, ㉢, ㉣

> **해설** 모두 예외로 인정된다. 그리고 이 운용제한은 공모, 사모 구분 없이 적용된다.

21 빈칸에 알맞은 말은?

공모특별자산펀드인 경우 '사회기반시설에 대한 민간투자법'에 따른 사회기반시설사업의 시행법인이 발행한 주식과 채권에 투자할 경우 펀드자산총액의 (   )까지 투자할 수 있다.

① 100분의 10   ② 100분의 30
③ 100분의 100   ④ 100분의 200

 사회간접시설에 투자하는 시행법인이 발행한 증권에 대해서는 100%까지 투자가 가능하다.

22 다음 설명 중 신탁재산의 특성에 대한 설명으로서 타당하지 않은 것은?

① 신탁재산으로 운용되고 있는 금전 등은 금융기관의 재산이 아니라 고객의 재산이다.
② 수익자의 채권자 혹은 수탁자의 채권자 누구든 신탁 중인 신탁재산에 대해서는 압류를 할 수 없다.
③ 수탁자가 사망하더라도 상속인들은 수탁받은 재산은 상속할 수 있다.
④ 신탁 설정 전에 이미 저당권이 설정된 경우에는 강제집행이 가능하다.

신탁재산(수탁재산)은 수탁자의 명의로 되어 있지만 수익자에게 반환되어야 하는 자산이므로 수탁자의 상속인이 상속할 수 없다.
※ 수탁자가 사망하거나 파산한 경우에도 신탁재산은 파산재단이나 상속재산에 포함되지 않는다.

23 자산유동화를 주목적으로 설정하는 신탁의 종류는?

① 특정금전신탁
② 불특정금전신탁
③ 금전채권신탁
④ 부동산담보신탁

금전채권신탁은 수익권을 제3자에게 양도함으로써 자산을 유동화하는 것이 주목적이다.

24 특정금전신탁의 운용에 대한 설명이다. 틀린 것은?

① 특정금전신탁의 가입금액, 가입기간에는 제한이 없다.

② 특정금전신탁이므로 위탁자가 지정하지 않은 방식으로는 어떠한 경우에도 운용할 수 없다.

③ 자본시장법상 신탁재산으로 보험상품을 운용할 수 없다.

④ 신탁은 손실이 나더라도 원칙적으로 원금과 이익을 보전할 수 없다.

> **해설** 필요한 경우 운용의 전부 또는 일부를 수탁자에게 위임할 수 있으며, 이 경우 비지정형 특정금전신탁이 된다.

25 신탁상품을 판매 시 투자권유불원고객의 경우 '투자자정보 확인서'를 통한 정보확인을 하지 않아도 되는데, 이에 대한 예외가 아닌 것은?

① 특정금전신탁

② 불특정금전신탁

③ 비지정형 금전신탁

④ 파생상품

> **해설** 투자자정보를 제공하지 않을 경우 ②·③·④에 대해서는 판매가 불가하다.

02 투자관리

01 자산배분의 의의 `핵심유형문제`

빈칸에 알맞은 것은?

> (　　　)은(는) 기대수익률과 위험수준이 다양한 여러 자산집단(asset class)을 대상으로 투자자금을 배분하여 최적의 자산포트폴리오를 구성하는 일련의 과정을 말한다.

① 자산배분
② 전략적 자산배분
③ 전술적 자산배분
④ 포트폴리오투자

해설 자산배분(asset allocation)을 말한다. 자산배분은 중장기전략으로서의 전략적 자산배분, 단기전략으로서의 전술적 자산배분으로 구분된다. 포트폴리오는 자산배분의 하위개념이다.

`정답` ①

`더 알아보기` ▸ 자산배분(Asset Allocation)

자산배분의 개요
- **자산배분의 정의** : 핵심유형문제 해설 참고
- **자산배분의 종류**
  - 전략적 자산배분 : 재무목표달성을 위한 최적의 자산배분 구성을 중장기적으로 유지하는 전략
  - 전술적 자산배분 : 자본시장의 변동을 이용하여 자산배분 구성을 단기적으로 변경시킴으로써 초과수익을 얻고자 하는 단기적 전략
- **자산배분과 포트폴리오** : 자산배분은 이종(異種)자산 간 자산배분을 의미하며, 동종(同種)자산 간의 자산배분은 포트폴리오에 해당한다.

자산배분의 필요성 : 보충문제 1, 2 참고
※ 실증연구를 통한 **전략적 자산배분**의 중요성 인식
- BHB연구(Brinson 등이 1970년대 중반부터 약 10년 동안 장기펀드의 수익률 결정요인을 연구)에 따르면, 장기펀드의 수익률 달성에 절대적으로 기여한 것은 **전략적 자산배분**임을 밝혔다.
- 수익률기여도 : 전략적 자산배분(91.5%) → 증권선택능력(4.6%) → 시장예측능력(1.8%)
- 투자관리의 3요소 : 자산배분방법, 증권선택, 투자시점 선택
※ 3요소 중에서 자산배분과 증권선택이 투자관리의 근간이 된다(또한 Active활동을 자산배분과 증권선택의 두 가지 활동으로 분류함).

01 자산배분의 필요성 또는 중요성에 대한 설명이다. 적절하지 않은 것은?

① 투자대상자산군이 증가하고 있기 때문이다.

② 자산규모 증대에 따른 투자위험에 대한 관리의 필요성이 높아지고 있기 때문이다.

③ 자산배분이 투자수익률의 결정에 절대적인 영향을 미친다는 인식이 높아지고 있기 때문이다.

④ 직접투자보다 간접투자가 늘어나고 있기 때문이다.

> **해설** 자산배분과 간접투자는 비교할 수 있는 개념이 아니다.

02 시장예측이나 증권선택이 자산배분에 비해 총수익률에 미치는 영향이 낮은 이유에 대한 설명이다. 가장 거리가 먼 것은?

① 단기변동성에 대한 적극적인 대응이 늘 성공할 수 없기 때문이다.

② 펀드매니저가 자산시장의 높은 변동성을 지속적으로 따라가기 어렵다.

③ 시장의 변동성보다 나은 성과를 위한 잦은 매매를 통해 거래비용이 발생한다.

④ 기본적 분석이나 기술적 분석의 도구의 정교함이 아직 부족하기 때문이다.

> **해설** 기본적 분석의 도구가 아무리 정교하다 하더라도 증권선택이나 시장예측활동이 장기적으로는 자산배분 정책에 따른 수익률을 따라 잡기 어렵다는 것이다.

빈칸에 알맞은 것은?

> (　　　　)를 설정하기 위해서는 투자시계(time horizon), 위험수용도, 세금관계, 법적 규제, 투자자금의 성격, 고객의 특별한 요구사항과 같은 여러 가지 제약조건과 투자자의 개인적인 선호도를 고려해야 한다.

① 재무목표
② 투자목표
③ 포트폴리오 수정
④ 사후통제

해설　　**투자목표**(Investment Objective)이다.

정답 ②

더 알아보기　▶ 투자목표의 설정

재무목표의 설정
자산배분을 실행하기 위해서는 투자목표가 설정되어야 하는데, 투자목표를 설정하기 전 투자자의 재무목표 설정이 선행되어야 한다.

투자목표 설정의 의미 : 핵심유형문제 참고

자산집단의 요건을 설명하였다. 그렇다면 보기의 내용에 가장 부합하는 것은?

> 각 자산군은 다른 자산군과 상관관계가 높지 않아야 한다.

① 자산군 내 자산 간에는 동질성이 있어야 한다.
② 자산군 간에는 배타성이 있어야 한다.
③ 자산군은 분산투자효과가 있어야 한다.
④ 자산군은 투자가능한 자산군의 대부분을 커버해야 한다.

해설　분산투자효과를 말한다. 자산 간의 상관관계가 낮을수록 분산투자효과는 높아진다.

 정답　③

더 알아보기　▶ 자산집단(asset class)의 선정

자산집단의 요건(자산집단의 속성) : 핵심유형문제 참고
• 자산군 간은 상호배타적이며, 자산군 내의 자산은 동질적이어야 한다.
　예 주식과 채권은 상호배타적이며(주식은 의결권이 있으나 채권은 없음), 주식이라는 자산집단 내의 수많은 주식은 동질적이다(의결권이 있으며 배당을 받음).
• 자산군은 분산투자효과가 있어야 한다.
　- 자산 간의 상관관계가 낮을수록 분산투자효과는 높아진다.
• 자산군은 투자가능한 자산의 대부분을 커버해야 한다.
　- 투자대상의 자산군이 많아야 한다(포괄성을 말함).
• 자산군 내의 자산은 포트폴리오 구성에 문제가 없도록 충분히 많아야 한다.
　- 포트폴리오에 많은 종목을 편입할수록 비체계적 위험을 더 많이 제거할 수 있는데, 종목수가 그만큼 충분해야 한다는 의미이다(충분성을 말함).

자산의 종류 : 보충문제 1 참고
자산은 이자지급형 자산과 투자자산으로 구분할 수 있는데, 이자지급형 자산은 물가상승 시 인플레이션헤지가 어렵다는 단점이 있다.

01 자산집단의 요건과 관련하여, 빈칸을 옳게 연결한 것은?

> 자산군과 자산군의 관계는 (   )이어야 하며, 자산군 내의 자산 간의 관계는 (   )이어야 한다.

① 동질적, 이질적
② 이질적, 동질적
③ 동질적, 동질적
④ 이질적, 이질적

> **해설** 이질적, 동질적이다.

02 다음 중 장기적인 물가상승을 가정할 때, 인플레이션헤지에 가장 적합하지 않은 자산은?

① 채 권
② 주 식
③ 원자재
④ 부동산

> **해설** 예금이나 채권과 같은 이자지급형 자산은 인플레이션헤지가 어렵다는 단점이 있다.

04 자산배분실행을 위한 준비-(3)벤치마크의 선정

벤치마크에 대한 설명이다. 가장 적절하지 않은 것은?

① 벤치마크는 운용성과와 위험을 측정할 때 기준이 되는 포트폴리오이다.

② 벤치마크는 운용상의 바람직한 포트폴리오이다.

③ 벤치마크는 사후에 설정되어야 한다.

④ 벤치마크가 되기 위해서는 '운용대상이 명확할 것, 운용성과의 추적이 가능할 것, 바람직한 운용상을 표현하고 있을 것'의 요건을 충족해야 한다.

해설   벤치마크는 사전에 설정되어야 한다(집합투자업자가 펀드를 판매하기 전에 설정해야 함).

정답 ③

더 알아보기   ▶ 벤치마크(Benchmark)의 선정

벤치마크의 개념 : 핵심유형문제 참고

벤치마크의 종류 : 보충문제 1 참고

보충문제

01 다음 중 금융시장별 벤치마크가 잘못 연결된 것은?

① 국내주식시장 – KOSPI 또는 KOSPI200

② 국내채권시장 – KOBI120

③ 국내단기금융시장 – 국고채 3년물

④ 해외주식시장 – MSCI ACWI

해설   국내단기금융시장의 벤치마크는 **CD91일물**이다(국제시장 – 주로 LIBOR 3개월물).
* MSCI ACWI(Morgan Stanley Capital International All Country World Index)

보기가 말하는 기대수익률 측정방식은 무엇인가?

> • 자산집단의 과거 장기간 수익률을 분석하여 미래의 수익률로 사용하는 방법이다.
> • 자본시장의 역사가 짧은 우리나라에서는 사용하기가 부적절한 방식이다.

① 추세분석법   ② 시나리오 분석법

③ 펀드멘탈 분석법   ④ 시장공동예측치 사용법

해설   추세분석법의 내용이다.

정답 ①

더 알아보기 ▶ 기대수익률의 정의와 측정방법

투자가치 = f [기대수익률(+), 위험(−)]
• 기대수익이 높을수록, 위험이 낮을수록 투자가치는 증가한다.
• 기대수익률은 예상수익률의 기대치로 구하며, 위험은 기대수익률의 분산 또는 표준편차로 측정한다(∵시장위험은 정규분포이므로). 따라서 기대수익률을 알면 위험은 자동으로 구할 수 있으므로, 투자가치를 파악하는 것은 곧 기대수익률을 측정하는 것이라 할 수 있다.

기대수익률과 위험의 측정
• 기대수익률의 측정방법 : 핵심유형문제, 보충문제 1, 보충문제 2, 보충문제 3 참고

추세분석법	시나리오 분석법	펀드멘탈 분석법	시장공동예측치 사용법

  – 추세분석법 : 과거 장기간의 수익률을 분석(주로 회귀분석)하여 미래수익률로 사용한다. 자본시장의 역사가 짧은 경우에는 부적절하다.
  – 시나리오 분석법 : 거시경제 변수의 예상변화과정을 시나리오로 구성하고 각각의 시나리오별로 발생확률을 부여하여 자산별 기대수익률을 추정하는 방법(가장 보편적인 방법)
  – 펀드멘탈 분석법 : '자산의 기대수익률 = 무위험수익률 + 자산의 위험프리미엄'
  – 시장공동예측치 사용법(시장공동예측치란 '시장가격'을 활용한 방법을 말함)
    예 주식의 기대수익률

PER의 역수(기대수익률 = $\dfrac{1}{PER}$)	기대수익률(k) = 배당수익률 + EPS성장률

    예 채권의 기대수익률 : 채권수익률곡선에서 추정
• 위험의 측정 : 시장위험은 정규분포를 보이므로 **분산 또는 표준편차**를 이용하여 측정한다. 기대수익률의 분포는 표준정규분포의 신뢰구간을 이용하여 구한다.
  – 개별자산의 위험(분산과 표준편차)

기대수익률[주1]	분 산	표준편차
$\displaystyle\sum_{i=1}^{n}(P_i \times R_i)$	$\sum (R_i - E(R))^2 \times P_i$	$\sqrt{\sum (R_i - E(R)^2 \times P_i)}$

  * 주1 : 기대수익률의 산식은 **시나리오 분석법**을 의미한다.
  – 최근에 들어서는 GARCH방식으로 위험을 추정하기도 한다.

01 시나리오 분석법에 의한 기대수익률 추정치는 얼마인가?

구 분	확 률	주식 A의 투자수익률
호경기	0.3	40%
정 상	0.5	10%
불경기	0.2	−30%

① 10% ② 11%

③ 12% ④ 13%

해설 $E(R_A) = (0.3 \times 40\%) + (0.5 \times 10\%) + (0.2 \times -30\%) = 12\% + 5\% - 6\% = 11\%$

* 개별자산의 기대수익률과 위험(기대수익률은 시나리오 분석법)

02 보기의 경우 주식의 기대수익률은 (　　　)이며, 이렇게 기대수익률을 추정하는 방식을 (　　　)이라 한다. 빈칸을 옳게 연결한 것은?

실질금리	물가상승률	A채권의 위험프리미엄	B주식의 위험프리미엄
1.5%	2.0%	2.5%	5.0%

① 6.0% − 시나리오 분석법

② 6.0% − 펀드멘탈 분석법

③ 8.5% − 펀드멘탈 분석법

④ 8.5% − 시장공동예측치 사용법

해설 B주식의 기대수익률 = 1.5% + 2.0% + 5.0% = 8.5%, 이것은 펀드멘탈 분석법에 의한다.

※ 펀드멘탈 분석법

- 실질금리, 물가상승률, 자산의 위험프리미엄을 차례로 더한다고 하여 Building Block방식이라고도 한다.
- 이 방식에서 자산의 위험프리미엄은 과거자료를 바탕으로 추정하는데, 과거자료를 사용하지만 위험 프리미엄 부분에 한해서 사용한다는 점에서 추세분석법과 차이가 있다(cf. 추세분석법은 과거자료 를 통해 기대수익률 전체를 추정).

03 보기는 어떤 기대수익률 측정방식을 말하는가?

> 채권의 기대수익률은 수익률곡선에서 추정해내며, 주식의 기대수익률은 배당평가모형(배당할인모형)이나 PER의 역수 등으로부터 추정한다.

① 추세분석법
② 시나리오 분석법
③ 펀드멘탈 분석법
④ 시장공동예측치 사용법

> **해설** 시장가격을 이용하여 추정하는 방법이다.

04 위험의 정도를 나타내는 지표가 아닌 것은?

① 표준편차(standard deviation)
② 분산(variance)
③ 범위(range)
④ 최빈값

> **해설** 최빈값은 빈도수가 제일 높은 값으로 기대수익률과 관련된 지표이다.
> ※ 기대수익률 지표 : 평균(mean), 중앙값(median), 최빈값
> ※ 위험 : 표준편차, 분산, 범위, 변동계수, 미래수익률의 분산도(dispersion)

05 보기에 대한 설명이다. 가장 적절하지 않은 것은?

경기상황	확률	주식 X의 수익률	주식 Y의 수익률
호경기	40%	60%	30%
정 상	20%	10%	10%
불경기	40%	−40%	−10%

① 개별주식 X에 대한 기대수익률은 10%이다.
② 개별주식 Y에 대한 기대수익률은 10%이다.
③ 개별주식 X와 Y를 편입한 포트폴리오의 기대수익률은 각 주식의 편입비중과 관계없이 10%이다.
④ 개별주식 Y가 X보다 더 위험하다.

> **해설** 주식 X가 더 위험하다. 산식에 의해 분산을 구해보면 X의 분산은 20%, Y의 분산은 3.2%이므로 X가 더 위험하다. 그런데 이렇게 산식으로 분산을 구할 것 없이, X가 더 위험하다고 이해할 수 있다(아래).
> • 두 주식의 수익률 평균은 모두 10%인데, X의 수익률분포(−40% ~ +60%)가 Y의 수익률분포(−10% ~ +30%)보다 넓으므로 X가 더 위험하다고 본다(∵표준편차가 크다고 함은 수익률의 분포가 넓다는 개념).

다음 중 자산배분실행의 순서가 올바른 것은?

① 고객성향파악 & 자본시장예측 → 최적자산배분 → 모니터링 → 투자성과 측정 및 피드백
② 고객성향파악 & 자본시장예측 → 최적자산배분 → 투자성과 측정 및 피드백 → 모니터링
③ 고객성향파악 & 자본시장예측 → 모니터링 → 최적자산배분 → 투자성과 측정 및 피드백
④ 고객성향파악 & 자본시장예측 → 모니터링 → 투자성과 측정 및 피드백 → 최적자산배분

해설　자산배분(수정 포함)을 한 뒤 모니터링을 하고 사후평가를 한다.

정답 ①

더 알아보기 ▸ 자산배분의 실행단계

고객성향파악 & 자본시장예측
• 고객성향파악 : 투자자의 투자목적, 제약조건, 선호도를 파악 · 가공하여 투자자의 투자정책(investment policy)을 명확히 한다.
　※ **고객성향파악은 핵심유형문제의 투자목표설정과 유사하다.**
• 자본시장예측 : **경제분석-산업분석-기업분석**을 통하여 자본시장을 예측하고 자산집단의 기대수익률과 위험을 측정한다.

최적자산배분 및 수정
• 투자전략 선택기준 : 전략적 자산배분과 전술적 자산배분 중 최적의 전략을 선택
　– 증시가 효율적인 것을 전제로 한다면 전략적 자산배분을, 단기적으로 비효율적인 것을 전제한다면 전술적 자산배분을 선택한다.
• 자산배분모델의 선정 : 현재 많이 이용되고 있는 모델로는 **마코위츠의 평균-분산 모델**과 **블랙리터만의 자산배분모델**이다.
• 자산배분모델의 수정
　– 리밸런싱(Rebalancing) : 자산 포트폴리오를 처음의 상태로 유지해가는 것을 말하며, 자본이득의 가능성이 좀 더 높은 자산으로 자금을 재배분하는 의미가 있다.
　예 리밸런싱-6개월 단위

자산집단	최초 비중	6개월 후 상태	리밸런싱	(변화 내용)
주 식	50%	40%	**50%**	(10% ↑)
채 권	30%	35%	**30%**	(5% ↓)
부동산	20%	25%	**20%**	(5% ↓)

　– 업그레이딩(Upgrading) : 모니터링 결과 지배원리를 충족하는 새로운 증권으로 교체하는 것을 말함(리밸런싱에 비해서 자본시장의 변화가 큰 경우 발생한다)

투자변수에 대한 모니터링

고객의 성향과 자본시장의 상황은 시간이 지남에 따라 변하므로, 이를 자산배분전략에 반영·수정하는 것이 필요하다. 전략적 자산배분의 경우 보통 6개월 단위로 전략을 반영하며, 전술적 자산배분의 경우 1개월 단위로 고객과 자본시장의 변화를 자산배분에 반영한다.

투자성과 측정(measurement) 및 평가(evaluation) 그리고 Feedback

주기적으로 투자성과를 측정하고 평가한다. 성과평가란 단순한 수익률과 위험의 측정이 아니라 투자과정 전체를 진단하고 피드백 기능을 수행하는 것을 말한다.

※ 수익률 측정방식

단일기간수익률 (투자기간 전체의 수익률)	다기간수익률(단일기간수익률에 대한 연평균수익률)		
	내부수익률법	산술평균수익률법	기하평균수익률법

[단일기간수익률 예시] 매입 10,000원, 매도 12,000원, 해당기간 배당수입 500원이라면?

$$\rightarrow \text{단일기간수익률} = \frac{(12{,}000 - 10{,}000) + 500}{10{,}000} \times 100 = 25\%$$

[다기간수익률의 예시] 1년째의 단일기간수익률이 20%, 2년째의 단일기간수익률이 30%이면?

$$\rightarrow 1) \text{ 산술평균수익률(ARR)} : \frac{20\% + 30\%}{2} = 25\%$$

$$\rightarrow 2) \text{ 기하평균수익률(GRR)} : \sqrt[2]{(1+0.2)(1+0.3)} - 1 = 1.249 - 1 = 0.249$$
즉, 24.9%

(∴) 항상 **산술평균** > **기하평균**. 중도현금흐름이 있는 상품의 수익률평가에는 기하평균이 합리적이다.

01 자산배분 실행과정에 대한 다음의 설명 중 적절하지 않은 것은?

① 고객성향파악의 목적은 투자정책을 명확히 하는 것이다.

② 자본시장예측의 목적은 자본시장가정을 통해 투자기간 동안의 기대수익률과 위험을 예측하는 것이다.

③ 증시가 비효율적인 것을 전제로 과소 혹은 과대평가된 증권에 투자하여 일정한 위험수준에 상응하는 투자수익 이상의 초과수익을 추구하는 전략을 전략적 자산배분이라 한다.

④ 자산배분 실행모델로는 마코위츠의 '평균분산모델'과 블랙리터만의 자산배분모델이 이용된다.

> **해설** 증시를 효율적으로 본다면 전략적 자산배분, 비효율적으로 본다면 전술적 자산배분이다(전략적, 전술적 자산배분의 차이는 핵심유형문제 07 참고).

02 빈칸에 들어갈 수 없는 것은?

> 전략적 자산배분은 (　　　) 간의 중장기적 관점에서 접근하며 대개 (　　　) 단위로 모니터링을 하고, 전술적 자산배분은 (　　　) 단위로 모니터링을 하여 고객과 자본시장의 변화를 전략에 반영한다.

① 1개월

② 3개월

③ 6개월

④ 3년

> **해설** 차례대로 3년, 6개월, 1개월이다.

03 빈칸에 알맞은 것은?

> 매입가격 : 10,000원, 매도가격 : 14,000원, 주당배당금 : 1,000원일 때의 (　　　　)은 50%이다
>
> $$(수익률 = \frac{(14,000 - 10,000) + 1,000}{10,000} \times 100 = 50\%).$$

① 단일기간수익률
② 내부수익률
③ 산술평균수익률
④ 기하평균수익률

> _{해설} 단일기간수익률이다.
> * 단일기간수익률로는 투자대안 간의 비교가 어려우므로(∵투자기간이 상이), 연평균수익률의 개념이 반
> 영된 다기간수익률이 필요하다.

04 다음 중 내부수익률을 뜻하는 것은?

① 총투자수입을 기초의 투자금액으로 나누어 계산하는 수익률이다.
② 현금유출액의 현재가치와 현금유입액의 현재가치를 일치시키는 할인율이며, 기간별 상이
한 투자금액에 가중치가 주어져 계산되므로 금액가중평균수익률이라고도 한다.
③ 기간별 투자금액의 크기를 고려하지 않고 기간에만 가중치가 주어져 계산되는 수익률인데,
시간가중평균수익률이라고도 한다.
④ 중도현금흐름이 재투자되어 증식되는 것을 감안한 평균수익률의 계산방식이다.

> _{해설} ① 단일기간수익률, ② 내부수익률, ③ 산술평균수익률, ④ 기하평균수익률

다음의 비교에서 잘못 연결된 것은?

번 호	전략적 자산배분	전술적 자산배분
①	장기적이고 소극적인 전략	단기적이고 적극적인 전략
②	평균수익률을 목표로 함	'평균수익률 + 초과수익'을 목표
③	시장의 효율성을 전제	시장의 비효율성을 전제
④	스타일전략	인덱스전략

해설　전략적 배분의 대표적인 전략은 인덱스전략, 전술적 배분의 대표적인 전략은 스타일전략이다.

`정답` ④

`더 알아보기` ▶ 자산배분전략의 종류와 이론적 배경

전략적(active) 자산배분 VS 전술적(passive) 자산배분 비교 : 핵심유형문제 참고
- 전략적 자산배분 : 투자목표달성을 위해 자산배분을 장기적으로 결정하고, 중기적으로 각 자산구성 비율을 변경할 수 있는 한도를 설정하는 것을 말한다.
  - 기본 가정이 변하지 않는 한 자산배분 비율을 유지한다.
- 전술적 자산배분 : 시장 예측에 따라 사전적으로 구성된 자산구성 비율을 변동시켜서(전략적 자산배분에서 정한 허용 한계치 내에서 변동), 초과수익을 얻고자 하는 전략

양 전략의 이론적 배경 : 보충문제 1, 보충문제 2 참고

전략적 자산배분	전술적 자산배분
시장의 **효율성**을 전제	시장의 **비효율성**을 전제[주1]
마코위츠의 포트폴리오 이론(또는 평균–분산모델)에 근거 [최적 증권의 도출과정] 기대수익률과 위험을 측정 → 지배원리로 효율적 투자기회 선 도출 → 무차별효용곡선과의 접점에서 최적증권의 선택	• 증권시장의 과잉반응현상(가격착오현상) : 과잉반응이 나타남으로써 초과수익의 기회가 발생한다. • 평균반전현상 : 단기적으로는 가격착오현상이 발생하지만 장기적으로는 평균으로 수렴한다. • 역투자전략 : 전술적 자산배분은 본질적으로 역투자전략에 해당한다(상승 시 매도/하락 시 매수).

* 주1 : 전술적 자산배분의 전제인 **시장의 비효율성**이란 단기적인 현상을 말한다. 장기적으로는 결국 평균에 수렴하여 효율적이 되는데, 이는 전술적 자산배분의 전제가 되는 평균반전현상과 같은 논리이다.
※ 지배원리와 효율적 투자기회선 : 보충문제 3 참고
※ 퍼지 투자기회선 : 마코위츠모형은 기대수익률과 위험을 모두 추정해야 하는데, 이는 현실적으로 매우 어려운 일이다. 따라서 오차를 줄이기 위해 효율적 투자기회선을 선으로 추정하지 않고 영역(밴드)으로 추정하는 것을 **퍼지(puzzy) 투자기회선**이라 한다.

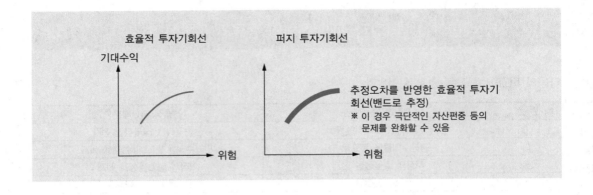

01 전략적 자산배분의 이론적 배경과 가장 거리가 먼 내용은?

① 마코위츠의 포트폴리오 이론에 근거를 하고 있다.
② 효율적 투자기회선 상의 최적증권에 투자하는 것을 목표로 하고 있다.
③ 현실적인 추정오차를 반영한 퍼지 투자기회선을 사용하기도 한다.
④ 증권시장의 과잉반응현상을 이용하는 전략이다.

해설 과잉반응현상은 전술적 자산배분의 배경이다.

02 실제주가와 내재가치의 차이를 이용한 매매전략(아래 그림)에 대한 설명이다. 가장 거리가 먼 것은?

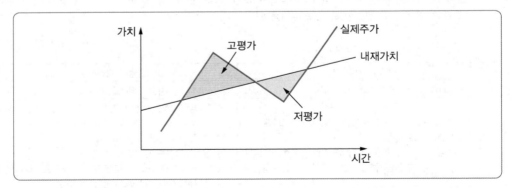

① 내재가치와 실제주가의 갭을 이용해 초과수익을 얻으려는 전술적인 자산배분전략이다.
② 증권시장의 과잉반응현상을 이용하는 전략이다.
③ 단기적인 가격착오현상이 장기적으로 평균반전되는 것을 이용하는 전략이다.
④ 마코위츠의 포트폴리오 이론에 근거하고 있다.

03 개별주식의 기대수익과 위험이 아래 표와 같다. 이에 대한 설명으로 적절하지 않은 것은?

주 식 수익성과 위험	X	Y	P	Q	R
기대수익률(%)	10	5	10	4	8
표준편차(%)	14.14	3.54	18	3.54	10

① 주식 X는 주식 Y를 지배한다. 왜냐하면 기대수익이 같다면 위험이 작은 증권을 선택하는 것이 당연하기 때문이다.

② 주식 Y는 주식 Q를 지배한다. 왜냐하면 위험이 같다면 기대수익이 높은 증권을 선택하는 것이 당연하기 때문이다.

③ 주식 X, Y, P, Q, R을 모두 연결한 선을 효율적 투자기회선이라 한다.

④ 효율적 투자기회선에 있는 여러 증권 중에서 투자자의 위험회피도에 따라 선택하는 하나의 증권을 최적증권이라 한다.

해설 X > P, Y > Q(= in dominant condition). 지배원리를 충족하는 X, Y, R을 연결한 선을 **효율적 투자기회선(efficient frontier)**이라 한다.

전략적 자산배분의 실행방법에 속하지 않은 것은?

① 시장가치 분석방법(가치평가모형을 통한 가치분석)

② 위험–수익 최적화 방법

③ 투자자별 특수상황을 고려하는 방법

④ 다른 유사한 기관투자가의 자산배분을 모방

해설　①은 전술적 자산배분에 속한다(시장가치 접근방법이 전략적 자산배분의 방법이다).

정답 ①

더 알아보기 ▸ 자산배분전략의 실행도구

양 전략의 실행방법(또는 실행도구)

전략적 자산배분	전술적 자산배분
① 시장가치 접근방법	① 가치평가모형(기본적 분석)
② 위험–수익 최적화 방법	② 기술적 분석
③ 투자자별 특수상황을 고려하는 방법	③ 포뮬러 플랜
④ 他기관투자자의 자산배분을 모방	

- 시장가치 접근방법
  시장에서의 시가총액비율과 동일하게 포트폴리오를 구성하는 방법(시장을 효율적으로 본다는 전제). 소규모 자금의 경우 포트폴리오 구성이 어려우므로 부적절하다.
- 위험–수익 최적화 방법
  마코위츠의 이론에 따라 최적 증권에 투자하는 방법이다(지배원리에 따라 효율적 투자기회선을 도출, 효율적 투자기회선과 무차별효용곡선의 접점에서 최적 증권을 도출). 이 방법은 수학적으로 매우 정교하다는 장점이 있지만 너무 복잡하여 직관적인 대응이 어렵고, 입력변수에 지나치게 민감하여 자산집단별 과잉 또는 과소투자가 유발될 수 있다는 단점이 있다.
- 가치평가모형
  배당평가모형, CAPM, APT모형 등 기본적 분석을 통칭하는 개념이다. 자산의 적정가치를 구하고 시장가격과의 괴리를 이용하여 초과수익을 얻고자 하는 전략이다.
  비교 시장가치접근방식은 전략적, 가치평가모형은 전술적 실행도구이다.
- 포뮬러 플랜
  채권과 주식의 포트폴리오를 구성한 후, 주가가 일정 수준 이상으로 상승하면 주식을 매도하고(매수하고), 주식을 매도한 만큼 채권을 매수하는 일종의 역투자전략이다(반대의 경우 : 주가가 일정수준 이상 하락하면 주식을 매수하고 채권을 매도함).
  – 정액법과 정률법이 있다.

전술적 자산배분의 실행과정 : 가치평가과정 + 투자위험 인내과정(보충문제 5 참고).

01 전략적 자산배분의 실행방법에 대한 설명이다. 가장 거리가 먼 것은?

① 시장가치 접근방법은 소형기금의 경우 적용이 어렵다.
② 위험−수익 최적화 방법은 지배원리에 의해 포트폴리오를 구성한다.
③ 특정법칙으로 정형화되기보다는 투자자의 요구사항을 고려할 수 있는 다양한 방법이 있다.
④ 타 기관투자자의 자산배분을 모방하는 방법도 있는데, 이는 보편적이지 않다.

해설 보편화되어 있다.

02 보기는 전략적, 전술적 자산배분의 실행 방법 중 어디에 해당하는가?

> 입력변수에 너무 민감하게 반응하여 자산집단별 과잉투자 또는 과소투자의 문제점이 발생할 수 있다.

① 시장가치 접근방법
② 위험−수익 최적화 방법
③ 가치평가모형
④ 포뮬러 플랜

해설 전략적 자산배분 중 **위험−수익 최적화 방법**의 단점에 해당한다.

03 다음 중 전술적 자산배분과 가장 거리가 먼 것은?

① 역투자전략
② 기술적 분석
③ 시장가치 접근방법
④ 평균반전현상

해설 시장가치 접근방법은 전략적 자산배분에 해당한다(cf. 가치평가모형이 전술적).

04 보기는 전략적, 전술적 자산배분 중 어떤 실행방법을 말하는가?

> 배당평가모형으로 본 甲기업의 적정가치는 3만원이었다. 그런데 현재 甲기업의 시장가격은 25,000원이므로 매수를 하면 초과수익을 얻을 수 있다고 본다.

① 시장가치 접근방법
② 위험-수익 최적화 방법
③ 가치평가모형
④ 포뮬러 플랜

> **해설**
> 전술적 자산배분 중 가치평가모형(내재가치를 평가하는 기본적 분석)에 속한다.

05 전술적 자산배분에 해당하는 것을 모두 고르면?

> ㉠ 가치평가과정
> ㉡ 투자위험 인내과정
> ㉢ 퍼지 투자기회선

① ㉠   ② ㉠, ㉡
③ ㉠, ㉢   ④ ㉠, ㉡, ㉢

> **해설**
> 전술적 자산배분은 곧 가치평가과정이며 투자위험 인내과정이다(전술적 자산배분의 실행과정).
> ※ 가치평가과정 : 시장에서 자산가격이 계속 변하므로, 초과수익을 얻기 위해서는 자산의 가치를 지속해서 평가해야 한다.
> ※ 투자위험 인내과정 : 자산운용에 있어 운용자의 주관적인 심리가 반영되는 현상을 말한다. 주가상승 시 위험에 둔감하게 되고 주가하락 시 위험에 민감하게 반응하여, 이론상의 최적시점의 매매가 어렵다는 점을 말한다.

2 **투자관리** 10문항 대비

01 투자전략과 자산배분에 대한 설명으로 가장 적절하지 않은 것은?

□□
① 자산배분이란 자산의 구성비 변동을 통해 초과수익을 얻고자 하는 적극적인 투자전략의 의미가 있다.
② 자산배분은 동종 간, 이종 간 두 종류가 있는데, 동종 간의 자산배분은 포트폴리오 전략이라고도 한다.
③ 투자관리의 3요소는 자산배분, 증권선택, 투자시점 선택이며, 투자관리의 근간이 되는 것은 자산배분과 증권선택이다.
④ 미국의 91개 연금의 장기간 수익률을 분석해 본 결과, 증권선택이 수익률에 기여한 정도가 90% 이상으로 나타났다.

> 해설 실증연구 결과(Brinson, Beebower, Singer의 연구) : 수익률에 대한 설명력의 비중은 **자산배분(91.5%)** → **증권선택(4.6%)** → **시장예측(1.8%)**이었다. 이 연구로 인해 **전략적 자산배분의 중요성**을 크게 인식하게 되었다.

02 자산집단(asset class)에 대한 설명이다. 가장 적절하지 않은 것은?

□□
① 개별증권이 모여 마치 큰 개념의 증권처럼 움직이는 것을 자산집단이라 한다.
② 각 자산집단의 상관관계가 낮을수록 분산투자효과는 커진다.
③ 자산집단은 이자지급형 자산, 투자자산, 부동산 등으로 나눌 수 있는데, 이자지급형 자산은 안정적인 수익이 장점이지만, 높은 인플레이션이 발생할 경우 원금가치가 유지되지 않는 단점이 있다.
④ 경기가 침체될수록 이자지급형 자산보다는 투자자산의 매력도가 높아진다.

> 해설 경기침체기에는 투자자산의 가치가 하락하므로 안전자산인 이자지급형 자산의 매력도가 높아지게 된다.

03 자산집단(asset class ; 자산군)의 속성에 대한 설명으로 옳은 것은?

① 자산군 내의 자산은 이질적이어야 한다.
② 자산군 간의 관계는 동질적이어야 한다.
③ 자산군은 다른 자산군과의 상관관계가 높지 않아야 한다.
④ 투자대상으로서의 자산군은 수익성이 높아야 한다.

> **해설**
> ③ **자산은 분산투자효과가 있어야 한다**는 속성에 해당된다.
> ① 자산군 내의 자산은 동질적이어야 한다.
> ② 자산군 간의 관계는 상호배타적(이질적)이어야 한다.
> ④ 자산군은 투자가능한 자산군의 대부분을 커버해야 한다(→ 투자대상으로서의 자산군은 광범위할수록
> 좋다는 것을 의미하는데, 반드시 수익성이 높은 요건을 요구하는 것은 아니다).

04 자산집단의 기대수익률을 측정하는 방식이 아닌 것은?

① 추세분석법   ② 시나리오 분석법
③ GARCH방식   ④ 시장공동예측치 사용법

> **해설**
> GARCH방식은 위험을 측정하는 방식이다. 기대수익률을 측정하는 4가지 방식은 ①·②·④와 펀드멘탈
> 분석법이다.

05 과거 시계열 자료를 통해 얻은 각 자산의 위험프리미엄이 다음과 같다. 그렇다면 회사채와 주
식의 기대수익률은 얼마인가? 그리고 이러한 기대수익률 측정방식을 무엇이라고 하는가?(단,
무위험수익률 3.5%)

> 회사채의 위험프리미엄 4%, 주식의 위험프리미엄 7%

	기대수익률	기대수익률의 측정방식
①	회사채 7.5%, 주식 10.5%	추세분석법
②	회사채 7.5%, 주식 10.5%	펀드멘탈 분석법
③	회사채 7.5%, 주식 14.5%	추세분석법
④	회사채 7.5%, 주식 14.5%	펀드멘탈 분석법

> **해설**
> **펀드멘탈 분석법(building bloc 방식)이다.** 과거 시계열자료를 토대로 자산의 위험프리미엄을 구해서
> 무위험수익률에 더하면 된다. 추세분석법은 과거 자료를 바탕으로 기대수익률 자체를 추정한다는 점에서
> 차이가 있다.
> ※ 각 자산의 기대수익률 : 회사채 = 3.5% + 4% = 7.5%, 주식 = 3.5% + 7% = 10.5%

06 주식 X를 40% 편입하고 주식 Y를 60% 편입한 포트폴리오의 기대수익률은 얼마인가?(주식 X와 주식 Y의 개별 기대수익률은 보기에 따름)

상 황	확 률	예상수익률	
		주식 X	주식 Y
호 황	0.5	20%	10%
정 상	0.3	10%	5%
불 황	0.2	−30%	−7.5%

① 5%
③ 6.2%
② 5.8%
④ 7%

> **해설**
>
> 5.8%이다(아래 풀이 참고).
> (1) 주식 X의 기대수익률 : (20% × 0.5) + (10% × 0.3) + (−30% × 0.2) = 10% + 3% + (−6%) = 7%
> (2) 주식 Y의 기대수익률 : (10% × 0.5) + (5% × 0.3) + (−7.5% × 0.2) = 5% + 1.5% + (−1.5%) = 5%
> (3) 포트폴리오의 기대수익률 = (7% × 40%) + (5% × 60%) = 2.8% + 3% = 5.8%

07 각 주식의 수익률분포가 아래와 같다고 할 때, 표준편차가 가장 큰 것은?(각 주식의 기대수익률은 +10%로 동일하다고 가정함)

① −5% ~ 25%
③ −25% ~ 45%
② −15% ~ 35%
④ −35% ~ 55%

> **해설**
>
> 산식으로 표준편차를 계산하지 않아도 ④의 표준편차가 가장 크다는 것을 알 수 있다(∵수익률의 분포가 가장 넓으므로).

08 만일 시나리오 분석법으로 자산의 기대수익률을 추정하였다면, 이는 자산배분과정 중 어떤 단계에 속하는가?

① 고객성향파악 단계
② 자본시장예측 단계
③ 최적자산배분 및 수정 단계
④ 투자변수에 대한 모니터링 단계

> **해설**
>
> 투자대상자산의 기대수익률과 위험을 추정하는 단계는 자본시장예측 단계이다.

09 보기는 자산배분과정 중 어떤 단계에 속하는가?

> 포트폴리오의 상황변화가 있을 경우 자산 포트폴리오가 갖는 원래의 특성을 그대로 유지하고자 하는 것이며, 자산배분의 비율을 최초의 비율대로 환원시킨다.

① 고객성향파악 단계
② 자본시장예측 단계
③ 최적자산배분 및 수정 단계
④ 투자변수에 대한 모니터링 단계

> 해설
> 최적자산배분 및 수정 단계에서 수정을 말한다(수정에는 리밸런싱(Rebalancing)과 업그레이딩(Upgrading)이 있는데, 보기는 리밸런싱에 속한다).

10 자산배분전략의 실행과 수정에 대한 설명이다. 잘못된 것은?

① 단기적으로 증시의 비효율성을 전제로 하여 저평가된 자산을 매수하여 초과수익을 얻고자 하는 전략은 전술적 자산배분전략이다.
② 전략적 자산배분은 장기적인 투자전략이므로 한 번 자산배분을 하면 변화를 주지 않고 그대로 유지한다.
③ 자산집단의 상대적인 가격변동이 있을 경우 주기적으로 애초의 자산배분 비율이나 비중으로 환원하는 것을 리밸런싱이라 한다.
④ 위험에 비해 상대적으로 더 높은 기대수익 획득이 가능하거나 기대수익에 비해 상대적으로 더 낮은 위험수준을 부담하는 것이 가능하다면 자산배분전략을 수정할 필요가 있는데 이를 업그레이딩이라 한다.

> 해설
> 전략적 배분이라고 해서 한 번 결정하고 끝까지 유지하는 것이 아니라, 모니터링 결과 기본가정이 변한다면 그 상황을 자산배분에 반영해야 한다(변경주기는 전략적 6개월, 전술적 1개월).

11 P투자자가 2기간 동안에 거둔 투자수익률은 1기간이 10%, 2기간이 4.9%이다. 이 경우 2기간 의 산술평균수익률과 기하평균수익률을 구한다면 각각 얼마인가?

	산술평균수익률	기하평균수익률
①	7.45%	7.00%
②	7.45%	7.42%
③	7.00%	7.45%
④	7.42%	7.45%

해설

산술평균식 $= \dfrac{10\% + 4.9\%}{2} = 7.45\%$, 기하평균식 $= \sqrt[2]{(1+0.1) \times (1+0.049)} - 1 = 0.07419$

즉, 7.42%이다.

※ 항상 산술평균이 기하평균보다 더 높게 나타난다. 또 시간의 연속성이 있는 경우(투자수익률, 물가상 승율 등)의 데이터는 기하평균이 합리적이다.

12 비교의 내용이 틀린 것은?

번 호	전략적 자산배분	전술적 자산배분
①	장기적이고 소극적인 전략	단기적이고 적극적인 전략
②	평균수익률을 목표로 함	'평균수익률 + 초과수익'을 목표
③	시장의 비효율성을 전제	시장의 효율성을 전제
④	인덱스전략	저평가주 매수 전략

해설

전략적 배분은 시장의 효율성을, 전술적 배분은 비효율성을 전제한다.

13 전술적 자산배분의 이론적 배경이 아닌 것은?

① 추정오차로 인한 자산집단별 과잉투자 또는 과소투자 현상
② 증권시장의 과잉반응현상
③ 증권시장의 가격착오현상
④ 증권시장의 평균반전현상

해설

①은 전략적 자산배분의 이론적 배경이 되는 마코위츠투자(효율적 투자이론, 분산투자이론, 위험수익최 적화 투자)의 단점에 해당한다.

14 다음 중 전술적 자산배분전략의 실행도구로만 묶인 것은?

> ㉠ 기본적 분석   ㉡ 기술적 분석
> ㉢ 포뮬러 플랜   ㉣ 시장가치 접근방법

① ㉠, ㉡
② ㉡, ㉢
③ ㉠, ㉡, ㉢
④ ㉠, ㉡, ㉢, ㉣

> **해설** 시장가치 접근방법은 전략적 자산배분에 해당한다.

15 보기에 대한 설명으로 가장 적절하지 않은 것은?

> • 배당평가모형으로 평가한 A주식의 적정가격은 2만원이다.
> • 현재 A주식의 시장가격이 3만원이라면 장기적으로 2만원에 수렴할 것으로 보고 매도한다.

① 시장공동예측치 사용법을 활용하여 주식의 기대수익률을 측정하였다.
② 전술적 자산배분의 가치평가모형에 해당한다.
③ 전술적 자산배분의 기술적 분석에 해당한다.
④ 증권시장의 과잉반응현상, 가격착오현상, 평균반전현상이 반영되어 있다.

> **해설** 보기는 기본적 분석에 해당된다(가치평가모형은 곧 기본적 분석이라 할 수 있음). 기술적 분석은 차트분석을 통해 매매타이밍을 포착하는 방법이다.

03 펀드평가

투자프로세스와 투자성과요인 핵심유형문제

다음은 펀드투자과정에서 투자자가 양호한 성과를 달성하는 데 영향을 주는 세 가지 요소이다. 해당되지 않는 것은?

① 투자대상 유형별 자산배분의 선택
② 시장예측을 통한 투자시점의 선택
③ 투자한 펀드의 운용수익률
④ 적절한 벤치마크의 선정

해설　적절한 벤치마크의 선정은 투자성과평가와 관련된 것이고 펀드투자자가 펀드투자성과를 향상시키기 위한 세 가지 요소는 ①·②·③이다.
　　※ 투자프로세스 : 자산배분계획 수립(PLAN단계) → 펀드선택과 투자실행(DO단계) → 투자결과 평가(SEE단계)

정답 ④

더 알아보기 ▸ 투자프로세스와 투자성과요인

양호한 성과를 달성하기 위한 세 가지 요소 : **자산배분 선택 / 투자시점 선택 / 펀드의 운용수익률(투자대상펀드의 선택)**

관점에 따른 성과평가의 종류

투자자 관점의 성과평가	펀드 관점의 성과평가
자산배분 선택 / 투자시점 선택 / 투자대상펀드 선택의 세 가지 요소 모두가 성과평가의 대상이 됨	펀드를 운용하는 펀드운용자와 펀드운용회사의 운용능력을 평가하기 위한 것

• 투자자가 해당 펀드에 **일시불로 투자한 경우** 투자자 관점의 성과평가 = 펀드 관점의 성과평가이다.

01 펀드의 성과평가에 대한 설명이다. 잘못된 것은?

① 펀드 관점의 성과평가란 펀드를 운용하는 펀드운용자와 운용회사의 운용능력을 평가하기 위한 것이다.

② 투자자는 펀드를 선택한 후에 그 운용에 간섭할 수 없으므로 운용회사와 펀드운용자의 운용능력을 평가하는 것은 매우 중요한 일이다.

③ 투자자 관점의 성과평가는 '자산배분 선택, 투자시점 선택, 투자대상펀드 선택'을 통해 얼마나 좋은 성과를 거두었는가를 평가하는 것이다.

④ 만일 투자자가 수시로 펀드에 투자한다면 해당 펀드의 투자자 관점의 수익률과 펀드 관점의 성과평가 결과는 동일하게 된다.

 해설 수시로 투자하면 투자자 관점의 성과평가와 펀드 관점의 성과평가가 차이날 수 밖에 없다(투자자가 일시불로 투자한 것으로 가정할 때 펀드 관점 성과평가와 동일).

집합투자기구 평가 상 '양호한 집합투자기구'를 선정하기 위한 계량적인 기준이 아닌 것은?

① 수익률이 절대적·상대적으로 높은 집합투자기구
② 위험이 절대적·상대적으로 낮은 집합투자기구
③ 위험조정성과가 절대적·상대적으로 높은 집합투자기구
④ 집합투자기구 운용회사의 운용프로세스

해설　집합투자기구 운용자의 운용능력과 운용회사의 운용프로세스는 계량적인 요소가 아니다. 즉 정성적 요소이다
　　　 (계량적 = 정량적).

　　　정답 ④

더 알아보기　▶ 펀드분석 및 펀드평가의 목적

펀드분석(fund analysis) 및 펀드평가(fund evaluation)의 개념
• 펀드분석은 **분석대상 펀드를 찾아내는 것**이며, 펀드평가는 **평가대상 펀드의 운용성과를 측정하여 그 우열과 순위를 가리는 과정**이다.

펀드분석 및 펀드평가의 목적

집합투자기구의 선정	집합투자기구 모니터링	집합투자기구 운용결과분석
• **정량적 평가**를 통해 양호한 집합투자기구를 선정함 • **정성적 평가**를 통해 양호한 성과의 지속성이 예상되는 펀드를 선정함	믿고 기다리기 위해서는 펀드가 **정상적인 상태로 운용되고 있어야 한다**는 기본요소가 충족되어야 함	펀드운용결과를 분석하는 궁극적인 이유는 **환매 또는 재투자여부를 결정하기 위함** → 단기 성공·실패를 분석하는 차원에서 나아가 장기성과의 성공·실패로 연결될지 여부를 파악해야 함

• **정량적 평가** : 수익률(위험)이 절대적·상대적으로 높은(낮은) 펀드, 위험조정성과가 높은 펀드, 평가등급(rating)이 높은 펀드가 좋은 펀드이다.
• **정성적 평가** : 성과요인 분석, 포트폴리오 분석, 운용자와 운용회사의 질적평가(보충문제 1 참고)
• **모니터링의 기본요소** : 펀드성과, 펀드보유자산과 매매현황, 펀드운용자 및 운용회사, 펀드의 자금흐름 등
• **운용결과분석** : 펀드평가의 최종적인 목적은 **환매 또는 재투자여부**를 결정하기 위한 것이며, 이를 위해 '정량평가에 의한 성과가 운(運)에 의해 달성된 것이 아닌지'에 대한 정성평가가 필요하다.

01 집합투자기구 평가에 있어서 질적인 평가요소에 해당되지 않는 것은?

① 평가등급(Rating)
② 운용자와 운용회사의 운용프로세스
③ 성과요인 분석
④ 포트폴리오 분석

> **해설** 평가등급(Rating)이 높은 집합투자기구가 양호한 집합투자기구이다. 이는 계량적 요소이다.

02 집합투자기구 모니터링(Monitoring)에 대한 설명으로 틀린 것은?

① 집합투자기구의 성과에 대한 모니터링은 주기적으로 실시하되 성과의 우열을 가리는 것이 중요하다.
② 집합투자기구의 보유자산과 매매현황에 대한 모니터링은 집합투자기구의 성과원인과 특성의 변화 여부를 파악하기 위해서이다.
③ 집합투자기구의 운용자 및 운용회사에 대한 모니터링은 집합투자기구의 성과가 앞으로도 잘 유지될 수 있는지 혹은 갑작스런 운용자 교체가 발생하지 않는지를 파악하기 위해서이다.
④ 집합투자기구의 자금흐름을 모니터링하는 것은 자금흐름이 집합투자기구의 종합적인 상황 등을 반영한 결과일 수 있기 때문이다.

> **해설** 집합투자기구 성과에 대한 모니터링은 단순히 성과의 우열을 가리는 것이 아니라 시장상황과 성과원인파악에 중점을 두어야 한다. 예를 들어 시장상황에 비해 **지나치게** 부진한 성과에 한하여 집합투자기구를 환매하는 것이 바람직하다.

03 집합투자기구 운용결과분석에 대한 설명으로 잘못된 것은?

① 집합투자기구의 운용결과를 분석하는 이유는 계획과 대비하여 결과가 성공했는지 실패했는지 여부를 판단하고 개선할 수 있는 방법을 찾기 위함이다.
② 집합투자기구의 운용결과 분석을 통해 투자자가 취할 수 있는 방안은 계속 투자할 것인지 혹은 전부 또는 일부를 환매할 것인지를 결정하는 것이다.
③ 성공적인 운용결과를 보인 집합투자기구는 투자를 계속하고, 실패한 집합투자기구에 대해서는 투자를 중단한다.
④ 집합투자기구 운용결과 분석은 일차적으로 성과에 대한 정량평가를, 이차적으로 성과의 지속성 여부에 대한 정성평가로 이루어진다.

> **해설** 집합투자기구의 성과가 좋다고 계속하고, 나쁘다고 그만두는 식의 일률적인 판단을 해서는 안 된다. 왜냐하면 단기간의 성공과 실패가 장기간의 성공과 실패로 직접 연결되지 않을 수 있기 때문이다.

집합투자기구의 평가프로세스에 대한 설명이다. 적절하지 않은 것은?

① 집합투자기구 평가는 집합투자기구의 유형을 분류하고 벤치마크를 설정하는 것으로부터 시작된다.
② 집합투자기구 평가 회사는 집합투자기구의 수익률, 위험, 위험조정성과 등을 주기적으로 측정하고 등급(rating)을 부여한다.
③ 성과의 우열을 가리는 것이 집합투자기구 평가의 전부가 아니며, 성과의 원인과 특성을 파악하는 것이 중요하다.
④ 집합투자기구의 절대평가란 동류그룹과 비교하는 것이며, 상대평가란 벤치마크와 비교하는 것이다.

해설　절대평가는 벤치마크와, 상대평가는 동류그룹(peer group)과의 비교이다.

정답 ④

더 알아보기　▶ 집합투자기구의 평가프로세스 9단계

성과평가의 기준 정하기	성과우열 가리기(정량평가)	성과의 질적 특성 파악하기(정성평가)
집합투자기구의 유형분류 → 벤치마크의 설정	수익률측정 → 위험측정 → 위험조정성과측정(RAPM) → 등급부여(Rating)	성과요인 분석 → 포트폴리오 분석 → 운용회사 및 운용자의 질적평가

집합투자기구의 유형분류
• 집합투자기구유형(fund category)이란 펀드성과를 비교·측정하기 위해 성격이 유사한 펀드들끼리 묶어놓은 동류그룹(peer group)을 말한다.
• 주식형 또는 채권형의 구분은 peer group을 말하는 것이며, 주식형 내의 **대형주 / 소형주**의 구분, **성장주 / 가치주**의 구분 등은 style 분류를 말한다.
• 펀드가 어떤 유형에 속하는가에 따라 상대적인 우열이 바뀔 수 있음에 유의한다.

벤치마크 설정
• 벤치마크(benchmark)는 사전적인 의미로 '기준 또는 잣대'를 말한다.
• 펀드의 운용목표와 전략을 가장 잘 나타내는 지표가 벤치마크이며, 벤치마크는 운용지침(guideline), 성과평가 기준 등의 역할을 한다.
• 바람직한 벤치마크의 특성 : **명확성 / 투자가능성 / 측정가능성 / 적합성 / 현재 투자견해를 반영 / 사전에 정의**
　– 벤치마크는 운용자가 정하며, 집합투자기구 평가 회사는 정보입수의 한계 등이 있을 경우 운용자가 정한 벤치마크와 다르게 정하여 사용할 수 있다.
• 벤치마크의 종류 : 시장지수 / 섹터지수 / 정상포트폴리오 등(보충문제 4, 5, 6 참고)
　– **정상포트폴리오 : 투자 가능 종목만으로 구성한 인덱스이며 채권형에서 많이 쓰인다(KOBI30 등).**
• 벤치마크를 기준으로 한 평가(절대평가)

A펀드	A펀드의 벤치마크 수익률	A펀드와 동류그룹의 수익률
15%	10%	20%

→ A펀드는 (벤치마크에 비해) **절대적으로** 우수하고, (동류그룹에 비해) **상대적으로** 열위하다.

수익률 계산
- 개별집합투자기구의 수익률 : 기준가격의 변동이 곧 수익률의 변동이다. 단, 펀드의 중도결산이 있고 분배된 금액이 있다면 이를 반영하여 수익률을 계산해야 한다.
- 운용사수익률(동일 운용사의 집합투자기구 유형별 수익률)의 산출

운용사수익률 산출의 장점	운용사수익률 산출의 단점
• 대표계정의 오류 제거 • 생존계정의 오류 제거 • 운용사 간 수익률 비교 가능	• 성과의 이전가능성 문제(운용자 이동 시) • 측정기간에 따른 성과의 편차문제

위험의 측정

절대적 위험	상대적 위험
VaR, 표준편차	공분산, 초과수익률, 베타, 상대 VaR
수익률의 안정성을 중시할 때 적합	사전에 정한 벤치마크를 추구하는 전략에 적합

위험조정성과의 측정(RAPM)

샤프비율	트레이너비율	젠센의 알파	정보비율(평가비율)
총위험 한단위당 초과수익률 / 평가기간동일, 동류그룹 간만 비교가능 / (−)의 수익률에서 평가불가	**체계적위험 한 단위 당** 초과수익률 / 기타 유의점은 샤프비율과 동일	펀드운용자의 종합적 운용능력을 측정하나, **종목선택능력과 시장예측능력을 구분할 수 없는** 단점	적극적 투자활동의 결과 발생한 초과수익률과 초과수익률에 대한 표준편차의 비율
표준편차(σ)	베타(β)	베타(β)	잔차위험(ϵ)

참고 트레이너비율은 2016 기본서 개정으로 시험범위에서 제외되었으나, 샤프비율·트레이너비율·젠센의 알파를 비교하여 이해할 것을 권장함

- **위험조정성과지표**란 수익률과 위험을 동시에 고려해 펀드의 성과를 측정하는 것으로서 지배원리로 판단할 수 없는 경우 사용하는 지표이다.
- 충분히 분산투자된 경우 샤프비율과 트레이너비율은 유사하게 나타난다.
- 샤프비율과 트레이너비율은 **무위험수익률 대비 초과수익률**을 말하나, 정보비율은 **벤치마크 수익률 대비 초과수익률**을 말한다.
- 정보비율을 측정하는 기간은 충분해야 한다(짧을 경우 運에 의한 성과가 달성될 수 있기 때문).

  비교 추적오차(tracking error ; 트래킹에러) : 수익률이 벤치마크와 다르게 나타나는 위험의 정도를 말하는데, 이는 곧 비체계적 위험(잔차위험)을 말하며 정보비율의 분모에 해당한다.

  ※ 추적오차는 위험조정성과지표(RAPM)으로 분류되지 않는다.

집합투자기구 등급부여(rating)
- 집합투자기구의 수익률과 위험 또는 위험조정지표 등을 활용하여 종합적으로 판단할 수 있도록 산출한 평가결과물이다(제로인은 태극문양, 모닝스타는 별표).
- **집합투자기구 등급을 절대적으로 맹신해서는 안 된다.** 왜냐하면 정량평가만으로 측정된 결과이기 때문에 미래성과를 보장해주지 않기 때문이다.

성과요인 분석
- **성과요인은 시장예측능력과 종목선정능력으로 구분된다.** 성과요인 분석을 통해 특정 성과요인에 능력이 있는 것으로 판명된다면 해당 능력이 잘 발휘되도록 자금을 배정할 수 있다.

- 젠센의 알파값이 높을 경우 운용자의 종목선정능력에 기반한 운용능력이 좋다고 평가한다. 다만, 젠센의 알파는 종합적인 능력으로 판단하므로 종목선정능력과 시장예측능력을 정확하게 구분하지 못한다. 따라서 종목선정능력과 시장예측능력을 모두 활용할 경우 젠센의 알파는 적합한 지표가 될 수 없다.

포트폴리오 분석

투자비중 분석	거래특성 분석	스타일 분석
운용전략이 보수적인지 공격적인지를 구분할 수 있음	매매회전율, 매매수수료 등이 너무 많을 경우 펀드교체의 당위성 제공	집합투자기구 평가사의 기능을 가장 잘 설명해주는 분석

→ 포트폴리오 분석은 결과물이 아닌 포트폴리오 그 자체의 특성을 분석하는 것(→ **정성평가**)
→ 스타일 분석은 사전적으로는 좋은 성과를 보일 펀드를 고르는 판단요소가 되며, 사후적으로는 과거 펀드성과의 원인을 적절하게 설명해주는 역할을 한다.

운용회사 및 운용자의 질적평가
- 집합투자기구의 장기성과는 운용자, 운용회사의 질적 특성에 의해 결정된다(정성평가).
- 질적 특성을 구성하는 변수 : 재무구조 등 안정성 / 조직·인력 / 운용프로세스 / 위험관리능력 등

01 집합투자기구 유형분류에 대한 설명이다. 옳지 않은 것은?

① 집합투자기구의 성과를 상대적으로 비교·측정하기 위하여 집합투자기구 투자목적, 투자 자산, 투자전략, 투자스타일, 특징 등이 유사한 집합투자기구들끼리 묶어 놓은 동일집단 (peer group)을 집합투자기구유형(Fund category)이라 한다.

② 법률에서는 투자재산의 운용대상에 따라 집합투자기구의 종류를 구분하는데 표준약관에서 는 증권집합투자기구는 주식형, 채권형, 혼합형집합투자기구로 세분한다.

③ 집합투자기구 평가 회사는 법률 또는 표준약관의 기준 그대로 집합투자기구의 유형을 사용 하여야 한다.

④ 집합투자기구가 어떤 유형에 속하는가에 따라 상대적인 우열이 바뀔 수 있다.

> **해설**
> 집합투자기구 평가 회사는 필요에 따라 집합투자기구유형을 좀 더 세분화하고 **특성을 명확히 하여 분류** 하는 것이 일반적이다. ④의 경우는, 펀드의 절대적인 수익률은 변할 수 없지만 상대적인 우열은 분류에 따라 변할 수 있다는 것이다.

02 빈칸에 알맞은 것은?

> (   )는 집합투자기구유형보다 더 세분화된 것이다. 미국 등 선진국시장에서는
> (   )로 집합투자기구유형을 분류하는데 주식형펀드는 대·중·소형주로 분류하고
> 채권형펀드는 신용등급의 고·중·저로 분류한다.

① 스타일(style) 분류

② 동류그룹(peer group)

③ 자산배분(asset allocation)

④ 벤치마크(benchmark)

> **해설**
> 스타일 분류이다.
> ※ 스타일(style) 분류
> • 주식형펀드의 경우 **대형주–중형주–소형주**의 분류, **성장주–가치주**의 분류, **고베타–저베타주**의 분 류 등으로, 채권형펀드는 듀레이션의 **단기–중기–장기**, 신용등급의 **고–중–저** 등으로 분류하는 것이 스타일 분류이다.
> • 스타일 분류는 각 스타일의 펀드가 시장의 국면변화에 따라 상이한 운용성과를 나타낸다는 특성을 가지고 있기 때문에 투자자의 자산배분 시에 별도 자산유형으로 고려되어 자산배분성과를 높여준다 는 특성을 가지고 있다.

01 ③ 02 ①

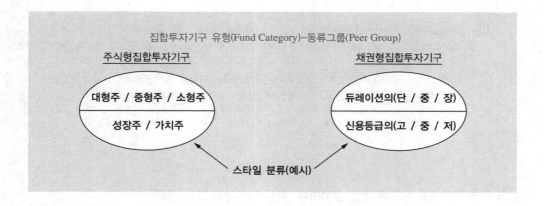

집합투자기구 유형(Fund Category)—동류그룹(Peer Group)

주식형집합투자기구

대형주 / 중형주 / 소형주

성장주 / 가치주

채권형집합투자기구

듀레이션의(단 / 중 / 장)

신용등급의(고 / 중 / 저)

스타일 분류(예시)

03 벤치마크에 대한 설명으로 옳지 않은 것은?

① 집합투자기구의 벤치마크는 집합투자기구 평가 회사가 정한다.

② 집합투자기구의 운용목표와 전략을 가장 잘 나타내는 것이 벤치마크이다.

③ 벤치마크는 집합투자기구 운용의 지침(guideline)이 된다.

④ 벤치마크는 집합투자기구의 성과평가(fund performance evaluation)의 기준이 된다.

해설 집합투자기구의 벤치마크는 **집합투자기구 운용자**가 정한다. 집합투자기구 운용자는 집합투자기구의 운용목표와 운용전략을 정하게 되고 이를 가장 잘 반영하는 벤치마크를 정해야 한다.

참고 집합투자기구 평가 회사는 정보입수의 한계, 상호비교를 위한 충분한 집합투자기구의 수의 제한 등의 평가 상의 제한이 있을 경우 운용사가 정한 벤치마크와 다르게 정하여 평가할 수 있다.

04 각 벤치마크에 대한 설명이 바르지 않은 것은?

① 시장지수(market index) : 자산유형에 소속된 모든 대상 종목을 포함한 것으로 가장 넓은 대상을 포함한 것

② 섹터/스타일지수(sector/style index) : 자산유형 중 특정한 분야나 특정한 성격을 지니는 대상만을 포함한 것

③ 맞춤형 포트폴리오 : 투자가능한 종목만으로 포트폴리오를 구성한 것으로서 채권형 벤치마크로 많이 활용되는 벤치마크

④ 합성지수(synthesized index) : 2개 이상의 시장지수나 섹터지수를 합성하여 별도로 계산한 것으로서 복수의 자산유형에 투자하는 경우 적합한 벤치마크

05 벤치마크별 용도에 대한 설명이다. 가장 적절하지 않은 것은?

① 운용에 특별한 제약조건이 없는 경우에는 시장지수가 적합하다.
② 특정분야에 집중투자하고자 하는 경우에는 섹터지수 또는 스타일지수가 적합하다.
③ 혼합형펀드에 투자할 경우에는 정상포트폴리오가 적합하다.
④ 일반성이 적은 펀드에 투자하고자 할 경우 맞춤포트폴리오가 적합하다.

 혼합형펀드에 투자할 경우에는 합성지수(synthesized portfolio)가 적합하다.
※ 정상포트폴리오는 채권에 투자할 경우 적합하다.

06 집합투자기구 평가사에서는 개별 집합투자기구의 수익률과 함께 집합투자기구유형에 대한 수익률과 운용사수익률을 측정하여 발표하고 있다. 그렇다면 운용회사의 그룹수익률을 산출하는 이유가 무엇인가? 해당되지 않는 것은?

① 대표계정(representative accounts)의 오류를 제거하기 위함
② 생존계정의 오류(survivorship biases)를 제거하기 위함
③ 투자결과의 이전가능성(portability of investment results)을 제거하기 위함
④ 운용사 간의 비교가 가능하기 때문

①·②·④는 운용회사의 그룹수익률을 산출하는 이유이고, **투자결과의 이전가능성**은 그룹수익률을 산출할 때 발생할 수 있는 문제점이다.

07 운용사 그룹수익률의 산출 목적 중 보기에 해당하는 것은?

> 성과가 나빠서 펀드가 해지되거나 기준에서 제외됨으로써, 부실한 운용을 한 운용사의 수익률이 상대적으로 고평가될 수 있다.

① 대표계정의 오류 제거
② 생존계정의 오류 제거
③ 운용사 간의 성과 비교가능성 제고
④ 펀드의 성과이전 가능성 제거

> **해설** 보기는 **생존계정의 오류(survivorship biases)**를 말한다. 그리고 운용사 그룹수익률을 산출하는 이유는 ①·②·③이다. ④의 '성과이전 가능성'은 단점에 해당된다.
> ※ 대표계정의 오류(representative accounts) : 가장 좋은 성과를 보인 펀드의 수익률만을 제시할 경우 운용사의 전체성과를 과대평가할 수 있다.

08 다음 중 절대적 위험지표에 해당하는 것은?

① 초과수익률(excess return)   ② VaR(Value at Risk)
③ 베타(β)   ④ 공분산(covariance)

> **해설** VaR은 절대적 위험지표에 속한다(상대 VaR에 대비되며 절대 VaR라고도 함).

09 위험의 종류에 대한 설명 중 옳지 않은 것은?

① 펀드의 위험을 나타내는 가장 일반적인 지표는 표준편차로서 위험은 수익률의 변동성으로 나타난다.
② 펀드수익률과 시장과의 민감도를 베타(β)라고 하는데, 이는 상대적 위험지표이다.
③ 1년간 5%에서 10%의 변동성을 보인 A펀드와 −3%에서 20%의 변동성을 보인 B펀드 중에서 B펀드가 위험이 더 크다고 평가하는데, 이는 VaR의 평가방법이다.
④ 수익률의 안정성을 중시하는 전략에 적합한 위험지표는 표준편차이다.

> **해설** VaR이 아니라 표준편차로 평가하는 방법이다. 수익률의 변동성이 클수록 표준편차가 크게 나타난다.

10 다음 빈칸에 알맞은 말은?

> 상대적으로 변동성이 큰 개별종목을 많이 편입하게 되면 (㉠)가 (㉡) 나타난다.

	㉠	㉡
①	베타	크게
②	베타	작게
③	VaR	크게
④	VaR	작게

> **해설** 베타가 크게 나타난다. 베타가 작은 집합투자기구를 상대적으로 위험이 작은 집합투자기구로 간주한다.

11 다음의 집합투자기구를 평가함에 있어 위험조정지표가 필요한 경우는?

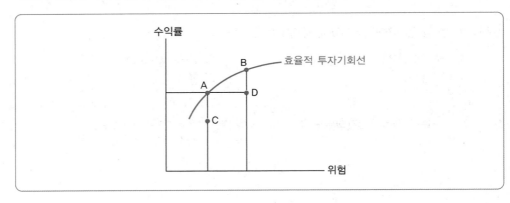

① A-C 간   ② A-B 간

③ A-D 간   ④ B-D 간

> **해설** A-C, A-D, B-D는 모두 dominant condition에 있다. 즉 지배원리 하에 있다는 것인데 같은 위험수준에서는 수익률이 높은 자산을 선택하고(A>C, B>D), 수익률 수준이 같다면 위험이 작은 자산을 선택한다(A>D). 그런데 A-B는 non-dominant condition이다. B는 A보다 위험도 크고 수익률도 높다. 즉, 둘 다 효율적인 증권(효율적 투자기회선 상의 증권들)인 경우에는 **단순히 지배원리로만 판단할 수 없고 위험조정지표를 사용해야 한다.** 이에 해당하는 지표들은 샤프비율, 젠센의 알파, 정보비율 등이 있다.

12 샤프비율(Sharp Ratio)에 대한 설명이다. 옳지 않은 것은?

① 샤프비율은 위험 한 단위당 초과수익률을 말하며 높을수록 좋다.

② $S_P = (R_P - R_B) / \sigma_P$이다($S_P$: 샤프비율, R_P : 포트폴리오수익률, R_B : 무위험수익률, σ_P : 포트폴리오의 위험).

③ 반드시 평가기간이 동일하고 동일한 유형의 집합투자기구들 간에 비교해야 한다.

④ 초과수익률이 부(−)일 경우에는 샤프비율을 적용할 수 없다.

> **해설**
>
> $S_P = (R_P - R_f) / \sigma_P$ 이다(S_P : 샤프비율, R_P : 포트폴리오수익률, R_f : 무위험수익률, σ_P : 포트폴리오의 위험). 즉 샤프비율의 초과수익은 벤치마크 대비 초과수익이 아니라 무위험수익률 대비 초과수익을 의미한다.
>
> ※ 초과수익이 부(−)일 경우 샤프비율의 사용이 부적절한 이유(예시)
>
> | 구 분 | A펀드 | B펀드 |
> |---|---|---|
> | 초과수익($R_P - R_f$) | −4% | −10% |
> | 위험(σ_P) | 10% | 50% |
> | 샤프비율(S_P) | −4%/10% = −0.4 | −10%/50% = −0.2 |
>
> • A펀드는 B펀드에 비해서 수익률이 높고 위험도 적어서 더 우수한 펀드라고 평가되지만 샤프비율 상으로는 B펀드가 더 좋은 것으로 나타난다(즉 오류가 나타난다).

13 트레이너비율(Treynor Ratio)에 대한 설명이다. 옳지 않은 것은?

① 샤프비율이 무위험초과 수익률에 기여하는 집합투자기구의 위험으로 총위험인 표준편차를 사용한 반면, 트레이너비율은 집합투자기구의 체계적 위험 한 단위당 무위험초과 수익률을 나타내는 지표이다.

② $TR_P = (R_P - R_f) / \beta_P$이다($TR_P$: 트레이너비율, R_P : 포트폴리오수익률, R_f : 무위험수익률, β_P : 포트폴리오의 체계적 위험).

③ 샤프비율과 트레이너비율은 분모가 되는 위험의 종류가 다르긴 하나 위험 한 단위당 초과수익의 크기로 성과를 비교하는 것으로 그 의미와 유의점은 유사하다.

④ 전체자산을 충분히 분산투자하고 있는 경우에는 샤프비율과 트레이너비율에 의한 평가결과는 매우 다르게 나타난다.

> **해설**
>
> 트레이너비율은 체계적 위험 한 단위당 초과수익을 측정한다. 트레이너비율에서 체계적 위험을 쓰는 이유는 포트폴리오가 잘 분산되면 비체계적 위험의 대부분은 제거되고 체계적 위험만 남기 때문에 굳이 비체계적 위험까지 포함된 총위험(표준편차–샤프비율)을 쓸 필요가 없다는 것이다. 즉, 잘 분산된 포트폴리오의 경우에는 체계적 위험만 남게 되고, 이 경우($\beta_P = \sigma_P$)에는 **샤프비율과 트레이너비율은 거의 동일하게 나타날 것이다.**

14 젠센의 알파(Jensen's alpha)에 대한 설명이다. 옳지 않은 것은?

① 젠센의 알파는 집합투자기구의 실제수익률이 시장균형을 가정한 경우의 기대수익률보다 얼마나 높은지를 나타내며 높을수록 좋다.

② $\alpha_P = (R_P - R_f) - \beta_p \times (R_m - R_f)$이다($\alpha_P$: 젠센의 알파, R_f : 무위험수익률, β_P : 집합투자기구의 베타, R_m : 시장수익률).

③ 집합투자기구의 알파가 0보다 크다는 것은 시장균형 하에서의 베타위험을 가지는 집합투자기구의 기대수익률보다 해당 집합투자기구의 수익률이 더 높았다는 것을 의미한다.

④ 종목선택정보와 시장예측정보를 모두 활용하는 집합투자기구에 대해서 젠센의 알파는 적절한 평가지표가 될 수 있다.

> **해설**
>
> 젠센의 알파는 시장수익률을 초과하는 능력을 말하지만, **구체적으로 종목선택능력과 시장예측능력으로 구분하지 못하는 단점이 있다.** 따라서 두 가지를 모두 활용하는 펀드를 평가하기에는 적절하지 않다.
>
> ※ 젠센의 알파가 0보다 큰 의미
>
> [젠센의 알파 $\alpha_P = (R_P - R_f) - \beta_P \times (R_m - R_f)$, $\alpha_P > 0 \rightarrow (R_P - R_f) > \beta_P \times (R_m - R_f)$]
>
> 즉, 집합투자기구의 초과수익률(= $R_P - R_f$)이 시장균형 하에서의 베타위험을 가지는 집합투자기구의 수익률[= $\beta_P \times (R_m - R_f)$]을 얼마나 초과하는가를 의미한다. 즉, 젠센의 알파가 클수록 시장평균을 초과하는 운용자의 종합적인 능력이 우수함을 의미한다.

15 정보비율(Information Ratio)에 대한 설명이다. 틀린 것은?

① 정보비율이란 적극적 투자활동의 결과로 발생한 초과수익률과 집합투자기구의 초과수익률에 대한 표준편차의 비율로 평가비율(Appraisal Ratio)이라 하기도 한다.

② 정보비율 = $(R_P - R_B) / sd(R_m - R_B)$이다($R_P$: 포트폴리오수익률, R_B : 벤치마크수익률, $sd(R_m - R_B)$: 초과수익의 표준편차).

③ 정보비율은 집합투자기구의 수익률이 벤치마크 수익률보다 높을수록 좋다는 분자의 개념과 집합투자기구의 수익률이 벤치마크 수익률과 큰 차이를 보이면 곤란하다는 분모의 개념이 결합된 것이다.

④ 정보비율이 높을수록 펀드운용자의 능력이 탁월한 것을 의미하고 정보비율이 계산된 기간이 짧을수록 신뢰도가 높다.

> **해설**
>
> 정보비율이 계산된 기간이 짧으면 초과수익(= $R_P - R_B$)의 성과가 펀드운용자의 능력 이외에 운(Luck) 등 다른 요인이 작용했을 가능성도 있기 때문에 성과측정기간은 충분히 잡는 것이 좋다.
>
> * 지문 ①의 초과수익률과 집합투자기구의 초과수익률에 대한 표준편차의 비율(즉 정보비율의 분모에 해당)은 트래킹에러(tracking error)의 개념이다.

※ 정보비율의 의미

[정보비율 $= (R_P - R_B) / sd(R_m - R_B)$]

- 정보비율의 초과수익은 무위험 대비 초과수익이 아니라 벤치마크 대비 초과수익이다.
- 분자의 의미 : 집합투자기구 수익률이 벤치마크 수익률보다 높을수록 좋다.
- 분모의 의미 : 집합투자기구의 수익률이 벤치마크 수익률과 큰 차이를 보이면 곤란하다(표준편차는 낮을수록 좋다).
  → 초과수익률과 초과수익률에 대한 표준편차의 비율이다(평가비율이라고도 함).
- 벤치마크를 초과한 수익을 얻는 원천이 집합투자기구 운용자만의 고유한 정보 때문으로 여기기 때문에, 정보비율이라 한다.
  - 정보비율 평가 : 0.5 이상 - 우수, 0.75 이상 - 매우 우수, 1.0 이상 - 탁월

16 집합투자기구 등급(Fund Rating)에 대한 설명이다. 틀린 것은?

① 집합투자기구 등급이란 집합투자기구의 수익률과 위험 또는 위험지표 등을 활용하여 종합적으로 판단할 수 있도록 산출한 평가결과물이다.

② 샤프비율이나 젠센의 알파와 같이 일반적인 지표와 별개로 집합투자기구 평가 회사는 고유의 평가철학과 방법론에 따라 별도의 위험조정지표를 산출하기도 한다.

③ 국내의 펀드 평가 회사 제로인은 최고등급(1등급)의 펀드에 태극문양 5개를 부여한다.

④ 집합투자기구 등급(fund rating)은 해당 운용회사의 운용프로세스까지 반영하기 때문에 질적인 부분의 평가에도 신뢰성이 높다.

 해설 **해당 운용회사의 운용프로세스는 반영하지 못한다**(집합투자기구 등급은 순수하게 과거의 계량적인 성과만을 이용하여 측정된 결과이기 때문). 따라서 집합투자기구 등급은 투자판단의 시발점으로 활용할 수 있으나 절대적으로 맹신해서는 안 된다.

17 성과요인 분석에 대한 설명이다. 적절하지 않은 것은?

① 성과요인 분석이란 성과의 원인을 파악하는 일련의 계량분석과정을 말한다.

② 일반적인 펀드의 성과평가방법(수익률, 위험, 위험조정성과, Rating)도 운용의 우열뿐만 아니라 우열이 나타난 원인을 충분히 설명할 수 있기 때문에 성과요인 분석의 기능도 하고 있다.

③ 일반적으로 성과요인을 크게 시장예측(market timing selection)과 종목선정(stock selection) 능력으로 나눌 수 있다.

④ 시장이 강세일 때는 민감도가 높은 종목을 편입하고, 시장이 약세일 때는 민감도가 낮은 종목을 편입하는 것은 시장예측활동에 해당한다.

18 포트폴리오 분석에 대한 설명이다. 적절하지 않은 것은?

① 펀드성과분석은 포트폴리오가 주는 결과물, 즉 수익률·위험·위험조정성과 등을 분석 대상으로 하나 '포트폴리오 분석'은 포트폴리오의 결과물이 아닌 포트폴리오 자체의 특성을 분석하는 것이다.
② 포트폴리오 분석은 집합투자기구 내의 자산의 투자비중을 분석하는 것에서부터 시작한다.
③ 최소주식편입비중이 60%인 주식형펀드의 실제 주식편입비중이 90%라면 해당펀드는 주식시장에 대해 비관적인 관점을 가지고 있다.
④ 집합투자기구의 자산매매회전율이 연간 600%를 보였다면 저평가된 증권을 매입 후 장기간 투자하는 집합투자기구들에 비해 투자성과가 떨어질 가능성이 높다.

19 빈칸에 알맞은 말은?

> • (   )이란 성과에 가장 큰 요인을 주는 변수를 골라내 이를 기준으로 집합투자기구를 분류하는 기법이다.
> • (   )은 사전적으로는 좋은 수익률을 보일 집합투자기구를 고르는 판단요소가 되며 사후적으로는 과거 집합투자기구성과의 원인을 적절하게 설명해주는 역할을 한다.

① 스타일 분석
② 포트폴리오 분석
③ 위험조정성과 분석
④ 민감도 분석

20 운용회사, 운용자의 질적 분석에 대한 설명이다. 잘못된 것은?

① 집합투자기구의 장기성과는 해당 펀드를 운용하는 운용자와 운용회사의 질적인 특성의 결과로 나타난다.

② 단기적인 성과에 있어서는 운용사에 대한 질적인 평가와 성과가 일치하지 않은 경우가 존재하는데 이는 우발적이고 충동적인 의사결정이 우연히 시장흐름에 맞아 단기성과가 우수한 경우가 있을 수 있기 때문이다.

③ 운용회사의 질적인 특성을 구성하는 변수는 운용회사의 안정성(재무구조, 지배구조 등), 조직과 인력, 운용프로세스, 고객지원서비스 등이 있다.

④ 운용회사의 질적인 특성 중 계량적인 정보는 실사(due diligence)나 면접(interview) 등을 통해 평가한다.

> **해설** 운용회사의 질적인 특성은 계량적인 정보와 비계량적인 정보로 구분되는데, 계량적인 정보는 상호비교를 통해 평가하는 것이 일반적이며, 비계량적인 정보는 실사나 면접 등을 통해 평가한다.

21 보기는 어떤 분석에 해당하는가?

> • 성과분석, 성과요인, 포트폴리오 분석을 비교함으로써 집합투자기구의 성과의 우연성 여부를 분석한다.
> • 운용회사의 안정성(수익성, 재무구조 등), 조직·인력, 운용프로세스, 위험관리능력 등이 대표적인 변수에 해당한다.

① 위험조정 성과지표의 측정
② 성과요인 분석
③ 포트폴리오 분석
④ 운용회사·운용자 질적 분석

> **해설** 운용회사·운용자에 대한 질적 분석에 대한 설명이다.

3 **펀드평가** 10문항 대비

01 투자자의 입장에서 펀드의 운용성과를 결정하는 3가지 요소에 해당하지 않는 것은?

① 자산배분의 선택
② 시장예측을 통한 투자시점 선택
③ 펀드 내의 개별종목의 매매시점 선택
④ 투자대상펀드의 수익률

> **해설**
> ③은 펀드매니저(운용자)의 고유권한이다.
> ※ 투자자가 펀드성과를 결정짓는 3요소 : 주식형 또는 채권형을 선택하고(①), 투자대상펀드를 선택한
> 후(④), 그리고 시장의 흐름을 파악하여 해당 펀드에 자금투입 시기를 결정한다(②).

02 투자자의 입장에서 펀드를 분석하고 평가하는 최종적인 이유로 가장 거리가 먼 것은?

① 투자하기 좋은 펀드를 고르기 위해
② 투자한 펀드가 정상적으로 운용되고 있는지 판단하기 위해
③ 펀드운용결과의 성공 및 실패여부를 분석하고 재투자여부를 판단하기 위해
④ 실패한 펀드에 대해 운용책임을 묻기 위해

> **해설**
> ①·②·③을 통해 환매여부 또는 재투자여부를 결정하기 위해 펀드를 분석하고 평가한다.
> ④와 같이 운용결과가 좋지 않다고 하여 책임을 물을 수는 없다.

03 집합투자기구를 평가하는 9단계 프로세스 중에서, 성과의 우열을 가리는 단계에 속하지 않는
것은?
① 벤치마크 설정 ② 수익률 및 위험의 측정
③ 위험조정성과의 측정 ④ 등급의 부여

벤치마크 설정은 성과평가 기준설정 단계에 속한다.
※ 성과평가 프로세스 9단계

성과평가 기준설정 단계	성과우열을 가리는 단계	성과의 질적특성 파악단계
1) 집합투자기구의 유형분류 2) 벤치마크 설정	3) 수익률 측정 4) 위험 측정 5) 위험조정성과지표 측정 6) 등급 부여	7) 성과요인 분석 8) 포트폴리오 분석 9) 운용회사·운용자 정성평가

04 운용사의 그룹수익률을 산출하기 위해 가장 먼저 진행되는 것은?

① 집합투자기구의 유형분류　　　　② 수익률 측정
③ 위험측정　　　　　　　　　　　④ 등급부여

운용사의 그룹수익률은 집합투자기구 유형별(예 주식형펀드 또는 채권형펀드)로 산출하므로 유형분류가
우선되어야 한다.

05 주로 채권의 벤치마크로 활용되며, 투자 가능한 종목만으로 구성한 벤치마크는?

① 섹터지수(sector index)
② 정상포트폴리오(normal portfolio)
③ 맞춤형 포트폴리오(customized portfolio)
④ 합성지수(synthesized index)

정상포트폴리오이다. 예 KOBI30, KOBI120

06 포트폴리오보험펀드를 운용한다고 할 때, 이에 대한 평가로 가장 적합한 벤치마크는?

① 섹터지수(sector index)
② 정상포트폴리오(normal portfolio)
③ 맞춤형 포트폴리오(customized portfolio)
④ 합성지수(synthesized index)

포트폴리오보험펀드(Portfolio Insurance Fund)처럼 일반성이 작은 펀드를 운용할 때 적합한 펀드는 맞
춤형 포트폴리오이다.

07 다음 중 절대적 위험지표의 수는?

> 베타, 표준편차, 상대 VaR, 추적오차, 공분산, 초과수익률

① 0개   ② 1개
③ 2개   ④ 3개

> **해설** 표준편차를 제외하고는 모두 상대적 지표이다. 참고로 VaR는 절대적 지표, 상대 VaR는 상대적 지표이다.

08 빈칸에 알맞은 것은?

> (　　　)가 큰 집합투자기구는 작은 집합투자기구에 비해 상대적으로 변동성이 큰 개별종목을 많이 편입하였거나, 다른 집합투자기구들에 비해 공격적인 운용을 하였음을 말한다.

① 표준편차   ② VaR
③ 베타   ④ 공분산

> **해설** 베타(β)이다.

09 종합주가지수가 10% 상승하였을 때, 개별종목이 15% 상승하였다면 동 개별종목의 베타는 (　　　)이며, (　　　)인 운용에 적합하다. 빈칸에 알맞은 것은?

① 0.5, 방어적   ② 0.5, 공격적
③ 1.5, 방어적   ④ 1.5, 공격적

> **해설** 1.5, 공격적이다. 베타가 1을 초과하면 고베타주이며 공격적인 운용대상이고, 베타가 1에 미달하면 저베타주이며 방어적인 운용대상이다.

10 보기가 뜻하는 것은?

> 일정기간 펀드의 수익률이 이에 대응하는 지수(벤치마크) 수익률에 비해 어느 정도의 차이를 보이는가
> 를 측정하는 지표이다.

① 공분산 ② 추적오차
③ 상대 VaR ④ 베타

해설 추적오차를 말한다. 트래킹에러(tracking error), 잔차위험, 표준오차가 모두 같은 뜻이다.

11 다음 중 위험조정성과지표가 가장 좋은 것은?

구 분	A	B	C	D
투자원금	100억원	100억원	100억원	100억원
투자수익	10억원	10억원	10억원	10억원
투자위험	10%	5%	15%	20%

① A ② B
③ C ④ D

해설 수익률은 10%로 모두 동일하므로 위험이 가장 작은 B가 위험조정성과지표가 가장 높다(가장 낮은 것은 D).

12 다음 중 위험조정성과지표(RAPM)가 아닌 것의 수는?

> 샤프비율, 젠센의 알파, 표준편차, 정보비율, 추적오차

① 0개 ② 1개
③ 2개 ④ 3개

해설 표준편차와 추적오차는 단순 위험지표이다. 수익과 위험을 동시에 반영하는 것을 위험조정성과지표라고
한다(샤프비율, 젠센의 알파, 정보비율 등).

13 보기에 해당하는 지표는?

> 적극적인 투자활동의 결과로 발생한 초과수익률과 집합투자기구의 초과수익률에 대한 표준편차의 비율로 '평가비율'이라고도 한다.

① 샤프비율　　　　　　　　　　② 추적오차
③ 젠센의 알파　　　　　　　　　④ 정보비율

 정보비율(평가비율)을 말한다.

14 보기의 정보에 따를 때, 동 포트폴리오의 젠센의 알파 값은 얼마인가?

> 포트폴리오수익률 20%, 무위험수익률 4%, 벤치마크 수익률 9%, 포트폴리오의 베타 1.6, 포트폴리오의 표준편차 10%, 초과수익의 표준편차 22%

① 3　　　　　　　　　　　　　② 8
③ 11　　　　　　　　　　　　　④ 41.6

$\alpha_P = (R_P - R_f) - \beta_P \times (R_m - R_f)$ 이다(α_P : 젠센의 알파, R_p : 포트폴리오수익률, R_f : 무위험수익률, β_P : 집합투자기구의 베타, R_m : 시장수익률, $R_m = R_B$).

(1) 샤프비율 $= \dfrac{20-4}{10} = 1.6$

(2) 트레이너비율 $= \dfrac{20-4}{1.6} = 10$

(3) 젠센의 알파 $= (20-4) - 1.6 \times (9-4) = 8$

(4) 정보비율 $= \dfrac{20-9}{22} = 0.5$

15 펀드평가에 대한 설명으로 바르지 못한 것은?

① 샤프비율에 의한 성과평가는 반드시 평가기간이 동일하고 동일한 유형의 펀드들 간에만 비교해야 한다.

② 수익률이 높을수록, 위험이 낮을수록 좋은 펀드라는 것이 성과평가의 기본이다.

③ 시장예측활동과 종목선택활동을 모두 활용하는 펀드 각각의 성과기여도를 측정하기 위해서는 젠센의 알파를 사용하는 것이 적절하다.

④ 일반적으로 높은 정보비율은 펀드매니저의 능력이 탁월한 것을 의미하지만 어느 정도 값이 높은 수준인가에 대한 이론적 근거는 없다.

> **해설** 젠센의 알파는 종목선택정보와 마켓타이밍 능력을 구분할 수 없다는 단점이 있다.

16 스타일 분석에 대한 설명이다. 가장 적절하지 않은 것은?

① 포트폴리오 분석 중 집합투자기구 평가사의 기능을 가장 잘 설명해 준다.

② 성과에 가장 큰 요인을 주는 변수를 골라내 이를 기준으로 집합투자기구를 분류하는 기법이다.

③ 사후적으로는 좋은 수익률을 보일 집합투자기구를 고르는 판단요소가 되며, 사전적으로는 과거 집합투자기구의 성과의 원인을 적절하게 설명해 주는 역할을 한다.

④ 지속적으로 양호한 성과를 보였던 스타일의 집합투자기구들에 분산하여 투자한다면, 시장 수익률보다는 양호한 성과를 보일 가능성이 높아진다.

> **해설** 사전적 내용과 사후적 내용이 서로 바뀌었다.

17 보기는 펀드평가 프로세스 중 어떤 단계에 해당하는가?

> 주식형펀드 A의 자산별 배분비율을 보니, 주식비중이 90%, 유동성자산이 2%였다(동 펀드의 규약에서 정한 주식비중편입비율은 60% 이상). 따라서 A펀드는 현재의 장세를 매우 낙관적으로 보고 있음을 알 수 있다.

① 위험조정성과의 측정　　　　② 집합투자기구 등급부여
③ 성과요인 분석　　　　　　　④ 포트폴리오 분석

> **해설** 포트폴리오 분석에 해당한다.

여기서 멈출 거예요? 고지가 바로 눈앞에 있어요.
마지막 한 걸음까지 시대에듀가 함께할게요!

펀드투자권유대행인

PART

2

투자권유

01 펀드 관련 법규

01 집합투자의 정의 핵심유형문제

집합투자의 속성에 해당되지 않는 것은?

① 집단성
② 직접성
③ 실적배당원칙
④ 펀드자산의 분리

해설 직접성이 아니라 간접성의 속성이 있다.

정답 ②

더 알아보기 ▸ 집합투자의 정의

> 정의 : 자본시장법 제6조5항
> 집합투자란 **2인 이상의 투자자로부터 모은 금전 등** 또는 '**국가재정법**' 제81조에 따른 여유자금을 투자자 또는 각 기금관리주체로부터 일상적인 운용지시를 받지 아니하면서 재산적 가치가 있는 투자대상 자산을 취득·처분, 그 밖의 방법으로 운용하고 그 결과를 투자자 또는 각 기금관리주체에게 배분하여 귀속시키는 것을 말한다.
> ※ 2인 이상의 투자자에게 투자권유를 하여 → 2인 이상의 투자자로부터 **모은**으로 개정(2015.1.1이후 시행).
>
> 집합투자의 속성
> • 집단성 : 금전을 모아서(pooling) 운용한다.
> • 간접성 : 투자자로부터 일상적인 지시를 받지 아니한다.
> • 실적배당과 투자자평등원칙 : 운용하고 그 결과를 투자자에게 배분·귀속한다(투자자 지분에 따른 배분).
> • 펀드자산의 분리 : 회사재산(고유재산)과 고객자산은 엄격하게 분리·관리해야 한다.
> • 분산투자 : 위험관리와 합리적인 운용을 위해 분산투자의 제한을 두고 있다.

01 집합투자의 장점이라고 볼 수 없는 것은?

① 전문가가 펀드를 운용한다.

② 소액으로도 분산투자가 가능하다.

③ 절세측면에서 직접투자보다 유리하다.

④ 투자자는 자신의 위험수용도에 적합한 투자를 선택할 수 있다.

> 해설
> ① 전문가가 대신 운용하는 것은 간접투자의 대표적 장점이다.
> ② 공모펀드는 분산투자를 위한 운용상의 제한을 둔다.
> ③ 절세측면에서 직접투자보다 특별히 유리한 것은 없다.
> ④ 다양한 펀드를 선택할 수 있다.

개방형펀드와 폐쇄형펀드에 대한 설명이다. 잘못된 것은?

① 펀드지분에 대해 환매청구권을 부여하면 개방형펀드, 환매청구권을 부여하지 않으면 폐쇄형펀드가 된다.

② 개방형펀드는 환매청구권이 있으며 펀드지분의 추가발행도 자유로운 펀드를 말한다.

③ 폐쇄형펀드는 원칙적으로 추가발행이 안되지만 요건을 갖출 경우 예외적으로 허용된다.

④ 폐쇄형펀드는 개방형펀드에 비해 투자의 제약이 크다.

해설　폐쇄형펀드는 환매청구권을 부여하지 않으므로 개방형과는 달리 비유동성자산에도 투자할 수 있는 등 투자의 제약이 개방형보다 작다. 개방형펀드는 언제든지 가입과 환매가 가능한 펀드를 말한다.

정답 ④

더 알아보기 ▶ 집합투자기구의 분류

50인 기준		환매여부	
공모(50인 이상)	사모(50인 미만)	개방형펀드(환매○)	폐쇄형펀드(환매×)

- 50인 이상은 '불특정다수'를 의미하고 이를 보호하기 위해 증권신고서 제출의무가 부과된다.
- 폐쇄형은 비유동성자산에도 투자할 수 있는 등 개방형에 비해 투자제약이 작다(운용자 입장).

법적형태에 따른 분류(공모형 7가지)							
투자신탁	투자회사	투자 유한회사	투자 합자회사	투자 유한책임회사	투자 합자조합	투자 익명조합	사모투자 전문회사

[2014개정 : 공모형 6가지 → 공모형 7가지]
- 공모형 7가지 중 가장 일반적인 형태는 투자신탁과 투자회사이다.

01 공모와 사모에 대한 설명이다. 적합하지 않은 것은?

① 50인 이상에게 신규로 발행되는 유가증권의 취득의 청약을 권유하는 것을 모집이라 한다.

② 유가증권시장 또는 코스닥시장에서 이미 발행된 유가증권에 대해서 50인 이상의 자에게 매수의 청약을 권유하는 것을 매출이라 한다.

③ 공모펀드란 공모방식(모집 또는 매출)으로 투자자를 모으는 펀드인데 청약의 권유 대상자가 50인 이상이어야 한다.

④ 공모펀드란 공모방식(모집 또는 매출)으로 투자자를 모으는 펀드인데 투자자금을 모집한 대상자가 50인 이상이어야 한다.

> **해설** 공모방식은 **모집 또는 매출** 방식을 말하며(① 모집, ② 매출) 청약 권유 대상자가 50인 이상인 경우를 말한다. 꼭 투자자금을 모집한 대상이 50인 이상이어야 하는 것은 아니다(자금 모집 대상은 2인 이상이면 됨).

02 집합투자기구의 법적인 형태의 분류에 대한 설명이다. 옳지 않은 것은?

① 법적형태의 분류는 집합투자가 집합적·간접적 투자를 위한 도구라는 원리는 동일하나 그 도구를 설정·설립함에 있어서 법적인 형태가 다름을 의미한다.

② 집합투자의 법적인 형태는 크게 신탁형, 회사형, 조합형으로 구분된다.

③ 공모형이 가능한 법적인 형태는 투자신탁·투자회사·투자유한회사·투자합자회사·투자유한책임회사·투자합자조합·투자익명조합 등 7가지이다.

④ 자본시장법상 공모형으로는 투자신탁과 투자회사만 인정된다.

> **해설** 과거 간접투자법에서는 투자신탁과 투자회사의 형태만을 공모펀드로 인정했으나 자본시장법에서는 ③의 일곱 가지 형태가 모두 가능한 것으로 변경되었다(현실적으로 가장 널리 사용되는 형태는 역시 투자신탁과 투자회사이다).

03 (   )펀드에서의 환매는 투자자금의 회수 뿐만 아니라 운용업자에 대한 통제수단으로서의 역할도 한다. (   )에 알맞은 말은?

① 개방형   ② 공모
③ 폐쇄형   ④ 사모

> **해설** 환매는 운용자산의 감소로 이어지므로 운용업자에 대한 통제수단 또는 견제수단의 역할을 한다(환매여부에 따른 구분은 개방형과 폐쇄형).

투자신탁관계에서의 3면관계를 잘못 설명한 것은?

① 투자신탁은 위탁자(집합투자업자)와 수익자(투자자) 간의 신탁계약을 통해 설정된다.

② 위탁자(집합투자업자)는 펀드의 설정·해지와 자산을 운용·지시한다.

③ 수탁자(신탁업자·자산보관업자)는 펀드재산의 보관과 위탁자의 운용지시에 따른 자산의 취득·
처분, 투자결과를 투자자에게 배분한다.

④ 수익자(투자자)는 위탁자가 설정한 펀드에 투자를 하지만 운용지시는 할 수 없다.

해설　　투자신탁은 집합투자업자(위탁자)와 신탁업자(수탁자) 간의 신탁계약에 의해 성립된다.

정답 ①

더 알아보기　▶　집합투자기구의 3면 관계

위탁자(집합투자업자)	수탁자(신탁업자)	수익자(투자자)
펀드의 설정과 해지, 운용지시	자산의 보관, 관리, 감시기능	실적의 투자자 귀속

• 투자신탁은 위탁자와 수탁자 간의 신탁계약에 의해 설정된다.

• 신탁업자의 감시기능은 **소극적인** 의미이다(집합투자규약에서 정한 투자한도의 초과여부 감시).

• 투자신탁의 3면관계

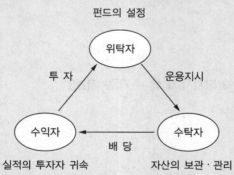

펀드의 설정

위탁자

투 자　　　　운용지시

수익자　←　배 당　←　수탁자

실적의 투자자 귀속　　　　자산의 보관·관리

　– 집합투자기구는 위탁자, 수탁자, 수익자의 3면관계로 구성된다. 위탁자(자산운용사 = 집합투자업자)는
펀드를 설정·설립하고 투자자로부터 모은 투자자금을 수탁자에게 운용·지시한다. 펀드의 재산을 별도
로 보관·관리하는 수탁자(은행)는 위탁자로부터 운용의 지시를 받아 관리하고 그 결과에 대해서 수익자
(투자자)에게 배당을 한다. 이러한 3면의 투자관계를 통해 이루어지는 투자시스템, 투자도구(vehicle)를
집합투자기구라 한다.

01 집합투자업자(위탁자)의 업무에 속하지 않는 것은?

① 투자신탁의 설정 및 해지
② 투자신탁재산의 운용 및 운용지시
③ 투자신탁재산의 보관
④ 수익증권의 발행

> **해설**
> 투자신탁재산의 보관은 신탁업자의 업무이다.

02 신탁업자(수탁자)의 역할에 해당되지 않는 것은?

① 투자신탁재산을 보관·관리한다.
② 집합투자업자의 운용지시에 따라 자산을 취득하고 처분한다.
③ 환매대금이나 이익금을 지급한다.
④ 집합투자업자가 최선의 수익률을 올리고 있는지에 대한 관점에서 운용과정을 감시한다.

> **해설**
> 신탁업자는 집합투자업자의 운용지시를 받아 실제 자산의 취득과 처분을 담당하는 과정에서 운용업자를 감시하는 기능이 있다. 여기서 말하는 **감시기능**은 운용업자의 운용과정이나 운용능력 등을 보는 **적극적인 감시**가 아니라 운용지시가 법령이나 신탁계약, 투자설명서 등에 위배되는 것이 없는지를 보는 **소극적인 감시**를 뜻한다.
> ⑩ **신탁업자의 소극적인 감시기능** : 주식비중의 최대한도가 30%인 혼합형펀드에서 주식비중이 30%를 초과한다면 운용업자에게 비중의 준수를 요구한다.

03 투자신탁관계에서의 '3 당사자'가 될 수 없는 자는?

① 위탁자(집합투자업자)
② 수탁자(신탁업자)
③ 수익자(투자자)
④ 판매업자

> **해설**
> 투자신탁은 **위탁자-수탁자-수익자**의 3 당사자에 의해 성립된다. 판매업자는 설정된 집합투자기구의 판매를 담당하는 자로서 집합투자기구의 발전에 기여하고 있으나 신탁계약관계를 규정하는 핵심 당사자에는 포함되지 않는다.

투자회사의 구조에 대한 설명이다. 적합하지 않은 것은?

① 투자회사는 집합투자기구를 구성하는 원리에 있어서 투자신탁과 동일하나 설정·설립의 법적인 근거가 다르다.

② 투자회사는 신탁업자가 발기인이 되어 주식회사를 설립한다.

③ 투자회사는 법적으로 주식회사이지만 집합적·간접적 투자의 수단으로서 존재하므로 일반적인 주식회사와는 달리 실체가 없는 서류상의 회사(paper company)이다.

④ 투자회사는 주식회사이지만 투자업무 이외의 업무는 할 수 없다.

해설   투자회사는 집합투자업자가 발기인이 되어 설립한다.

정답 ②

더 알아보기 ▶ 투자회사의 특징

집합투자업자가 발기인이 되어 주식회사를 설립
• 투자신탁 외의 펀드(회사형과 조합형)는 자본금 또는 출자금이 **1억원 이상**이어야 한다(투자신탁은 투자신탁 원본액이 1억원 이상).
 서류상의 회사이므로 모든 업무를 외부에 위임(운용 → 집합투자업자, 자산보관 → 신탁업자, 기타업무 → 일반사무관리회사)
• 일반사무관리회사의 업무 : 주식의 발행 및 명의개서, 펀드재산의 계산, 주총소집통지 등
• **법인이사 1인**(투자회사의 대표권자로서 집합투자업자가 됨)과 **감독이사 2인**으로 구성

01 투자회사의 조직에 대한 설명이다. 잘못 설명된 것은?

① 투자회사는 2인 이상의 법인이사와 1인 이상의 감독이사가 있어야 한다.
② 공정하고 독립적인 감독을 위해 집합투자업자와 일정한 관계에 있으면 감독이사가 될 수 없도록 하고 있다.
③ 집합투자업자의 업무집행 감독과 투자회사의 재산상황과 업무를 감독하는 이사를 감독이사라 한다.
④ 법인이사는 집합투자업자가 된다.

> **해설** 법인이사는 투자회사의 대표권자로서 1인이 된다(투자회사 업무집행). 감독이사는 공정한 감독을 위해 2인 이상이 되도록 하고 있다. 투자회사의 이사, 이사회, 주주총회 제도는 일반 주식회사와 동일하지만 법인이사와 감독이사로 구분하고 있는 것은 차이점이다.

02 투자회사는 서류상의 회사이므로 모든 업무를 외부에 위임을 하게 된다. 그렇다면 위임업무와 위임받는 자의 연결이 바르지 않은 것은?

① 자산운용업무 – 집합투자업자
② 자산보관업무 – 신탁업자
③ 집합투자기구의 판매 및 환매 – 판매업자(투자매매·중개업자)
④ 기타업무 – 예탁결제원

> **해설** 기타업무는 **일반사무관리회사**에 위임을 한다. 투자회사는 서류상의 회사이므로 법인이사(1인 이상)와 감독이사(2인 이상)을 제외하고 상근임직원을 둘 수 없다. 따라서 투자회사 운영에 필요한 최소한의 기타 업무를 일반사무관리회사에 위임한다. 일반사무관리회사는 투자신탁이 아니라 투자회사와만 관련이 있다는 점에 주의하자.

03 투자회사에서 주식의 발행이나 주식의 명의개서 업무를 수행하는 자는?

① 법인이사
② 감독이사
③ 신탁회사
④ 일반사무관리회사

> **해설**
> 투자회사는 서류상의 회사이므로 회사의 운영(펀드재산의 계산, 주식발행, 명의개서 업무 등)은 일반사무
> 관리회사에게 위탁한다.

04 집합투자기구의 설정·설립 등에 대한 설명이다. 가장 적절하지 않은 것은?

① 투자신탁은 집합투자업자와 신탁업자의 신탁계약의 체결로 설정이 된다.
② 투자회사는 발기설립의 방법으로만 설립해야 한다.
③ 해당 집합투자기구의 집합투자업자, 회사, 조합이 금융위에 등록을 해야 하고, 만일 등록
  사항의 변경이 있을 경우 2주 이내에 금융위에 변경등록해야 한다.
④ 투자신탁은 내부감사가 없는 대신 외부감사가 의무화되어 있다.

> **해설**
> 내부감사가 없는 대신 외부감사가 의무화되어 있는 것은 투자회사이다(∵ 투자회사는 실체가 없는 paper
> company이므로 내부감사가 없음).

수익자총회의 절차에 대한 설명이다. 가장 적합하지 않은 것은?

① 집합투자업자나 신탁업자 그리고 5% 이상의 수익증권 소유자가 수익자총회소집을 요구할 수 있다.
② 총회결의가 안된 날로부터 2주일 이내에 연기수익자총회를 열어야 한다.
③ 법정결의사항에 대해서는 출석한 수익자의 과반수 이상의 찬성과 그 과반수 이상이 전체 수익증권 총좌수의 1/4 이상이 되어야 총회 의결이 된다.
④ 수익자는 수익자총회에 출석하지 않으면 의결권을 행사할 수 없다.

해설   수익자총회에 출석하지 않아도 서면으로 의결권 행사가 가능하다.

정답 ④

더 알아보기 ▶ 수익자총회

소 집	의 결	미의결 시
집합투자업자, 신탁업자 또는 5% 이상의 수익자가 소집요구	**출석의 과반수 & 전체의 1/4의 수로** 결의 가능	2주 내에 연기수익자총회 소집

• 수익자총회와 주주총회의 의결요건은 동일하며, 법에서 정한 수익자총회(주주총회) 결의사항 외 신탁계약 (정관)에서 정한 결의사항에 대해서는 **출석의 과반수 & 전체의 1/5 이상의 수로 결의가 가능하다.**
• 수익자총회의 의결사항 : ㉠ 합병, ㉡ 환매연기, ㉢ 신탁계약 중요내용 변경사항
  – 보수의 인상 / 집합투자업자 · 신탁업자의 변경은 총회 의결사항이나, 보수의 지급 / 판매업자의 변경은 총회 의결사항이 아니다(보충문제 2 참고). 또한 ㉠, ㉡, ㉢중에 환매연기는 수익자매수청구권의 대상이 안 된다.
• **연기수익자총회의 성립과 의결** : 총회결의가 안 될 경우 ⇒ 향후 2주 내에 연기수익자총회소집 ⇒ **출석한 수익자 의과반수 & 전체 수익자의 1/8 이상의 수로 의결이 가능하다.**
• 총회 의결요건의 완화 : 법에서 정한 총회 결의사항 외의 의결사항을 수익자총회 또는 연기수익자총회에서 결의할 경우, ㉠ 수익자총회(주주총회)는 출석한 수익자(주주)의 과반수 & 전체 1/5의 수로, ㉡ 연기수익자총회는 출석한 수익자의 과반수 & 전체 1/10의 수로 의결할 수 있다.
• 기타 : 2주전에 수익자에 대해 서면으로 총회소집통보하며, 의결권은 서면행사가 가능하며 수익자총회의 의장은 수익자 중에서 선출한다(집합투자업자가 아님).

01 연기수익자총회에 대한 설명이다. 옳지 않은 것은?

① 수익자들의 무관심으로 수익자총회가 성립이 안되면 중요한 의사결정이 이루어지지 않게 되며 이로 인한 수익자의 이익을 보호하기 위해 연기수익자총회제도를 도입하였다.

② 수익자총회의 결의가 이루어지지 않은 경우 그날부터 2주 이내에 연기된 수익자총회를 열어야 한다.

③ 연기수익자총회를 소집할 경우 총회일 1주 전까지 소집을 통지해야 한다.

④ 연기수익자총회의 의결은 출석한 수익자의 과반수의 찬성으로 의결된다.

> 해설 **출석수익자의 과반수 & 전체수익자의 1/8 이상**의 수로 결의할 수 있다. 법으로 정한 사항이 아닌 신탁계약상에서 정한 총회결의사항은 이보다 완화된 **출석수익자의 과반수 & 전체수익자의 1/10 이상**으로 결의할 수 있다.

02 다음 중 사전에 수익자총회의 의결을 거쳐야 하는 사항에 해당되지 않는 것은?

① 자산의 운용·보관 등에 따르는 보수의 지급

② 운용보수·수탁보수 등 보수 기타 수수료의 인상

③ 집합투자업자 또는 신탁업자 변경

④ 환매대금 지급일의 연장

> 해설 수익자총회(또는 투자회사의 주주총회)의 의결사항은 **합병, 환매연기, 신탁계약 중요내용 변경** 등인데, 약관에 따른 보수의 지급은 '신탁계약 중요내용 변경'에 포함되지 않는다.
> ※ 신탁계약 중요내용 변경사항 : 보수의 인상, 신탁계약기간의 변경, 주된 투자대상 자산의 변경, 개방형에서 폐쇄형으로의 변경 등이다.

03 투자회사의 주주총회의 절차에 대한 설명이다. 적합하지 않은 것은?

① 이사회가 소집하거나 5% 이상의 보유 주주가 주주총회의 소집을 요구할 수 있다.

② 주주는 주주총회에 출석하지 않고 서면에 의하여 의결권을 행사할 수 있다.

③ 출석한 주주의 1/2 이상의 찬성과 그 1/2 이상이 발행주식총수의 1/4 이상이 되어야 총회 의결이 된다.

④ 일반 주식회사와 달리 투자회사의 경우 주식매수청구권이 인정되지 않는다.

> 해설 수익증권매수청구권이나 투자회사의 주식매수청구권은 모두 존재한다. 즉 총회 의결사항에 반대하는 수익자(주주)는 **환매연기**를 제외하고는 매수청구권을 행사할 수 있다.

04 투자신탁이나 투자회사의 결의사항 중에서 반대수익자 또는 반대주주가 매수청구권을 행사할 수 없는 것은?

① 합병결의
② 환매연기
③ 집합투자업자의 변경
④ 신탁계약기간의 변경

> **해설** 수익자총회의 결의사항은 크게 **합병, 환매연기, 신탁계약 중요내용의 변경**의 세 가지로 분류되는데 **환매연기는 수익증권매수청구권의 대상에서 제외**된다.
> ※ 수익자(주식)매수청구권은 총회결의일로부터 20일 이내에 청구해야 한다.

05 다음 중 투자회사와 가장 거리가 먼 것은?

① 일반사무관리회사
② 수익자총회
③ 법인이사
④ 정 관

> **해설** 투자회사는 주주총회를 연다. 투자회사는 법인이사 1인과 2인 이상의 감독이사를 두어야 하며, 서류상의 회사이므로 회사운영에 필요한 기타업무는 일반사무관리회사에 위탁을 한다. 투자신탁은 신탁계약이, 투자회사는 정관이 집합투자규약이 된다.

수익증권의 발행에 대한 설명이다. 틀린 것은?

① 집합투자업자는 투자자로부터 수익증권의 발행가액이 납입된 경우 신탁업자의 확인을 받아 수익증권 실물을 발행한다.
② 투자자는 투자대금을 금전으로만 납입해야 하며, 이에 대한 예외는 없다.
③ 투자신탁 수익증권은 실물발행의 문제점을 제거하기 위해 예탁결제원의 명의로 일괄예탁 발행한다.
④ 수익자는 수익증권 실물이 필요할 경우 언제든지 투자매매업자·투자중개업자에게 실물의 반환을 요청할 수 있다.

해설   수익증권 발행가액의 납입은 금전납입이 원칙이나, 사모투자신탁으로서 다른 수익자 전원의 동의를 받은 경우에는 증권·부동산 또는 실물자산으로 납입이 가능하다.

정답 ②

더 알아보기 ▶ 집합투자증권의 발행

투자자의 금전납입의 원칙 ⇒ 집합투자업자는 집합투자증권을 무액면·기명식으로 발행
• 투자회사의 주식은 무액면·기명식에 보통주로만 발행해야 한다.
• **금전납입 원칙의 예외** : 사모투자신탁으로서 다른 수익자 전원의 동의를 받은 경우 실물납입이 가능

공모발행 FLOW

| 증권신고서 제출 ⇒ 금융위 수리 ⇒ (효력 발생 기간 후)효력발생 ⇒ 투자설명서 교부 ⇒ 공모 |

• 효력발생 즉시('수리하는 즉시'가 아님) 투자설명서를 교부할 수 있다.
• **투자설명서를 교부하지 않고서는 공모를 할 수 없다**(법정투자권유 문서).

(정식)투자설명서	예비 투자설명서	간이 투자설명서
효력발생 후 사용가능	효력발생 전을 명시하고 사용가능	효력발생 **전·후 모두 가능**

• 투자설명서는 일반투자자에게만 교부함(교부대상제외는 보충문제6 참조)
• 투자설명서는 **1년 1회 이상** 갱신해야 하며(개방형의 경우), 펀드등록사항 변경 시 **5일 이내** 설명서도 변경해야 함.

01 투자신탁의 수익증권과 투자회사의 주권에 대한 설명으로 틀린 것은?

① 투자신탁의 수익증권은 무액면·기명식으로 발행한다.
② 수익증권의 발행가액은 기준가격에 기초하여 정한다.
③ 투자회사의 주권은 투자신탁과는 달리 무액면·무기명식으로 발행한다.
④ 투자회사는 우선주·후배주·혼합주·상환주·전환주 등 보통주 이외의 주식은 발행할 수 없다.

> **해설**
>
> 투자회사의 주권도 투자신탁의 수익증권과 마찬가지로 **무액면·기명식**으로 발행하고 매일 매일 변동하는 기준가격으로 발행가액이 정해진다. 또한 투자회사의 주식은 오직 보통주의 형태로만 발행된다.
> ※ **수익증권을 무액면·기명식으로 발행하는 이유**
> 　1) **무액면 발행** : 액면가는 자본금의 금액을 결정하는 의미가 있다. 즉 **자본금 = 액면가 × 주식수**이다. 수익증권은 자본금을 구성하지도 않을 뿐더러 매일 매일 기준가격을 산정하므로 액면가격이 의미가 없다. 따라서 무액면으로 발행한다.
> 　* 기준가격 = 순자산가치 / 총수익증권 좌수(= 주가와 유사한 개념)
> 　2) **기명식 발행** : 기명주는 주권과 주주명부에 주주의 이름이 표시된 주식(혹은 수익증권)이며, 그렇지 않은 것이 무기명식이다. 기명주식은 회사가 현주주의 현황을 명확히 파악할 수 있는 장점이 있고, 무기명주는 명의변경 없이 거래할 수 있다는 거래의 편리성이 장점이다. 수익증권은 실적배당상품이므로 주주(수익자)에게 수익을 배당하기 편리한 제도가 더 필요하므로 기명식으로 발행한다.

02 집합투자증권의 공모발행에 대한 설명 중 적절하지 않은 것은?

① 50인 이상에게 청약의 권유를 하여 발행하는 것을 공모발행이라 한다.
② 공모발행은 자본시장법상의 일반투자자 보호차원에서 증권신고서 규정을 적용받게 된다.
③ 집합투자업자가 증권신고서를 제출하고 금융위가 이를 수리하는 즉시 집합투자증권을 모집·매출할 수 있다.
④ 집합투자증권의 투자권유는 투자설명서 만을 통해야 하며, 공모발행을 한 후에는 발행실적보고서를 제출해야 한다.

> **해설**
>
> 수리하는 즉시가 아니라 **수리 후 효력발생이 되면** 공모를 할 수 있다.

03 증권신고서에 대한 설명이다. 잘못된 것은?

☐☐

① 증권신고서는 집합투자증권을 공모하려는 집합투자업자가 그 수리를 받기 위해 금융위원회에 제출하는 것이다.

② 어떤 집합투자기구라도 증권신고서의 수리 없이는 모집이나 매출을 할 수 없다.

③ 증권신고서를 제출해야 하는 자는 당해 증권의 발행인이다.

④ 계속적으로 집합투자증권을 발행하는 개방형집합투자기구에 대해서는 일괄신고서를 제출할 수 있다.

> **해설** 증권신고서는 **공모**의 경우에만 제출의무가 있다. **사모집합투자기구는 증권신고서제출 의무가 면제된다.** 이는 자본시장법은 불특정다수('50인 이상'의 개념)의 일반투자자만을 보호하기 때문이다. 증권신고서의 발행인은 보통 집합투자업자이다.
>
> ※ 일괄신고서의 개념
> 개방형펀드는 수시로 모집을 할 수 있는데, 이미 증권신고서를 발행해 본 상태에서 공모 시마다 증권신고서를 다시 제출하게 하는 것은 매우 비효율적이다. 이러한 비효율성과 업무의 번잡성을 감안하여 일괄신고서를 제출하게 하고 일정기간 동안 증권신고서 제출 없이도 공모를 가능하게 하고 있다.

04 투자설명서에 대한 설명이다. 옳은 것은?

☐☐

① 투자설명서는 법정투자권유 문서이므로 공모, 사모 구분할 것 없이 투자설명서의 교부 없이 모집 또는 매출을 할 수 없다.

② 모든 투자설명서는 증권신고서의 효력이 발생한 후에 사용할 수 있다.

③ 증권신고서와 투자설명서는 원칙적인 내용도 같고 그 교부목적도 같다.

④ 투자설명서는 최초 투자설명서를 제출한 이후에 매년 1회 이상 정기적으로 투자설명서를 갱신해야 한다.

> **해설** 투자설명서는 정기적으로 업데이트를 해야 한다(**매년 1회 이상**). 또한 집합투자기구의 등록사항을 변경하게 되면 그 통지를 받은 날로부터 **5일 이내**에 투자설명서의 내용도 변경(갱신)해야 한다.
> ① 사모의 경우는 증권신고서 제출의무가 없으므로 투자설명서를 교부하지 않아도 됨
> ② 예비투자설명서는 효력발생 전, 간이투자설명서는 효력발생 전후에 사용가능
> ③ 증권신고서와 투자설명서의 내용은 원칙적으로 같으나 교부목적은 다르다. 증권신고서는 **발행의 진실성을 확보**하는 차원에서 금융위원회의 수리를 받기 위해 제출하는 것이며 투자설명서는 투자권유를 하기 위해 투자자에게 제공하는 것이다.

05 빈칸을 바르게 채운 것은?

> 증권신고서의 효력 발생 기간은 개방형, 폐쇄형 모두 원칙적으로 (   )이며, 정정신고서의 효력 발생 기간은 원칙적으로 (   )이다.

① 15일, 7일
② 15일, 3일
③ 10일, 3일
④ 7일, 1일

 15일, 3일이다.

06 다음 중 투자설명서의 교부대상에서 제외되는 자가 아닌 것은?

① 10억원 이상의 고액투자자
② 모집매출 기준인 50인 산정대상에서 제외되는 자
③ 투자설명서 수령을 거부한다는 의사를 서면·전화·전자우편 등의 방법으로 표시한 자
④ 이미 취득한 것과 동일한 집합투자증권을 계속하여 추가로 취득하려는 자

 ①은 전문투자자가 아니므로 투자설명서를 교부해야 한다.
전문투자자와 ②·③·④를 대상으로 투자설명서를 교부하지 않아도 된다.
※ 전문투자자(정의 : 스스로 위험을 감수할 수 있는 자)
　• 국가, 한국은행, 금융기관(→ 절대적 전문투자자)
　• 지자체, 주권상장법인(→ 상대적 전문투자자)
　　* 상대적 전문투자자는 원할 경우 일반투자자로의 전환이 가능
　• 금융투자상품잔고가 100억원 이상인 일반법인
　• 금융투자상품잔고가 5억원 이상이면서 직전연도 소득액이 1억원 이상이거나 재산가액이 10억원
　　이상인 개인

투자권유의 순서가 올바르게 연결된 것은?

> ㉠ 해당 고객이 투자권유를 원하는 고객인지 투자권유를 원하지 않는 고객인지 확인한다.
> ㉡ 해당 고객이 일반투자자인지 전문투자자인지를 확인한다.
> ㉢ 해당 고객의 투자목적, 투자경험, 재산상황 등을 파악한다.
> ㉣ 해당 고객의 투자성향에 맞는 금융투자상품을 권유하고 해당 상품에 대한 중요내용 등을 일반투자자가 이해할 수 있도록 설명을 해야 한다.

① ㉠ → ㉡ → ㉢ → ㉣   ② ㉡ → ㉢ → ㉣ → ㉠

③ ㉡ → ㉠ → ㉢ → ㉣   ④ ㉢ → ㉠ → ㉡ → ㉣

해설   ㉠ → ㉡ → ㉢ → ㉣이다.
      전문투자자도 투자권유를 희망할 수 있으므로 투자권유 희망여부를 먼저 확인한다. 그리고 적합성 원칙, 설명의무 등의 투자권유준칙은 일반투자자에게만 적용되므로, 일반투자자인지를 확인한 후 ㉢, ㉣의 순서로 진행한다.

정답 ①

더 알아보기 ▶ 집합투자증권의 투자권유

투자권유준칙 FLOW(아래 그림 참조)

KYC Rule	적합성의 원칙	설명의무
투자목적 / 재산상황 / 투자경험 등을 조사 후 고객의 확인要	KYC Rule에 따라 고객에게 적합한 금융투자상품을 권유	이해할 수 있도록 설명, 중요사항은 허위 또는 누락금지

- 적정성의 원칙이란, **투자권유불원고객이 파생상품 등을 매매하고자 할 경우** KYC Rule을 이행해야 하는 것을 말함(고객이 정보제공을 거부한다면 매매가 불가함)
- **투자권유준칙은 일반투자자에게만 적용된다.**
- 일반투자자를 **투자권유희망고객 / 투자권유불원고객**으로 분류하여 투자권유희망고객에 한하여 KYC Rule-**적합성의 원칙-설명의무**를 이행해야 함
- 위반 시 자본시장법상의 손해배상책임이 부과되는 것은 **설명의무**가 유일

부당권유금지원칙 : ㉠, ㉡, ㉢ 등을 금지하는 것
㉠ 거짓의 내용을 알리거나, 불확실한 사항에 대해 단정적 판단을 제공하는 등의 경우
㉡ 불초청권유(장외파생상품에만 적용됨)
㉢ 거부의사를 표시하였음에도 투자권유를 계속하는 행위(재권유)
    – 재권유금지의 예외 : ⓐ 1개월이 지난 후 동일상품을 다시 권유하는 행위, ⓑ 다른 종류의 상품을 권유하는 행위

불건전 영업행위 금지(아래의 행위 금지)

> 일반투자자에게 빈번하거나 과도하게 투자권유하는 행위 / 한도를 초과하는 재산 상 이익을 제공하거나 제공받는 행위 / 일반투자자를 상대로 한 차별적인 판매촉진 노력(단, 합리적 근거가 있을 경우는 예외) / 판매대가로 매매주문을 강요하는 행위 / 손실보전, 이익보장행위 등

투자권유대행인 : 금융투자회사로부터 위탁을 받아 금융투자상품의 투자권유를 수행하는 자
단, **투자권유대행인은 파생상품을 권유할 수 없다.** 또한 투자권유대행인이 설명의무 위반으로 손해배상책임을 질 경우 위탁한 금융투자회사도 **사용자책임을 진다.**
• 투자권유대행인의 금지행위 : 위탁한 금융투자업자 또는 투자자를 대리하여 계약을 체결하는 행위 / 투자권유대행업무를 제3자에게 재위탁하는 행위 / 둘 이상의 금융투자업자와 투자권유 위탁계약을 체결하는 행위 / 투자자로부터 금전·증권, 그 밖의 재산을 수취하는 행위 등

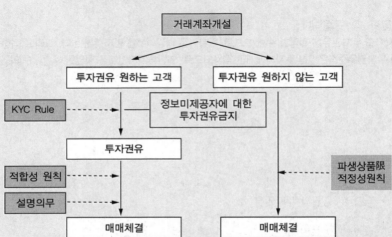

투자권유준칙의 준수 Flow

출처 : 한국투자자보호재단 홈페이지

* KYC Rule(Know Your Customer Rule) : 투자자의 투자목적, 투자경험, 재산상황 등을 면담·설문조사 등을 통해 파악하고 이를 투자자로부터 서명·기명날인·녹취·ARS 등의 방식으로 확인받아 이를 투자자에게 제공하고 유지·관리하는 것을 말함
* Know Your Customer Rule, 적합성 원칙, 적정성 원칙은 일반투자자에게만 적용됨

01 투자권유준칙에 대한 다음의 설명 중 잘못된 것은?

① Know Your Customer Rule에서 파악한 고객의 성향에 적합한 금융투자상품을 권유하는 것을 적합성의 원칙이라 한다.

② Know Your Customer Rule에서 파악한 고객의 성향에 비추어 해당 파생상품 등이 그 일반투자자에게 적정하지 않다고 판단되는 경우 해당 사실을 알리고 서명·기명날인·녹취 등의 방법으로 확인을 받는 것을 적정성의 원칙이라 한다.

③ 금융투자업자가 일반투자자를 상대로 투자권유를 하는 경우에 해당 금융투자상품의 내용, 투자위험 등의 내용을 일반투자자가 이해할 수 있도록 설명해야 하는 것을 설명의무라고 한다.

④ 금융투자업자는 적합성의 원칙, 적정성의 원칙, 설명의무 중 하나라도 위반한 경우 이로 인해 발생한 일반투자자의 손해에 대해 자본시장법상의 손해배상책임을 진다.

> **해설** 자본시장법상의 손해배상책임은 **설명의무 위반 시에만 해당된다.**

02 다음 중 '부당권유의 금지'에 해당하지 않는 경우는?

① 거짓의 내용을 알리는 행위

② 불확실한 사항에 대하여 단정적인 판단을 제공하거나 확실하다고 오인할 소지가 있는 내용을 알리는 행위

③ 투자자로부터 투자권유의 요청을 받지 아니하고 방문·전화 등 실시간 대화의 방법 등을 이용하여 증권이나 장내파생상품의 투자를 권유하는 행위

④ 투자권유를 받은 투자자가 이를 거부하는 취지의 의사를 표시하였음에도 불구하고 투자권유를 계속하는 행위

> **해설** ③은 불초청권유(Unsolicited call)의 내용인데 **불초청권유가 금지되는 것은 장외파생상품에 한해서이다.**
> 증권이나 장내파생상품은 유동성이 풍부하여 의도한다고 해도 특정한 거래의 상대방이 되기 어렵다.
> ※ 부당권유의 금지는 전문투자자에게도 적용된다.

03 다음은 금융투자업자의 투자권유준칙에 대한 설명이다. 잘못된 것은?

① 금융투자업자는 투자권유를 함에 있어서 임직원이 준수해야 할 구체적인 기준 및 절차를 정하여야 한다. 다만, 파생상품 등에 대하여는 일반투자자의 투자목적·재산상황 및 투자경험을 고려하여 투자자등급별로 차등화된 투자권유준칙을 마련해야 한다.

② 금융투자업자는 투자권유준칙을 정한 경우 이를 인터넷 홈페이지 등을 이용하여 공시하여야 한다.

③ 협회는 투자권유준칙과 관련하여 금융투자업자가 공통으로 사용할 수 있는 표준투자권유준칙을 제정할 수 있다.

④ 금융투자업자는 협회가 제정한 표준투자권유준칙을 의무적으로 사용해야 한다.

> **해설**
> 표준투자권유준칙은 금융투자회사의 필요에 따라 단순화하거나 세분화하여 사용할 수 있다. ①·②·③은 '자본시장법 제50조 투자권유준칙'의 내용이다.
> ※ **표준과 법정의 개념 구분** : 표준(standard)이라 함은 말그대로 표준으로 권장되는 것이지 사용을 의무화해야 하는 **법정**의 개념이 아니다.

04 투자권유대행인의 금지행위에 속하지 않는 것은?

① 위탁한 금융투자업자를 대리하여 계약을 체결하는 행위

② 투자자로부터 금전, 증권, 그 밖의 재산을 수취하는 행위

③ 투자자를 대리하여 계약을 체결하는 행위

④ 투자목적·재산상황 및 투자경험 등을 감안하여 고객별로 다르게 권유하는 행위

> **해설**
> ④는 적합성의 원칙이다. KYC Rule에 의해 고객의 성향을 조사하고, 그 고객에게 적합한 투자상품을 권유하는 행위는 의무사항이다(고객별로 성향은 다를 수 있으므로 '고객별로 다르게 권유하는 행위'는 적법한 행위이다).

집합투자증권의 광고 시 꼭 포함시켜야 할 사항에 해당되지 않는 것은?

① 집합투자증권을 취득하기 전에 투자설명서를 읽어볼 것을 권유하는 사항
② 집합투자기구는 운용결과에 따라 투자원금의 손실이 발생할 수 있으며, 그 손실은 투자자에게 귀속된다는 사실
③ 집합투자기구의 운용실적을 포함하여 투자광고를 할 경우 그 운용실적이 미래의 수익률을 보장하는 것은 아니라는 사실
④ 과거 운용실적이 있는 경우 그 운용실적

해설　①·②·③은 '자본시장법 제57조 3항' 집합투자광고 시의 의무포함사항이다. ④는 의무포함사항이 아니라 포함할 수 있는 사항이다.

　　　　　　　　　　　　　　　　　　　　　　　　　　　　　　　　　　정답 ④

더 알아보기 ▶ 집합투자증권의 광고

집합투자증권의 광고 시 의무포함사항 VS 포함시킬 수 있는 사항

의무포함사항	의무포함 외의 사항
• 투자설명서를 읽어볼 것을 권유하는 사항	• 집합투자업자 등의 상호
• 운용결과가 투자자에게 귀속된다는 사실	• 보수나 수수료에 관한 사항
• 과거운용실적이 **미래를 보장하지 않는다는 사실**	• 과거 운용실적이 있는 경우 그 **운용실적**

금융투자상품의 광고 시 준수사항
• 좋은 기간의 수익률이나 운용실적 만을 표시하지 말 것(→ Cherry Picking 금지)
• 명확한 근거없이 다른 금융투자상품을 열등하거나 불리하게 표시하지 말 것
• 타 금융투자업자의 영업용순자본을 비교하지 말 것

01 금융투자상품의 광고 시 준수사항과 가장 거리가 먼 것은?

① 명확한 근거 없이 타회사의 영업용순자본비율을 열등하게 표시하지 말 것
② 수익률이나 운용실적을 표시하는 경우 좋은 기간의 것만 표시하지 말 것
③ 준법감시인의 사전승인을 받을 것
④ 광고관련 내부통제기준을 수립, 운영할 것

> **해설** 일반적인 비교사항은 명확한 근거 없이 타회사의 상품을 열등하게 표시하면 안되지만, 경영실태평가나 영업용순자본비율은 비교자체가 불가능하다.

02 집합투자증권의 광고에 대한 다음 설명 중 가장 거리가 먼 것은?

① 투자광고는 광의의 투자권유라고 할 수 있으므로 적합성의 원칙, 적정성의 원칙 등의 투자권유준칙을 준수해야만 가능하다.
② 투자광고안에 대한 심사는 금융투자협회에서 한다.
③ 자본시장법의 광고규제는 금융투자상품 전체에 적용되는 광고규제와 집합투자증권에만 적용되는 광고규제로 구분하고 있다.
④ 집합투자증권의 광고는 의무포함사항과 의무포함 외의 사항으로 구분하여 규제된다.

> **해설** 투자광고는 불특정다수에 대한 투자권유로써 광의의 투자권유라고 할 수 있지만 **투자권유준칙을 준수하게 할 경우 투자광고 자체가 불가능하므로** 투자권유준칙의 준수는 면제된다. 다만, 몇 가지 투자광고 규제를 두고 있다.

집합투자증권의 판매수수료 및 판매보수 규제에 대한 설명이다. 틀린 것은?

① 집합투자증권을 판매하는 행위에 대한 대가로부터 투자자에게 직접 받는 금전을 판매수수료라고 한다.

② 투자매매업자·투자중개업자(판매업자)는 공모형집합투자증권의 판매와 관련하여 집합투자기구의 운용실적에 연동하여 판매수수료 및 판매보수를 받아서는 아니 된다.

③ 판매수수료는 납입금액의 100분의 2, 판매보수는 환매금액의 100분의 1을 한도로 한다.

④ 사모집합투자기구는 판매수수료 및 판매보수의 한도를 적용하지 않는다.

해설　판매보수는 집합투자재산의 연평균가액의 100분의 1을 한도로 한다.

정답 ③

더 알아보기 ▶ 집합투자증권의 판매수수료 및 보수 규제

구 분	판매수수료	판매보수
개 념	판매행위에 대한 대가 (투자자 → 판매회사)	지속적으로 제공하는 용역의 대가 (집합투자기구 → 판매회사)
한 도	납입 또는 환매금액의 100분의 2	집합투자재산 연평균가액의 100분의 1[주1]

* 주1 : 단, 이연판매보수의 경우 1천분의 15까지 판매보수를 부과할 수 있다(보충문제 2 참고).
• 사모펀드는 판매수수료나 판매보수의 한도가 없음
• 판매수수료 : 납입금액 기준이면 선취 판매수수료, 환매금액 기준이면 후취판매수수료
• 연평균가액 = Σ집합투자재산의 매일의 순자산총액 / 연간일수

01 빈칸을 바르게 연결한 것은?(차례대로)

> • 판매수수료는 (   )로부터 받고 판매업자에게 귀속된다.
> • 판매보수는 (   )로부터 받고 판매업자에게 귀속된다.

① 투자자, 투자자
② 투자자, 집합투자기구
③ 집합투자기구, 집합투자기구
④ 집합투자기구, 투자자

> **해설** 투자자, 집합투자기구이다. 판매수수료가 판매보수는 판매서비스 제공의 대가로써 판매업자에게 귀속된다.

02 다음 빈칸에 들어갈 수 없는 말은?

> 투자자의 투자기간에 따라 판매보수율이 감소하는 경우로서, 금융위가 정하여 고시하는 기간(2년)을 넘는 시점에 적용되는 판매보수율이 100분의 1 미만이 되는 경우에는, 판매보수율을 (   )까지 부과할 수 있다.

① 1천분의 5   ② 1천분의 15
③ 100분의 2   ④ 100분의 3

> **해설** 보기는 **이연판매보수제도**를 말한다. 보기의 요건을 갖출 경우 1천분의 15까지 부과할 수 있다.

환매의 개념에 대한 다음의 설명 중 적절하지 않은 것은?

① 집합투자증권의 환매제도는 펀드투자자가 투자지분의 전부 또는 일부를 회수하는 것을 말한다.

② 환매청구가 가능한 펀드는 개방형펀드이다.

③ 폐쇄형펀드의 경우 환매청구가 불가능하므로 투자자는 펀드의 만기시점까지 투자자금을 회수할 수 없는 불편함이 있다.

④ 일반적으로 환매수수료가 판매수수료보다 더 많다.

해설　환매청구권이 없는 폐쇄형펀드의 경우 투자자의 자금회수 수단의 제공을 위해, 증권시장에 상장을 해야 할 의무가 있다(공모펀드의 경우 환매금지형인 경우 펀드의 최초 설정일로부터 90일 이내에 증권시장 상장의 의무가 있다).

정답 ③

더 알아보기 ▶ 집합투자증권의 환매

판매는 펀드매입, 환매는 펀드의 매도를 말한다. 환매가 불가능한 **폐쇄형펀드는 설정(설립)일로부터 90일 이내 증권시장에 상장**해야 한다.

환매 FLOW
• **판매업자**에게 환매청구 ⇒ 판매업자는 **집합투자업자**에게 환매청구 ⇒ 집합투자업자는 펀드재산을 처분하여 환매대금 조성 ⇒ 조성한 대금을 **신탁업자**가 판매업자를 통해 투자자에게 지급
• 인가취소, 업무정지 등의 사유로 환매청구에 응할 수 없는 경우는 **판매업자 → 집합투자업자 → 신탁업자**의 순으로 청구할 수 있다.
• 환매 시 금전지급이 원칙이나, 투자자 전원의 동의가 있을 경우는 실물지급이 가능하다.
• 환매청구 시 **15일 이내**에 환매대금을 지급해야 한다. 다만, 다음의 경우에는 환매연기 또는 환매에 응하지 않을 수 있다.

환매연기사유(보충문제 6 참고)	환매거부사유
처분불가능으로 환매에 응할 수 없는 경우 등(대량 환매청구 자체는 환매연기 사유가 아님)	투자회사의 순자산액이 최저순자산액에 미달하는 경우 등

• 환매연기 시에는 **6주 이내**에 총회에서 환매에 관한 사항을 결의해야함
　참고 수익자 총회 의결사항 = 합병 / 환매연기 / 신탁계약중요내용 변경)
• 15일을 초과하여 환매일을 정할 수 있는 사유
　– **시장성 없는 자산**에 자산총액의 **10%**를 초과하여 투자한 경우
　– **외화자산**에 자산총액의 **50%**를 초과하여 투자한 경우
　– 사모투자재간접투자기구의 경우

자기거래금지의 원칙과 예외 : 보충문제 4, 5 참고

일부환매연기제도 또는 펀드분리제도
- 집합투자재산의 일부가 환매연기사유에 해당될 경우 **일부에 대해서만 환매연기 가능**
- 펀드 내에서 환매 불가능한 부실자산이 있을 경우 **정상자산 펀드**와 **부실자산 펀드**로 펀드를 분리할 수 있다. 펀드분리 시 **정상자산 수익자의 동의를 구할 필요가 없다.**

환매수수료
[환매수수료 예시]
가입 후 3개월 내 환매 시 이익금의 70% → 가입 후 조기에 환매청구 시 구성된 포트폴리오를 매도 후 재구성해야 하므로 비용이 발생한다. 이 부분에 대한 징벌적 차원의 징구로써, 징구한 환매수수료는 집합투자기구에 귀속된다.

보충문제

01 다음의 빈칸이 올바르게 연결된 것은?

> 펀드투자자가 (㉠)에게 환매청구 → (㉠)은 (㉡)에 지체 없이 환매에 응할 것을 요구 → (㉡)은 보유 중인 금전 또는 집합투자재산을 처분하여 환매대금을 조성 → (㉢)은 (㉡)이 조성한 환매대금을 (㉠)을 통하여 투자자에게 지급

	㉠	㉡	㉢
①	판매업자	집합투자업자	신탁업자
②	판매업자	신탁업자	집합투자업자
③	신탁업자	집합투자업자	판매업자
④	집합투자업자	신탁업자	판매업자

 해설
펀드투자자는 자신이 펀드를 매입한 **판매업자**(투자매매업자·투자중개업자)에게 환매를 청구한다. **집합투자업자**는 처분 등을 통해 환매대금을 조성하고 그 대금을 관리하고 있는 **신탁업자**가 판매업자를 통해 환매대금을 지급한다.

02 환매원칙에 대한 다음 설명 중 옳지 않은 것은?

① 투자자는 언제든지 집합투자증권의 환매를 요청할 수 있다.

② 투자자는 집합투자증권의 환매를 청구하고자 할 경우 그 집합투자증권을 설정·설립한 집합투자업자에게 우선적으로 청구해야 한다.

③ 투자신탁이나 투자회사 등은 집합투자재산으로 소유 중인 금전 또는 집합투자재산을 처분하여 조성한 금전으로만 하여야 한다. 다만, 집합투자기구의 투자자 전원의 동의를 얻은 경우에는 해당 집합투자지구가 소유하고 있는 집합투자재산으로 지급할 수 있다.

④ 투자신탁이나 투자회사 등은 집합투자증권을 환매한 경우에는 그 집합투자증권을 소각해야 한다.

①·③·④는 옳은 내용이다(자본시장법 제235조 환매청구 및 방법 등).
② 환매의 청구는 집합투자업자가 아니라 **판매업자에게 우선적으로 한다.**

03 빈칸에 알맞은 것은?

> 환매의 청구를 요구받은 투자신탁이나 투자회사 등은 그 집합투자기구의 투자대상 자산의 환금성을 고려하여 대통령이 정하는 경우를 제외하고는 투자자가 환매를 청구한 날로부터 (   ) 이내에 집합투자규약에서 정한 환매일에 환매대금을 지급해야 한다.

① 3일   ② 7일
③ 15일   ④ 1개월

15일이다. 지문의 내용은 자본시장법 제235조(환매청구 및 방법 등) 4항의 내용이다. **시장성 없는 자산에 펀드재산의 10% 초과, 외화자산에 50%를 초과한 경우** 등에는 환매일을 연기할 수 있다.

04 환매청구를 받거나 환매에 응할 것을 요구받은 집합투자증권을 자기의 계산으로 취득하거나 타인에게 취득하게 할 수 없는 것을 '자기거래금지의 원칙'이라 한다. 그렇다면 다음 중 '자기거래금지의 원칙'이 적용되는 자가 아닌 것은?

① 집합투자증권을 판매한 투자매매업자·투자중개업자
② 집합투자재산을 운용하는 집합투자업자
③ 집합투자재산을 보관·관리하는 신탁업자
④ 투자회사의 업무수행을 위탁받은 일반사무관리회사

> **해설**
> 일반사무관리회사는 투자회사의 단순업무를 위탁받아 수행하는 자로 '자기거래의 금지 원칙'과는 관련이 없다.

05 빈칸을 바르게 연결한 것은?

> MMF를 판매한 판매업자가 해당 MMF 판매규모의 100분의 (   )에 상당하는 금액 또는 금융위가 정하여 고시하는 금액(   ) 중 큰 금액의 범위 내에서, 개인투자자로부터 환매청구일에 공고된 기준 가격으로 환매청구일에 그 집합투자증권을 매수하는 경우에는 자기거래를 할 수 있다.

① 5, 50억원
② 5, 100억원
③ 10, 50억원
④ 10, 100억원

> **해설**
> MMF의 경우 무위험수익률에 가까우므로 자기거래를 해도 투자자 피해의 가능성이 거의 없으므로 투자자 편의를 위해서 자기거래를 허용하는 것이다.
> ※ 보기의 사유에 추가하여 **불가피할 경우**에 자기거래금지의 예외가 적용된다.

06 다음 중 자본시장법에서 정하는 환매연기사유에 속하지 않는 것은?

① 집합투자재산의 처분이 불가능하여 사실상 환매에 응할 수 없는 경우
② 투자자 간의 형평성을 해칠 염려가 있는 경우
③ 환매를 청구받거나 요구받은 투자매매업자·투자중개업자, 집합투자업자, 신탁업자, 투자회사 등의 해산 등으로 인해 집합투자증권을 환매할 수 없는 경우
④ 대량의 환매청구가 발생한 경우

> **해설**
> **대량의 환매청구가 발생한 자체로는 환매연기사유가 될 수 없다.** 대량의 환매청구에 응하는 것이 투자자 간의 형평성을 해칠 염려가 있는 경우 환매연기가 가능하다.

07 다음 빈칸에 알맞은 것은?

> 투자신탁이나 투자익명조합의 집합투자업자 또는 투자회사 등은 환매연기를 결정한 날부터 (　　)
> 이내에 집합투자자총회에서 집합투자증권의 환매에 관한 사항(대통령령이 정하는 사항)을 결의하여야
> 한다.

① 2주   ② 3주
③ 6주   ④ 2개월

> **해설** 6주 이내이다.

08 다음은 집합투자재산의 일부환매연기에 대한 설명이다. 잘못된 것은?

① 투자신탁 등은 집합투자재산의 일부가 자본시장법상의 환매연기사유에 해당될 경우 그 일
부에 대해서 환매를 연기할 수 있다.
② 집합투자재산의 일부에 대해서 환매를 연기할 경우 나머지에 대해서는 투자자 지분에 따라
환매에 응할 수 있다.
③ 투자신탁 등은 집합투자재산의 일부에 대해서 환매를 연기할 경우 연기된 집합투자재산
만으로 별도의 집합투자기구를 설정·설립할 수 있는데 이때 금전납입의 방식으로 해야
한다.
④ 투자신탁 등은 집합투자재산의 일부로 별도의 집합투자기구를 설정·설립한 경우에는 정
상자산(연기된 일부를 제외한 나머지 자산)으로 구성된 집합투자기구의 집합투자증권을
계속하여 발행·판매·환매할 수 있다.

> **해설** 일부자산에 대해서 환매연기가 가능하고, 일부자산으로 별도의 펀드를 설정·설립할 수 있는데 **이때 해
> 당 일부자산을 현물로 납입하여 설정·설립하게 된다**(따라서 금전납입 방식이 아니다). ③처럼 펀드를
> 분리할 경우(펀드분리제도), 펀드는 정상자산펀드와 부실자산펀드로 구분되는데 **펀드분리 시 정상자산수
> 익자의 동의를 구할 필요가 없다는 점에 유의한다.**

09 판매수수료와 환매수수료를 비교한 것이다. 잘못 연결된 것은?

번 호	구 분	판매수수료	환매수수료
①	수수료 납부이유	펀드 판매행위에 대한 대가	환매에 대한 대가
②	수수료 한도	판매금액 또는 환매금액의 2%	환매금액의 1%
③	수수료의 귀속	판매업자(투자매매·중개업자)	집합투자기구
④	기준가격에의 영향	영향을 미치지 않음	영향을 미침

> **해설**
> 공모형펀드의 경우 판매수수료 한도는 판매금액 또는 환매금액의 100분의 2이다. 판매보수는 집합투자재산의 연평균가액의 100분의 1 한도인데, 환매수수료는 별도의 한도는 없다.

10 다음 중 환매수수료에 대한 설명으로 가장 적절한 것은?

① 환매수수료는 집합투자기구로부터 징수한다.
② 환매는 펀드자금을 회수하는 수단으로써 투자자가 환매청구를 할 경우 환매수수료를 무조건 부담할 수밖에 없다.
③ 환매수수료는 징벌적으로 부과하는 성격으로 볼 수 있다.
④ 투자자가 부담한 환매수수료는 판매회사에게 귀속된다.

> **해설**
> 환매수수료는, 단기간에 환매를 청구하면 포트폴리오를 재조정해야 하는 등 손실이 발생하고 이는 기존 투자자의 부담이 된다. 따라서 지나친 단기매매에 대한 징벌적 성격으로 부과된다고 할 수 있으며, 투자자로부터 징구된 환매수수료는 집합투자기구에 귀속된다.
> ① 투자자로부터
> ② (단기간의) 일정기간이 지나면 환매수수료가 부과되지 않는다.
> ④ 집합투자재산에 귀속된다.

다음 중 미래가격(forward pricing)의 개념에 해당하는 것은?

① 집합투자증권의 매입 또는 환매청구를 한 시점 이전에 이미 산정된 순자산가치
② 집합투자증권의 매입 또는 환매청구를 한 시점 당일에 적용되는 순자산가치
③ 집합투자증권의 매입 또는 환매청구를 한 시점 당일 종가에 적용되는 순자산가치
④ 집합투자증권의 매입 또는 환매청구를 한 시점 이후에 최초로 산정되는 순자산가치

해설　①은 과거가격(backward pricing)의 개념이고 ④는 미래가격의 개념이다.

정답 ④

더 알아보기 ▸ 집합투자증권의 거래가격

순자산가치 = (집합투자자산총액 − 부채총액) / 집합투자증권총수
• 모든 펀드의 거래는 순자산가치를 기준으로 한다(거래가격 : 주식 − 주가, 펀드 − 순자산가치).
　미래가격방식(forward pricing) : **집합투자증권의 매입 또는 환매청구를 한 시점 이후에 최초로 산정되는**
　순자산가치를 거래가격으로 하는 것을 말한다.
• 펀드의 무임승차를 방지하고 기존 투자자를 보호하는 차원에서 미래가격방식을 채택하고 있으며 영어로
　Forward Pricing 혹은 Blind Pricing이라 한다.

집합투자증권 매수 시 미래가격 적용방식(T일에 매입청구 시, T+1일의 기준가가 적용되는 것)

구 분			T일	T+1일	T+2일
주식비중 50% 이상 펀드	15시 30분	이전	매입청구	기준가적용일	
		이후			기준가적용일
주식비중 50% 미만 펀드, 채권형, MMF	17시	이전		기준가적용일	
		이후			기준가적용일

→ 기준시간(15시 또는 17시)을 조금이라도 지나서 매입청구를 하면, 그 다음날에 청구한 것과 동일(즉, 하루
　늦게 기준가 적용)되는데 이는 **불법거래인 Late Trading을 방지하는 차원**)

미래가격방식의 예외 : 보충문제 1, 2 참고

01 다음은 집합투자증권 판매 시 '미래가격적용 원칙'과 달리 당일의 기준가격이 적용될 수 있는
☐☐ 조항이다. 해당되지 않는 것은?

① 투자자가 금융투자상품의 매도나 환매에 따라 수취한 결제대금으로 결제일에 MMF를 매수
하기로 판매업자와 미리 약정한 경우

② 투자자가 급여 등 정기적으로 받는 금전으로 수취일에 MMF를 매수하기로 판매업자와 미
리 약정한 경우

③ 외국환평형기금이나 연기금에 MMF를 판매하는 경우

④ 투자자가 금융투자상품의 매도나 환매에 따라 수취한 결제대금으로 결제일에 MMF 및 그
외의 펀드를 매수하기로 판매업자와 미리 약정한 경우

> **해설**
> 예정된 자금으로 MMF(단기금융펀드)를 매수하기로 미리 약정한 경우에만 당일의 기준가격을 적용할
> 수 있다. 이때 MMF 외의 다른 집합투자기구는 해당되지 않는다.

02 다음은 집합투자증권 환매 시 '미래가격적용 원칙'과 달리 당일의 기준가격이 적용될 수 있는
☐☐ 조항이다. 해당되지 않는 것은?

① 투자자가 금융투자상품의 매수에 따른 결제대금을 지급하기 위해 MMF를 환매하기로 판매
업자와 미리 약정한 경우

② 투자자가 공과금 납부 등 정기적으로 발생하는 채무의 변제를 이행하기위해 MMF를 환매
하기로 판매업자와 미리 약정한 경우

③ 외국환평형기금이나 연기금에 판매한 MMF를 환매하는 경우

④ 투자자가 금융투자상품의 매수에 따른 결제대금을 지급하기 위해 특정한 집합투자기구(종
류의 제한 없음)를 환매하기로 판매업자와 미리 약정한 경우

> **해설**
> 예정된 **결제**를 위해 MMF(단기금융펀드)를 환매하기로 미리 약정한 경우에만 당일의 기준가격을 적용할
> 수 있다. 이때 MMF 외의 다른 집합투자기구는 해당되지 않는다(보충문제1과 해석 방식이 동일함).

03 빈칸에 알맞은 것은?(판매업자 : 투자매매업자 또는 투자중개업자)

> 투자자가 집합투자기구를 변경하지 않고 판매업자를 변경할 목적으로 집합투자증권을 환매한 후 다른 판매업자를 통해 해당 집합투자증권을 매수하는 경우에는 집합투자증권을 환매한 후 (　　) 이내에 집합투자규약에서 정하는 판매업자 변경의 효력이 발생하는 날에 공고되는 기준가격으로 한다.

① 3영업일

② 7일

③ 15일

④ 30일

해설 판매업자의 변경목적으로 환매한 집합투자증권을 재매수할 경우 어떤 날의 기준가격을 적용하는가를 묻는 문제이다.

04 다음 각각에 해당하는 용어가 바르게 연결된 것은?

구 분	내 용
주식거래	주식거래는 주가를 기준으로 매수와 매도를 한다.
펀드거래	펀드거래는 (㉠)를 기준으로 (㉡)와 (㉢)를 한다.

	주가 : ㉠	매수 : ㉡	매도 : ㉢
①	순자산가치	판매	환매
②	순자산가치	환매	판매
③	자산총액	판매	환매
④	자산총액	환매	판매

해설 순자산가치(기준가격) = (자산총액 − 부채총액)/집합투자증권총수, 펀드매수 = 판매, 펀드매도 = 환매

집합투자재산을 보관하는 법리에 관한 설명이다. 옳지 않은 것은?

① 투자신탁은 신탁법리에 따라 신탁업자가 투자신탁재산의 법적 소유인으로서 보관한다.

② 투자회사는 신탁업자가 민법상의 위임법리에 따라 수임인으로서 보관한다.

③ 투자신탁은 집합투자업자의 명의로, 투자회사는 투자회사의 명의로 집합투자재산을 보관한다.

④ 투자신탁이든 투자회사든 집합투자재산의 보관에 대한 법리가 다르나 신탁업자가 집합투자재산을 보관하고 관리하는 주체라는 것은 동일하다.

해설　투자신탁은 수탁자(신탁업자)의 명의로, 투자회사는 투자회사의 명의로 보관한다.

정답 ③

더 알아보기 ▶ 집합투자재산의 보관법리

집합투자재산의 보관법리

투자신탁(신탁법리)	투자회사(위임법리)
신탁업자의 명의로 신탁업자가 **소유인으로서** 보관	투자회사 명의로 신탁업자가 **보관대리인으로서** 보관

• 신탁업자가 실질 보관한다는 것은 동일하나, 보관의 법리가 다르다.
신탁업자의 업무제한 : 계열사에서의 보관·관리 금지, 집합투자기구별 자산관리, 고유재산 등과의 거래제한, 이해관계인과의 거래제한, 집합투자재산의 정보이용 제한 → 고유재산과의 거래제한은 예외가 있다(필요 시 이해관계인인 금융기관 예치 등은 허용).

신탁업자의 감시기능
• 운용에 대한 감시 : 운용이 집합투자규약을 준수하고 있는가?(소극적 감시기능)
• 기준가격 평가 : 집합투자업자의 산정가격과 신탁업자의 산정가격의 편차가 1000분의 3 초과 시에는 시정을 요구한다(투자신탁 : 집합투자업자에게, 투자회사 : 감독이사에게).

자산운용보고서 VS 자산보관·관리보고서

자산운용보고서	자산보관·관리보고서
집합투자업자 → 투자자, 3개월에 1회 이상	신탁업자 → 투자자, 사유 발생일로부터 2개월 이내
기준가격, 자산과 부채, 매매회전율 등	규약의 변경사항, 운용인력의 변경 등

• 자산운용보고서는 **운용에 관한 사항**, 자산보관·관리보고서는 **보관, 관리에 관한 사항**이다(세부내용은 본문 참고).
• 자산보관·관리보고서를 투자자에게 제공하지 않아도 되는 이유 : ㉠ 투자자가 수령의사를 서면 등으로 거부한 경우, ㉡ 10만원 이하의 투자자(단, 이 경우 규약에서 정함이 있어야 함)

01 신탁업자의 운용행위 감시에 대한 설명이다. 잘못된 것은?

① 신탁업자는 집합투자업자의 운용지시가 법령, 집합투자규약, 투자설명서 등을 위반하는지 여부에 대해 확인하고, 위반사항이 있는 경우 운용지시의 철회 또는 시정을 요구해야 한다.
② 투자회사의 경우 신탁업자는 법인이사에게 위반사항을 보고하고 법인이사는 집합투자업자에게 해당사항의 시정을 요구해야 한다.
③ 집합투자업자는 운용지시 등의 시정요구사항에 대해 3영업일 이내에 이행해야 한다.
④ 집합투자업자는 신탁업자 등의 요구에 대해 금융위에 이의를 신청할 수 있으며, 이 경우 관련당사자는 금융위의 결정에 따라야 한다.

> **해설** 투자회사는 법인이사와 2인 이상의 감독이사로 구성되는데, **운용행위감시 등의 사항은 감독이사의 소관**이다.

02 빈칸에 알맞은 것은?

> 기준가격 산정의 적정성의 경우 집합투자업자가 산정한 기준가격과 신탁업자가 산정한 기준가격의 편차가 (   ) 이내이면 적정한 것으로 본다.

① 1000분의 1
② 1000분의 3
③ 1000분의 5
④ 1만분의 5

> **해설** 1000분의 3이다. 집합투자업자와 신탁업자의 기준가격 산정이 차이가 1000분의 3을 초과할 경우 신탁업자는 집합투자업자에게 지체 없이 그 시정을 요구해야 한다.

03 다음 중 신탁업자가 집합투자업자의 운용행위에 대해서 감시하는 대상이 아닌 것은?

① 집합투자업자가 작성한 투자설명서가 적법하게 작성되었는지의 여부
② 집합투자업자의 운용방침이 시장상황에 적합한지의 여부
③ 주식형·채권형 등을 운용함에 있어 편입자산의 비중이 규약을 준수하고 있는지의 여부
④ 자산운용보고서의 작성이 적정한지의 여부

> **해설** 신탁업자의 운용행위 감시는 ③처럼 운용과정에서 규약에 어긋나는 것이 없는지를 체크하는 일종의 소극적인 감시행위이다. 장세판단에 따른 운용방침 등은 집합투자업자의 고유의 권한이다.

04 신탁업자가 자산보관·관리보고서를 투자자에게 제공하지 않아도 되는 경우에 속하지 않는 것은?

① 투자자가 수령거부의사를 서면으로 표시한 경우
② MMF, ETF의 자산보관·관리보고서를 인터넷 홈페이지 등을 통해 공시하는 경우
③ 폐쇄형펀드에 대한 자산보관·관리보고서를 인터넷 홈페이지 등을 통해 공시하는 경우
④ 10만원 이하의 투자자인 경우

> **해설** 10만원 이하의 투자자로서 **집합투자규약에 미교부를 정하고 있는 경우**에 한한다.

05 다음 빈칸이 바르게 연결된 것은?

> 자산운용보고서는 (   )가(이) 투자자에게 제공하는 것이고, 자산보관·관리보고서는 (   ) 가(이) 투자자에게 제공하는 것이다.

① 집합투자업자, 신탁업자
② 투자회사, 투자신탁
③ 신탁업자, 집합투자업자
④ 투자신탁, 투자회사

> **해설** 자산운용보고서는 **3개월에 1회 이상** 운용업자가 투자자에게, 자산보관·관리보고서는 사유 발생일로부터 **2개월 이내**에 투자자에게 제공해야 한다.

06 다음 중 자산보관·관리보고서에 기재되는 사항이 아닌 것은?

① 집합투자규약의 주요 변경사항
② 투자운용인력의 변경
③ 신탁업자의 확인사항
④ 보유자산의 종류별 평가액과 비율

> **해설** ④는 자산운용보고서의 내용이다
> ※ 자산보관·관리보고서는 ①·②·③에 추가하여 **집합투자자총회 결의사항, 회계감사인의 선임사항** 등이 있다. 자산운용보고서는 ④에 추가해 **기준가격, 자산·부채, 매매금액 및 회전율** 등이 있다.

빈칸이 바르게 연결된 것은?

집합투자재산은 원칙적으로 (㉠)으로 평가하고, (㉠)을 구할 수 없는 경우에는 (㉡)으로 평가해야 한다. 다만 MMF에 대해서는 (㉢)평가를 허용하고 있다.

	㉠	㉡	㉢
①	시가	공정가액	장부가
②	시가	공정가액	순자산가치
③	공정가액	시가	순자산가치
④	공정가액	시가	장부가

해설   시가(market price), 공정가액(fair value), 장부가(book value)이다.

정답 ①

더 알아보기 ▸ 집합투자재산의 평가

집합투자재산의 평가는 **시가평가가 원칙**이다. 단, 시가를 구할 수 없는 경우 공정가액 평가해야 하며, MMF는 장부가평가를 한다.
• 공정가액(fair value) : 집합투자재산평가위원회가 충실의무를 준수하고 일관성을 유지하며 평가한 가격
  기준가격의 재공고·게시의 면제(변경된 기준가격이 아래의 차이를 초과하지 않으면 면제)

지분증권(국내시장)	지분증권(해외시장)	MMF	그 외
1천분의 2	1천분의 3	**1만분의 5**	1천분의 1

→ 기준가격의 변경·공시의 경우 집합투자업자의 **준법감시인과 신탁업자의 확인**을 받아야 한다.

01 집합투자재산의 평가 및 기준가격 산정과 관련한 다음의 설명 중에서 적절하지 않은 것은?

☐☐
① 집합투자업자는 집합투자재산을 시가에 따라 평가하되, 평가일 현재 신뢰할 만한 시가가 없는 경우에는 공정가액으로 평가해야 한다.
② 집합투자업자는 집합투자재산에 대한 평가가 공정하고 정확하게 이루어질 수 있도록 수익자의 확인을 받아 집합투자재산의 평가와 절차에 관한 기준을 마련해야 한다.
③ 집합투자재산평가위원회는 평가업무 담당임원, 운용업무 담당임원, 준법감시인과 그 밖에 공정한 평가를 위해 금융위가 인정한 자로 구성하여야 한다.
④ 집합투자업자는 평가위원회가 집합투자재산을 평가하는 경우 그 평가명세를 지체 없이 집합투자재산을 보관·관리하는 신탁업자에게 통보해야 하고, 신탁업자는 해당 평가가 평가기준에 따라 공정하게 이루어졌는지 확인하여야 한다.

> **해설** 수익자의 확인이 아니라 **신탁업자의 확인**을 받아야 한다.

02 다음은 무엇을 말하는 것인가?

☐☐
> 집합투자재산에 속한 자산의 종류별로 집합투자재산평가위원회가 충실의무를 준수하고 평가의 일관성을 유지하며 평가한 가격을 말한다.

① 시가(market price)
② 공정가액(fair value)
③ 장부가격(취득원가)
④ 균형가격(parity)

> **해설** 공정가액(fair value)의 개념이다.

01 ② 02 ② **정답**

03 기준가격 산정과 관련한 다음의 설명 중 적절하지 않은 것은?

① 기준가격은 기준가격 공고·게시일 전날의 대차대조표에 계상된 자산총액에서 부채총액을 뺀 금액을 그 공고·게시일 전날의 집합투자증권 총수로 나누어 계산한다.

② 투자신탁이나 투자익명조합의 집합투자업자 또는 투자회사 등은 기준가격을 매일 공고·게시해야 한다.

③ 기준가격을 매일 공고·게시하기 곤란한 경우에는 해당 집합투자규약에서 기준가격의 공고·게시주기를 15일 이내의 범위에서 별도로 정할 수 있다.

④ MMF의 경우 처음 공시·게시한 기준가격과의 차이가 1000분의 3을 초과할 경우 지체 없이 기준가격을 변경하고 재공시·게시해야 한다.

> **해설** ①에서 기준가격 = (자산총액 − 부채총액)/집합투자증권 발행총수, MMF의 경우 1만분의 5를 초과하면 기준가격을 변경해야 한다.

집합투자기구의 회계감사의무와 관련된 설명 중 옳지 않은 것은?

① 집합투자업자 등은 집합투자재산에 대하여 회계기간 말일 등으로부터 3개월 이내에 회계감사인의
　감사를 받아야 한다.
② 각 집합투자기구 자산총액이 300억원 이하인 경우에는 회계감사의무가 면제된다.
③ 집합투자기구의 자산총액이 300억원 초과 500억원 이하인 경우로서 기준일 이전 6개월간 집합투
　자증권을 추가로 발행하지 아니한 경우는 회계감사의무가 면제된다.
④ 집합투자업자 등은 회계감사인을 선임하거나 교체한 경우에는 지체 없이 해당 신탁업자에게 통지
　하고 그 선임일 혹은 교체일로부터 1주일 이내에 금융위에 보고해야 한다.

해설　　3개월이 아니라 2개월이다.
　　　　②·③·④는 '자본시장법 제240조와 동법 시행령 제264조(회계감사 적용면제)'의 내용이다.

정답 ①

더 알아보기 ▶ 집합투자재산의 회계(일반회계와 다름)

결산기마다 대차대조표 / 손익계산서 / 자산운용보고서 및 그 부속명세서를 작성해야 한다. 펀드투자나 채권
자는 **영업시간 중**에 언제든지 비치된 서류를 열람 및 그 서류의 등본 또는 초본의 교부를 청구할 수 있다.

회계감사 의무
집합투자재산에 대해 회계기간의 말일로부터 **2개월 이내**에 회계감사인의 감사를 받아야 한다.
• 회계감사의무의 예외

자산총액이 **300억원 이하**인 집합투자기구	자산총액이 **300억원 초과 500억원 이하**인 펀드로써 기준일 이전 6개월 동안 집합투자증권을 추가로 발행하지 않은 집합 투자기구

이익금의 분배원칙
이익금은 금전 또는 새로 발행하는 집합투자증권으로 분배하는 것이 원칙이나, **규약에서 정할 경우 유보나
초과분배가 가능**하다. 단, MMF는 유보가 불가하다.

01 집합투자기구의 결산서류의 작성과 관련된 설명이다. 옳지 않은 것은?

① 투자회사의 감독이사는 결산서류의 승인을 위하여 이사회 개최 1주 전까지 그 결산서류를 이사회에 제출하여 승인을 받아야 한다.
② 자본시장법은 펀드에 대해서는 일반기업과 다른 회계처리기준을 적용하도록 하고 있으며, 펀드회계기간에 대해서도 아무런 규정을 두고 있지 않다.
③ 집합투자기구의 투자자 및 채권자는 영업시간 중 언제든지 비치된 서류를 열람할 수 있으며 그 서류의 등본 또는 초본의 교부를 청구할 수 있다.
④ 집합투자업자 등은 집합투자재산에 관하여 회계처리를 하는 경우 증권선물위원회의 심의를 거쳐 정하여 고시한 회계처리기준에 따라야 한다.

> **해설** 투자회사의 경우 결산서류의 승인업무 등은 **법인이사**가 한다(법인이사와 감독이사의 역할을 구분할 것).
> ② 펀드의 회계결산주기는 각 펀드별로 정하는 것으로 본다.

02 이익금의 분배와 관련한 다음 설명 중 옳지 않은 것은?

① 집합투자업자 등은 집합투자재산의 운용에 따라 발생한 이익금을 투자자에게 금전 또는 새로 발행하는 집합투자증권으로 분배해야 한다.
② MMF를 포함하여 모든 집합투자기구의 경우 집합투자규약이 정하는 바에 따라 이익금의 분배를 집합투자기구에 유보할 수 있다.
③ 투자회사의 경우 순자산액에서 최저순자산액을 뺀 금액을 초과하여 분배할 수 없다.
④ 집합투자업자 등은 이익금을 초과하여 금전으로 분배하려는 경우에는 집합투자규약에 그 뜻을 기재하고 이익금의 분배방법 및 시기, 그 밖에 필요한 사항을 미리 정해야 한다.

> **해설** MMF는 제외된다. 즉 MMF는 이익금의 분배를 유보할 수 없고 나머지 집합투자기구는 규약에서 정할 경우 유보할 수 있다.

투자신탁을 설정한 집합투자업자는 법정해지 사유가 발생하면 지체 없이 투자신탁을 해지하여야 한다. 다음 중 법정해지 사유에 속하지 않은 것은?

① 투자신탁의 수익자 전원이 동의하는 경우
② 신탁계약에서 정한 신탁계약기간의 종료
③ 수익자총회에서의 투자신탁 해지 결의
④ 투자신탁의 피흡수합병

해설 ①은 '사전승인이 필요 없는 임의해지 사유'에 속한다.

정답 ①

더 알아보기 ▶ 집합투자기구의 해지·해산

투자신탁의 해지

법정해지	임의해지
아래의 사유가 발생하면, 지체 없이 투자신탁을 해지하고 **금융위에 보고(사후보고)**해야 한다.	사전승인을 받아야 하나, **아래에 해당하는 사유는 사전승인 없이 해지가 가능**하다.
1) 신탁계약에서 정한 신탁계약의 종료 2) 수익자총회에서의 투자신탁 해지결의 3) 투자신탁의 피흡수합병 4) 투자신탁의 등록취소 5) 전체 수익자의 수가 1인이 되는 경우(단, 예외가 있을 수 있음) 6) 투자신탁인 전문투자형사모펀드가 요건을 갖추지 못해 해지명령을 받은 경우	1) 수익자 전원이 동의한 경우 2) 수익증권 전부에 대한 환매청구 시 3) 설정 후 1년이 되는 날에 원본액이 50억원 미만인 경우 4) 설정 후 1년이 지난 후 1개월간 계속하여 투자원본액이 50억원 미만인 경우

투자회사의 해산
• 일반적인 경우(존속기간만료, 주총의 해산결의), **법인이사가 청산인, 감독이사가 청산감독인**이 된다.
• 해산 시 청산인은 해산일로부터 **30일 이내**에 해산 사유 등을 금융위에 보고해야 한다.
• 채권자에 대한 청산공고 : 청산인은 취임한 날부터 1개월 이내에 투자회사의 채권자에 대하여 일정기간 이내에 그 채권을 신고할 것과 그 기간 이내에 신고하지 아니하면 청산에서 제외된다는 뜻을 **2회 이상** 공고함으로써 최고해야 한다. 이 경우 신고기간은 **1개월 이상**으로 하여야 한다.

01 투자신탁이 집합투자기구를 해지하려면 사전에 금융위의 승인을 받아야 한다. 그러나 수익자의 이익을 해할 우려가 없는 경우로서 '대통령령이 정하는 경우'에는 금융위의 승인 없이 해지할 수 있다. 다음 중 '대통령령이 정하는 경우'에 해당되지 않는 것은?

① 수익자 전원이 동의한 경우
② 해당 투자신탁의 수익증권 전부에 대한 환매의 청구를 받아 신탁계약을 해지하려는 경우
③ 공모·추가형펀드로서 설정한 후 1년이 되는 날에 원본액이 50억원 미만인 경우
④ 공모·추가형펀드로서 설정한 후 1년이 지난 후 3개월간 계속하여 투자신탁의 원본액이 50억원 미만인 경우

> 해설 3개월이 아니라 1개월이다.

02 다음은 투자회사의 해산 및 청산에 관련한 설명이다. 빈칸에 들어갈 수 없는 것은?

> • 투자회사가 정관에서 정한 존속기간의 만료 등으로 해산하게 되면, 청산인은 해산일로부터 (　) 이내에 해산 사유 등을 금융위에 보고하여야 한다.
> • 청산인은 취임한 날부터 1월 이내에 투자회사의 채권자에 대하여 일정기간 이내에 그 채권을 신고할 것과 그 기간 이내에 신고하지 않으면 청산에서 제외된다는 뜻을 (　) 이상 공고함으로써 최고하여야 한다. 이 경우 그 신고기간은 (　) 이상으로 해야 한다.

① 2회
② 2주
③ 30개월
④ 1개월

> 해설 차례대로 30일 이내, 2회, 1개월이다.

투자신탁 등 집합투자지구의 합병과 관련한 다음 설명 중 잘못된 것은?

① 투자신탁과 투자회사는 투자회사하고만 합병이 가능하다.

② 합병을 위해서는 수익자총회 또는 주주총회의 승인을 얻어야 한다.

③ 존속하는 투자신탁 또는 투자회사는 그 집합투자업자가 금융위에 합병보고를 함으로써 효력이 발생한다.

④ 합병으로 소멸하는 투자신탁이나 투자회사는 청산절차를 거쳐야 한다.

해설　　합병으로 소멸하는 경우는 청산절차를 거치지 않는다. ②에서 소규모합병의 경우에는 총회결의의무가 생략된다.

정답 ④

더 알아보기 ▶ 집합투자기구의 합병

　합병절차 : 합병계획서 → 수익자총회 승인 → 합병가능(투자신탁 ↔ 투자신탁, 투자회사 ↔ 투자회사)
　• 합병은 수익자총회 결의사항이나, 소규모합병의 경우 총회결의의무가 면제된다.
　• 합병으로 소멸하는 투자신탁(투자회사)은 **청산절차 없이** 소멸된다.

빈칸이 알맞게 연결된 것은?

> • (㉠)은 그 자체로는 법인격이 없으므로 (㉡)는 운용지시만을 하고 (㉢)가 그 지시에 따라 거래를 집행한다.
> • (㉣)는 그 자체로 법인격이 있으므로 (㉡)는 집합투자업자의 명의로 취득·처분을 하고 (㉢)에게 해당 자산의 보관·관리를 지시한다.

	㉠	㉡	㉢	㉣
①	투자신탁	집합투자업자	신탁업자	투자회사
②	투자신탁	신탁업자	집합투자업자	투자신탁
③	투자회사	집합투자업자	신탁업자	투자신탁
④	투자회사	신탁업자	집합투자업자	투자신탁

해설　법적인 형태에 따른 운용형태의 차이점이다. 투자신탁은 법인격이 없으므로 집합투자기구의 명의로 취득·처분을 할 수 없다. 그래서 '집합투자업자의 운용지시 → 신탁업자의 취득·처분'의 형태가 된다. 반면 투자회사는 법인격이 있으므로 집합투자기구의 명의로 취득·처분을 할 수 있고 직접 취득·처분한 자산에 대해서 신탁업자에게 보관·관리를 지시한다.

정답 ①

더 알아보기 ▶ 자산운용의 지시와 실행

구 분	투자신탁	투자회사
운용의 실질주체	집합투자업자	집합투자업자
운용의 명의	집합투자기구 명의 × (수탁자 명의 ○)	집합투자기구 명의 ○
취득·처분 수행	수탁자[주]	집합투자업자
보관·관리 수행	수탁자	수탁자

* 주 : 투자신탁의 경우 그 자체로 법인격이 없으므로 집합투자업자가 지시, 신탁업자가 거래를 집행하는 구조이다. 그러나, 투자운용의 효율성과 적시성 확보를 위해 집합투자업자가 직접 거래를 수행하는 예외를 인정하고 있다(예외인정 : 상장증권 매매 / 장내파생상품 매매 / 단기대출 / CD매매 / 위험회피 목적의 장외파생상품 매매 등).

01 투자신탁의 집합투자업자가 운용자산을 직접 취득·처분할 수 자산과 가장 거리가 먼 것은?

☐☐
① 상장증권의 매매
② 장내파생상품의 매매
③ 장외파생상품의 매매
④ 단기대출

> 해설
> 장외파생상품은 **위험회피 목적**에 한해서 직접 처분·취득이 가능하다.

다음 빈칸에 알맞은 것은?

> 각각의 집합투자기구는 동일종목 증권에 자산총액의 (　　)를 초과하여 투자할 수 없다.

① 10%　　　　　　　　　　　　　　② 20%
③ 30%　　　　　　　　　　　　　　④ 40%

해설　동일종목 증권의 투자한도는 10%이다. 집합투자기구는 전문가에 의한 간접투자상품으로써 안정성을 제고하기 위해 분산투자를 강제하고 있다.

정답 ①

더 알아보기 ▶ 자산운용의 제한

증 권	파생상품	집합투자증권	부동산
• **동일종목 투자한도** → 10% [예외] 국채100%, 지방채/ 특수채 30% • **동일법인 지분증권** → 각 10% 전체 20%	• 위험평가액 한도 : 순자산 액의 100%(사모 400%) • 동일법인 발행증권의 위험 평가액한도 → 자산총액의 10%	• **펀드투자한도** → 단일펀드 에 20%, 전체펀드에 50% • **재간접펀드에 투자불가**	• **국내부동산취득 후 1년내 처분제한**^주(해외부동산은 정한 기간 이내) • **토지상태로 매입 후 개발 전 상태로 매도제한**

• 증권 : **국채 / 통안채(한국은행발행 특수채) / 정부가 원리금을 보증하는 채권**은 100% 운용이 가능하다.
• 파생상품 : 비적격투자자와는 장외파생상품거래를 할 수 없다(공모·사모 모두 적용됨).
• 집합투자증권 : 단일펀드를 대상으로 20%, 동일업자가 운용하는 전체펀드를 대상으로는 50%^{주1}를 초과하여 투자할 수 없다.
* 주1 : 사모펀드에 투자하는 재간접집합투자기구(2017.5 자본시장법 개정으로 허용)는 100%까지 투자가 가능하다.

01 동일종목 투자한도의 예외를 설명한 것이다. 잘못된 것은?

번 호	동일종목	동일종목 투자한도
①	국채·통화안정증권·정부 원리금보증채권	100%
②	지방채	100%
③	특수채·파생결합증권·OECD회원국 정부발행채권	30%
④	지분증권	10%

 지방채는 30%이다(③과 동일함).

02 다음 빈칸에 알맞은 것은?

- 각각의 집합투자기구는 자산총액으로 동일법인이 발행한 지분증권 총수의 (㉠)%를 초과하여 투자할 수 없다.
- 동일한 집합투자업자가 운용 중인 다수의 집합투자기구의 자산총액으로 동일법인이 발행한 지분증권에 투자할 경우 (㉡)%를 초과할 수 없다.

	㉠	㉡
①	10%	20%
②	10%	20%
③	20%	30%
④	20%	50%

해설 동일법인 발행 지분증권에 대해서 각각의 집합투자기구는 자산총액의 10%, 전체 집합투자기구의 경우 자산총액의 20%까지 투자할 수 있다.
※ 동일법인이 발행한 지분증권에 대한 투자한도 제한의 이유는?
   첫째, 분산투자를 강제하기 위한 차원이다(동일종목 투자한도 10%)
   둘째, 경영권 위협의 문제가 발생하기 때문이다.
- 집합투자재산은 운용업자(집합투자업자)의 재산이 아니라 고객의 재산이다. 따라서 고객의 재산으로 특정회사의 지분증권을 과도하게 매입할 경우 고객의 재산으로 회사를 지배할 수 있다는 문제점이 발생한다.

03 파생상품의 운용제한에 대한 설명이다. 옳지 않은 것은?

① 일정한 적격요건을 갖추지 못한 자와 장외파생상품을 거래할 수 없다.
② 파생상품 매매에 따른 위험평가액은 공모 집합투자기구의 순자산액의 100%를 초과할 수 없다.
③ 기초자산 중 동일법인이 발행한 증권의 가격변동으로 인한 위험평가액이 각 집합투자기구 자산총액의 10%를 초과할 수 없다.
④ 동일 거래상대방에 대한 장내파생상품 매매에 따른 위험평가액이 각 집합투자기구 자산총액의 10%를 초과할 수 없다.

> **해설**
>
> 동일 거래상대방에 대해 위험평가액의 제한을 두는 것은 신용위험(default risk) 때문이고, **신용위험은 장외거래에서 발생한다**(장내거래에서는 거래소의 청산소가 결제이행을 책임지므로 신용위험이 발생하지 않는다).
>
> ※ 파생상품 매매에 따른 위험평가액 한도 – 순자산가액의 100%
> 집합투자기구의 순자산가액 = 자산총액 – 부채총액. 즉, 순자산가가액은 **자산총액에서 부채총액을 뺀 가액**이고 순자산가액의 100%를 초과할 수 없도록 하는 것은, 과도한 위험(자기자본을 초과하는 위험)을 부담하지 못하게 하는 차원이다.
>
>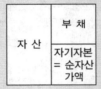
>
> 공모형펀드는 파생상품 매매에 따른 위험한도액이 순자산가액의 100%이나 전문투자형사모형펀드는 400%까지 허용된다.

04 다음은 집합투자증권의 운용제한에 대한 설명이다. 잘못된 것은?

① 동일한 집합투자기구에 대한 투자는 집합투자기구 자산총액의 20%를 초과할 수 없다.
② 동일한 집합투자업자가 운용하는 집합투자기구들에 대한 투자는 집합투자기구 자산총액의 50%를 초과할 수 없다.
③ Fund of funds, 즉 재간접투자기구에 대한 투자는 금지된다.
④ 사모집합투자기구에 투자할 경우 집합투자기구 자산총액의 10%를 초과할 수 없다.

> **해설**
>
> 사모집합투자기구에 대한 투자한도는 5%이다.

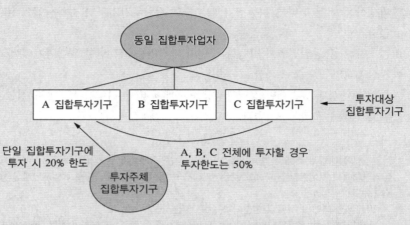

※ 집합투자증권의 운용제한
　상기 ①·②는 아래 그림과 같다.

- 펀드 오브 펀드(fund of funds)란 다른 집합투자기구에 자산총액의 40% 이상을 투자할 수 있는 집합투자기구를 말한다. 펀드는 본질적으로 간접투자기구인데, 다른 간접투자기구에 투자한다고 해서 **재간접투자기구**라고 하는 것이다.
  - **펀드 오브 펀드에 투자할 수 없다**는 운용제한은, 'fund of funds'에 투자하는 펀드는 재재간접투자기구가 되는데 이 경우 펀드의 본질인 전문투자성이 지나치게 희석되기 때문이라고 할 수 있다.

05 다음은 집합투자기구의 투자대상으로서 부동산의 운용제한에 대한 설명이다. 잘못된 것은?

① 집합투자기구에서는 주택법상 국내소재 부동산을 취득한 경우에는 취득일부터 1년 이내에는 처분이 금지된다.

② 집합투자기구의 합병, 해산의 경우에는 취득일로부터 1년 제한이 있더라도 부동산의 처분이 가능하다.

③ 공작물이 없는 토지를 취득한 후 개발사업 시행 전의 상태로 처분할 수 없다.

④ 토지상태로 취득한 후에 사업성이 떨어진 경우에는 개발사업 시행 전의 상태라도 처분이 가능하다.

해설

만일 사업성이 현저하게(뚜렷하게) 떨어진 경우에는 시행 전의 상태라도 처분을 할 수 있다.

05 ④ 　정답

다음 빈칸에 알맞은 것은?

- 집합투자기구에 속하는 증권총액의 (㉠)을 초과하여 환매조건부 매도를 할 수 없다.
- 각 집합투자기구에 속하는 증권의 (㉡)을 초과하여 증권을 차입할 수 없으며 (㉢)를 초과하여 대여할 수 없다.

	㉠	㉡	㉢
①	50%	200%	100%
②	100%	200%	100%
③	50%	20%	50%
④	100%	20%	50%

해설　50%, 20%, 50%이다. 환매조건부 매도(RP)는 일정한 기간 후에 되사는 것을 전제로 매도하는 거래를 말하는데, 환매조건부 매도는 차입의 일종이므로 일정한 비율규제를 받는 것이다.

　　　　　　　　　　　　　　　　　　　　　　　　　　　　　　　　　　　　정답 ③

더 알아보기 ▶ 증권의 차입·대여 VS 금전차입·대여

구분(공모형펀드)	증 권		금 전	
	차 입	대 여	차 입	대 여
허용한도	20%	50%	×	×

[추가사항 : 환매조건부매매제한]
각 펀드는 보유한 증권총액의 50%를 초과하여 RP매도를 할 수 없다.

- 금전차입불가의 예외 : 일시적 환매대금지급 곤란 시 순자산총액의 10%까지 차입가능(단, 금융기관으로부터) 그리고 차입을 한 경우에는 해당 차입금을 전액 변제하기 전까지는 투자대상 자산을 추가로 매수할 수 없다.
- 공모형펀드에서 펀드의 부실화를 방지하기 위해서 금전의 차입과 대여를 금지한다. 그러나 증권의 대여와 차입은 대여의 경우 수수료수입 등 수익성 제고차원, 차입은 대주거래 증 거래의 필요성으로 허용하되, 지나친 차입은 부실을 초래할 수 있으므로 더 낮은 비율이 대여보다는 낮은 비율이 적용되는 것이다.

01 집합투자기구의 금전차입과 관련한 설명이다. 틀린 것은?

① 환매청구가 대량으로 발생하여 일시적으로 환매대금 지급이 곤란하게 된 경우
② 집합투자자총회 안건에 반대하는 투자자의 매수청구가 대량으로 발생하여 일시적으로 매수대금 지급이 곤란한 경우
③ 차입이 허용될 경우 차입상대방은 금융기관이어야 한다.
④ 차입이 허용될 경우 차입금은 차입 당시 집합투자재산 순자산총액의 20%를 넘을 수 없다.

> **해설**
> 예외적으로 차입이 허용된다 하더라도 차입 당시의 집합투자재산 순자산총액의 10%를 초과할 수 없다(금융기관으로부터 차입해야 함).
> ※ 공모형펀드에서의 금전차입·대여와 증권차입·대여 규제가 다른 이유
> 공모형펀드에서 펀드의 부실화를 방지하기 위해서 금전의 차입과 대여를 금지한다. 그러나 증권의 대여는 수수료수입 등 수익성 제고차원, 차입은 대주거래 등 거래의 필요성이 있어 제한적으로 허용하는 것이다.

02 다음 중 옳은 설명은?

① 집합투자업자는 집합투자재산을 운용함에 있어 채무보증이나 담보제공을 할 수 없다.
② 집합투자업자는 집합투자재산을 운용함에 있어 어떠한 경우에도 금전을 타인에게 제공할 수 없다.
③ 집합투자업자는 집합투자재산을 운용함에 있어 어떠한 경우에도 금전을 차입할 수 없다.
④ 집합투자업자는 집합투자재산을 운용함에 있어 증권의 차입과 대여도 금지된다.

> **해설**
> 펀드부실화를 막기 위해 금전차입과 대여가 제한되는 것과 같은 맥락으로, **채무보증과 담보제공은 불가하다.**
> ② 콜론, 금융기관 등에 대한 30일 이내의 단기대출은 허용된다(안전하므로).
> ③ 일시적인 자금부족의 경우 예외를 두고 있다.
> ④ 금전차입·대여는 원칙적 금지이나 증권의 대여(50%)·차입(20%)는 제한적으로 가능하다.

빈칸에 순서대로 바르게 연결한 것은?

> • 집합투자업자가 운용하는 전체 집합투자기구의 집합투자증권을 (   ) 이상 판매한 판매업자나, 집합투자재산의 (   ) 이상 보관·관리하는 신탁업자는 이해관계인이다.
> • 이해관계인이 되기 (   ) 이전에 체결한 계약은 이해관계인과의 거래금지대상이 아니다.

① 30%, 30%, 3개월
② 30%, 30%, 6개월
③ 10%, 10%, 3개월
④ 10%, 10%, 6개월

해설 차례대로 30%, 30%, 6개월이다. 이해관계인이 되기 6개월 이전의 거래는 예외가 인정된다.

정답 ②

더 알아보기 ▶ 집합투자기구의 거래제한

이해관계인과의 거래제한

이해관계인의 범위	이해관계인과의 거래제한의 예외
• 집합투자업자의 대주주, 임직원 및 그 배우자(계열사도 포함) • 집합투자증권을 **30% 이상 판매한 판매업자** • 집합투자증권을 **30% 이상 보관하는 수탁업자**	• 이해관계인이 되기 6개월 이전 체결한 거래 • 장내시장(공개시장)에서 하는 거래 • **집합투자기구에 유리한 거래**

집합투자업자의 계열사발행증권에 대한 투자제한
• 집합투자업자는 자기가 운용하는 펀드재산으로 해당 집합투자업자가 발행한 증권은 취득 할 수 없다.
  예 삼성투신이 발행한 주식을 삼성투신이 운용하는 펀드재산으로 취득불가
• 그러나, 계열사가 발행한 증권은 일정 한도까지 취득이 가능하다(보충문제 1 참고).

집합투자기구의 불건전 영업행위 제한(보충문제 2 참고)

01 빈칸을 순서대로 바르게 연결한 것은?

> 집합투자업자는 계열사가 발행한 지분증권에 투자하고자 하는 경우, 자신이 운용하는 전체 집합투자기구가 지분증권에 투자가능한 금액의 (   ) 및 각 집합투자기구 자산총액의 (   )를 초과할 수 없다.

① 10%, 30%

② 5%, 25%

③ 30%, 30%

④ 30%, 50%

해설 차례대로 5%, 25%이다(cf. 계열사가 아닌 집합투자업자가 발행한 증권은 취득불가).

02 다음 중 집합투자기구의 불건전 영업행위에 대한 설명이다. 틀린 것은?

① 특정 집합투자기구의 이익을 해하면서 자기 또는 제3자의 이익을 도모하는 행위

② 투자운용인력이 아닌 자에게 집합투자재산을 운용하게 하는 행위

③ 특정 집합투자재산을 고유재산 또는 그 집합투자기구가 운용하는 다른 집합투자재산 또는 신탁재산과 거래하는 행위

④ 증권시장과 파생상품시장 간의 가격차이를 이용한 차익거래를 하는 행위

해설 ①·②·③은 집합투자기구의 불건전 영업행위로써 금지된다. 단, ④는 정상적인 무위험거래이다. 참고로 ③은 자전거래를 말하는데 금지되는 것이 원칙이다.

공모형펀드가 성과보수를 받을 수 있는 요건을 나열한 것이다. 틀린 것은?

① 성과보수가 금융위가 정하는 일정한 기준지표에 의해 연동될 것
② 운용성과가 기준지표의 성과를 초과하면 성과보수를 받을 수 있는 체계를 갖출 것
③ 금융위가 정하는 최소투자금액 이상을 투자한 투자자로만 구성될 것
④ 최소 존속기간이 1년 이상이어야 하고, 폐쇄형펀드 형태여야 하며, 집합투자증권을 추가로 발행하지 않을 것

해설 기준지표의 성과를 초과한다고 하더라도 해당 운용성과가 부의 수익률을 나타내거나 성과보수 지급 후 부의 수익률이 되는 경우는 성과보수를 지급할 수 없다.
③ 최소투자금액이란, '개인 5억원, 법인 10억원' 이상을 말한다.
④ 폐쇄형 이어야 한다는 것은, 개방형의 경우 운용성과의 측정이 어렵기 때문이다.

정답 ②

더 알아보기 ▶ 공모펀드에서 성과보수를 받을 수 있는 요건

원칙적으로는 불가하나, 금융위가 정하는 최소투자금액 이상을 투자한 투자자로 구성된 경우로서 아래 요건을 충족 시 가능하다.
• 성과보수가 금융위가 정하는 일정한 기준지표에 연동될 것
• 운용성과가 기준지표의 성과를 초과해야 한다(단, (-)의 수익률이거나, 성과보수 지급 후 (-)의 수익률이 되는 경우는 불가함).
• 최소 존속기간 1년 이상, 폐쇄형펀드, 집합투자증권을 추가로 발행하지 않을 것
• 성과보수의 상한선을 정할 것(2017.5 자본시장법 개정사항)

보충문제

01 다음 중 성과보수를 받을 수 있는 것은?(기준지표 등 나머지 요건은 성과보수요건에 충족된다고 가정함)

번 호	운용성과(%)	기준지표(%)
①	15%	18%
②	7%	2%
③	-2%	-10%
④	0%	-3%

해설 일단, 운용성과가 기준지표의 성과를 초과해야 하고, 운용성과가 기준지표를 초과한다 하더라도 부의 수익률(③의 경우)이 아니어야 하고, 성과보수를 지급하고 난 후 부의 수익률(④의 경우)이 되어서는 안 된다.

의결권 제한에 대한 설명이다. 틀린 것은?

① 집합투자기구가 취득한 주식에 대해 의결권을 행사하는 것은 운용의 일부분에 해당하며, 집합투자업자의 위임을 받아 수탁업자가 의결권을 행사하게 된다.

② 집합투자업자는 의결권 행사 시 선관주의 의무와 충실의무를 지켜야 한다.

③ 집합투자업자는 의결권 공시대상법인에 대한 의결권 행사여부 및 그 내용을 영업보고서에 기재해야 한다.

④ 의결권 행사 내용에 대한 공시방법은 직전년도 4월 1일부터 1년간 의결권행사 내용을 4월 30일까지 증권시장을 통하여 공시해야 한다.

해설 집합투자업자가 직접 행사한다.

정답 ①

더 알아보기 ▶ 의결권의 제한

집합투자업자의 의결권 행사 : 핵심유형문제 참고

의결권행사여부의 공시 : 의결권공시대상법인의 요건(보충문제 1 참고)

보충문제

01 의결권 공시대상법인은 각 집합투자기구에서 소유하는 주식이 그 집합투자기구 자산총액의
□□ (　　)% 이상이거나 (　　)억원 이상인 경우 그 주식발행법인을 말한다. 빈칸에 들어갈 내용을 차례대로 나열한 것은?

① 5, 50

② 5, 100

③ 10, 100

④ 10, 200

해설 차례대로 5%, 100억원이다.

다음은 자산운용의 공시 등에 관한 사항이다. 잘못 설명된 것은?

① 집합투자업자는 자산운용보고서를 3개월에 1회 이상 보고해야 한다.
② 해당 집합투자기구의 투자자에게 직접 또는 전자우편의 방법으로 교부해야 한다.
③ 자산운용보고서의 작성·교부비용은 투자자가 부담한다.
④ 투자자가 수시로 변동되는 등 투자자의 이익을 해할 우려가 없는 경우 등은 자산운용 보고서를 교부하지 않을 수 있다.

해설   집합투자업자가 부담한다. 자산운용보고서는 3개월에 1회 이상 교부한다. 단, 투자금액이 100만원 이하이거나 투자자의 전자우편주소가 없는 경우는 수시공시방법에 따른 공시로 교부를 대신할 수 있다.

정답 ③

더 알아보기 ▶ 자산운용과 장부서류에 관한 공시

자산운용보고서
• 집합투자업자 → 투자자, **3개월에 1회 이상** 보고, 교부비용은 집합투자업자가 부담

수시공시는 아래 3가지 방법을 모두 이행해야 한다.
인터넷 홈페이지에 공시 & 전자우편으로 투자자에게 공지 & 본·지점에 게시

장부서류의 열람 및 공시
투자자는 **영업시간 내에 서면으로** 집합투자재산에 대한 장부서류의 열람 또는 등초본의 교부를 청구할 수 있다(1좌만 있어도 가능, 집합투자업자는 **정당한 사유 없이는 거부할 수 없음**).

영업보고서는 분기종료 후 2개월 이내, 수시보고사항은 사유발생 후 2개월 이내에 제출한다.

공시내용의 구분

자산운용보고서	수시공시	수시보고사항
펀드의 자산·부채, 기준가격, 매매회전율 등 운용관련사항	투자운용인력의 변경, 기준가격 변경 등 중요사항 변경 시	펀드의 회계기간종료, 펀드의 해지 시 결산서류 제출

01 수시공시는 다음 중 세 가지의 방법을 모두 이행해야 하는데 해당 세 가지 방법에 속하지 않은 것은?

① 집합투자업자, 집합투자증권을 판매한 판매회사 및 금융투자협회의 인터넷 홈페이지를 이용하여 공시하는 방법
② 집합투자증권을 판매한 판매회사로 하여금 전자우편을 이용하여 투자자에게 알리는 방법
③ 집합투자업자, 집합투자증권을 판매한 본점과 지점, 그 밖의 영업소에 게시하는 방법
④ 수시공시사항에 대해 보고서를 교부하는 방법

> 해설 자산운용보고서는 있지만 수시공시는 보고서가 필요하지 않다.

02 다음 중 수시공시 사항이 아닌 것은?

① 투자운용인력의 변경
② 환매연기
③ 집합투자재산의 10%를 초과하는 대량환매의 청구
④ 부실자산이 발생한 경우 그 명세 및 상각률

> 해설 대량환매 자체는 수시공시 사항이 아니다. 대량환매 청구로 환매연기가 불가피하다면 수시공시 사항이 된다.

03 장부서류의 열람 및 공시에 관한 사항이다. 적절하지 않은 것은?

① 투자자는 영업시간 내에 서면으로 집합투자재산에 관한 장부·서류의 열람이나 등·초본의 교부를 청구할 수 있다.
② 집합투자업자는 정당한 사유가 없는 한 청구에 응해야 한다.
③ 집합투자재산에 관한 장부·서류열람권은 상법상의 회계장부열람권과 마찬가지로 일정한 지분이상의 소유가 있어야 청구가 가능하다.
④ 열람청구의 대상이 되는 장부는 집합투자재산명세서, 집합투자증권기준가격대장, 재무제표 및 그 부속명세서, 집합투자재산 운용내역서 이다.

상법상의 회계장부열람권은 5% 이상의 소수주주권이나 집합투자재산의 장부서류 열람권은 **한주(한좌) 만 있어도 청구가 가능하다**는 점에서 차이가 있다. ②에서 말하는 '정당한 사유'는 아래와 같다.

※ 집합투자업자가 장부·서류열람을 거부할 수 있는 '정당한 사유'
- 매매주문내역 등이 포함된 장부·서류를 제공함으로써 제공받은 자가 그 정보를 거래나 업무에 이용하거나 타인에게 제공할 것이 **뚜렷하게** 염려되는 경우
- 집합투자재산의 매매주문내역 등이 포함된 장부·서류를 제공함으로써 다른 투자자에게 손해를 야기할 가능성이 **명백히** 인정된 경우
- 해지·해산된 집합투자기구에 관한 장부·서류로써 보존기한 경과 등의 사유로 열람제공 요청에 **불가능한** 경우

04 장부서류의 열람청구 대상이 되는 서류가 아닌 것은?

① 집합투자재산명세서
② 재무제표 및 그 부속명세서
③ 집합투자업자의 투자회의록
④ 집합투자증권 운용·내역서

투자회의록은 집합투자업자의 고유권한상의 서류이므로 열람대상이 되지 않는다(cf. 집합투자증권 운용 내역서는 열람대상이 됨).

05 다음 빈칸에 알맞은 것은?

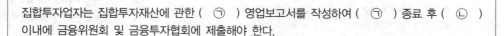

집합투자업자는 집합투자재산에 관한 (㉠) 영업보고서를 작성하여 (㉠) 종료 후 (㉡) 이내에 금융위원회 및 금융투자협회에 제출해야 한다.

	㉠	㉡
①	매분기	45일
②	매분기	2개월
③	매반기	45일
④	매반기	2개월

영업보고서는 매분기 종료 후 2개월 이내 작성, 제출한다(분기별 영업보고서).

※ 집합투자재산에 관한 3가지 보고사항 : 정기보고사항(영업보고서), 수시보고사항, 운용실적 비교공시

빈칸이 올바르게 채워진 것은?(순서대로)

- 집합투자업자는 파생상품 매매에 따른 위험평가액이 집합투자기구 자산총액의 (   )%를 초과하여 운용할 경우 그 계약금액, 위험지표를 인터넷 홈페이지를 통해 공시해야 한다.
- 장외파생상품 매매에 따른 위험평가액이 집합투자기구 자산총액의 (   )%를 초과하여 운용할 경우 위험관리방법을 작성하여 신탁업자의 확인을 받아 금융위원회에 신고해야 한다.

① 10, 10
② 10, 20
③ 20, 10
④ 20, 20

해설 10%, 10%이다. 파생상품 매매에 따른 위험평가액이 10%를 초과하면 파생상품펀드로 간주하고 투자자보호를 위해 위험지표 등의 공시의무를 갖는다.

정답 ①

더 알아보기 ▶ 파생상품·부동산 운용 특례

파생상품 운용 특례 : 파생상품 매매에 따른 위험평가액이 자산총액의 10% 초과 시 **위험지표 공시의무 부과**
(→ 이 경우 투자설명서에 위험지표 공시 사실을 기재해야 함)

부동산집합투자기구에 대한 부동산 운용 특례

금전차입과 대여	사업계획서 / 실사보고서	업무위탁
차입은 순자산액의 200%, 대출은 순자산액의 100%[주1]	**개발사업 시** 사업계획서 공시, **취득·처분 시** 실사보고서 작성 의무	부동산의 개발 / 관리·개량 / 임대 및 그 부수업무는 위탁가능(본질적업무는 위탁불가능)

* 주1 : 금전대여의 요건
  ㉠ 집합투자규약에서 금전대여에 관한 사항을 정하고 있을 것
  ㉡ 대여금회수를 위한 적절한 수단(부동산에 대한 담보권 설정, 시공사의 지급보증 등)을 확보할 것

- 부동산펀드가 아닌 경우에는, 해당 펀드가 보유하고 있는 부동산가액의 **70%까지** 차입가능
- 업무위탁이 불가능한 본질적 업무는 **운용업무, 평가업무** 등이다.

부동산 운용 특례 : 취득 후 단기간 내 처분제한(사모펀드에도 적용됨)
- 국내에 있는 부동산 중 주택법에 따른 주택은 3년 이내, 주택법에 해당하지 않는 부동산은 1년 이내 처분이 금지됨. 단, 펀드의 합병, 해지 등의 경우에는 예외가 적용된다.
- 토지를 매입한 후 개발사업 시행 전에 처분할 수 없다. 단, 펀드의 합병, 해지나 '사업성이 현저하게 떨어져 사업시행이 곤란하다고 객관적으로 증명되는 경우'는 예외가 적용된다.

01 부동산 운용 특례에 관한 설명이다. 옳지 않은 것은?

① 부동산집합투자기구는 순자산액의 200%까지 자금을 차입할 수 있다.

② 부동산집합투자기구가 아닌 경우에는 예외 없이 금전의 차입·대여가 금지된다.

③ 부동산집합투자기구의 집합투자재산으로 주택법상의 국내 부동산을 취득한 경우에는 1년 이내에 처분할 수 없다.

④ 부동산개발사업을 시행할 목적으로 건축물 기타 공작물이 없는 토지를 매입한 후 사업 시행 전에 처분하는 것은 제한된다.

> **해설** 일반 공모펀드의 경우 금전의 차입과 대여가 금지되나, 해당 펀드에 부동산자산이 있을 경우 그 가액의 70%까지는 차입을 할 수 있다. 이때 차입금은 부동산취득에만 사용해야 한다.

02 부동산펀드의 자산총액이 1천억원, 부채총액이 400억원이다. 이 부동산펀드가 받을 수 있는 차입금 한도와 대여금 한도는 얼마인가?(차입금 한도, 대여금 한도의 순서)

① 600억원, 400억원

② 1,200억원, 600억원

③ 400억원, 600억원

④ 800억원, 1,200억원

> **해설** 순자산가액 = 자산총액에서 부채총액을 뺀 가액
> 차입금 한도 = 순자산액 × 2배
> 대여금 한도 = 순자산액 × 1배

03 다음 중 부동산펀드의 집합투자업자가 위탁 가능한 운용관련 업무에 해당하지 않는 것은?

① 부동산의 취득·처분 및 그 부수업무

② 부동산의 개발 및 그 부수업무

③ 부동산의 관리·개량 및 그 부수업무

④ 부동산의 임대 및 그 부수업무

> **해설** 취득·처분은 위탁이 불가능한 본질적업무(운용업무, 평가업무 등)에 속한다.

다음은 자본시장법상의 펀드 분류를 설명한 것이다. 잘못된 것은?

① 집합투자재산의 50%를 초과하여 증권에 투자하는 집합투자기구를 증권집합투자기구라고 한다.

② 집합투자재산의 50%를 초과하여 특별자산에 투자하는 집합투자기구를 특별자산집합투자기구라고 하며, 여기서 특별자산이라 함은 증권과 부동산을 제외한 자산을 말한다.

③ 집합투자재산의 50%를 초과하여 단기금융상품에 투자하는 집합투자기구를 단기금융펀드(MMF)라고 한다.

④ 집합투자재산을 운용함에 있어 투자대상 자산의 제한을 받지 않는 집합투자기구를 혼합자산집합투자기구라고 한다.

해설　단기금융펀드는 집합투자재산의 전부를 단기금융상품에 투자하는 펀드를 말한다.

　정답　③

더 알아보기 ▸ 자본시장법상의 집합투자기구 5유형

내 용			펀드의 구분
펀드재산의 **50%를 초과하여**	증 권	에 투자하면	증권집합투자기구
	부동산		부동산집합투자기구
	특별자산		특별자산집합투자기구
펀드재산을 투자함에 있어 **투자대상의 비중제한이 없으면**			혼합자산집합투자기구
펀드재산의 **전부를** 단기금융상품에 투자하면			단기금융집합투자기구

특별자산의 포괄적 정의 : 증권과 부동산을 제외한 투자대상 자산을 말한다.

단기금융펀드(MMF) : 단기는 잔존만기를 의미하며, **MMF의 가중평균 잔존만기는 75일 이내**
- MMF 편입대상 : 남은 만기가 6개월 이내인 CD / 남은 만기가 1년 이내인 지방채, 특수채, 회사채 / 남은 만기가 5년 이내인 국채 / 단기대출 / 다른 MMF / 만기가 6개월 이내인 금융기관 또는 체신관서에의 예치 / 전자단기사채
- MMF 운용제한(1) : 채무증권의 신용평가등급이 상위 2개 등급이어야 함(**최상위등급은 5%, 차상위등급은 2%까지 투자 가능**) 펀드재산의 **40% 이상을 채무증권으로 편입**해야 함
- MMF 운용제한(2) : 아래의 대상에는 10% 이상 투자해야 함
  - 현금, 국채, 통안증권, RP매수, 단기대출, 수시입출금이 가능한 금융기관 예치, 잔존만기가 1영업일 이내인 CD·지방채·특수채 등
- 환매조건부 매도(RP매도)는 증권총액의 5%를 초과할 수 없다.
- MMF는 현금등가물로 취급하며 이를 위해 **장부가로 평가**
- MMF는 증권에만 투자할 수 있다(파생상품, 부동산, 특별자산에는 투자할 수 없다).

01 다음 중 부동산자산으로 인정되지 않는 것은?

① 부동산개발회사가 발행한 증권

② 국공채가 신탁재산·집합투자재산·유동화자산의 50% 이상을 차지하는 경우의 그 수익증권·집합투자재산·유동화증권

③ 부동산투자회사가 발행한 주식

④ 유동화자산의 70% 이상이 부동산·부동산 관련 자산인 유동화증권

②는 증권 자산이다. 증권집합투자기구는 세부 편입대상에 따라 주식형, 채권형, 혼합형으로 구분된다.

※ 형식은 증권이지만 내용상 부동산에 속하는 자산

1) 부동산개발회사, 부동산투자회사, 부동산투자목적회사가 발행한 증권

2) 부동산, 지상권, 금전채권(부동산을 담보로 한 경우에만 해당) 등의 자산이 신탁재산·집합투자재산·유동화자산의 50% 이상을 차지하는 경우의 해당 수익증권·집합투자재산·유동화증권

3) 부동산투자회사가 발행한 주식

4) 유동화자산이 70% 이상이 부동산·부동산 관련 자산인 유동화증권

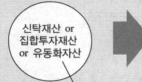

신탁재산 or
집합투자재산
or 유동화자산

부동산 자산이 50% 이상

이러한 수익증권·집합투자증권·유동화증권을 50%를 초과하여 집합투자기구에 편입하면 부동산집합투자기구가 된다.

02 단기금융펀드에 대한 설명이다. 적절하지 않은 것은?

① 만기가 단기인 금융상품에 투자하는 펀드이다.
② 집합투자재산의 남은 만기의 가중평균된 기간이 75일 이내이어야 한다.
③ 투자대상인 채무증권은 취득시점의 신용평가등급이 상위 2개 등급이어야 한다.
④ 동일인이 발행한 채무증권에 대한 투자는 최상위등급은 5%, 차상위등급은 2%를 초과할 수 없다.

> **해설** 만기가 단기가 아니라 **잔존만기가 단기**이다. 즉 남은 만기가 5년 미만인 국채에도 투자할 수 있는데 펀드 전체의 가중평균 잔존만기가 단기(75일 이내)이어야 함을 말한다.

03 다음 중 MMF가 투자할 수 있는 자산으로만 묶인 것은?

㉠ 증권	㉡ 파생상품
㉢ 부동산	㉣ 특별자산

① ㉠
② ㉠, ㉡
③ ㉠, ㉡, ㉢
④ ㉠, ㉡, ㉢, ㉣

> **해설** MMF는 증권(안전성이 높은 단기금융상품)만을 매수할 수 있다.

02 ① 03 ① 정답

다음 중 환매금지형으로 설정·설립해야 하는 것이 원칙인 펀드가 아닌 것은?

① 부동산펀드
② 특별자산펀드
③ 혼합자산펀드
④ 시장성 없는 자산에 펀드총액의 15%를 투자하고 있는 펀드

해설　시장성 없는 자산에 20%를 초과하여 투자할 때 환매금지형집합투자기구로 설정·설립해야 한다. 나머지 ①·②·③은 유동성이 부족하기 때문에 환매금지형이 원칙이다.

정답 ④

더 알아보기 ▶ 특수한 형태의 집합투자기구 분류(5유형)

환매금지형	종류형	전환형	모자형	ETF
90일이내 상장의무 (부동산 / 특별자산 / 혼합자산펀드)	판매수수료체계는 다르나 운용·신탁보수는 동일해야함	타펀드로 전환할 수 있는 권리(환매수수료 부과되지 않음)	母펀드에 子펀드만 투자가 가능함, 공모대상은 子펀드	30일 이내 상장의무 (상장형 / 실물형 / 개방형 / 인덱스형)

- **시장성 없는 자산이 20% 초과** 시 환매금지형으로 설정해야 한다(**10% 초과 시**는 연기사유가 됨).
- 판매회사가 종류형펀드를 판매 시에는, 판매보수나 판매수수료체계가 다른 여러 종류의 집합투자증권이 있다는 사실과 그 차이를 설명해야 한다.
- 판매업자는 모집합투자기구의 집합투자증권을 투자자에게 판매할 수 없다.
- ETF(Exchanged Traded Fund ; 상장지수펀드) 개요

> 1) 지수(인덱스)의 변화에 연동하여 운용하는 것을 목표로 하는 집합투자기구 → 상장된 인덱스펀드
> 2) 증권실물의 설정과 환매가 가능하며, 일반투자자들은 증권시장에서 거래할 수 있다(30일 이내 상장의무).
> 3) ETF는 자산총액의 30%까지 동일종목(동일법인이 발행한 지분증권에 대해서는 20%)에 투자 가능하다.
> 4) ETF 특례(→ ETF가 편입하는 주식은 지수구성차원의 편입일 뿐이므로 여러 가지 의무가 면제됨) : 이해관계인과 거래할 수 있다. / ETF는 중립투표의무를 지닌다. / 자산운용보고서를 교부하지 않아도 된다.

01 환매금지형집합투자기구에 대한 설명이다. 잘못된 것은?

① 폐쇄형펀드는 환매 자금 마련을 위한 불필요한 포트폴리오 처분을 하지 않아도 되므로 안정적인 운용을 할 수 있다.

② 폐쇄형펀드(공모형)는 집합투자증권을 최초로 발행한 날로부터 90일 이내에 그 집합투자증권을 증권시장에 상장해야 한다.

③ 존속기간을 정한 집합투자기구에 한하여 폐쇄형으로 만들 수 있다.

④ 폐쇄형펀드는 단위형이므로 어떠한 경우에도 집합투자증권을 추가로 발행할 수 없다.

> **해설**
> 폐쇄형은 집합투자증권을 추가로 발행할 수 없는 것이 원칙이지만 예외가 있다.
> ※ 폐쇄형펀드에서 집합투자증권의 추가발행이 가능한 경우
> • 기존 집합투자자의 이익을 해할 우려가 없는 경우로서 신탁업자의 확인을 받은 경우
> • 이익분배금 범위 내에서 집합투자증권을 추가로 발행하는 경우
> • 기존 투자자 전원의 동의를 받은 경우
> • 기존 투자자에게 집합투자증권의 보유비율에 따라 추가로 발행되는 집합투자증권의 우선 매수기회를 부여하는 경우

02 종류형집합투자기구(Multi-class fund)에 대한 설명이다. 잘못된 것은?

① 종류형집합투자기구란 하나의 펀드 내에 판매보수, 판매수수료 등 판매수수료 체계가 다른 수종의 집합투자증권이 존재하는 것을 말한다.

② 종류형펀드는 판매수수료를 관리하는 차원에서 판매회사(투자매매·중개업자)의 편의를 제고하기 위해 만들어진 것이다.

③ 종류형펀드에서는 특정 종류의 집합투자자만으로 구성된 종류형집합투자자 총회 개최가 가능하다.

④ 종류형펀드에서 판매수수료 체계는 서로 다르지만 운용보수, 신탁보수 등은 반드시 동일해야 한다.

> **해설**
> 판매회사의 편의가 아니라, **집합투자재산의 효율적 운용**을 위한 것이다.
> ※ 종류형 집합투자기구란?
> • 개념 : 판매수수료 체계만 다른 여러 클래스의 펀드가 남발될 경우 그 자산규모가 작아서 효율적인 운용이 어렵게 된다. 따라서 동일한 집합투자업자가 발행하고 판매수수료체계만 다른 여러 클래스의 펀드를 하나로 합쳐(multi-class fund), 펀드자산의 '규모의 경제(economy of scale)' 효과를 가져올 수 있도록 한 것이다.
> • 주의할 것은 **운용보수, 신탁보수는 같아야 한다는 것이다.** 운용보수와 신탁보수 등 판매수수료 체계를 제외한 나머지는 동일해야 동일한 운용이 가능하다.
> • 판매회사가 종류형집합투자증권을 판매할 경우에는 판매보수나 판매수수료가 다른 여러 종류의 집합투자증권이 있다는 사실과 그 차이를 설명해야 한다.

03 전환형집합투자기구(Umbrella fund)에 대한 설명이다. 잘못된 것은?

① 복수의 집합투자기구 간에 미리 정해진 다른 집합투자기구로 전환할 수 있는 권리가 부여 된 것을 말한다.

② 전환이 가능한 복수의 펀드 간에는 공통으로 적용되는 집합투자규약이 있어야 한다.

③ 전환 시에는 환매수수료가 부과된다.

④ 종류형펀드에서는 다른 클래스로 전환하면 포트폴리오가 변경되지 않으나, 전환형펀드에 서 다른 펀드로 전환하면 포트폴리오가 변경된다는 차이점이 있다.

> **해설** 전환 시에 환매수수료를 부과한다면 굳이 전환형펀드에 가입할 이유가 없다.
> ※ 엄브렐러 펀드 VS 카멜레온 펀드
> 전환대상의 펀드가 두개만 존재할 경우 카멜레온 펀드라고 하고, 세개 이상의 복수의 펀드가 존재할 경우 엄브렐러 펀드라고 한다.
>
>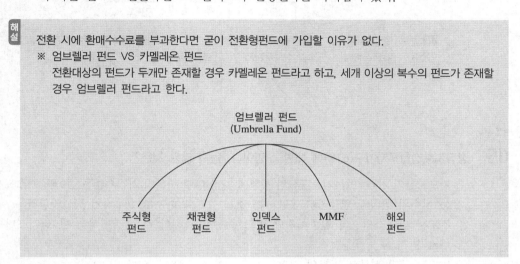

04 모자형집합투자기구(Master—Feeder fund)에 대한 규제의 내용이다. 옳지 않은 것은?

① 자펀드와 모펀드의 집합투자업자가 동일할 것

② 자펀드가 모펀드 외의 다른 펀드에 투자하지 말 것

③ 자펀드 외의 자가 모펀드에 투자하지 말 것

④ 자펀드와 모펀드 모두 공모로 설정할 것

> **해설** 모펀드는 타 펀드의 투자대상이 될 수 없으므로 모펀드는 공모 대상이 될 수 없다.

※ 모자형펀드에 대한 규제
상기 ①·②·③이 모자형펀드의 규제에 해당되는데 그림으로 설명하면 아래와 같다.

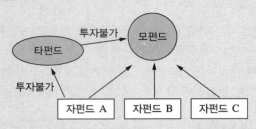

<u>참고</u> 모자형집합투자기구(Mater-Feeder fund)의 정의 : 다른 집합투자기구(모펀드)가 발행하는 집
합투자증권을 취득하는 구조의 집합투자기구(자펀드)를 말한다.

05 상장지수집합투자기구(ETF)에 대한 설명이다. 옳지 않은 것은?

① 기초자산의 가격 또는 기초자산의 종류에 따라 다수 종목의 가격수준을 종합적으로 표시하
는 지수의 변화에 연동하여 운용하는 것을 목표로 하는 집합투자기구를 말한다.
② ETF는 인덱스펀드의 일종이지만 반드시 상장을 해야 하는 점에서 일반 인덱스펀드와
다르다.
③ ETF는 증권 실물로 펀드의 설정·설립과 환매를 할 수 있다.
④ ETF는 집합투자기구의 설정·설립일로부터 90일 이내에 상장이 되어야 한다.

해설
ETF는 설정·설립일로부터 **30일 이내**에 상장되어야 한다(공모형, 환매금지형 펀드가 그 설정·설립일
로부터 90일 이내에 상장이 되어야 하는 것과 차이가 있다).
※ ETF의 요건
• 기초자산의 가격 또는 기초자산의 종류에 따라 다수 종목의 가격수준을 종합적으로 표시하는 **지수
의 변화에 연동하여 운용**하는 것을 목표로 해야할 것
• 당해 ETF의 환매가 허용될 것
• 당해 ETF가 집합투자기구 설정·설립일로부터 30일 이내에 상장될 것

06 빈칸이 바르게 연결된 것은?(순서대로)

> 일반 공모형집합투자기구는 동일종목 증권에 대한 투자한도가 (   )이나, ETF는 자산총액의 (   ) 까지 동일종목의 증권에 운용할 수 있다.

① 10%, 20%
② 10%, 30%
③ 20%, 30%
④ 20%, 50%

해설 10%, 30%이다. ETF는 동일종목의 증권에 30%(10%)까지 투자할 수 있으며 동일법인이 발행한 지분증권 총수의 20%(10%)까지 투자할 수 있다(괄호는 일반 공모형펀드의 투자한도).

07 다음 중 상장형집합투자기구에 대한 설명으로 잘못된 것은?

① 펀드의 수익증권을 증권시장 등에 상장하여 증권시장에서 거래할 수 있도록 한 펀드를 상장형펀드라고 한다.
② 수익증권을 상장하는 이유는 대부분은 펀드자체가 환매를 허용하지 않기 때문에 투자자의 자금회수 수단을 마련하는 차원이나, 환매가 가능해도 특수한 목적으로 상장을 하는 경우도 있다.
③ 사모펀드라도 폐쇄형펀드라면 투자자의 자금회수수단을 위해서 상장을 해야 한다.
④ 현재 대부분의 부동산투자회사, 선박투자회사, 부동산투자신탁, ETF등이 증권시장에 상장이 되어 있다.

해설 사모펀드의 경우 상장의무가 면제된다. 만일 사모펀드가 상장이 된다면 일반대중을 상대로 모집 또는 매출의 금지요건이 지켜지기 어렵기 때문에 현실적으로 상장을 할 수 없다. ②의 경우는 ETF에 대한 설명이다. ETF는 환매가 가능하지만(법인투자자의 경우) 펀드의 속성상 상장을 하는 경우이다.
※ 상장형집합투자지구 ≠ 상장집합투자기구

사모집합투자기구에 대한 설명이다. 가장 거리가 먼 것은?

① 사모집합투자기구를 설정·설립한 경우에는 그 날로부터 2주 이내에 금융위에 보고 해야 한다.

② 사모펀드에 대한 규제는 공모펀드에 적용되는 일부규정을 면제하고 특례를 인정해 주는 방식을 취한다.

③ 자본시장법상 사모펀드는 전문투자형 사모집합투자기구와 경영참여형 사모집합투자기구로 구분되며, 전문투자형 사모집합투자기구를 PEF라 한다.

④ 사모집합투자기구란 집합투자증권을 사모로만 발행하는 집합투자기구로 기관투자가를 제외한 투자자의 총수가 49인 이하인 것을 말한다.

해설   PEF는 경영참여형 사모집합투자기구이다.

`정답` ③

`더 알아보기` ▶ 사모집합투자기구에 대한 특례

사모펀드 개요 : 핵심유형문제 참고
- 사모집합투자기구(사모펀드)의 의의 : 핵심유형문제 지문 ④
  - 49인 산정 시 유의사항 : A펀드가 사모펀드인 B펀드의 지분을 10% 이상 취득하는 경우 A펀드의 투자자 총수를 합산해야 한다. 즉 A와 B펀드의 투자자총수의 합이 50인 이상이면 B펀드는 공모펀드가 된다.
- 자본시장법상 사모펀드 : 전문투자형사모펀드와 경영참여형 사모펀드로 개편됨(2015.10.25 사모펀드 체계 개편)

전문투자형 사모집합투자기구(한국형 헤지펀드라고도 함)
- 전문투자형사모펀드의 등록요건 보충문제 1 참고

필요자기자본	투자운용인력(상근임직원)	기 타
20억원 이상[주1]	3인 이상	물적설비, 이해상충방지체계를 갖출 것 등

* 주1 : 등록 이후에는 최저자본유지요건이 적용되는데, 필요자기자본(20억원)의 70% 이상 유지하면 된다(유지는 완화적용).
- 전문투자형사모펀드에 투자할 수 있는 자 : 전문투자자, 1억원 또는 3억원 이상의 일반투자자(일반투자자 요건 : 위험평가액이나 차입금총액이 순자산의 200%를 초과할 경우는 3억원 이상 투자가 가능하다(초과하지 않을 경우는 1억원 이상으로 가능))

경영참여형 사모집합투자기구(PEF)
- PEF의 설립 시 사원요건 : 1인 이상의 무한책임사원(GP)과 1인 이상의 유한책임사원(LP)이 있어야 하며 사원의 총수는 49인 이하이어야 한다.
- 업무집행사원(회사업무의 집행권리와 의무가 부여) : 무한책임사원(General partners) 중 1인 이상을 업무집행사원으로 정한다.
  - 업무집행사원의 요건 : 1억원 이상의 자기자본, 2인 이상의 운용인력, 이해상충 방지체계를 포함한 내부통제기준 등을 갖출 것
  - PEF는 업무집행사원에게 성과보수를 지급할 수 있다.

- 운용방법
  - PEF는 경영권 참여, 지배 구조 개선 등을 위한 투자만 가능하므로, 타회사의 의결권이 있는 지분 10% 이상을 취득해야 하는 요건이 적용된다. 단, 사실상 지배력 행사가 가능한 경우는 10%의 예외가 인정된다.
  - PEF는 2년 이내에 출자한 금액의 50% 이상을 타회사 지분에 10% 이상 투자해야 하며, 취득한 지분은 6개월 이상 유지해야 한다. 만일 6개월 이내 경영권 참여목적이 달성되지 않을 경우는 이미 취득한 지분을 6개월 이내에 처분하고 지체 없이 금융위에 보고해야 한다.

보충문제

---

01 **전문투자형 사모집합투자기구의 등록요건에 대한 설명이다. 틀린 것은?**

① 20억원 이상의 자기자본을 갖추어야 한다.
② 상근 임직원인 투자운용인력을 3인 이상 확보하는 등의 인력요건을 갖추어야 한다.
③ 이해상충방지체계를 갖추어야 한다.
④ 매 회계연도말 자기자본은 최저 자기자본인 20억원 이상으로 유지해야 한다.

> 유지요건은 등록요건에 비해 완화된 기준이 적용된다. 등록요건인 최저 자기자본의 70% 이상을 유지하면 된다.

02 **경영참여형 사모집합투자기구(PEF)에 대한 설명이다. 가장 거리가 먼 것은?**

① PEF는 무한책임사원 1인 이상과 유한책임사원 1인 이상이 참여해야 하며 사원의 총수는 49인 이하이어야 한다.
② PEF는 무한책임사원 중에서 업무집행사원을 지정해야 하며, 업무집행사원은 자기자본 1억원 이상, 2인 이상의 투자운용인력 등의 요건을 갖추어야 한다.
③ PEF는 업무집행사원에게 성과보수를 지급할 수 없는 것이 원칙이다.
④ PEF는 2년 이내 출자한 금액의 50% 이상을 타 회사의 의결권 있는 주식을 10% 이상 매입하는 등 경영권 참여목적으로 투자해야 하며, 해당 목적으로 취득한 지분을 6개월 이상 유지해야 한다.

> PEF는 사모펀드이므로 공모펀드와 같은 성과보수의 제한을 받지 않는다(공모펀드의 경우는 일정요건을 충족해야함 성과보수가 가능함).

외국집합투자업자의 등록요건이다. 잘못된 것은?

① 최근 사업연도 말 현재의 운용자산규모가 1조원 이상일 것
② 국내에서 판매하려는 외국집합투자기구의 종류에 따라 집합투자업 인가업무 단위별 최저 자기자본 이상일 것
③ 최근 3년간 본국 또는 국내감독기관으로부터 업무정지 이상에 해당되는 행정처분을 받거나 벌금형 이상에 상당하는 형사처벌을 받은 사실이 없을 것
④ 적격 연락책임자(집합투자업자, 판매회사, 회계법인 등)를 국외에 둘 것

해설   적격 연락책임자는 당연히 국내에 두어야한다.

정답 ④

더 알아보기 ▶ 외국집합투자업자의 등록

외국집합투자업자의 등록요건	외국집합투자증권의 등록요건
1) 운용자산규모가 1조원 이상일 것	1) OECD 가맹국, 홍콩, 싱가폴 법률에 의해 발행될 것
2) 인가업무 단위별 최저 자기자본 이상일 것	2) 보수, 수수료 등이 지나치게 높지 않을 것
3) 최근 3년간 행정처분 또는 형사처벌을 받은 사실이 없을 것	3) 환매 등 직간접적으로 투자회수가 가능할 것
4) 적격 연락책임자를 국내에 둘 것	4) 기타 금융위원회가 정하는 요건을 충족할 것

→ 증권신고서 제출, 자산운용보고서 제공의무, 장부서류 열람권, 기준가격 공시·게시의무 등은 일반펀드와 동일적용
→ 판매광고의 일부규정은 외국집합투자증권의 국내판매에 대해서도 적용된다.

보충문제

01 외국집합투자증권의 국내판매에 관한 설명이다. 틀린 것은?

☐☐
① 외국집합투자증권을 국내에서 판매하기 위해서는 외국집합투자 등록요건과 외국집합투자증권 등록요건을 각각 갖추어야 한다.
② 외국집합투자기구를 금융위원회에 등록하기 전의 판매나 판매광고는 금지된다.
③ 외국집합투자증권을 공모하는 경우 국내의 집합투자증권과 달리 증권신고서 제출의무가 면제된다.
④ 외국집합투자업자는 자산운용보고서를 작성하여 3개월마다 1회 이상 투자자에게 제공해야 한다.

해설   증권신고서를 제출해야 한다(국내기준과 동일).

1 펀드 관련 법규 10문항 대비

01 자본시장법상 집합투자기구의 정의이다. 가장 적절하지 않은 것은?

① 2인 이상의 자에게 판매할 것
② 투자자로부터 모은 금전 등을 집합하여 운용할 것
③ 집합투자업자로부터 일상적인 운용지시를 받지 아니할 것
④ 재산적 가치가 있는 투자대상 자산을 취득, 처분 그 밖의 방법으로 운용할 것

> 해설 **투자자로부터 일상적인 운용지시를 받지 아니할 것**

02 투자신탁의 수익자총회에 대한 설명이다. 가장 적절한 것은?

① 수익자총회의 의장은 집합투자업자의 대표이사가 맡는다.
② 수익자총회는 일반 주주총회와는 달리 총회에 출석해야만 의결권을 행사할 수 있다.
③ 수익자총회가 성립되지 않을 경우 6주 이내에 연기수익자총회를 소집해야 한다.
④ 총회결의사항에 반대하는 반대수익자는 총회결의일로부터 20일 이내에 서면으로 수익자 매수청구권을 행사할 수 있다.

> 해설 ① 수익자 중에서 선출된다.
> ② 서면행사 가능
> ③ 2주 이내에 소집

03 연기수익자총회에서, 법정결의사항이 아닌 신탁계약에서 정한 결의사항의 결의를 위해 필요한 의결권의 수는?

① 출석과반수와 전체 수익자의 1/4 이상의 수
② 출석과반수와 전체 수익자의 1/5 이상의 수
③ 출석과반수와 전체 수익자의 1/8 이상의 수
④ 출석과반수와 전체 수익자의 1/10 이상의 수

> **해설**
> • 법정결의사항은 '수익자총회 ① / 연기수익자총회 ③'
> • 법정결의사항이 아닌 경우 '수익자총회 ② / 연기수익자총회 ④' 이다.

04 투자회사의 기관에 대한 설명이다. 옳은 것은?

① 투자회사에는 이사, 이사회, 수익자총회가 있다.
② 투자회사는 신탁업자가 법인이사인 1인과 2인 이상의 감독이사를 두어야 한다.
③ 투자회사는 외부감사가 없는 대신 내부감사가 의무화되어 있다.
④ 이사회소집은 각 이사가 하며, 과반수의 출석과 출석이사 과반수의 찬성으로 의결한다.

> **해설**
> ① 주주총회
> ② 집합투자업자가 법인이사
> ③ 내부감사가 없는 대신 외부감사가 의무화되어 있음

05 집합투자기구의 발행과 관련한 다음의 설명 중 잘못된 것은?

① 집합투자기구는 금전납입이 원칙인데 공모펀드라도 수익자 전원의 동의를 얻은 경우에는 현물납입이 가능하다.
② 투자신탁의 수익증권은 무액면 기명식으로 발행한다.
③ 투자회사의 주식은 오로지 보통주로만 발행해야 한다.
④ 증권신고서의 효력이 발생하는 즉시 정식 투자설명서를 투자자에게 제공할 수 있다.

> **해설**
> **사모펀드로써 수익자 전원의 동의를 얻는 경우에 한해 가능하다.** 이는 사모펀드의 자율성을 보장하기 위함이다. 또한 현물납입을 할 경우 집합투자재산평가위원회가 정한 가격으로 납입해야 한다.

06 판매수수료와 판매보수에 대한 설명이다. 가장 적합한 것은?

① 판매수수료는 납입금액 또는 환매금액의 100분의 1을 초과해서 받을 수 없다.

② 집합투자업자는 판매보수와 판매수수료 두 가지를 모두 받을 수는 없다.

③ 판매보수는 투자자에게 지속적으로 제공하는 용역의 대가이며 연평균가액의 100분의 2를 초과하여 받을 수 없다.

④ 판매수수료, 판매보수, 환매수수료 중에서 집합투자기구의 기준가격에 영향을 주는 것은 판매보수뿐이다.

> **해설** 판매보수는 집합투자재산에서 차감하므로 기준가격에 영향을 주게 된다. 나머지 판매수수료와 환매수수료는 투자자가 별도로 부담하기 때문에 기준가격에 영향을 주지 않는다.
> ① 100분의 2를 초과할 수 없다.
> ② 판매보수와 판매수수료는 그 징구근거가 다르기 때문에 두 가지를 모두 받을 수도 있고 판매보수만을 받거나 판매수수료만을 받을 수도 있다.
> ③ 100분의 1을 초과할 수 없다.

07 신탁업자의 기능에 대한 설명이다. 가장 거리가 먼 것은?

① 집합투자업자재산을 보관·관리하는 신탁업자는 당해 집합투자기구의 집합투자업자와 계열관계에 있지 않아야 한다.

② 신탁업자는 어떠한 경우라도 자신이 보관·관리하는 집합투자재산을 자신의 고유재산과 거래해서는 아니 된다.

③ 집합투자업자의 운용지시가 법령이나 집합투자규약 등에 위배됨이 없는지에 대해 감시한다.

④ 집합투자업자가 산정한 기준가격과 신탁업자가 산정한 기준가격의 편차가 1000분의 3 이내이면 적정한 것으로 본다.

> **해설** 집합투자재산을 효율적으로 운용하기 위하여 필요한 경우로써 금융기관 예치, 단기대출 등으로 운용하는 경우에는 고유재산과의 거래가 예외적으로 허용된다.

08 다음 중 신탁업자의 확인사항이 아닌 것은?

① 투자설명서가 법령이나 집합투자규약에 부합하는지의 여부
② 기준가격의 산정여부가 적정한지 여부
③ 집합투자업자의 운용프로세스가 적정한지의 여부
④ 장외파생상품 운용에 따른 위험관리방법의 작성이 적정하지 여부

> **해설** 운용절차나 운용수익률에 대한 적정여부는 적극적인 감시로서 신탁업자의 확인 사항이 아니다(운용에 대한 신탁업자의 감시는 소극적인 감시).

09 자산운용의 제한에 대한 내용이다. 빈칸이 올바르게 연결된 것은?

> • 각각의 집합투자기구는 동일종목 증권에 자산총액의 (㉠)를 초과하여 투자할 수 없으나, 지방채는 자산총액의 (㉡)까지 투자할 수 있다.

	㉠	㉡			㉠	㉡
①	10%	20%		②	10%	30%
③	20%	50%		④	20%	100%

> **해설** 동일종목 투자한도는 10% / 지방채·특수채 등은 30% / 국채·통안채는 100%

10 甲, 乙자산운용은 A, B, C 세개의 집합투자기구를 운용하고 있고 A, B, C 펀드 모두가 동일한 상장주식에 대해 투자하고 있다. 만일 A가 8%, B가 7% 투자하고 있다면 C펀드는 해당 상장주식에 대해 자산의 몇 %까지 투자할 수 있는가?(단, 해당 상장주식의 시가총액비중은 10% 미만임)

① 5%   ② 7%
③ 8%   ④ 10%

> **해설** 지분증권의 투자한도는 각 집합투자기구 자산총액의 10%, 전체 집합투자기구 자산총액의 20%이다. 따라서 20% − 8% − 7% = 5%

11 빈칸에 들어갈 수 없는 것은?

- 투자신탁 이외의 펀드는 등록 당시 자본금 혹은 출자금이 (　　) 이상이어야 한다.
- 투자설명서는 최초 투자설명서 제출 후 매년 (　　) 이상 갱신해야 하고, 변경등록의 경우 그 통지를 받은 날로부터 5일 이내에 갱신해야 한다.
- 금융투자상품 잔고가 (　　) 이상인 일반법인은 전문투자자로 전환할 수 있다.
- 집합투자업자 등은 환매연기를 결정한 날로부터 (　　) 이내에 집합투자자총회에서 환매에 관한 사항을 의결한다.

① 1회   ② 1억원
③ 50억원   ④ 6주

> **해설** 차례대로, 1억원, 1회, 100억원, 6주이다. 일반법인은 잔고가 100억원 이상이면 전문투자자로 전환할 수 있으나, 일반개인은 잔고 50억원 이상을 1년 이상 유지했을 경우 전환이 가능하다(50억원, 1년 평잔기준).

12 전문투자자 중 일부는 일반투자자와 동일한 대우를 받겠다는 의사를 서면으로 금융투자업자에게 통지하면 일반투자자로서 보호를 받을 수 있다. 이에 해당하지 않는 투자자는?

① 주권상장법인
② 지방자치단체
③ 신용보증기금
④ 해외증권시장에 상장된 주권을 발행한 법인

> **해설** 상대적 전문투자자로서 '주권상장법인 등(①·②·④ 등)'은 일반투자자로 전환할 수 있다. 법률에 의해 설립된 기금도 해당되나 신용보증기금, 기술신용보증기금은 절대적 전문투자자로서 일반투자자 전환이 불가능하다.

13 보기 중에서 법정해지사유가 아닌 것을 모두 묶은 것은?

> ㉠ 수익자 전원이 해지에 동의하는 경우
> ㉡ 수익자 총수가 1인이 되는 경우
> ㉢ 수익증권 전부에 대해 환매청구가 있는 경우
> ㉣ 수익자총회에서 해지를 결의하는 경우

① ㉠, ㉡ ② ㉡, ㉢
③ ㉠, ㉢ ④ ㉡, ㉣

> **해설**
> ㉠·㉢은 임의해지, ㉡·㉣은 법정해지사유이다.
> ※ 임의해지 : '임, 동(수익자전원 동의), 환(수익증권전부에 대한 환매청구)'으로 암기

14 수수료나 보수의 납부주체와 귀속주체를 연결한 것이다. 틀린 것은?

번 호	구 분	납부 주체	귀속 주체
①	판매수수료	투자자	판매업자
②	판매보수	집합투자기구	판매업자
③	환매수수료	투자자	집합투자업자
④	운용보수	집합투자기구	집합투자업자

> **해설**
> 환매수수료는 환매를 청구하는 투자자가 납부하고, 납부한 금액은 집합투자기구에 귀속된다.
> ②와 ④에서 집합투자기구가 납부주체라는 것은 '집합투자재산 × 일정비율'로 보수를 징구하는 것을 말한다.

15 다음은 공모형펀드가 성과보수를 받을 수 있는 요건 중 하나에 대한 설명이다. 빈칸이 올바르게 채워진 것은?

> 최소 존속기간이 (㉠) 이상이어야 하고, (㉡) 형태이어야 하며, (㉢)이어야 한다.

	㉠	㉡	㉢
①	1년	개방형펀드	추가형펀드
②	1년	폐쇄형펀드	단위형펀드
③	2년	개방형펀드	추가형펀드
④	2년	폐쇄형펀드	단위형펀드

최소 존속기간이 **1년** 이상이어야 하고, **폐쇄형펀드** 형태이어야 하고, 집합투자증권을 추가로 발행하지 않는 **단위형펀드**라야 한다.

16 다음은 자산운용의 제한에 대한 설명이다. 옳은 것은?

① 집합투자재산의 부실화를 막기 위해 금전의 차입과 대여는 금지되고 이에 대한 예외는 없다.

② 집합투자기구는 다른 펀드에 자산의 40% 이상을 투자하는 펀드에 투자할 수 없고 이에 대한 예외는 없다.

③ 집합투자기구는 동일법인이 발행한 지분증권 총수의 10%를 초과해서 투자할 수 없고 이에 대한 예외는 없다.

④ 집합투자업자는 집합투자재산을 운용함에 있어 이해관계인과 거래할 수 없으며 이에 대한 예외는 없다.

② 재간접투자기구(Fund of funds)에 투자하면 재재간접투자기구가 되고 이 경우 집합투자의 전문성이 지나치게 희석되어 금지된다(예외 없음).
① 대량환매청구 등 일시적인 자금부족을 해소하기 위해 예외 허용(10%까지) 또한 부동산펀드 특례 적용 (차입 200%, 대여 100%)
③ 삼성전자처럼 시가총액 비중이 10%가 넘을 경우 해당 비중까지 매입가능
④ 이해관계인이 되기 전 6개월 이전에 체결한 거래 등의 경우는 예외

17 집합투자기구에 대한 다음 설명 중 옳은 것은?

① 특별자산집합투자기구는 집합투자재산의 50%를 초과하여 특별자산에 투자하는 펀드를 말하고 여기서 특별자산이라 함은 증권, 부동산, 혼합자산을 제외한 자산을 말한다.
② 혼합자산집합투자기구는 집합투자재산의 50%를 초과하여 혼합자산에 투자하는 펀드를 말한다.
③ 단기금융펀드는 집합투자재산의 50%를 초과하여 단기금융상품에 투자하는 펀드를 말한다.
④ 부동산집합투자기구는 집합투자재산의 50%를 초과하여 부동산자산에 투자하는 펀드를 말하는데 여기서 부동산자산이라 함은 실물부동산만을 의미하는 것이 아니라 부동산증권, 부동산권리, 부동산대출 등이 포함된다.

> **해설**
> ① 증권, 부동산을 제외한 투자대상 자산을 특별자산이라 한다.
> ② 혼합자산집합투자기구는 투자대상 자산의 제한을 받지 않는 것을 말한다.
> ③ 단기금융펀드는 펀드자산의 전부를 단기금융상품에 투자하는 것을 말한다.

18 단기금융집합투자기구(MMF)의 운용제한을 설명한 것이다. 가장 거리가 먼 것은?

① 증권을 대여하거나 차입하는 것은 절대 금지된다.
② 금전의 차입과 대여는 금지가 원칙이나, 요건을 갖춘 단기대출은 허용된다.
③ 남은 만기가 1년 이상인 국채증권에 투자할 경우 펀드자산의 5%를 초과할 수 없다.
④ 환매조건부 매수는 펀드가 보유하고 있는 증권총액의 5% 이내에서 운용할 수 있다.

> **해설**
> 환매조건부 매도는 증권총액의 5% 이내에서 가능하다.

19 환매금지형집합투자기구(폐쇄형펀드)에 대한 설명이다. 가장 거리가 먼 것은?

① 집합투자증권을 설정일로부터 90일 이내에 증권시장에 상장해야 한다.
② 펀드 존속기간을 정해야 폐쇄형으로 설정할 수 있다.
③ 폐쇄형펀드로써 추가발행이 안되는 것이 원칙이지만, 이익분배금 범위 내이거나 기존 투자자 전원의 동의를 받은 경우 집합투자증권을 추가로 발행할 수 있다.
④ 매일 기준가격을 산정하여 공고해야 한다.

> **해설**
> 폐쇄형펀드는 기준가격산정 및 공고에 대한 규정이 적용되지 않는다(∵ 환매가 불가하고 상장해서 매매하므로 기준가격 공고가 필요하지 않다).

20 다음 중 전환형펀드의 특징이라고 볼 수 없는 것은?

① 시장상황에 적극적으로 대응할 수 있다.
② 투자한 돈 전부를 옮길 수도 있고 일부를 옮길 수도 있다.
③ 다른 펀드로 전환 시에 수수료가 들지 않는다.
④ 초보투자자일수록 전환형펀드가 바람직하다.

 엄브렐러펀드는 시장상황에 대한 적극적인 대응이고 엄브렐러펀드 투자의 성공포인트는 전환시점을 포착하는 것이다. 초보투자자에게는 전환시점 포착이 어렵다.

21 빈칸을 바르게 연결한 것은?

- 집합투자업자는 각 집합투자재산에 대해 회계기간의 말일부터 (　　) 이내에 회계감사인의 감사를 받아야 한다.
- 다만, 자산총액이 (　　) 이하인 집합투자기구는 회계감사의무가 면제된다.

① 2개월, 200억원
② 2개월, 300억원
③ 3개월, 200억원
④ 3개월, 300억원

 차례대로 2개월, 300억원이다. 그리고 자산총액이 300억원을 초과하더라도 자산총액이 500억원 이하로서 기준일 이전 6개월 동안 추가로 집합투자증권을 발행하지 않은 경우도 회계감사의무가 면제된다.

22 빈칸을 바르게 연결한 것은?(순서대로)

> 전문투자형 사모집합투자기구를 영위하려는 자는 금융위원회에 전문사모집합투자업의 (   ).
> 그리고 이를 위해 (   ) 이상의 자기자본을 갖추고, (   ) 이상의 투자운용인력을 확보하는 등의
> 요건을 갖추어야 한다.

① 인가를 받아야 한다, 10억원, 2인
② 인가를 받아야 한다, 20억원, 3인
③ 등록을 해야 한다, 20억원, 3인
④ 등록을 해야 한다, 30억원, 3인

> **해설** 전문투자형 사모집합투자기구는 등록대상이다. 등록요건은 '자기자본 20억원 이상, 투자운용인력 3인
> 이상, 이해상충방지체계를 갖출 것 등'이다.

23 빈칸을 바르게 연결한 것은?

구 분	자 산	부 채	파생상품투자에 따른 위험평가액 한도
공모펀드	1,000억원	400억원	(가)
전문투자형사모펀드	500억원	200억원	(나)

	가	나
①	600억원	300억원
②	600억원	900억원
③	600억원	1,200억원
④	2,400억원	1,200억원

> **해설** 공모펀드는 순자산액의 100%(600억원), 전문투자형사모펀드는 순자산액의 400%(300억원 × 4 = 1,200
> 억원)가 한도이다.

02 영업실무

01 펀드 판매

펀드 판매 시 '부적합 금융투자상품 거래 확인'의 내용이 담긴 문서가 사용될 수 있는 단계는?(펀드 판매절차 6단계 : 투자자정보 파악 → 투자자유형 분류 → 투자자에게 적합한 펀드선정 → 펀드에 대한 설명 → 투자자의사 확인 → 사후관리)

① 투자자정보 파악 단계
② 투자자유형 분류 단계
③ 투자자에게 적합한 펀드선정 단계
④ 펀드에 대한 설명 단계

해설   투자자에게 적합한 펀드선정 단계이다.

정답 ③

더 알아보기 ▶ 펀드 판매절차

펀드 판매절차 6단계 : 일반적으로 아래의 6단계인데, 온라인 거래나 전문투자자를 대상으로 할 때는 다르게 적용할 수 있다.
• 투자자정보 파악 단계 : **투자자정보 확인서**를 통해 투자목적, 재산상황, 투자경험 등을 파악
• 투자자유형 분류 단계 : 투자자정보 확인서를 바탕으로 하여 투자자유형을 분류 **예** 안정형, 안정추구형, 위험중립형, 적극투자형, 공격투자형
• 투자자에게 적합한 펀드선정 단계
  – 투자자유형 분류에 적합한 펀드를 선정하고 투자를 권유함
  – 만일 투자자가 투자자유형 분류 상 적합한 금융투자상품보다 더 위험한 펀드매수를 요청할 경우, **부적합 금융투자상품 거래 확인서**와 같은 문서를 통해 확인을 받고, 판매를 지속하거나 판매를 중단할 수 있다.
• 펀드에 대한 설명 단계 : 투자권유 대상 펀드에 대해서 일반투자자가 이해할 수 있도록 설명한다.
• 투자자의 의사확인 단계
  – 투자자가 동의할 경우 **투자설명서**를 교부하고, **주요내용설명확인서**를 징구하고 펀드 매수절차를 이행한다.
    ※ **적합성 보고서** : 투자자가 '신규투자자, 고령투자자, 초고령투자자'이고 이들을 대상으로 'ELS・ELF・ELT / DLS・DLF・DLT'를 판매하는 경우 적합성 보고서를 교부해야 한다.
  – 투자자가 동의하지 않을 경우 : 투자자 의사를 재차 확인하고 판매절차를 중단한다.
• 사후관리 : 거래내역이나 펀드잔고 통보, 자산운용보고서의 교부 등

01 투자자가 투자자성향에 따른 판매회사의 투자권유 펀드를 거부하고, 더 높은 위험수준의 펀드 매수를 요청하는 경우 어떻게 처리하는가?

① 투자자정보 확인서를 다시 작성한다.

② 판매를 중단한다.

③ 판매를 거부할 수 없으므로 다음 단계(설명의무)를 이행한다.

④ 부적합 금융투자상품 거래 확인서를 통해 위험을 고지한 후 판매하며, 위험이 과도하게 높은 일부상품에 대해서는 판매를 중단한다.

> **해설** ④의 처리방식이 옳다(④는 적합성 원칙 준수단계에 해당됨).

02 적합성 보고서의 교부대상 상품이 아닌 것은?

① ELS   ② ELF

③ ELT   ④ ETF

> **해설** ETF(상장지수펀드)는 대상이 아니다.
>
> ※ **적합성 보고서의 교부대상 금융투자상품**
> - ELS, ELF, ELT : ELS는 파생상품이 포함된 주가연계증권이고, ELF는 ELS를 편입한 펀드, ELT는 ELS를 포함한 특정금전신탁을 말한다.
> - DLS, DLF, DLT : DLS와 ELS는 파생상품이 결합된 구조화 상품이라는 것은 동일하지만, 그 기초자산이 주가가 아니라는 점에서 차이가 있다. 그리고 DLF는 DLS를 편입한 펀드, DLT는 DLS를 편입한 특정금전신탁이다.
>   - ELS와 DLS 모두 파생결합증권으로 명칭이 되지만, 특히 주가를 기초자산으로 하는 ELS를 주가연계증권(또는 주식연계증권)이라 한다.

우리나라 수익증권의 매매방식 변화이다. 순서대로 나열된 것은?

① 수익증권저축제도 → 수익증권예탁통장제도 → 수익증권현물거래
② 수익증권저축제도 → 수익증권현물거래 → 수익증권예탁통장제도
③ 수익증권현물거래 → 수익증권예탁통장제도 → 수익증권저축제도
④ 수익증권예탁통장제도 → 수익증권저축제도 → 수익증권현물거래

해설 현물거래로 시작하여 현재의 수익증권저축제도로 발전하였다.

정답 ③

더 알아보기 ▸ 수익증권매매방식의 변천

수익증권현물거래	→	수익증권예탁통장제도	→	수익증권저축제도(현재)
실물거래방식		실물거래의 불편해소를 위해 도입(좌수위주의 보관개념)		좌수위주의 보관개념에서 금액위주의 저축개념 전환(대중적발전에 큰 기여)

• 수익증권저축제도가 시행된 후 현물거래가 거의 이루어지지 않고 있으나 현물거래가 전혀 없는 것은 아니다.

보충문제

01 빈칸에 알맞은 말은?

☐☐

> 현재 대부분의 집합투자증권 매매는 투자신탁의 (   )에 의한 통장거래로 이루어지고 있으며,
> 투자신탁의 수익증권이나 투자회사의 주식 등의 실물발행을 통한 매매는 거의 없는 실정이다.

① 수익증권저축제도
② 수익증권예탁통장제도
③ 수익증권현물거래
④ 집중예탁제도

해설 **수익증권저축제도**의 내용이다. 수익증권저축제도에 의한 거래를 수익증권저축거래라고 한다.

수익증권저축의 종류에 대한 설명이다. 틀린 것은?

① 저축금 인출요건, 저축기간, 저축금액 및 저축목표금액을 정하지 않고 임의로 저축하는 방식을 임의식이라 한다.

② 임의식에서 수익금의 인출을 할 경우 환매수수료 부과가 면제된다.

③ 수익금인출식은 동일계좌에 추가납입은 할 수 없으므로 필요 시 별도의 계좌를 개설하여 처리하고, 수익금 인출에 대해서 환매수수료가 부과되지 않는다.

④ 저축기간 동안 일정금액 또는 좌수를 정하여 매월 저축하는 방식을 정액적립식이라 하며 저축기간 중 일부인출이 가능하지만 환매수수료가 부과된다.

해설   임의식은 조건을 정하지 않고 임의로 저축하는 방식이다. 따라서 동일계좌에 추가납입과 일부인출이 모두 가능하지만 인출 시 환매수수료 면제의 혜택은 없다.

정답 ②

더 알아보기 ▶ 수익증권저축의 종류

수익증권저축의 종류

임의식	목적식			
	거치식		적립식	
	수익금인출식	일정금액인출식	정액적립식	자유적립식
환매수수료 면제 없음	인출 시 환매수수료 징구 면제		저축기간 종료 후 환매 시 환매수수료 면제	

- 임의식은 저축금 인출요건, 기간, 목표금액 등을 정하지 않고 임의로 저축하는 방식(동일계좌 추가납입이 가능하며 일부인출이 가능) → 편리하나 인출 시 환매수수료 면제 혜택이 없다.
- 목적식은 저축금 인출요건, 기간, 목표금액 등을 저축자가 정하고 저축하는 방식이다. → 거치식과 적립식이 있으며 각각 환매수수료 면제 혜택이 있다.
- 목표식 저축 : 목표금액을 정하여 일정기간 이상 수시로 저축하는 방식인데, 임의식과 적립식의 혼합방식이다(cf. 목적식의 자유적립식과 유사하며, 자유적립식의 판매가 더 활성화되고 있음).

수익증권 저축내용

- 목적식의 경우 저축자의 요청에 따라 저축기간[주1]의 연장, 목표금액의 증액 또는 감액이 가능하다.
- * 주1 : 저축기간 : 수익증권의 최초매수일부터 시작한다.
- 만기지급일

저축기간을 연 / 월단위로 정한 경우	저축기간을 일단위로 정한 경우	신탁계약을 종료한 경우
저축기간이 만료되는 월의 **최초납입 상당일**을 만기지급일로 한다. 단, 만료되는 월에 그 해당일이 없는 경우 그 월의 말일을 만기지급일로 한다.	수익증권의 최초매수일부터 계산하여 저축기간이 **만료되는 날의 다음영업일**을 만기지급일로 한다.	투자신탁의 해지로 인해 저축기간이 종료되는 경우 해지 **결산 후 첫영업일**을 만기지급일로 한다.

저축재산의 인출 : 일부인출 시 지급순서는 **선입선출법**으로 한다.

종전에는 재투자분이 있을 경우 재투자분에 한해 후입선출법을, 나머지는 선입선출법을 적용했으나 개정 후에는 모두 선입선출법이 적용된다.

저축계약의 해지

정액적립식의 경우 6개월 이상 저축금을 납입하지 않을 경우 납입최고 후 해지가 가능하다.

저축자에 대한 우대조치 : 아래의 경우 환매수수료 징구를 면제한다.

목적식저축의 저축기간 종료 시	거치식의 일부인출 시	재투자 시	소규모펀드의 해지 시	과세금액확정을 위한 전부환매 후 재매수의 경우	세금정산을 목적으로 전부환매 후 재매수의 경우[주1]

* 주1 : 세금정산을 목적으로 환매하고 즉시 재매수하는 경우 **연 2회에 한하여** 환매수수료 징구를 면제한다.

수익증권 매매 시의 입출금처리 : 절상 / 절사는 고객에게 유리한 방향으로 결정

환매 시 출금금액 = 환매 시 평가금액 − 환매수수료 − 세액

과표금액 계산 시 개정 전은 과표환매수수료를 공제하였으나, 개정 후는 환매수수료 전체를 공제(투자자의 과세부담이 완화됨)

사고·신고의 효력 : 판매회사가 저축자로부터 분실, 멸실, 도난, 훼손 및 변경의 **통지를 받은 때부터 발생**하며, 신고의 효력발생 전에 생긴 저축자의 손해에 대하여 판매회사는 판매사의 귀책사유가 없는 한 면책된다.

01 다음 중 저축기간 중 저축재산의 일부를 인출할 때 환매수수료가 부과되지 않는 저축은?

☐☐ ① 임의식 ② 수익금인출식

③ 정액적립식 ④ 자유적립식

해설 목적식 중에서 **거치식(수익금인출식–일정금액 인출식)은 저축재산의 일부인출이 가능하며 해당 인출 시 환매수수료 부과는 면제된다**. 적립식의 경우 저축기간이 종료한 후에 인출하면 환매수수료가 면제된다(임의식은 어떤 경우에도 환매수수료가 면제 되지 않음).

02 빈칸에 알맞은 것은?

☐☐
저축기간을 일정기간 이상으로 하고 저축기간 동안 일정금액 또는 좌수를 정하여 매월 저축하는 방식을 (㉠)이라 하는데, (㉠)에서 저축자가 계속하여 (㉡) 이상 소정의 저축금을 납입하지 않은 때에는 판매회사가 저축계약을 해지할 수 있다.

	㉠	㉡
①	정액적립식	3개월
②	정액적립식	6개월
③	자유적립식	3개월
④	자유적립식	6개월

해설 자유적립식은 저축기간 동안 금액에 제한 없이 수시로 저축하는 방식을 말한다.

03 수익증권저축제도의 주요 내용을 설명한 것이다. 가장 거리가 먼 것은?

☐☐ ① 저축기간은 수익증권의 최초 매수일부터 시작한다.

② 저축자는 현금이나 즉시 받을 수 있는 수표, 어음 등으로 저축금을 납입할 수 있다.

③ 저축자의 요청이 있을 경우 저축기간의 연장과 저축금액의 증액이 가능하다. 단, 저축금액의 감액은 불가하다.

④ 판매회사는 저축자로부터 납입받은 해당 저축금을 수익증권 매수 전까지 선량한 관리자의 의무를 다해서 관리해야 하며, 해당 저축금은 양도하거나 담보로 제공할 수 없다.

해설 저축기간의 연장, 저축금액의 증액 또는 감액이 가능하다.

04 만기지급일에 대한 설명 중 틀린 것은?

① 저축기간을 월 또는 년 단위로 정한 경우는 저축기간이 만료되는 월의 최초납입상당일을 만기지급일로 한다. 다만, 만료되는 월에 그 해당일이 없을 경우에는 그 월의 말일로 한다.

② 저축기간을 일 단위로 정한 경우는 수익증권의 최초매수일부터 계산하여 저축기간이 만료되는 날을 만기지급일로 한다.

③ 투자신탁의 신탁계 해지로 인하여 저축기간이 종료되는 경우에는 해지 결산 후 첫 영업일을 만기지급일로 한다.

④ 저축자가 저축기간의 종료 또는 저축계약의 해지에도 불구하고 저축재산의 인출을 청구하지 않은 경우에는 인출 청구 시까지 저축기간이 계속된 것으로 본다.

> **해설** 저축기간이 만료되는 날의 **다음영업일**을 만기지급일로 한다.
>
> ※ 수익증권의 만기지급일
> **저축기간을 월 또는 연 단위로 정한 경우**
> 저축기간이 만료되는 날의 **최초납입상당일**. 다만, 월에 그 해당일이 없으면 그 월의 말일을 만기지급일로 한다.
> **예** • 2018년 **3월 10일** 저축가입하고 만기를 1년으로 한다면 → 2019년 3월 10일
> • 2018년 **3월 31일** 저축가입하고 만기를 3개월로 한다면 → 2018년 6월 30일
> **저축기간을 일 단위로 정하는 경우**
> 최초 매수일부터 계산하여 저축기간이 만료되는 날의 **다음영업일**
> **예** • 2018년 **3월 10일** 저축가입하고 만기를 10일로 한다면 → 2018년 **3월 20일**
> ⇒ 최초매수일(3월 10일)로부터 저축기간(10일)이 만료되는 날은 정확하게 3월 19일이다. 만료되는 날의 다음 영업일은 3월 20일이 된다. 즉, 단순하게 가입일에 만기기간을 더하면 된다.

05 저축재산의 인출에 대한 설명이다. 잘못된 것은?

① 저축자는 신탁계약에 의해 환매가 제한되는 경우를 제외하고 언제든지 저축재산의 전부 또는 일부에 대해서 인출을 청구할 수 있다.

② 저축자의 환매에 의해 저축재산의 일부를 지급할 때에는 판매회사가 정하는 방법에 따르는데, 일반적으로 후입선출법을 적용한다.

③ 저축기간 종료 또는 저축계약의 해지에도 불구하고 저축재산의 인출을 청구하지 않은 경우에는 인출 청구 시까지 저축기간이 계속된 것으로 본다.

④ 저축자가 저축재산의 인출 시 수익증권 현물을 요구하는 경우 판매회사는 특별한 사유가 없는 한 수익증권 현물로 지급해야 한다.

> **해설** 선입선출법(先入先出法)이다. 종전에는 재투자분에 한해 후입선출법을 적용하였으나 2013년 5월 개정으로 모두 선입선출법이 적용된다.

※ 선입선출법

　예 선입선출법 : 임의식 저축 P펀드에 가입하고 2018년 2월 20일에 200만좌, 2018년 3월 15일에
　　　500만좌를 매수한 후, 2018년 6월 5일에 500만좌를 환매하는 경우 → 환매분은 2월 20일 매수분
　　　200만좌를 먼저 충당하고 3월 15일 매수분 300만좌를 충당한다.

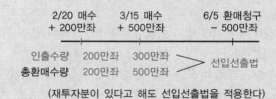

（재투자분이 있다고 해도 선입선출법을 적용한다）

06 저축자에 대한 우대조치에 대한 설명이다. 틀린 것은?

① 저축기간을 1년 이상으로 하는 목적식저축의 경우 납입 후 1년이 지난 후 수익증권을 환매
한 때에는 그 수익증권의 환매수수료를 면제한다.

② 거치식저축의 경우 저축기간 중 수익금에 상당하는 금액의 수익증권을 환매하거나 사전에
정한 일정금액에 상당하는 수익증권을 환매하는 경우에는 그 수익증권의 환매수수료를 면
제한다.

③ 저축재산에서 발생한 이익분배금을 새로 발행하는 증권으로 받았을 경우, 즉 재투자의 경
우 재투자분을 환매하는 경우 환매수수료가 면제된다.

④ 소규모 투자신탁을 해지함에 있어 저축자가 그 상환금으로 판매회사가 정한 수익증권을 매
수할 경우 선취판매수수료, 후취판매수수료, 환매수수료 등을 면제한다.

해설
납입 후 1년이 지난 후가 아니라 **저축기간 종료 후**이다. 즉 1회차 매수, 2회차 매수 등 각 회차의 매수
후 1년이 지나야 환매수수료가 면제된다는 의미가 아니라 저축기간이 1년이 지나면 된다는 것이다. 예를
들어 11회차 분의 매수분은 1달만 지나면 저축기간 만료기간 1년이 되므로 이후에 환매하면 환매수수료가
징구되지 않는다는 것이다.
주의 ④에서 판매보수는 면제대상이 아니다.

06 ① 정답

07 아래의 보기에서 환매수수료 징구분을 구하시오(모두 영업일로 가정).

☐☐

> 2017년 6월 10일에 임의식저축인 甲펀드에 가입. 매월 15일에 50만원씩 2018년 10월 15일까지 매수
> 한 후 2011년 11월 5일에 전액환매청구를 하였다(환매수수료 징구기간 90일 미만).

① 7/15, 8/15, 9/15 매수분

② 8/15, 9/15, 10/15 매수분

③ 9/15, 10/15 매수분

④ 10/15 매수분

해설

※ 환매수수료 징구분 찾는 법
이러한 유형의 문제가 나오면 아래 그림처럼 그림을 그리고 푸는 것이 확실하다.
① 환매수수료 청구일을 먼저 표시하고(11/5)
② 그로부터 환매수수료 징구기간을 표시한다(90일을 표시하면 8/5까지 된다).
③ 마지막으로 매수일자를 표시한다(매월 15일 매수)
④ 환매 징구기간 내(8/5~11/5)에서 표시된 매수일자가 환매수수료 징구분이 된다.

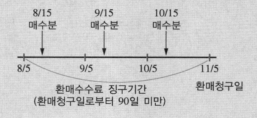

08 아래의 보기를 보고 질문에 답하시오(모두 영업일로 가정).

> • 2017년 6월 10일에 저축기간 1년의 월정액 적립식인 乙펀드에 가입
> • 매월 10일에 20만원씩 매수(환매청구 시 환매수수료 징구기간은 90일 미만)

(1) 2018년 8월 10일에 전액 환매청구를 할 경우 환매수수료 징구분은?

(2) 2018년 5월 20일에 전액 환매청구를 할 경우 환매수수료 징구분은?

해설
(1) 환매수수료 징구 없음(임의식과는 달리 목적식에서는 저축기간을 확인해야 함)
⇒ 목적식 저축에서는 저축기간 종료 이후에(보기는 1년) 환매를 청구하면 환매수수료 징구가 면제된다.
(2) 환매수수료 징구분 : 3/10, 4/10, 5/10 매수 분에 대해서 환매수수료가 징구된다.

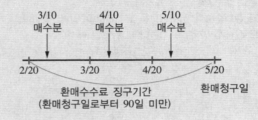

09 펀드투자자가 丙펀드에 대해서 아래와 같이 거래하였다. 이에 대한 아래의 질문에 답하시오.

거래일자	기준가격	과표 기준가격	거래구분	입출금 금액	잔고 좌수	환매수수료	세 액
2018년 2월 5일	1,020.00	1,010.00	입금	100,000,000	(1)		–
2018년 4월 10일	1,060.00	1,030.00	전액출금	(4)		(2)	(3)

(환매수수료 징구 : 환매청구일로부터 90일 미만의 매수분. 이익금의 70% 징구)

(1) 잔고좌수는 얼마인가?

(2) 환매수수료는 얼마인가?

(3) 세액은 얼마인가?

(4) 환매 시 출금금액은 얼마인가?

(1) $\dfrac{100,000,000원}{1,020} \times 1,000 = 98,039,215.6$ 따라서 98,039,216 좌(← 좌수절상)

(2) 환매수수료 = 이익금의 70% : [98,039,216좌 × (1,060−1,020)/1,000] × 70%
　　　　　　 = 2,745,098원(← 금액절사)

(3) ① 과표금액 = 과표상이익 − 환매수수료(← 과표대상금액은 비용을 공제한다)

　　　　　　 = [98,039,216 좌] × $\dfrac{1,030 - 1,010원}{1,000}$ − 2,745,098 = 0원

[참고] 2013.5 개정으로 환매수수료 전체가 비용으로 공제됨(종전에는 과표환매수수료만 공제되었음)

　　② 과표금액이 0원이므로 세액(= 소득세 + 주민세) 또한 0원이다.

(4) 환매 시 출금금액 = 환매 시 평가금액 − 환매수수료 − 세액

　① 환매 시 평가금액 : 98,039,216좌 × $\dfrac{1,060원}{1,000}$ = 103,921,569원

　② 환매수수료 = 2,745,098원

　③ 세액 = 0원

　④ (∴)환매 시 출금금액 = 103,921,569 − 2,745,098 − 0 = **101,176,471원**

10 사고·변경사항의 신고에 관한 설명이다. 바르지 않은 것은?

① 저축통장, 신고인감 분실, 멸실, 도난, 훼손 시에는 지체 없이 판매회사에 신고하여야 한다.

② 사고·변경신고의 효력은 판매회사가 저축자로부터 분실 등에 대한 통지를 받은 때부터 발생한다.

③ 신고의 효력발생 전에 발생한 저축자의 손해에 대해서는 판매회사는 판매회사의 귀책사유가 없는 한 책임을 지지 않는다.

④ 저축자는 판매회사의 동의 없이도 저축금 및 수익증권을 양도하거나 질권설정을 할 수 있다.

저축자의 양도나 질권설정은 판매회사의 동의 없이는 불가하다.

금융소득종합과세에 관한 설명으로 옳지 않은 것은?

① 거주자의 소득은 종합소득, 양도소득, 퇴직소득으로 분류한다.
② 종합소득이란 매년 경상적으로 발생하는 이자소득, 배당소득, 부동산임대소득, 사업소득, 근로소득, 연금소득, 기타소득을 합산하여 비례세율로 과세하는 것을 말한다.
③ 종합소득 중에서 이자소득과 배당소득을 금융소득이라 한다.
④ 금융소득을 지급할 때 원천징수세율(주민세포함 15.4%)로 원천징수하고 금융소득이 연간 2천만원을 초과할 경우 그 초과분은 다른 종합소득과 합산하여 과세하는 것을 금융소득종합과세라 한다.

해설　　합산하여 누진세율(6%~42%)로 과세한다. 소득이 많은 자가 더 많은 세금을 내는 것이 조세정의에 부합하다고 보는 것이 누진세율이다(즉, 종합과세는 누진세율을 적용하기 위해서 하는 것이라고 볼 수 있다).

정답 ②

더 알아보기 ▶ 소득세 과세체계

금융소득종합과세

이자소득	배당소득	사업소득	근로소득	연금소득	기타소득	양도소득	퇴직소득
금융소득 종합과세(일부 분리과세 허용)						분류과세	

소득의 종류와 과세체계(종합과세, 분리과세, 분류과세)

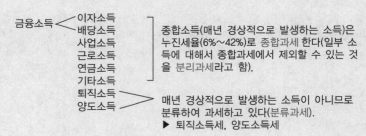

금융소득 ─┬ 이자소득
　　　　　 └ 배당소득
　　　　　　 사업소득
　　　　　　 근로소득
　　　　　　 연금소득
　　　　　　 기타소득
　　　　　　 퇴직소득
　　　　　　 양도소득

종합소득(매년 경상적으로 발생하는 소득)은 누진세율(6%~42%)로 종합과세 한다(일부 소득에 대해서 종합과세에서 제외할 수 있는 것을 분리과세라고 함).

매년 경상적으로 발생하는 소득이 아니므로 분류하여 과세하고 있다(분류과세).
▶ 퇴직소득세, 양도소득세

※ 종합소득세 기본세율(6~42%의 누진세율)
　　1200만원까지는 6%, 1200만~4600만원 : 15%, 4600만원~8800만원 : 24%, 8800만원 ~ 1.5억원 : 35%, 1.5억원~3억원 : 40%, 3억원 초과 : 42%

거주자에 대한 종합과세 방법 : 무조건 분리과세 / 조건부 종합과세 / 무조건 종합과세
분리과세로 납세의무를 종결하는 것이 **무조건 분리과세**, 2천만원 초과 금융소득은 **조건부 종합과세**, 금융소득이 2천만원 이하이면서도 원천징수대상이 되지 않는 예외적인 금융소득(국외소득 중에서 발생이 가능함)은 **무조건 종합과세**를 한다(무조건 종합과세를 하지 않으면 과세가 전혀 안될 수도 있기 때문).

이자소득과 배당소득

이자소득	배당소득
• 채권·증권의 이자와 할인액 / 국내 또는 국외에서 받는 예금·적금 • 환매조건부채권의 매매차익 / 저축성보험의 보험차익 / 직장공제회 초과반환금 / 비영업대금의 이익 • 유사 이자소득(유형별 포괄주의)	• 이익배당 / 법인으로부터 받는 배당 또는 분배금 • 의제배당 / 인정배당 / 집합투자기구로부터의 이익 • 유사 배당소득(유형별 포괄주의)

• **저축성보험의 보험차익** 비과세요건 : 보충문제 3 참고
• 파생결합증권(ELS, DLS, ETN[주1])으로부터 발생한 수익은 배당소득세로 과세한다.
  * 주1 : ETN은 증권사가 자기신용으로 발행하고 투자기간 동안 지수수익률을 보장하는 만기가 있는 파생결합증권이다. 그런데 지수수익률의 대상이 상장주식인 경우, ETF(상장지수펀드)와 마찬가지로 비열거소득이 되어 과세되지 않는다.
• ELW로부터 발생한 소득은 비열거소득으로 비과세이다. 단, 코스피200을 기초자산으로 하는 ELW의 매매차익은 장내파생상품 양도소득세 과세대상(2016년부터 시행)이 되어 탄력세율 10%의 양도소득세가 부과된다.
• 양도소득은 토지, 건물 등 부동산과 그 권리 및 주식 등 지분증권, 장내파생상품[주2]의 양도에서 발생한 소득을 말하는데(양도소득세 부과), 상장주식, 비상장기업의 벤처기업주식, 장내파생상품[주3]의 양도차익은 별도의 규정이 없으므로 과세되지 않는다.
  * 주2 : 양도소득세가 부과되는 장내파생상품 : 코스피200을 기초자산으로 하는 '지수선물 / 지수옵션 / ELW'
  * 주3 : 비열거소득으로 과세되지 않는 장내파생상품 : '주2'에 해당되지 않는 장내파생상품 예 KOSPI200지수선물이 아닌 개별주식선물의 매매차익은 비과세이다.

01 금융소득종합과세의 방법에 대한 설명이다. 틀린 것은?(원천징수세율은 주민세 포함 15.4%)

☐☐ ① 금융소득을 지급할 때 15.4%의 세율로 원천징수한다.

② 거주자의 금융소득에 대한 과세방법으로는 무조건 분리과세, 조건부 종합과세, 무조건 종합과세의 세 가지 방법이 있다.

③ 무조건 종합과세는 원천징수로서 납세의무가 종결되는 것을 말한다.

④ 조건부 종합과세는 금융소득을 지급할 때 15.4%로 원천징수하고 금융소득이 2천만원을 초과할 경우 타 종합소득과 합산하여 종합과세한다.

해설

원천징수로써 납세의무를 종결하는 것은 **무조건 분리과세**이다.

※ 금융소득 종합과세의 방법

과세방법		원천징수세율
(1) 무조건 분리과세	원천징수로 과세종결	해당 세율[주1]
(2) 조건부 종합과세[주2]	분리과세소득을 제외한 금융소득이 ① 2천만원 이하 ⇒ 원천징수율로 과세 ② 2천만원 초과 ⇒ 종합과세	14%(비영업대금 이익 = 25%)
(3) 무조건 종합과세[주3]	금융소득이 2천만원 이하인 경우에도 원천징수대상이 아닌 소득(국외에서 받은 소득 등)에 대해서는 종합과세	–

(원천징수세율은 주민세 별도)

* 주1 : 분리과세 세율
  ① 2천만원 이하의 이자·배당소득 : 14%
  ② 장기채권의 이자와 할인액 : 30%
  ③ 세금우대종합저축의 이자·배당소득 : 9%
  ④ 사회간접자본채권의 이자 : 14%
  ⑤ 직장공제회 초과반환금 : 기본세율(6~42%)
* 주2 : 금융소득을 지급할 때 14%로 원천징수한 후 다른 금융소득과 합산하여 그 금액이 2천만원을 초과할 경우 그 초과분을 다른 소득과 합산하여 종합과세하고, 이 경우 이미 원천징수된 세액은 기납부세액으로 공제한다.
* 주3 : '국외에서 받은 이자·배당소득으로서 원천징수 대상이 아닌 등'의 경우가 있을 때 '무조건 종합과세'를 적용하지 않으면 소득세를 전혀 부담하지 않는 결과가 될 수 있으므로, 이러한 소득이 있을 경우 무조건 종합과세를 한다.

02 이자소득에 해당되지 않는 것은?

① 국내 또는 국외에서 받는 집합투자기구로부터의 이익
② 채권·증권의 이자와 할인액
③ 저축성보험의 매매차익
④ 환매조건부채권의 매매차익

> **해설** 집합투자기구로부터의 이익은 펀드에 투자했을 때 과세대상의 이익을 말하고 배당소득으로 분류한다.
> ※ 환매조건부채권의 매매차익
>
>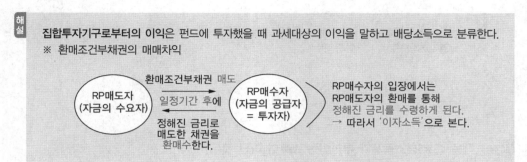

03 저축성보험의 보험차익으로 과세되지 않는 요건을 나열한 것이다. 틀린 것은?

① '55세 이후부터 사망 시까지 연금으로 지급받는 계약일 것(종신연금보험계약) & 사망 시 보험재원 및 연금재원이 소멸할 것 & 연금개시 후 사망일 이전에 계약을 중도해지할 수 없을 것'을 모두 충족할 것
② 계약기간이 10년 이상일 것 & 최초납입일로부터 납입기간이 5년 이상인 월적립식일 것 & 매월 납입하는 기본보험료가 균등할 것 & 기본보험료의 선납기간이 6개월 이내일 것 & 월 보험료 합계액이 150만원 이내일 것
③ 계약기간이 10년 이상일 것 & 납입보험료 합계액이 1억원 이하일 것
④ 계약기간이 10년 이상이지만 최초납입일로부터 10년이 경과하기 전에 납입한 보험료를 확정된 연금의 형태로 분할하여 지급받을 것

> **해설** ④는 ①의 예외조건이다. 즉 비과세요건에 해당되지 않는다.
> ※ **저축성보험의 보험차익** 비과세요건
> (1) 위의 ①의 요건을 충족하면 비과세이다.
> (2) ①의 요건을 충족하지 않을 경우, ② 또는 ③의 요건을 충족하면 비과세이다.

04 다음 중 배당소득세의 과세대상이 아닌 것은?

① 국내 또는 국외에서 받는 집합투자기구로부터의 이익
② 법인으로 보는 단체로부터 받는 배당 또는 분배금
③ 채권투자에 따른 매매차익
④ 의제배당

> **해설**
> 소득세법 상 채권에 대한 과세는 표면이자수입에 대해서 이자소득세를 부과하며, 매매차익에 대해서는 비열거소득으로써 과세하지 않는다.

05 다음 중 배당소득세가 부과되는 소득이 아닌 것은?

① 집합투자기구로부터의 이익
② 상장주식으로부터 받은 배당금
③ ELS(주식연계증권)로부터의 수익분배금
④ ELW(주식워런트증권)로부터 발생한 수익분배금

> **해설**
> ELW로부터 발생한 수익분배금은 비열거소득으로 과세하지 않는다(ELW는 상장되어 거래되므로 상장주식과 같이 취급함). 단, 2016년 세법개정으로 **코스피200을 기초자산으로 하는** ELW에 한해서는 양도소득세를 과세한다.

06 다음 빈칸에 알맞은 말은?

> (　　)은 토지, 건물 등 부동산과 그 권리 및 주식 등 일정한 지분양도에서 발생한 소득을 말한다.

① 이자소득　　　　　　　　　② 배당소득
③ 양도소득　　　　　　　　　④ 사업소득

> **해설**
> 양도소득이다. 또한 양도소득과 퇴직소득은 분류과세한다.

07 다음 중 소득세법 상 양도소득세가 부과되는 대상을 모두 묶은 것은?(2018년 현재)

> ㉠ 소액주주가 비상장주식을 매매하고 얻은 매매차익
> ㉡ 소액주주가 코스피200을 기초자산으로 하는 ELW를 매매하고 얻은 매매차익
> ㉢ 소액주주가 코스피200선물·옵션을 매매하고 얻은 매매차익
> ㉣ 소액주주가 파생결합증권(ELS)을 매매하고 얻은 매매차익

① ㉠   ② ㉠, ㉡
③ ㉠, ㉡, ㉢   ④ ㉠, ㉡, ㉢, ㉣

해설
㉠ : 비상장주식은 소액주주, 대주주를 구분하지 않고 과세대상이 된다.
㉡·㉢ : 2016년 소득세법 개정으로 장내파생상품 중 **코스피200지수선물, 코스피200지수옵션**과 **코스피200을 기초자산으로 하는 ELW**[주1]는 과세대상으로 전환되었다.
　* 주1 : **코스피200을 기초자산으로 한 ELW**가 아닌 나머지 ELW 예 삼성전자 콜ELW 등은 비열거소득으로 과세대상이 아니다. 장내파생상품 등에 대한 탄력과세 : 국내외 양도소득을 합산하여 탄력세율 10%를 적용한다.
㉣ : ELS나 DLS로부터 발생한 수익은 배당소득세로 과세한다.

08 다음 중 분리과세 대상과 해당 분리과세율이 잘못 연결된 것은?(원천징수세율은 주민세 등 기타세를 제외한 세율)

① 장기채권의 이자 및 할인액 : 30%
② 세금우대종합저축의 이자 및 할인액 : 9%
③ 직장공제회 초과반환금 : 20%
④ 사회간접자본채권의 이자 : 14%

해설
직장공제회 초과반환금은 직장공제의 성격으로서 퇴직금과 유사한 성격이다. 분리과세를 하되 기본세율로 과세한다(기본세율 6%~42%).

세법 상 집합투자기구의 요건에 해당하지 않는 것은?

① 자본시장법에 의한 집합투자기구일 것
② 당해 집합투자기구의 설정일로부터 매년마다 1회 이상 결산·분배할 것
③ 금전으로 위탁받아 금전으로 환급할 것(금전 외의 자산이라도 위탁가액과 환급가액이 모두 금전으로 표시된 경우를 포함)
④ 사모집합투자기구는 세법 상 집합투자기구가 될 수 없다.

해설 사모집합투자기구도 세법 상 집합투자기구가 될 수 있는데 특정단독사모집합투자기구에 해당되지 말아야 한다.

정답 ④

더 알아보기 ▶ 집합투자기구 세제

세법 상 집합투자기구의 요건(아래 요건을 갖출 경우 적격 집합투자기구가 됨)

1) 자본시장법에 의한 집합투자기구일 것
2) 당해 집합투자기구의 설정일로부터 매년 1회 이상 결산·분배할 것
3) 금전으로 위탁받아 금전으로 환급할 것
4) 특정단독사모집합투자기구에 해당되지 아니할 것

• **특정단독사모집합투자기구**란 투자자가 1인이거나, 투자자가 사실상의 자산운용결정을 하는 펀드를 말함(사모집합투자기구 자체는 적격의 대상이 될 수 있음에 유의)

적격과 비적격의 구분

적격 집합투자기구	비적격 집합투자기구
배당과세 / 일부손익과세제외 적용 / 비용공제 가능	투자신탁의 소득내용별로 과세 / 일부손익과세제외 적용 안됨 / 비용공제 안됨

• 운용보수 등 비용이 공제되면 과세표준이 줄어들어 절세효과가 있다(적격의 경우).
• 일부손익과세제외 제도는 **적격펀드**의 과세표준을 계산 시에 상장주식(또는 장내파생상품)의 매매손익을 아예 제외하는 것이다(아래 예시에서는 + 500만원을 합산대상에서 제외하는 것).
• 비적격집합투자기구의 과세는 펀드에 **소득이 귀속되는 때**이나, 적격 집합투자기구는 펀드의 소득이 **투자자에게 귀속되는 때**이다(다만, 비적격의 경우 업무의 번거로움을 해소하기 위해 소득이 펀드에 귀속된 날로부터 **3개월 이내의 특정일을 과세시기**로 함).

※ 일부손익과세제외제도(예시)

구 분	이자·배당소득	매매·평가차익	집합투자기구로부터의 이익	집합투자기구의 이익
채 권	+100만원	−300만원	+0원^{주1}	+400만원
상장주식	+100만원	+500만원		

* 주1 : 동 예시의 경우 원금대비 투자이익이지만 과세부담이 없다. 그런데 반대의 경우도 가능한데(원금대비 투자손실이지만 과세부담이 있는 경우), 이 경우 바로 과세하지 않고 전체 손익을 통산하여 환매 시 과세할 수 있도록 하였다(2016년 소득세법 개정).

- **집합투자기구로부터의 이익(적격펀드의 과세표준)**은 일부손익과세제외가 적용되어(**상장주식, 장내파생상품 등의 손익을 제외**) −100만원이 되므로 과세표준은 0원이다. 집합투자기구의 이익(**비적격펀드의 과세표준**)은 모든 수익이 통산되므로 +400만원이 된다.
- 일부손익과세제외 제도의 의의는 직접투자와 간접투자 간의 과세형평성을 실현하기 위함인데, 그 형평성을 완벽하게 실현하고 있는 것은 아니다(∵ 채권매매차익은 소득세법에서는 비과세이나 펀드투자 시 과세가 되기 때문).

일반적인 부동산과세의 종류 VS 부동산펀드 내에서의 과세
- 일반적인 부동산과세의 종류

부동산취득에 대한 과세	부동산보유에 따른 과세	부동산처분에 따른 과세
취득세(감면 중), 등록면허세	종합부동산세, 재산세	양도소득세

- 추가하여 부동산을 취득, 보유, 처분하는 과정에서 **부가가치세**가 과세될 수 있음
- 부동산집합투자기구 내에서의 과세
부동산펀드 내에서 부동산을 취득, 처분하여 양도소득이 발생하였을 경우 **양도소득세가 부과되지 않고** 펀드
투자자가 수익을 찾는 시점에서 **배당소득세**로 과세된다.

보충문제

01 적격 집합투자기구와 비적격 집합투자기구의 차이에 대한 설명이다. 틀린 것은?

① 소득세법 상 적격 집합투자기구가 되면 운용보수 등 각종 수수료를 과세소득계산에서 차감할 수 있다.
② 일부손익과세제외 제도는 적격, 비적격 구분없이 모두에게 적용된다.
③ 비적격 집합투자기구가 투자신탁·투자조합·투자익명조합일 경우 이들 집합투자기구로부터의 이익은 집합투자기구 외의 신탁의 이익으로 과세된다.
④ 비적격 집합투자기구가 투자회사·투자유한회사·투자합자회사·사모투자전문회사일 경우 이들 집합투자기구로부터의 이익은 배당 및 분배금으로 보아 과세한다.

해설
일부손익 과세제외는 **적격 집합투자기구에게만 적용된다.**
③ **집합투자기구 외의 신탁**이란 비적격 집합투자기구가 회사형이 아닐 때 통칭하는 용어인데, 주로 은행
신탁을 말한다(특정금전신탁, 재산신탁 등).

02 다음 중 '일부손익 과세제외' 규정이 적용되지 않는 것은?

① 상장채권의 매매차익
② 상장주식의 매매차익
③ ETF의 매매차익
④ 상장주식을 기초자산으로 하는 장내파생상품의 매매차익

> **해설**
>
> 채권의 매매차익은 상장채권, 비상장채권을 구분하지 않고 '일부손익과세제외' 대상에서 제외된다(이는 펀드에서 채권의 매매차익은 과세가 됨을 의미함).
>
> ※ '일부손익 과세제외' 규정은 직접투자와 간접투자의 과세형평을 고려한 규정인데, 동 규정은 직접투자와의 과세형평을 완전히 실현하는 것은 아니다. 왜냐하면 직접투자에서는 과세되지 않는 채권의 매매차익이 펀드에서는 과세가 되기 때문이다.
>
> ※ ④에서 상장주식을 기초자산으로 하는 장내파생상품이란 '개별주식선물, 개별주식옵션, 개별주식 ELW 등'을 말한다(cf. 코스피200을 기초자산으로 하는 코스피200선물 / 옵션 / ELW는 과세가 되므로 일부손익과세제외의 대상이 아님).

03 빈칸을 바르게 연결한 것은?

> '비거주자 또는 외국인이 전문투자형 사모집합투자기구나 경영참여형 사모집합투자기구를 통하여 취득한 상장주식으로써, 양도일이 속하는 연도와 그 직전 (   )의 기간 중 주식 총수 또는 시가총액의 (   )을 소유한 상장주식으로부터 발생한 손익'에 대해서는, 일부손익 과세제외 대상에서 제외한다.

① 3년, 100분의 20
② 3년, 100분의 25
③ 5년, 100분의 20
④ 5년, 100분의 25

> **해설**
>
> 5년, 100분의 25이다. 이는 외국인 투자자가 상장주식에 대한 소득세법의 세법규정을 회피하기 위해 사모집합투자기구를 활용하는 것을 방지하기 위한 규정이다.

04 다음은 '집합투자기구로부터의 이익' 과세에 대한 내용이다. 틀린 것은?

① 집합투자기구로부터의 이익을 지급 시에는 14%로 원천징수한다.
② 집합투자기구로부터의 이익이 타 금융소득과 합산하여 개인별 2천만원을 초과할 경우에는 종합소득에 합산하여 누진세율로 종합과세한다.
③ 금융기관이 고유재산으로 펀드에 투자하여 집합투자기구로부터의 이익을 얻은 경우에는 사업소득이 되어 원천징수의 대상이 되지 않는다.
④ 집합투자기구로부터의 이익도 배당세액공제의 대상이 된다.

집합투자기구로부터의 이익은 배당세액공제의 대상이 될 수 없다.
※ 배당세액공제
배당세액공제는 법인세와 배당소득세가 이중과세가 된 경우 이를 조정하기 위해서 종합소득 산출세액으로부터 공제하는 것을 말한다. 따라서 배당세액공제는 법인세를 부담한 배당소득에 대해서만 적용이 되는데 **'집합투자기구로부터의 이익'은 소득세법 상 배당소득에 속하나 법인세를 부담한 소득이 아니므로 배당세액공제의 대상이 되지 않는다.**
예 삼성전자에 투자하여 주식배당금을 수령 시 배당소득세가 원천징수된다. 이 때 배당금은 법인세와 배당소득세 두 번의 과세를 하여 이중과세를 한 것이 된다. 이를 바로 잡기 위해 배당세액공제를 한다.

05 적격 집합투자기구의 과세에 해당하지 않은 것은?

① 모두 배당소득으로 과세한다.
② 일부손익과세제외 제도가 적용된다.
③ 운용보수와 같은 비용이 과세표준에서 공제된다.
④ 펀드에 소득이 귀속하는 시기에 과세한다.

해설
비적격은 펀드에 소득이 귀속하는 때에 과세하나, 적격은 펀드소득이 투자자에게 분배될 때 과세한다.
※ 적격 / 비적격의 구분

	충족 시	적격 집합투자기구	배당과세	
세법 상 집합투자기구 요건	미충족 시	비적격 집합투자기구	투자신탁, 투자합자조합, 투자익명조합	집합투자기구 이외의 신탁이익으로 과세
			투자회사, 투자유한회사, 투자합자회사, 투자유한책임회사	배당과세 (회사형이므로)

06 다음 빈칸에 알맞은 말은?

'투자신탁 외의 신탁이익'의 경우 원칙적으로 (가)가 수입시기가 된다. 다만, 소득세법은 신탁재산에 소득이 귀속할 때마다 원천징수하는 불편을 해소하기 위하여 소득이 신탁재산에 귀속된 날로부터 (나) 이내의 특정일을 과세시기로 한다.

	가	나
①	소득이 신탁재산에 귀속되는 때	3월
②	소득이 신탁재산에 귀속되는 때	6월
③	소득이 투자자에게 분배되는 때	3월
④	소득이 투자자에게 분배되는 때	6월

해설 과세를 위한 수입시기를 어떻게 인식하는가의 문제이다. 비적격인 **집합투자기구 외의 신탁**은 ①에 입각해서 과세하고 적격 집합투자기구는 **소득이 투자자에게 분배되는** 시점을 수입시기로 인식해서 과세한다.

07 다음 설명 중 옳은 것은?

① 투자자가 집합투자증권을 환매하여 얻은 이익은 집합투자기구로부터의 이익으로 과세하며, 이는 배당소득에 대한 과세가 된다.
② 투자자가 집합투자증권을 환매하지 않고 양도하여 얻은 이익에 대해서는 양도소득세로 과세한다.
③ 부동산집합투자기구에서 부동산을 취득할 경우는 취득세와 등록면허세가, 보유 중일 때는 재산세와 종합부동산세, 펀드가 보유하고 있던 부동산을 양도할 경우에는 양도소득세가 발생할 수 있다.
④ 집합투자기구가 법인인 투자회사의 경우 법인세도 부담하게 된다.

해설 ② 투자자가 집합투자증권을 양도하여 얻은 이익에 대해서도 집합투자기구로부터의 이익으로 간주하여 배당소득세로 과세한다.
③ 펀드내의 부동산을 양도하여 얻은 이익에 대해서는 양도소득세가 과세되지 않고, 투자자가 환매 또는 이익분배금으로 수령 시에 배당소득으로 과세된다.
④ 자본시장법상의 투자회사는 법인의 형태이지만 서류상의 회사일 뿐이므로 법인세를 과세하지 않고 있다(cf. 부동산투자회사법의 투자회사(REITs)에서도 배당가능이익의 90% 이상을 투자자에게 배당하게 하고 그 배당이익을 소득금액에서 공제하고 있으므로, 사실상 법인세를 부담하지 않고 있다).

2 **영업실무** 10문항 대비

01 펀드 판매절차를 바르게 나열한 것은?(투자자가 영업점을 방문한 경우로 가정)

① 투자자유형 분류 → 투자자정보 파악 → 적합한 펀드 선정 → 펀드에 대한 설명 → 사후관리
② 투자자유형 분류 → 투자자정보 파악 → 펀드에 대한 설명 → 적합한 펀드선정 → 사후관리
③ 투자자정보 파악 → 투자자유형 분류 → 적합한 펀드 선정 → 펀드에 대한 설명 → 사후관리
④ 투자자정보 파악 → 투자자유형 분류 → 펀드에 대한 설명 → 적합한 펀드선정 → 사후관리

> 해설 **투자자정보 확인서**를 통해 투자정보를 파악한 후 이를 토대로 투자자유형을 분류한다. 이후 투자자유
> 형에 적합한 펀드를 선정하고, 해당 펀드에 대한 설명으로 한다(설명 후 투자자의사 확인).
> ※ 영업점 방문이 아닌 온라인 거래나 전문투자자를 대상으로는 다르게 적용할 수 있다.

02 수익증권저축제도와 관련하여, 빈칸을 바르게 연결한 것은?(차례대로)

> 수익증권저축계약의 당사자는 (   )와 저축자이며, 저축자는 저축재산의 관리에 필요한 일체의
> 사항을 (   )에 일임한다.

① 집합투자업자, 신탁업자
② 집합투자업자, 판매업자
③ 판매업자, 판매업자
④ 판매업자, 신탁업자

> 해설 **판매업자, 판매업자**이다. 수익증권저축계약의 당사자는 판매업자(판매회사)와 저축자이다.
> ※ 수익증권저축계약은 판매회사가 저축자로부터 저축가입신청과 저축금을 받음으로써 성립한다.

03 수익증권저축의 종류에 대한 설명이다. 빈칸에 알맞은 것은?

> • 동일계좌에 추가납입이 가능한 것은 (㉠)이다.
> • 저축금액의 일부(수익금의 인출 혹은 사전에 정한 일정금액)를 인출했을 때 환매수수료가 징구되지 않은 것은 (㉡)이다.
> • 저축기간 중의 인출에는 환매수수료가 징구되나 저축기간 만료 후에 인출하는 경우에는 환매수수료 징구가 면제되는 것은 (㉢)이다.

	㉠	㉡	㉢
①	임의식	거치식	적립식
②	거치식	임의식	적립식
③	적립식	임의식	거치식
④	적립식	거치식	임의식

> **해설** 동일계좌에 추가납입이 가능한 것은 저축금이나 기간 등을 정하지 않았기 때문에(임의식이라서) 가능한 것이다. 즉, 목적식은 추가납입이 되지 않는다. 그리고 거치식(수익금인출식, 일정금액인출식)은 처음부터 일정금액을 환매수수료 징구없이 인출할 수 있도록 한 저축상품이다. 적립식은 저축기간 종료 후의 인출분에 대해서 환매수수료를 징구하지 않는다.

04 수익증권저축의 종류 중에서 보기에 해당하는 것은?

> • 저축목표금액을 정하여 일정기간 이상 수시로 저축하는 방식을 말한다.
> • 입금누계액이 저축목표금액에 도달한 경우에는 추가입금을 할 수 없고, 저축기간 중 저축재산의 일부인출이 가능하지만 환매수수료가 부과된다. 단, 저축목표금액을 완납하고 저축기간이 종료된 후에 인출할 경우는 환매수수료 징구가 면제된다.

① 임의식
② 목적식 중 일부금액인출식
③ 목적식 중 자유적립식
④ 목표식

> **해설** 목표식에 해당된다. 목표식과 목적식의 자유적립식이 내용상 유사한데, 자유적립식은 목표금액을 정하지 않고 일정기간 이상을 저축한다는 점에서 차이가 있다.
> ② 목적식의 일정금액인출식 또는 수익금인출식은 인출 시 환매수수료 징구가 면제된다.

05 다음 중 저축기간 중의 일부인출 시 환매수수료 징구가 면제되는 것은?

① 임의식에서 일부인출 시
② 거치식에서 일부인출 시
③ 정액적립식에서 일부인출 시
④ 자유적립식에서 일부인출 시

> **해설** 일부금액의인출 시 환매수수료 징구가 면제되는 것은 거치식에 한한다(거치식에는 수익금인출식과 일부금액 인출식이 있음). ③·④의 적립식은 저축기간 종료 후 인출 시에는 환매수수료가 면제된다.

06 수익증권저축에 대한 서술로 가장 올바른 것은?

① 임의식 수익증권저축의 경우 동일계좌에 저축금의 추가납입과 일부인출이 불가능하다.
② 목적식 수익증권저축의 경우 저축기간은 변경신고에 의해 자유로이 변경할 수 있으며, 신탁계약에서 변경할 수 없도록 정한 경우에도 이에 구애받지 아니한다.
③ 판매회사가 저축금을 이용하는 경우 저축자에게 저축금 이용료를 지급할 수 있다.
④ 수익증권저축통장은 자유롭게 양도할 수 있으나 판매회사의 승인 없이 질권의 목적으로 사용하지 못한다.

> **해설**
> ① 임의식이므로 추가납입은 당연히 가능하다. 일부인출이 되지만 거치식과 달리 인출 시 환매수수료가 면세되지 않는다는 점이 다르다.
> ② 신탁계약에서 변경할 수 없음을 정하고 있을 경우는 변경불가
> ④ 자유로운 양도나 담보제공이 불가능하다.

07 다음 중 수익증권저축의 만기지급일이 예시가 틀린 것은?(모두 영업일)

번 호	가입일	만기기간	만기지급일
①	2018년 3월 31일	1년	2019년 3월 31일
②	2018년 2월 28일	6개월	2018년 8월 31일
③	2018년 8월 31일	3개월	2018년 11월 30일
④	2018년 6월 10일	15일	2018년 6월 25일

> **해설** 월 또는 연단위의 경우 최초납입상당일로 한다(①의 경우). 따라서 ②는 8월 28일이 되어야 한다. 그리고 월의 해당일이 없을 경우에는 말일로 한다(③의 경우). 일단위의 경우는 단순히 가입일에 만기기간을 더하면 된다(④의 경우).

08 5월 12일에 수익증권저축에 가입을 하였다(수익증권 최초매수일). 만기는 10일이다. 그렇다면 만기지급일은 언제인가?(모두 영업일이라고 가정함)

① 5월 20일   ② 5월 21일
③ 5월 22일   ④ 5월 23일

> **해설** 만기저축기간을 일단위로 정한 경우 단순히 최초매수일에 기간을 더하면 된다. 문장표현으로는 '최초매수일로부터 만료되는 날이 5월 21일이 되고 **만료되는 날의 다음 영업일**'이 만기지급일이다.

09 다음 중 환매수수료가 면제되는 경우에 해당하지 않는 것은?

① 저축기간을 1년 이상으로 하는 목적식저축의 경우 저축기간 종료 이후에 수익증권을 환매하는 경우
② 적립식저축의 수익금 또는 일정금액을 인출하기 위해 환매를 청구하는 경우
③ 저축재산에서 발생한 이익분배금을 재투자하고, 그 재투자분에 대해서 환매를 청구한 경우
④ 소규모 투자신탁을 해지하고 그 상환금으로 판매회사가 정한 집합투자기구를 매수하고 해당 집합투자증권을 환매하는 경우

> **해설** 저축자에 대한 우대조치로 환매수수료가 면제되는 경우이다. ②는 '거치식저축'이어야 한다. 수익증권저축은 임의식과 목적식으로 나뉘며, 목적식은 거치식, 적립식, 목표식으로 구분되는데, 저축기간 중 일부 인출에 대해서 환매수수료가 면세되는 것은 거치식에 해당한다.

10 빈칸에 들어갈 수 없는 것은?

> 소규모 투자신탁을 해지함에 있어 저축자가 그 상환금으로 판매회사로부터 안내 받은 수익증권을 매수하여 저축하는 경우 (   ) 등이 면제될 수 있다.

① 선취판매수수료   ② 후취판매수수료
③ 판매보수   ④ 환매수수료

> **해설** 판매보수는 면제되지 않는다(판매보수는 집합투자기구에서 일정비율 공제하는 형식이므로 그 성격상 면제될 수 없음).

11 빈칸에 알맞은 것은?

> 저축자가 세금정산을 목적으로 수익증권 전부를 환매하고 즉시 그 환매대금으로 해당 수익증권을 재매입할 경우, 환매하는 수익증권의 환매수수료 및 매입하는 수익증권의 판매수수료는 연 (　　　)에 한해서 면제한다.

① 1회   ② 2회

③ 3회   ④ 4회

 연 2회이다.

12 임의식저축 Q펀드에 가입하고, 2018년 3월 12일에 300만좌 매수, 4월 30일에 400만좌를 매수하고, Q펀드의 결산 후 재투자분 200만좌가 2018년 8월 5일에 입고되었다. 같은 해 10월 8일에 700만좌를 환매청구를 했다면 가장 먼저 인출되는 것은?

① 3/12 매수분 300만좌   ② 4/30 매수분 400만좌

③ 재투자분 200만좌   ④ 4/30 매수분 200만좌

 선입선출법을 적용한다(개정 전에는 재투자분에 한해서 후입선출법을 적용하였음).

13 1,000만원을 펀드에 투자한 내역이 보기와 같다. 이 경우 환매 시 출금금액과 가장 가까운 값은?

> 1,000만원 모두 적격 펀드인 국내 채권형펀드의 채권에 투자되었으며, 환매수수료는 90일 미만 시 이익금의 70%를 부과한다고 가정한다. 세액계산 시 10원 미만은 절사한다. 세율은 원천징수세율 15.4%(소득세 14%, 주민세 1.4%)이다.
>
> | 매매일자 | 구 분 | 기준가격 |
> | --- | --- | --- |
> | 2018. 09.10 | 매 입 | 1,200.00 |
> | 2018. 11.10 | 환 매 | 1,400.00 |

① 900만원   ② 950만원

③ 1,000만원   ④ 1,050만원

10,423,002원(아래 풀이)이므로 정답은 ④이다.

(1) 환매 시 출금금액 = 환매 시 평가금액 − 환매수수료 − 세액

→ 11,666,668원 − 1,166,666원 − 77,000원 = 10,423,002원

(2) 환매 시 평가금액

㉠ 보유좌수 계산 : $\dfrac{10,000,000원}{1,200} \times 1,000 = 8,333,333.33$ 즉, 보유좌수는 8,333,334좌이다

(∵ 좌수절상).

㉡ 따라서 환매 시 평가금액은 $8,333,334 \times \dfrac{1,400}{1,000} = 11,666,667.60원$

즉 환매 시 평가금액은 11,666,668원이다(∵ 금액절상).

참고 좌수계산이나 금액계산 시 고객에게 유리한 쪽으로 절상이나 절사를 한다. ㉠, ㉡의 경우는 절상하는 것이 고객에게 유리하다. 같은 원리로, 환매수수료나 세액계산의 경우는 금액절사를 한다.

(3) 환매수수료 : 매입 후 90일이 안되어 환매를 청구하였으므로 환매수수료가 부과된다.

그리고 채권을 매입한 것이므로 '일부손익과세제외'가 적용되지 않아 과표금액이 따로 없다(cf. 펀드가 주식에 투자한 경우는 '일부손익과세제외'가 적용되어 과표금액이 다르게 나타나며, 이때 과세금액은 과표에 따라 계산함에 유의할 것).

$8,333,334좌 \times \dfrac{1,400 - 1,200}{1,000} \times 70\% = 1,166,666.76$ 따라서 1,166,666원이다(∵ 금액 절사).

(4) 세액 : 적격펀드이므로 환매수수료를 공제한 금액에 대해 과세한다.

㉠ 과표금액 : 수익금 − 환매수수료

$8,333,334좌 \times \dfrac{1,400 - 1,200}{1,000} - 1,166,666 = 500,000.8$, 따라서 500,000원이다

(∵ 금액절사)

㉡ 소득세 계산 : 과표금액 × 14% = 500,200원 × 14% = 70,000원. 따라서 소득세금액은 70,000원이다(세액계산 시 10원 미만 절사).

㉢ 주민세 계산 : 소득세 × 10% = 70,000원 × 10% = 7,000원. 따라서 최종세액은 77,000원 이다.

14 자본시장법상 적격 집합투자기구의 혜택으로 볼 수 없는 것은?

① 운용보수 등 각종 수수료를 비용으로 인정하여 과표소득에서 차감할 수 있다.

② 상장주식이나 장내파생상품 등으로부터 얻은 매매차익에 대해서는 세금을 내지 않는다.

③ 상장주식이나 장내파생상품 등으로부터 만일 매매손실을 입었을 경우 손실을 비용으로 인정받을 수 있다.

④ 일부손익과세제외 규정이 적용되어서 펀드 투자 결과 이익실현을 했다 하더라도 세금을 전혀 내지 않는 경우가 있을 수도 있다.

해설

일부손익과세제외란 이익과 손실의 구분 없이 과세대상에서 제외하는 것이다. 상장주식에서 매매손실을 보았다고 해서 그 손실을 비용으로 인정하는 것이 아니다.

15 다음 중 이자소득세가 과세되는 것이 아닌 것은?

① 직장공제회 초과반환금   ② 비영업대금의 이익
③ 변액보험의 보험차익   ④ ELS로부터 발생한 수익분배금

> **해설** ELS로부터 발생한 수익분배금은 배당소득세가 과세된다.
> ※ 변액보험은 투자형 상품으로서 변액보험의 보험차익은 배당소득의 성격을 띠지만, 소득세법 상 저축 성보험의 보험차익(이자소득세)으로 과세한다.

16 다음 중 소득세법 상 과세가 되는 것은?

① 개별주식 ELW(주식워런트증권)의 권리행사를 통해 얻은 소득
② ELS(주식연계증권)의 투자를 통해 얻은 수익분배금
③ 상장채권의 매매를 통해 얻은 매매차익
④ 최초의 보험료 납입일로부터 만기일 또는 중도해지일까지의 기간이 10년 이상이고, 비과 세요건을 갖춘 저축성보험의 보험차익

> **해설** ELS, DLS의 수익분배금은 유형별 포괄주의에 입각하여 배당소득으로 과세된다. 나머지는 모두 비과세 이다.

17 다음 집합투자기구의 과세에 대한 설명 중 옳은 것은?

① 집합투자기구의 자산운용 상 부동산을 양도하여 얻은 소득에는 그 발생시점에서 양도소득 세가 부과된다.
② 적격 집합투자기구는 펀드 투자 시의 판매수수료, 판매보수 등의 비용이 공제되기 때문에 과세부담이 경감되는 효과가 있다.
③ 금융기관이 고유재산으로 집합투자기구에 투자하여 이익분배금을 받았을 경우 배당소득으 로 원천징수한다.
④ 집합투자증권 실물 양도에 따른 소득은 양도소득으로 분류되어 양도세가 부과된다.

> **해설** ① · ④ 집합투자기구 내에서 부동산을 양도한 소득이나, 집합투자증권 현물양도를 통해 얻은 양도소득은 과거에는 '그 소득의 발생시점에서 양도소득세'로 부과했으나 2011년 세법 개정 이후에는 배당소득으 로 통산되어 소득의 분배 시점에서 **배당소득세**로 과세된다.
> ③ 일반투자가가 펀드투자로 받는 소득은 배당과세가 되지만, 금융기관이 고유재산으로 금융소득 획득 을 목적으로 투자할 경우에는 **사업소득**으로 과세한다.

직무윤리 및 투자자분쟁예방

두 가지 윤리설 중 의무론설에 대한 설명이다. 가장 적절하지 않은 것은?

① 의무론설을 대표하는 것은 칸트의 도덕이론이다.
② 도덕규칙을 따르는 행위가 나쁜 결과를 유발할 지라도 이를 무시하고 도덕규칙을 따라야 한다는 설이다.
③ 어떤 규칙이 모든 사람이 따를 수 있는 보편적인 법칙이 될 수 있을 때, 이 규칙을 따라야 한다는 것이 의무론설이다.
④ 어떤 규칙을 따르는 것이 결과적으로 더 큰 도덕규칙을 위배할 수 있다면, 그 규칙은 따르지 않아도 된다고 본다.

해설   ④는 목적론설에 해당된다.

▨정답 ④

▨ 더 알아보기 ▸ 두 가지 윤리설

개 요
윤리는 옳고 그름을 판단하는 기준인데, 그 기준에는 의무론적 입장과 목적론적 입장이라는 두 가지 입장이 있다.

두 가지 입장의 비교

의무론적 윤리설(의무론설)	목적론적 윤리설(목적론설)
칸트의 도덕이론	밴담과 밀의 공리주의
행위의 결과는 무시하고, 당면한 도덕규칙을 준수해야 한다는 입장	당면한 도덕규칙을 따를 경우 나쁜 결과가 예상된다면, 그 규칙은 지키지 않아도 된다는 입장(결과론주의)

예 도덕적 딜레마에서의 의무론설과 목적론설의 구분

[상황]
친구의 부모님이 위독하여 약간의 충격적인 소식에도 생명이 위태로울 수 있는 상황이다. 그런데 친구의 부모님의 자녀가 재난으로 사망하였다. 친구의 입장에서, 이 사실을 부모님에게 알려야 하는가? 알리지 말아야 하는가?

[의무론설]	[목적론설]
거짓말은 나쁜 것이므로 사실대로 알려야 한다.	사실대로 알릴 경우 부모님이 사망할 수 있으므로, 알리지 않아야 한다.

법과 윤리를 비교한 설명이다. 가장 거리가 먼 것은?

① 법은 사회질서를 지키는 것이 가장 큰 목적이지만, 윤리는 개인의 도덕심을 지키는 것이 가장 큰 목적이다.

② 법은 인간의 외면적인 행위를 평가하지만, 윤리는 내면의 행위를 평가한다.

③ 법은 결과를 문제 삼지만, 윤리는 동기를 중요시한다.

④ 법이 '있어야 할 법'이라면 윤리는 '있는 그대로의 법'에 해당된다.

해설 법 : 있는 그대로의 법, 윤리 : 있어야 할 법(더 알아보기 참고).

〔정답〕 ④

〔더 알아보기〕 ▶ 법과 윤리

법과 윤리의 차이점 : 핵심유형문제 참고

법(Law)	윤리(Ethics)
법은 사회질서유지를 목적으로 한다(법이 지키고자 하는 것은 정의).	윤리는 개인의 도덕심(양심)을 지키는 것을 목적으로 한다.
법은 외면적 행위를 평가하고, 결과를 문제 삼는다.	윤리는 내면의 행위를 평가하고, 동기를 중시한다.
모든 사회에 존재하는 **있는 그대로의 법**을 말한다.	윤리에 부합하는 법, 즉 정당한 법을 **있어야 할 법**이라 한다.[주1]

* 주1 : '있는 그대로의 법'은 현실을 반영하는 법을 말하며, '있어야 할 법'은 윤리를 최대한 반영할 수 있는 이상적인 법이라 할 수 있다.

법과 윤리 개요 : 보충문제 1 참고

• 법과 윤리는 모두 인간의 사회적 관계에 있어서 필요한 규범이다(공통점).

• 법은 기본적으로 윤리를 바탕으로 하며, 윤리에서 용납될 수 없는 반윤리적 행위를 억제하는데 목적을 둔다(법은 최소한의 윤리이다).

• 윤리를 지나치게 강조하여 실정법을 무조건 배척하거나, 합법적이기만 하면 비윤리적 행위도 문제삼지 않는 법만능주의 모두 잘못된 것이다(법과 윤리의 상호보완성).

• 법은 기본적으로 보수적인 것이므로, 법은 윤리를 반영하되 후행하며 반영한다(보충문제 1 지문④).

01 법(Law)에 대한 다음 설명 중 가장 적절하지 않은 것은?

① 법은 법전에 나와있는 법만을 말하는 것이 아니라 법전에 나와 있지 않은 법도 포함한다.

② 인간의 내면적인 규범을 도덕(또는 윤리)이라 하며, 내면적 규범이 사회적인 범위로 확장이 되면 정의(또는 법)라고 한다.

③ 법은 최소한의 윤리이다.

④ 과학기술이 급속도로 발달하는 현대사회에서 '낡은 법'과 '새로운 윤리'가 충돌할 수 있으므로, 법도 시류에 따라 신속하게 변경될 필요가 있다.

> **해설** 법은 사회구성원 다수가 합의한 후에 제정이 되므로 기본적으로 보수적인 성격을 지닌다. 시대상에 맞게 변화할 필요는 있지만, 시류에 따라 신속하게 변경이 되다 보면 오히려 사회의 법질서가 혼란에 빠질 수 있다.

기업윤리와 직무윤리에 대한 설명이다. 옳은 것은?

① 통상적으로 국내 기업에서는 기업윤리는 '윤리강령'으로, 직무윤리는 '임직원 행동강령'의 형태로 반영되고 있다.

② 경영환경에서 발생할 수 있는 모든 도덕적·윤리적 문제들에 대한 판단기준으로써, 경영전반에 걸쳐 모든 조직구성원에게 요구되는 포괄적 개념으로서의 윤리를 직무윤리라 한다.

③ 조직구성원 개개인들이 자신이 맡은 업무를 수행하면서 지켜야 하는 윤리적 행동과 태도를 구체화한 것을 기업윤리라 한다.

④ 기업윤리가 직무윤리는 엄격히 구분된다.

해설   ② 기업윤리에 해당됨
       ③ 직무윤리에 해당됨
       ④ 기업윤리와 직무윤리는 혼용되어 사용되는 경우가 많다.

정답 ①

더 알아보기 ▶ 기업윤리와 직무윤리

기업윤리와 직무윤리의 개념비교 : 핵심유형문제 참고
기업윤리와 직무윤리는 통상적으로 혼용되어 사용되지만, 엄격히 구분할 경우는 아래와 같다.

기업윤리	직무윤리
기업의 관점에서 조직구성원에게 요구하는 윤리에 대한 포괄적 개념	조직구성원 개개인들이 맡은 업무 수행 시 준수해야 하는 구체적 개념
거시적 개념	미시적 개념
'윤리강령'의 형태로 반영	'임직원 행동강령'으로 반영

윤리경영
• 윤리와 관련된 기업경영의 종류 : 보충문제 1 참고

윤리경영	합법경영	비윤리경영
이익극대화와 윤리준수라는 두 가지 목표를 모두 충족하고자 하는 경영	합법적이라면 윤리기준을 무시해도 좋다는 경영(경영과 윤리를 별개로 인식)	이익상충발생 시 회사의 이익을 위해 법과 윤리 모두 무시할 수 있다는 경영

• 윤리경영의 개념
   – 기업경영에 직무윤리를 접목한 경영으로 정의됨
   – 이익상충이 발생한 경우나, 기업의 사회적 책임 이행의무 등 기업의 이익목표와 윤리기준이 충돌할 경우, 윤리기준을 준수하면서 장기적으로 기업의 이익극대화 목표를 동시에 달성하고자 하는 경영방침을 말한다.

01 '윤리경영'에 대한 설명이다. 가장 적절하지 않은 것은?

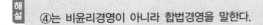

① 윤리경영은 직무윤리를 기업의 경영방식에 도입하는 것으로 간단하게 정의된다.

② 기업의 경제적 활동인 이익의 극대화와 비경제적활동인 윤리기준의 준수를 모두 충족하고자 하는 경영방식이 윤리경영이다.

③ 기업의 경제적 목표인 이익극대화 추구와 비경제적인 목표인 윤리기준의 준수가 충돌하는 예로서는, 이해상충과 기업의 사회적 책임이 있다.

④ 기업의 경영을 비윤리경영, 합법경영, 윤리경영으로 구분할 때, 경영과 윤리를 별개의 영역으로 인식하고 합법적인 테두리 내에서는 직무윤리를 무시해도 좋다는 것은 비윤리경영에 해당된다.

해설 ④는 비윤리경영이 아니라 합법경영을 말한다.

오늘날 직무윤리와 윤리경영이 강조되는 이유로 보기 어려운 것은?

① 직무윤리는 오늘날과 같은 포스트 산업사회에서 새로운 무형의 자본이 되고 있다.
② 고도의 정보와 기술, 시스템이 잘못 사용될 경우 엄청난 재난을 가져올 수도 있기 때문에 구성원들의 고도의 직무윤리가 요구되고 있다.
③ 기업윤리는 공정하고 자유로운 경쟁의 전제조건이 된다.
④ 윤리는 경제적으로 이득이 되지는 않지만 신뢰(reliability)나 평판(reputation)에 중대한 영향을 주므로 최대한 준수하는 것이 좋다.

해설　윤리는 결과적으로는 경제적으로도 이득이 된다(Ethics does pay). 기업이 높은 수준의 윤리성을 유지하면 기업과 기업구성원, 사회 모두에 이득을 주는 결과를 가져온다는 실용적인 측면을 말한다.

정답 ④

더 알아보기 ▶ 직무윤리의 필요성

직무윤리가 강조되는 이유
- Era of Ethics(윤리의 시대) : 비윤리적 기업은 결국 퇴출이 된다.
  - 시대의 변화로 윤리경영은 단순히 '선한 기업의 추구'가 아니라, 장기적으로 생존기반이 된다.
- Rule of Game(게임의 룰) : 기업윤리는 공정하고 자유로운 경쟁의 전제조건이다.
  - 올바른 기업윤리의 구축은 기업성장의 튼튼한 인프라가 된다.
- Ethics does pay : 윤리는 결과적으로 경제적 이득을 가져다 준다.
  - 윤리경영을 실천할 경우 조직과 구성원의 만족도가 상승하여 생산성이 증가하며 경영성과가 개선되는 실용적인 이득과도 연결된다.
- Agency Problem(대리인비용) : 윤리는 대리인비용을 사전에 예방하는 유용한 수단이다.
- Reputation(평판) : 기업이나 개인이 비윤리적인 행동으로 평판이 나빠진다면 경쟁력을 상실한다(회복에는 더 많은 비용이 소요).
- Credit(신용) : 오늘날과 같은 포스트산업사회에서는 윤리가 무형의 자본이 되고 있다. 즉, 높은 수준의 직무윤리구축을 통한 상대방으로부터의 믿음, 신용(credit)은 기업경영에도 도움이 되므로 이를 무형의 자본, 신종자본이라 할 수 있다.
- Transaction Cost(거래비용) : 금융투자산업에서 임직원의 위험은 거래비용의 증가로 나타날 수 있는데(예를 들어 임의매매를 하여 손해배상책임을 지는 경우), 직무윤리는 이러한 위험을 사전에 예방하여 거래비용을 줄이는 역할을 한다.
- Techonology(기술) : 기술이 고도로 발전될수록 직무윤리의 수준도 고도화되어야 한다(기술을 잘못 사용할 경우 그 부작용도 클 수밖에 없기 때문).

금융투자산업에서 직무윤리가 더욱 강조되는 이유 보충문제 1 참고

• 금융투자산업은 불특정다수와의 비대면거래라는 특성상 불공정성이 크다.

• 금융투자상품은 본질적으로 원본손실 가능성이 있으므로 이로 인한 분쟁 가능성이 타산업에 비해 훨씬 크다.

• 금융투자산업은 고객의 자산을 위탁받게 되는 바, 높은 수준의 직무윤리가 뒷받침되지 않는다면 고객의 이익 침해 가능성이 발생할 수 있다.

• 직무윤리의 준수는 그 자체로 자기보호(safeguard)가 된다. 직무윤리의 'Safeguard' 역할은 타산업에 비해 분쟁여지가 많은 금융투자산업에 더욱 필요하지만, 근본적으로 모든 산업에 공통된다.

직무윤리의 성격

• 사전예방기능 : 아무리 법이 잘 만들어져도 빠져나갈 여지가 있는데(회색지대 ; Grey area), 이러한 법의 맹점을 보완하는 훌륭한 수단이 직무윤리를 통한 사전예방이다.

회색지대(Grey Area)

• 강제적 제재 수단의 성격을 포함 : 직무윤리는 자율규제로서의 성격이 강하지만, 직무윤리를 위반 시 강제적 제제수단(민사적, 형사적, 행정책임)의 대상이 될 수 있다.

01 직무윤리가 더욱 강조되는 금융투자산업만의 이유로써, 가장 거리가 먼 것은?

① 금융투자상품은 불특정다수의 비대면거래에 의하는 거래방식이므로 불공정성이 내재되어 있어서 타상품에 비해 더 많은 규제가 필요하다.

② 금융투자산업은 고객의 자산을 위탁받아 운영·관리하는 것을 주요 업무로 하기 때문에 그 속성 상 고객의 이익을 침해할 가능성이 다른 산업에 비해서 훨씬 높다.

③ 자본시장에서 취급하는 금융투자상품은 대부분 원본손실가능성(투자성)을 띠고 있기 때문에 고객과의 분쟁가능성이 상존한다.

④ 직무윤리를 준수하는 것은 금융투자업 종사자들을 보호하는 안전장치(safeguard)가 되는데 이러한 역할은 금융투자산업에 국한된다.

> **해설** 직무윤리 준수가 직원을 보호하는 안전장치(safeguard) 역할을 하는 것은 모든 산업에 공통된다(금융투자업의 특성상 그 역할이 금융투자업에 좀 더 클 뿐이다).

02 금융투자회사의 직무윤리 특성에 대한 설명이다. 가장 거리가 먼 것은?

① 직무윤리는 자율규제의 성격이 강하다.

② 금융투자회사의 내부통제기준으로 직무윤리준수를 요구한다.

③ 금융투자회사의 준법감시인은 내부적인 직무윤리준수를 감독한다.

④ 직무윤리위반 시 강제적 제재 수단이 미흡한 편인데, 예를 들어 손해배상책임과 같은 민사책임은 인정되나 형사책임은 인정되지 않는 것이다.

> **해설** 행정책임, 민사책임, 형사책임 모두 해당될 수 있다(법규에 비해서 강제적 제재 수단이 미흡하다고 할 수 있지만, 강제적 제재 수단이 없는 것은 아님).

보기는 직무윤리의 사상적 배경 중 어디에 해당하는가?

> 금욕적인 생활윤리에 기반한 노동과 직업은 신성한 것이다.

① 루터(Martin Luther)의 소명적 직업관
② 칼뱅(Jean Calvin)의 금욕적 생활윤리
③ 마르크스(Karl Marx)의 유물사관
④ 막스 베버(Max Weber)의 프로테스탄티즘의 윤리와 자본주의 정신

해설　칼뱅의 금욕적 생활윤리로써, 초기 자본주의가 발전하는 토대가 되었다.

　　　　　　　　　　　　　　　　　　　　　　　　　　　　　　　　　　　　정답 ②

더 알아보기 ▶ 직무윤리의 사상적 배경

직무윤리의 사상적 배경
- 칼뱅(Jean Calvin, 1509~1564)의 금욕적 생활윤리 : '세속적인 일(직업, 직무)이라도 금욕적 생활윤리에 기반한다면 신성한 것이다' → 초기 자본주의 발전의 정신적 토대가 되었다.
- 베버(Max Weber)의 프로테스탄티즘의 윤리와 자본주의 정신 : 자본주의의 합리성, 체계성 등은 금욕적인 생활과 직업윤리에 의해 형성되었다. → 근대 자본주의 발전의 동인을 설명한다.

　참고 직무윤리의 사상적 배경의 변천
루터의 소명적 직업관 → 칼뱅의 금욕적 생활윤리 → 마르크스의 유물론 → 막스베버의 프로테스탄티즘의 윤리와 자본주의 정신
- 5R(WTO에서 무역과 연계하는 중요이슈 - 윤리 라운드도 포함)

Green Round	Blue Round	Technology Round	Ethics Round	Competion Round
환경 - 무역	노동 - 무역	기술 - 무역	윤리 - 무역	공정경쟁 - 무역

직무윤리의 국제적인 환경 : 보충문제 2 참고
- 국제적으로 윤리경영을 평가하는 지수
  - 국제투명성기구(TI)에서 발표하는 부패인식지수(CPI)
  - 영국 BITC(Business in the community)
  - CR Index(Corporate Responsibility Index) : **사회적 책임을 평가**하는 것이 특징

01 WTO의 New Round 규제인 '5R'을 잘못 설명한 것은?

① GR(Green Round) − 환경문제와 무역을 연계
② BR(Bule Round) − 노동문제와 무역을 연계
③ TR(Technology Round) − 기술문제와 무역을 연계
④ ER(Energy Round) − 에너지문제와 무역을 연계

> 해설
> ER은 Ethics Round를 의미하며, 윤리경영을 준수하는 기업의 제품만을 거래대상으로 하는 국제무역상의 약속을 말한다.

02 직무윤리의 국내외적인 환경에 대한 설명이다. 적절치 않은 것은?

① 국제적으로 강한 기업(Strong company)는 윤리적으로 선한 기업(Good company)이라는 인식이 수용되고 있다.
② WTO와 OECD 등의 세계무역기구는 New Round라는 규범으로 국제무역을 규제하고 있는데 윤리라운드(ER)가 적용되고 있어 윤리의 준수는 선택사항이 아닌 필수사항이 되고 있다.
③ OECD는 2000년에 국제공통의 '기업윤리강령'을 발표하고 각국의 기업으로 하여금 이에 준하는 윤리강령을 제정하도록 요구하였다.
④ 우리나라는 경제규모에 비하여 윤리수준이 높게 평가됨으로써 국제신인도와 국제경쟁력에 긍정적인 영향을 미치고 있다.

> 해설
> 우리나라는 경제규모에 비하여 윤리수준이 **낮게** 평가됨으로써 국제신인도에 **부정적인** 영향을 미치고 있는 실정이다.
> ※ 2015년기준 국제투명성기구(TI)가 평가한 한국의 부패지수는 54, 순위는 37위/167개국(22%)이다. 2016년기준 부패지수는 53으로 전년과 유사하나 그 순위는 29%로 악화되었다. 2006년 이래 수치변동도 미미하며, 경제규모에 비해 윤리수준이 낮으며, 그 개선도 되고 있지 않음을 보여준다.

윤리경영을 촉진하기 위한 국내의 제도나 법률에서 가장 최근에 도입된 것은?

① 부패방지법 및 부패방지위원회의 출범
② 공직자윤리강령 제정
③ 국민권익위원회의 출범
④ 청탁금지법(김영란법) 제정

해설   청탁금지법(2016.9.28), 일명 '김영란법'이다.

정답 ④

더 알아보기 ▶ 국내의 윤리경영 환경

윤리경영 촉진을 위한 국내의 제도 및 법률
1) 부패방지법 제정 및 부패방지위원회 도입(2003.1)
2) 공직자윤리강령(2003.5)
3) 국민권익위원회(2008.2)
4) 청탁금지법(2016.9.28)
※ '윤리경영에 대한 기업인식의 변화'에 대한 전경련의 조사(2008)
    우리 기업들은 초창기(1999년)에는 윤리경영추진을 사회적 책임의 이행 차원에서 접근하였으나, 10년 후
    (2008)에는 윤리경영이 기업의 매출과도 직결되는 중요한 경영전략으로 인식하고 있음을 보여준다.

청탁금지법
부정청탁 및 금품 등 수수금지에 관한 법률(일명 김영란법)
공직자 등이 동일인으로부터 1회 100만원, 1년에 300만원의 초과금품 등을 받으면 대가성과 직무관련성을
따지지 않고 3년 이하의 징역 또는 3천만원 이하의 벌금의 처벌을 받는다.

윤리경영실천의 정도를 평가하는 척도 : 보충문제 2 참고
• KoBEX(Korea Business Ethics index, 산업정책연구원, 2003)의 CI지표, SI지표

CI지표(Common Index ; 공통지표)	SI지표(Supplementary Index ; 추가지표)
공기업과 민간기업 구분 없이 모든 조직에 공통적으로 적용되는 지표	공기업과 민간기업의 특성을 반영하여 개발된 지표

• FKI-BEX(FKI-Business Ethics Index ; 전경련, 2007) : 윤리경영을 추진할 수 있는 종합적 지침서 역할을
  하기 위해 개발된 지표. 공통항목 외에 5대 업종별로 특화된 지표가 있는 점이 특징이다.
• Sobex(서강대 윤리경영지표, 2010) : 학계에서 개발된 지표

01 보기의 내용에 해당하는 것은?

> 우리사회의 고질적인 병폐인 연고주의(혈연·학연·지연)와 온정주의가 부정부패를 양산한다고 보고, 그 연결고리가 되는 청탁을 금지하여 부정부패를 근절하고자 제정된 법률이다.

① 부패방지법(2003.1)
② 청탁금지법(2016.9)
③ 자금세탁방지법(2001.9)
④ 공정거래법(1980.12)

해설 청탁금지법(일명 김영란법)이다.

02 윤리경영에 관한 다음의 지표 중 국내에서 사용되는 것이 아닌 것은?

① KoBEX
② FKI-BEX
③ CR-Index
④ Sobex

해설 CR-Index는 국제적인 지표이다. 다른 지표와 달리 사회적 책임을 평가하는 지표라는 점에서도 특징이 있다.
※ 국내지표 : KoBEX(산업정책연구원), FKI-BEX(전경련), Sobex(서강대 경영연구소)
※ 국제지표 : TI, BITC, CR-Index

직무윤리는 투자관련 직무에 종사하는 일체의 자를 대상으로 하는데, 여기서 '일체의 자'를 모두 묶은 것은?

> ㉠ 회사와 정식의 고용관계에 있지 않는 자
> ㉡ 무보수로 일하는 자
> ㉢ 투자권유자문인력 등의 관련 전문자격증을 소유하고 있지 않으나 관련업무에 실질적으로 종사하는 자
> ㉣ 아무런 계약관계가 없는 잠재적 고객을 대상으로 투자관련 직무를 수행하는 자

① ㉠, ㉡   ② ㉠, ㉡, ㉢
③ ㉠, ㉢, ㉣   ④ ㉠, ㉡, ㉢, ㉣

해설   어떠한 경우라도 관련업무에 실질적으로 종사하는 자는 모두 직무윤리를 준수해야 한다.

정답 ④

더 알아보기 ▶ 직무윤리의 적용대상

직무윤리의 적용대상인 **직무행위**는 자본시장법, 금융투자협회 표준내부통제기준을 준용한다.
직무윤리는 **직무행위**에 종사하는 **일체의 자**를 적용대상으로 한다.
• 직무행위 : 금융투자업과 관련한 일체의 직무활동(고객관련업무, 자본시장관련 업무 등에 직간접으로 관련된 직무활동)을 말한다.
• 적용대상자(**일체의 자**)

> 1) 투자권유자문인력(펀드 / 증권 / 파생상품) 등 관련 전문자격증을 보유하고 있는 자
> 2) 전문자격증을 소유하고 있지 않으나 관련 업무에 실질적으로 종사하고 있거나 또는 직·간접적으로 업무와 관련되어 있는 자
> 3) 회사와의 정식의 고용계약이나 위임계약, 보수의 유무에 관계없이 업무와 관련되어 있는 자
> 4) 회사와 아무런 계약관계를 맺지 않는 잠재적 고객을 대상으로 투자관련업무를 수행하는 자

표준윤리준칙 상 '고객에 대한 의무(또는 원칙)'를 모두 묶은 것은?

> ㉠ 고객우선의무
> ㉡ 신의성실의무
> ㉢ 법규준수의무
> ㉣ 시장질서존중의무

① ㉠

② ㉠, ㉡

③ ㉠, ㉡, ㉢

④ ㉠, ㉡, ㉢, ㉣

해설　고객에 대한 의무는 고객우선의무, 신의성실의무가 해당된다.

정답 ②

더 알아보기 ▶ '금융투자회사 표준윤리준칙'의 분류

표준윤리준칙의 4가지 분류

고객에 대한 의무	본인에 대한 의무	회사에 대한 의무	사회에 대한 의무
고객우선의무(2조) 신의성실의무(4조)	법규준수의무(3조) 자기혁신의무(7조) 품위유지의무(13조) 사적이익 추구금지(14조)	정보보호의무(6조) 상호존중의무(8조) 경영진의 책임(11조) 위반행위보고의무(12조) 고용계약 종료 후의 의무(15조) 대외활동(16조)	시장질서존중의무(5조) 주주가치극대화(9조) 사회적 책임(10조)

01 금융투자회사의 표준윤리준칙 중에서 '본인, 회사, 사회'에 대한 윤리기준이 아닌 것은?

① 고객우선의무(제2조)
② 법규준수의무(제3조)
③ 자기혁신의무(제7조)
④ 상호존중의무(제8조)

해설

고객우선의무는 대고객 의무이며, ②·③은 본인을 위한 의무, ④는 회사를 위한 의무이다.

02 금융투자회사의 표준윤리준칙 중에서 '회사에 대한 의무'가 아닌 것은?

① 정보보호의무(제6조)
② 상호존중의무(제8조)
③ 사적이익 추구금지의무(제14조)
④ 고용계약 종료 후의 의무(제15조)

해설

③은 본인에 대한 의무이다.

금융투자회사 표준윤리준칙의 16개 조항 중에서, '금융투자회사 직무윤리'의 기본원칙에 해당하는 두 조항은?

① 고객우선의무, 신의성실의무
② 고객우선의무, 법규준수의무
③ 신의성실의무, 법규준수의무
④ 신의성설의무, 시장질서존중의무

해설　　금융투자회사 표준윤리준칙 상의 두 조항(3조 고객우선의무 또는 고객우선원칙, 4조 신의성실의무 또는 신의성실원칙)은, '금융투자업 직무윤리'의 기본원칙으로도 인정된다.

정답 ①

더 알아보기 ▶ 금융투자업 직무윤리의 체계

금융투자업 직무윤리의 체계 : 4가지 의무(또는 원칙)

기본원칙	이해상충 방지의무	금융소비자 보호 의무	본인, 회사 및 사회에 대한 윤리
금융투자회사 표준윤리준칙	자본시장법 등 법률에 근거함		금융투자회사 표준윤리준칙

4가지 의무의 세부 내용
• 기본원칙 : 금융투자회사 표준윤리준칙 제2조 고객우선원칙, 제4조 신의성실원칙이 금융투자업 직무윤리의 기본원칙이자 근간이 된다.
• 이해상충 방지의무 : 이해상충이 자주 발생하는 금융투자업의 특성상 금융투자업 직무윤리를 올바르게 수행하기 위해 이행해야 하는 중요한 의무이다.
• 금융소비자 보호 의무 : 상품개발 단계, 상품 판매 전 단계, 상품 판매 단계, 상품 판매 후 단계로 구분하여, 각 단계별로 해당 규정과 절차를 잘 이행함으로써 '금융투자업 직무윤리'를 올바르게 수행할 수 있도록 부여하는 의무이다.
• 본인, 회사 및 사회에 대한 윤리 : '금융투자회사 표준윤리준칙' 중 기본원칙(2조 고객우선원칙, 4조 신의성실원칙)을 제외한 나머지 조항을 말한다.

01 금융투자업 직무윤리에서 준수를 요구하는 4가지 중요한 원칙 또는 의무에 해당하지 않는 것은?

① 기본원칙으로써 고객우선원칙과 신의성실원칙

② 이해상충 방지의무

③ 금융소비자 보호 의무

④ 투자권유준칙 준수의무

> **해설** 4가지 중요한 의무는 '①·②·③ + 본인, 회사, 사회에 대한 의무'이다.
> ④ 금융소비자 보호 의무 중 상품 판매 단계에 속하는 의무이다.

신의성실원칙(신의칙)의 기능에 대한 설명이다. 가장 거리가 먼 것은?

① 권리의 행사와 의무를 이행함에 있어서 행위준칙이 된다.

② 법률관계를 해석함에 있어서 해석상의 지침이 된다.

③ 법규의 형식적 적용에 의해 야기되는 불합리와 오류를 시정하는 역할을 한다.

④ 신의칙 위반은 강행법규의 위반은 아니기 때문에, 권리행사가 신의칙에 반하는 경우라도 법률효과가 인정될 수 있다.

해설　권리행사가 신의칙에 반하는 경우는 그 자체로 권리의 남용이 되어 권리행사의 법률효과가 인정되지 않는다. 또한 신의칙의 위반은 강행법규의 위반이 된다.

정답 ④

더 알아보기 ▸ 금융투자업 직무윤리-(1)기본원칙

기본원칙의 개념체계
- 직무윤리의 기본원칙(고객우선원칙, 신의성실원칙)은 **선관주의의무**에 근거한다.
  - ※ 선관주의의무 → 2대 기본원칙 → 직무윤리의 법제화
  - ※ 기본원칙 중 '신의성실원칙(신의칙)'의 기능 : 핵심유형문제 참고
- 도 해

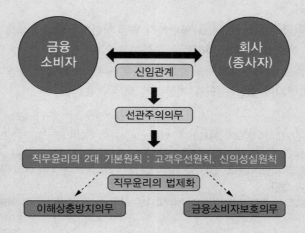

2대 기본원칙
- 고객우선원칙(표준윤리준칙 제2조)

> 회사와 임직원은 항상 고객의 입장에서 생각하고 고객에게 보다 나은 금융서비스를 제공하기 위해 노력해야 한다.

- 신의성실원칙(표준윤리준칙 제4조) : 보충문제 2 참고

> 회사와 임직원은 정직과 신뢰를 가장 중요한 가치관으로 삼고 신의성실의 원칙에 입각하여 맡은 업무를 충실히 수행하여야 한다.

01 직무윤리의 2개 기본원칙이 법률적인 의무로 구체화되는 2가지는?

① 이해상충 방지의무, 금융소비자 보호 의무
② 이해상충 방지의무, 신임의무
③ 금융소비자 보호 의무, 신임의무
④ 신임의무, 설명의무

해설 직무윤리의 2대원칙은 '**이해상충 방지의무, 금융소비자 보호 의무**'의 2가지 법률상 의무로 구체화된다. 참고로 '신임의무(fiduciary duty)'는 법률상의 의무가 아닌 추상적인 의무이다(위임자로부터 신임을 받은 자의 추상적이자 포괄적인 의무).

02 직무윤리의 2대 기본원칙의 하나인 '신의성실원칙'에 대한 설명이다. 틀린 것은?

① 신의성실이란 '신의에 바탕을 둔 정성스럽고 참됨'의 자세를 말하며, 금융투자업종사자의 직무수행에 있어서 가장 기본적이고도 중요한 원칙이라 할 수 있다.
② 신의성실원칙은 윤리적인 의무에 국한되므로, 신의칙을 위반 시 강행법규에 대한 위반은 되지 않는다.
③ 고객우선원칙과 신의성실원칙을 실현하기 위해 자본시장법상 등으로 이해상충 방지의무와 금융소비자 보호 의무를 구체적으로 부과하고 있다.
④ 신의성실원칙은 금융투자회사 표준윤리준칙의 제4조에 해당할 뿐 아니라 자본시장법이나 민법에도 반영되어 있을 정도로 기본적인 의무에 속한다.

해설 신의성실원칙(신의칙)은 윤리적 원칙이자 법적 의무이기도 하다(이를 신의성실의 **양면성**이라고 함).
※ 신의성실원칙과 관련된 자본시장법과 민법 조항
  1) 자본시장법 조항(제37조 1항) : 금융투자업자는 신의성실의 원칙에 따라 공정하게 금융투자업을 영위해야 한다.
  2) 민법(제2조) : 권리의 행사와 의무의 이행은 신의성실에 좇아 성실히 이행해야 한다.

이해상충이 발생하는 3가지 원인을 나열하였다. 해당하지 않는 것은?

① 금융투자업을 영위하는 회사 내에서 사적업무를 통해서 얻은 정보를 공적업무영역에 이용하기 때문
② 정보의 비대칭을 활용하여 금융투자업자가 금융소비자의 이익을 희생하여 자신이나 제3자의 이익을 추구하기 때문
③ 금융투자업자가 영위할 수 있는 6개 금융투자업 중 복수의 금융투자업을 영위하기 때문
④ 금융투자업자에 대한 규제가 열거주의 규제에서 포괄주의 규제로 변경되었기 때문

해설   이해상충과 포괄주의 규제는 관련이 없다. 이해상충이 발생하는 원인 3가지는 ①·②·③이다.

정답 ④

더 알아보기 ▸ 금융투자업 직무윤리-(2)이해상충 방지의무

이해상충 방지의무(자본시장법 제37조 2항)

> 금융투자종사자는 금융투자업을 영위함에 있어서 정당한 사유 없이 투자자의 이익을 해하면서 자기가 이익을 얻거나 제3자가 이익을 얻도록 해서는 아니 된다.

• 고객 또는 임직원의 이익과 회사의 이익이 상충될 경우의 우선순위 : 보충문제 1 참고

이해상충이 발생하는 원인 3가지 : 핵심유형문제 참고
• 공적업무와 사적업무

공적업무	사적업무
투자중개업, 집합투자업 등 공개된 정보를 이용한 투자권유나 거래업무를 말함	미공개중요정보가 발생할 수 있는 기업의 인수·합병 등의 업무를 말함

• 금융투자업 간의 이해상충 : 겸영 허용 시 '투자매매업 ↔ 집합투자업·신탁업·투자일임업' 간에 이해상충이 발생할 수 있다.

이해상충 방지 체계 : 보충문제 2 참고
• 이해상충 관리의무 : 금융투자업자는 이해상충이 발생할 가능성을 파악·평가하고, 내부통제 기준이 정하는 바에 따라 적절히 관리할 의무가 있다(자본시장법 제44조).
• 공시 또는 회피의 원칙 : Disclosure → Control → Avoid(이해상충가능성을 알리고, 낮추되, 만일 투자자보호에 문제가 없는 수준까지 낮추기 곤란한 때에는 해당 거래를 할 수 없다).

- 정보교류 차단의무(Chinese wall 구축의무)

> (고유재산운용업무, 투자매매업, 투자중개업) ⟷ (신탁업, 집합투자업, 기업금융업무)

  - 왼쪽은 회사의 이익을 위한 업무이며, 오른쪽은 고객이익을 위한 업무이므로 정보교류가 차단되어야 한다.
  - '물리적인 벽'은 이해상충부서 간 칸막이 설치, 출입문의 공동 사용금지 등을 말하며 '추상적인 벽'은 이해상충부서 간 겸직금지를 말한다.
  - 'Chinese wall'은 만리장성처럼 견고하고 높은 벽을 의미한다.
- 조사분석자료의 이해상충 방지의무 : 금융투자회사는 자신이 발행한 증권에 대한 조사분석자료의 제공과 공표는 자신(회사)의 이익을 위해 불특정다수를 이용하는 것이 되므로 이해상충 방지 차원에서 금지한다.
- 자기거래금지의무
  - 개념 : 보충문제 3 참고
  - 도 해

〈동일회사〉

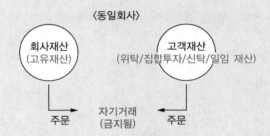

※ 만일 고유재산과 고객자산이 쌍방간에 거래를 한다면 고유재산에 유리하게 처리될 개연성이 있고 이 경우 고객재산의 침해가 발생하기 때문에 자기거래를 금지한다. 단, 상대방이 우연하게 결정되는 장내거래(상장주식의 거래, 장내파생상품의 거래 등)에서는 예외가 인정됨
- 이해상충이 발생하는 사례 : 과당매매(excess trading), 보충문제 4 참고
  과당매매(excess trading)는 이해상충 방지의무의 위반에 해당되며, 과잉권유(boiler room)는 적합성 원칙의 위반에 해당된다.

01 이익이 충돌할 경우 금융투자업자가 업무를 처리하는 올바른 순서는?

> ㉠ 기존고객의 이익   ㉡ 신규고객의 이익
> ㉢ 회사의 이익   ㉣ 임직원의 이익

① ㉢ = ㉣ > ㉠ > ㉡
② ㉢ = ㉣ > ㉡ > ㉠
③ ㉠ = ㉡ > ㉢ > ㉣
④ ㉠ = ㉡ > ㉣ > ㉢

> **해설** 모든 고객의 이익은 상호 동등하게 취급되어야 하며, 어떠한 경우에도 고객의 이익은 회사의 이익에 우선하고, 회사의 이익은 임직원의 이익에 우선 한다(금융투자회사 내부통제기준 50조).

02 이해상충 방지체계에 대한 설명이다. 가장 거리가 먼 것은?

① 금융투자업자는 고객과의 이해상충이 발생하지 않도록, 이해상충이 발생할 가능성을 파악하고 내부통제기준에 따라 적절히 관리해야 한다.
② 금융투자업자는 이해상충발생 가능성을 파악·평가한 결과, 이해상충발생 가능성이 인정되면 먼저 해당 투자자에게 그 사실을 알려야 한다.
③ 금융투자업자는 이해상충발생 가능성이 있을 경우, 투자자보호에 문제가 없는 수준까지 이해상충발생 가능성을 낮춘 후에 매매 또는 그 밖의 거래를 할 수 있다.
④ 금융투자업자는 이해상충발생 가능성이 있을 경우, 투자자보호에 문제가 없는 수준까지 이해상충발생 가능성을 낮출 수 없을 경우에는 준법감시인의 사전승인을 받아 매매 또는 그 밖의 거래를 할 수 있다.

> **해설** '공시 또는 회피의 원칙[Disclosure(②) → Control(③) → Avoid(④)]'을 이해하는가의 문제이다. 이해상충 수준을 낮출 수 없는 경우에는 해당 거래를 회피하여야 한다.
> ※ ①·②·③·④(④는 해설 참조)는 차례대로 이해상충 방지 체계와 관련한 자본시장법 44조의 1항에서 4항까지에 해당된다.

03 보기에 대한 설명으로 가장 거리가 먼 것은?

> 금융투자업종사자는 고객이 동의할 경우를 제외하고는 자신이 고객과의 거래당사자가 되거나 자기 이해관계인의 대리인이 되어서는 안 된다.

① 자기거래의 금지원칙을 말한다.
② 자기가 스스로 고객에 대하여 거래상대방이 될 경우 고객을 위한 최선의 이익추구가 방해 받을 가능성이 있으므로 자기거래는 금지된다.
③ 자기거래는 금융투자업종사자의 도덕적 해이를 조장할 수 있는 심각한 사안으로서 장내시장, 장외시장을 막론하고 금지된다.
④ 금융투자업종사자가 직접 고객의 거래당사자가 되지 않더라도 그 이해관계인의 대리인이 되는 경우에도 금지된다.

> **해설**
> 장내시장(상장시장, 파생상품시장)에서는 '자기거래의 금지원칙'의 예외가 적용된다. 이는 불특정다수가 참여하는 장내시장에서는 의도한다고 해도 **본인이 고객의 거래상대방이 되는 것은 현실적으로 불가능하기 때문이다.**
> ※ 자기거래금지의 예외가 적용되는 경우
> • 다자간체결회사를 통한 거래 : 전산의 발달로 장내시장과 장외시장의 경계가 약해지고 있으므로 기존의 장외시장이라도 '다자간매매체결회사를 통한 거래'는 장내시장에 준하여 취급된다. 즉 '다자간매매체결회사를 통한 거래'의 경우 자기거래금지의 예외가 적용된다.
> • '투자매매업자 또는 투자중개업자(판매업자)'가 자기가 판매하는 집합투자증권을 매수하는 경우 : 이는 집합투자증권의 원활한 환매를 돕는 차원(고객이익보호)이다.
> • 그외 금융위가 정하는 사유

04 다음 중 과당매매를 판단하는 기준이라고 볼 수 없는 것은?

① 일반투자자가 부담하는 수수료 총액
② 매매회전율이 높았을 경우 계좌의 수익달성 여부
③ 일반투자자의 재산상태 및 투자목적에 적합한지의 여부
④ 일반투자자의 투자지식이나 경험에 비추어 당해 거래에 수반되는 위험을 잘 이해하고 있는지의 여부

> **해설**
> **과당매매 여부의 판단은 수익률과는 관계없다.** 매매회전율이 높았을 경우 그래도 수익이 달성이 되면 문제가 되지 않을 수도 있으나(현실적으로), 그렇다고 해서 과당매매의 책임이 면제되는 것은 아니다.

다음은 '주의의무'에 대한 설명이다. 잘못된 것은?

① 금융투자업종사자가 수행하는 업무에 대해 주의의무를 다했는가를 판단하는 것은 그 업무가 행해진 시점으로 하는 것이며, 결과론적으로 판단해서는 안 된다.

② 일반인 이상의 수준으로 주의를 기울여야 한다.

③ 주의는 업무수행에 필요한 관련된 모든 요소에 기울여야 하는 마음가짐이나 태도를 말하는 것으로써 사무처리의 대가가 유상일 경우에 한해서 적용된다.

④ 금융투자업자는 금융기관의 공공성으로 인하여 일반 주식회사에 비하여 더욱 높은 주의의무를 다할 것이 요구된다.

해설 주의의무는 그 업무가 신임관계에 있는 한 사무처리의 대가가 유무상 여부를 따지지 않는다.
　　　※ 주의(care)는 사전적으로 충분히 예방한다는 개념으로써 사후적으로 치료한다는 'cure'와 구분된다.

정답 ③

더 알아보기 ▶ 금융투자업 직무윤리-(3) 금융소비자 보호 의무-①개요

금융소비자 보호 의무 개요
• 금융소비자 보호 의무의 개념 : 금융소비자(금융회사의 서비스를 이용하는 자)와 금융회사 간에는 정보의 비대칭이 존재할 수 있으며, 이로 인해 발생할 수 있는 불공정 또는 불이익으로부터 금융소비자를 보호하기 위해 **법제상으로** 부과하는 의무이다.
• 금융소비자 보호 의무 차원에서 부과되는 기본적 원칙과 기본적 의무
　– 기본적 원칙 : 신중한 투자자의 원칙(Prudent Investor Rule), 보충문제 1 참고
　– 기본적 의무 : 전문가로서의 주의의무 핵심유형문제, 보충문제 2 참고

> 금융투자업 종사자는 고객 등의 업무를 수행함에 있어서 **그 때마다의 구체적인 상황에서 / 전문가로서의 / 주의**를 기울여야 한다.

　→ 결과론적인 판단을 해서는 안되며, 일반인 이상의 수준으로, 사전적인 주의를 해야 함

금융소비자 보호 의무의 적용단계 : 보충문제 3 참고

상품개발 단계	상품 판매 이전 단계	상품 판매 단계	상품 판매 이후 단계
사전협의절차에서 금융소비자 보호부서의 의견을 반영	불완전판매를 방지하기 위해 판매자의 적격성 확보(자격증, 보수교육 등)	• 신의성실의무 이행 • 적합성의 원칙과 적정성 원칙 등, 투자권유준칙의 이행	보고 및 기록의무, 정보의 누설 및 부당이용 금지, 공정성 유지의무 등의 의무 이행

*금융소비자 보호 의무는 상품판매관련 전(全) 단계에 걸쳐 이행되어야 한다.

금융소비자 보호와 관련된 국내외 동향
- 금융소비자 보호 10대 원칙 채택(G20, 2011)
- 금융소비자 보호 모범규준 제정(금융당국, 2006)
- **금융소비자 보호법 발의**(2012.7에 최초발의 후 아직 계류 중, 2018년에 법안통과 기대)

금융소비자보호 조직

CCO[주1]	금융소비자보호 전담조직	금융소비자보호 협의회
• 금융소비자 보호에 필요한 절차 및 기준의 수립 • 판매단계별 소비자보호 관리, 감독 • 민원접수 및 처리에 관한 관리, 감독 업무	• CCO직속으로, CCO를 보좌 • 금융소비자보호 관련 제도개선 업무 • 민원업무 분석 및 평가, 보고	• CCO산하에 설치 • 금융소비자보호 관련 제 규정 및 제도개선 사항 협의 • 민원분석결과 주관부서와의 협의

* 주1 : CCO(금융소비자보호 총괄책임자) 지정의무 : 금융회사는 금융소비자보호업무의 총괄을 담당하는 CCO(Chief Consumer Officer)를 두어야 한다(대표이사 직속).
* CCO에게는 독립적인 지위가 부여됨

금융소비자보호관련 평가
- 임직원이 업무수행에 있어 금융소비자 보호 의무를 충실히 이행했는지에 대한 평가를 정기적으로 실시해야 함
- 평가수단 : 해피콜, 미스터리 쇼핑 등

01 빈칸에 가장 알맞은 것은?

> 고객의 신임을 받아 투자업무를 수행하는 수탁자가 자산운용업계에서 받아들여지고 있는 포트폴리오 이론에 따라서 자산을 운용하는 것이라면 '신중한 투자'로서 인정된다는 것이고, 이러한 원칙은 (   )를 판단하는 기준이 된다.

① 신의성실의무　　　　　　　　　　② 신임의무
③ 충실의무　　　　　　　　　　　　④ 주의의무

해설 주의의무이다. 주의의무를 판단하는 기준으로서 **신중한 투자자의 원칙**(prudent Investor rule)이 적용될 수 있으며, 그 내용은 보기와 같다. 여기서 **투자자**는 고객으로부터 자산의 운용을 위임받은 수임인 즉 수탁자를 말한다.

02 빈칸을 바르게 연결한 것은?

> • 직무윤리의 2대 원칙인 고객우선원칙과 신의성실원칙은 (   )에 근거한다.
> • 금융소비자 보호 의무는 신중한 투자자의 원칙과 (   )에 그 바탕을 둔다.

① 선량한 관리자로서의 주의의무, 전문가로서의 주의의무
② 이해상충 방지의무, 전문가로서의 주의의무
③ 전문가로서의 주의의무, 이해상충 방지의무
④ 전문가로서의 주의의무, 선량한 관리자로서의 주의의무

해설 선량한 관리자로서의 주의의무(선관주의의무), 전문가로서의 주의의무이다.

03 금융소비자를 보호하기 위해 상품 판매 단계에서 이행해야 하는 의무는?

① 상품개발 단계에서 금융소비자보호를 위한 부서의 의견반영
② 불완전판매를 예방하기 위해 적정한 자격증확보와 보수교육의 이행
③ 요청하지 않는 투자권유의 금지, 부당한 투자권유의 금지 등 준수
④ 미스터리 쇼핑, 해피콜 서비스, 불완전판매 배상제도 등의 운영

> **해설**
> ① 상품개발 단계
> ② 상품 판매 이전 단계
> ③ 상품 판매 단계
> ④ 상품 판매 이후 단계

04 금융소비자보호를 위한 각종 제도에 대한 설명이다. 옳은 것은?

① 금융회사는 금융소비자보호 총괄책임자(CCO)를 대표이사의 직속으로 두고, 독립적인 지위를 부여해야 한다.
② 금융소비자모범규준은 금융소비자보호를 위한 제반사항의 이행을 촉구하고 강화하기 위해 자본시장법에서 제정한 것이다.
③ 금융소비자보호법이 제정되어 시행되고 있다.
④ 금융회사는 임직원이 금융소비자 보호 의무를 충실히 이행하고 있는지에 대한 평가를 정기적으로 실시하는데, 이는 의무가 아닌 권장사항이다.

> **해설**
> ② 모범규준은 감독당국에서 제시하는 규준 즉, 권장사항이다(법률로 제정된 것이 아님).
> ③ 금융소비자보호법은 2018년 4월 현재 아직 계류중이다.
> ④ 임직원에 대한 평가는 정기적으로 시행하는 의무이다.

05 다음 중 금융소비자보호 총괄책임자(CCO)가 수행하는 직무가 아닌 것은?

① 금융소비자보호에 필요한 절차 및 기준의 수립
② 금융상품 판매의 전 단계에서 소비자보호 체계에 관한 관리, 감독 업무
③ 민원업무의 분석과 평가 및 대표이사 보고
④ 금융소비자보호 관련 관계부서 간 피드백 업무 총괄

③은 '금융소비자보호 전담부서'의 업무이다.

※ 민원과 관련된 업무의 구분

민원접수 및 처리에 관한 관리감독업무(CCO) → 접수된 민원에 대한 '민원업무의 분석 · 평가업무'(금융소비자보호 전담부서) → 민원을 분석한 결과, 관련부서와의 협의(금융소비자 보호 협의회)

[부록] 금융소비자보호법(입법발의 중)

[안내] 동 법안은 금융상품의 판매에 관한 새로운 규제체계이므로 법안통과 시(2018년~2019년) 기존의 자본시장법 등의 내용을 대체하게 됩니다. 따라서 학습참고를 위해 동 법안의 핵심내용을 소개합니다.

(1) 금융소비자보호법 개요

① 단일 감독기구(금융소비자보호원 또는 금융소비자보호위원회)를 두어, 금융업권에 대한 건전성감독과 금융소비자보호를 동시에 규율하고자 하는 법률
  – 2012년 7월에 국회에 제출된 이후 3대 국회 6년 동안 발의와 폐기를 반복중인데, 2018년 또는 2019년에 통과 가능성이 높다고 평가됨

② 동 법안의 통과 시 효과 : 기능별규제의 강화, 불완전판매 시 상품수입의 50%를 징벌적 과징금으로 부과하며, 중도상환수수료를 폐지하고, 2천만원 이하 분쟁 시 금융사의 소송제기금지 등의 효과를 볼 수 있다.

(2) 금융소비자보호법의 주요내용

① 기능별 규제체계 도입 : 상품속성을 4가지(예금성, 투자성, 보장성, 대출성)로 행위속성을 3가지(직접판매업자, 판매대리중개업자, 자문업자)로 나누어 각각을 하나의 기능으로 보고 동일기능에 대해서 동일규제를 함

② '4×3 매트릭스' 규제

상품유형(상품속성)		판매유형(행위속성)
예금성상품 (원본손실 없음)		직접판매업자 (은행 등 금융회사)
투자성상품 (원본손실 가능)	×	판매대리중개업자 (보험대리점, 투자권유대행인 등)
보장성상품 (위험보장)		자문업자 (투자자문업자)
대출성상품		

(3) 기 타

① 6대 판매행위 규제원칙 : 적합성 원칙, 적정성 원칙, 설명의무, 구속성상품계약 체결금지, 부당권유금지, 광고규제
  • 구속성상품계약체결금지 : 금융소비자가 원하지 않는 다른 금융상품도 같이 구매하도록 강요하는 행위를 금지함을 의미 예 '꺾기'

② 과징금제도 도입 : 불완전판매로 인한 판매수익의 50%까지 징벌적 과징금 부과

③ 손해배상책임 : 판매유형에서 판매대리중개업자(보험설계사, 보험대리점, 보험중개사, 투자권유대행인)에 대한 사용자책임(민법 제756조)을 부담하도록 함

④ 분쟁조정제도 개선 : 2천만원 이하의 소액분쟁건에 대해서는 금융사가 채무부존재소송(분쟁조정제도를 무력화시키는 수단으로 활용)을 제기할 수 없도록 함

⑤ 신규사업자 신설 : 금융상품자문업과 대출모집인 제도가 신설(대출모집인의 경우 합법화되어 사용자책임이 부과된다는 것이 특징)

금융소비자 보호 의무의 이행에 있어 '상품 판매 단계'의 내용이 아닌 것은?

① 금융투자업자는 일반투자자에게 투자권유를 하는 경우에는 일반투자자의 투자목적, 재산상황 및 투자경험 등에 비추어 그 일반투자자에게 적합하지 않다고 인정되는 투자권유를 해서는 아니 된다.

② 금융투자업자는 일반투자자의 투자목적, 재산상황 및 투자경험 등에 비추어 해당 파생상품 등이 일반투자자에게 적정하지 아니하다고 판단되는 경우에는 대통령령으로 정하는 바에 따라 그 사실을 알리고, 일반투자자로부터 서명 등의 방법으로 확인을 받아야 한다.

③ 금융투자업자는 일반투자자를 상대로 투자권유를 하는 경우에는 금융투자상품의 내용, 투자에 따르는 위험, 그 밖에 대통령령으로 정하는 사항을 일반투자자가 이해할 수 있도록 설명하여야 한다.

④ 금융투자업자는 직무 상 알게 된 정보로서 외부에 공개되지 아니한 정보를 정당한 사유없이 자기 또는 제3자의 이익을 위하여 이용해서는 아니 된다.

해설　④ '정보의 누설 및 부당이용의 금지'이며 '상품 판매 이후 단계'에 속한다.
　　　① 적합성의 원칙
　　　② 적정성의 원칙
　　　③ 설명의무

정답 ④

더 알아보기 ▶ 금융투자업 직무윤리 - (3) 금융소비자 보호 의무 - ② 상품 판매 전(前) 단계

상품개발 단계(1단계)
• 사전협의절차
　– 사전협의절차에 참여하는 부서 : 상품개발 부서, 마케팅 담당 부서, 금융소비자보호 업무 담당 부서
　– 금융소비자보호 업무 담당 부서는 제기된 민원 등을 참고하여 신상품 판매 시, 충분한 소비자보호가 되도록 협의해야 한다.
• 사전협의절차 이행 모니터링 : 만일 사전협의가 누락된 경우는 준법감시인에 보고 후 적절한 조치가 취해질 수 있도록 해야 한다.

상품 판매 이전 단계(2단계)
• 불완전판매 예방을 위한 상품별 판매교육 이행
• 판매자(임직원)의 자격증확보, 보수교육 이행
• 상품별 판매를 위한 자격증 : 보충문제 1 참고

펀드투자권유자문인력	증권투자권유자문인력	파생상품투자권유자문인력
집합투자증권, 신탁[주1]	주식, 채권, ELB / DLB[주2], CP, RP, CMA	선물, 옵션, ELW, ELS / DLS, 파생상품이 포함된 신탁상품

* 주1 : 파생상품이 포함되지 않는 신탁은 펀드자문인이 권유할 수 있다.
* 주2 : ELB / DLB는 원금보장형 파생결합증권이므로 채무증권으로 분류된다. 즉, 지분증권과 채무증권(채권, ELB, DLB, CP, RP)은 증권자문인이 권유할 수 있다.
* Wrap Account의 경우 운용대상의 종류에 따라 자격이 결정된다.

상품 판매 단계(3단계) : 투자권유관련 자본시장법상의 의무이행

• 자본시장법상 투자권유의 단계 : KYC Rule → 적합성 원칙 → 적정성 원칙 → 설명의무

[중요] 투자권유준칙은 일반투자자에게만 적용된다.

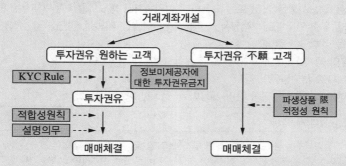

출처 : 한국투자자보호재단 홈페이지

• 투자권유 단계별 세부내용

KYC Rule	적합성의 원칙	적정성의 원칙	설명의무
'투자목적 / 재산상황 / 투자경험 등'을 조사 후 고객의 확인이 필요	KYC Rule에 따라 고객에게 적합한 금융투자상품을 권유	KYC Rule에 따라 '파생상품 등'을 거래하기에 부적합할 경우 그 사실을 알려야 함	**'이해할 수 있도록'** 설명해야 하며, **중요사항은 허위 또는 누락금지**

• KYC Rule(Know Your Customer Rule)
  – 투자자의 투자목적, 투자경험, 재산상황 등을 면담·설문조사 등을 통해 파악하고 이를 투자자로부터 서명·기명날인·녹취·ARS 등의 방식으로 확인받아 이를 투자자에게 제공하고 유지·관리하는 것을 말한다.
  – KYC Rule 자료는 고객관련 중요자료이므로 **서명 등으로 확인 후 10년간 보관**해야한다.

• 적합성의 원칙
  '고객에게 적합하지 않는 상품을 권유하지 않을 것(소극적 원칙)'과 '고객에게 가장 적합한 상품을 권유할 것(적극적 원칙)'을 모두 포함한다(과잉권유는 제외).

• 적정성의 원칙
  – 투자권유불원고객의 경우 본인이 투자권유를 받지 않고 직접 거래를 할 수 있으나, 이 경우에도 '파생상품 등'을 매매하고자 할 경우에는 본인에 대한 정보제공을 해야 하며(KYC Rule의 이행), 만일 정보제공을 하지 않으면 해당 거래를 할 수 없다.
  – KYC Rule에 따라 파악한 고객의 투자성향이 '파생상품 등'을 거래하기에 부적합한 경우에는 '해당 파생상품의 거래가 투자자에게 적정하지 않음'을 알려야 한다(즉, 해당거래를 못하도록 하는 것이 아니라, 해당 거래의 부적정성을 주지하는 것이다).

※ 파생상품에 대한 규제

<u>참고</u> 파생상품에 대한 규제는 **적정성 원칙**과 관련성이 높다.

1) **투자권유대행인은 파생상품을 권유할 수 없다.**
2) 파생상품에 대해서는 일반투자자의 투자목적, 재산상황, 투자경험 등을 고려하여 **차등화된 투자권유준칙을 마련**해야 한다.
3) 금융투자업자는 파생상품업무책임자 1인 이상을 상근임원으로 두어야 한다.
4) **위험도가 가장 높은 장외파생상품에 대해서는 엄격한 규제를 한다.**
5) 일반투자자와의 장외파생상품을 거래할 경우 위험회피 목적에 한한다.
6) 매매건 마다 파생상품업무책임자(상근임원의 승인을 받아야 한다.
7) '불초청권유의 금지 / 자기거래금지의 원칙'은 장외파생상품에 한하여 적용된다.

- 설명의무
  - 일반투자자를 상대로 투자권유를 하는 경우에는 일반투자자가 이해할 수 있도록 설명해야 하며, 설명한 내용을 일반투자자가 이해하였음을 서명, 기명날인, 녹취 등의 방법으로 확인을 받아야 한다.
  - 금융투자업자는 중요사항을 거짓 또는 왜곡하여 설명하거나 중요사항을 누락해서는 안 된다.
  - 설명의무이행을 위한 안내자료의 적정성 : 안내자료는 '적정성, 시의성, 접근성 및 용이성, 권익침해 표시 금지'의 요건을 갖추어야 한다(보충문제 8 참고).
- 부당한 투자권유의 금지 : 전문투자자에게도 적용됨
  - 자본시장법 제49조 부당권유의 금지 : 보충문제 9, 10 참고
  - 자본시장법 제49조 2항 : 합리적 근거 제공의무, 적정한 표시의무 보충문제 11, 12 참고

  (1) 합리적인 근거의 제공의무

  > 금융투자업종사자는 금융소비자에 대한 투자정보제공 및 투자권유는 정밀한 조사분석에 의한 자료에 기해 합리적이고 충분한 근거에 기초해야 하고, 투자권유 관련 선택사항이 있을 경우 합리적인 판단에 기초하여야 한다.

  - 합리적 근거에 기초 : 투자정보를 제시할 때에는 사실(fact)와 의견(opinion)을 명확히 구분해야 하고, 중대한 영향을 줄 수 있는 사실이나 정보에 대해서는 출처를 밝혀야 한다.
  - '합리적인 판단'은 선관주의의무에 입각하여 내려져야 한다(해당 상황, 해당지식에 있는 자에 의해 합리적으로 판단되어야 함).

  (2) 중요한 사실에 대한 정확한 표시의무
  - ㉠ 중요한 사실 : 투자대상 및 투자수익과 관련된 정보, 즉 투자판단에 중요한 영향을 미친다고 판단되는 사실을 말한다.
    - 예 외국주식시장의 동향도 투자를 권유하고자 하는 대상의 수익률에 영향을 미친다면 중요한 사실이 된다.
  - ㉡ 정확한 표시
    - 중요한 사항에 대해서는 빠짐없이 표시해야 한다(표시방법은 문서나 구두를 구분하지 않음).
    - 중요하지 않은 사항이라면 고객에게 알리는 것이 오히려 적절한 성과달성에 도움이 되지 않는 상황이라면 알리지 않아도 무방하다.

  (3) 허위, 과장, 부실표시의 금지
  - 예 운용사가 운용실적을 좋게 보이기 위하여 '펀드의 운용실적을 부풀린다든지(과장), 실적이 나쁜 펀드는 제외하고 좋은 것만 선택하여 제공한다든지(부실), 운용인력에게 CFA자격이 없음에도 불구하고 있는 것으로 명시한다든지(허위) 등의 행위는 금지된다.

- 손실보전 등의 금지(자본시장법 제55조) : 보충문제 13 참고

상품 판매 이후단계(4단계)-투자권유관련 자본시장법상의 의무이행

- 보고 및 기록의무, 정보의 누설 및 부당이용금지, 공정성·유지의무 : 보충문제 14, 15, 16, 17, 18 참고
  - ※ 자본시장법 제64조(직무관련 정보의 이용금지) : 금융투자업자는 직무 상 알게 된 정보로서 외부에 공개하지 않은 정보를 정당한 사유 없이 자기 또는 제3자를 위해 이용할 수 없다.
  - ※ 금융투자회사 표준윤리준칙 제6조(정보보호) : 회사와 임직원은 업무수행 과정에서 알게 된 회사의 업무정보와 고객정보를 안전하게 보호하고 관리하여야 한다.
- 상품 판매 이후 단계의 금융소비자 보호 의무와 관련된 제도(보충문제 19 참고) : 해피콜 서비스(판매 후 모니터링), 미스터리 쇼핑, 불완전판매 배상제도, 판매수수료 반환서비스

01 다음 중 증권투자권유자문인력의 자격으로서 권유할 수 없는 상품은?

① CMA
② ELB
③ ELW
④ CP

> **해설** ELW는 파생결합증권으로서 파생상품권유 자문인력 자격으로 권유가 가능하다.
> ELB는 원금보장형 파생결합증권으로 자본시장법상 채무증권에 해당되어 증권투자 자문인력이 권유할 수 있다(CP, RP도 채무상품으로 분류). CMA는 RP나 MMF에 투자되는 투자형상품으로 역시 증권투자 자문인력이 권유할 수 있다.

02 자본시장법 제46조 적합성 원칙과 제47조 설명의무에서 제시하고 있는 투자권유단계 중, 보기가 속하는 단계는?

> 고객의 재무상황, 투자경험, 투자목적 등을 충분하게 파악해야 한다.

① Know Your Customer Rule
② 적합성의 원칙
③ 적정성의 원칙
④ 설명의무

> **해설** KYC Rule에 해당한다. 고객에게 적합한 투자권유를 하기 위해서는 우선 고객에 관한 정보파악이 필요하고, 파악한 정보는 서명·녹취 등의 방법으로 고객의 확인을 받고 확인받은 내용은 지체 없이 고객에게 제공한다.

03 Know Your Customer Rule에서 파악해야 하는 고객정보와 가장 거리가 먼 것은?

① 고객의 소비성향
② 고객의 재무상황
③ 고객의 투자경험
④ 고객의 투자목적

> **해설** 고객의 소비성향은 KYC Rule의 파악대상과는 거리가 멀다.

04 투자권유의 순서가 올바르게 연결된 것은?

> ㉠ 해당 고객이 투자권유를 원하는 고객인지 투자권유를 원하지 않는 고객인지 확인한다.
> ㉡ 해당 고객이 일반투자자인지 전문투자자인지를 확인한다.
> ㉢ 해당 고객의 투자목적, 투자경험, 재산상황 등을 파악한다.
> ㉣ 해당 고객의 투자성향에 맞는 금융투자상품을 권유하고 해당 상품에 대한 중요내용 등을 일반투자자가 이해할 수 있도록 설명을 해야 한다.

① ㉠ → ㉡ → ㉢ → ㉣
② ㉡ → ㉢ → ㉣ → ㉠
③ ㉡ → ㉠ → ㉢ → ㉣
④ ㉢ → ㉠ → ㉡ → ㉣

해설 전문투자자도 투자권유를 희망할 수 있으므로 ㉠이 먼저이며, 투자권유를 희망하는 고객 중 일반투자자만을 상대로 투자권유준칙을 이행한다(㉡ → ㉢ → ㉣).

05 자본시장법 제46조 적합성의 원칙과 관련하여 빈칸에 들어갈 수 없는 것은?

> 적합성 원칙은 KYC Rule로 파악한 고객의 정보를 토대로 하여 고객에게 적합하지 않는 금융투자상품을 권유할 수 없다는 (   ) 뿐만 아니라, 고객의 투자성향에 맞는 가장 적합한 금융투자상품을 권유해야 한다는 (   )까지를 포함한다. 단, 합리적 근거 없이 투기적인 금융투자상품을 권유하는 (   )는 적합성 원칙에 위배되는 것이다.

① 소극적 원칙
② 적극적 원칙
③ 과당매매(Excess Trading)
④ 과잉권유(Boiler Room)

해설 과당매매는 이해상충을 위반하는 대표적인 case이다.

06 적정성의 원칙에 대한 설명이다. 가장 거리가 먼 것은?

① 금융투자업자는 일반투자자에게 투자권유를 하지 아니하고 파생상품 등을 판매하려는 경우에는 면담·질문 등을 통하여 그 일반투자자의 투자목적·재산상황·투자경험 등의 정보를 파악해야 한다.

② 금융투자업자는 일반투자자의 투자목적·재산상황·투자경험에 비추어 해당 파생상품 등이 일반투자자에게 적정하지 아니하다고 판단되는 경우에는 대통령령이 정하는 바에 따라 그 사실을 해당 일반투자자에게 알리고 그 사실을 서명, 기명날인, 녹취 등의 방법으로 확인을 받아야 한다.

③ 파생상품 등에 대하여는 일반투자자의 투자목적·재산상황·투자경험 등을 고려하여 투자자등급별로 차등화된 투자권유준칙을 마련하여야 한다.

④ 금융투자업자는 비상근임원인 1인 이상의 파생상품업무책임자를 두어야 한다.

> **해설** 파생상품업무의 중요성을 감안하여 **상근임원** 1인 이상을 책임자로 둔다. ①에서 '일반투자자에게 투자권유를 하지 아니하고'는 '투자권유불원고객'을 대상으로 함을 의미한다.

07 금융투자업종사자의 설명의무와 가장 거리가 먼 것은?

① 중요한 내용에 대해서는 고객이 이해할 수 있도록 설명해야 한다.

② '중요한 내용'이란 사회통념상 투자여부의 결정에 영향을 미칠 수 있는 사안으로, 투자의 합리적인 투자판단 또는 해당 금융투자상품의 가치에 중대한 영향을 미칠 수 있는 사항을 말한다.

③ 설명의무의 대상인 금융투자상품에 대해서 어떤 경우에도 허위로 설명하거나 누락해서는 안 된다.

④ 금융투자업자는 설명의무를 다한 후 일반투자자가 이해하였음을 서명, 기명날인, 녹취, 그 밖에 대통령령으로 정하는 방법 중 하나 이상의 방법으로 확인을 받아야 한다.

> **해설** 허위나 누락의 금지대상은 '중요한 내용(지문 ② 참조)'에 국한된다.

08 금융투자업자가 설명의무를 이행하기 위해 제공하는 자료의 작성요건에 대한 설명이다. 가장 거리가 먼 것은?

① 객관적인 사실에 근거하여 작성하고, 금융소비자가 오해할 우려가 있는 정보를 작성해서는 안 된다.

② 금융소비자에 대한 정보제공은 금융소비자의 관점에서 적절한 시기에 이루어져야 한다.

③ 금융소비자에게 제공하는 정보는 알기 쉽게 글자 크기가 크고, 읽기 쉽게 제작되어야 하며, 가급적 전문용어 사용을 피하고 일상적인 어휘를 사용해야 한다. 그리고 그림이나 기호는 이해를 위해 꼭 필요한 경우에만 사용해야 한다.

④ 실제로는 적용되지 않는 금리 또는 수수료를 비교가격으로 함으로써 실제의 것보다도 현저히 유리한 것으로 오인할 여지가 있는 표시는 금지해야 한다.

> **해설**
> 이해도를 높이기 위해 그림이나 기호의 사용을 적극적으로 활용한다.
> ① 자료의 정확성
> ② 자료의 시의성
> ③ 자료의 접근성 및 용이성
> ④ 권익침해 표시 금지사항

09 부당권유의 금지사항(자본시장법 제49조) 중 '불초청권유의 금지'에 해당하는 것은?

① 거짓의 내용을 알리는 행위

② 불확실한 사항에 대하여 단정적인 판단을 제공하거나 확실하다고 오인하게 할 소지가 있는 내용을 알리는 행위

③ 투자자로부터 투자권유를 받지 아니하고 방문·전화 등 실시간 대화의 방법을 이용하는 행위

④ 투자권유를 받은 투자자가 이를 거부하는 취지의 의사를 밝혔음에도 불구하고 투자권유를 계속하는 행위

③은 불초청권유(요청하지 않은 투자권유)의 금지, ④는 재권유의 금지를 말한다. 그리고 이러한 부당권유금지의무(자본시장법 제49조)는 전문투자자를 대상으로도 준수되어야 한다(cf. KYC Rule, 적합성 원칙, 설명의무, 적정성 원칙은 일반투자자만을 대상으로 함).

※ 불초청권유의 금지와 재권유의 금지

내 용	
불초청권유의 금지(장외파생상품에 한함)	재권유의 금지
고객으로부터 요청이 없으면 방문, 전화 등의 방법에 의해 투자권유 등을 해서는 안 된다. → 이는 개인의 평온한 사생활침해와 충동구매를 방지하고자 하는 차원	투자가가 거부의사를 표시했음에도 불구하고 투자권유를 지속하면 안 된다.

예 외
• 불초청권유 금지 대상에서 제외되는 권유 : '증권'과 '장내파생상품'의 경우 투자자보호 및 건전한 질서를 해할 우려가 없으므로 금지대상에서 제외된다(즉 장외파생상품만 금지됨).
  – 증권과 장내파생상품은 거래상대방을 특정할 수 없는 거래특성 상 불초청권유를 한다고 해도 고객에게 불이익을 줄 가능성이 없기 때문이다.
• 재권유금지에서 제외되는 권유
  – 투자권유를 받은 자가 거부의사표시를 한 후 1개월이 지나 다시 투자권유를 하는 행위
  – 다른 종류의 금융투자상품에 대하여 투자권유를 하는 행위 예 주식 → 채권
  참고 종전에는 변액보험(투자성이 있는 보험계약)도 재권유금지대상에서 제외되었으나, 자본시장법 시행령개정으로 금지대상에 포함되었다(2014.6월부터 시행).

10 다음 중 부당한 투자권유의 금지에 해당하는 사항은?

① 투자성이 있는 보험계약을 재권유하는 행위
② A회사 주식에 대한 투자권유를 거부한 투자자에게 다음 날에 A회사 채권을 투자권유 하는 행위
③ A회사 주식에 대한 투자권유를 거부한 투자자에게 다음 날에 B회사 채권을 투자권유 하는 행위
④ A회사 주식에 대한 투자권유를 거부한 투자자에게 A회사 주식을 1개월 후에 투자권유 하는 행위

변액보험은 자본시장법 시행령개정으로 종전 예외에서 금지대상으로 변경되었다.
②・③ 금융투자상품의 종류가 다르다면(예 지분증권 ↔ 채무증권), 바로 직후에 재권유를 해도 금지되지 않는다.
④ 동일한 금융투자상품의 경우 거부된 지 1개월 후에 재권유를 한다면 금지되지 않는다.

11 다음은 '합리적 근거의 제공 및 적정한 표시의무(자본시장법 제49조 부당권유의 금지와 관련된 규정)'에 관한 설명이다. 잘못 설명된 것은?

① 고객의 의사결정에 중대한 영향을 미칠 수 있는 정보를 제공한 때에는 당해 사실 또는 정보의 출처(또는 정보제공자)를 밝힐 수 있어야 한다.

② 고객에게 제공하는 정보는 객관적인 사실과 미래의 예측을 포함한 담당자의 의견을 명확히 구분하여 제공해야 한다.

③ 고객에게 제안하는 투자안이 높은 수익률을 달성할 가능성이 매우 높은 상황에서 고객이 알면 오히려 수익률 달성에 도움이 되지 않는 중요한 사실이 있다면, 그 중요사실은 알리지 않아도 된다.

④ 투자권유를 위한 상담을 함에 있어서 어떠한 경우에도 미래의 투자수익을 확약해서는 안된다.

> **해설** '중요한 사실'은 빠짐없이 모두 표시해야 하며(표시방법은 문서·구두를 불문함), 중요하지 않는 사항의 경우 투자자이익에 부합할 경우 알리지 않아도 된다.
> ④ '자본시장법 제49조 2항'을 위반하는 것이다(예외 없음).

12 다음은 허위·과장·부실표시의 금지와 관련된 내용이다. 틀린 것은?

① 소속회사 또는 자신의 운용실적을 좋게 보이기 위하여 자의적으로 부풀려진 운용실적을 제시해서는 안 된다.

② 금융투자업종사자는 자기 또는 자기가 속하는 회사가 고객을 위하여 수행할 수 있는 업무의 내용을 부실하게 표시해서는 안 된다.

③ 금융투자업종사자는 자기의 경력, 학위증명 또는 직무 상의 자격증명에 대해서 고객이 오인할 여지를 주는 등의 부실한 표시를 해서는 안 된다.

④ 금융투자업종사자가 허위·과장·부실표시를 하지 않음에 있어 '부실표시'는 문서에 의한 표시만을 제약한다.

> **해설** 금융투자업종사자는 **구두와 문서를 불문하고** ②·③의 사항에 대해서 부실표시를 해서는 안 된다.

13 손실보전 등의 금지조항(자본시장법 제55조)과 관련하여 예외적으로 허용되는 경우는?

① 투자자가 입을 손실의 전부 또는 일부를 보전하여 줄 것을 사전에 약속하는 행위
② 투자자가 입을 손실의 전부 또는 일부를 사후에 보전하여 주는 행위
③ 회사의 위법행위로 인하여 회사가 손해를 배상하는 행위
④ 투자자에게 일정한 이익을 사후에 제공하는 행위

> **해설**
> ③은 예외적으로 허용된다.
> ※ 손실보전금지의 예외사항
> (1) 회사가 자신의 위법 행위 여부가 불명확한 경우 사적화해의 수단으로 손실을 보상하는 행위
> (2) 회사의 위법행위로 인하여 손해를 배상하는 행위
> (3) 분쟁조정 또는 재판 상의 화해절차에 따라 손실을 보상하거나 손해를 배상하는 행위

14 다음은 보고 및 기록의 유지의무에 관련한 설명이다. 잘못 설명된 것은?

① 금융투자업종사자는 고객으로부터 위임받은 업무에 대하여 그 결과를 고객에게 '지체 없이' 보고하고 그에 따라 필요한 조치를 취해야 한다. 여기서 '지체 없이'란 고객으로부터의 주문을 처리한 즉시를 의미한다.
② 금융투자업종사자는 업무를 처리함에 있어서 필요한 기록 등 증거를 상당기간 유지해야 한다.
③ 고객은 금융투자업자로부터의 통지와 자신의 거래내역을 대조함으로써 임의매매 등 위법한 주식거래가 발생할 소지를 미연에 방지할 수 있다.
④ 금융투자업자는 업무처리에 있어 필요하거나 생산되는 기록 및 증거를 항시 유지하고 관리해야 하는데, 이는 업무집행의 적정성을 담보하고 후일 분쟁이 발생할 경우를 대비한 것이다.

> **해설**
> '지체 없이'는 보고에 필요한 최소한이 소요기간 내를 의미한다.
> ①·② 보고·기록의무의 내용이다.
> ③·④ 보고·기록의무의 효과이다.
> ※ 상품 판매 이후의 금융소비자 보호 의무 : 보고 및 기록의무
> (1) 보고의무
>
> > 금융투자업종사자는 고객으로부터 위임받은 업무를 처리한 후 그 결과를 고객에게 지체 없이 보고하고 그에 따라 필요한 조치를 취해야 한다.

① '보고'의 의무 : 단순히 업무처리의 결과를 말하는 것이 아니라, 처리와 관련된 구체적 사항을 전달함으로써 고객이 단순 확인 뿐 아니라 추가적인 적절한 의사결정이 가능하도록 하는 것을 말한다.

예 매도주문을 처리하였다면 '매도되었음'만이 아니라 '매매체결시기, 체결가격, 체결수량, 수수료비용 등'을 구체적으로 알려주어야 한다.

② '지체 없이'의 의미 : 예를 들어 매매주문을 하였다면, '주문처리 후 즉시'가 아니라 '주문처리 후 보고에 필요한 최소한의 조치 후'를 말한다.

③ 보고의 방법 : 문서나 구두를 불문하지만, 객관적인 증빙을 남기는 방법이 권장된다.

▶ 매매명세통지의무(자본시장법 제73조)

1) 투자매매업자 또는 투자중개업자는 매매가 체결된 이후에는 지체 없이 '매매유형, 종목, 수량, 가격, 수수료 등 모든 비용, 그 밖의 거래내용'을 통지해야 한다.

2) 매매가 체결된 다음 달 20일까지 월간 거래내역(월간 잔액현황 포함)을 통지해야 한다.

(2) 기록유지의무(자본시장법 제60조)

> ① 금융투자업자는 금융투자업 영위와 관련한 자료를 대통령령으로 정하는 자료의 종류별로 대통령령으로 정하는 기간 동안 기록·유지해야 한다.
> ② 금융투자업자는 제1항에 따라 기록·유지해야 하는 자료가 멸실, 위조 또는 변조가 되지 않도록 적절한 대책을 수립하고 시행해야 한다.

▶ 임의매매금지(자본시장법 제70조)

1) 자본시장법에서는 임의매매(고객의 허락 없이 임직원이 자의적으로 한 매매)를 엄격히 금지한다.

2) 임의매매와 일임매매를 구분하는 기준은 '투자일임약정'의 존재여부이다.

---

15 자본시장법 제73조의 '매매명세통지의무' 상 고객의 월간 매매내역을 통지하는 기한을 정확하게 표현한 것은?

① 매매가 체결된 날의 당월 말일

② 매매가 체결된 날의 다음달 10일

③ 매매가 체결된 날의 다음달 20일

④ 매매가 체결된 날의 다음달 말일

해설 매매가 체결된 경우 다음달 20일까지 통지해야 한다(통지내용 : 월간 매매내역, 손익내역, 월말기준 잔액현황·미결제약정현황(선물옵션계좌의 경우)).

16 임의매매와 일임매매를 구분하는 기준은 금융소비자 보호 의무 중에서 어떤 의무와 가장 관련이 깊은가?

① 투자권유 시 합리적 근거 제공의무
② 보고 및 기록의무
③ 정보의 누설 및 부당이용금지
④ 공정성 유지의무

임의매매와 일임매매를 구분하는 것은 '투자일임약정'이라는 기록의 존재 유무이다. 즉 '보고 및 기록의무'에 해당된다.

17 다음은 고객정보의 누설 및 부당이용 금지와 관련한 설명이다. 틀린 것은?

① 금융투자업종사자는 업무를 수행하는 과정에서 알게 된 고객의 정보를 다른 사람에게 누설하여서는 안 된다.
② 금융투자업종사자는 매매주문동향 등 직무와 관련하여 알게 된 고객정보를 자기 또는 제3자의 이익을 위하여 부당하게 이용하여서는 아니 된다.
③ 고객정보의 누설금지는 고객정보에 대하여 그 이용의 부당성 여부를 불문하고 고객정보를 누설하는 행위 그 자체를 금지하는 것이고, 부당이용의 금지는 고객정보를 고객이 아닌 자의 이익을 위하여 부당하게 사용하는 행위를 금지하는 것이다.
④ 금융투자업종사자는 업무수행과 관련해서 취득한 고객의 정보의 누설은 자본시장법 뿐만 아니라 타 법률에서도 엄격히 금지하는 것으로서 어떠한 경우라도 누설해서는 안 된다.

법원의 제출명령, 영장에 의한 거래정보 제공, 조세 법률로 인한 거래정보 제공, 금융감독원의 불공정거래행위 조사에 의한 거래정보 제공, 예금자보호법에 의한 거래정보 제공 등의 경우 **예외가 적용**된다.
※ 상품 판매 이후의 금융소비자 보호 의무 : 고객정보의 누설 및 부당이용금지
   고객정보의 누설 및 부당이용금지(자본시장법 제54조 직무관련정보의 이용금지)

> 금융투자업종사자는 직무 상 알게 된 정보로서 외부에 공개되지 않은 정보를 정당한 사유 없이 자기 또는 제3자의 이익을 위하여 이용해서는 안 된다.

• 업무수행과정에서 알게 된 고객의 정보를 누설하거나 부당이용해서는 안 된다. 단, 법원명령이나 영장에 의한 정보제공은 가능한데 이 경우도 최소한의 범위 내에서 이루어져야 한다.
• 관련 법령 : 자본시장법(제54조), 신용정보의 이용 및 보호에 관한 법률(신용정보법), 개인정보보호법

공정성 유지의무

> 금융투자업자는 업무를 수행함에 있어서 모든 고객을 공평하게 취급하여야 한다.

• '공평'하게 취급한다는 것은 완전히 동일한 조건으로 취급한다는 것은 아니다. 보충문제 18 참고

18 '공정성 유지의무'에 대한 설명이다. 가장 적절하지 않은 것은 무엇인가?

① 금융투자업종사자는 업무를 수행함에 있어서 모든 고객을 공평하게 취급하여야 한다.
② 공평하게 취급한다는 것은 어떤 투자정보를 고객에게 제공하거나 수정하거나 추가정보를 제공함에 있어서 완전히 동일한 조건으로 한다는 의미이다.
③ 회사는 거래소로부터 받은 시세정보를 투자자에게 제공하는 경우 시세정보의 제공형태나 제공방식 등에 대해서 투자자가 선택할 수 있도록 고지해야 한다.
④ 금융투자회사 직원이 새롭게 입수한 투자정보나 포트폴리오 교체노력을 거래규모가 큰 위탁고객과 거래규모가 작은 위탁고객을 차별하여 투입한다면 공정성유지 의무를 반하는 것이 된다.

> **해설** 금융투자업종사자는 업무수행에 있어서 모든 고객을 공평하게 취급해야 한다. 단, **고객의 투자목적·지식·경험·정보제공에 대한 대가** 등에 따라 **차별적으로** 제공하는 것은 허용된다.
> ③ 투자성과에 중대한 영향을 줄 수 있는 차별적인 서비스라면 사전에 충분히 고지하여 고객이 직접 선택할 수 있도록 하는 것이 '공정성 유지의무'에 부합한다.

19 금융소비자 보호 의무 이행을 위한 상품 판매 이후 단계와 관련된 제도와 관련하여, 빈칸에 들어갈 수 없는 것은?

> • 해피콜 서비스는 금융소비자와 판매계약을 맺은 날로부터 (   ) 이내에 금융소비자와 통화하여 불완전판매가 없었는지에 대해서 확인하는 제도이다.
> • 금융소비자는 본인에 대한 금융투자회사의 불완전판매가 있었음을 알게 된 경우, 가입 일로부터 (   ) 이내에 금융투자회사에 배상을 신청할 수 있다.
> • 금융소비자가 특정 금융투자상품에 가입하고 (   ) 이내에 환매, 상환 또는 해지를 요청하는 경우, 환매나 상환, 해지대금과 함께 판매수수료를 되돌려주는 제도이다.

① 5영업일　　　　　　　　　　② 7영업일
③ 7일　　　　　　　　　　　　④ 15일

> **해설** 차례대로 '7영업일(판매 후 모니터링제도), 15일(불완전판매 배상제도), 5영업일(판매수수료 반환서비스제도)'이다.

표준윤리준칙 상 '법규 준수의무'에 대한 설명이다. 잘못된 것은?

① 회사와 정식 고용관계에 있지 않은 자나 무보수로 일하는 자도 직무윤리를 준수하여야 한다.

② 법규는 알고 모르고를 묻지 않고 관련 당사자에 대하여 구속력을 갖고, 그 존재여부와 내용을 알지 못하여 위반한 경우에도 그에 대한 법적 제재가 가해진다.

③ 법규는 자본시장법과 같은 직무와 직접적으로 연관된 법령 뿐만 아니라 은행법·보험업법 등 인접 분야의 법령과 자율규제기관의 규정, 그리고 회사가 자율적으로 만든 사규 등까지를 포함한다.

④ 법규준수의 '법규'라 함은 법조문으로 명기된 것을 의미한다.

해설 '법규'라 함은 법조문으로 명기된 것 뿐만 아니라 그 법정신과 취지에 해당 하는 것을 포함한다.
　　① 직무윤리의 준수대상자를 의미한다. → 관련 업무에 실질적으로 종사하는 자, 직간접적으로 관련업무와 관련되어 있는 자, 회사와 정식 고용관계에 있지 않은 자나 무보수로 일하는 자 등을 포함한다.
　　②·③·④는 준수대상인 법규의 범위를 말한다. → 인접분야 법령이나 회사의 사규까지도 포함하며, 법규는 법조문으로 되어 있는 것은 물론이고 그 법정신과 취지에 해당하는 것도 포함한다.

〔정답〕 ④

〔더 알아보기〕 ▶ 금융투자업 직무윤리-(4)본인, 회사 및 사회에 대한 윤리-①본인에 대한 의무

표준윤리준칙 제3조 법규준수의무 : 핵심유형문제 참고

> 회사와 임직원은 업무를 수행함에 있어 관련 법령 및 제 규정을 이해하고 준수해야 한다.

표준윤리준칙 제7조 자기혁신의무 : 보충문제 1 참고

> 회사의 임직원은 개개인의 자율과 창의를 존중하고 삶의 질 향상을 위하여 노력하여야 하며, 임직원은 서로를 존중하고 원활한 의사소통과 적극적인 협조자세를 견지해야 한다.

※ 자기혁신의 2가지 방법
　　① 직무능력을 향상시킬 수 있는 관련 이론과 실무능력 배양(자격증취득 포함)
　　② 금융투자회사 표준윤리준칙의 준수 및 적극실천을 위한 노력

표준윤리준칙 제13조 품위유지의무 : 보충문제 2 참고

> 금융투자회사 임직원은 회사의 재산을 부당하게 사용하거나 자신의 지위를 이용하여 사적인 이익을 추구해서는 안 된다.

※ 품위유지의무와 공정성과 독립성
　　• 임직원이 품위유지를 한다는 것은 회사의 품위나 사회적 신뢰를 훼손하지 않는 것 뿐만 아니라(좁은 의미의 품위유지), 포괄적으로는 신의성실원칙을 준수함으로써 스스로 품위를 향상시키는 측면도 포함된다(넓은 의미의 품위유지).
　　• 상급자의 부당한 명령이나 지시를 받은 직원은 이를 거절해야 한다. → 직원의 독립성유지 → 직원의 품위유지 및 고객에 대한 신의성실원칙 준수

> 금융투자회사 임직원은 회사의 재산을 부당하게 사용하거나 자신의 지위를 이용하여 사적인 이익을 추구해서는 안 된다.

• 부당한 금품수수 및 제공금지(자본시장법 시행령)

> 금융투자업종사자는 업무수행의 대가로 이해관계자로부터 부당한 재산적 이득을 제공받아서는 안되며, 금융소비자로부터 직무수행의 대가로 또는 직무수행과 관련하여 사회상규에 벗어나는 향응, 선물 그 밖의 금품 등을 수수해서는 안 된다.

– 수수금지대상의 '향응과 선물' : '향응'은 음식, 교통, 숙박 등의 편의제공을 말하며, '선물'은 대가없이 제공되는 물품 또는 유가증권, 숙박권, 회원권 등의 사회상규를 벗어나는 일체의 것을 말한다.
– 재산 상 이익의 제공 및 수령한도

제공한도	수령한도
금융투자회사의 영업자율성을 보장하기 위해 기존의 제공한도규제를 폐지하였음[주1, 2]	협회기준으로 수령한도를 두고 있지 않음(내부통제기준을 통한 회사의 자율준수)

* 주1 : 금융투자업개정(2017.3.22)으로 1인당 제공한도, 회사별 한도가 모두 폐지된다.
* 주2 : 거래위험성이 높은 파생상품관련 재산 상 이익의 경우 예외적으로 제공한도를 두고 있다(일반투자자 대상 1회당 300만원 한도).

– 부당한 재산 상 이익의 제공 및 수령금지 : 보충문제 3 참고
– '재산 상 이익에 제공 및 수령(금품수수)'에 대한 내부통제절차 : 보충문제 4 참고

  1) 금융투자회사 및 임직원이 재산 상 이익을 제공하거나 수령한 경우 그 기록을 5년간 유지, 관리해야 한다.
  2) 특정 거래상대방에게 최근 5년 동안 10억원을 초과하는 금품을 수수한 경우에는 즉시 공시(대상, 시점 등)해야 한다.
  3) 재산 상 이익의 제공현황 및 적정성 점검결과를 매년 이사회에 보고해야 한다.
  4) 이사회가 정한 재산 상 이익의 한도를 초과하여 제공하고자 할 경우 미리 이사회의 의결을 거쳐야 한다.

• 직무관련정보를 이용한 사적거래 제한 : 금융투자업종사자는 직무수행과정에서 미공개 정보를 취득할 수 있는데 이를 사적거래에 이용해서는 안 된다('미공개 중요 정보의 이용금지'를 위반할 경우 자본시장법상 엄벌에 처해짐).
• 직위의 사적이용금지 : 회사 명칭이나 본인의 직위를 직무범위를 벗어나 사적이익을 위해 이용하는 것은 금지된다.

01 보기는 금융투자회사 표준윤리준칙 중 어떤 조항에 가장 부합하는가?

> • 초저금리가 지속되면서 고도화된 전문성을 요하는 금융투자상품의 개발이 증가하고 있다.
> • 금융투자산업은 글로벌 경제환경의 변화를 많이 받는 산업으로서 그 변화의 속도가 매우 빠르다.

① 법규준수의무(제3조)
② 자기혁신의무(제7조)
③ 상호존중의무(제8조)
④ 품위유지의무(제13조)

해설 고도의 전문성을 요구하면서 급속도로 변화하는 금융투자산업에 적응하기 위해서는 부단한 '자기혁신'이 필요하다.

02 금융투자회사 표준윤리준칙에서 '본인에 대한 의무'중 보기와 가장 가까운 것은?

> • 상급자는 하급자에게 부당한 명령이나 지시를 해서는 안 된다.
> • 하급자는 상급자의 부당한 명령이나 지시를 거절해야 한다.

① 법규준수의무(제3조)
② 자기혁신의무(제7조)
③ 상호존중의무(제8조)
④ 품위유지의무(제13조)

해설 넓은 의미의 품위유지의무에 해당한다.

03 **재산 상 이익으로 제공이나 수령이 금지되는 것이 아닌 것은?**

① 경제적 가치의 크기가 일반인이 통상적으로 이해하는 수준을 초과하는 경우
② 재산 상 이익의 내용이 사회적 상규에 반하거나 거래상대방의 공정한 업무수행을 저해하는 경우
③ 금융투자상품에 대한 가치분석, 매매정보 또는 주문의 집행을 위하여 자체적으로 개발한 소프트웨어 활용에 불가피한 컴퓨터 등 전산기기를 제공하는 경우
④ 거래상대방만 참석한 여가 및 오락 활동 등에 수반되는 비용을 제공하는 경우

 ③은 제공 및 수령이 가능한 경우이다.
※ 금품수수 금지대상(부당한 재산 상의 이익) : 위의 ①·②·④에 추가하여,
• 재산 상 이익의 제공 및 수령조건이 비정상적인 조건의 금융투자상품 매매거래, 신탁계약의 체결 등으로 이루어지는 경우
• 거래상대방에게 금전, 상품권, 금융투자상품을 제공한 경우(단, 문화활동에 사용 되는 상품권은 예외가 인정됨)
• 재산 상 이익의 제공 및 수령이 위법이나 부당행위의 은닉 또는 그 대가를 목적으로 하는 경우
• 금융투자상품 및 경제정보 등과 관련된 전산기기의 구입이나 통신서비스 이용에 소요되는 비용을 제공하거나 제공받는 경우

04 **빈칸에 알맞은 것은?**

> 금융투자회사가 특정 거래상대방에게 제공하거나 수령한 재산 상의 이익이 (   )을 초과할 경우, 즉시 인터넷홈페이지를 통해 공시하도록 의무화하였다.

① 300만원　　　　　　　　　② 500만원
③ 1억원　　　　　　　　　　④ 10억원

 10억원이다(5년 합계).

금융투자회사 표준윤리준칙 중에서 '회사에 대한 의무' 조항에 대한 설명이다. 가장 거리가 먼 것은?

① 상명하복(上命下服)이라는 조직문화는 표준윤리준칙 제8조 상호존중의무를 저해하는 요소라고 할 수 있다.

② 상호존중의무는 회사조직과 직원 간, 직원들 간의 두 가지 측면으로 구분할 수 있다.

③ 회사의 재산은 오로지 회사의 이익자체를 위해 사용되어야 하는데, 회사재산을 유용 하거나 유출할 경우 형사처벌의 대상이 될 수 있다.

④ 회사와 중간책임자가 소속직원에 대한 지도·지원의무를 이행하지 못하여 소속직원이 고객에 대한 손해배상책임을 질 경우, 회사는 사용자책임을 지고 중간책임자는 일반 불법행위책임을 진다.

해설 회사와 중간책임자 모두 사용자책임(민법 제756조)을 진다.

[정답] ④

[더 알아보기] ▶ 금융투자업 직무윤리 - (4) 본인, 회사 및 사회에 대한 윤리 - ② 회사에 대한 의무

표준윤리준칙 제8조 상호존중의무

> 금융투자회사는 임직원 개개인이 자율과 창의를 존중하고 삶의 질 향상을 위하여 노력해야 하며, 임직원은 서로를 존중하고 원활한 의사소통과 적극적인 협조자세를 견지해야 한다.

• 조직 내 개인과 개인 간의 관계 : 상사와 부하직원 간, 동료직원 간의 상호존중 문화는 업무효율성을 증대시킬 수 있다.

• 조직과 개인 간의 관계 : 회사는 직원을 신임하며, 직원은 회사에 대해 신임의무를 다하는 '신임관계'가 상호 존중의 바탕이 될 때 아래의 선순환 기능이 기대된다.

  – 개개인에 대한 회사의 존중 → 직원 개개인의 자율과 창의성의 발휘 → 업무성취도 증가 → 금융소비자에 대한 신뢰제고 → 회사와 직원의 생존에 긍정적 영향

• 금융투자회사가 성희롱 예방교육(매년 1회)을 실시하는 것도 상호존중의 준수차원이다.

회사재산의 사적 사용금지 : 보충문제 1 참고

> 금융투자업종사자는 회사의 재산을 사적으로 사용하거나 회사의 정보를 유출하는 행위는 금지된다.

• **회사의 재산** : 회사의 업무용차량, 부동산, 집기비품 등 유형적인 것 뿐 아니라, 무체재산권이나 영업비밀, 영업기회 등의 무형의 것도 포함된다.

• 회사의 재산을 부당하게 유출하거나 유용하는 행위 : 횡령죄, 배임죄 등으로 형사처벌대상이 된다.

표준윤리준칙 제11조 경영진의 책임 : 보충문제 2 참고

> 회사의 경영진은 직원을 대상으로 윤리교육을 실시하는 등 올바른 윤리문화정착을 위하여 노력해야 한다.

- 회사는 소속회사 임직원에 대한 직무윤리준수를 위한 지도와 지원의무가 있다. 이때 최종책임자는 대표자이지만, 조직 내 중간책임자도 조직 내 직원에 대한 지도와 지원의무를 진다.
- 회사나 중간책임자가 지도·지원의무를 해태하여 직원이 피해자에 대한 손해배상책임을 질 경우, 회사나 중간책임자는 민법상 **사용자책임**(민법 756조)을 진다.

표준윤리준칙 제6조 정보보호(비밀정보의 관리) : 보충문제 3 참고

> 회사의 임직원은 업무수행 과정에서 알게 된 회사의 업무정보와 고객정보를 안전하게 보호하고 관리해야 한다.

- 비밀정보의 범위

㉠ 회사경영에 중대한 영향을 미칠 수 있는 정보	
㉡ 회사경영전략 또는 신상품에 대한 정보	㉢ '㉠·㉡·㉢'에 준하는 미공개정보
㉢ 고객신상정보, 계좌번호, 비밀번호, 매매내역	

- 비밀정보의 관리 원칙

정보차단벽(Chinese Wall) 구축	
보안장치 구축	필요성에 의한 제공원칙(Need to Know Rule)

- Need to Know Rule : 비밀정보의 제공은 Need to Know Rule에 부합하는 경우에 한해서 준법감시인의 사전승인을 받아야 가능하며, 제공된다 하더라도 업무수행에 필요한 최소한의 범위 내에서 제공되어야 한다.
- 비밀정보의 제공절차 : **필요성에 의한 제공원칙(Need to Know Rule) & 준법감시인의 사전 승인** → 제공 가능

표준윤리준칙 제12조 위반행위의 보고 : 보충문제 4 참고

> 임직원은 업무와 관련하여 법규 또는 윤리강령의 위반사실을 발견하거나 그 가능성을 인지한 경우 회사가 정하는 절차에 따라 즉시 보고해야 한다.

※ 내부제보(Whistle Blower)제도 : 금융투자회사 임직원이 직무윤리와 법규를 위반한 것을 알거나 그 가능성을 있는 경우 신분노출과 불이익이 없도록 하여 내부에서의 제보를 장려하는 제도를 말한다.

표준윤리준칙 제15조 고용계약 종료 후의 의무 : 보충문제 5 참고

> 임직원은 회사를 퇴직하는 경우 업무관련 자료의 반납 등 적절한 후속조치를 취하여야 하며, 퇴직 이후에도 회사와 고객의 이익을 해하는 행위를 해서는 안 된다.

표준윤리준칙 제16조 대외활동 준수사항 : 보충문제 6, 7 참고

> 임직원이 외부강연이나 기고, 언론매체 접촉, SNS등을 이용한 대외활동 시 '준수사항'을 준수해야 한다.

* 대외활동 : 외부강연, 기고, 언론매체접촉, 온라인 커뮤니티나 SNS상의 접촉활동 등

01 회사재산의 사적 사용금지에서 말하는 '회사재산'에 속하는 것을 모두 묶은 것은?

> ㉠ 회사의 업무용 차량
> ㉡ 회사 사무집기 및 비품
> ㉢ 회사의 영업기회
> ㉣ 임직원의 지위

① ㉠
② ㉠, ㉡
③ ㉠, ㉡, ㉢
④ ㉠, ㉡, ㉢, ㉣

해설 모두 해당된다. 회사의 재산에는 ㉠·㉡·㉢·㉣과 같이 유·무형의 것을 모두 포함한다.

02 금융투자회사 표준윤리준칙 중 '경영진의 책임'에서 소속 지원의 불법행위 책임이 있을 경우 민법상 사용자책임을 부담할 수 있는 자를 모두 묶은 것은?

> ㉠ 대표이사
> ㉡ 본부장
> ㉢ 지점장
> ㉣ 팀 장

① ㉠
② ㉠, ㉡
③ ㉠, ㉡, ㉢
④ ㉠, ㉡, ㉢, ㉣

해설 모두 해당된다. 중간감독자도 모두 사용자책임을 질 수 있다.

03 금융투자회사 표준윤리준칙 제6조 정보보호에 대한 설명이다. 틀린 것은?

① 회사의 경영이나 재무건전성에 중대한 영향을 미치는 정보는 기록형태나 기록유무에 관계 없이 비밀정보로 본다.

② 특정정보의 비밀정보여부가 불투명할 경우 당해 정보를 이용하기 전에 준법감시인의 사전 확인을 받아야 한다.

③ 비밀정보는 정보차단벽과 보안장치를 구축한 가운데 관리되어야 하며, 비밀정보의 제공은 '필요성에 의한 제공원칙 Need to Know Rule'에 부합할 경우 제공이 가능하다.

④ 비밀정보를 제공받은 자는 제6조 정보보호에 의거, 제공받은 정보를 제공받은 목적이외의 목적으로 사용하거나 타인으로 하여금 사용하게 해서는 안 된다.

> **해설** 비밀정보의 제공은 '필요성에 의한 제공원칙'에 부합될 경우 준법감시인의 사전승인을 받아야 제공이 가능하다.
> ② 비밀정보여부가 불투명할 경우 준법감시인의 사전확인을 받아야 하는데, **사전확인절차가 결정되기 전까지는 비밀정보로 추정된다.**

04 금융투자회사 표준윤리준칙 '제12조 위반행위의 보고' 조항에서 권장하는 내부제보(Whistle Blower)제도에 대한 내용이다. 틀린 것은?

① 육하원칙에 따른 사실만을 제보해야 한다.

② 제보가 있을 경우 제보사실은 공개되어도, 제보자 신분의 비밀은 보장되며 제보자가 신분 상의 불이익이나 근무조건상의 차별이 전혀 없도록 해야 한다.

③ 제보자가 신분상의 불이익을 당하였다면 준법감시인을 통해 원상회복을 신청할 수 있다.

④ 제보의 내용이 회사의 재산 상 손실방지나 이익확대에 기여한 경우 포상을 추천할 수 있다.

> **해설** 제보자의 신분은 물론 제보사실도 비밀이 보장된다.

05 금융투자회사 표준윤리준칙 제15조 고용계약 종료 후의 의무에 대한 내용이다. 틀린 것은?

① 임직원의 회사에 대한 선관주의의무는 재직 중은 물론이고 퇴직 후에도 장기간 지속된다.

② 고용기간이 종료되면 어떠한 경우라도 회사명이나 상표, 로고 등을 사용해서는 안 된다.

③ 고용기간 동안 본인이 생산한 지적재산물은 회사의 재산이므로 고용기간 종료 시 반납해야 한다.

④ 고용기간 동안 본인이 생산한 지적재산물은 회사의 재산이므로 고용기간 종료 후에도 그 사용권은 회사가 가지는 것이 원칙이다.

'장기간'이 아니라 '합리적인 기간'이다
참고 일반적으로 3년으로 하는데, 3년을 초과하는 기간 동안 '고용계약 종료 후의 의무'를 부과한다면 부당계약으로 무효가 될 수 있다.

06 금융투자회사 임직원의 대외활동 시 준수사항을 나열한 것이다. 틀린 것은?

① 회사의 공식의견이 아닌 경우 사견임을 명백히 표현해야 한다.
② 대외활동으로 인하여 회사의 업무수행에 어떠한 지장도 주어서는 안 된다.
③ 대외활동으로 인해 금전적 보상을 받게 되는 경우 회사에 신고해야 한다.
④ 불확실한 사항을 단정적으로 표현하거나 다른 금융투자회사를 비방해서는 안 된다.

대외활동으로 인하여 회사의 **주된 업무수행**에 지장을 주어서는 안 된다(모든 업무가 아니라 '주된 업무'에 지장을 주지 말아야 한다).

07 금융투자회사 표준윤리준칙 제16조 대외활동에 대한 내용이다. 가장 적절하지 않은 것은?

① 임직원이 대외활동을 하기 위해서는 준법감시인으로부터 사전승인을 받아야 한다.
② 회사의 공식의견이 아닌 경우 사견임을 명백히 밝혀야 한다.
③ 회사는 대외활동을 하는 임직원이 당해 활동을 통해 회사로부터 부여받은 주된 업무를 충실히 이행하지 못하거나 고객과의 이해상충이 확대되는 경우, 회사는 당해 대외활동의 중단을 요구할 수 있다.
④ 임직원이 웹사이트나 인터넷 게시판에 특정 금융투자상품을 분석한 내용 또는 투자권유를 하는 내용을 게시하고자 할 경우 사전에 준법감시인의 출처를 받아야 한다. 단, 자료출처를 명시하고 인용하는 경우나 기술적 분석에 따른 투자권유는 준법감시인의 사전승인을 받지 않아도 된다.

대외활동을 하기 위한 사전승인절차는 준법감시인 뿐 아니라 대표이사, 소속부점장으로부터도 받을 수 있다.
④ '기술적 분석에 따른 투자권유'는 사전승인을 받지 않아도 게시할 수 있음에 유의하도록 한다.

자본시장법상의 '시장질서 교란행위 규제'에 대한 내용이다. 틀린 것은?

① 기존의 불공정거래행위에 대한 규제가 포섭할 수 없는 모든 시장질서 교란행위를 제재할 수 있도록 강화된 법안이다.

② 시장에 나타나는 불공정거래행위의 목적성이 입증되지 않아도 처벌이 가능하게 되면서 사실상 모든 시장질서교란행위에 대한 제재가 가능하게 되었다.

③ 기존 법령 상의 제재대상은 '내부자, 준내부자, 1차수령자'에 국한되었으나 3차수령자까지 그 범위가 확대되었다.

④ ETF의 유동성 지원 의무 상 행해지는 업무나, 파생상품의 헤지업무라는 정상적인 직무수행과정 중에서도 과도한 유동성의 변화가 발생하면서 시장질서를 교란시키는 행위가 될 수 있음에 유의해야 한다.

해설   내부자, 준내부자, 1차 수령자 뿐만 아니라 미공개정보임을 알면서도 이를 수령하거나 전달한 모든 자를 대상으로 한다. 즉, 정보수령자의 경우 n차 수령자까지 규제대상이 된다.

정답 ③

더 알아보기 ▶ 금융투자업 직무윤리-(4)본인, 회사 및 사회에 대한 윤리-③사회에 대한 의무

표준윤리준칙 제5조 시장질서 존중 : 핵심유형문제 참고

> 회사와 임직원은 공정하고 자유로운 시장경제질서를 존중하고, 이를 유지하기 위하여 노력해야 한다.

* 기존에는 불공정거래를 감시하는 차원이었으나, 기존의 감시구성요건을 뛰어넘는 신종사례가 출현하면서 '시장질서교란행위에 대한 규제'를 자본시장법으로 법제화하였다.

※ 시장질서 교란행위에 대한 규제(자본시장법 개정, 2015.7.1~)

(기존)불공정거래행위 규제	(개정)시장질서 교란행위 규제
1) 불공정거래행위의 '목적성'이 입증되어야 처벌이 가능함(→ 시장에 영향을 주는 불공정거래행위임에도 불구하고 규제의 구성요건에 해당되지 않는 경우가 다수 발생하였음)	1) '목적성이 없어도' 처벌할 수 있도록 규제의 구성요건을 포괄적 정의로 함(→ 시장에 불공정한 영향을 주는 모든 사안에 대해 제재가 가능하게 되었음)
2) '내부자, 준내부자, 1차정보수령자'만 처벌대상이었음	2) '내부자, 준내부자, 1차수령자'뿐 아니라, 당해 정보가 미공개정보인 것을 알면서도 수령하거나 타인에게 전달한 자가 모두 처벌대상이 됨

※ 시장질서교란행위에 대한 과징금 계산 : 보충문제 1 참고

표준윤리준칙 제9조 주주가치극대화

> 회사와 임직원은 합리적인 의사결정과 투명한 경영활동을 통하여 주주와 기타 이해관계자의 가치를 극대화하기 위하여 최선을 다해야 한다.

표준윤리준칙 제10조 사회적 책임

> 회사와 임직원 모두 시민사회의 일원임을 인식하고, 사회적 책임과 역할을 다해야 한다.

01 빈칸에 알맞은 것은?

> 시장질서 교란행위에 따른 이익이나 회피한 손실액의 (　　　)에 해당하는 금액이 (　　　)을 초과할 경우, 그에 상당하는 금액을 과징금으로 부과한다.

① 1.5배, 3억원
② 1.5배, 5억원
③ 2배, 3억원
④ 2배, 5억원

해설 1.5배, 5억원이다. 예를 들어 시장질서 교란행위를 통해 얻은 이익 또는 회피 손실액이 4억원이라면 '4억원 × 1.5배 = 6억원', 즉 5억원을 초과할 경우 해당 금액(6억원)을 과징금으로 부과한다.

02 금융투자회사 표준윤리준칙 중에서 '사회에 대한 의무'에 속하지 않는 것은?

① 시장질서 존중(제5조)
② 주주가치극대화(제9조)
③ 사회적 책임(제10조)
④ 경영진의 책임(제11조)

해설 '경영진의 책임'은 회사에 대한 의무이다(임직원의 윤리준수를 위한 회사나 중간책임자의 지도감독의무를 말하며 이를 위반할 경우 사용자책임을 지는 조항이다).
※ 주주가치극대화는 '주주'는 누구나 투자를 하면 주주가 될 수 있으므로 그 범주가 회사를 넘어 사회에 이르므로 '사회에 대한 의무'라고 이해할 수 있다.

외국의 내부통제제도에 대한 설명이다. 가장 거리가 먼 것은?

① 미국의 금융투자업의 직무윤리규제는 SOX법의 제정에 의해 도입되었는데, SOX법은 우리나라 금융기관의 내부통제제도의 성립에도 많은 영향을 준 법이다.

② 미국의 증권거래법은 상장기업의 경우 반드시 회사의 윤리강령(Ethics Standards)을 공시하도록 하고 있다.

③ 미국의 금융투자회사는 선언적인 의미이긴 하지만, FINRA(금융투자산업규제기구)에서 제공하는 '상업상의 윤리기준과 거래원칙'을 준수하도록 하고 있다.

④ 일본의 금융상품거래법은 모든 규제대상자로 하여금 '성실공정의 의무'를 명기하고 이를 바탕으로 영업행위기준 등을 제정하도록 하고 있다.

해설   FINRA Rule 2010조(상업상의 윤리기준과 거래원칙)는 단순한 주의규정이 아니라 위반 시 실질적인 제재가 부과된다.

정답 ③

더 알아보기 ▶ 외국의 내부통제제도

외국(미국 등)의 내부통제제도
- 미국의 내부통제제도 : 핵심유형문제 지문 ①, ②, ③
  ※ SOX법(사베인스-옥슬리법) : 상장회사 회계개선과 투자자보호법
- 일본의 내부통제제도 : 핵심유형문제 지문 ④

직무윤리에 관한 미국의 실증분석결과
- 금융투자산업의 직무윤리준수는 자본시장의 질적성장과 금융투자산업의 사회적 평판제고를 위해서 필수적이다.
- 직무윤리에서는 자기규율과 외부통제가 상호보완적인 관계에 있다.
- 금융투자산업의 직무윤리는 자율적인 직무윤리준수를 중심으로 하고, 법령 등의 타율적 준수를 보완으로 하는 것이 가장 이상적이다.

금융투자회사 임직원이 직무윤리를 위반할 경우 내부통제로 사용되는 방식을 모두 묶은 것은?

> ㉠ 내부통제기준의 제정 및 준수
> ㉡ 준법감시인의 선임 및 독립성부여
> ㉢ 자율규제
> ㉣ 행정규제

① ㉠
② ㉠, ㉡
③ ㉠, ㉡, ㉢
④ ㉠, ㉡, ㉢, ㉣

해설 내부통제방법에는 '내부통제기준, 준법감시인 제도'가 도입되고 있으며, 자율규제(금융투자협회의 자율규제)와 행정제재(금융위원회 등), 민형사상 제재, 시장의 규제 등은 외부통제방법에 속한다.

정답 ②

더 알아보기 ▶ 직무윤리위반 시 제재-(1)내부통제(내부통제기준, 준법감시인)

내부통제기준

> 자본시장법 28조에 따라 회사의 임직원(계약직 및 임시직 포함)이 그 직무를 수행할 때 법령을 준수하고 자산을 건전하게 운용하며 투자자를 보호하기 위해 준수해야 할 적절한 기준과 절차를 정하는 것을 목적으로 한다.

- **내부통제** : 회사의 임직원이 업무수행 시 법규를 준수하고 조직운영의 효율성 제고 및 재무 보고의 신뢰성을 확보하기 위해 회사 내부에서 수행하는 모든 절차와 과정을 말한다.
- **내부통제체제** : 효과적인 내부통제활동을 수행하기 위한 조직구조, 위험평가, 업무분장 및 승인절차(준법감시인의 임면절차 포함), 의사소통·모니터링·정보시스템 등의 종합적 체제를 말한다.
- 내부통제기준은 **이사회결의**로 제정 또는 변경을 한다.
- **내부통제의 주체별 역할**

이사회	대표이사	준법감시인[주1, 주2]	지점장	임직원
내부통제기준의 제정 및 변경	내부통제정책수립, 내부통제기준의 수행 및 지원	내부통제기준의 적정성 점검, 위임받은 업무수행	소관영업에 대한 내부통제기준의 적정성 점검, 보고	내부통제기준 및 윤리강령을 숙지하고 충실히 준수

* 주1 : 준법감시인은 이사회 및 대표이사의 지휘를 받아 업무를 수행하며, 대표이사와 감사위원회에 아무런 제한 없이 보고할 수 있다.
* 주2 : 준법감시인을 임면(任免)할 경우 이사회결의를 거쳐야 하며, 특히 해임 시에는 이사총수의 **2/3 이상의 찬성**으로 의결한다(독립성강화를 위한 강제규정). 또한 준법감시인은 사내이사 또는 업무집행자 중에서 선임하고 임기는 2년 이상으로 한다(보충문제 3 참고).
- **내부통제위원회**
  - 표준내부통제기준(제11조)에 의해, 금융투자회사의 경우 내부통제위원회를 두어야 한다.
  - 내부통제위원회의 위원 : 대표이사(위원장), 준법감시인, 위험관리책임자, 그 밖에 내부통제 관련 업무담당 임원

- 회의 : 매반기별 1회 이상 개최하며, '내부통제 점검결과의 공유 및 개선방안 검토, 내부통제 관련 주요사항 협의, 임직원의 윤리 및 준법의식 고취' 등의 역할을 수행한다.
    - 내부통제위원회 설치가 면제되는 경우(보충문제 4 참고)
- 준법감시부서(보충문제 5 참고)
    - 준법감시인의 직무수행을 지원을 위해 구성된 부서. 준법감시인과 같이 업무의 독립성이 보장된다.
    - 준법감시부서의 업무독립성을 확보를 위한 겸임금지업무 : 위험관리업무[주3], 자산운용에 관한 업무, 회사의 본질적 업무, 회사의 경영업무
    * 주3(예외) : 최근 사업연도말 현재 자산총액이 5조원 미만인 금융투자회사(운용재산이 20조원이상인 경우는 제외), 보험회사, 여신전문회사, 그리고 자산총액이 7천억원 미만인 상호저축은행은 위험관리업무를 겸영할 수 있다.

준법감시인
- 준법감시인 제도의 취지 : 보충문제 6 참고
- 준법감시 체제의 운영 : 보충문제 7 참고

> 1) 준법감시인은 관계 법령 및 내부통제기준을 반영한 준법감시 프로그램을 구축하고 운영해야 한다.
> 2) 준법감시 프로그램의 운영결과 업무수행 우수자가 있는 경우 인사상의 또는 금전적 혜택을 부여할 수 있다.
> 3 임직원은 회사가 정한 준법서약서를 준법감시인에게 제출해야 한다.
> 4) 임직원의 겸직이 있을 경우 고객과의 이행상충 발생여부, 회사의 경영건전성 저해여부를 검토하고 관리해야 한다.
> 5) 내부제보제도를 운영해야 한다.
>   - 내부제보자에 대해서는 비밀보장과 불이익이 없음을 보장해야 하며, 회사에 중대한 악영향을 끼칠 수 있음을 위법사항을 알면서도 제보하지 않은 미제보자에 대한 불이익 부과의 내용도 포함되어야 한다.
>   - 만일 내부제보자가 내부제보행위로 인해 불이익을 받은 것이 있다면, 준법감시인은 이에 대한 시정을 회사에 요구할 수 있다.
> 6) 명령휴가제도를 운영해야 한다.
>   - 임직원의 위법행위로 인한 금융사고를 미연에 방지하는 차원에서 일정대상의 직원에게 일정기간의 휴가를 명령하고 동 기간 중 해당 직원의 업무적정성을 평가하는 제도이다.
> 7) 직무분리기준을 마련, 운영하여야 한다.
>   - 금융사고 우려가 높은 일부 업무에 대해서 복수의 인력이 참여하게 하거나, '영업일선-후선'으로 분리하는 위험관리시스템을 구축하고 운영해야 한다.
> 8) 준법감시인은 영업점에 대한 내부통제를 위해 영업점별 영업관리자를 지명(임기 1년 이상)하고 자신의 업무 중 일부를 위임할 수 있다.
>   - 영업점별 영업관리자는 당해 영업점에 상근하는 자로서, 해당 영업점 경력이 1년 이상 이거나 준법감시부서의 근무경력이 1년 이상이어야 한다.
>   - 영업관리자는 영업점장이 아닌 책임자급이어야 하며, 점포의 분포 상 요건을 갖추는 경우 2 이상의 영업점의 영업관리자 업무를 수행할 수 있다.
>   - 영업관리자는 준법감시업무로 인한 인사 상 불이익이 없도록 하며, 업무수행결과로 적절한 보상을 주어질 수 있다.
>   - 준법감시인은 연간 1회 이상 영업관리자를 대상으로 법규 및 윤리교육을 실시해야한다.

내부통제기준 위반 시의 제재
- 회사는 내부통제기준을 위반한 임직원에 대해서 엄정·공정한 조치를 취해야 한다. 보충문제 8 참고
- 내부통제기준 위반자의 대상 : 보충문제 9 참고

01 다음 중 내부통제기준에 포함하여야 할 사항이 아닌 것은?

① 업무의 분장과 조직구조에 관한 사항
② 고유재산과 투자자재산의 운용이나 업무를 수행하는 과정에서 발생하는 위험의 관리 지침에 관한 사항
③ 대표이사의 임면절차에 관한 사항
④ 이해상충의 파악·평가와 관리에 관한 사항

> **해설** 내부통제기준은 직무윤리를 잘 준수하게 하기 위한 절차적 규정이다. 따라서 ③은 대표이사의 임면이 아니라 **준법감시인의 임면절차에 관한 사항**이 옳다.

02 내부통제기준을 제정하거나 변경하기 위해서 필요한 절차는?

① 대표이사의 전결   ② 이사회 결의
③ 주총의 보통결의   ④ 주총의 특별결의

> **해설** 준법감시인은 이사회가 임명하고 면직을 결정한다. 반면, 이사의 선임은 주총의 보통결의, 이사의 해임은 주총의 특별결의로 한다.

03 준법감시인의 임면과 관련하여 빈칸을 바르게 연결한 것은?

> 준법감시인을 해임하기 위해서는 이사총수의 (   ) 이상이 찬성해야 하며, 준법감시인의 임기는 (   ) 이상으로 한다.

① 1/2, 2년   ② 1/2, 3년
③ 2/3, 2년   ④ 2/3, 3년

> **해설** 2/3이상, 2년 이상이다. 비교하여 이사의 경우 '주총의 보통결의로 임명하고, 주총의 특별결의로 해임하고, 임기는 3년 이상'이다.

04 내부통제위원회 설치의무가 면제되는 기준이다. 가장 거리가 먼 것은?

① 최근 사업연도 말 현재 자산총액이 7천억원 미만인 상호저축은행
② 최근 사업연도 말 현재 자산총액이 5조원 미만인 금융투자업자 또는 종금사
③ 최근 사업연도 말 현재 운용재산(집합투자재산, 투자일임재산, 신탁재산 합계)이 20조원 이상인 금융투자업자
④ 최근 사업연도 말 현재 자산총액이 5조원 미만인 보험회사

> **해설** 자산총액이 5조원 미만인 금융투자회사라도 운용재산이 20조 이상이면 내부통제위원회를 설치해야 한다.
> • 5조원 미만인 보험회사, 5조원 미만인 여신전문금융회사, 7천억원 미만인 상호저축은행이 예외로 인정된다(상호저축은행만 7천억원이 적용되는 것에 유의).

05 준법감시부서가 업무의 독립성을 위해 겸임을 할 수 없는 업무를 나열하였다. 가장 거리가 먼 것은?

① 위험관리업무 　　　　　② 자산운용업무
③ 회사의 겸영업무 　　　　④ 회사의 부수업무

> **해설** 회사의 부수업무는 겸임금지의 대상이 아니다.

06 보기가 말하는 것은?

> 회사의 임직원 모두가 선량한 관리자로서의 의무에 입각하여 금융소비자의 이익을 위해 최선을 다했는지, 업무를 수행함에 있어 윤리기준을 포함한 제반 법규를 엄격히 준수하고 있는지에 대하여 사전적으로 또는 상시적으로 통제, 감독하는 장치를 말한다.

① 감사 또는 감사위원회
② 내부통제기준
③ 준법감시인 제도
④ 사외이사 제도

> **해설** 준법감시인 제도를 말한다.

07 준법감시 체제의 운영에 대한 설명이다. 가장 거리가 먼 것은?

① 내부제보제도 운영 상 내부제보자에 대해서 비밀보장과 더불어 신분 상·인사 상의 불이익이 없어야 하며, 만일 불이익이 있는 경우는 준법감시인이 이의 시정을 회사에 요구 할 수 있고 회사는 정당한 사유가 없는 한 이를 수용해야 한다.

② 만일 회사에 중대한 영향을 끼칠 수 있는 임직원의 위법행위를 알고도 묵인한 미제보자에게는 불이익을 부과한다.

③ 금융사고의 우려가 높은 업무를 담당하는 직원에게는 명령휴가제도를 적용하여 일정 기간 휴가를 명령하고 당해 기간에 해당직원의 업무적정성을 평가, 점검할 수 있다.

④ 회사의 대표이사는 영업점장이 아닌 책임자급으로 영업점별 영업관리자 1명을 임명하여 준법감시인의 업무를 위임, 수행하게 해야 한다.

> **해설** 영업점별 영업관리자(해당 영업점에 상근하고 있는 자로서 1명, 임기 1년)는 준법감시인이 임명하고 자신의 일부 업무를 위임하여 업무를 수행하게 한다.

08 내부통제기준을 위반할 경우 회사에 대한 조치가 '1억원 이하의 과태료'가 부과되는 대상이 아닌 것은?

① 내부통제기준을 마련하지 않은 경우
② 준법감시인을 두지 않은 경우
③ 사내이사 또는 업무집행책임자 중에서 준법감시인을 선임하지 않은 경우
④ 준법감시인이 금지대상 겸영업무를 겸직한 경우

> **해설** ④ 3천만원 이하의 과태료가 부과되는 대상이다.
> ※ **1억원 이하의 과태료가 부과되는 대상** : 위의 ①·②·③에 추가하여 아래가 있음
> • 이사회결의를 거치지 않고 준법감시인을 임면한 경우
> ※ **3천만원 이하의 과태료가 부과되는 대상** : 위의 ④에 추가하여 아래가 있음
> • 준법감시인의 임면사실을 금융위원회에 보고하지 않은 경우
> • 준법감시인에 대한 별도의 보수기준 및 평가기준을 마련하지 않은 경우

09 내부통제기준을 위반 시 제재의 대상이 되는 자를 모두 묶은 것은?

> ㉠ 내부통제기준을 직접 위반한 자
> ㉡ 묵인이나 은폐에 관여한 자
> ㉢ 타인의 위반을 고의로 보고하지 않은 자
> ㉣ 타인의 위반을 과실로 보고하지 않은 자

① ㉠　　　　　　　　　　　　　　② ㉠, ㉡

③ ㉠, ㉡, ㉢　　　　　　　　　　④ ㉠, ㉡, ㉢, ㉣

해설 '고의로 보고 하지 않은 자'는 제재를 받으나 '과실로 보고하지 않은 자'는 제외된다.

임직원이 직무윤리를 위반한 경우 금융투자협회의 제재가 부과된다면 이는 어떤 성격의 규제에 해당하는가?

① 자율규제
② 행정제재
③ 민사상 또는 형사상 책임
④ 시장의 통제

해설   '자율규제'란 자율규제기관인 금융투자협회로부터의 제재를 말한다.

정답 ①

더 알아보기 ▶ 직무윤리위반 시 제재방법-(2)외부통제

외부통제의 개념 : 직무윤리의 위반은 단순히 윤리적인 책임에 그치는 것이 아니라, 강행법규의 위반이 되어 법적책임이 따른다.

외부통제의 종류 : 핵심유형문제 참고

자율규제	행정제재	민사책임	형사책임	시장통제
협회의 자율규제	금융위의 제재	손해배상책임과 실효(失效)	일반불법책임, 양벌규정 등	신뢰 상실, 명예실추 등

• 자율규제 : 회원(금융투자회사)에 대한 제명조치, 회원의 임직원에 대한 제재의 **권고**
  주의 금융위원회의 행정제재는 임원의 직무정지나 직원의 면직을 직접 조치할 수 있지만, 금융투자협회의 자율규제는 임직원에 대한 제재를 권고할 수 있을 뿐이다.
• 행정제재 : 금융위, 증선위, 금융감독원등 공적인 기구로부터의 제재
  - 금융투자업자에 대한 제재권 : 감독권, 조치명령권, 검사권, 6개월 이내의 업무의 전부 또는 일부의 정지명령권 등
  - 금융투자업자 임원에 대한 제재권 : 해임요구, 6개월 이내의 직무정지, 문책경고 등
  - 금융투자업자 직원에 대한 제재권 : 면직, 6개월 이내의 정직, 감봉, 견책 등
  - 청문 및 이의신청

청문의 대상 : 지정의 취소, 인가·등록의 취소, 임직원에 대한 해임요구 또는 면직요구

주의 **정직요구**는 대상이 아님

이의신청 : 위의 청문조치에 대한 고지를 받은 날로부터 30일 이내에 금융위원회에 이의신청을 할 수 있으며, 금융위원회는 해당 이의신청에 대해 60일 내로 심의결정을 해야 한다(부득이한 경우 30일의 기간 이내에서 연장이 가능함).

• 민사상책임

실효(失效)		손해배상책임
무효[주1]	취소[주1]	• 자본시장법상 설명의무 위반 시, 민법 750조 일반 불법
해제[주2]	해지[주2]	행위책임 → 손해배상책임을 짐

* 주1 : 중대한 하자는 **무효**, 가벼운 하자는 **취소**로써 법률행위의 효력이 상실된다.
* 주2 : 일시적 거래는 **해제**, 계속적 거래는 **해지**를 통해 법률행위의 효력이 상실된다(해지는 장래에 한해서, 해제는 소급하여 효력이 상실됨).
• 형사상 책임 : 자본시장법 또는 형법에 의해 형사처벌이 가능하며 대부분 양벌규정도 둔다.
  – 양벌규정 : 행위자와 법인을 같이 처벌하는 것을 말하는데, 행위자의 위반행위로 인해 법인도 이익을 얻었다고 보므로 법인도 같이 처벌한다는 취지이다.
• 시장의 통제 : 금융소비자로부터의 악화된 평판, 시장으로부터의 신뢰 상실은 단기간에 회복이 어려운 것으로써 법적 제재보다 더 큰 제재일 수 있다.

보충문제

01 다음의 행정제재 중 '금융투자업자에 대한 제재'를 말하는 것은?
☐☐
① 감독권, 등록취소권, 6개월 이내의 업무의 전부 또는 일부의 정지 명령권, 위법행위의 시정 명령 또는 중지명령권, 기관경고, 기관주의 등
② 해임요구, 6개월 이내의 직무정지, 문책경고, 주의적 경고, 주의 등
③ 면직, 6개월 이내의 정직, 감봉, 견책, 경고, 주의 등
④ 청문 및 이의신청권

해설
② 임원에 대한 조치권
③ 직원에 대한 조치권
④ 회사, 임직원 공통

02 금융위원회가 처분 또는 조치 중에서 반드시 청문을 실시해야 하는 대상이 아닌 것은?

① 종합금융투자사업자에 대한 지정의 취소
② 금융투자상품거래청산회사에 대한 인가의 취소
③ 임원에 대한 해임요구
④ 직원에 대한 정직요구

> **해설** 지정취소, 인가등록취소, 해임요구, 면직요구는 청문을 실시해야 하는 대상이다(정직은 대상이 아님).

03 시장으로부터의 신뢰 상실과 명예실추, 고객관계의 단절은 직업인으로서 당해 업무에 종사하는 자에게 가해지는 가장 무섭고 만회하기 어려운 제재가 된다. 이는 무엇을 말하는가?

① 시장의 제재
② 형사책임
③ 민사책임
④ 법률행위의 실효(失效)

> **해설** 시장의 제재는 외부통제 중 명시적인 법률적 제재를 받지 않으나 당해 업무에 종사하는 자에게 가장 큰 타격이 될 수도 있다.

04 다음은 직무윤리기준의 위반에 따른 외부통제의 내용이다. 틀린 것은?

① 법 위반에 대한 민사적인 제재로는 손해배상책임이 유일하다.
② 불법행위책임은 계약관계의 존부를 불문하고, '고의 또는 과실'의 '위법행위'로 타인에게 '손해'를 가한 경우를 말하고, 가해자는 피해자에게 손해를 배상하여야 한다.
③ 형사처벌은 법에서 명시적으로 규정하고 있는 것에 한하며(죄형법정주의), 그 절차는 형사소송법에 의한다.
④ 자본시장법은 행위자와 법인 모두를 처벌하는 양벌규정을 두고 있다.

> **해설** 민사책임에는 손해배상책임과 실효(失效)가 있다.
> ② 계약관계의 존부를 다투는 책임은 일반 불법행위책임이 아니라 계약 상 책임이다.

금융투자상품의 권유 및 판매와 관련한 직원의 의무에 대한 설명이다. 가장 거리가 먼 것은?

① 투자자의 이익을 해하면서 자기의 이익을 얻거나 제3자가 이익을 얻도록 해서는 안 된다.

② 고객이 실현가능한 최대한의 이익을 취득할 수 있도록 업무를 수행하여야 한다.

③ 모든 금융투자업자는 선량한 관리자의 주의의무를 진다.

④ 고객에 불리한 정보도 반드시 제공하여 고객이 이를 이해할 수 있도록 해야 한다.

해설　선량한 관리자의 주의의무(선관주의 의무)는 고객의 자산에 대한 채무관계에 있는 집합투자업자·신탁업자·일임업자에 국한되는 의무이다(타 금융투자업은 신의성실의무 또는 신임의무를 다하면 된다).
①·②는 고객이익우선의 원칙을 말하는데 ①은 소극적 의무, ②는 적극적 의무이다.

정답 ③

더 알아보기　▶ 금융투자상품의 권유 및 판매와 관련한 각종 의무

금융투자상품의 권유·판매와 관련한 직원의 의무

고객이익최우선의 원칙	소속회사에 대한 충실의무	정확한 정보제공의무
선관주의의무, 이해상충 방지의무	회사에 대한 신임의무, 직무전념의무	고객에게 유리한 정보만을 제공해서는 안 된다.

• 고객이익우선의 원칙
  – 소극적 의무·적극적 의무의 구분, 선관주의 의무의 개념 핵심유형문제 참고
  – 이해상충발생 시 업무처리의 우선순위 보충문제 1 참고
• 소속회사에 대한 충실의무 : 대외활동 시 준법준수, 고용계약 종료 후에도 비밀유지의무 부과 등
• 정확한 정보제공의무 : 약정실적을 위해 좋은 정보만을 제공해서는 안 된다(핵심유형문제 지문 ④).

고객정보와 관련된 판매기준

• 직무수행과정에서 지득한 비밀정보는 누설 또는 타인으로 하여금 이용하게 해서는 안 된다.
• 고객 관련사항이 비밀정보인지 아닌지 분명하지 않을 경우 일단 비밀이 요구되는 정보로 취급해야 한다.
• 보호되어야 하는 정보에는 정적인 정보, 동적인 정보 모두 포함된다.
  – 정적(靜的)인 정보 : 계좌개설 시 얻게 되는 금융거래정보
  – 동적(動的)인 정보 : 고객의 매매주문 동향 등을 통해서 알게 되는 정보

01 금융투자업 종사자는 신임관계에 기초하여 고객이익을 최우선으로 실현해야 한다. 만일 이해
 충돌이 발생하는 경우 우선순위를 정하는 세 가지 원칙에 속하지 않는 것은?

① 고객의 이익은 회사와 회사의 주주 및 임직원의 이익에 우선해야 한다.

② 회사의 이익은 임직원의 이익에 우선해야 한다.

③ 모든 고객의 이익은 상호 동등하게 취급해야 한다.

④ 임직원의 이익은 주주의 이익에 우선한다.

> **해설**
> 3가지 원칙은 ①, ②, ③이다. 임직원의 이익은 고객의 이익, 회사의 이익(주주의 이익 포함)보다 후순위
> 가 되어야 한다.

02 회사에 대한 신임의무를 이행하는 것과 가장 거리가 먼 것은?
 ① 회사와 이해충돌이 발생할 수 있는 직무에 대한 겸임금지

② 회사의 재산이나 회사로부터 부여받은 지위를 이용하여 사적이익을 추구하는 행위를 하지
않을 것

③ 고용기간 중에 직무 상 알게 된 비밀정보에 대해서 고용계약기간 종료 이후 일정기간 동안
사용금지

④ 고용계약기간이 종료된 이후 소속회사에 대한 오해를 유발할 수 있는 명함 등을 교부하는
행위의 금지

> **해설**
> **고용기간 중에 직무 상 알게 된 비밀정보는** 고용계약기간 종료 이후에는 반납해야 한다.
> ※ 회사에 대한 신임의무 중 '고용계약종료 후의 의무'는 금융투자회사 표준윤리준칙 제15조에 반영되어
> 있다.

03 금융투자회사 임직원이 직무 상 얻게 된 정보를 취급하는 기준에 대한 설명이다. 가장 거리가
☐☐ 먼 것은?

① 고객에 관한 사항이 비밀정보인지 아닌지 불명확할 경우에는 일단 비밀정보로 취급한다.

② 고객에 관한 정보는 법원 영장에 의한 경우 등의 특수한 경우를 제외하고는 타인에게 제공하거나 누설할 수 없다.

③ 고객의 금융거래정보 외에도 매매주문으로부터 얻게 된 정보는 본인이나 제3자를 위해 사용해서는 안 된다.

④ 영업비밀정보를 관련 법령에 의해 제공해야 할 경우라도 준법감시인의 사전승인을 받아야하고 최소한의 범위 내에서 제공해야 한다.

> 해설 고객의 금융거래정보를 정적(정적)인 정보, 매매주문으로부터 얻게 되는 정보를 동적(동적)인 정보라한다.

개인정보보호법에 대한 설명이다. 가장 거리가 먼 것은?

① 개인정보보호법은 개인정보를 대량으로 처리하는 기관 등에서 대규모 개인정보가 유출되는 사고를 예방하고 개인정보의 수집·유출·남용으로부터 사생활의 비밀 등을 보호하기 위해 만든 법률이다.

② 개인정보란 살아있는 개인에 관한 정보로서 성명, 주민번호 및 영상 등을 통해 개인을 알아 볼 수 있는 정보를 말한다.

③ 개인정보 중 정보주체와의 계약 체결 및 이행에 불가피한 정보는 정보주체의 동의를 받지 않아도 수집 가능하다.

④ 개인정보의 이용은 당초 수집한 목적 범위 내에서 이용 가능한데, 만일 당초 수집된 목적 외로 사용할 경우에는 사후적으로 정보 사용했음을 통지하면 된다.

해설   사전적으로 별도의 동의를 받아야 한다.

정답 ④

더 알아보기 ▶ 개인정보보호법

개인정보보호법의 정의 : 핵심유형문제 지문 ①
개인정보보호법은 일반법으로서 관련 특별법이 있는 경우 해당 특별법이 우선이며 해당 특별법의 적용이 없을 경우에는 개인정보보호법으로 처리하여야 한다.

개인정보의 개념(핵심유형문제 지문 ②)**과 처리원칙**
• 개인정보 종류 : 고유식별정보(주민번호 등), 금융정보(신용카드번호 등), 민감정보(진료기록 등)
• 개인정보 처리원칙(㉠·㉡ 등등)
  ㉠ 개인정보의 처리목적에 필요한 범위에서 최소한의 개인정보만을 적법하게 수집할 것
  ㉡ 개인정보처리방침 등 개인정보의 처리에 관한 사항을 공개해야 하며, 열람청구권 등 정보 주체의 권리를 보장해야 한다.

개인정보의 수집원칙(핵심유형문제 지문 ③)
수집목적 : 정보주체의 동의를 받은 경우, 법령 상 의무를 준수하기 위해 불가피한 경우, 정보 주체와의 계약체결을 위해 불가피한 경우 등등

개인정보의 이용원칙(핵심유형문제 지문 ④)
개인정보의 이용은 당초 수집한 목적 범위 내에서 이용 가능하며, 당초 수집된 목적 외로 사용할 경우에는 **정보주체의 별도 동의를 받아야 한다.**

개인정보 제공원칙

• 개인정보 제공도 원칙적으로 사전 동의를 받아야 하나 **법령 상 불가피한 경우 · 정보주체의 급박한 생명이나 재산이익을 위해 필요한 경우 등**의 목적으로 정보제공 시에는, 정보주체의 동의 없이도 가능하다.

   – 사전동의를 받을 경우 정보주체에게 알려야 하는 4가지 사항

     (1) 개인정보수집이용의 목적,

     (2) 수집하려는 개인정보의 항목

     (3) 개인정보의 보유 및 이용기간

     (4) 동의거부권리와 동의 거부 시 받을 수 있는 불이익의 내용

   – 민감정보 및 고유식별정보의 처리는 좀 더 엄격한데, 특히 주민번호는 법 개정에 따라 정보주체의 동의를 받았다 해도 법령근거가 없이는 처리가 불가하고 기존의 수집된 정보도 2016.8.16까지 삭제조치를 취해야 함

개인정보유출에 대한 처벌(징벌적 손해배상제도 도입–개인정보보호법)

• 고의 · 중과실로 개인정보를 유출한 기관에 대해서 피해액의 **최대 3배**까지 가중책임을 부과함

• 피해액을 입증하지 못하더라도 법원판결금액(**300만원** 이내)을 보상받을 수 있음

• 기관이 아닌 개인에 대해서도 부정한 방법으로 개인정보취득 · 타인제공 시 징역 5년 또는 벌금 5천만원 이하로 처벌할 수 있음

01 금융투자회사가 고객의 개인정보보호를 하기 위한 법령 근거로써 가장 후순위가 되는 법은?

☐☐
① 금융실명거래 및 비밀보장에 관한 법률(금융실명법)
② 신용정보의 이용 및 보호에 관한 법률(신용정보법)
③ 전자금융거래법
④ 개인정보보호법

> **해설** ①·②·③은 특별법이므로 개인정보보호법에 우선한다(더 알아보기 참고).

02 개인정보유출에 대한 처벌과 관련하여 빈칸에 알맞은 것은?

☐☐

> 고의나 중과실로 개인정보를 유출한 기관에 대해서는 가중책임을 물어 피해액의 (   )까지 중과할
> 수 있다.

① 1.5배   ② 2배
③ 3배   ④ 5배

> **해설** 3배까지 중과할 수 있다. 그리고 구체적인 피해액을 입증하지 못할 경우에도 법원 판결을 통해 최대
> 300만원까지 보상받을 수 있다(법정 손해배상제도).

분쟁조정제도의 개념이다. 가장 거리가 먼 것은?

① 당사자에게 합리적인 분쟁 해결방안이나 의견을 제시하여 당사자 간의 합의에 따른 원만한 분쟁해결을 도모하는 제도이다.

② 분쟁조정신청이 접수되면 양 당사자의 제출자료와 대면 등을 거쳐 분쟁조정기관이 조정안을 제시하는데 조정안은 피해자인 투자자 입장을 우선 반영한다.

③ 분쟁조정안을 제시하기 위해 통상적으로 법조계, 학계, 소비자단체, 업계전문가로 분쟁조정위원회를 구성한다.

④ 우리나라의 금융분쟁관련 조정기구로는 금융감독원 산하의 금융분쟁조정위원회, 협회 산하의 분쟁조정위원회, 한국거래소 산하의 시장감시본부 분쟁조정팀이 있다.

해설　　피해자, 가해자 구분 없이 중립적인 조정안을 제시한다.

정답 ②

더 알아보기 ▶ 분쟁조정제도

분쟁조정제도의 개념 : 핵심유형문제 참고
분쟁조정제도의 장·단점 : 보충문제 1 참고
주요분쟁조정기구의 분쟁조정절차 : 세부내용은 보충문제 2, 3, 4 참고

01 분쟁조정제도의 특징이다. 가장 거리가 먼 것은?

① 소송수행으로 인한 추가적인 부담 없이 최소한의 시간 내에 합리적으로 분쟁처리가 가능하다.
② 복잡한 금융관련분쟁에 대한 전문가의 조언 및 도움을 받을 수 있다.
③ 개인투자자가 확인하기 어려운 금융투자회사의 보유자료 등을 조정기관을 통해 간접적으로 확인할 수 있다.
④ 통상적으로 소송 결과보다는 분쟁조정안이 투자자에게 더 유리하므로 분쟁조정안을 수용하는 것이 유리하다.

해설

①·②·③은 분쟁조정의 장점이며, ④는 잘못된 내용이다. 분쟁조정은 중립적인 조정안을 원칙으로 하므로, 소송 결과보다 분쟁조정안이 투자자에게 유리하다는 보장은 없다.
※ 분쟁조정의 단점
• 기관마다 조정안의 결과가 다를 수 있다.
• 판례나 선례에 따라 투자자입장에서 실제 소송 결과보다 조정안이 더 유리하다는 보장은 없다.
• 당사자 합의가 도출되지 않으면 분쟁처리가 지연될 수 있다.

02 다음 중 한국거래소의 분쟁조정기구의 조정대상에 속하는 것은?

① 회원의 영업행위와 관련한 분쟁조정
② 회원 간의 착오매매와 관련한 분쟁조정
③ 유가증권시장이나 코스닥시장, 장내파생상품시장에서의 매매거래와 관련한 분쟁조정
④ 금융회사와 금융소비자 사이에 발생하는 금융관련 분쟁조정

해설

①·② 한국금융투자협회
③ 한국거래소
④ 금융감독원

03 다음 중 한국금융투자협회의 분쟁조정기구의 조정대상이 될 수 없는 상품은?

① 주 식
② 투자자문계약 또는 투자일임계약
③ 변액보험이 아닌 보험계약
④ 파생결합증권(ELS, ELW 등)

해설

한국금융투자협회와 한국거래소의 분쟁조정대상은 금융투자상품에 국한된다. 예금·보험(변액보험 제외)은 비금융투자상품이므로 협회나 거래소의 분쟁조정대상에서는 제외된다.

04 금융투자협회의 분쟁조정위원회에 대한 설명이다. 틀린 것은?

① 회원사의 영업행위와 관련한 분쟁이나 회원 간의 착오매매 등을 주 분쟁조정 대상으로 한다.
② 조정신청일로부터 30일 내로 위원회에 회부해야 하며, 회부일로부터 60일 내로 조정안을 심의, 의결해야 한다.
③ 당사자가 조정안을 수락할 경우 민법상 화해의 효력을 갖는다.
④ 조정결정을 받은 후라도 조정결과에 중대한 영향을 미치는 새로운 사실이 나타나는 경우에는 조정결정을 받은 날로부터 30일 이내에 재조정을 신청할 수 있다.

> **해설** 회부 30일, 심의 30일이다(cf. 금융분쟁조정위원회의 경우 심의기간은 60일이다). 그리고 부득이한 경우 15일 이내의 기간으로 심의기간을 연장할 수 있다.

05 금융감독원의 금융분쟁조정위원회에 대한 설명이다. 틀린 것은?

① 금융회사와 금융소비자 간의 금융분쟁을 조정한다.
② 비금융투자상품도 분쟁조정대상이 된다.
③ 합의가 없을 경우 신청일로부터 30일 내로 회부하고, 회부일로부터 60일 내로 심의·의결한다.
④ 당사자가 조정안을 수락하면 민법상 화해의 효력을 지닌다.

> **해설** 금융감독원을 통한 조정은 재판 상 화해이다. 재판 상 화해는 민법상 화해(협회나 거래소)와 달리, 성립된 이후에는 어떠한 법적다툼도 인정되지 않는다.

06 분쟁조정위원회에 회부되기 전 종결처리될 수 있는 사유를 나열하였다. 틀린 것은?

① 법원 또는 다른 분쟁조정기관에 조정신청을 한 경우
② 직접적인 이해관계가 있는 자가 조정신청을 한 경우
③ 위원회의 사실조사를 정당한 사유 없이 거부하거나 사실조사 등을 통하여 신청서의 중요내용이 허위임이 드러난 경우
④ 조정신청의 내용이 분쟁조정의 대상으로서 적합하지 않다고 판단되는 경우

> **해설** 직접적인 이해관계가 없는 자가 조정신청을 한 경우가 회부 전 종결처리사유이다.

금융투자상품관련 분쟁의 특징과 가장 거리가 먼 것은?

① 금융투자상품은 그 특성 상 고위험에 노출되어 있고 투자 과정에서도 고도의 전문성이 요구되기 때문에 거래 과정에서 분쟁이 발생할 여지가 있다.

② 투자중개업이나 집합투자업, 신탁업을 영위하는 금융투자회사의 일반적인 업무형태는 위탁매매업자 또는 수임인으로서 의무를 지는 바, 해당 의무(선관주의의무 등)를 다하지 못할 경우 민사 상 불법행위책임 등이 발생한다.

③ 계좌개설부터 결제 등 거래종료까지의 과정 중에서 고객과 임직원 간에 예기치 못한 분쟁이 발생할 개연성이 높으며, 당사자 간의 분쟁해결 또한 쉽지 않은 편이다.

④ 금융투자상품관련 분쟁은 민사적인 손해배상책임의 부과로 국한된다.

해설   민사 상 손배책임뿐 아니라 형사책임도 부과된다.

정답 ④

더 알아보기 ▶ 주요분쟁 조정사례

금융투자상품관련 분쟁의 특징 : 핵심유형문제 참고
※ 분쟁관련 금융투자상품의 내재적 특성 : 보충문제 1 참고

금융투자상품관련 분쟁의 유형
• 임의매매 : 보충문제 2 참고
• 일임매매 : 당초 체결한 일임계약의 취지를 위반하여 과도한 매매(수수료수입 증대목적)를 하여 고객에게 피해를 입힌 경우 민사 상 손해배상책임이 발생한다.
• 부당권유 : 설명의무 불이행 시 또는 적합성 원칙 불이행·불초청권유위반 등에 따른 민사 상 손해배상책임이 발생하는 유형
  – 불완전판매는 집합투자증권에 대한 부당권유로 발생하는 유형이라고 할 수 있음
• 주문관련, 전산장애관련, 무자격자로 인한 분쟁 등
  참고 증권사의 주문관련 또는 업무실수로 인한 사고사례(이하 내용 동일)

01 금융투자상품의 내재적 특성으로 분류되지 않는 것은?

① 금융투자상품은 원본손실가능성이 있다.
② 금융투자상품은 투자의 결과가 투자자 본인에게 귀속된다.
③ 금융투자상품은 매입 후에도 지속적인 관리가 필요하다.
④ 금융투자상품은 예금자보호가 되지 않는다.

해설 금융투자상품의 내재적 특성은 ①·②·③이다(이러한 내재적 특성이 있으므로 금융분쟁이 발생할 수 있다). ④는 ①에 포함되는 개념으로 볼 수 있다.

02 보기에 해당하는 분쟁의 유형은?

> 금융투자회사의 직원이 고객의 주문을 받지 않았음에도 불구하고 고객의 예탁자산을 마음대로 매매하여 발생한 분쟁이다.

① 임의매매　　　　　　　　　② 일임매매
③ 부당권유　　　　　　　　　④ 불완전판매

해설 임의매매에 해당한다. 임의매매는 민사 상 손해배상책임뿐 아니라 형사 상 처벌까지 받을 수 있는 중한 사안이다.
참고 임의매매와 일임매매를 구분하는 것은 '포괄일임약정'이라는 기록의 존재 유무이다. 만일 '포괄일임약정'이 있고 이에 대한 기록유지를 하였다면 임의매매에 대한 처벌을 면할 수 있다(즉, '보고 및 기록의무'는 금융소비자보호 뿐 아니라 금융투자업종사자를 보호하는 역할을 하기도 함).

03 보기는 대법원판례이다. 어떤 금융분쟁의 유형에 속하는가?

> 증권회사 직원이 고객으로부터 포괄적으로 선물·옵션거래에 대하여 위임을 받고 옵션거래를 하던 중, 최종거래일의 거래마감시간 직전에 신규로 대량 매수하는 행위는 고객의 투자상황에 비추어 과도한 위험성을 수반한 거래로 인정하여 증권사에게 배상책임을 물은 사례

① 임의매매　　　　　　　　　② 일임매매
③ 부당권유　　　　　　　　　④ 횡령

선물옵션의 최종결제일의 거래마감가격은 마감가격에 따라 이해관계가 크게 달려 있어 그 변동성이 매우 크다. 위임을 받았다고는 하지만, 과도한 변동성을 감수하는 거래는 위험성이 크므로 일임계약상의 선관주의의무를 위배했다고 할 수 있다(또는 고객충실의무 위반). 만일 보기에서 위임을 전혀 받지 않은 상태에서 임의로 거래를 수행하였다면 임의매매가 된다.

04 보기에 대한 설명으로 가장 적절하지 않은 것은?

> 직원이 펀드 투자권유 시 고객에게 원본손실가능성에 대하여 충분한 설명을 하지 않았고, 투자설명서도 교부하지 않은 사례

① 자본시장법상의 설명의무를 위반한 것이다.
② 자본시장법상의 손해배상책임을 진다.
③ 형사책임도 질 수 있다.
④ 금융분쟁 유형으로는 불완전판매에 해당하며, 넓은 의미로 부당권유라고 할 수 있다.

형사책임은 임의매매에서만 발생한다. 동 사례는 설명의무 위반인데, 설명의무에 한해서 자본시장법상의 손해배상책임이 부과된다(나머지는 민법상의 손해배상책임).

05 금융분쟁의 유형 중에서 '부당권유'의 유형에 속한다고 할 수 없는 것은?

① 일임매매
② 적합성 원칙의 위반
③ 설명의무 위반
④ 불완전판매

일임매매는 '권유단계'의 유형이 아니다. 분쟁의 유형에는 '일임매매, 임의매매, 부당권유, 불완전판매, 주문, 전산장애' 등이 있는데, 불완전판매는 크게 부당권유에 포함된다.
※ 부당권유 유형은 '자본시장법 제46조에서 제49조까지의 '투자권유'에 관한 규정을 위반했을 때 발생한다.

3 직무윤리 및 투자자분쟁예방 `15문항 대비`

01 직무윤리가 강조되는 이유이다. 가장 거리가 먼 것은?

① 기술이 발달될수록 해당 기술이 잘못 사용될 경우의 부작용이 커질 수밖에 없으며, 따라서 구성원들의 직무윤리도 더 강하게 요구된다.

② 회사의 영업환경은 다양한 위험에 노출되어 있는 바, 직무윤리를 충실히 준수하는 것 자체가 영업에 있어서의 위험비용을 절감하는 것이라 할 수 있다.

③ 윤리규범도 경영환경 측면에서 중요한 인프라의 하나가 되므로 직무윤리가 생산성 제고에도 기여가 된다.

④ 윤리(Ethics)는 사전적 예방수단으로서 법(Law)망을 피할 수 있는 회색지대(grey area)까지 규율할 수 있다는 장점이 있으나, 윤리가 실질적인 경제적 이득을 창출하는 데에는 한계가 있다.

> 해설
> Ethics does pay(윤리는 경제적으로도 이득이 된다). 기업이 높은 수준의 윤리성을 유지하면 기업과 기업구성원, 사회 모두에 이득을 주는 결과를 가져온다는 실용적인 측면을 말한다.

02 직무윤리에 대한 다음의 설명 중 옳은 것은?

① 신의성실의무는 윤리적인 측면의 의무이고 그 성질 상 법적인 의무는 될 수 없다.

② 도덕은 법의 최소한이다.

③ 직무윤리를 준수하는 것은 그 자체로 직원 스스로를 보호하는 안전장치(Safeguard)가 되는데 이는 금융투자산업에 한정되는 것이다.

④ 자본시장법이 도입되면서 금융투자상품의 정의가 포괄적으로 바뀌면서 직무윤리의 적용대상범위가 더 확대되었다.

> 해설
> 열거주의에 비해서는 포괄주의의 범주가 더 크므로, 직무윤리의 역할도 더 커졌다고 할 수 있다.
> ① 법적인 의무도 된다(양면성)
> ② 법은 도덕의 최소한에 해당한다.
> ③ 직무윤리가 Safeguard 역할을 하는 것은 모든 산업에 적용된다(금융투자산업에서 더 클 뿐).

03 보기는 어떤 법령 또는 규정을 말하는가?

> 제1조 목적, 제2조 고객우선, 제3조 법규준수, 제4조 신의성실, 제5조 시장질서 존중, 제6조 정보보호, 제7조 자기혁신, 제8조 상호존중, 제9조 주주가치극대화, 제10조 사회적 책임, 제11조 경영진의 책임, 제12조 위반행위의 보고, 제13조 품위유지, 제14조 사적이익 추구금지, 제15조 고용계약종료 후의 의무, 제16조 대외활동

① 금융투자회사 표준내부통제기준
② 금융투자회사 표준윤리준칙
③ 자본시장법 제50조 투자권유준칙
④ 자본시장법 제46조 적합성 원칙

해설 금융투자회사 표준윤리준칙(금융투자협회 제정)이다.

04 금융투자회사의 표준윤리준칙 중에서 '본인에 대한 의무'가 아닌 것은?

① 법규준수의무(제3조)
② 정보보호의무(제6조)
③ 자기혁신의무(제7조)
④ 품위유지의무(제13조)

해설 정보보호의무는 '회사에 대한 의무'이다.

05 금융투자회사의 표준윤리준칙 중에서 '사회에 대한 의무'가 아닌 것은?

① 시장질서존중의무(제5조)
② 상호존중의무(제8조)
③ 주주가치 극대화의무(제9조)
④ 사회적 책임(제10조)

해설 상호존종의무는 '회사에 대한 의무'이다.

06 다음 중 금융투자업에서 준수해야 할 가장 중요한 두 가지 직무윤리는?

> ㉠ 고객우선원칙
> ㉡ 신의성실원칙
> ㉢ 이해상충 방지 의무
> ㉣ 금융소비자 보호 의무

① ㉠, ㉡　　　　　　　　　　　　　　② ㉡, ㉢
③ ㉠, ㉢　　　　　　　　　　　　　　④ ㉢, ㉣

07 금융소비자 보호 의무에 대한 설명이다. 가장 적절하지 않은 것은?

① 금융투자업 직무윤리의 기본원칙을 실현하기 위해 자본시장법 등으로 부과하는 구체적인 의무로써, 직무윤리가 법제화된 것이라 할 수 있다.
② 금융소비자 보호 의무의 기본 바탕이 되는 원칙은 '신중한 투자자의 원칙(Prudent Investor Rule)'이다.
③ 금융소비자 보호 의무의 기본 바탕이 되는 의무는 '전문가로서의 주의의무'인데, 전문가로서의 주의의무는 '상품개발 단계'에서부터 '상품 판매 이후 단계'까지 전 과정에 적용된다.
④ 금융회사는 관련 규정에 따라 금융소비자 보호업무를 총괄하는 준법감시인을 지정하고 독립적인 지위를 부여해야 한다.

08 이해상충이 발생하는 원인으로 가장 거리가 먼 것은?

① 금융투자업자 내부의 문제로서 금융투자업을 영위하는 회사 내에서 사적업무영역에서 공적업무영역의 정보를 활용하는 경우
② 금융투자업자와 금융소비자 간에서 존재하는 정보의 비대칭
③ 자본시장법상 금융투자업의 겸영 허용
④ 충실의무를 준수하지 않을 경우

사적영역(M&A 등)에서 얻을 수 있는 정보를 공적영역(선관주의의무가 필요한 자산관리업무 등)에서 사용하는 경우에 이해상충이 발생한다.

09 신의성실원칙 차원에서 금융투자업종사자는 이해상충 방지의무를 준수해야 한다. 관련하여, 이해상충 발생가능성을 관리하는 '공시 또는 회피의 원칙'이 있다. 이 원칙에 따라 이해상충 발생 가능성을 관리하는 순서가 바르게 나열된 것은?

① Disclosure → Control → Avoid

② Control → Disclosure → Avoid

③ Avoid → Control → Disclosure

④ Disclosure → Avoid → Control

'이해상충의 공시 및 거래단념의무(공시 또는 회피의 원칙)'라고 한다. 이해상충이 발생할 가능성이 파악이 되면 먼저 투자자에게 알리고(disclosure), 거래에 문제가 없도록 이해상충이 발생할 가능성을 낮춘후(control)에 거래를 해야 한다. 만일 해당 수준까지 낮출 수 없다면 그 거래는 단념(avoid) 해야 한다.

10 빈칸이 올바르게 연결된 것은?

> 수탁자가 자산운용업계에서 받아들여지고 있는 포트폴리오(portfolio) 이론에 따라서 자산을 운용한다면 그것은 적법한 것으로 인정된다. 이것은 미국의 신탁법에서 수탁자의 행위기준으로서 널리 인정받은 바 있는 (㉠)원칙이다. 그리고 이 원칙은 (㉡)의 기준이 될 수 있다.

	㉠	㉡
①	신중한 투자자의 원칙	설명의무
②	신중한 투자자의 원칙	주의의무
③	전문가 책임의 원칙	신임의무
④	전문가 책임의 원칙	충실의무

신중한 투자자의 원칙(prudent investor rule)이다. 그리고 이는 '주의의무'를 판단하는 기준이 될 수 있다.

11 금융소비자 보호를 위한 주의의무를 이행함에 있어서, '상품 판매 단계'에서 요구되는 의무에 해당하는 것은?

① KYC Rule
② 보고 및 기록의무
③ 정보의 누설 및 부당이용금지
④ 공정성 유지의무

> **해설** 투자권유 단계의 각종 의무는 모두 상품 판매 단계에 해당된다(②·③·④는 모두 상품 판매 이후 단계).
> ※ 투자권유 단계 : KYC Rule → 적합성 원칙 → 설명의무 → 적정성 원칙 그리고 부당한 투자권유의 금지(불초청권유금지, 재권유금지) 등이 있다.

12 금융소비자 보호를 위한 주의의무를 이행함에 있어서 '상품 판매 이후 단계'에서 요구되는 의무에 해당하지 않는 것은?

① 허위, 과장, 부실표시의 금지
② 보고 및 기록의무
③ 정보의 누설 및 부당이용 금지
④ 해피콜 서비스 이행

> **해설** ① 상품 판매 단계
> ②·③·④ 상품 판매 이후 단계이다.

13 표준투자권유준칙상의 설명의무에 대한 설명이다. 옳은 것을 모두 묶은 것은?

> ㉠ 금융투자회사 임직원 등은 투자자에게 투자권유를 하는 경우 투자설명사항에 대해서 투자자가 이해할 수 있도록 설명하고, 설명한 내용을 투자자가 이해하였음을 서명 등의 방법으로 확인 받아야 한다.
> ㉡ 임직원 등은 '㉠'에 따라 설명의무를 이행하는 경우 투자자의 투자경험과 금융투자상품에 대한 지식수준 등 투자자의 이해수준을 고려하여 설명의 정도를 달리 할 수 있다.
> ㉢ 임직원 등은 '㉠' '㉡'에 따라 설명하였음에도 불구하고 투자자가 주요 손익구조 및 손실위험을 이해하지 못하는 경우에는 투자권유를 계속해서는 아니 된다.

① ㉠
② ㉡
③ ㉠, ㉡
④ ㉠, ㉡, ㉢

> **해설** 모두 옳은 내용이다.

14 투자자 K는 비상장주식 A의 10,000주를 1만원에 매수하였다. 금융투자업자는 K에 대해 비상
 장주식 A에 대한 중요한 내용을 누락하여 설명했고 이로 인해 K는 A주식을 8,000원에 전량
매도하게 되었다. 이 경우 손해액은 얼마인가?

① 1,000만원
② 2,000만원
③ 3,000만원
④ 4,000만원

해설

취득금액 = 1만원 × 1만주 = 1억원
처분금액 = 8천원 × 1만주 = 8천만원
손해추정액 = 취득금액(지급금액 혹은 지급예정금액) − 처분금액(회수금액 혹은 회수가능금액)
       = 1억원 − 8천만원 = 2천만원
※ 자본시장법상 투자권유 시 준수해야 할 주의의무 위반 시 손해배상의무가 부과되는 것은 설명의무이
  며, 동 문제는 설명의무 위반 시의 손해액을 결정하는 방식이다.

15 다음 중에서 직무윤리 규정을 위반한 것이 아닌 것은?
 ① 주가는 미래의 가치를 반영하는 것이므로 투자정보를 제시할 때에 현재의 객관적인 사실보
   다는 미래의 전망을 위주로 하여 설명하였다.
② 정밀한 조사·분석을 거치지 않았지만 자신의 주관적인 예감으로 수익률이 높을 것으로
   전망되는 상품을 권하였다.
③ 중요한 사실이 아니라면 오히려 그것을 설명함으로 인하여 고객의 판단에 혼선을 가져올
   수 있는 사항에 대해 설명을 생략하였다.
④ 고객을 강하게 설득하기 위하여 투자성과가 어느 정도 보장된다는 취지로 설명하였다.

해설

중요하지 않은 사항에 대해 설명을 생략하는 것은 적법하다(단, 중요한 사실에 대해서는 무조건 설명해
야 함).

16 금융투자회사 표준윤리준칙 제14조 사적이익 추구금지에 대한 내용이다. 빈칸을 바르게 연결한 것은?

> • 동일한 특정거래 상대방에게 (   )을 초과하는 재산 상 이익을 제공이나 수령하는 경우 즉시 인터넷 홈페이지에 공시해야 한다.
> • 금융투자회사 및 임직원은 재산 상 이익을 제공하거나 수령한 경우 해당 사항을 기록하고 (   )동안 기록을 유지, 관리해야 한다.

① 300만원, 3년
② 500만원, 5년
③ 1억원, 5년
④ 10억원, 5년

해설 10억원, 5년이다. 참고로 1인당 제공한도 1회 20만원, 연간 100만원 한도와 회사의 영업이익을 기준으로 한 제공한도는 폐지되고, 10억원 한도가 신설되었다(금융투자업개정, 2017.3).

17 금융투자회사 표준윤리준칙 제16조 대외활동의 조항을 준수함에 있어서, 사전승인 절차 없이 활동을 할 수 있는 것은?

① 외부강연이나 기고 활동
② 신문, 방송 등 언론매체 접촉
③ 회사가 운영하지 않는 온라인 커뮤니티에서 특정회사에 대한 재무분석을 하는 경우
④ 회사가 운영하지 않는 온라인 커뮤니티에서 특정회사에 대한 기술적 분석을 하는 경우

해설 기술적 분석은 사전신고대상이 아니다(기본적 분석과 비교할 때 중요하다고 보지 않는다는 것).

18 보기는 금융투자회사 표준윤리준칙 중 어떤 조항에 가장 부합하는가?

> 회사가 중간책임자는 지도지원의무를 게을리하여 직원이 고객에 대하여 손해배상책임을 질 경우, 회사와 중간책임자는 민법상 사용자책임을 진다(민법 제756조).

① 법규준수의무(제3조)
② 상호존중의무(제8조)
③ 경영진의 책임(제11조)
④ 품위유지의무(제13조)

> **해설** 경영진의 책임이다.

19 금융투자회사 표준윤리준칙 제5조 시장질서 존중의무에서 '시장질서 교란행위'의 규제 대상자의 범위를 가장 적절하게 표현한 것은?

① 내부자
② 내부자와 준내부자
③ 내부자와 준내부자 그리고 1차 정보수령자
④ 내부자와 준내부자 그리고 미공개정보임을 알면서도 정보를 제공하거나 수령한 모든 자

> **해설** 종전기준으로는 ③이었으나 ④로 기준이 강화되었다.

20 다음 내부통제기준에 관한 설명 중 옳은 것은?

① 금융투자회사의 경우 내부통제기준을 반드시 두어야 하는 것은 아니다.
② 금융투자회사의 임시직에 있는 자는 내부통제기준의 적용대상이 아니다.
③ 금융투자회사가 내부통제기준을 변경하려면 주총의 특별결의를 거쳐야 한다.
④ 금융투자회사가 준법감시인을 임면하려면 이사회의 결의를 거쳐야 한다.

> **해설**
> ① 내부통제기준은 반드시 두어야 한다.
> ② 정식의 고용계약관계, 보수지급의 유무를 따지지 않는다.
> ③ 내부통제기준의 변경은 이사회결의로 한다.

21 다음 중 준법감시인에 대한 설명으로 가장 적절하지 않은 것은?

① 준법감시인을 임면(任免)하려는 경우에는 이사회 의결을 거쳐야 한다.

② 준법감시인을 해임하려는 경우에는 이사 총수의 2/3 이상의 찬성이 요구된다.

③ 통상의 회사를 대상으로 준법감시인은 사내이사 또는 업무집행자 중에서 선임할 것을 요구하고 있다.

④ 금융투자업자가 준법감시인을 두지 않은 경우에는 5천만원 이하의 과태료를 부과한다.

해설 1억원 이하의 과태료가 부과된다(2017년 협회규정의 개정으로 종전 5천만원 이하에서 1억원 이하로 변경되었다).

22 준법감시 체제의 운영에 대한 설명이다. 틀린 것은?

① 준법감시 프로그램의 운영결과 업무수행 우수자가 있는 경우 인사상의 또는 금전적 혜택을 부여할 수 있다.

② 내부제보제도를 운영해야 하는 바, 내부제보자에 대한 철저한 비밀보장과 불이익 방지를 보장해야 한다. 단, 내부제보를 해야 하는 상황임에도 불구하고 제보를 하지 않은 미제보자에 대한 불이익 부과의 규정은 아직 마련되어 있지 않다.

③ 금융사고를 미연에 방지하는 차원에서 명령휴가제도를 운영해야 한다.

④ 금융사고우려가 높은 일부 업무에 대해서 복수의 인력이 참여하게 하거나, 일선과 후선을 분리하는 직무분리기준을 마련하고 운영해야 한다.

해설 회사에 중대한 영향을 끼칠 것을 알고도 제보하지 않는 '미제보자'에 대한 불이익부과 규정도 마련, 운영해야 한다.

23 준법감시 체제의 원활한 운영을 위하여 영업점별 영업관리자를 1인(경우에 따라서는 2영업점별로 영업관리자 1인)을 임명하는데, 영업관리자를 임명할 수 있는 자는?

① 대표이사

② 준법감시인

③ 대표이사, 준법감시인

④ 감사 또는 감사위원회

해설 영업관리자는 준법감시인 만이 임명할 수 있다.

※ 영업점별 영업관리자 : 영업점장이 아닌 책임자일 것, 영업점에서 1년 이상 또는 준법감시업무, 감사업무를 1년 이상 수행한 경력자로서 해당 영업점에서 상근하는 자, 임기는 1년 이상

24 회사가 특정고객을 위하여 고객전용공간을 설치한 경우, 이에 대한 준법감시업무 상 준수사항과 거리가 먼 것은?

① 당해 공간은 직원과 분리되어야 한다.

② 사이버룸의 경우 '사이버룸'을 명기한 문패를 부착하고 외부에서 내부를 관찰할 수 있도록 개방형 형태로 설계되어야 한다.

③ 사이버룸의 경우 해당 공간 내에서 고객에게 개별직통전화 등을 제공할 수 없다.

④ 영업관리자는 사이버룸 등 고객전용공간에서 이루어지는 매매거래의 적정성을 모니터링하고 이상매매가 발견될 경우 한국거래소 시장감시위원회에 신고해야 한다.

> **해설** 준법감시인에게 보고한다(영업관리자는 준법감시인이 임명하고 준법감시인의 업무의 일부를 위임하였으므로).

 25 직무윤리를 위반 시 가해지는 외부통제 중에서 금융감독기구가 취할 수 있는 제재방법에 속하지 않는 것은?

① 금융투자업자에 대한 검사권 또는 조치명령권

② 회원사에 대한 제명

③ 금융투자업자 임원에 대한 해임요구

④ 금융투자업자 직원에 대한 면직

> **해설** 회원사(협회에 회원사자격을 가진 금융투자회사) 제명은 금융투자협회의 자율규제사항이다.

26 제재의 내용이 보기와 같다면 어떤 제재에 해당하는가?

> • 회원의 임원에 대한 해임권고, 6개월 업무정지에 대한 권고
> • 회원의 직원에 대한 징계면직, 정직, 감봉, 견책, 주의에 대한 권고

① 내부통제   ② 자율규제

③ 행정제재   ④ 민사책임

> **해설** 금융투자협회를 통한 자율규제에 해당된다. 임직원에 대한 제재는 자율규제기관이므로 '권고'만 가능하다. 만일 '임원에 대한 해임요구, 직원에 대한 징계면직 조치'의 내용이라면 금융위원회를 통한 행정제재가 된다.

27 직무윤리위반 시 가해자는 민사책임 중 법률행위의 실효(失效)에 관한 내용이다. 빈칸에 부합하는 것은?

> 계약당사자 일방의 채무불이행으로 계약의 목적을 달성할 수 없는 경우, 계속적인 거래에 대해서 계약을 (   )함으로써, 장래에 한해서 기존의 법률행위를 실효시킬 수 있다.

① 무효   ② 취소
③ 해제   ④ 해지

해설

※ 법률행위의 실효

법률행위의 하자가 있는 경우		계약 상 채무불이행이 있는 경우	
무 효	취 소	해 제	해 지
중대한 하자	경미한 하자	일시적 거래	계속적 계약

28 빈칸에 들어갈 수 없는 것은?

> • 고의·중과실로 개인정보를 유출한 기관에 대해서는 피해액의 최대 (   )배까지 배상액을 중과할 수 있다.
> • 개인정보유출로 피해를 입은 개인은 구체적인 피해액을 입증하지 못해도 법원 판결을 통해 (   )만원 이내의 일정금액을 보상받을 수 있다.
> • 2016년 8월 6일까지 수집된 (   )에 대한 삭제조치를 취해야 한다.
> • 부정한 방법으로 개인정보를 취득하고 타인에게 제공하는 자는 '5년 이하의 징역과 (   ) 이하'의 벌금에 처한다.

① 3배   ② 500
③ 주민등록번호   ④ 5천만원

해설

차례대로 3배, 300만원, 주민등록번호, 5천만원이다.

29 금융분쟁조정위원회의 분쟁조정절차에 대한 설명이다. 가장 거리가 먼 것은?

① 금융감독원장은 분쟁조정의 신청을 받은 날로부터 30일 이내에 당사자 간에 합의가 이루어지지 않을 경우 지체 없이 조정위원회에 회부해야 한다.
② 조정위원회가 조정의 회부를 받으면 60일 이내에 이를 심의하여 조정안을 작성하여야 한다.
③ 당사자가 조정안을 수락한 경우 당해 조정안은 재판 상의 화해와 동일한 효력을 갖는다.
④ 금융감독원장은 조정신청사건의 처리절차의 진행 중에 일방당사자가 소를 제기한 경우에도 해당 조정의 처리를 완료하여야 한다.

> **해설** 조정신청사건의 처리절차의 진행 중에 일방당사자가 소를 제기하면 조정의 처리는 자동으로 중지된다(이를 당사자에게 통보하여야 함).

30 보기는 협회 분쟁조정위원회의 조정사례이다. 직원이 위반한 것과 가장 거리가 먼 것은?

> 직원은 고객이 안정추구형 투자자임을 이미 알면서도 직원 자신도 정확하게 파악하지 못한 수익증권을 동 고객에게 투자권유하였고, 투자권유 시 수익증권의 수익구조에 대해 사실과 상이하게 설명하고 고객의 올바른 투자판단을 저해한 사례

① 적합성의 원칙
② 설명의무
③ 부당권유
④ 일임매매

> **해설** 적합하지 않은 상품을 권유했으므로 적합성의 원칙 위배, 이해할 수 있도록 설명을 하지 못하였으므로 설명의무 위배, 불확실한 사항에 대하여 오인의 소지가 있는 설명을 했을 가능성이 크므로 부당권유에 해당한다. 임의매매와 일임매매는 직접투자에 한하므로 간접투자인 펀드투자에는 적용되지 않는다.

01 투자권유 개요 핵심유형문제

투자권유에 대한 설명이다. 가장 적절하지 않은 것은?

① 특정 투자자를 상대로 금융투자상품의 매매 또는 투자자문계약이나 투자일임계약 또는 신탁계약의 체결을 권유하는 것을 투자권유라 한다.

② 금융투자상품의 매매 또는 계약(자문·일임·신탁)체결의 권유가 수반되지 않는 정보제공은 투자권유로 보지 않는다.

③ 투자권유를 희망하지 않는 고객에 대해서는 투자권유를 할 수 없으므로, 원본손실 가능성이나 투자손익의 투자자귀속과 같은 주요 유의사항에 대해서도 알리지 않아도 된다.

④ 투자자의 투자권유 희망여부와 관계없이 투자자가 증권신고서의 효력이 발생한 증권에 투자하고자 할 경우, 사전에 해당 투자설명서를 교부해야 한다.

해설　투자권유를 희망하지 않더라도 주요 유의사항(원본손실가능성, 투자실적이 투자자에게 귀속된다는 사실 등)에 대해서는 투자자에게 알려야 한다.

정답 ③

더 알아보기 ▶ 투자권유 개요

투자권유 개요 : 핵심유형문제 참고
- 투자권유의 대상 : '금융투자품의 매매, 투자자문·투자일임·신탁계약의 체결'. 단, 관리형 신탁계약은 투자성이 없으므로 제외된다.
- 투자자문계약에 대한 투자권유 특칙
  - 투자자가 투자자문계약에 의해 투자자문을 받고 금융투자상품을 매매하고자 할 경우, 판매업자는 해당 투자자에게 적합성 원칙 및 설명의무를 **생략할 수 있다.**
  - 단, 해당 투자자가 투자자문업자로부터 적합성 원칙, 설명의무를 이행 받았음에 대한 증빙서류를 제출해야 한다.

보충문제

01 투자자별 투자권유에 대한 주요사항이다. 가장 거리가 먼 것은?

① 투자권유대행인은 투자자에게 투자권유를 하기 전에 해당 투자자가 일반투자자인지, 전문투자자인지를 먼저 확인한다.

② 투자권유대행인은 투자자성향에 맞는 금융투자상품을 권유해야 한다. 이때 금융투자상품은 위험도에 따라 분류되는데, 장외파생상품의 경우 다른 금융투자상품과 다른 별도의 기준을 적용하여 분류한다.

③ 주권상장법인이 금융투자회사와 장내 또는 장외파생상품을 매매하고자 할 경우 일반투자자로 간주된다.

④ 주권상장법인이 일반투자자와 같은 대우를 받고자 할 경우 그 의사를 금융투자업자에게 서면으로 통지하고, 이때 금융투자업자는 정당한 사유가 없는 한 이에 동의해야 한다.

장외파생상품에 한해서 일반투자자로 간주된다. 주권상장법인은 일반투자자로 전환할 수 있는데(④의 설명), 이는 상대적 전문투자자에 해당된다.

투자자정보 파악에 대한 설명이다. 가장 적절하지 않은 것은?

① 투자권유를 희망하는 투자자에게는 반드시 투자권유를 하기 전에 투자자정보 확인서를 통해 투자자정보를 파악해야 한다.

② 파악대상의 투자자정보는 크게 두 가지로 구분할 수 있는데, 그 두 가지는 일반적 투자자성향과 현재 투자자금성향이다.

③ 투자자정보 파악을 위한 투자자정보 확인서의 작성은 반드시 투자자의 자필로 작성되어야 한다.

④ 투자자정보 제공을 거부하는 투자자의 경우 투자권유를 할 수 없음을 알리고, '투자권유를 희망하지 않는 경우의 판매절차'를 따른다.

해설　반드시 자필로 서명할 필요는 없다(컴퓨터로 입력하고 출력한 후 투자자에게 확인을 받는 방법도 가능함). 또한 위임장 등 적법한 서류를 제출 시 대리인으로부터도 투자자정보를 파악할 수 있다.

　　　　　　　　　　　　　　　　　　　　　　　　　　　　　　　　　정답 ③

더 알아보기 ▶ 투자자정보 확인서

투자자정보 확인서의 사용 : 핵심유형문제 참고
• 투자권유희망고객을 대상으로 '투자자정보 확인서'를 통해 투자자정보를 파악한다(KYC Rule이행에 해당됨).
• 투자권유불원고객의 경우 '투자자정보 확인서'를 통한 정보파악 단계가 생략되지만, '투자권유불원에 따른 판매절차'를 따른다. 그리고 온라인 판매 시에는 투자권유불원고객이 투자권유 없이 투자한다는 사실을 인지할 수 있도록 온라인화면을 구축해야 한다.
　주의 1 투자권유불원고객이라 하더라도 파생상품 등을 매매하고자 할 경우에는 투자자정보를 제공해야 한다(이때 제공을 거부하면 판매가 중단됨).
　주의 2 투자권유를 희망하지 않는다 하더라도 **투자유의사항**(원금손실가능성, 투자실적의 투자자귀속 등)은 반드시 알려야 하며, **투자설명서**는 투자권유 희망여부와 관계없이 교부해야 한다.
• 온라인으로 종류형 펀드를 판매할 경우, 클래스별 판매수수료와 판매보수의 차이점을 비교하여 표시해야 한다.

약식 투자자정보 확인서의 사용 : 보충문제 1 참고

01 투자자정보를 간략하게 파악할 수 있는 투자자정보 확인서를 사용할 수 있는 대상이 아닌
□□ 것은?

① 단기금융집합투자기구(MMF)

② 국채증권

③ AAA등급의 회사채

④ 환매조건부채권 매매

 해설 저위험 상품을 대상으로 간략하게 정보를 파악할 수 있는 투자자정보 확인서를 사용할 수 있다. 회사채는
아무리 등급이 높아도 신용위험이 국공채에 비해서 높으므로 대상에서 제외된다.
※ 저위험 금융투자상품 : MMF, 국공채, 환매조건부채권 매매

빈칸에 알맞은 것은?

> 적합성을 판단하는 4가지 방식 중에서, 객관적이며 이해가 용이하지만 단순 합산만으로는 투자자의 특정성향을 반영하지 못할 수도 있는 것은 (   ) 방식이다.

① 점수화 방식(Scoring방식)
② 추출방식(Factor-Out방식)
③ 혼합방식
④ 상담보고서 방식

해설   점수화 방식에 해당한다.

정답 ①

더 알아보기 ▸ 투자자성향 분석

적합성 원칙
투자자정보 확인서를 통해 투자자성향을 분류하고, 투자자성향에 적합한 금융투자상품을 권유하는 것이 적합성의 원칙이다.

적합성을 판단하는 방식은 4가지
• 4가지 방식의 특징과 장단점 : 핵심유형문제, 보충문제 1 참고

점수화 방식	추출방식	혼합방식	상담보고서 방식
항목별 점수를 합산, 총점으로 투자자성향을 판단함	단계별로 부적합상품을 추출해나가는 방식	점수화와 추출방식을 혼합	개별상담을 통해 투자자의 투자성향을 파악
이해가 쉽고 객관적	부적합상품을 추출하므로 불완전판매가능성을 낮춤	점수화 방식에 비해서는 불완전판매가능성을 낮출 수 있음	질적으로 투자자성향을 가장 정확히 반영할 수 있음 (심층상담)
단순점수의 합산으로 특정 투자성향을 반영하기 어려움	각 단계별 정교한 프로세스를 갖추어야 함	추출방식 대비 절차가 간소하지만, 점수화 방식 대비로는 복잡함	판매시간이 오래걸리고, 직원별 질적차이가 발생할 수 있음

• 4가지 중 특정방식이 절대적인 우위에 있다고는 할 수 없다.

01 적합성 판단방식 4가지 중에서, 불완전판매가능성이 가장 낮다고 볼 수 있는 것은?

① 점수화 방식(Scoring방식)
② 추출방식(Factor-Out방식)
③ 혼합방식
④ 상담보고서 방식

> 해설
>
> 상담보고서 방식이다.
> ※ 불완전판매가능성이 높은 순서 : 점수화 방식 > 혼합방식 > 추출방식 > 상담보고서 방식

투자권유 일반원칙에 대한 설명이다. 가장 적절하지 않은 것은?

① 투자자성향 분류와 금융투자상품의 위험도 분류기준을 참조하여 투자권유를 하되, 투자자에게 적합하지 않다고 인정되는 투자권유를 해서는 안 된다.

② 회사가 이미 투자자정보를 알고 있는 투자자에 대해서는 기존의 투자자성향과 그 의미를 설명하고 투자권유를 하는 것이 바람직하다.

③ 투자자가 위험회피 목적으로 투자하거나 적립식으로 투자할 경우, 기존의 투자자성향에 맞는 금융투자상품 위험도보다 강화된 기준을 적용하여 투자권유를 할 수 있다.

④ 투자자가 회사가 이미 알고 있는 투자자성향에 비해 더 위험한 금융투자상품을 매매하고자 할 경우, 해당 투자자에게 투자자성향과 금융투자상품의 위험수준을 확인시켜 주고 해당 투자가 투자자에게 적합하지 않을 수 있다는 것을 알려야 한다.

해설　강화된 → 완화된
　　　위험회피 목적이나 적립식투자는 투자위험을 감소시켜 주므로 기존의 위험수준보다 완화된 기준을 적용할 수 있다. ④의 경우, 부적합성을 알린 후 판매를 하거나, 회사기준에 따라 판매를 중단할 수도 있다.
　　　　　　　　　　　　　　　　　　　　　　　　　　　　　　　　　　정답 ③

더 알아보기 ▶ 투자권유 일반원칙 등

투자권유 일반원칙 : 핵심유형문제 참고

투자권유 유의사항
• **부당권유의 금지** : 보충문제 1 참고
• **기타사항**
　– 투자권유대행인은 일반투자자의 적합성을 고려했을 때 장기투자가 유리하다고 판단될 경우 장기투자를 권유할 수 있다.
　– 투자권유대행인은 일반투자자에게 금융투자회사가 계열회사 관계에 있는 집합투자업자의 펀드를 권유하는 경우 해당관계를 고지하고 계열회사가 아닌 관계에 있는 펀드를 같이 권유해야 한다.

01 투자권유대행인의 투자권유 유의사항이다. 가장 거리가 먼 것은?

□□

① 거짓의 내용을 알리거나 불확실한 내용을 단정하면서 투자권유를 해서는 안 된다.

② 투자자로부터 투자권유의 요청을 받지 않고 방문·전화 등 실시간 대화의 방법을 이용하는 행위를 할 수 없는데, 이는 장외파생상품 만을 대상으로 적용된다.

③ 투자권유를 받은 자가 이를 거부하는 의사표시를 한 후 1주일이 지난 후에 다시 투자권유를 하는 것은 금지대상이 아니다.

④ 투자권유를 받은 자가 이를 거부하는 의사표시를 하였다 하더라도 다른 종류의 금융투자상품을 권유하는 것은 금지대상이 아니다.

> 1주일 → 1개월
> ② 불초청권유금지원칙
> ③·④ 재권유금지원칙
> ④ 다른 종류의 금융투자상품이란 예를 들어 '채무증권 ↔ 지분증권'
> ※ '장내파생상품 ↔ 장외파생상품' '증권에 대한 투자자문 ↔ 장내파생상품에 대한 투자자문' '금전신탁 ↔ 재산신탁' 등으로 이해할 수 있다.

설명의무에 대한 내용이다. 가장 적절하지 않은 것은?

① 투자권유대행인은 투자자에게 투자권유를 하는 경우 금융투자상품의 내용, 위험 등에 대해서 투자자가 이해할 수 있도록 설명하고, 설명한 내용에 대해서 투자자가 이해하였음을 서명 등의 방법으로 확인받아야 한다.

② 투자자에 대한 설명함에 있어, 해당 금융투자상품의 복잡성과 위험성, 투자자의 투자경험이나 인식능력 등을 고려하여 설명의 정도를 달리할 수 있다.

③ 투자자가 주요 손익구조 및 손실위험을 이해하지 못하는 경우에는 준법감시인의 동의를 받아 투자권유를 지속할 수 있다.

④ 투자권유대행인은 투자자가 추후에도 금융투자상품에 대해 문의할 수 있도록 자신의 성명, 직책, 연락처 및 콜센터 또는 상담센터 등의 이용방법을 알려야 한다.

해설 투자자가 주요 손익구조 등에 대해 이해하지 못하는 경우에는 투자권유를 계속해서는 안 된다.

정답 ③

더 알아보기 ▸ 설명의무

설명의무 개요 : 핵심유형문제 참고
• 설명의무의 대상 : 계약의 해제·해지사항 금융투자상품의 내용 및 위험, 금융투자상품 투자성의 구조와 성격, 조기상환조건, 투자자가 부담하는 수수료 등
• 예상수익률이나 유사 금융투자상품과의 수익률비교치 등은 설명대상이 아니다.

외화증권이나 해외투자상품에 대한 설명의무 : 환율변동이나 해당국가의 이질적인 사회경제적 변수에 노출되므로 좀 더 세심한 설명을 해야 한다.
• 외화증권에 직접투자를 권유하는 경우(보충문제 1), 해외자산에 투자하는 펀드를 권유하는 경우, 해외자산에 투자하는 신탁계약을 권유하는 경우 등

01 외화증권에 직접투자를 권유하는 경우 투자자에게 추가적으로 설명해야 할 사항이 아닌 것은?

① 투자대상국가 또는 지역의 경제, 시장상황 등의 특징

② 투자에 따른 일반적 위험 외에 환율변동위험, 해당국가의 거래제도, 세제 등 제도의 차이

③ 투자자가 직접 환헤지를 할 경우 시장상황에 따라 헤지비율 미조정 시 손실이 발생할 수 있다는 사실

④ 모자형펀드의 경우 투자자의 요청에 따라 환위험 헤지를 하는 자펀드와 환위험 헤지를 하지 않는 자펀드 간에 판매비율 조절을 통하여 환위험 헤지 비율을 달리하여 판매할 수 있다는 사실

> 해설 ④는 해외자산에 투자하는 펀드를 권유 시 추가로 설명해야 할 사항이다.

다음 중 초고위험 상품으로 분류되지 않은 것은?

① 장외파생상품
② ELW
③ ELS 원금비보장형
④ BBB등급 회사채

해설 회사채는 BB이하 등급(투자부적격)이 초고위험 등급이다.

정답 ④

더 알아보기 ▶ 위험등급 분류

금융투자상품 위험등급 분류

초고위험	고위험	중위험	저위험	초저위험
장외파생상품				
ELW, 선물옵션				
ELS 원금비보장형		ELS 부분보장형	ELS 원금보장형	
주식 신용거래	주식 일반거래			
CP B등급 이하		CP A3- 이상	CP A2- 이상	
회사채 BB+이하	BBB- ~ BBB0	BBB+ ~ A0	A+ 이상, 금융채	국공채, RP
파생상품펀드 해외투자펀드 특별자산펀드 혼합자산펀드	주식형펀드 주식혼합형펀드 원금손실률 20% 이하 파생상품펀드	채권혼합형펀드 해외투자채권펀드	채권형펀드	MMF

[시험대비 유의사항] 양끝(초고위험상품과 초저위험상품)은 확실하게 암기한다.

투자성향별 투자권유가능 상품 분류 : 보충문제 1, 2, 3, 4 참고

투자성향	초저위험	저위험	중위험	고위험	초고위험
공격투자형	○	○	○	○	○
적극투자형	○	○	○	○	×
위험중립형	○	○	○	×	×
안정추구형	○	○	×	×	×
안정형	○	×	×	×	×

(○ : 투자권유가능, × : 투자권유불가)

01 적극투자형 투자자에게 권유가능한 상품은?

□□ ① ELW ② 해외투자펀드
③ 주식형펀드 ④ 선물옵션

> 해설 적극투자형은 초고위험상품(①·②·④)을 제외하고는 모두 투자권유가 가능하다.

02 안정형 투자자에게만 권유할 수 있는 상품이 아닌 것은?

□□ ① 산업금융채권 ② 도시철도채권
③ 환매조건부매매채권 ④ AAA등급의 회사채

> 해설 안정형 투자자에게는 초저위험상품(국공채, RP, MMF)만 권유할 수 있다. AAA등급의 회사채는 저위험등
> 급 상품으로 안정형 투자자에게는 권유할 수 없다.
> ※ 산금채(특수채), 도시철도채권(지방채)는 국공채에 속한다.

03 안정형 투자자에게 권유가능한 상품은?

□□ ① 환매조건부매매채권(RP) ② 원금보장형 ELS
③ 금융채 ④ 채권형펀드

> 해설 안정형 투자자에게는 초저위험상품(ultra low risk)만 권유가 가능하다.
> ②·③·④는 저위험등급(low risk)에 속한다.

04 위험중립형 투자자에게 권유할 수 있는 금융투자상품이 아닌 것은?

□□ ① 해외투자채권펀드 ② 주식혼합형펀드
③ 원금부분보장형ELS ④ BBB+등급 회사채

> 해설 주식혼합형은 적극투자형 이상의 투자자에게 권유할 수 있다. 나머지는 중위험등급(intermiate risk) 상품
> 으로써 위험중립형 투자자에게 권유할 수 있다(cf. 해외투자펀드는 초고위험, 해외투자채권펀드는 중위
> 험이다. 주식혼합형은 고위험, 채권혼합형은 중위험이다).

투자권유대행인에게 금지되는 부당한 권유에 대한 설명이다. 가장 거리가 먼 것은?

① 투자권유대행인은 당해 금융투자업자의 계열사가 발행한 주식의 매매를 투자자에게 권유해서는 안 된다.

② 투자권유대행인은 손실보전 등의 금지 및 불건전 영업행위의 금지에 따른 금지 또는 제한을 회피할 목적으로 하는 행위로서 장외파생상품거래, 신탁계약 또는 연계거래 등을 이용해서는 아니 된다.

③ 투자권유대행인은 금융투자업자가 지급보증을 하고 있는 등의 특수관계에 있는 금융투자상품에 대한 그 이해관계를 사전에 알리지 아니하고는 해당 금융투자상품을 권유할 수 없다.

④ 투자권유대행인은 매매거래의 경험부족 등으로 투자권유대행인의 투자권유에 크게 의존하는 투자자에게 신용공여를 통한 매매거래나 과다한 투기거래, 위험성이 높은 파생상품 등에 대해 투자권유를 해서는 안 된다.

해설　당해 금융투자업자가 발행한 주식에 대해서는 투자권유불가, 계열사의 주식에 대해서는 이해관계를 고지하고 투자권유를 할 수 있다(③번 내용 참조).

정답 ①

더 알아보기 ▶ 투자권유대행인의 금지행위

부당권유금지 : 핵심유형문제 참고

기타의 금지행위
• 손실보전행위 금지 : 보충문제 1 참고
• 과당매매의 권유금지
• 자기매매를 위한 권유금지

보충문제

01 투자권유대행인의 금지행위 중 손실보전행위 금지에 대한 내용이다. 가장 적절하지 않은 것은?

① 투자자가 입을 손실의 전부 또는 일부를 보전하여 줄 것으로 사전에 약속하는 행위

② 투자자가 입을 손실의 전부 또는 일부를 사후에 보전하여 주는 행위

③ 투자자에게 일정한 이익을 보장할 것을 사전에 약속하는 행위

④ 신노후생활연금신탁, 연금신탁, 퇴직일시금신탁상품 가입 시 손실보전 또는 이익의 보장을 하는 경우

해설　④의 경우 법상으로 원금보전이 가능하므로(∵ 연금, 퇴직신탁의 특수성), 금지행위의 예외가 된다.

재무설계에 대한 설명이다. 가장 적절하지 않은 것은?

① 재무설계란 재정적인 자원의 적절한 관리를 통해 삶의 목표를 달성해가는 과정이다.

② 재무설계는 우리가 바라는 생활양식에 적합한 재무목표를 설정하고 이를 달성하기 위해 행동계획을 수립하고 실행하는 전 생애에 걸친 과정이다.

③ 재무설계는 적절한 재정정보를 모으고 생활목표를 설정하며 현재의 재정상태를 검토하고 현재의 상황과 미래의 계획에 따라 설정한 목표를 달성할 수 있는 전략과 계획을 마련하는 것이다.

④ 투자권유라는 전략적 아이디어를 가지고 재무설계에 임할 경우 성공률을 높일 수 있다.

해설　재무설계라는 전략적 아이디어를 가지고 투자권유에 임할 경우 성공률을 높일 수 있다(투자는 재무설계의 계획 하에 이루어지는 것이라 볼 수 있음).

정답 ④

더 알아보기 ▶ 재무설계 개요

재무설계의 개념 : 핵심문제유형 참고

재무관리의 필요성 : 보충문제 1, 2 참고
- 우리가 바라는 생활양식의 달성
- 생애 소비만족의 극대화
- 미래불확실성에 대한 대비 : 물가상승으로 인한 실질구매력 하락에 대한 대비, 질병이나 사고로 인한 재무자원의 손실에 대한 대비
- 사회경제적 환경의 변화

01 장기에 걸친 물가상승으로 인한 실질구매력 하락에 대비하고자 하는 것은, 재무설계의 필요성
네 가지 중 어디에 가장 부합하는가?

① 우리가 바라는 생활양식의 달성
② 생애 소비만족의 극대화
③ 미래불확실성에 대한 대비
④ 사회경제적 환경의 변화

 미래불확실성에 대한 대비이다.

02 다음 중 재무설계의 필요성 중 '사회경제적 변화'에 해당하지 않는 것은?

① 금융자산의 증대
② 금리자유화에 따른 금융상품의 다양화
③ 평균수명의 연장과 고령사회로의 진입
④ 실업과 질병 등 재무자원손실에 대한 대비

 ④는 '미래불확실성에 대한 대비'에 속한다.

개인재무설계의 프로세스를 순서대로 연결한 것은?

① 재무목표의 설정 → 자료수집 및 재정상태평가 → 재무목표 달성을 위한 대안모색 및 평가 → 재무
　행동계획의 실행 → 재평가 및 수정
② 자료수집 및 재정상태평가 → 재무목표의 설정 → 재무목표 달성을 위한 대안모색 및 평가 → 재무
　행동계획의 실행 → 재평가 및 수정
③ 재무목표의 설정 → 재무목표 달성을 위한 대안모색 및 평가 → 자료수집 및 재정상태평가 → 재무
　행동계획의 실행 → 재평가 및 수정
④ 자료수집 및 재정상태평가 → 재무목표 달성을 위한 대안모색 및 평가 → 재무목표의 설정 → 재무
　행동계획의 실행 → 재평가 및 수정

해설　자료수집 및 재정상태를 평가한 후 재무목표를 설정한다.

정답 ②

더 알아보기　▶ 개인재무설계 프로세스

개인재무설계 프로세스의 순서 : 핵심유형문제 참고

개인재무설계 프로세스별 주요내용
• **고객의 자료수집 및 재정상태의 평가**
　– 자료수집 : 보충문제 1 참고

양적인 자료	질적인 자료
소득자료, 예금자료, 대출사항, 투자관련사항(주식, 채권, 부동산 등), 보험보장자료, 세금자료, 유언이나 상속관련 자료	위험인내수준, 화폐에 대한 태도, 생명보험에 대한 태도, 여러 목적의 우선순위 등

　– 재정상태의 평가 : 보충문제 2 참고

자산상태표	현금수지상태표
개인의 자산, 부채, 순자산 등 재정상태의 건전성을 평가 할 수 있다.	현금유입과 현금유출을 나타내는 것으로서 소득의 원천 과 지출의 건전성을 평가한다.

• **재무목표의 설정** : 보충문제 3 참고
　※ 목표달성시기에 따른 목표구분 : 단기목표(1년 이내), 중기목표(1~3년), 장기목표(3년 이상)
• **재무목표 달성을 위한 대안모색 및 평가**
• **재무행동계획의 실행**
　– 투자실행단계에서 고수익을 위해서 고위험도 부담하는바, 위험에 대한 적절한 관리, 즉 자기통제가 매우
　　중요한 단계이다.
• **재무행동계획의 재평가와 수정**

01 다음 중 개인재무설계에서 필요한 자료수집대상 중 양적 자료가 아닌 것은?

① 소득자료
② 보험보장범위 관련자료
③ 위험인내수준
④ 유언이나 상속관련 자료

> 해설 위험인내수준은 질적 자료이다.

02 재정상태평가에 대한 설명 중 가장 적절하지 않은 것은?

① 가계의 재정상태의 건전성을 평가할 수 있는 것은 자산상태표이다.
② 지출의 원천을 파악하고 지출의 건전성을 평가함으로써 잉여자금 마련에 도움을 주는 것은 개인현금수지상태표이다.
③ 재무적인 요구나 욕망을 충족시키기에 필요한 재무적 자원이 충분하다고 느끼는 편안한 상태를 재무안전감이라 한다.
④ 재무제표는 재무적능력의 평가에 대한 판단을 쉽게 하기 위해 구성된 객관적 척도로서 각 가계의 재무상태의 특성을 파악하는데 매우 효과적이며 유용한 방법이라 할 수 있다.

> 해설 ④는 '재무비율'을 의미한다.
> ※ 재무비율의 예 : 부채비율 $= \dfrac{\text{부채}}{\text{순자산}}$

03 재무목표 설정 시 유의사항이 아닌 것은?

① 재무목표는 이상적이어야 한다.
② 재무목표는 구체적이고 측정가능한 용어로 기술되어야 한다.
③ 다양한 재무목표가 있을 경우 우선순위가 정해져야 한다.
④ 취할 행동의 종류가 포함되어 있어야 한다.

> 해설 재무목표는 현실적이어야 한다.

10 노인가계의 재무설계

노인가계의 재무목표와 필요금액 산정에 대한 설명이다. 가장 적절하지 않은 것은?

① 여러가지 사회의 변화로 말미암아 노인들은 스스로의 노후를 경제적으로 책임지지 않을 수 없는 상황이므로 노인가계의 재무설계가 필요하다.

② 기본적인 생활자금으로 '노부부생활비 + 남편사망 후 부인생활비'가 필요하다.

③ 노부부생활비는 '월 생활비 × 12개월 × 정년 후의 평균기대여명', 부인생활비는 '월 생활비 × 12개월 × 남편사망 후의 평균기대여명'으로 산정한다.

④ 노인 본인의 의료비가 긴급예비자금으로 최소한 12개월치의 생활비가 필요하다.

해설   최소한 3개월에서 6개월 분의 생활비를 '의료비 및 긴급예비자금'의 필요금액으로 본다.

정답 ④

더 알아보기 ▶ 노인가계의 재무설계

노인가계의 재무목표와 필요금액 산정 : 핵심유형문제 참고
- 필요금액 : 생활비(노부부생활비 + 부인생활비), 의료비 및 긴급예비자금, 자녀교육 및 결혼자금, 여가자금

노인가계를 위한 포트폴리오 작성
- 작성원칙(4가지) : 보충문제 1 참고
- 퇴직 후 자산관리 운용지침 : 보충문제 2, 3 참고
  - 명확한 목표의식을 가지고 자산을 배분한다.
    퇴직금이나 축적된 재산에 대해서 자녀들에게 미리 알려주는 것이 좋다(갈등여지 해소차원).
  - 안전성을 최우선으로 한다.
  - 유동성을 높인다.
  - 월이자지급식 상품을 이용한다(절세상품 우선).
  - 보험을 활용한다.
  - 부채를 최소화한다.
    현금자산부족 시 주택의 크기를 줄여서라도 부채를 해소하는 것이 우선이다.
  - 미리 상속계획을 세우고 실행한다.
    10년 단위로 증여공제가 되므로 장기간 상속플랜을 실행하는 것이 유리하다.

01 노인가계를 위한 포트폴리오 작성원칙이다. 가장 적절하지 않은 것은?

① 소득이 부족한 시기이므로 자산증식을 주목적으로 한다.
② 인플레에서 자산가치를 보호할 장치를 마련해야 한다.
③ 투자와 상속계획은 충분한 여유자금이 있을 때에만 해야 한다.
④ 노인고객의 경험이나 가치관을 고려하여 3~4개의 대안을 마련한 후 선택하게 한다.

> 해설
> 자산증식보다 안정적인 소득창출이 주목적이어야 한다(수익성보다 안정성이 우선).

02 노인가계의 자산운용지침에서 안정성을 고려하는 운용방식이 아닌 것은?

① 주식투자, 특히 공격형 주식투자와 같은 고위험투자를 하지 않도록 한다.
② 사금융을 피한다.
③ 확정금리 또는 실세연동형 금리보다 변동금리를 선택한다.
④ 은행 정기예금이나 CD, 국공채 등에 투자한다.

> 해설
> 변동금리보다 확정금리나 실세연동금리를 선택한다.

03 노인가계의 자산운용지침에서 유동성을 고려하는 운용방식이 아닌 것은?

① 금융자산투자보다 부동산 투자비율을 높인다.
② 장기상품보다 단기상품을 활용한다.
③ 항상 중도해지의 가능성을 염두에 두고 수수료를 확인한다.
④ 은행의 MMDA, 증권사MMF, CMA 등에 투자한다.

> 해설
> 부동산보다 금융자산의 유동성이 높으므로 금융자산의 비중이 더 높아야 한다.

4 **투자권유 및 투자권유 사례분석** `10문항 대비`

01 다음 중 자본시장법상의 투자권유의 대상이 되는 것을 모두 묶은 것은?

> ㉠ 금융투자상품의 매매
> ㉡ 투자자문계약·투자일임계약의 체결
> ㉢ 관리형 신탁계약의 체결

① ㉠
② ㉠, ㉡
③ ㉠, ㉢
④ ㉠, ㉡, ㉢

> **해설** 투자권유는 '금융투자상품의 매매, 투자자문계약·투자일임계약·신탁계약의 체결'을 권유하는 것을 말한다. 여기서 '관리형 신탁계약'은 투자성이 없는 신탁계약으로서 금융투자상품에서 제외되므로 투자권유에서도 제외된다.

02 '투자권유를 받지 않고 투자를 하고자 하는 투자자(투자불원고객)'에게도 적용되는 것을 모두 묶은 것은?

> ㉠ 투자자정보 확인서의 제공 및 확인
> ㉡ 투자유의사항(원금손실가능성, 투자실적의 투자자귀속 등)에 대한 설명
> ㉢ 투자설명서의 교부

① ㉠
② ㉠, ㉡
③ ㉡, ㉢
④ ㉠, ㉡, ㉢

> **해설** 투자자정보 확인서는 투자권유희망고객을 대상으로 제공 및 확인한다. 투자권유불원고객이라도 투자유의사항 설명과 투자설명서(법정투자권유 문서)는 교부해야 한다.

03 장외파생상품을 거래하고자 할 때, 일반투자자로 간주하는 전문투자자는?

① 국 가
② 한국은행
③ 금융기관
④ 주권상장법인

> **해설** 주권상장법인은 상대적 전문투자자로서 장외파생상품 거래 시 일반투자자로 간주된다. 또한 장외파생상품의 매매가 아니더라도 일반투자자 대우를 받고자 할 경우, 금융투자회사에 서면으로 통지하면 된다.

04 투자자정보 파악에 대한 설명이다. 가장 적절하지 않은 것은?

① 투자권유를 희망하는 투자자에게 투자권유를 하기 전에 반드시 투자자의 정보를 파악해야 한다.
② 투자자의 투자자정보는 투자자로부터의 서명 등의 방법으로 확인을 받아야 한다. 그러나, 반드시 투자자가 자필로 서명할 필요는 없다.
③ 투자자의 투자자정보는 온라인이든 오프라인이든 간에 반드시 투자자로부터 제공 및 확인을 받아야 한다.
④ 자신의 정보제공을 거부하는 투자자에게는 정보미제공 시 투자권유가 불가함을 밝히고, 투자권유를 희망하지 않는 투자자에 대한 판매절차를 따른다.

> **해설** 위임장 등 적법한 서류를 갖춘 경우 대리인으로부터 정보를 제공 및 확인 받을 수 있다.

05 적합성 판단의 4가지 방식 중 불완전판매 가능성이 가장 높다고 추정할 수 있는 것은?

① 점수화 방식
② 혼합방식
③ 추출방식
④ 상담보고서 방식

> **해설** 높은 순서는 '① → ② → ③ → ④'이다.

06 적합성 판단의 4가지 방식 중에서, 투자자의 특정 투자성향을 가장 잘 반영할 수 있지만 판매직원별 질적 차이가 발생할 수 있는 방식은?

① 점수화 방식　　　　　　　　　② 혼합방식
③ 추출방식　　　　　　　　　　④ 상담보고서 방식

> **해설**
> 상담보고서 방식이다. 판매직원별 질적 차이가 발생할 수 있고 또 시간이 많이 걸릴 수 있다는 단점이 있다.

07 '특정금전신탁(금전에 대한 신탁계약)'을 권유하고 투자자가 이를 거부한 경우, 재권유금지원칙에 위배되지 않으면서 투자를 권유할 수 있는 상품을 모두 묶은 것은?

> ㉠ 재산에 대한 신탁계약
> ㉡ 증권에 대한 투자자문계약 또는 투자일임계약
> ㉢ 채무증권
> ㉣ 지분증권

① ㉠　　　　　　　　　　　　② ㉠, ㉡
③ ㉠, ㉡, ㉢　　　　　　　　④ ㉠, ㉡, ㉢, ㉣

> **해설**
> 특정금전신탁(A)를 권유하고 투자자가 거부하였는데 특정금전신탁(B)를 권유한다면 재권유금지에 해당되지만, 재산신탁이나 다른 금융투자상품을 권유할 경우는 재권유금지가 적용되지 않는다.

08 위험중립형 투자자(또는 중위험투자자)에게 권유할 수 있는 금융투자상품을 모두 묶은 것은?

> ㉠ 원금보존추구형 파생상품투자펀드
> ㉡ 원금보장형 ELS
> ㉢ 채권혼합형펀드
> ㉣ 해외투자채권펀드
> ㉤ 주식혼합형펀드

① ㉠, ㉡　　　　　　　　　　② ㉢, ㉣
③ ㉠, ㉡, ㉢, ㉣　　　　　　④ ㉠, ㉡, ㉢, ㉣, ㉤

> **해설**
> 주식혼합형은 고위험등급으로써 적극투자형 이상의 투자자에게 권유할 수 있다(㉠·㉡은 저위험상품, ㉢·㉣은 중위험상품이므로 모두 위험중립형 투자자에게 권유가능).

09 다음 중 가장 위험한 등급의 금융투자상품은?

□□ ① 채권혼합형펀드
② 해외투자채권펀드
③ 원금부분보장형 ELS
④ 원금손실률이 20% 이내인 파생상품펀드

> 해설
> ①·②·③ 중위험등급
> ④ 고위험등급이다.

10 다음 중 위험등급이 가장 낮은 금융투자상품은?

□□ ① 원금손실률이 20% 이내인 파생상품펀드
② 주식혼합형펀드
③ BBB−등급 회사채
④ 해외투자채권펀드

> 해설
> 해외투자채권펀드는 중위험상품이며 나머지는 고위험상품이다.

11 공격투자형 투자자에게만 권유할 수 있는 금융투자상품이 아닌 것은?

□□ ① 장외파생상품　　　　　　　　　② ELW
③ 원금비보장형 ELS　　　　　　　④ 주식신용거래

> 해설
> 원금비보장형 ELS는 '초고위험, 고위험 등급'에 해당하므로 공격투자형, 적극투자형 모두에 권유할 수
> 있다.

12 개인재무설계를 위한 자료수집에 있어서 질적인 자료가 아닌 것은?

□□ ① 위험인내수준　　　　　　　　　② 유언이나 상속관련 자료
③ 생명보험에 대한 태도　　　　　④ 투자상품에대한 과거경험

> 해설
> 유언이나 상속관련 자료는 양적 자료에 속한다(금액관련 자료이므로).

13 개인재무설계 프로세스에서 '적절한 자기통제와 융통성'이 요구되는 단계는?

① 고객관련 자료수집 및 재정상태의 평가
② 재무목표의 설정
③ 재무목표 달성을 위한 대안모색 및 평가
④ 재무행동계획의 실행

> **해설** 재무행동계획의 실행에 해당된다. 수익을 얻기 위해 위험을 감수해야 하는데, 위험을 적절히 관리할 수 있는 자기통제가 중요하다.

14 노인가계의 재무설계에 대한 설명이다. 가장 거리가 먼 것은?

① 주식보다는 펀드를 선택하고 단기보다는 장기상품 위주로 상품을 구성한다.
② 자녀들에게 퇴직금이나 그동안 모은 돈의 사용계획을 미리 명확히 알려주는 것이 좋다.
③ 수익성을 위한 투자가 필요할 때에도 반드시 일정금액은 안전한 곳에 분산투자하는 것을 원칙으로 한다.
④ 현금자산이 없으면 집의 크기를 줄여서라도 부채를 먼저 갚는 것이 좋다.

> **해설** 장기보다는 단기상품 위주의 상품을 구성한다(유동성이 중요하므로).

15 퇴직 후의 자산을 운용함에 있어서 가장 적절하지 않은 대상은?

① 10년 이상의 장기저축성 보험
② 종신형 보장성보험
③ A등급 회사채
④ 채권혼합형펀드

> **해설** ①은 비과세상품, ②는 보장에 대한 필요성, ③은 위험도가 낮은 투자로써 적합하다. 그런데 채권혼합형 펀드(④)는 주식비중도 포함하므로 적합하지 않다고 본다(cf. 채권형펀드는 적합).

여기서 멈출 거예요? 고지가 바로 눈앞에 있어요.
마지막 한 걸음까지 시대에듀가 함께할게요!

펀드투자권유대행인

PART

3

부동산펀드

I wish you the best of luck!

(주)시대고시기획
(주)시대교육
www. **sidaegosi**.com
시험정보 · 자료실 · 이벤트
합격을 위한 최고의 선택

시대에듀
www. **sdedu**.co.kr
자격증 · 공무원 · 취업까지
BEST 온라인 강의 제공

01 부동산펀드 관련 법규

01 부동산개념 및 이해 핵심유형문제

부동산의 개념에 대한 설명 중 옳지 않은 것은?

① 민법 상 부동산이라 함은 '토지와 그 정착물'을 말한다.

② 부동산의 의미를 복합적으로 이해할 필요가 있는데, 복합적 이해라 함은 물리적인 측면과 경제적인 측면 그리고 법적인 측면을 모두 고려하는 것을 말한다.

③ 부동산은 실물자산, 생산요소, 소비재 또는 자본의 의미를 가지는 데 이것은 부동산의 법적인 측면을 말한다.

④ 부동산의 투자하는 방식으로 직접투자와 간접투자가 있는데, 간접투자에는 자본시장법상의 부동산집합투자기구와 부동산투자회사법상의 부동산투자회사(REITs)에 투자하는 두 가지 방식이 있다.

해설 ③은 부동산의 경제적 측면에 해당된다.

정답 ③

더 알아보기 ▶ 부동산의 개념

부동산의 정의 핵심유형문제 참고

협의의 부동산	복합부동산
[민법 상 정의] 토지와 그 정착물	부동산을 물리적 / 경제적 / 법률적 측면에서 다양하게 정의할 수 있음을 말함

• 복합부동산의 의미
  - 물리적 측면 : 지질·지형 등의 자연적 조건, 토목 및 건축 등 인공적 조건으로서의 의미
  - 경제적 측면 : 자산, 자본, 생산요소, 소비재, 수요공급에 따른 가격변동 등으로서의 의미
  - 법적 측면 : 소유권, 제한물권 등으로서의 의미

부동산에 대한 투자방법

직접투자	간접투자	
	부동산집합투자기구	부동산투자회사(REITs)
자금보유자가 독자적으로 투자	자본시장법상의 간접투자기구	부동산투자회사법상의 간접투자기구

※ 우리나라의 간접투자 : 부동산펀드나 리츠는 대부분 사모방식으로 모집한다.

01 다음은 부동산의 어떤 측면을 말하는가?

> 갑은 본인 소유의 부동산을 담보로 은행으로부터 대출을 받고, 은행은 저당권을 설정하였다.

① 물리적 측면
② 경제적 측면
③ 법적 측면
④ 사회적 측면

> **해설** 법적 측면이다. 부동산의 세 가지 측면은 ①·②·③이다.

02 빈칸에 알맞은 것은?

> 부동산집합투자기구로써의 부동산투자회사는 (㉠)에 근거하고, REITs라고 불리는 부동산투자회사는 (㉡)에 근거한다.

	㉠	㉡
①	자본시장법	부동산투자회사법
②	자본시장법	상법
③	상법	부동산투자회사법
④	부동산투자회사법	자본시장법

> **해설** **부동산투자회사**라고 불리는 것은 두 가지인데 하나는 자본시장법상의 부동산집합투자기구에서의 투자회사형이고, 하나는 부동산투자회사법에 근거한 REITs이다.

공모형부동산집합투자기구는 7가지 법적 형태로 구분된다. 이 중에서 상법에 근거한 법적 형태가 아닌 것은?

① 부동산투자신탁
② 부동산투자회사
③ 부동산투자합자회사
④ 부동산투자합자조합

해설　부동산투자신탁은 신탁계약에 근거하여 나머지 6가지는 모두 상법에 근거한다.

정답 ①

더 알아보기　▶ 부동산펀드의 법적 형태

부동산펀드의 법적 형태에 따른 구분

구 분	법적 근거	설정·설립 주체	집합투자규약
부동산투자신탁	신탁계약	집합투자업자	신탁계약서
부동산투자회사	상 법	발기인	정 관
부동산투자유한회사		집합투자업자	
부동산투자합자회사			
부동산투자유한책임회사			
부동산투자합자조합			합자조합계약
부동산투자익명조합			익명조합계약

※ 이러한 법적 형태의 구분은 자본시장법 상 5가지 유형에 동일하게 적용된다.

부동산펀드의 법적 형태별 주요내용(표의 굵은 글씨는 집합투자업자를 말함)

법적형태에 따른 구분	관련당사자 및 주요 내용
부동산투자신탁	**집합투자업자**(위탁자)와 신탁업자(수탁자)의 신탁계약으로 설정
부동산투자회사	**법인이사 1인** & 감독이사 2인 이상, 주주 및 주주총회
부동산투자유한회사	**법인이사 1인**, 사원 및 사원총회
부동산투자합자회사	**무한책임사원 1인** & 유한책임사원, 사원 및 사원총회
부동산투자유한책임회사	**업무집행자 1인** & 사원
부동산투자합자조합	**무한책임조합원 1인** & 유한책임조합원, 조합원 및 조합원총회
부동산투자익명조합	**영업자 1인**, 익명조합원 및 익명조합원총회

※ 주요사항
　부동산펀드가 직접 부동산개발사업의 시행자가 될 경우 적합한 부동산펀드의 법적 형태 → 부동산투자회사와 부동산투자유한회사(∵ 법인격이 있으면서도 유한책임을 지는 법적 형태)

이익분배에 있어서 투자자 평등의 예외가 되는 법적 형태
→ 부동산투자합자회사, 부동산투자합자조합(∵ 합자회사는 무한책임사원이 무한책임을 지며, 이에 대가로 유한책임사원보다 더 많은 배당을 받게 된다. 합자조합도 마찬가지임)

부동산 사모투자집합투자기구
• 부동산 간접투자는 리츠나 부동산펀드 모두 공모펀드보다 사모펀드가 활성화되어 있다.
• 전문투자형 부동산사모펀드의 경우 적격 투자자요건을 두고 있는데, 이는 개정 전의 사모투자에 비해 일반투자자의 진입장벽이 완화됨을 의미한다(보충문제 11 참고).

보충문제

01 다음 중 자본시장법 상 부동산펀드의 법적 형태가 아닌 것은?

① 부동산투자신탁　　　　　　　　　② 부동산투자유한회사
③ 부동산투자합명회사　　　　　　　④ 부동산투자합자조합

해설　부동산투자합명회사는 없다.
※ 합명회사는 일종의 가족단위회사인데, 자본시장법 상 펀드의 법적 형태가 아니다.

---

02 부동산펀드의 설정·설립의 주체가 나머지 셋과 다른 것은?

① 부동산투자신탁　　　　　　　　　② 부동산투자회사
③ 부동산투자유한회사　　　　　　　④ 부동산투자익명조합

해설　부동산투자회사는 발기인이 설립하고, 나머지는 집합투자업자가 설정·설립한다.

---

03 부동산펀드의 집합투자규약이 나머지 셋과 다른 것은?

① 부동산투자신탁　　　　　　　　　② 부동산투자회사
③ 부동산투자유한회사　　　　　　　④ 부동산투자합자회사

해설　회사형의 집합투자규약은 정관이고, 신탁형과 조합형의 규약은 계약서 형태이다.

---

04 보기는 어떤 형태의 부동산집합투자기구인가?

□□

> • 집합투자업자가 설립주체이다.
> • 신탁업자가 관리주체이다.
> • 수익자총회를 열어야 한다.

① 부동산투자신탁   ② 부동산투자회사
③ 부동산투자유한회사   ④ 부동산투자합자회사

해설 부동산투자신탁이다.

05 보기에 해당하는 부동산집합투자기구의 법적 형태는 무엇인가?

□□

> 발기인, 법인이사 1인과 감독이사 2인, 주주총회

① 부동산투자신탁   ② 부동산투자회사
③ 부동산투자유한회사   ④ 부동산투자합자회사

해설 부동산투자회사의 내용이다.

06 보기는 어떤 형태의 부동산집합투자기구인가?

□□

> • 집합투자업자가 설립주체이다.
> • 이사는 법인이사 1인이 있으며 감독이사는 없다.
> • 사원총회를 열어야 한다.

① 부동산투자신탁   ② 부동산투자회사
③ 부동산투자유한회사   ④ 부동산투자합자회사

해설 부동산투자유한회사를 말한다.

07 보기는 어떤 형태의 부동산집합투자기구인가?

> • 집합투자업자가 설립주체이다.
> • 무한책임사원과 유한책임사원이 존재한다.
> • 사원총회를 열어야 한다.

① 부동산투자신탁
② 부동산투자회사
③ 부동산투자유한회사
④ 부동산투자합자회사

해설 부동산투자합자회사이다. 투자합자회사의 사원은 무한책임사원(GP)와 유한책임사원(LP)으로 구성되며, 무한책임사원이 집합투자업자이다.

08 빈칸을 옳게 연결한 것은?

> 업무집행자가 집합투자업자인 부동산펀드의 법적 형태는 (　　　　)이며, 영업자가 집합투자업자인 부동산펀드의 법적 형태는 (　　　　)이다.

① 부동산투자유한책임회사, 부동산투자합자조합
② 부동산투자유한책임회사, 부동산투자익명조합
③ 부동산투자익명조합, 부동산투자유한책임회사
④ 부동산투자익명조합, 부동산투자유한회사

해설 부동산투자유한책임회사, 부동산투자익명조합이다.

09 부동산펀드가 사업주체가 되어 부동산개발사업에 투자하는 경우 적합한 법적 형태를 모두 연결한 것은?

① 부동산투자신탁, 부동산투자회사
② 부동산투자회사, 부동산투자유한회사
③ 부동산투자신탁, 부동산투자회사, 부동산투자유한회사
④ 부동산투자회사, 부동산투자유한회사, 부동산투자합자회사

 법인격이 있어야 하므로 회사형이어야 하며, 유한책임을 지는 것이 좋으므로 부동산투자회사와 부동산투자유한회사가 적합하다(cf. 부동산투자유한책임회사의 경우 투자회사나 유한회사와 달리 어느 정도의 **무한성**도 있어서 적합하지 않다).

10 펀드는 지분에 따라 수익배분을 하는 투자자 평등원칙을 준수해야 하지만, (   )의 경우 예외적으로 수익배분을 차등하게 지급할 수 있다. 빈칸에 알맞은 것은?

① 부동산투자유한회사
② 부동산투자유한책임회사
③ 부동산투자합자회사
④ 부동산투자익명조합

 부동산투자합자회사(합자조합)은 무한책임사원(무한책임조합원)이 무한책임을 지는 대가로 무한책임사원에게 우선배당권을 인정하고 있다. 또한, 무한책임사원에 대한 추가 특례로써, 펀드에서 손실이 난 경우 손실을 우선적으로 부담하게 하는 것도 금지하고 있다.

11 빈칸을 옳게 채운 것은?

부동산펀드는 주로 사모펀드로 설정·설립되는데, 전문투자형사모펀드에 투자할 수 있는 적격투자자는 펀드별로 (   ) 또는 (   ) 이상을 투자하는 일반투자자를 말한다.

① 1천만원, 3천만원
② 1억원, 3억원
③ 3억원, 5억원
④ 10억원, 30억원

 1억원, 3억원이다(부채비율이나 레버리지비율이 200%를 상회할 경우는 3억원).
참고 개정 전에는 사모펀드에 대한 최소투자금액이 10억원이었지만 사모펀드 활성화 차원에서 진입장벽을 낮추었다.

빈칸에 알맞은 것은?

> 자본시장법은 부동산펀드를 설정 · 설립하기 위해서는 반드시 환매금지형으로 할 것을 의무화하고 있다. 따라서 투자자의 환금성 보장을 위해, 공모형부동산펀드는 해당 집합투자증권을 최초로 발행한 날로부터 (　　) 이내에 그 집합투자증권을 증권시장에 상장해야 한다.

① 30일　　　　　　　　　　　　② 60일
③ 90일　　　　　　　　　　　　④ 120일

해설　90일이다. 다만, 이러한 상장의무는 공모형부동산펀드 중에서도, 부동산투자신탁과 부동산투자회사의 두 종류에 국한된다.

정답 ③

더 알아보기 ▶ 부동산펀드의 설정 · 설립

환매금지형펀드의 설정 · 설립
• 부동산펀드는 **환매금지형(폐쇄형)**으로 설정 · 설립되어야 하는 것이 원칙이며, 환매금지형일 경우 최초 설정 · 설립일로부터 90일 이내에 증권시장에 상장을 해야 한다.
• 이때 상장의무는 **투자신탁**과 **투자회사**에만 국한된다(cf. 전문투자형사모펀드는 상장의무가 면제된다).

> [2013.5 개정사항]
> 〈개정 전〉 부동산펀드는 반드시 환매금지형으로 설정 · 설립되어야 한다.
> 〈개정 후〉 부동산펀드는 환매금지형(폐쇄형)으로 설정 · 설립되는 것이 **원칙이나**, 부동산과 관련된 증권 등의 형태로 조기에 현금화가 가능한 경우에는 폐쇄형으로 설정 · 설립하지 않아도 된다.

환매금지형펀드의 조건
• 환매금지형펀드는 존속기간을 정하여 발행한 펀드에 한해서 인정되므로, 존속기간이 도래하면 펀드를 해산하는 것이 원칙이다.
  – 예외 : 존속기간이 도래하여도 투자자산의 현금화가 어려운 등의 사정이 있을 경우, 존속기간의 연장이 가능하며 이때 수익자총회를 거쳐야 한다(cf. 자본시장법 개정안은 규제완화차원에서 존속기간 설정의무의 폐지안을 상정함).
• 환매금지형펀드는 집합투자증권을 추가로 발행할 수 없는 것이 원칙이다. 단, 아래의 경우 예외적으로 추가 발행을 인정한다(보충문제 2 참고)

01 공모형부동산집합투자기구를 환매금지형으로 설정·설립할 경우 상장의무가 부과되는 법적
☐☐ 형태는?

① 부동산투자신탁

② 부동산투자회사

③ 부동산투자신탁, 부동산투자회사

④ 부동산투자신탁, 부동산투자회사, 전문투자형사모펀드

> **해설**
> 공모형 중에서 **부동산투자신탁과 투자회사**에만 상장의무가 부과된다.

02 부동산집합투자기구를 환매금지형으로 설정·설립할 경우 집합투자증권을 추가 발행할 수 없
☐☐ 지만 예외적으로 추가발행이 인정된다. 그 예외에 해당하지 않는 것은?

① 이익분배금 내에서 집합투자증권을 추가로 발행하는 경우

② 기존 투자자의 이익을 해할 우려가 없다고 신탁업자로부터 확인받은 경우

③ 기존 투자자 전원의 동의를 받은 경우

④ 신규투자자가 매입한 경우

> **해설**
> 신규투자자가 매입하는 경우는 추가발행을 할 수 없다(자본시장법 상 환매금지형펀드는 존속기간의 연장
> 이나 추가발행을 금지하는 것이 원칙).
> ※ 예외적으로 추가발행을 할 수 있는 경우 : ①·②·③에 아래의 ④가 추가된다.
> ④ 기존투자자에게 집합투자증권의 보유 비율에 따라 추가로 발행되는 집합투자증권의 우선매수기회를
>   부여하는 경우(→ 2017 개정사항)

빈칸에 들어갈 수 없는 것은?

> 부동산집합투자기구는 펀드재산의 50%를 초과하여 (   )에 투자하면 부동산집합투자기구로 규정된다.

① 토지나 건물과 같은 부동산 실물
② 지상권, 지역권, 전세권, 임차권, 분양권과 같은 부동산관련 권리
③ 부동산 보유 비중이 높은 상장기업이 발행한 주식
④ 부동산개발과 관련된 법인에 대한 대출

해설   ③은 부동산과 관련된 회사이기는 하나 자본시장법상의 부동산펀드는 아니다(요건 미충족).

`정답` ③

`더 알아보기` ▸ 부동산펀드의 투자대상

자본시장법 상 부동산펀드의 정의

> 집합투자재산의 50%를 초과하여 '**부동산 등**'에 투자하는 집합투자기구

'**부동산 등**'의 의미 : 보충문제 2, 3 참고
• 부동산 실물 : 민법 제99조상 부동산은 '토지와 그 정착물'을 말한다.
 – 부동산실물에 투자하는 방법은 '실물부동산의 취득 및 처분, 부동산관리 및 개량, 부동산임대 및 운영, 부동산개발'이 있다.
• 부동산관련 권리 : 지상권, 지역권, 전세권, 임차권, 분양권(**저당권**은 제외)
• 부동산개발사업을 영위하는 법인에 대한 대출
• 부동산을 담보로 하는 금전채권
• 부동산을 기초자산으로 하는 파생상품
• 부동산관련 증권
 – 부동산 3사가 발행한 증권
  부동산투자회사가 발행한 주식
  부동산개발회사가 발행한 증권
  부동산투자목적회사가 발행한 증권
 – 부동산이나 부동산권리, 부동산을 담보로 한 금전채권이 '펀드 / 신탁 / 유동화 재산의 50% 이상을 차지하는 '집합투자증권 / 수익증권 / 유동화증권'
 – 부동산이나 부동산매출채권, 부동산담보부 채권 등 부동산관련 자산이 70% 이상을 차지하는 유동화증권(부동산전문 유동화증권)
 – 한국주택금융공사가 지급보증한 주택저당증권

01 자본시장법 상 부동산집합투자기구로 규정될 수 있는 '부동산실물에 대한 투자행위'이다. 가장 거리가 먼 것은?

① 부동산의 취득 및 처분
② 부동산의 관리 및 개량
③ 부동산의 임대 및 운영
④ 부동산 중개

> **해설** 부동산 중개는 제외된다.

02 자본시장법 상 부동산집합투자기구로 규정될 수 있는 투자대상으로서의 '부동산 권리'에 속하지 않는 것은?

① 지상권   ② 임차권
③ 저당권   ④ 분양권

> **해설** 저당권은 제외된다.

03 '부동산전문 3사'가 발행한 증권에 투자하면 자본시장법 상 부동산집합투자기구가 될 수 있다. 이 때 부동산 3사에 해당하지 않는 것은?

① 부동산투자회사법에 의해 설립된 부동산투자회사
② 특정부동산의 개발을 위해 존속기간을 정하여 설립된 회사
③ 부동산투자를 목적으로 설립된 회사로써 부동산관련 자산이 그 회사와 종속회사의 전체자산의 90% 이상인 회사
④ 자산 중 부동산 비중이 높은 상장회사

> **해설** 부동산전문 3사(社)는 ① **부동산투자회사(REITs)**, ② **부동산개발회사**, ③ **부동산투자목적회사**이다. ④는 부동산과 관련성이 있기는 하지만, 부동산전문회사로 분류되지 않는다.

04 자본시장법 상 부동산집합투자기구로 규정될 수 있는 투자대상으로서의 '부동산관련 증권'을
☐☐ 나열하였다. 틀린 것은?

① 부동산이나 부동산권리, 부동산을 담보로 한 금전채권이 '펀드 / 신탁 / 유동화 재산의
50% 이상을 차지하는 '집합투자증권 / 수익증권 / 유동화증권'
② 부동산투자회사법에 의해 설립된 부동산투자회사가 발행한 주식
③ 부동산이나 부동산매출채권, 부동산담보부 채권 등 부동산관련 자산이 60% 이상을 차지하
는 유동화증권
④ 한국주택금융공사가 지급을 보증한 주택저당증권

해설 70%이다. 참고로 ④는 부동산전문 유동화증권을 말한다.

05 자본시장법 상의 부동산펀드의 요건을 충족하기 위한 '부동산 투자 대상'으로 인정되지 않는
☐☐ 것은?

① 실물부동산에 대한 관리 및 개량, 임대, 개발
② 지상권, 지역권, 전세권, 임차권, 분양권에 대한 투자
③ 부동산투자회사(REITs)·부동산개발회사·부동산투자목적회사가 발행한 증권
④ 지분증권을 기초자산으로 하는 파생상품

해설 부동산을 기초자산으로 하는 파생상품이어야 한다.

부동산집합투자기구의 운용제한에 대한 설명이다. 가장 거리가 먼 것은?

① 주택법에 따른 국내주택을 취득한 경우 1년 이내에는 처분할 수 없다.
② 부동산펀드가 취득한 토지를 부동산개발사업을 시행하기 전 토지인 상태로 다시 처분하는 행위는 원칙적으로 금지된다.
③ 부동산펀드에서 취득한 국외부동산은 원칙적으로 6개월 이내에는 처분이 금지된다.
④ 부동산개발사업에 따라 조성하거나 설치한 토지·건축물 등을 분양하는 경우에는 3년 이내에도 예외적으로 처분이 가능하다.

해설　　해외부동산의 처분금지기간은 집합투자규약이 정하는 기간 이내로 한다. 취득 후 처분금지 조항은 부동산펀드의 세제혜택을 투기행위로 이용하는 행위를 방지하기 위함이다.

정답 ③

더 알아보기 ▶ 부동산집합투자기구의 운용제한

부동산펀드에 대한 운용제한
• 실물부동산에 대한 처분제한

부동산취득 후 일정기간 내 처분제한	부동산펀드에서 토지취득 후 처분제한
국내에 있는 부동산은 1년 이내 처분금지[주] [예외] 합병·해지 등과 개발사업으로 분양하는 경우	부동산개발사업 시행 전의 토지처분행위 금지 [예외] 합병·해지 / 사업성이 현저하게 떨어지는 경우

주 : 국내부동산은 1년 이내, 국외부동산의 경우 집합투자규약에서 정한 기간 이내에 처분금지가 원칙이다. 그리고 동 처분제한규정은 실물부동산에만 해당되며, 전문투자형사모펀드에도 적용된다.
　참고　국내부동산의 처분제한기간의 변경 : 3년 → 1년으로 변경(2015년 자본시장법 개정).
• 부동산관련 증권에 대한 투자 특례 : 펀드재산의 100% 투자가 가능한 증권
　– 부동산개발회사가 발행한 증권
　– 부동산투자목적회사가 발행한 증권
　– 주택저당증권 또는 주택저당담보부채권

부동산펀드의 운용특례

개발사업 시 운용특례	취득·처분 시 운용특례	금전차입	금전대여	제3자에의 업무위탁
• 사업계획서 작성·공시의무 • 감정평가업자로부터 적정성확인 후 공시해야 함	실사보고서 작성비치 의무	• 일반공모펀드와는 달리 금전차입가능 • 금융기관으로부터 차입 • 차입한도는 순자산총액의 200%	대여한도는 순자산총액의 100%	• 본질적업무(운용·운용지시업무, 재산평가업무)를 제외하고 업무위탁이 가능함 • 개발 / 관리·개량 / 임대 및 그 부수업무

- 부동산개발사업 시 사전에 사업계획서를 작성·공시하고, 부동산을 취득·처분한 경우에는 실사보고서를 작성·비치해야 한다.
- 부동산펀드는 특례로 순자산의 200%까지 차입이 가능하다(부동산펀드가 아닌 경우 부동산가액의 **70%**까지 차입이 가능). 부동산펀드에서 차입한 금전은 부동산에 운용하는 방법 외로 운용해서는 안되지만, 불가피한 경우 현금성자산으로 일시적 운용은 가능하다.
  ※ 차입대상의 금융기관 : 은행, 투자매매·투자중개업자, 증권금융, 종금사 , 보험사, 상호저축은행, 他부동 산펀드 등(신용협동기구로부터는 차입불가)
- 부동산펀드의 금전대여 한도는 순자산의 100분의 100인데, **규약에서 대여에 관한 사항을 정하고 있어야 하며, 대여금 회수를 위한 적절한 수단을 확보할 것**이라는 요건을 충족해야 함

부동산의 평가 : 부동산펀드의 재산은 **시가에 따라 평가하되, 신뢰할 만한 시가가 없는 경우 공정가액으로 평가한다.**
※ 공정가액 : 펀드재산평가위원회가 충실업무를 준수하고 일관성을 유지하여 평가한 가액

01 부동산펀드에서 취득한 토지를 처분할 수 있는 예외의 경우를 설명한 것이다. 다음 중 밑줄 친
□□ 부분이 옳지 않은 것은?

> ① 투자자보호를 위해 필요한 경우로써, ② 부동산개발사업을 하기 위하여 토지를 취득한 후 관련
> 법령의 개정 등으로 인하여 ③ 사업성이 떨어져서 부동산개발사업을 수행하는것이 곤란하다고 ④
> 객관적으로 증명되어 그 토지의 처분이 불가피한 경우에는 해당 토지를 처분할 수 있다.

해설 사업성이 떨어지되, **현저하게, 뚜렷하게, 명백하게** 등의 표현이 있어야 한다.

02 부동산에 대한 처분제한이 없는 것은?
□□
① 주택법에 따른 주택
② 주택법에 해당하지 않는 부동산
③ 지상권
④ 부동산개발사업을 위해 조성한 토지

해설 부동산에 대한 처분제한 규정은 실물부동산에만 적용되며, 또한 전문투자형사모펀드에게도 적용된다.

03 부동산펀드가 펀드재산의 100%를 투자할 수 없는 대상은?
□□
① 부동산투자회사(REITs)가 발행한 증권
② 부동산개발회사가 발행한 증권
③ 부동산투자목적회사가 발행한 증권
④ 주택저당증권 또는 주택저당담보부채권

해설 부동산투자회사(REITs)는 100% 투자대상이 아니다.

04 빈칸을 옳게 연결한 것은?

> • 부동산을 기초자산으로 하는 파생상품에 투자하는 경우, 공모펀드는 파생상품투자에 따른 위험평가
> 액이 (   )의 (   )를 초과할 수 없다.
> • 동 파생상품 투자는 헤지목적의 투자가 아님을 전제로 한다.

① 자산총액, 100%

② 순자산총액, 100%

③ 자산총액, 400%

④ 순자산총액, 400%

공모펀드는 순자산총액의 100%, 전문투자형사모펀드는 순자산총액의 400%이다.

05 빈칸에 알맞은 것은?

> • 집합투자업자는 펀드재산으로 부동산개발사업에 투자하고자 하는 경우에는 (㉠)를 작성하고 감
> 정평가업자로부터 그 (㉠)가 적정한 지 여부에 대해서 확인을 받아 공시해야 한다.
> • 집합투자업자가 펀드재산으로 부동산을 취득하거나 처분하는 경우에는 (㉡)를 작성하고 비치해
> 야 한다.

	㉠	㉡
①	실사보고서	사업계획서
②	실사보고서	증권신고서
③	사업계획서	실사보고서
④	증권신고서	실사보고서

해설
사업계획서, 실사보고서이다.

06 다음 중 실사보고서에 포함될 사항이 아닌 것은?

① 부동산의 현황
② 부동산과 관련된 재무자료
③ 부동산의 거래비용
④ 자금의 조달·투자 및 회수에 관한 사항

 ④는 사업계획서에 포함될 내용이다. 실사보고서는 거래현황 등 부동산거래 후의 과거형 자료가, 사업계획서는 개발사업의 추진일정 등 미래형 자료가 포함된다.
※ 실사보고서 VS 사업계획서

사업계획서	실사보고서
• 부동산개발사업의 추진일정 및 추진방법 • 건축계획 등이 포함된 사업계획에 관한 사항 • 자금의 조달·투자 및 회수에 관한 사항 • 추정손익에 관한 사항 • 사업의 위험에 관한 사항 • 공사시공 등 외부용역에 관한 사항 • 그 밖에 투자자보호를 위해 필요한 사항으로서 금융위가 고시하는 사항	• 부동산의 현황 • 부동산의 거래가격과 거래비용 • 부동산과 관련된 재무자료 • 부동산의 수익에 영향을 미치는 요소 • 그 밖에 부동산의 거래여부를 결정함에 있어 필요한 사항으로서 금융위가 고시하는 사항

07 빈칸이 올바르게 채워진 것은?

• 부동산펀드는 순자산총액의 100분의 (㉠)까지 차입할 수 있다.
• 부동산펀드는 순자산총액의 100분의 (㉡)까지 대여할 수 있다.
• 부동산펀드가 아닌 펀드는 해당 펀드의 부동산 가액의 100분의 (㉢)까지 차입이 가능하다.

	㉠	㉡	㉢
①	400	200	50
②	200	100	50
③	200	100	70
④	100	200	70

순자산액의 200%까지 차입가능, 대여는 100%

08 부동산펀드가 차입할 수 있는 차입기관에 속하지 않는 것은?

① 한국산업은행　　　　　　　　　② 상호저축은행

③ 다른 부동산펀드　　　　　　　　④ 새마을금고

> **해설** 새마을금고는 차입기관에 속하지 않는다. 상호저축은행은 부산저축은행의 파산사례(2011년)를 통해 보듯이, 수익성 제고 차원에서 PF대출을 많이 하였는데 이후 부동산경기의 침체로 상당한 부실요인이 되었다.

09 다음 중 부동산펀드를 운용하는 집합투자업자가 제3자에게 위탁이 가능한 업무는?

① 투자신탁의 설정을 위한 신탁계약의 체결, 해지 업무 및 투자회사 등의 설립의무

② 펀드재산의 운용·운용지시 업무

③ 펀드재산의 평가업무

④ 부동산의 개발 및 부수업무

> **해설** ①·②·③은 **집합투자업자의 본질적 업무로써 제3자에게 위탁이 불가능하다.** 부동산펀드의 집합투자업자의 경우 운용특례로서 펀드재산의 운용과 관련하여 일부 업무에 대해서는 제3자에게 위탁이 가능하다.
>
> ※ 위탁가능한 업무
> - 부동산의 개발 및 부수업무
> - 부동산의 관리·개량 및 부수업무
> - 부동산의 임대 및 부수업무

10 보기에 해당하는 것은?

> 집합투자재산평가위원회가 충실업무를 준수하고 평가의 일관성을 유지하여 평가한 가액을 말한다.

① 시 가　　　　　　　　　　　　② 공정가액

③ 표준가액　　　　　　　　　　　④ 공시가액

> **해설** 공정가액이다. 부동산펀드는 집합투자재산을 시가로 평가하되, 신뢰할만한 시가가 없는 경우에는 공정가액으로 평가해야 한다.

1 부동산펀드 관련 법규 5문항 대비

01 다음의 부동산펀드 중에서 집합투자업자가 펀드를 설정·설립하고 집합투자규약은 정관인 법적 형태는 무엇인가?

① 부동산투자신탁
② 부동산투자회사
③ 부동산투자유한회사
④ 부동산투자합자조합

> **해설** 부동산투자유한회사는 집합투자업자가 설립하고 정관이 집합투자규약이다.
> ① 부동산투자신탁 : 집합투자업자가 설정, 집합투자규약은 신탁계약서
> ② 부동산투자회사 : 발기인이 설립, 집합투자규약은 정관
> ④ 부동산투자합자조합 : 집합투자업자가 설정, 집합투자규약은 조합계약

02 다음의 부동산펀드 중에서 영업자인 집합투자업자가 펀드재산을 운용하는 형태의 법적형태에 해당하는 것은?

① 부동산투자유한회사
② 부동산투자합자회사
③ 부동산투자조합
④ 부동산투자익명조합

> **해설** 영업자가 운용하는 것은 부동산투자익명조합이다.

03 부동산집합투자기구의 법적 형태 중에서 부동산투자회사와 관련이 가장 작은 것은?

① 발기인
② 정 관
③ 상 법
④ 수익자총회

부동산투자회사의 집합투자총회는 주주총회이다(수익자총회는 투자신탁).

04 빈칸에 알맞은 것을 연결한 것이다. 가장 적절하지 않은 것은?

- 부동산펀드가 직접 부동산개발사업의 주체가 되어 개발사업에 투자하는 경우 적합한 펀드의 법적 형태는 (가)이다.
- 펀드는 지분에 따라 평등하게 수익을 배분하는 것이 원칙이지만, (나)의 경우 예외가 인정된다.

	가	나
①	부동산투자회사	부동산투자합자회사
②	부동산투자유한회사	부동산투자합자조합
③	부동산투자유한회사	부동산투자유한책임회사
④	부동산투자회사	부동산투자합자조합

가는 **부동산투자회사와 부동산투자유한회사**, 나는 **부동산투자합자회사, 부동산투자합자조합**이 적합하다.
※ 부동산개발사업을 직접 수행 시 필요한 요건 : 법인격이 있으며 유한책임을 지는 펀드
※ 수익배분에 있어 투자자 평등원칙의 예외 : 부동산투자합자회사(합자조합)은 무한책임사원(조합원)이 무한책임을 부담하므로 우선배당권을 부여한다.

05 빈칸에 알맞은 말은?

> 특정한 부동산관련 자산이 신탁재산·집합투자재산·유동화자산의 (가) 차지하는 경우의 해당 수익증권·집합투자증권·유동화증권을 (나) 투자하는 경우 자본시장법상의 부동산집합투자기구가 된다.

	가	나
①	50% 이상을	50% 이상을
②	50%를 초과하여	50%를 초과하여
③	50% 이상을	50%를 초과하여
④	50%를 초과하여	50% 이상을

> **해설** 집합투자재산 등의 50% 이상이 부동산관련 자산이면 해당 집합투자재산 등이 부동산관련자산으로 인정되는 것이며, 이를 펀드자산의 50% 초과하여 투자했을 경우 자본시장법상의 부동산집합투자기구가 된다.

06 다음 중 증권형부동산펀드에 속하지 않은 것은?

① 부동산투자회사가 발행한 주식에 펀드재산의 50%를 초과하여 투자하는 펀드
② 부동산개발회사가 발행한 주식에 펀드재산의 50%를 초과하여 투자하는 펀드
③ 부동산투자목적회사가 발행한 주식에 펀드재산의 50%를 초과하여 투자하는 펀드
④ 부동산 보유 비중이 높은 상장회사의 주식에 투자하는 펀드

> **해설** ①·②·③은 형식은 증권이지만 그 내용이 부동산이므로 **증권형부동산펀드**가 된다.
> 여기서 증권이란 **부동산투자회사 등이 발행한 주식 또는 채권**을 말한다.
> ④는 내용 상 부동산과 관련되기는 하나, 법적인 분류 상 증권형부동산펀드로 인정되지 않는다.
> **참고** 개정 전에는 이를 **준부동산펀드**라고 명명하였음

07 빈칸에 들어갈 수 없는 것은?

> • 부동산펀드는 국내에 있는 주택법상의 부동산을 취득한 후 (　　)년 이내에 처분을 할 수 없는 것이 원칙이다.
> • 공모형부동산펀드는 집합투자증권을 최초로 발행한 날로부터 (　　)일 이내에 증권시장에 상장해야 한다.
> • 부동산투자회사는 법인이사 (　　)인과 감독이사 (　　)인 이상이 있어야 설립이 가능하다.

① 1
② 2
③ 30
④ 90

해설 차례대로 1년, 90일, 1인, 2인이다.

08 부동산집합투자기구에 대한 운용제한으로써, 취득 후 1년 이내에 매각이 원칙적으로 금지되는 대상은?(부동산관련 권리는 '지상권, 지역권, 전세권, 분양권' 등을 말함)

① 부동산실물
② 부동산관련 권리
③ 부동산실물과 부동산관련 권리
④ 부동산실물, 부동산관련 권리, 부동산투자회사가 발행한 주식

해설 동 제한은 부동산실물에만 적용된다(또한 사모펀드에도 적용되는 제한).

09 부동산집합투자기구가 집합투자재산의 100%까지 투자할 수 있는 항목의 수는?

> 가. 부동산투자회사가 발행한 지분증권
> 나. 부동산개발회사가 발행한 증권
> 다. 부동산투자목적회사가 발행한 증권
> 라. 주택저당증권 또는 주택저당담보부채권
> 마. 부동산, 부동산매출채권, 부동산담보부채권이 유동화 자산가액의 70% 이상을 차지하는 유동화증권

① 2개   ② 3개
③ 4개   ④ 5개

> **해설** 나 · 다 · 라가 100% 투자가 가능한 대상이다.

10 다음 중 실사보고서에 들어가야 할 항목으로 묶인 것은?

> ⓐ 부동산의 현황
> ⓑ 부동산개발사업 추진일정
> ⓒ 부동산의 거래가격
> ⓓ 부동산개발사업 추진방법
> ⓔ 부동산의 거래비용
> ⓕ 추정손익에 관한 손익
> ⓖ 부동산과 관련된 재무자료
> ⓗ 자금의 조달, 투자 및 회수에 관한 사항

① ⓐ, ⓒ, ⓔ, ⓖ   ② ⓑ, ⓓ, ⓕ, ⓗ
③ ⓐ, ⓑ, ⓒ, ⓓ   ④ ⓔ, ⓕ, ⓖ, ⓗ

> **해설** ①은 실사보고서, ②는 사업계획서이다.
> ※ 실사보고서에는 **과거형**의 단어가, 사업계획서에는 **미래형**의 단어가 들어 있다.

11 부동산펀드의 금전차입과 대여에 관련한 설명이다. 잘못된 것은?

① 자본시장법 상의 공모펀드는 원칙적으로 금전의 차입과 대여가 금지되나 부동산펀드는 운용특례로서 금전의 차입과 대여가 허용된다.

② 부동산펀드는 순자산액의 100분의 70까지 금전을 차입할 수 있다.

③ 부동산펀드가 금전을 대여하기 위해서는 집합투자규약에서 금전대여에 관한 사항을 정하고 있어야 하고, 금전대여 시 담보권을 설정하거나 시공사로부터의 지급보증을 받는 등 대여금 회수를 위한 적절한 조치를 확보해야 한다.

④ 부동산펀드가 금전대여를 할 수 있는 대상은 '부동산개발사업을 영위하는 법인(부동산신탁, 투자회사 등 다른 형태의 집합투자기구 포함)'에 국한된다.

> **해설** 부동산펀드의 금전차입 한도는 순자산액(자산총액에서 부채총액을 뺀 가액)의 200%까지, 금전대여 한도는 100%까지 가능하다. 그리고 부동산펀드가 금전을 대여할 수 있는 대상은 부동산개발사업을 영위하는 경우에만 해당한다. 즉 부동산대출 등을 영위하는 경우에는 금전대여를 할 수 없다.

12 부동산집합투자기구의 자산총액이 1천억원이고 부채총액이 200억원이다. 그렇다면 차입한도와 대여한도는 얼마인가?

	차입한도	대여한도
①	800억원	1,600억원
②	800억원	800억원
③	1,600억원	800억원
④	1,600억원	1,600억원

> **해설** 1,600억원, 800억원이다. 부동산펀드의 운용특례로 차입은 순자산의 200%, 대여는 순자산의 100%까지 허용된다.

13 부동산펀드가 금전을 차입할 수 있는 금융기관에 속하지 않는 것은?

① 은 행
② 투자매매업자 또는 투자중개업자
③ 투자일임업자
④ 상호저축은행

> **해설** 은행, 보험, 투자매매업자 또는 투자중개업자, 증권금융, 종금사, 상호저축은행, 국가재정법에 따른 기금, 다른 부동산펀드, 이상의 기준에 준하는 외국 금융기관 등
> **주의** 새마을금고 등 신용협동기구로부터는 차입할 수 없다.

14 다음은 부동산펀드의 집합투자업자가 제3자에게 업무를 위탁하여 운용할 수 있는 대상을 나열한 것이다. 해당되지 않는 것은?

① 부동산의 개발 및 부수업무
② 부동산의 취득·처분 및 부수업무
③ 부동산의 관리·개량 및 부수업무
④ 부동산의 임대 및 부수업무

취득·처분업무(운용업무 = 본질적업무)는 위탁할 수 없다.

15 부동산집합투자기구의 운용특례에 대한 설명이다. 틀린 것은?

① 집합투자업자는 펀드재산으로 부동산을 취득하거나 처분하는 경우에는 실사보고서를 작성하고 비치해야 한다.
② 집합투자업자가 펀드재산으로 부동산개발사업에 투자하고자 하는 경우에는 사업계획서를 작성하고 감정평가업자로부터 사업계획서의 적정여부에 대해 확인을 받고 이를 인터넷 홈페이지 등을 이용하여 공시해야 한다.
③ 집합투자업자는 부동산펀드의 펀드재산을 시가에 따라 평가하되, 평가일 현재 신뢰할 만한 시가가 없는 경우에는 공정가액으로 평가해야 한다.
④ 부동산펀드에서 차입한 금전은 어떠한 경우라도 부동산에 운용하는 방법 외의 방법으로 운용되어서는 안 된다.

예외가 있다. 펀드의 종류 등을 고려하여 차입한 금전으로 **부동산에 투자 할 수없는 불가피한 사유가 발생하여 일시적으로 현금성자산에 투자하는 경우**에 한해, 부동산에 운용하는 방법 외의 방법으로 운용이 가능하다.

02 부동산펀드 영업실무

01 부동산투자의 특징 핵심유형문제

투자대상으로서 부동산의 특징이다. 가장 적절하지 않은 것은?

① 장기적으로 채권에 비해 수익성이 높아 중수익 상품으로 간주된다.
② 경기침체 시에도 주식보다는 변동성이 낮아 중위험 상품으로 간주된다.
③ 부동산투자 시 임대수익은 물가상승을 반영하므로 부동산은 대표적인 인플레이션 헤징상품으로 간주된다.
④ 주식과 채권과 같은 투자자산과 상관관계가 높아서 분산투자 효과가 뛰어나다고 간주된다.

해설　부동산은 주식이나 채권과 상관관계가 낮아서 높은 분산투자 효과를 기대할 수 있다.
　　　①과 ②의 개념을 합쳐서 부동산을 중위험 / 중수익상품이라 한다.

정답 ④

더 알아보기 ▶ 부동산투자의 특징

투자대상으로서 부동산의 특징 : 핵심유형문제 참고

투자대상별 위험과 수익 : 보충문제 1 참고

정기예금	채 권	부동산	주 식
무위험수익률 (CD, MMF 등)	저위험, 저수익	중위험, 중수익	고위험, 고수익
	Low Risk, Low Return	Middle Risk, Middle Return	High Risk, High Return

01 다음 중 기대수익과 위험이 가장 높은 상품은?

① 정기예금
② 채 권
③ 부동산
④ 주 식

해설

주식이다.

※ 수시로 투자하면 투자자관점의 성과평가와 펀드관점의 성과평가가 차이가 날 수밖에 없다(투자자가
  일시불로 투자한 것으로 가정할 때 펀드관점 성과평가와 동일).

다음은 부동산 간접투자의 장점이다. 가장 거리가 먼 것은?

① 직접투자에 비해 절세효과가 있다.
② 전문가의 전문적인 운용과 체계적인 관리를 받을 수 있다.
③ 기관투자자들과 공동투자가 가능하여 투자대상의 폭이 넓어진다.
④ 직접투자에 비해 고수익을 기대할 수 있다.

해설 간접투자가 직접투자에 비해 반드시 수익률이 높은 것은 아니다.

정답 ④

더 알아보기 ▶ 부동산 투자방식 간의 비교

간접투자 VS 직접투자 : 핵심유형문제 참고
※ 부동산 간접투자의 장점 : 위의 지문 ①·②·③에 아래 추가
 • 주식이나 수익증권 단위의 매매가 가능하여 유동성이 직접투자에 비해 개선되며, 공시의무 이행 등 투명성이 확보된다.
※ 부동산 간접투자의 세제효과 : 보충문제 1 참고

공모 VS 사모 : 보충문제 2 참고

공모펀드	사모펀드
대부분 환매금지형으로 설정하므로 상장의무가 부과된다.	상장의무가 없다.
주로 실물자산에 투자한다. 예 임대형	다양한 투자방식 활용(지분출자, 대출 등)
운용 중 조건변경이 불가하다.	운용 중 조건변경이 가능하다(유연함).

※ 상대적으로 수익률은 사모펀드가 더 높고, 유동성은 공모펀드가 더 좋다.
※ 투자규모 제한 : 전문투자형사모펀드의 경우 일반투자자의 최소투자규모가 1억원(또는 3억원)이다. 즉 투자규모는 사모펀드가 더 크다고 할 수 있다.

지분투자 VS 대출투자 : 보충문제 3 참고

Debt투자	Equity투자(실물매입형)	Equity투자(개발형)
대출형펀드	임대형펀드	개발형펀드
이자수익을 목표	임대수익 + 매각차익 목표	임대수익 + 매각차익 + 개발이익
단기투자(3~4년 이내)	중기투자(5년 정도)	장기투자(7년 이상)
저위험, 저수익 투자	중위험, 중수익 투자	고위험, 고수익 투자

01 부동산 간접투자 시 얻을 수 있는 세제혜택이 아닌 것은?

① 부동산 보유 시 재산세가 면제된다.
② 부동산 보유 시 종합부동산세가 면제된다.
③ 부동산 양도 시 매각차익에 대해서 과세되지 않는다.
④ 법인세가 면제된다.

> **해설** 재산세는 면제되는 것이 아니라 분리과세이다.

02 부동산공모펀드와 부동산사모펀드에 대한 설명이다. 틀린 것은?

① 공모펀드는 주로 실물자산을 매입하지만, 사모펀드는 대출이나 지분출자 등 다양한 대상에 투자한다.
② 공모펀드는 상장의무가 있지만, 사모펀드는 상장의무가 없다.
③ 수익률은 사모펀드가 좀 더 높은 편이며, 유동성은 공모펀드가 더 좋은 편이다.
④ 우리나라에서는 공모펀드가 대부분을 차지하고 있다.

> **해설** 사모펀드가 대부분이다.

03 부동산투자 시 대출투자(Debt투자)와 지분투자(Equity투자)에 대한 설명으로 틀린 것은?

① 부동산시장의 상승기에는 Equity투자에, 하락기에는 Debt투자에 집중되는 경향이 있다.
② Debt투자는 이자수익률을 목표로 하지만, Equity투자는 운영이익과 자산가치 상승을 목표로 한다.
③ 기대수익률과 위험이 가장 높은 것은 Equity투자의 개발형이다.
④ 투자기간이 제일 긴 것은 Equity투자의 실물매입형이다.

> **해설** 투자기간이 제일 긴 것은 Equity투자의 개발형이다(7년 이상).

자본시장법 상 집합투자기구의 종류 중에서 부동산에 투자할 수 있는 펀드를 모두 묶은 것은?

> ㉠ 부동산집합투자기구
> ㉡ 특별자산집합투자기구
> ㉢ 혼합자산집합투자기구
> ㉣ 증권집합투자기구
> ㉤ 단기금융집합투자기구

① ㉠

② ㉠, ㉡, ㉢

③ ㉠, ㉡, ㉢, ㉣

④ ㉠, ㉡, ㉢, ㉣, ㉤

해설　단기금융집합투자기구(MMF)를 제외하고는 모두 부동산에 투자할 수 있다.

　　※ 부동산집합투자기구 : 펀드재산의 50%를 초과하여 부동산에 투자하는 펀드
　　※ 증권(특별자산) 펀드 : 펀드재산의 50%를 초과하여 증권(특별자산)에 투자하는 펀드이므로, 남은 재산으로 부동산을 투자할 수 있다.
　　※ 혼합자산펀드 : 증권, 부동산, 특별자산에 모두 투자할 수 있으되, 특정자산이 펀드 재산의 50%를 초과하지 말아야 한다.
　　※ MMF : 증권에만 투자할 수 있다.

정답 ③

더 알아보기 ▸ 부동산 간접투자기구(부동산집합투자기구, REITs)

부동산집합투자기구 : 핵심유형문제 참고

부동산투자회사(REITs) : 보충문제 1 참고

구 분	자기관리리츠	위탁관리리츠	기업구조정리츠
투자대상	일반부동산 / 개발사업		기업구조조정 부동산
회사형태	실체회사	서류상의 회사(Paper Company)	
최저자본금	70억원	50억원	
주식공모	자본금의 30% 이상을 공모		의무사항 아님
상장의무	요건충족 시 즉시 상장		의무사항 아님
자산구성	부동산에 70% 이상 투자		기업구조조정 부동산에 70% 이상 투자
취득 후 처분제한	1년	1년	없 음

01 부동산투자회사(REITs)에 대한 설명이다. 가장 거리가 먼 것은?

① 부동산투자회사법에 근거하며 국토교통부의 영업인가를 받고 설립할 수 있다.

② 리츠의 종류별로 최소한 50억원 이상의 최소자본금요건을 갖추어야 한다.

③ 회사 재산의 70% 이상을 부동산에 투자해야 한다.

④ 모든 리츠는 설립 후 증권시장에 상장해야 한다.

> **해설** 자기관리REITs와 위탁관리REITs는 상장을 해야 하지만, CR-Reits(기업구조조정리츠)는 상장의무가 없다.
> ※ 자기관리리츠와 위탁관리리츠는 공모로 설립하지만, CR-Reits는 공모의 의무가 없다.

02 부동산투자회사(REITs) 중에서 자산의 투자나 운용 등 전반적인 자산관리를 자체 운용전문인력이 직접 수행하는 곳은?

① 자기관리리츠

② 위탁관리리츠

③ 기업구조조정리츠

④ 위탁관리리츠, 자기관리리츠

> **해설** 실체가 있는 리츠는 자기관리리츠가 유일하다(나머지는 서류상의 회사이므로 위탁하여 운용한다).

다음 중 실물형부동산펀드에 속하지 않는 것은?

① 매매형부동산펀드
② 임대형부동산펀드
③ 권리형부동산펀드
④ 경공매형부동산펀드

해설 권리형부동산펀드는 실물형부동산펀드가 아니다.

정답 ③

더 알아보기 ▶ 부동산펀드의 종류

부동산펀드의 종류

실물형부동산펀드	매매형, 임대형, 경공매형, 개량형, 개발형
대출형부동산펀드	부동산개발사업을 영위하는 법인에 대출(PF형 부동산펀드라고 함)
권리형부동산펀드	지상권, 지역권, 전세권, 분양권 등에 투자(저당권은 제외)
증권형부동산펀드	부동산투자회사·부동산개발회사·부동산투자목적회사의 발행증권, 주택저당증권 등에 투자하는 펀드
재간접형부동산펀드	펀드재산의 40% 이상을 다른 부동산펀드에 투자하는 펀드

실물형부동산의 특징(매매형을 제외하고 4가지로 분류하기도 함)
• 매매형부동산펀드 : 매입 & 처분, 자본소득(Capital Gain)만 있다.
• 임대형부동산펀드 : 임대사업을 영위한 후 매각함. Buy & Lease방식이며 이자소득(임대수입)과 자본소득이 모두 발생한다.
• 개량형부동산펀드 : 부동산을 취득·개량(자본적지출) 후, 임대·분양·매각이 가능하다.
• 경공매형부동산펀드 : 부동산을 경매 또는 공매로 취득하여 임대·매각이 가능하다.
• 개발형부동산펀드 : 부동산 개발 후 임대·분양·매각이 가능하다.

01 다음 중에서 자본소득(capital gain)과 이자소득(income gain)을 모두 얻을 수 있는 부동산펀드에 속하지 않는 것은?

① 매매형부동산펀드　　　　　　　　② 임대형부동산펀드

③ 개량형부동산펀드　　　　　　　　④ 경공매형부동산펀드

> **해설**　임대형이나 개량형이나 경공매형은 모두 취득 후 임대하고(income gain 획득), 마지막에 부동산을 처분한다(capital gain 획득가능). 매매형은 임대를 하지 않기 때문에 자본소득만 얻을 수 있다.

02 다음의 부동산펀드의 종류 중에서 기대수익률이 가장 높고 동시에 위험도 가장 큰 형태는 무엇인가?

① 개발형부동산펀드　　　　　　　　② 매매형부동산펀드

③ 개량형부동산펀드　　　　　　　　④ 경공매형부동산펀드

> **해설**　직접 개발사업을 추진하고 분양, 임대, 매각 등을 통한 개발이익 획득을 목적으로 하는데 사업기간도 가장 길고 리스크도 큰 만큼 기대수익률이 가장 높다.

03 빈칸을 옳게 연결한 것은?

> 가치주펀드와 가장 유사한 실물형부동산펀드는 (　　　　　)이며, 아웃소싱이 가장 필요한 실물형부동산펀드는 (　　　　)이다.

① 경공매형부동산펀드, 임대형부동산펀드

② 경공매형부동산펀드, 경공매형부동산펀드

③ 개량형부동산펀드, 경공매형부동산펀드

④ 임대형부동산펀드, 개발형부동산펀드

> **해설**　둘 다 경공매형이다. 경공매형은 경매나 공매를 통해 저가에 부동산을 취득하는 것이 주목적이므로 가치주펀드와 유사하며, 실물형부동산펀드 중에서 운용전문인력의 전문성이 가장 요구된다는 점에서 아웃소싱이 필요하다고 할 수 있다.
> ※ 경매와 공매의 차이
> • 경매 : 법원이 채권자의 임의 경매 신청을 받아 경매절차를 진행하는 것(민사집행법)
> • 공매 : 세금 체납 시 국세징수법에 의해(국가나 지자체가 매각을 의뢰한 부동산에 대해)한국자산관리공사가 강제로 매각하는 것

다음 중 PF형부동산펀드라고도 불리는 부동산펀드는?

① 임대형부동산펀드
② 개발형부동산펀드
③ 대출형부동산펀드
④ 권리형부동산펀드

해설　대출형부동산펀드를 PF형부동산펀드라고도 한다.

정답 ③

더 알아보기 ▸ 대출형부동산펀드-(1)프로젝트 파이낸싱(Project Financing)의 의미

프로젝트 파이낸싱의 개요
- 프로젝트 파이낸싱의 의미 : 은행 / 증권사 / 보험사 / 저축은행 등의 금융기관이나 연기금 / 공제회 / 조합 등 공적자금 또는 부동산펀드 등에서 특정부동산개발사업(프로젝트)을 영위하는 것을 목적으로 하는 시행법인(시행사)에 대해 해당 프로젝트의 사업성에 의거하여 자금을 제공해 주고, 향후 해당 프로젝트의 시행으로 얻어지는 수익금으로 제공한 자금을 회수하는 선진 금융 기법을 말한다.
- 시행법인에게 자금을 제공하는 방식은 **출자**(equity financing)**방식**과 **대출**(debt financing)**방식**이 있는데 우리나라에서는 대부분 대출방식이 이용되고 있다.
- PF와 기업금융의 비교 : 보충문제 1 참고

PF	기업금융
프로젝트 자체의 **미래사업성**에 근거하여 자금을 대출하는 방식	해당사업자가 제공하는 **담보**나 **신용**에 근거하여 자금을 대출하는 방식

01 빈칸에 알맞은 것은?

> 일반적인 자금제공방식인 (　　　)은 사업자의 담보나 신용에 의거해 대출을 하지만, (　　　)
> 은 해당 프로젝트 자체에서 발생하는 현금흐름을 대출자금의 상환재원으로 인식하여 대출을 하는 방
> 식이다.

	㉠	㉡
①	기업금융방식	프로젝트 파이낸싱 방식
②	담보대출방식	신용대출방식
③	기업금융방식	자본금출자방식
④	프로젝트파이낸싱 방식	기업금융방식

해설
기업금융방식, 프로젝트 파이낸싱 방식이다.

02 프로젝트 파이낸싱의 특징에 대한 설명이다. 잘못된 것은?

① 프로젝트 파이낸싱은 기존의 기업금융방식에 비해 자금공급규모가 큰 편이다.
② 프로젝트 파이낸싱은 완전 소구금융의 특성을 가지고 있어 채권자가 부담하는 대출위험은
　크지 않다.
③ 부외금융(off-balancing)의 성격을 지니고 있다.
④ 다양한 주체의 참여가 가능하고 참여한 주체별로 위험배분이 가능하다.

해설
PF는 비소구금융 또는 제한적 소구금융이다
※ 대출형부동산펀드-(2) 프로젝트 파이낸싱(Project Financing)의 특징
　프로젝트 파이낸싱의 특징 : 보충문제 2 참고
　• 전통의 금융방식(담보대출방식)에 비해 자금공급의 규모가 크다.
　• 비소구금융 또는 제한적 소구금융(non or limited recourse financing)의 특성이 있다.
　　– 수표나 어음과 달리 PF대출은 비소구금융 또는 제한적 소구금융으로 설계된다.
　　– PF로 인해 발생하는 제반의무에 대해서는 차주(借主)의 지위를 가진 '프로젝트 시행법인' 책임을
　　　지며 그 책임은 비소구 또는 제한적 소구이므로, 실질사업자의 무한책임을 사전에 차단하는 효과
　　　가 있다(PF사업 활성화 차원).

- PF는 다양한 주체의 참여가 가능하고 또한 참여한 주체별로 위험의 배분이 가능하다.
  - PF채권에 소구권이 없는 것은 채권자 입장에서 불리한 것이므로 시공사 등의 신용보강을 요구하는 것이 일반적이다.
  - 따라서 시공사의 지급보증·채무인수·책임분양, 시행사가 보유한 사업부지 등에 대한 저당권 또는 담보신탁 제공 등으로 위험배분이 가능하다. 즉, 비소구 또는 제한적 소구금융의 특징 아래 다양한 주체가 참여하고 위험을 배분함으로써 PF 프로젝트가 완성된다고 할 수 있다.
  ※ PF사업의 물적 담보확보 수단 : 저당권, 담보신탁제도(보충문제 3, 4 참고)
- 부외금융(off-balance sheet financing)의 성격이 있다.
  - PF로 인한 책임은 차주인 프로젝트 시행법인이 지므로, PF로 인한 부채발생시 실질사업자의 재무상태표에 계상하지 않는다.
  - 실질사업자의 입장에서는 사업실패에 대한 부담이 제한적이 되므로, PF 프로젝트에 적극적으로 참여할 수 있는 유인이 된다.

03 PF사업의 물적 담보확보수단으로서 시행법인이 소유한 민법 상 물권에 대해 담보물권으로 지정할 수 있다. 이때 담보물권에 해당하지 않는 것은?

① 지상권 ② 유치권
③ 질 권 ④ 저당권

 해설

지상권은 용익물권이다.
※ 부동산물권의 종류

소유권	제한물권					
	용익물권			담보물권		
	지상권	지역권	전세권	유치권	질권	저당권

* 소유권은 해당 물건에 대한 사용, 수익, 처분할 수 있는 배타적인 권리이며 이를 제한하는 것이 제한물권이며, 제한물권은 용익물권과 담보물권으로 구분된다.

04 PF사업의 물적 담보확보수단으로서 저당제도와 담보신탁제도가 있다. 담보신탁에 대한 설명으로 가장 적절하지 않은 것은?

① 민법 상 담보물권을 설정하는 것이 아니라 신탁을 설정하는 것이다.
② 수탁자인 신탁회사가 직접 관리한다.
③ 담보권 설정 시 등록세, 교육세, 채권매입비의 소요경비가 발생한다.
④ 담보의 처분 등을 통해 채권을 확보하는 비용과 소요기간이 저당제도에 비해 현저히 절감된다.

 ③은 저당제도 상 저당권 설정 시 발생하는 비용이다. 담보신탁에서는 신탁설정에 대한 대가로 수탁자에 대한 운용보수비용, 신탁보수비용이 발생한다.

※ 대출형부동산펀드–(3)대출형부동산펀드의 수익과 위험

대출형부동산펀드
펀드재산의 50%를 초과하여 부동산개발사업을 영위하는 법인(시행사) 등에 대한 대출을 주된 운용행위로 하고, 해당 시행사로부터 대출이자를 지급받고 원금을 상환 받는 것을 목적으로 한다.

• 개 요

> 1. 일반적으로 시행사는 자본금이 작고 신용평가 등급이 낮은 수준이므로, 시행사로부터 대출채권담보장치를 요구할 수 있다.
> 2. 자본시장법은 대출형부동산펀드가 시행사에 대출 시 담보권을 설정, 시공사의 지급보증 등 대출금 회수를 위한 적절한 수단을 확보할 것을 규정하고 있다(→ 요구할 수 있다는 것이지 대출금 회수 수단을 확보 하는것을 법적으로 강제 하는것은 아님).
> 3. 대출형부동산펀드가 엄격한 대출채권담보장치의 확보에만 집착한다면, 향후 사업성에 투자하는 PF의 본래 기능을 수행할 여지가 없을 뿐더러 또한 다양한 대출형부동산펀드가 개발될 수 있는 여지를 축소시킬 수 있다.
> 4. 엄격한 대출채권담보장치를 확보한 펀드의 수령이자는 완화된 대출채권담보장치를 확보한 펀드의 수령이자보다 상대적으로 작은 것이 당연하다.

• 대출형부동산펀드의 수익 및 위험 & 주요 점검사항

수익 및 위험	주요 점검사항
1. 시행사의 부동산개발사업이 다양한 변수로 지연되거나 실패할 경우 펀드원본의 손실까지 초래될 수 있음 2. 따라서, 부동산펀드는 우선적으로 시행사가 대출을 받아 소유하게 된 사업부지인 부동산에 대해 담보권을 설정하고 중첩적으로 시공사 등의 지급보증 또는 채무인수 등을 받아두는 것이 일반적이다. 3. 그러나 2.의 경우에도 부동산 경기가 크게 위축되면 사업부지인 담보가치가 약화될 수 있고 시공사 등의 신용도가 약화됨에 따라 지급보증 또는 채무인수의 효력이 약화될 위험성이 있다(→ 담보장치를 확보 했다고 해서 무조건 안전하다는 것이 아니다).	1. **시행사의 사업부지확보 관련** 2. **시공사의 신용평가등급 등 관련** : 시행사의 채무불이행 시 지급보증 또는 채무인수 등 신용보강을 한 시공사를 통해 원리금을 상환 받게 되므로, 시공사의 신용평가등급을 확인해야 한다(시공사의 신용평가등급은 일반적으로 **투자적격등급인 BBB(–) 이상이 요구됨**). 3. **시행사의 인허가 관련** : 사업부지 매입 후 인허가를 받지 못할 경우 낮은 매각가격으로 대출금의 상환이 어려울 수 있다. 4. **부동산개발사업의 사업성 관련** : 사업성 위험은 통제하기 어려우므로 대출 전에 부동산개발사업의 사업성분석을 철저히 해야 한다.

05 대출형부동산펀드에 대한 설명이다. 적절하지 않은 것은?

☐☐
① 펀드재산의 50%를 초과하여 '부동산개발과 관련된 법인에 대한 대출' 형태의 투자행위를 할 경우 대출형부동산펀드로 인정된다.
② 대출형부동산펀드를 '프로젝트 파이낸싱형 부동산펀드'로 부르기도 한다.
③ 자본시장법은 대출형부동산펀드에서 시행사 등에 대출을 할 때에 '부동산에 대하여 담보권을 설정하거나 시공사 등으로부터 지급보증을 받는 등 대출금을 회수하기 위한 수단을 반드시 확보할 것'을 규정하고 있다.
④ 엄격한 대출채권 담보장치를 확보한 대출의 대출이자는 완화된 대출채권담보장치를 확보한 대출의 대출이자보다 낮은 것이 정상이다.

> **해설** 반드시가 아니라 **적절한 확보수단을 확보할 것**을 요구하고 있다. 반드시 확보하게 한다면 투자의 본질에서 벗어나게 된다.
> **예** 안전장치가 확실한 대출의 이자는 정기예금이자와 유사할 것이며, 이 경우 투자대상이 되지 않는다.

06 대출형부동산펀드의 주의 사항이다. 가장 적절하지 않은 것은?

☐☐
① 대출형부동산펀드는 시행사에 대출을 집행하므로 시공사의 신용평가등급은 중요하게 볼 필요가 없다.
② 시행사가 부동산개발사업을 위해 필요한 인·허가를 받았는지 혹은 인·허가의 가능성을 철저히 점검해야 한다.
③ 시행사가 PF대출을 받아 사업부지를 매입한 후 행정당국의 인허가를 받지 못하면 사업부지를 매각하여 대출금을 상환해야 하는데. 이때 매각가격은 매입가격보다 낮을 가능성이 높다.
④ 시공사가 대출에 대해 지급보증 또는 채무인수를 한다 하여도, 시행사에 대출을 집행하는 시점에 인접하여 시공사의 신용상태나 재무상태가 악화되면 대출채권담보장치의 약화로 이어지기 때문에 시공사와 관련된 전반적인 사항을 사전에 주의 깊게 점검해야 한다.

> **해설** PF 프로젝트에서는 시공사의 신용보강이 필수적이므로, 시공사의 신용등급이 적어도 투자적격인 BBB-이상이 될 것으로 요구하고 있다.

07 다음 중 대출형부동산펀드의 위험이라고 볼 수 없는 것은?

① 시행사의 인·허가 확보 위험
② 시공사의 신용등급 하락위험
③ 차입이자의 상승위험
④ 부동산경기의 하락위험

 대출형부동산펀드가 대출하는 자금은 차입으로 조성할 수 없다.

임대형부동산펀드에 대한 설명이다. 적절하지 않은 것은?

① 일종의 'Buy & Lease 방식'의 부동산펀드라 할 수 있다.

② 이자소득(Income Gain)과 자본소득(Capital Gain)을 모두 획득하고자 하는 펀드이다.

③ 실물형부동산펀드에서 개발형 다음으로 비중이 높은 펀드 형태이다.

④ 임대수익을 확보하기 위해서는 임차인으로부터 적정수준의 임대료를 안정적으로 수령할 필요가 있고, 관리비·주차료·전용선임대료 등의 기타소득도 병행하여 수령해야 한다.

해설 실물형부동산펀드에서 비중이 가장 높은 것은 임대형부동산펀드이고 비중이 가장 낮은 것은 매매형부동산펀드이다.

정답 ③

더 알아보기 ▶ 실물형부동산펀드 – 임대형부동산펀드

임대형부동산펀드(Buy & Lease : 매입 후 임대방식의 부동산펀드라고도 함)
• 임대형부동산펀드의 기본적인 수익원천은 임대수익과 매각시점에서 발생하는 매각차익이다.
• 임대형부동산펀드의 수익 및 위험 & 주요 점검사항

수익 및 위험	주요 점검사항
1. **임대형부동산펀드의 수익확보 방안** • 적정수준의 임대료를 안정적으로 수령할 필요 • 임대료 이외의 관리비, 주차료, 전용선임대료 등의 **기타소득도 병행**하여 수령할 필요가 있다(특히 **관리비**는 임대수익 기여도가 높은편). 2. **임대형부동산펀드의 위험요인** • 가장 대표적인 위험요인은 **공실률**이다. • 임대에 수반되는 **제반 경비의 과다**(광열비, 전기 및 수도료, 보안비용, 청소비, 관리인건비, 각종 보험료, 광고비 등 경비가 과다한 경우에는 임대수익을 감소시킬 수 있음) • 차입금 사용 시 차입위험 발생	1. 임대료와 공실률에 영향을 미치는 요소 등에 대해 우선적으로 점검할 필요 2. **임대형 펀드가 차입을 하는 경우** • 차입규모의 과다 → 대출이자 부담증가 → 임대수익 하락, 따라서 대출이자가 적정수준인지에 대해서 사전 점검 또한 필요할 것이다. 3. 향후 해당 부동산의 매각차익을 거두기 위한 적정시점 점검 필요(이 부분에서는 매매형부동산펀드의 주요 점검사항과 동일하다).

– **임대형부동산펀드와 유사한 상품**으로, 국내의 부동산투자회사법에 의한 부동산투자회사(REITs)와 외국의 REITs가 있다.

01 임대형부동산펀드에 있어서의 주요 점검사항이다. 적절하지 않은 것은?

① 경제상황이나 주변 상권현황 등과 같이 임대료와 공실률에 영향을 미치는 요소 등에 대해 우선적으로 점검할 필요가 있다.

② 해당 부동산과 관련된 광열비, 전기 및 수도료, 보안비용, 청소비, 각종 보험료, 광고료 등 경비가 과다한지 여부를 점검한다.

③ 임대료 이외의 관리비, 주차료, 전용선임대료 등의 기타소득도 병행하여 수령할 필요가 있으며 특히 주차료는 임대수익에 대한 기여도가 높은 편이므로 적정수준의 주차료를 책정할 필요가 있다.

④ 차입규모가 과다할 경우 대출이자의 원활한 지급이 곤란해 질 수 있으므로 차입규모가 적정한지에 대해 사전에 점검할 필요가 있다.

> **해설**
> 기타소득 중 임대수익에 기여도가 가장 큰 부분은 **관리비**이다.

02 공실률에 대한 설명이다. 틀린 것은?

① 부동산의 임대가능 공간 중에서 임대되지 못한 공간이 차지하는 비율을 말한다.

② 공실률이 낮을수록 임대수익이 감소한다.

③ 해당 부동산의 취득 당시부터 임대되어 있지 않은 경우는 물론, 기존 임대차계약기간이 종료되었음에도 불구하고 임차인이 갱신을 하지 않은 경우에도 공실이 발생한다.

④ 임대형부동산의 가장 대표적인 위험요인이 공실률이다.

> **해설**
> 공실률이 높을수록 임대수익이 감소한다.
> $$* \text{공실률} = \frac{\text{임대되지 못한 공간}}{\text{임대 가능 공간}} \times 100$$

03 보기의 내용은 어떤 부동산펀드를 말하는가?

> 펀드의 목적 : 자본적 지출 후의 해당 부동산의 가치 > 자본적 지출에 소요되는 비용

① 매매형부동산펀드
② 임대형부동산펀드
③ 개량형부동산펀드
④ 경공매형부동산펀드

해설

개량형부동산펀드를 말한다.
※ 실물형부동산펀드 – 개량형부동산펀드
개량형부동산펀드

의 미	주요 점검사항
펀드재산의 50%를 초과하여 부동산을 취득한 후 해당 부동산을 적극적으로 개량함으로써 부동산의 수익가치와 자산가치를 증대시킨 다음 단순매각하거나 임대 후 매각하는 것을 목표로 한다.	'개량을 통한 가치의 증대분 > 개량비용'일 경우에 자본적지출(개량)을 한다. 개량비용은 자본적지출(capital expenditure)을 말하는데, 전기 및 수도료 등의 일반적인 경비는 개량비용에 포함되지 않는다.

04 경공매형부동산펀드에 대한 설명이다. 사실과 가장 거리가 먼 것은?

① 경공매형부동산펀드는 실물형부동산펀드에 속한다.
② 경공매로 부동산을 취득한 후에는 임대, 개량, 매각 등 다양한 활용을 할 수 있기 때문에 매매형과 임대형, 개량형이 복합된 성격의 펀드라고 할 수 있다.
③ 경공매형부동산펀드는 경매나 공매를 통해 시장가격대비 낮은 가격으로 부동산을 취득하는 것이 가장 큰 목적인 펀드이므로 '가치투자형부동산펀드'라고 할 수 있다.
④ 경공매형은 대부분 사전특정형 방식(designated 방식)을 취하고 있다.

해설

경공매형의 대부분은 사전불특정형(Blind) 방식이다.
※ 실물형부동산펀드 – 경공매형부동산펀드
경공매형부동산펀드
• 법원이 실시하는 경매 또는 자산관리공사가 실시하는 공매를 통해 주로 업무용 부동산 또는 상업용 부동산 등을 저가에 취득하여 매각차익을 획득하거나 또는 임대수익과 매각차익을 동시에 획득하는 것을 목적으로 하는 부동산펀드이다.
• 개량형부동산펀드의 수익 및 위험 & 주요 점검사항

수익 및 위험	주요 점검사항
1. 경공매형부동산펀드는 **사전불특정형 방식(Blind 방식)**이다. 투자대상을 미리 특정하지 않은 상태에서 펀드자금을 모집하고, 모집 후에 투자실행을 한다.	1. **부동산운용전문인력의 전문성 보유 여부** 높은 수준의 경공매 분야에 대한 지식과 경험이 필요하고, 이러한 요건에 부합하는지를 사전에 점검할 필요가 있다.
2. 사전적으로 모집된 자금을 보유 시 수익성과 환금성이 우수한 경공매부동산에 적기에 투자할 수 있어 수익률 제고가 가능하다. 그러나 만일 경공매부동산의 미확보상태가 지속되는 경우에는 기간이 경과할수록 수익률이 하락하게 된다 (∵ Idle Money의 부담 때문).	2. **경공매형부동산펀드 규모의 적정성 여부** 경공매부동산의 규모가 너무 크면 펀드 내 미운용자금(Idle Money)의 비중이 높아 펀드의 수익률이 상당기간 낮은 상태를 유지하게 될 것이며, **규모가 너무 작으면** 소수의 경매 부동산에 집중투자되어 펀드의 위험이 커지게 된다.
3. **경매시장이 과열될 경우** 낙찰가율이 증가하므로 목적한 수익률 달성이 어려울 수 있다. • 일반적으로 일반인의 참여가 용이한 아파트나 토지 등은 낙찰가율이 증가하기 쉬워 펀드의 목표수익률 달성이 어려울 수 있다. • 반면, **업무용 부동산 또는 상업용 부동산은 권리분석이나 명도과정이 복잡하고 경공매 참여자금도 크고** 일반인들의 참여가 용이하지 않다. 따라서 낙찰가율도 낮게 유지되어 목표수익률 달성가능성이 높다.	3. **체계적이고 투명한 펀드운용 가능성 여부** Blind형으로 운용되는 펀드이므로, 체계적이고 투명하게 펀드를 운용할 수 있는 운용프로세스 및 운용메뉴얼이 필요하다. 4. **펀드관련비용의 적정성 여부** 정보수집, 입찰, 명도, 임대, 처분 등에 전문적 지식과 경험이 필요하므로 아웃소싱의 필요성이 있으며 이에 따른 과다한 비용 지출로 펀드수익률이 저하될 수 있다.
4. **경공매부동산의 유동화위험** : 경공매로 취득한 부동산은 다른 부동산에 비해 유동성이 부족한 특성이 있으므로 이에 대한 **유동화 방안(Exit Plan)**을 마련하기가 용이하지 않다.	

05 경공매형부동산펀드의 수익과 위험에 대한 설명이다. 잘못된 것은?

① 경공매형부동산펀드가 Blind 방식으로 펀드자금을 모집한 후에, 경공매부동산시장의 위축 등으로 경공매부동산의 미확보 상태가 지속되면 기간이 갈수록 펀드수익률이 하락하는 위험에 노출된다.

② 취득한 경공매부동산을 둘러 싼 다양한 법적문제를 처리하는 시간과 비용이 과다하게 발생하면 펀드수익률이 저하될 수 있다.

③ 경공매부동산시장이 과열되는 경우에는 감정가격대비 낙찰가율이 증가하게 되어 시가 대비 저가에 취득하고자 하는 경공매형펀드의 본연의 기능이 저하될 수 있다.

④ 상업용 또는 업무용 부동산을 대상으로 하는 경공매형펀드보다는 아파트나 주거용 부동산을 주로 하는 경공매형펀드의 수익률이 더 양호하다.

해설 아파트나 주거용 경매는 일반인의 참여 및 입찰경쟁률이 높아 낙찰가격이 올라간다. 즉, 상업용이나 업무용의 수익률이 더 높다.

06 경공매형부동산펀드의 주요 점검사항이다. 잘못 설명한 것은?

① 경공매형부동산펀드의 운용과정은 일반적인 부동산펀드보다 높은 수준의 지식과 경험이 필요하므로, 부동산운용전문인력의 전문성을 점검해야 한다.

② 경공매형부동산펀드의 규모가 너무 크면 펀드 내 미운용자금(Idle Money)의 비중이 높아 펀드수익률이 낮게 나올 수밖에 없다. 따라서 경공매형의 펀드규모는 작을수록 좋다.

③ 경공매형은 'Blind 방식'으로 운용되는 펀드이므로 체계적이고 투명하게 펀드를 운용할 수 있는 운용프로세스 및 운용매뉴얼이 있는지를 사전 점검해야 한다.

④ 경공매부동산의 확보와 관련된 정보수집, 입찰, 명도, 임대, 처분 등에 대한 전문적인 지식과 경험이 필요하므로 각 분야의 전문기관에 아웃소싱을 할 필요성이 있다. 따라서 아웃소싱에 소요되는 비용과 전문성을 사전에 점검할 필요가 있다.

> **해설** 펀드규모가 너무 작을 경우 소수의 경매부동산에 집중 투자되는 위험이 발생한다.

07 개발형부동산펀드에 대한 설명이다. 적절하지 않은 것은?

① 개발형부동산펀드는 펀드가 시행사의 역할을 수행함으로써 적극적으로 부동산개발사업의 이익을 획득한다는 측면에서 '직접개발방식의 부동산펀드'라고 할 수 있다.

② 부동산투자회사법은 회사재산의 100%를 개발전문REITs에 투자가 가능하도록 허용하고 있지만, 자본시장법은 개발사업에 대한 펀드재산의 투자비율을 30%로 제한하여 개발형부동산펀드의 개발가능성은 아직은 낮은 편이다.

③ 자본시장법 상 개발형부동산펀드의 펀드재산으로 부동산개발사업에 투자할 경우 사전에 사업계획서를 작성하게 하고 감정평가업자의 확인을 받아 인터넷 홈페이지 등에 공시하도록 하고 있다.

④ 부동산개발사업에 필요한 사업부지가 완전히 확보되어 있는지, 개발사업추진에 필요한 인·허가를 받았는지 혹은 받을 가능성이 충분한지에 대해서 사전점검해야 한다.

> **해설** 과거 간접투자법은 개발사업에 대한 투자비율을 펀드재산의 30%로 제한했지만 자본시장법은 별도의 제한을 두고 있지 않다. 따라서 현재 개발형부동산펀드가 늘어날 여건은 조성되어 있다고 할 수 있다.
> ※ 실물형부동산펀드 – 개발형부동산펀드
> **개발형부동산펀드**
> • 펀드재산의 50%를 초과하여 부동산을 취득한 후 직접 부동산 개발사업을 추진하여 부동산을 분양, 매각하거나 또는 임대 후 매각함으로써 부동산개발사업에 따른 개발이익을 획득하는 것을 목적으로 하는 실물형부동산펀드이다.
> – 자본시장법 상 부동산개발사업 정의 : **토지를 택지, 공장용지 등으로 개발하거나, 그 토지 위에 건축물, 그 밖의 공작물을 신축 또는 개축하는 사업으로 규정함.**

- 부동산개발에 대한 투자한도의 명시 : **간접투자법 : 30%, 부동산투자회사법 : 100%, 자본시장법 : 별도의 제한을 두지 않고 있음(100%까지 가능함)**
- 개발형부동산펀드의 수익 및 위험 & 주요 점검사항

수익 및 위험	주요 점검사항
1. 개발형 펀드가 부동산개발사업에 투자하고자 할 경우 **사전에 사업계획서를 작성해야한다.** • 작성한 사업보고서의 적정성여부에 대해서 감정평가업자의 확인을 받고 인터넷 홈페이지 등에 공시 2. **사업지연위험** 　추진하던 부동산개발사업이 지연되거나 실패할 경우, 분양 또는 임대에 장기간이 소요되거나 분양실적 또는 임대실적이 저조할 경우, 투자자에 대한 이익분배금지급의 곤란을 겪는 것은 물론 펀드원본의 손실까지도 초래할 위험이 발생할 수 있다.	1. 부동산개발사업의 성공적 추진을 위해 필요한 요소들이 사업계획서상에 충분히 포함되어 있는지 2. 부동산개발사업을 추진하기 위해 필요한 사업부지가 완전히 확보되어 있는지 3. 토지를 조성하거나 건축물 등을 신축하기 위해 우량한 시공사가 선정되어 있는지 4. 부동산개발사업을 추진함에 필요한 인허가는 받았는지 또는 받을 가능성이 충분한지 5. 당해 부동산개발사업의 사업성이 충분한지, 즉 조성한 토지 또는 신축한 건축물 등의 분양·매각 또는 임대가능성이 충분한지 등을 들 수 있다.

빈칸에 알맞은 것은?

> (   )이란 부동산의 가치를 평가하는 3방식 중의 하나로써, 대상 부동산이 시장에서 어느 정도의 가격으
> 로 거래가 이루어지는지를 파악하여 부동산의 가격을 구하는 방법이다.

① 시장접근법
② 비용접근법
③ 소득접근법
④ 정답 없음

해설   시장접근법(거래사례비교법)이다.

정답 ①

더 알아보기 ▸ 부동산 가치평가 3방식

가치평가 3방식	가격의 3면성	방 법	내 용
시장접근법	비교방식	거래사례비교법 (매매사례비교법)	유사 부동산의 최근거래가격으로 평가함
비용접근법	원가방식	원가법 (감가상각 사용)	신규비용에서 감가상각액을 공제하여 평가함
소득접근법	수익방식	수익환원법	장래 기대되는 편익을 자본환원율로 나누어 계산함

01 부동산의 가치평가방식에 대한 설명이다. 원가방식에 해당하는 것은?

① 충분한 정보를 가지고 있는 매수자들은 유사 부동산의 가격보다 더 많은 금액을 지불하지 않는다는 것을 논리적 근거로 한다.
② 시장거래가 활성화되어 있고, 매매와 관련된 정보를 시장으로부터 쉽게 확보할 수 있다는 전제가 필요하다.
③ 기존건물의 가치는 해당 건물을 신축하는데 들어가는 비용에 보유기간 동안의 감가상각액을 공제한 것이 된다.
④ 부동산의 가치는 장래에 기대되는 편익(영업소득 및 처분소득)을 현재가치로 환원한 금액이 된다.

> **해설**
> 시장접근법(비교방식) : ①·②, 비용접근법(원가방식) : ③, 소득접근법(수익방식) : ④

02 빈칸을 바르게 연결한 것은?

> 순영업이익(NOI)이 10억원, 자본환원율이 10%일 때 이 부동산의 가치는 (   )으로 추정이 되며, 이러한 가치추정방식을 (   )이라 한다.

① 10억원, 시장접근법
② 10억원, 수익환원법
③ 100억원, 비용접근법
④ 100억원, 수익환원법

> **해설**
> 부동산가치 $\dfrac{순영업이익}{자본환원율(또는\ 수익환원율)} = \dfrac{10억원}{0.1} = 100억원$
>
> ※ 자본환원율(cap rate)
>   (1) 소득을 가치로 환원시키는 비율
>   (2) 자본환원율 $= \dfrac{순영업이익}{부동산가격}$ (즉, 부동산가격은 $\dfrac{순영업이익}{자본환원율}$이다)

부동산투자의 분석대상에 대한 설명이다. 가장 거리가 먼 것은?

① 부동산투자에 있어 투자의 알파와 오메가는 부동산의 입지(location)이다.
② 비우량 부동산의 경우 핵심지역인가 핵심지역이 아닌가의 입지적 속성과 결합된 자산의 속성을 고려하여 리스크를 검토해야 한다.
③ 투자대상이 오피스빌딩일 경우 해당지역의 오피스시장을 분석하여 임대료나 공실률의 추이를 파악하고 또한 신규공급계획을 확인하여 향후의 임대료의 안정성 여부를 판단한다.
④ 자산운용사에 대해서는 과거의 운용실적과 시장의 평판을 우선적으로 고려하되, 시장의 평판은 일반대중에게 알려진 정도의 평판으로 충분하다.

해설   일반대중에게 알려진 것보다는 부동산투자 관련업체에서의 평판이 더 중요하다.

정답 ④

더 알아보기   ▶ 부동산투자의 분석대상 및 투자전략

부동산투자의 분석대상 3가지 : 핵심유형문제 참고
• 투자대상자산에 대한 분석
• 투자대상 부동산시장에 대한 분석(예 오피스빌딩의 경우 해당지역의 오피스시장분석)
• 자산운용사에 대한 분석

부동산투자전략(4가지 전통적 투자전략) : 보충문제 1, 2 참고

핵심전략 (Core 전략)	핵심플러스전략 (Core Plus 전략)	가치부가전략 (Value-added전략)	기회추구전략 (Opportunistic전략)
저위험, 저수익전략	핵심전략보다 약간의 추가위험 감수	중위험, 고수익 전략	고위험, 고수익전략

01 부동산의 전통적인 4가지 투자전략에 대한 설명이다. 가장 적절하지 않은 것은?

① 핵심전략은 양호한 현금흐름을 창출하는 우량 부동산에 대한 투자를 말한다.

② 핵심플러스전략은 핵심전략에 비해서는 좀 더 높은 위험을 감수하지만 향후 입지여건의 개선이 기대되는 부동산에 대한 투자를 말한다.

③ 가치부가전략은 부동산의 개량이나 일정 수준의 재개발투자를 한 후 시장여건이 좋을 때 되파는 투자를 말한다.

④ 기회추구전략은 고위험·고수익을 추구하는 전략으로써 재건축에 투자하는 것이 그 예이다.

> **해설** 기회추구전략은 미개발토지에 투자하는 것으로써 가장 고위험·고수익의 전략에 해당된다. 참고로 재건축투자는 가치부가전략에 해당된다(개량, 일정 수준의 재개발 투자의 범주에 포함).

02 전통적인 부동산투자 방식 4가지이다. 전략의 종류와 내용이 잘못 연결된 것은?

① 핵심전략 : 저위험·저수익 전략

② 핵심플러스전략 : 핵심전략보다 약간 더 높은 위험과 수익을 추구하는 전략

③ 가치부가전략 : 중위험·중수익 전략

④ 기회추구전략 : 고위험·고수익 전략

> **해설** 가치부가전략은 **중위험·고수익** 전략이다.
> ※ 실물형부동산펀드에서 경공매형펀드의 전략도 가치부가전략으로 간주된다.

부동산펀드에 투자 시 투자자가 부담하는 각종 비용에 대한 설명이다. 가장 거리가 먼 것은?

① 투자자는 판매회사에 선취 또는 후취 판매수수료를 부담한다.
② 투자자가 부담하는 판매보수는 통상적으로 펀드 만기까지 꾸준히 부담하게 된다.
③ 공모펀드의 경우 투자자가 부담하는 판매보수는 순자산가치의 1%를 한도로 부담한다.
④ 공모펀드의 경우 투자자가 부담하는 운용보수는 순자산가치의 일정비율을 부담한다.

해설　　운용보수는 자산총액대비 일정비율을 부과한다. 따라서 운용보수비용이 판매보수비용보다 큰 것이 일반적이다.

정답 ④

더 알아보기 ▶ 부동산펀드의 투자비용

부동산펀드에 투자 시 투자자가 부담하는 비용

판매회사		운용회사	신탁회사
선취 또는 후취판매수수료	판매보수	자산운용보수	수탁보수
	순자산가치 × 일정비율	자산총액 × 일정비율	

* 펀드의 차입금이 많을수록 운용보수가 판매보수보다 많아진다는 점에 유의한다.

펀드의 수익금 환매 시 배당소득세 과세
이익분배금을 환매 또는 펀드 만기 시 청산배당금에 대해 15.4%(지방세 포함)가 과세 되고 금융소득이 2천만원을 초과할 경우 그 초과분은 타 종합소득과 합산하여 종합과세 된다.

01 보기의 경우 판매보수와 운용보수 금액을 바르게 연결한 것은?

> A펀드의 자산총액 1,000억원, 부채총액(차입금) 400억원, 판매보수와 운용보수는 각 1%이다(연간 결산이며 보수는 연 1회 부담한다고 가정함).

	판매보수	운용보수
①	6억원	6억원
②	6억원	10억원
③	10억원	10억원
④	10억원	6억원

해설 판매보수는 순자산가치 × 1% = 600억원 × 1% = 6억원이며, 운용보수는 자산총액 × 1% = 1,000억원 × 1% = 10억원이다.

상장된 공모형부동산펀드에 투자할 경우 노출되는 가격변동위험에 대한 설명이다. 틀린 항목의 수는?

가. 본질적으로 부동산펀드의 실물부동산의 가격변동에 따른 위험에 노출된다.

나. 부동산펀드가 보유한 실물부동산의 가격변동과 상관없이 부동산펀드가 상장됨으로써 발생하는 시장요인에 의한 위험에도 노출된다.

다. 이익배당을 많이 하는 펀드라면 배당수요가 증가하여 부동산실물가격의 변동여부와 관계없이 가격이 상승할 수 있다.

라. 과세부담회피를 위한 매도가 있을 경우 부동산 실물가격의 변동여부와 관계없이 가격이 하락할 수 있다.

---

① 0개   ② 1개

③ 2개   ④ 3개

해설   모두 옳은 내용이다.

정답 ①

더 알아보기 ▸ 부동산펀드 투자 시 노출되는 위험

가격변동위험 : 핵심유형문제 참고

※ 사모펀드의 경우 증권시장에 상장하지 않으므로, 부동산 실물가격변동과 무관한 증권시장만의 요인에 의한 가격변동위험은 없다.

유동성위험 : 보충문제 1 참고

환율변동위험 : 보충문제 2 참고

운용위험, 불완전판매위험 : 보충문제 3 참고

01 부동산펀드에 투자할 경우 노출되는 유동성 위험에 대한 설명이다. 틀린 항목의 수는?

> 가. 개방형펀드로 설정할 경우, 부동산펀드는 순자산가치로 거래된다.
> 나. 폐쇄형펀드로 설정하고 상장한 경우, 부동산펀드는 순자산가치보다 할인되어 거래된다.
> 다. 폐쇄형펀드로 설정하고 상장한 경우, 증권시장에서 만기 전에 부동산펀드를 매도하는 것은 불리하다.

① 0개   ② 1개
③ 2개   ④ 3개

모두 옳은 내용이다. 부동산자산의 유동성 제약이 반영되어 증권시장에서는 할인되어 거래된다. 따라서 만기 전에 매도할 경우는 할인된 가격으로 매도하므로 불리하다(만기에는 펀드의 순자산가치에 수렴하게 됨).

02 부동산펀드에 투자할 경우 노출되는 환율변동위험에 대한 설명이다. 틀린 항목의 수는?

> 가. 해외부동산에 투자할 경우 환율변동위험에 노출된다.
> 나. 부동산펀드의 투자기간과 정확히 일치하는 장외파생상품계약으로 환위험을 헤지하였다면 환위험에 노출되지 않는다.
> 다. 신흥국에 투자하는 펀드에 투자하고 원달러로 환위험을 헤지한 경우, 때에 따라서는 더 큰 환위험에 노출될 수 있다.
> 라. 해외부동산에 투자하는 펀드의 경우 펀드차원에서 환위험을 헤지하지 않을 수도 있으며, 이 경우 환위험을 헤지하고자 한다면 본인의 계산으로 직접 환위험을 헤지해야 한다.

① 0개   ② 1개
③ 2개   ④ 3개

'나'를 제외하고 모두 옳은 내용이다. 장외파생상품으로 환위험을 헤지하고자 할 경우, 투자기간과 일치하는 장외파생계약의 상대방을 찾는 것도 어렵지만 상대방이 있다고 하더라도 부동산이 만기 내에 매각이 되지 않는다면 투자기간 불일치가 되어 환위험에 노출될 수밖에 없다.

03 부동산펀드에 투자할 경우 노출되는 운용위험 및 불완전판매위험에 대한 설명이다. 틀린 항목
의 수는?

> 가. 자산운용사가 위탁받은 업무를 충실히 이행을 하지 못해서 손실이 발생하였다면, 주의의무를 해태
>   한 다른 주체들(운용사 또는 수탁사)과 연대하여 손해를 배상하여야 한다.
> 나. 운용사의 손해배상책임이 발생하였지만 귀책사유가 명백하지 않다면 투자자들은 손해배상을 받
>   지 못할 수도 있다.
> 다. 운용사의 담당운용역이 이직하는 경우 보이지 않는 손실이 투자자에게 전가될 수 있다.
> 라. 불완전판매로 투자자가 손실을 입은 경우는 분쟁조정이나 소송을 통해서 손해배상 청구를 할 수
>   있다.
> 마. 부동산펀드의 경우 만기가 긴 편이므로(5년~7년), 불완전판매로 인해 손실이 확정되는 시기가
>   펀드가 청산된 이후일 가능성이 높아 불완전판매에 대한 입증이 매우 어려운 편이다.

① 0개   ② 1개

③ 2개   ④ 3개

 모두 옳은 내용이다. 특히 부동산펀드의 경우 만기가 긴 특성으로 불완전판매를 입증하기가 어려우므로,
투자위험을 정확히 이해하고 투자에 임하는 것이 중요하다.

2 부동산펀드 영업실무 `15문항 대비`

01 부동산투자의 특징이다. 가장 거리가 먼 것은?
☐☐
① 채권이나 주식보다 높은 수익률을 기대할 수 있다.
② 채권이나 주식과 비교할 때 이들과 상관관계가 낮아서 높은 분산투자 효과를 기대할 수 있다.
③ 인플레이션헤지 효과를 기대할 수 있다.
④ 채권이나 주식에 비교할 경우 중위험·중수익 상품으로 간주된다.

> **해설** 수익률은 채권보다는 높고 주식보다는 낮으며(중수익), 위험은 채권보다는 높고 주식보다는 낮은 편이다 (중위험).

02 부동산 공모펀드와 부동산 사모펀드에 대한 설명이다. 가장 적절하지 않은 것은?
☐☐
① 부동산투자의 특성으로 인하여 사모투자가 국내시장의 주를 이룬다.
② 향후 부동산 간접투자 시장이 확대될 것으로 예상되며 이로 인해 공모시장 활성화가 예상된다.
③ 투자자의 입장에서는 투자대상인 물건의 특성에 따라 공모형 또는 사모형으로 선택하는 것이 바람직하다.
④ 공모펀드의 경우 사모펀드보다 수익률이 더 높은 편이다.

> **해설** 사모펀드의 수익률이 더 높은 편이다(relatively high). 사모펀드의 운용제약이 작고 또 유연하며 다양한 투자수단을 활용하므로 수익률이 더 높은 편이다.

03 지분투자(Equity투자)와 대출투자(Debt투자)에 대한 설명이다. 가장 거리가 먼 것은?

① 투자자금의 속성에 따라 지분투자와 대출투자를 결정하는데, 고위험·고수익이 가능한 투자자금이라면 지분투자를 선택한다.
② 부동산시장의 상승기에는 지분투자, 하락기에는 대출투자에 집중하는 경향이 있다.
③ 임대수익과 매각차익을 기대하는 투자는 지분투자의 개발형이다.
④ 시장리스크와 임차인리스크는 부담하지만 인허가리스크에는 노출되지 않는 투자는 지분투자의 실물매입형이다.

> **해설** 임대수익 + 매각차익을 기대하는 투자는 지분투자(Equity투자)의 실물매입형이다. 개발형은 개발이익이 추가된다.

04 자기관리 REITs에 대한 설명이다. 가장 거리가 먼 것은?

① 실체가 있는 회사이며 자산의 투자, 운용 등 전반적인 자산관리를 자체 운용전문인력으로 직접 수행한다.
② 최저자본금 요건은 50억원이다.
③ 자본금의 30% 이상을 공모로 모집해야 한다.
④ 부동산에 70% 이상을 투자해야 한다.

> **해설** 최저자본금 요건은 70억원이다(cf. 실체가 없는 명목회사인 위탁관리리츠와 기업구조조정리츠는 50억원이다).

05 부동산펀드의 종류 중에서 리츠(REITs)와 그 성격이 가장 가까운 것은?

① 임대형부동산펀드
② 개발형부동산펀드
③ 대출형부동산펀드
④ 권리형부동산펀드

> **해설** 임대형이다.

06 다음의 설명은 프로젝트 파이낸싱(PF)의 어떤 특성을 말하는가?

> 당해 프로젝트 시행법인이 도산하는 경우에 금융기관 또는 부동산펀드 등은 원칙적으로 그 프로젝트 시행법인이 보유하고 있는 자산과 당해 프로젝트로부터 발생되는 현금흐름의 범위 내에서 대출채권의 상환을 청구할 수 있을 뿐이고, 실질사업자에 대해서는 대출채권 회수와 관련된 어떠한 청구도 할 수 없거나 혹은 제한된 범위 내에서만 청구를 할 수 있다는 것을 의미한다.

① 일반 기업금융에 비해 대출규모가 크다는 점
② 비소구금융 또는 제한적 소구금융(non or limited recourse financing)
③ 부외금융(off balancing)
④ 시공사 또는 계열회사의 지급보증 또는 채무인수를 통한 신용보강

> **해설** 비소구금융 또는 제한적 소구금융(non or limited recourse financing)

07 대출형부동산펀드에 대한 설명이다. 가장 거리가 먼 것은?

① 자본시장법은 대출형부동산펀드가 부동산에 대한 담보권 설정, 시공사의 지급보증 등을 통해 대출채권담보장치를 반드시 갖추도록 하고 있다.
② 시행사는 대출형부동산펀드로부터 대출받은 자금의 대부분을 부동산개발사업의 시행을 위해 필요한 사업부지인 토지매입비용으로 사용하는 것이 일반적이다.
③ 대출형부동산펀드는 대출로 펀드를 운용함에 있어 대출자금을 차입으로 조성할 수 없다.
④ 대출형부동산펀드는 대출을 하고 이자를 받아 수익을 올리는 펀드이지만 시행사의 사업부지확보, 인허가위험에 노출될 수 있다.

> **해설** 대출채권담보장치를 적절하게 확보할 것을 권장하는 것이지, 반드시 법으로 강제하는 것은 아니다. 대출채권담보장치의 확보를 법적으로 의무화한다면 미래의 사업성을 담보로 대출이 진행되는 PF 본연의 기능이 존재할 수 없다.

08 다음 중 민법 상의 담보물권에 해당하지 않는 것은?

① 유치권   ② 전세권
③ 저당권   ④ 질권

> **해설** **지상권, 지역권, 전세권은 용익물권이다.**
> ※ 소유권을 제한하는 제한물권은 담보물권(유치권, 질권, 저당권)과 용익물권(지상권, 지역권, 전세권)으로 구성된다.

09 임대형부동산펀드에 대한 일반적인 점검사항으로 보기 어려운 것은?

① 매입한 부동산의 임대료 하락 가능성 유무
② 매입한 부동산의 공실률 증가 가능성 유무
③ 매입한 부동산의 가격하락 가능성 유무
④ 시행사의 인허가 획득 가능성 유무

> **해설** 임대형부동산펀드는 인허가 위험에 노출되지 않는다. 인허가 위험은 장래 신축예정인 부동산을 취득하고 자 하는 매매형, 개발형부동산펀드, 그리고 개발사업을 영위하는 법인에 대출해 주는 대출형부동산펀드 에 노출될 수 있는 위험이다.

10 경공매형부동산펀드에 대한 설명이다. 가장 거리가 먼 것은?

① 경공매로 취득 후 임대, 개량, 매각이 모두 가능한 실물형부동산펀드이다.
② 가치투자형부동산펀드의 성격을 가지고 있다.
③ 일반적으로 일반인들의 참여가 용이한 아파트나 토지 등을 대상으로 한 경공매펀드의 수익 률이 더 높다.
④ 사전불특정형 방식(blind 방식)으로 운용된다.

> **해설** 일반인들의 참여가 용이한 아파트, 토지 등은 낙찰가율이 상승(입찰과열)하여 수익률이 저하될 수 있다.

11 부동산펀드의 운용을 위해 사업계획서가 반드시 필요한 부동산펀드는?

① 임대형부동산펀드
② 개발형부동산펀드
③ 경공매형부동산펀드
④ 대출형부동산펀드

> **해설** 개발사업을 하기 전에 사업계획서를 먼저 작성하고 공시해야 한다.

12 빈칸을 바르게 연결한 것은?

> - (가)부동산펀드는 차입위험에 노출되지 않으며, (나)부동산펀드는 차입위험에 크게 노출될
>   수 있다.
> - (다)부동산펀드는 인허가위험에 노출되지 않으며, (라)부동산펀드는 인허가위험에 간접적
>   으로 노출된다.

	가	나	다	라
①	대출형	임대형	임대형	대출형
②	대출형	임대형	임대형	개발형
③	임대형	대출형	임대형	대출형
④	개발형	대출형	대출형	임대형

> **해설** 차례대로 대출형, 임대형, 임대형, 대출형이다. 인허가위험에 직접 노출되는 것은 개발형이다.

13 다음의 요건을 모두 충족할 수 있는 부동산펀드의 유형은?

> ㉠ Capital Gain
> ㉡ Income Gain
> ㉢ Blind fund
> ㉣ Buy & Lease fund

① 매매형부동산펀드

② 임대형부동산펀드

③ 경공매형부동산펀드

④ 개발형부동산펀드

> **해설** 매매형은 capital gain만 있고, 임대형은 blind 방식이 아니며(사전특정형), 개발형은 직접 개발하는 것이
> 므로 buy & lease형은 될 수 없다

14 부동산의 가치평가방식에 대한 설명이다. 시장접근법(비교방식 또는 거래사례비교법)에 해당하는 것을 모두 묶은 것은?

> ㉠ 충분한 정보를 가지고 있는 매수자들은 유사 부동산의 가격보다 더 많은 금액을 지불하지 않는다는 것을 논리적 근거로 한다.
> ㉡ 시장거래가 활성화되어 있고, 매매와 관련된 정보를 시장으로부터 쉽게 확보할 수 있다는 전제가 필요하다.
> ㉢ 기존건물의 가치는 해당 건물을 신축하는데 들어가는 비용에 보유기간 동안의 감가상각액을 공제한 것이 된다.
> ㉣ 부동산의 가치는 장래에 기대되는 편익(영업소득 및 처분소득)을 현재가치로 환원한 금액이 된다.

① ㉠
② ㉠, ㉡
③ ㉠, ㉡, ㉢
④ ㉠, ㉡, ㉢, ㉣

 시장접근법(비교방식) : ㉠·㉡, 비용접근법(원가방식) : ㉢, 소득접근법(수익방식) : ㉣

15 자본환원율(cap rate)에 대한 설명이다. 틀린 것은?

① 소득을 가치로 환원시키는 비율이다.
② 미래의 현금흐름을 할인하여 현재의 실질적 자산가치를 파악할 때 사용되는 할인율이다.
③ 순영업이익이 10억원이고 부동산가격이 200억원이라면 자본환원율은 10%이다.
④ 자본환원율을 구하는 방식으로는 시장추출법, 조성법, 투자결합법, Ellwood법, 부채감당법 등이 있다.

해설 $$자본환원율 = \frac{순영업이익}{부동산가격} = \frac{10억원}{200억원} = 5\%$$

16 부동산 개량, 재건축, 일정한 수준의 재개발투자에 해당하는 부동산투자 전략은?

① 핵심전략
② 핵심플러스전략
③ 가치부가전략
④ 기회추구전략

> **해설** 가치부가전략(Value-added 전략)에 해당한다. 미개발 토지에 투자하는 것은 기회추구전략(Opportunistic)에 해당한다.

17 부동산펀드의 투자위험관리에 대한 설명 중 가장 적절하지 않은 것은?

① 차입을 많이 한 펀드일수록 판매보수보다 운용보수부담이 더 커진다.
② 공모형부동산투자신탁의 경우 펀드에서 보유한 부동산실물의 가격변동이 없더라도 증권시장 자체의 가격변동위험에 노출될 수 있다.
③ 공모형부동산투자신탁의 경우 해당 부동산펀드의 기준가격에 비해서 할증되어 거래된다.
④ 제3국의 해외부동산에 투자할 때 환위험헤지를 원달러로 하였다면 경우에 따라 더 큰 환위험에 노출될 수도 있다.

> **해설** 부동산의 유동성 제약이 반영되므로 할인되어 거래된다.

여기서 멈출 거예요? 고지가 바로 눈앞에 있어요.
마지막 한 걸음까지 시대에듀가 함께할게요!

펀드투자권유대행인

PART

4

최종모의고사

I wish you the best of luck!

(주)시대고시기획
(주)시대교육
www. **sidaegosi** .com

시험정보 · 자료실 · 이벤트
합격을 위한 최고의 선택

시대에듀
www. **sdedu** .co.kr

자격증 · 공무원 · 취업까지
BEST 온라인 강의 제공

1 펀드투자 `1~35번`

01 투자신탁을 설정한 집합투자업자가 금융위원회의 승인을 받지 않고도 투자신탁을 해지할 수 있는 사유가 아닌 것은?

① 수익자총수가 1인이 되는 경우
② 수익자 전원이 해지에 동의한 경우
③ 수익증권 전부에 대한 환매청구가 발생한 경우
④ 사모집합투자기구가 아닌 투자신탁으로서 설정한 후 1년이 되는 날에 원본액이 50억원 미만이거나, 설정하고 1년이 지난 후 1개월 간 계속하여 투자신탁의 원본액이 50억원 미만인 경우

02 투자신탁의 신탁업자가 하는 업무가 아닌 것은?

① 투자신탁재산의 보관 및 관리
② 집합투자업자의 투자신탁재산 운용지시에 따른 취득과 처분의 이행
③ 집합투자업자의 투자신탁재산 운용이 시장상황에 맞게 운용되는지의 여부에 대한 감시
④ 투자신탁재산에서 발생하는 이자, 배당, 수익금, 임대료 등의 수령

03 수익자총회의 의결사항이 아닌 것의 수는?

> • 집합투자업자의 변경 　　　　　• 신탁업자의 변경
> • 판매업자의 변경 　　　　　　　• 보수나 수수료의 인상
> • 보수나 수수료의 지급 　　　　　• 환매대금 지급일의 연장
> • 주된 투자대상자산의 변경

① 0개 　　　　　　　　　② 1개
③ 2개 　　　　　　　　　④ 3개

04 다음 중 증권집합투자기구는?

① 부동산이 신탁재산의 50%이상을 차지하는 수익증권을 펀드재산의 50%를 초과하여 투자하는 펀드

② 선박투자회사가 발행한 주식을 펀드재산의 50%를 초과하여 투자하는 펀드

③ 사회기반시설사업의 시행을 목적으로 하는 법인이 발행한 주식과 채권에 펀드재산의 50%를 초과하여 투자하는 펀드

④ 부동산의 비중이 높은 상장회사의 주식에 펀드재산의 50%를 초과하여 투자하는 펀드

05 단기금융펀드(MMF)에 대한 설명이다. 틀린 것은?

① 장부가로 평가한다.

② 금전의 차입과 대여는 금지되나 증권의 차입과 대여는 가능하다.

③ 펀드재산의 40% 이상을 채무증권으로 운용해야 한다.

④ 펀드재산의 가중평균잔존만기는 75일 이내이어야 한다.

06 보기 중에서 옳은 내용의 수는?

> • 환매금지형집합투자기구는 설정 또는 설립일로부터 30일 내로 증권시장에 상장해야 한다.
> • 종류형집합투자기구는 운용보수를 제외하고 나머지 보수 등 수수료체계가 동일해야 한다.
> • 전환형집합투자기구는 동일한 투자기구 세트 내에서 펀드 간 이동이 가능한데, 이때 환매수수료가 부과된다.
> • 모자형집합투자기구는 운용회사의 운용능력을 아웃소싱하기 위해 도입된 것이다.

① 0개   ② 1개
③ 2개   ④ 3개

07 상장지수집합투자기구(ETF)에 대한 설명이다. 가장 거리가 먼 것은?

① ETF는 상장되어 거래되는 펀드이지만, 개방형펀드로 분류된다.

② ETF는 타 펀드에 적용되는 대주주와의 거래제한이 적용되지 않는다.

③ ETF는 의결권을 행사할 때 Shadow Voting(중립투표)으로만 하는 것이 원칙이다.

④ ETF는 자산총액의 20%까지 동일종목의 증권으로 운용이 가능하다.

08 공모집합투자기구와 달리 전문투자형 사모집합투자기구에 적용되지 않는 사항을 나열하였다. 틀린 것은?

① 기준가격의 매일산정, 공고, 게시의무
② 환매금지형펀드의 상장의무
③ 장외파생상품 거래 시 적격투자자와의 거래의무
④ 자산운용보고서의 작성, 제공의무

09 다음 설명 중 가장 거리가 먼 것은?

① 최대주식편입비율이 50% 이상이면 주식혼합형, 50% 미만이면 채권혼합형이다.
② 거래상대방 위험은 장외파생상품에서만 발생하는 위험이다.
③ 대부분의 펀드는 상장형펀드에 속한다.
④ 매출식은 판매업자의 자금부담과 판매시의 손익부담이 있어서, 현재 대부분의 펀드는 모집식으로 판매하고 있다.

10 완전복제법으로 인덱스를 구성한 경우, 추적오차(tracking error)가 발생하는 이유라고 볼 수 없는 것은?

① 인덱스펀드에 부과되는 보수 등의 비용이 있기 때문
② 인덱스펀드의 포트폴리오를 구축하기 위한 거래 비용이 발생하기 때문
③ 인덱스펀드의 포트폴리오와 추적대상지수의 포트폴리오 간에 차이가 발생하기 때문
④ 포트폴리오 구축 시 적용되는 가격과 실제 매매가격과의 차이가 발생하기 때문

11 다음 중 액티브(active) 운용전략에 가장 부합하는 것은?

① Bottom Up Approach
② 알파추구전략
③ 롱숏전략
④ 포트폴리오보험전략

12 공모특별자산집합투자기구에 대한 설명이다. 틀린 것은?

① 자본시장법 상의 특별자산투자회사는 펀드재산으로 선박에 투자할 수 없다.
② 펀드재산의 50%를 초과하여 지적재산권에 투자하는 펀드라면 특별자산펀드에 해당된다.
③ 사회기반시설에 대한 민간투자법에 따른 사회기반 시설사업의 시행을 목적으로 하는 법인이 발행한 증권에는 펀드재산의 30%를 투자할 수 있다.
④ 특별자산펀드를 금융위원회에 등록할 경우 특별자산의 평가방법을 기재한 서류를 별도로 첨부해야 한다.

13 신탁(信託)에 대한 설명이다. 틀린 것은?

① 위탁자나 수탁자에 대해 채권을 가지고 있는 자라 할지라도 신탁재산에 대해 압류 등의 강제집행을 할 수 없다.
② 수탁자가 사망하거나 파산한 경우에도 신탁재산은 수탁자의 파산재단이나 상속재산에 포함되지 않는다.
③ 신탁의 3면 관계에서 수익자는 위탁자 본인이 될 수 있고 또는 위탁자가 지정하는 제3자가 될 수도 있다.
④ 신탁은 실적배당형 상품이므로 원금을 보전하는 신탁은 없다.

14 연금신탁에 대한 설명이다. 틀린 것은?

① 주식형 연금신탁에서 편입할 수 있는 주식비중의 한도는 신탁재산의 10%이다.
② 연간 1,800만원(퇴직연금 포함)까지 납입이 가능하다.
③ 연금수령시기는 반드시 만 55세 이후로 해야 한다.
④ 연금신탁의 적립금액에 대해서는 연간 400만원을 한도로 세액공제를 받을 수 있으며, 연금을 수령할 때에는 연금소득에 대해 비과세가 적용된다.

15 투자권유불원고객이라 하더라도 고객의 정보를 제공하지 않을 경우 판매가 불가한 신탁을 모두 묶은 것은?

⊙ 특정금전신탁
ⓒ 불특정금전신탁
ⓒ 비지정형 특정금전신탁
ⓔ 파생상품형신탁

① ㉠, ㉡, ㉢   ② ㉡, ㉢, ㉣
③ ㉠, ㉡, ㉣   ④ ㉠, ㉡, ㉢, ㉣

16 빈칸에 알맞은 것은?

> Brinson, Beebower, Singer 등 3인이 공동으로 연구한 미국의 91개 연금플랜의 분기수익률 분석 결과에 따르면, (   )이 포트폴리오 성과에 가장 결정적으로 영향을 준 요인으로 밝혀졌다.

① 자산배분(asset allocation)
② 시장예측(market timing)
③ 종목선택(stock selection)
④ 액티브운용

17 자산군(asset class)이 갖추어야 하는 기본적인 성격과 거리가 먼 것은?

① 자산군 상호간에는 배타적이어야 한다.
② 하나의 자산군 내의 자산들은 동질적이어야 한다.
③ 각 자산군은 상관관계가 높아야 한다.
④ 자산군 내의 자산들은 포트폴리오 구축 시 유동성에 문제가 없을 정도로 충분히 많아야 한다.

18 다음 중 금융시장별 벤치마크가 잘못 연결된 것은?

① 국내 주식시장 - KOSPI
② 국내 채권시장 - KOSPI200
③ 해외 주식시장 - MSCI ACWI
④ 국내 단기금융시장 - CD91일물

19 과거 시계열자료를 통해 얻은 각 자산의 위험프리미엄이 보기와 같다. 그렇다면 B주식의 기대수익률은 얼마인가? 그리고 이러한 기대수익률 측정방식을 무엇이라 하는가?

> 무위험수익률 3.5%, A회사채의 위험프리미엄 4%, B주식의 위험프리미엄 7%

① 10.5%, 추세분석법
② 10.5%, 펀드멘탈 분석법
③ 14.5%, 추세분석법
④ 14.5%, 펀드멘탈 분석법

20 보기에 따를 때 기대수익률은 얼마인가? 그리고 이러한 기대수익률 추정방식을 무엇이라 하는가?

구 분	확 률	미래투자수익률
호경기	0.3	40%
정 상	0.5	10%
불경기	0.2	-30%

① 11%, 시나리오 분석법
② 11%, 시장공동예측치 사용법
③ 12%, 시나리오 분석법
④ 12%, 시장공도예측치 사용법

21 자산배분의 실행과정의 순서를 옳게 나열한 것은?

① 고객성향파악 → 자본시장예측 → 최적자산배분 및 수정 → 투자변수에 대한 모니터링 → 성과측정 및 피드백
② 자본시장예측 → 고객성향파악 → 최적자산배분 및 수정 → 투자변수에 대한 모니터링 → 성과측정 및 피드백
③ 고객성향파악 → 자본시장예측 → 투자변수에 대한 모니터링 → 최적자산배분 및 수정 → 성과측정 및 피드백
④ 자본시장예측 → 고객성향파악 → 투자변수에 대한 모니터링 → 최적자산배분 및 수정 → 성과측정 및 피드백

22 다음 빈칸을 옳게 연결한 것은?

- 투자자의 투자 목표와 투자 제약사항을 파악하여 명문화된 문서인 투자 정책(investment policy)을 만드는 것은, 자산배분 실행과정 중 (　　　　) 단계에 속한다.
- 자산집단의 상대가격변동에 따른 투자비율의 변화가 있을 때 원래대로의 구성 비율대로 환원시키는 것을 리밸런싱이라 하는데, 이는 자산배분 실행과정 중 (　　　　) 단계에 속한다.

① 고객성향파악 – 최적자산배분 및 수정
② 고객성향파악 – 투자변수에 대한 모니터링
③ 자본시장예측 – 최적자산배분 및 수정
④ 자본시장예측 – 투자변수에 대한 모니터링

23 다음 빈칸을 옳게 채운 것은?

> P주식 1주의 매입가격 10,000원, 매도가격 14,000원, 동 기간의 배당금 1,000원. 이 경우 동 주식의 수익률은( )이다. 그리고 이러한 수익률을 ( )라 한다.

① 40%, 단일기간수익률
② 40%, 다기간수익률
③ 50%, 단일기간수익률
④ 50%, 산술평균수익률

24 전략적 자산배분의 실행방법 중, 지배원리를 통해 최적 포트폴리오를 찾아 투자하는 것은?

① 시장가치 접근방법
② 위험–수익 최적화 방법
③ 투자자별 특수상황을 고려하는 방법
④ 다른 유사한 기관투자가의 자산배분을 모방하는 방법

25 전술적 자산배분의 이론적 배경에 속하지 않는 것은?

① 증권시장의 과잉반응 현상
② 가격착오현상
③ 평균반전현상
④ 효율적 투자기회선

26 투자자관점의 성과평가에 대한 내용이다. 틀린 것은?

① 투자자가 기대했던 수익률을 달성하였는가의 여부를 판단할 수 있는 성과평가이다.
② 자산배분의 선택, 투자시점의 결정, 선택한 집합투자기구의 성과 등 3가지 요소가 모두 반영된다.
③ 펀드를 운용하는 운용자와 운용회사의 운용능력을 평가할 수 있다.
④ 투자자가 펀드에 일시불로 투자한 경우, 투자자 관점의 성과평가와 펀드의 성과평가는 동일하게 된다.

27 계량적인 기준에 의할 때, 양호한 집합투자기구(펀드)로 볼 수 없는 것은?

① 수익률이 절대적으로, 상대적으로 높은 펀드
② 위험이 절대적으로, 상대적으로 낮은 펀드
③ 위험조정성과가 절대적으로, 상대적으로 높은 펀드
④ 평판이 좋은 운용회사가 운용하는 펀드

28 일반성이 적은 특정한 집합투자기구의 운용과 성과를 평가하기에 적합한 벤치마크는?

① 시장지수
② 섹터지수
③ 정상포트폴리오
④ 맞춤형 포트폴리오

29 운용회사의 그룹수익률을 산출하는 이유가 아닌 것은?

① 대표계정의 오류를 제거할 수 있기 때문이다.
② 생존계정의 오류를 제거할 수 있기 때문이다.
③ 운용사 간 성과비교가 가능하기 때문이다.
④ 운용기간 중 투자성과의 이전 가능성을 방지할 수 있기 때문이다.

30 위험지표 중에서 수익률의 안정성을 중시할 때 사용하는 가장 일반적인 지표는?

① 표준편차   ② 베 타
③ 공분산   ④ 추적오차(잔차위험)

31 다음 빈칸을 옳게 연결한 것은?

> 종합주가지수를 벤치마크로 하는 펀드의 일정기간 수익률은 +6%이었다. 그리고 같은 기간 종합주가지수 수익률은 +10%이었다. 그렇다면 (   )는 0.60이며 이 펀드는 (   )으로 운용하는 펀드라고 할 수 있다.

① 베타 - 공격적   ② 베타 - 방어적
③ 공분산 - 공격적   ④ 공분산 - 방어적

32 다음 보기에 해당하는 위험지표는 무엇인가?

> 집합투자기구의 수익률이 벤치마크보다 높을수록 좋다는 분자와, 집합투자기구의 수익률이 벤치마크의 수익률과 큰 차이를 보이면 곤란하다는 분모의 개념이 결합된 지표이며, 평가비율이라고도 한다.

① 샤프비율
② 젠센의 알파
③ 정보비율
④ 베타

33 위험조정성과지표(RAPM지표)에 해당하지 않는 것은?

① 샤프비율   ② 젠센의 알파
③ 정보비율   ④ 추적오차

34 다음 보기에 따를 때 샤프비율은 얼마인가?

> 펀드수익률 20%, 무위험수익률 6%, 벤치마크수익률 8%, 표준편차 10%

① 0.6   ② 1.0
③ 1.2   ④ 1.4

35 포트폴리오 분석에 대한 설명이다. 틀린 것은?

① 정량평가가 아닌 정성평가이다.
② 포트폴리오의 결과물이 아닌 포트폴리오 자체의 특성을 분석하는 것이다.
③ 포트폴리오 분석 중 펀드의 성과원인을 가장 잘 설명하는 것은 스타일 분석이다.
④ 해당 펀드의 집합투자규약상의 주식편입비중이 60%에서 90%로 설정되어 있는데, 해당 펀드의 실제 주식편입비중이 89%라면 동 펀드의 운용전략은 매우 방어적인 것으로 판단할 수 있다.

36 수익자총회에 대한 설명이다. 옳은 것은?

① 투자신탁 또는 투자회사의 집합투자총회에 해당된다.
② 수익자총회의 의장은 집합투자업자가 자동으로 맡는다.
③ 수익자는 수익자총회에 출석해야만 의결권을 행사할 수 있다.
④ 수익자총회의 소집은 위탁자, 수탁자, 수익자가 모두 가능한데 수익자의 경우는 5% 이상의 수익자로 제한된다.

37 빈칸을 옳게 채운 것은?

> • 수익자총회의 결의가 이루어지지 않은 경우, 그 날부터 (　　) 이내에 연기수익자총회를 소집해야 한다.
> • 연기수익자총회에서는 출석과반수와 전체 수익증권의 (　　) 이상의 수로 법정 결의사항에 대한 결의를 할 수 있다.

① 1주 – 1/4
② 2주 – 1/4
③ 2주 – 1/8
④ 6주 – 1/8

38 투자회사에 대한 설명이다. 틀린 것은?

① 투자회사는 반드시 발기설립의 방법으로만 설립할 수 있다.
② 법인이사 1인과 감독이사 2인 이상을 선임해야 한다.
③ 무액면·무기명식으로 주권을 발행한다.
④ 내부감사가 없는 대신 외부감사가 의무화되어 있다.

39 집합투자증권의 공모발행에 대한 내용이다. 틀린 것은?

① 증권신고서의 효력발생기간은 개방형, 폐쇄형 모두 원칙적으로 15일이며, 정정신고서의 효력발생기간은 원칙적으로 3일이다.
② 개방형펀드는 일괄신고서를 제출할 수 있다.
③ 모든 투자설명서는 증권신고서의 효력이 발생한 후에만 사용할 수 있다.
④ 최초 투자설명서를 제출한 후 매년 1회 이상 정기적으로 투자설명서를 갱신해야 한다.

40 투자권유준칙 중에서 전문투자자 대상으로도 준수해야 하는 것은?

① 적합성의 원칙
② 적정성의 원칙
③ 설명의무
④ 부당권유의 금지

41 공모형펀드에서 판매수수료를 부과하는 방법으로 인정될 수 있는 것을 모두 묶은 것은?

> ㉠ 납입금액의 2%
> ㉡ 환매금액의 2%
> ㉢ 집합투자재산의 연평균가액의 1%
> ㉣ 이익금의 70%

① ㉠
② ㉠, ㉡
③ ㉠, ㉡, ㉢
④ ㉠, ㉡, ㉢, ㉣

42 환매에 대한 내용이다. 틀린 것은?

① 집합투자재산의 20%를 초과하여 시장성 없는 자산에 투자할 경우 환매연기를 할 수 있다.
② 판매업자는 자기거래를 할 수 없는 것이 원칙이나, MMF를 판매한 경우 MMF 판매규모의 5%와 100억원 중 큰 금액에 대해서는 자기의 계산으로 투자자로부터 취득할 수 있다.
③ 환매기간은 원칙적으로 15일 이내이다.
④ 집합투자업자가 환매연기를 결정할 경우, 그 결정일로부터 6주 이내에 집합투자자총회에서 환매에 관한 사항을 의결해야 한다.

43 공모형집합투자기구가 100%까지 투자할 수 있는 대상을 나열하였다. 해당하지 않는 것은?

① 국 채
② 통화안정증권
③ 특수채증권
④ 정부 원리금보증채권

44 빈칸을 옳게 연결한 것은?

> • 집합투자업자는 각 집합투자재산에 대해 회계기간 말일부터 (　　) 이내에 회계감사인의 감사를 받아야 한다.
> • 다만, 자산총액이 (　　) 이하인 집합투자기구는 회계감사의무가 면제된다.

① 2개월 – 200억원
② 2개월 – 300억원
③ 3개월 – 200억원
④ 3개월 – 300억원

45 빈칸을 옳게 연결한 것은?

> 전문투자형 사모집합투자기구를 영위하려는 자는 금융위원회에 전문사모집합투자업의 (　　　). 그리고 이를 위해 (　　) 이상의 자기자본을 갖추고 (　　) 이상의 투자운용인력을 확보하는 등의 요건을 갖추어야 한다.

① 인가를 받아야 한다 – 10억원 – 2인
② 인가를 받아야 한다 – 20억원 – 3인
③ 등록을 해야 한다 – 10억원 – 3인
④ 등록을 해야 한다 – 20억원 – 3인

46 펀드 판매절차에서 사용되는 문서의 순서가 옳게 나열된 것은?

① 투자자정보 확인서 → 부적합 금융투자상품거래 확인서 → 적합성 보고서
② 투자자정보 확인서 → 적합성 보고서 → 부적합 금융투자상품거래 확인서
③ 부적합 금융투자상품거래 확인서 → 투자자정보 확인서 → 적합성 보고서
④ 적합성 보고서 → 투자자정보 확인서 → 부적합 금융투자상품거래 확인서

47 수익증권저축제도의 종류 중에서 보기에 해당하는 것은?

> • 목적식 저축에 해당된다.
> • 사전에 정한 금액을 매월 인출할 수 있으며, 이때 환매수수료를 징구하지 않는다.

① 임의식 저축
② 거치식 중 수익금 인출식 저축
③ 거치식 중 일정금액 인출식 저축
④ 적립식 중 정액적립식 저축

48 다음 설명 중 가장 적절하지 않은 것은?

① 정액적립식 저축은 저축자가 계속하여 6개월 이상 저축금을 납입하지 않는 경우에는 14일 이상의 기간을 정하여 납입최고한 후 계약을 해지할 수 있다.

② 판매회사는 저축자의 요청에 따라 저축목표금액의 달성과 관계없이 저축기간을 연장 또는 종료할 수 있으며 또한 저축목표금액의 증액이나 감액을 할 수 있다.

③ 저축금액의 최저나 최고한도는 제한하지 않으며, 저축기간은 수익증권의 최초매수일부터 시작한다.

④ 판매회사는 저축자의 청구에 따라 저축재산의 일부를 지급하는 경우 후입선출법에 따라 지급한다.

49 다음 중 수익증권의 만기지급일의 예시가 틀린 것은?

번 호	가입일	만기기간	만기지급일
①	2017년 3월 31일	1년	2018년 3월 31일
②	2017년 2월 28일	6개월	2017년 8월 31일
③	2017년 8월 31일	3개월	2018년 11월 30일
④	2018년 6월 10일	15일	2018년 6월 25일

50 저축자에 대한 우대조치이다. 잘못 설명한 것은?

① 저축기간을 1년으로 하는 목적식 저축에 가입하고 저축기간이 종료된 후에 환매할 경우 환매수수료가 전액 면제된다.

② 저축기간 중 수익금을 새로 발행하는 집합투자증권으로 받은 경우, 이를 환매할 경우 환매수수료는 전액 면제된다.

③ 소규모투자신탁을 해지하고 해당 상환금액으로 판매사가 추천하는 수익증권을 매수하여 저축하는 경우, 선취판매수수료 또는 후취판매수수료 그리고 판매보수와 환매수수료가 전액 면제된다.

④ 저축자가 세금정산을 목적으로 수익증권 전부를 환매하고 그 환매자금으로 해당 수익증권을 재매입할 경우의 환매수수료와 판매수수료에 대해서는 연 2회에 한하여 면제한다.

51 환매 시 출금금액을 정확히 기술한 것은?

① 환매 시 평가금액 – 환매수수료 – 세액

② 환매 시 평가금액 – 세액 – 환매수수료

③ 판매 시 평가금액 – 환매수수료 – 세액

④ 판매 시 평가금액 – 세액 – 환매수수료

52 다음 중 이자소득으로 과세하는 것을 모두 묶은 것은?

> ⓐ 채권 또는 증권의 이자와 할인액
> ⓑ 저축성보험의 보험차익
> ⓒ 환매조건부채권의 매매차익
> ⓓ 직장공제회 초과반환금

① ㉠, ㉡, ㉢
② ㉠, ㉢, ㉣
③ ㉡, ㉢, ㉣
④ ㉠, ㉡, ㉢, ㉣

53 보기에 대한 설명으로 가장 적절한 것은?

> ㉠ ELS로부터 발생한 수익
> ㉡ DLS로부터 발생한 수익
> ㉢ ETN으로부터 발생한 수익
> ㉣ 코스피지수를 기초자산으로 하는 ELW로부터 발생한 수익

① 모두 비열거소득으로 비과세된다.
② 모두 배당소득세로 과세된다.
③ 모두 양도소득세로 과세된다.
④ ㉠·㉡·㉢은 배당소득세로, ㉣은 양도소득세로 과세된다.

54 적격요건을 갖춘 집합투자기구에 대한 과세원칙에 대한 내용이다. 가장 적절하지 않은 것은?

① 운용보수나 환매수수료 등이 과세대상금액에서 공제되므로 절세효과가 있다.
② 직접투자와 펀드투자의 과세형평성을 맞추는 차원에서 일부손익과세제외가 적용된다.
③ 부동산펀드에서 양도소득이 발생하였다 하더라도 펀드에서 환매 시 배당소득세가 부과된다.
④ 소득이 신탁재산에 귀속된 날로부터 3개월 이내의 특정일을 정하여 과세할 수 있다.

55 적격펀드에서 일부손익과세제외 규정에 의해 과세대상으로부터 제외되지 않는 것은?

① 상장주식의 매매차익
② 상장채권의 매매차익
③ 비상장주식 중 벤처기업의 주식
④ 상장주식을 기초자산으로 하는 장내파생상품

56 윤리(Ethics)에 대한 설명이다. 가장 적절하지 않은 것은?

① 윤리기준을 의무론과 목적론으로 구분할 때 밴담과 밀의 공리주의는 목적론을 대표한다.
② 인류의 오랜 법 생활은 '있는 그대로의 법'이 '있어야 할 법'으로 되기를 꿈꾸고 실현해 오는 과정이라 할 수 있다.
③ 기업윤리는 윤리강령으로, 직무윤리는 임직원 행동강령으로 반영되는 것이 일반적이다.
④ 국제투명성기구(TI)에서 발표하는 부패인식지수로 판단해 볼 때, 한국의 부패인식지수는 2006년 이래 점진적으로 개선되고 있음을 알 수 있다.

57 보기에서 직무윤리가 법제화된 것을 모두 고르면?

> ㉠ 신임의무
> ㉡ 선관주의의무(선량한 관리자로서의 주의의무)
> ㉢ 이해상충 방지 의무
> ㉣ 금융소비자 보호 의무

① ㉠, ㉡   ② ㉢, ㉣
③ ㉡, ㉢, ㉣   ④ ㉠, ㉡, ㉢, ㉣

58 이해상충방지체계에 대한 설명이다. 틀린 것은?

① 자본시장법 상 금융투자업의 인가나 등록을 받기위해서는 이해상충방지체계를 갖출 것을 의무화하고 있다.
② 고객과의 거래에서 이해상충의 여지가 있고, 해당 이해상충의 수준을 투자자보호에 문제가 없는 수준까지 낮출 수 없는 경우에는 해당 거래를 하지 말아야 한다.
③ 이해상충이 있는 업무 간 임직원의 겸직은 금지되며 또한 공간이나 설비에 대한 공동이용도 금지된다.
④ 과잉권유(Boiler Room)는 이해상충의 대표적인 예이다.

59 국내 관련 규정에 따른 금융소비자 보호조직 중, 보기의 업무를 수행하는 자는?

> • 금융상품 완전판매를 위한 제반활동
> • 민원의 예방, 처리 및 관리업무
> • 민원업무 분석, 평가 및 대표이사 보고

① 금융소비자보호 총괄책임자(CCO)
② 금융소비자보호 업무전담 조직
③ 금융소비자보호 협의회
④ 준법감시부서

60 금융소비자를 보호하기 위해 '상품 판매 단계'에서 이행해야 하는 의무는?

① 상품개발 단계에서 금융소비자보호를 위한 부서의 의견반영
② 불완전판매를 예방하기 위해 적정한 자격증확보와 보수교육의 이행
③ 요청하지 않는 투자권유의 금지, 부당한 투자권유의 금지 등 준수
④ 미스터리 쇼핑, 해피콜 서비스, 불완전판매 배상제도 등의 운영

61 보기는 투자권유준칙 중 어디에 속하는가?

> 금융투자업자는 일반투자자에게 투자권유를 하지 않고 파생상품 등을 판매하려는 경우에는, 면담이나 질문 등을 통하여 그 일반투자자의 투자목적, 재산상황 및 투자경험 등의 정보를 파악해야 한다.

① KYC Rule   ② 적합성의 원칙
③ 적정성의 원칙   ④ 설명의무

62 다음의 투자권유에서 금지되는 것은?

① 투자자로부터 투자권유요청을 받지 않고 방문, 전화 등의 실시간 대화의 방법을 이용하여 장내파생상품에 대해 투자권유를 하는 행위
② 투자자가 투자권유를 거부한 저위험상품인 단기금융펀드(MMF)에 대해 다음 날에 다시 권유하는 행위
③ 투자자가 투자권유를 거부한 후 1개월이 지난 후 동일한 금융투자상품을 다시 권유하는 행위
④ 투자자가 투자권유를 거부한 후 다른 종류의 금융투자상품에 대해 투자권유를 하는 행위

63 다음은 금융소비자 보호 의무 이행을 위한 상품 판매 이후 단계의 제도에 대한 내용이다. 빈칸을 옳게 채운 것은?

> • 해피콜 서비스는 금융소비자와 판매계약을 맺은 날로부터 (   ) 이내에 금융소비자와 통화하여 불완전판매가 없었는지에 대해서 확인하는 제도이다.
> • 금융소비자는 본인에 대한 금융투자회사의 불완전판매가 있었음을 알게 된 경우, 가입일로부터 (   ) 이내에 금융투자회사에 배상을 신청할 수 있다.
> • 판매수수료 반환제도는 금융소비자가 특정 금융투자상품에 가입하고 (   ) 이내에 환매, 상환 또는 계약해지를 요청하는 경우, 해당 대금과 함께 판매수수료를 돌려주는 제도이다.

① 7일 – 15일 – 5일
② 7일 – 15일 – 5영업일
③ 7영업일 – 15일 – 5영업일
④ 7영업일 – 15영업일 – 5영업일

64 다음 빈칸을 옳게 연결한 것은?

> • 내부통제기준을 제정하거나 변경하려는 경우 (   )를 거쳐야 한다.
> • 준법감시인을 임면하려는 경우 (   )를 거쳐야 한다.

① 이사회결의, 이사회결의
② 주총의 보통결의, 이사회결의
③ 주총의 보통결의, 주총의 보통결의
④ 이사회결의, 주총의 보통결의

65 다음 중 내부통제위원회를 두어야 하는 회사는?

① 최근 사업연도말 현재 자산총액이 7천억원 미만인 상호저축은행
② 최근 사업연도말 현재 자산총액이 5조원 미만인 여신전문회사
③ 최근 사업연도말 현재 자산총액이 5조원 미만인 보험회사
④ 최근 사업연도말 현재, 자산총액이 5조원 미만이면서 집합투자재산이 20조원 이상인 자산운용회사

66 다음 빈칸을 옳게 연결한 것은?

> • 개인정보보호법은 징벌적 손해배상제도를 도입하여, 고의나 중과실로 개인정보를 유출한 기관에 대해 가중된 책임을 물어 피해액의 최대 (   )까지 배상액을 중과할 수 있다.
> • 개인정보유출로 인한 구체적인 피해액을 입증하지 못한 경우라도 (   ) 이내의 금액에서 보상받을 수 있는 법정손해배상제도를 도입하였다.

① 2배 – 300만원
② 2배 – 500만원
③ 3배 – 300만원
④ 3배 – 500만원

67 보기는 직무윤리의 외부통제 중 어떤 제재에 해당하는가?

> • 임원에 대한 해임, 6개월 이내의 업무집행정지, 경고, 주의에 대한 권고
> • 직원에 대한 징계면직, 정직, 감봉, 견책, 주의에 대한 권고
> • 회원자격의 정지, 회원에 대한 제재금의 부과

① 자율규제
② 행정제재
③ 민사책임
④ 시장통제

68 금융위원회의 처분 또는 조치 중에서 반드시 청문을 거쳐야 하는 것이 아닌 것은?

① 종합금융투자사업자에 대한 인가의 취소
② 금융투자상품거래청산회사에 대한 인가의 취소
③ 임원에 대한 해임요구
④ 직원에 대한 정직요구

69 한국금융투자협회의 분쟁조정위원회에 대한 내용이다. 틀린 것은?

① 분쟁이 접수되면 먼저 합의를 권고하고 합의가 되지 않으면 접수일로부터 30일 이내에 위원회에 회부한다.
② 접수 후라도 법원에 제소되거나 신청내용에 허위 사실이 있는 등의 사유에 해당되면 위원회에 회부하지 않고 종결 처리한다.
③ 위원회에 회부되면 30일 내로 심의하고 의결해야 하며, 부득이한 경우 15일의 기간 내에서 기한을 연장할 수 있다.
④ 당사자가 조정안을 수락하고 조정결정통지를 받은 날로부터 20일 내로 협회에 제출하면 조정안이 성립되며, 이때 재판상 화해의 효력을 갖는다.

70 다음 보기에 해당하는 분쟁의 유형은?

> 금융투자회사의 직원이 고객의 주문을 받지 않았음에도 불구하고, 고객의 예탁자산을 매매하여 발생한 분쟁이다.

① 일임매매　　　　　　　　　② 임의매매
③ 불완전판매　　　　　　　　　④ 주문착오

71 투자권유에 대한 설명이다. 가장 적절하지 않은 것은?

① 금융투자상품의 매매 또는 계약체결의 권유가 수반되지 않은 정보제공은 투자권유로 보지 않는다.
② 투자권유를 희망하지 않는 고객에게도 원금손실 가능성 등의 투자 유의사항에 대해서 알려야 한다.
③ 전문투자자 중 주권상장법인이 일반투자자와 같은 대우를 받겠다는 의사를 금융투자업자에게 서면으로 통지하는 경우, 금융투자업자는 정당한 사유가 없는 한 이에 동의해야 한다.
④ 주권상장법인이 장내파생상품을 매매하고자 할 경우 일반투자자로 간주한다.

72 '적합성 보고서'를 교부하는 대상상품이 아닌 것은?

① ETF　　　　　　　　　　　② ELS
③ ELF　　　　　　　　　　　④ ELT

73 적합성의 판단방식 중 보기는 무엇을 뜻하는가?

> • 부적합 상품을 추출함으로써 불완전판매 가능성을 낮출 수 있다.
> • 정교한 설문과 프로세스를 갖추어야 한다.

① Scoring 방식
② Factor Out 방식
③ 혼합방식
④ 상담보고서 방식

74 표준투자권유준칙상의 설명의무이다. 옳은 내용을 모두 묶은 것은?

> ⊙ 금융투자회사 임직원 등은 투자자에게 투자권유를 하는 경우, 투자설명 사항에 대해서 투자자가
> 이해할 수 있도록 설명하고 설명한 내용을 투자자가 이해하였음을 서명 등의 방법으로 확인받아야
> 한다.
> ⓒ 임직원 등은 ⊙에 따라 설명의무를 이행하는 경우, 투자자의 투자경험과 금융투자상품에 대한 지
> 식수준 등 투자자의 이해수준을 고려하여 설명의 정도를 달리할 수 있다.
> ⓒ 임직원 등은 ⊙과 ⓒ에 따라 설명하였음에도 불구하고 투자자가 주요 손익구조 및 손실위험을
> 이해하지 못하는 경우에는 투자권유를 계속해서는 안 된다.

① ⊙

② ⓒ

③ ⊙, ⓒ

④ ⊙, ⓒ, ⓒ

※ 금융투자상품은 '초고위험, 고위험, 중위험, 저위험, 초저위험'의 5단계로 분류하며, 투자자의 위험
성향은 '공격투자형, 적극투자형, 위험중립형, 안정추구형, 안정형'의 5단계로 분류함을 전제하며,
이와 관련한 아래의 질문에 답하시오(문항 75, 76, 77).

75 안정형 투자자에게 권유할 수 없는 상품은?

① 국 채
② 단기금융집합투자기구
③ 통화안정증권(통안채)
④ AAA+ 등급의 회사채

76 위험중립형 투자자에게 권유할 수 없는 상품은?

① 채권혼합형펀드
② 해외투자채권펀드
③ ELW
④ BBB+에서 AA0 등급의 회사채

77 공격투자형 투자자에게만 권유할 수 있는 상품은?

① 주식형펀드
② BBB- 등급의 회사채
③ 원금손실율이 20% 이하로 제한되는 파생상품
④ 주식신용거래

78 물가나 이자율이 변동하면 실질구매력이 하락할 수 있으며 재무설계는 이를 대비하기 위해 필요하다. 그렇다면 향후 이자율하락이 확실시될 경우 취할 수 있는 적절한 대안이 아닌 것은?

① 주식이나 부동산에 투자하는 것보다 지금 예금을 하는 것이 유리하다.
② 저축을 할 경우 고정금리의 장기저축이 유리하다.
③ 채권을 매입할 경우 고정금리채권이 유리하다.
④ 차입을 한다면 차입시기를 늦출수록 유리하다.

79 다음 설명 중 가장 적절하지 않은 것은?

① 재무설계라는 전략적 아이디어를 바탕으로 투자권유를 할 때 성공 가능성을 높일 수 있다.
② 사람들의 모든 요구와 대부분의 욕망을 충족시킬 만큼 재무자원이 충분하다고 느끼는 편안한 상태를 재무 안전감이라 한다.
③ 위험인내수준, 유언이나 상속 관련 자료, 보험 보장범위에 대한 자료는 모두 질적인 자료에 속한다.
④ 고객의 현금유입과 현금유출을 통해 지출의 건전성을 파악할 수 있는 개인재무제표는 개인현금수지상태표이다.

80 노인가계에 대한 재무설계이다. 가장 적절하지 않은 것은?

① 자산증식보다는 안정적인 소득창출이 주목적이 되어야 한다.
② 3개월에서 6개월 정도의 생활비에 해당하는 액수는 곧바로 현금화할 수 있는 유동성을 갖추어야 한다.
③ 부채가 있고 이를 상환할 현금자산이 없을 경우에는 주택을 팔아서라도 부채를 먼저 갚는다.
④ 장기상품보다는 단기상품위주로 자산을 운용함이 바람직하다.

81 보기는 어떤 형태의 부동산집합투자기구인가?

> • 법인이사인 집합투자업자가 설립주체이다.
> • 법인이사가 1인 이상 있어야 하며 감독이사는 없다.
> • 사원총회를 열어야 한다.

① 부동산투자회사
② 부동산투자유한회사
③ 부동산투자합자회사
④ 부동산투자유한책임회사

82 부동산펀드가 직접 개발사업시행자로서 부동산개발사업에 투자할 경우 적합한 부동산집합투자기구의 법적 형태로 옳게 묶은 것은?

> ⊙ 부동산투자회사
> ⓛ 부동산투자유한회사
> ⓒ 부동산투자유한책임회사
> ⓔ 부동산투자합자회사

① ⊙   ② ⊙, ⓛ
③ ⊙, ⓛ, ⓒ   ④ ⊙, ⓛ, ⓒ, ⓔ

83 다음 설명 중 가장 적절하지 않은 것은?

① 공모형 부동산펀드의 상장의무는 부동산투자신탁과 부동산투자회사에게만 부과된다.
② 국내부동산의 경우 취득 후 1년 내에는 처분이 제한되는데, 이는 공모나 사모 구분 없이 적용된다.
③ 부동산개발사업을 하기 위해서는 사업계획서를 작성하고 감정평가업자로부터 사업계획서의 적정성에 대해서 확인을 받아야 한다.
④ 부동산펀드는 순자산의 200%까지 차입이 가능하고 순자산의 100%까지 대여가 가능한데, 금융기관으로부터만 차입할 수 있으며 타 부동산펀드로부터는 차입이 불가하다.

84 부동산펀드가 공모, 사모의 구분 없이 펀드재산의 100%를 투자할 수 대상을 모두 묶은 것은?

> ㉠ 부동산개발회사가 발행한 증권
> ㉡ 부동산투자목적회사가 발행한 증권
> ㉢ 부동산투자회사가 발행한 주식
> ㉣ 주택저당증권

① ㉠, ㉡, ㉢   ② ㉠, ㉡, ㉣
③ ㉡, ㉢, ㉣   ④ ㉠, ㉡, ㉢, ㉣

85 다음 중 부동산펀드를 운용하는 집합투자업자가 제3자에게 위탁이 가능한 업무는?

① 투자신탁의 설정을 위한 신탁계약의 체결, 해지업무 및 투자회사 등의 설립의무
② 펀드재산의 운용, 운용지시 업무
③ 펀드재산의 평가업무
④ 부동산의 임대·운영업무

86 부동산펀드의 공모형과 사모형에 대한 설명이다. 가장 적절하지 않은 것은?

① 공모형은 실물부동산에 주로 투자하지만 사모형은 실물투자와 대출 등 다양한 방식으로 투자한다.
② 공모형은 상장의무가 있지만 사모형은 상장의무가 없다.
③ 유동성은 사모형이 좀 더 좋으며, 수익률은 공모형이 좀 더 높은 편이다.
④ 투자조건의 변경의 필요한 경우 공모형의 조건변경은 거의 불가하지만 사모형은 변경이 가능하다.

87 지분투자(Equity투자)와 대출투자(Debt)를 비교 설명한 것이다. 가장 적절하지 않은 것은?

① 부동산시장의 상승기에는 지분투자가 유리하고, 부동산시장의 하락기에는 대출투자가 유리하다.
② 기대수익률과 위험을 높은 순서대로 나열하면 '지분투자 중 개발형 → 지분투자 중 실물매입형 → 대출투자'의 순이다.
③ 대출형은 이자수익만 가능하며 투자기간이 지분투자에 비해서 상대적으로 짧다.
④ 지분투자와 대출투자는 모두 인허가위험에 노출된다.

88 자기관리 REITs에 대한 설명이다. 틀린 것은?

① 자본시장법이 아닌 부동산투자회사법에 의해 설립된 회사이다.
② REITs 중에서 유일하게 실체가 있는 회사이다.
③ 최저자본금은 50억원이다.
④ 실물부동산을 매입한 후 1년 이내에는 처분이 제한된다.

89 부동산투자회사(REITs)와 가장 유사한 실물형부동산펀드의 유형은?

① 임대형   ② 개량형
③ 경공매형   ④ 개발형

90 프로젝트 파이낸싱(Project Financing)의 특징이다. 가장 거리가 먼 것은?

① 기존의 기업금융방식(담보대출방식)에 비해 자금의 공급규모가 크다.
② 소구금융의 성격이 있다.
③ 부외금융(off balance)의 성격이 있다.
④ 다양한 주체의 참여가 가능하고 참여한 주체별로 위험배분이 가능하다.

91 대출형부동산펀드에 노출되는 위험이 아닌 것은?

① 인허가위험   ② 사업부지 확보위험
③ 차입위험   ④ 시공사위험

92 민법 상 물권 중에서 용익물권이 아닌 것은?

① 유치권   ② 지상권
③ 지역권   ④ 전세권

93 임대형부동산펀드에 대한 설명이다. 틀린 것은?

① 기본적인 수익원천은 임대수익과 매각차익이다.
② 차입위험에 크게 노출될 수 있지만 인허가위험에는 노출되지 않는다.
③ 공실률이 낮을수록 임대수익은 감소한다.
④ buy & lease 방식의 운용이라고 할 수 있다.

94 보기는 어떤 부동산펀드를 말하는가?

> 펀드의 목적 : 자본적지출 후의 해당 부동산의 가치 > 자본적지출에 소요되는 비용

① 임대형부동산펀드
② 개량형부동산펀드
③ 경공매형부동산펀드
④ 개발형부동산펀드

95 경공매형부동산펀드에 대한 설명이다. 틀린 것은?

① 경공매로 부동산을 취득한 후 임대, 개량, 매각이 모두 가능한 실물형부동산펀드이다.
② 가치투자형부동산펀드의 성격을 가지고 있다.
③ 일반적으로 일반인의 참여가 용이한 아파트나 토지 등을 대상으로 한 경공매펀드의 수익률이 더 높다.
④ 사전불특정형 방식(blind 방식)으로 운용된다.

96 빈칸에 알맞은 것은?

> A부동산의 당해 순영업이익이 10억원이다. 자본환원율이 5%일 경우, A부동산의 가격을 수익환원법으로 계산하면 (   )이다.

① 10억원   ② 50억원
③ 100억원   ④ 200억원

97 부동산의 전통적인 투자전략(4가지) 중에서, 보기가 해당하는 것은?

> • 중위험 고수익을 추구하는 전략이다.
> • 재개발투자를 하여 시장호전 시 되파는 전략 또는 리모델링을 한 후 임대수익을 증가시키는 전략이다.

① 핵심전략(Core 전략)
② 핵심플러스전략(Core Plus 전략)
③ 가치부가전략(Value-added 전략)
④ 기회추구전략(Opportunitic 전략)

98 보기의 경우 운용보수와 판매보수 총액은 얼마인가?(보수총액은 자산총액이나 순자산액에 대해서 보수율을 곱하여 계산하는 것으로 가정함)

> • 임대형부동산펀드이다.
> • 펀드 자산총액은 200억원이고 순자산액은 100억원이다.
> • 운용보수율과 판매보수율은 각 1%이다.

	운용보수	판매보수
①	1억원	1억원
②	2억원	1억원
③	2억원	2억원
④	1억원	2억원

99 공모형부동산펀드의 가격변동위험에 대한 설명이다. 틀린 내용의 수는?

> 가. 부동산펀드의 가격변동위험은 온전히 투자자의 몫이다.
> 나. 가격변동위험은 실제 부동산가격의 변동에 따른 위험 뿐 아니라 상장이 되어 거래가 됨으로써 발생하는 시장위험도 포함하는데, 이는 사모형펀드에도 적용된다.
> 다. 실제 부동산의 가격변동이 없다 하더라도 부동산펀드 가격은 상승할 수도 하락할 수도 있다.

① 0개   ② 1개
③ 2개   ④ 3개

100 빈칸에 알맞은 것은?

> 공모형부동산펀드의 거래가격은 해당 펀드의 순자산가치와 비교할 때, (　　　　　　　　　).

① 순자산가치와 동일하게 거래된다.
② 순자산가치에 비해 할증되어 거래된다.
③ 순자산가치에 비해 할인되어 거래된다.
④ 순자산가치에 비해 할증 또는 할인되어 거래된다.

정답 확인

① 펀드투자

01	02	03	04	05	06	07	08	09	10
①	③	③	④	②	①	④	③	③	③
11	12	13	14	15	16	17	18	19	20
①	③	④	④	②	①	③	②	②	①
21	22	23	24	25	26	27	28	29	30
①	①	③	②	④	③	④	④	④	①
31	32	33	34	35					
②	③	④	④	④					

② 투자권유

36	37	38	39	40	41	42	43	44	45
④	③	③	③	④	②	①	③	②	④
46	47	48	49	50	51	52	53	54	55
①	③	④	②	③	①	④	④	④	②
56	57	58	59	60	61	62	63	64	65
④	②	④	②	③	③	②	③	①	④
66	67	68	69	70	71	72	73	74	75
③	①	④	④	②	④	①	②	④	④
76	77	78	79	80					
③	④	①	③	③					

③ 부동산펀드

81	82	83	84	85	86	87	88	89	90
②	②	④	②	④	③	④	③	①	②
91	92	93	94	95	96	97	98	99	100
③	①	③	②	③	④	③	②	②	③

01 정답 ①
신탁계약기간의 종료, 수익자총회에서의 투자신탁 해지결의, 수익자총수가 1인이 되는 경우는 자동해지 대상이다(법정해지). * 임의해지 대상 : 임.동.환

02 정답 ③
③에서 **시장상황에 맞는 운용의 여부**는 적극적인 감시에 해당된다(신탁업자는 소극적인 감시 역할을 함).

03 정답 ③
판매업자의 변경, 보수나 수수료의 지급은 수익자총회 의결이 필요한 '신탁계약의 중요사항'에 속하지 않는다.

04 정답 ④
④는 내용은 부동산이라 할지라도, 법적으로 증권집합투자기구에 해당된다.
① 부동산펀드, ②·③ 특별자산펀드

05 정답 ②
②는 MMF가 아닌 일반펀드에 적용되는 내용인데 MMF는 증권의 차입과 대여도 불가하다.
• 금전대여의 경우 원칙적으로 금지되나 일정한 요건을 갖춘 단기대출은 가능하다.

06 정답 ① 모두 틀린 내용이다.
• 90일 내로 상장
• 판매수수료, 판매보수만 다르고 나머지는 동일해야 한다(운용보수, 신탁보수는 동일).
• 환매수수료를 부과하지 않는다.
• 아웃소싱은 재간접펀드이며, 모자형펀드는 운용의 효율성을 위한 것이다.

07 정답 ④
동일 종목은 30%, 동일법인의 지분증권에는 20%까지 투자가 가능하다.

08 정답 ③
③은 공모펀드에도 적용된다.

09 정답 ③
대부분의 펀드는 개방형이고 개방형은 비상장형이다.
※ 상장형 : 환매금지형(90일 내 상장), ETF(30일 내 상장)

10 정답 ③
①, ②, ③, ④는 인덱스펀드와 실제 지수간의 수익률 차이가 발생하는 이유이다. 그런데 완전복제법으로 지수를 추적할 경우, ③은 제거된다.
※ 완전복제법으로 지수를 추적한다 하더라도 추적오차는 발생한다는 점에 유의

11 정답 ①

Top Down Approach와 Bottom Up Approach는 액티브 운용전략이다.
②는 인핸스드 인덱스전략인데, 크게 본다면 액티브보다는 패시브에 가깝다.
③, ④는 패시브 운용전략이다.

12 정답 ③

사회간접자본에 투자하는 경우 공익성을 고려하여 100%까지 투자할 수 있도록 하고 있다.

13 정답 ④

원금보전불가가 원칙이지만 '연금신탁'의 경우 원금보전이 가능하다.

14 정답 ④

적립 시에는 세액공제, 수령 시에는 저율의 분리과세(5.5%~3.3%) 혜택을 받는다(수령 시 비과세가 아님).

15 정답 ②

특정금전신탁보다 위험성이 크다고 판단되는 '불특정금전신탁, 비지정형 특정금전신탁, 파생상품에 투자하는 신탁'에 대해서는 반드시 고객정보확인을 해야만 판매가 가능하도록 하고 있다.

16 정답 ①

동 연구가 밝힌 장기펀드의 수익률 설명력은 자산배분이 91.5%, 종목선택이 4.6%, 시장예측이 1.8%이다(이 연구로 인해 자산배분의 중요성이 크게 강화되었음).

17 정답 ③

각 자산군 간의 상관관계는 높지 않아야 한다(상관관계가 낮을수록 분산투자 효과는 높아진다).

18 정답 ②

KOSPI200은 국내 주식시장의 벤치마크이다(지수선물의 기초자산). 국내 채권시장의 벤치마크는 KOBI120 또는 KOBI30이 사용된다.

19 정답 ②

3.5% + 7% = 10.5%, 펀드멘탈 분석법(Bulilding Block방식)이다.

20 정답 ①

시나리오 분석법이다.
※ (0.3 × 40%) + (0.5 × 10%) + (0.2 × −30%) = 11%

21 정답 ①

①이다. plan-do-see로 구분해서 이해한다.

22 정답 ①

리밸런싱과 업그레이딩은 포트폴리오의 수정에 해당된다(즉, 최적자산배분 및 수정이다).

23 정답 ③

50%, 단일기간 수익률이다.

$\dfrac{(14,000 - 10,000 + 1,000)}{10,000}$ = 0.5, 즉 수익률은 50%이며, 이렇게 산출하는 수익률은 단일 기간수익률이라

한다(투자기간이 길고 짧음을 떠나 매수하고 매도하는 하나의 기간을 말하므로 단일기간이라 함).

※ 다기간수익률 : 산술평균수익률, 기하평균수익률, 내부수익률

24 정답 ②

위험-수익 최적화 방법이다. 전략적 자산배분의 실행방법은 4가지(①, ②, ③, ④)이다.

25 정답 ④

효율적 투자기회선(또는 효율적 프런티어)는 지배원리를 통해서 산출이 되는 것으로서 전략적 자산배분의 이론적 배경이 된다.

26 정답 ③

운용자의 능력은 **투자자 관점의 성과평가**가 아닌 **펀드의 성과평가(또는 운용자 관점의 성과평가)**로 알 수 있다.

27 정답 ④

④는 계량적 기준으로 평가할 수 없는 정성평가에 속한다(①, ②, ③은 정량평가 기준).

28 정답 ④

맞춤형 포트폴리오이다.

① 시장지수는 가장 포괄적인 지수이므로 운용에 특별한 제약조건이 없는 경우에 적합하다.

② 섹터지수는 시장지수 중에서 공통점이 있는 특정 분야를 반영하는 지수이다.

③ 정상포트폴리오는 유동성을 고려하여 실제 투자 가능성이 있는 종목만으로 구성한 지수이다.

29 정답 ④

성과의 이전 가능성은 운용기간 중 운용인력의 회사 간 이동이 있을 경우 발생하는 문제점인데, 이는 운용사수익률을 산출함에 있어서 발생하는 단점에 해당된다.

30 정답 ①

표준편차는 수익률의 변동범위를 통해 위험의 높고 낮음을 판단하는 지표이므로, 수익률의 안정성을 중시할 때 적합한 지표이다. 그리고 표준편차는 절대적 위험지표, 나머지는 상대적인 위험지표이다.

31 정답 ②

위험지표는 베타이다. 그리고 베타가 1보다 낮으므로 저베타주에 투자하는 펀드(방어적 운용)라고 할 수 있다.

32 정답 ③

정보비율에 해당된다.

33 정답 ④

추적오차(tracking error)는 잔차위험이라고도 하는데, 정보비율에 사용되기는 하지만 그 자체로는 상대적 위험 지표에 속한다.

* 위험조정성과지표(Risk Adjusted Performance Measurement)

　수익률을 평가할 때 위험도 반영하는 지표를 말하며 **샤프비율, 젠센의 알파, 정보비율**이 대표적이다.

34 정답 ④

샤프비율 $= \dfrac{펀드수익률 - 무위험수익률}{표준편차} = \dfrac{20\% - 6\%}{10\%} = 1.4$ 이다. 즉, 동 펀드는 위험 한 단위 당 1.4의 초과수익을 얻고 있다고 평가된다(샤프비율은 높을수록 양호함).

35 정답 ④

매우 공격적으로 운용하는 펀드이다. ④와 같은 포트폴리오의 특성을 알아내는 것이 포트폴리오 분석단계이고 이는 정성평가에 해당된다(정량평가로는 알 수 없는 특성이다).

2　투자권유　36~80번

36 정답 ④

① 투자신탁–수익자총회, 투자회사–주주총회
② 수익자총회의 의장은 수익자 중에서 선출된다.
③ 서면으로 의결권행사가 가능하다.

37 정답 ③

2주–1/8이다. 만일 법정 결의사항이 아닌 신탁계약에서 정한 결의사항에 대해서는 1/8이 아니라 1/10이다.

38 정답 ③

무액면 · 기명식으로 발행한다.
③ 투자회사는 실체가 없는 회사(paper company)이므로 내부감사가 없다. 따라서 외부감사가 의무화되어 있다.

39 정답 ③

예비투자설명서나 간이투자설명서는 효력 발생 전에도 사용할 수 있다.

40 정답 ④

①, ②, ③은 일반투자자를 대상으로 적용하는 것이 원칙이나, 부당권유금지는 전문투자자에게도 적용된다.

41 정답 ②

㉠, ㉡은 판매수수료, ㉢은 판매보수, ㉣은 환매수수료

42 정답 ①

펀드재산의 10%를 초과하여 시장성 없는 자산에 투자하거나, 50%를 초과하여 외화자산에 투자할 경우 환매연기를 할 수 있다.

43 정답 ③

①, ②, ④는 펀드재산의 100%까지 투자할 수 있으며 **지방채, 특수채, OECD회원국의 정부발행채권**은 30%까지 투자가 가능하다.

44 정답 ②

2개월 – 300억원이다. 그리고 자산총액이 300억원을 초과하더라도 자산총액이 500억원 이하로서 기준일 이전 6개월 동안 추가로 집합투자증권을 발행하지 않은 경우에도 회계감사의무가 면제된다.

45 정답 ④

전문투자형사모펀드는 등록대상이다. 등록요건은 **자기자본 20억원 이상, 투자운용인력 3인 이상, 이해상충방지 체계를 갖출 것** 등이다.

46 정답 ①

투자자정보 확인서를 통한 투자자정보 확인(KYC Rule) → 투자자유형 분류 → 적합한 투자상품 권유(이때 투자자가 자신의 위험도보다 높은 상품의 거래를 원할 경우 **부적합 금융상품거래 확인서를 사용**) → 설명의무 이행(이때 **신규투자자, 고령투자자, 초고령투자자**에게 파생상품 등을 판매할 경우 적합성 보고서를 교부함).

47 정답 ③

일정금액 인출식(목적식 중 거치식 저축)이다. 수익금의 범위 내에서 인출하고 이때 환매수수료 징구가 면제되는 것은 **수익금 인출식**이다.

48 정답 ④

선입선출법(先入先出法)에 따른다.

49 정답 ②

2017년 8월 28일이다.
※ 연 또는 월단위로 만기기간을 정할 경우 최초납입 상당일로 하는데, 월의 해당일이 없을 경우에는 해당월의 말일로 한다.
※ 일단위의 경우 계산상으로는 최초납입 상당일에 만기 기간을 단순합산하면 되는데, 이를 문장으로 표현할 때 **최초매수일로부터 계산하여 저축기간이 만료되는 날의 다음날**이 만기지급일이 됨에 유의한다.

50 정답 ③

판매보수는 면제되지 않는다.

51 정답 ①

환매 시 평가금액을 기준으로 환매수수료를 공제한 다음 세액을 계산한다(수수료 등 비용은 과세대상에서 제외함).

52 정답 ④

모두 이자소득에 해당된다.

53 정답 ④

㉠, ㉡, ㉢은 **유사 배당소득**에 해당되어 배당소득세로 과세된다. 선물, 옵션, ELW 등 장내파생상품은 비열거소득으로 비과세가 원칙이지만, 코스피지수를 기초자산으로 하는 것에 한해서 양도소득세가 부과된다.

54 정답 ④

적격펀드에 대한 과세원칙은 ①, ②, ③에 해당된다.
④는 비적격펀드 중 투자신탁 외의 신탁에 대한 과세시기를 말한다. 여기서 **투자신탁 외의 신탁**이란 자본시장법상의 투자신탁이 아닌 은행에서 판매하는 특정금전신탁 등을 말한다.

55 정답 ②

일부손익과세제외 규정은 직접투자 시 비과세가 되는 것은 간접투자(펀드투자)시에도 비과세가 유지되도록 하기 위한 규정이며, 아래 3가지를 대상으로 한다.
(1) 증권시장에 상장된 주식
(2) 비상장주식 중 벤처기업의 주식
(3) 상장주식을 기초자산으로 하는 장내파생상품
※ 채권의 매매차익은 소득세법상으로는 비과세이나, 펀드에서는 과세대상이다(따라서 일부손익과세제외의 대상이 아님).
※ 장내파생상품 중 KOSPI200을 기초자산으로 하는 것은 양도소득세가 부과되므로, 일부손익과세제외의 대상이 아니다.

56 정답 ④

2006년 이래 부패인식지수의 변화가 거의 없으며(2006년 51, 2016년 53), 2016년에는 부패인식지수의 순위가 전년보다 오히려 하락하였다(2015년 167위, 2016년 176위). 즉, 한국의 부패인식지수는 상당한 기간 동안 개선이 되고 있지 않다.

57 정답 ②

신임의무(Fiduciary duty)는 위임자(고객)의 신임을 받는 수임자(금융투자업자)로서 당연히 가지는 의무인데, 이는 법제화된 의무가 아니라 개념상의 의무이다. 선관주의 의무 또한 개념상의 의무로써 신임의무와 동일시된다(cf. 충실의무 : 고객이익을 우선해야 하는 의무로써 개념상 신임의무와 선관주의 의무와 크게 다르지 않으며, 역시 법제화된 의무가 아닌 개념상의 의무라고 할 수 있다).

58 정답 ④

과잉권유는 적합성원칙의 위반 예이며, 이해상충방지를 위반하는 예에는 과당매매가 대표적이다.

59 정답 ②

금융소비자보호 업무전담 조직의 직무에 해당된다. 관련규정에 따른 금융소비자 보호조직은 ①, ②, ③이다.
※ 금융소비자 보호조직의 '민원업무처리'의 구분
   (1) 금융소비자보호 총괄책임자(CCO) : 민원접수 및 처리에 관한 관리감독업무(→ 관리감독업무)
   (2) 금융소비자보호 업무전담 조직 : 민원의 예방, 처리, 관리업무/민원의 분석 및 평가, 대표이사 보고
       (→ 주로 실무)
   (3) 금융소비자보호 협의회 : 민원분석결과 주관부서와 관련부서 간의 협의사항 결정/민원관련 합의권고
       (→ 주로 협의, 권고)

60 정답 ③

① 상품개발 단계, ② 상품 판매 이전 단계, ③ 상품 판매 단계, ④ 상품 판매 이후 단계

61 정답 ③

적정성의 원칙이다.

62 정답 ②

저위험상품이라도 투자상품이므로 투자자가 거부한 경우에는 1개월 뒤에 하는 재권유가 아니면 금지된다.
① 불초청권유의 금지대상은 장외파생상품만 해당된다.
③, ④ 재권유금지의 예외가 된다.

63 정답 ③

불완전판매 배상제도는 15일이다(영업일 기준이 아님).

64 정답 ①

둘 다 이사회결의를 거쳐야 한다. 준법감시인의 경우, 임명 시에는 이사회의 과반수의 찬성으로 해임 시에는
이사 총수의 2/3 이상의 찬성으로 의결한다.

65 정답 ④

5조원 미만인 금융투자회사는 내부통제위원회를 두지 않아도 되지만, 집합투자재산이나 투자일임재산, 신탁재
산의 합계가 20조원 이상일 경우는 예외가 적용되어 내부통제위원회를 설치해야 한다.

66 정답 ③

3배 − 300만원이다.

67 정답 ①

자율규제기관(금융투자협회)의 제재이다. 금융위의 행정제재는 임직원에 대한 해임이나 정직을 직접 조치할 수
있지만, 협회의 자율규제는 해임이나 정직의 권고를 할 수 있다. 그리고 회원이라 협회의 회원을 말하므로 **회원**
이라는 단어가 포함되면 모두 자율규제에 해당된다.

68 정답 ④

직원의 면직요구는 청문의 대상이지만, 정직요구는 청문의 대상이 아니다.

69 정답 ④

금융감독원의 금융분쟁조정위원회를 통한 조정성립이 아니므로 민법 상 화해의 효력을 갖는다.

70 정답 ②

임의매매이다.

71 정답 ④

주권상장법인이 장외파생상품을 거래하고자 할 경우 일반투자자로 간주한다.

72 정답 ①

ETF는 파생상품과 관련이 없으므로 적합성 보고서의 교부대상이 아니다(또한 상장된 증권인 ETF나 ELW는 교부대상이 아님).

적합성 보고서 교부대상자	적합성 보고서 교부대상 상품
신규투자자, 고령투자자, 초고령투자자	ELS, ELF, ELT, DLS, DLF, DLT

* ELS : 주가연계워런트가 첨부된 증권, ELF : 주가연계워런트가 첨부된 펀드, ELT : 주가연계워런트가 첨부된 신탁, DLS, DLF, DLT : 첨부된 워런트가 주가와 아닌 다른 기초자산에 연계된 것이라는 차이가 있고 나머지는 동일하다.

73 정답 ②

추출방식(factor-out 방식)이다.

74 정답 ④

모두 옳은 내용이다.

75 정답 ④

안정형 투자자에게 적합한 금융투자 상품은 초저위험 상품이다.
※ 초저위험 상품
　국채, 지방채, 특수채, 보증채, 통안채, MMF, RP
※ 회사채는 신용등급이 아무리 우량해도 초저위험 상품이 될 수 없다(금융채나 A+이상의 회사채는 저위험등급의 상품이다).

76 정답 ③

ELW는 초고위험등급의 상품이다.

77 정답 ④

'해외투자주식펀드, 투자부적격의 회사채(BBB등급 이하), 주식 신용거래, 선물옵션, ELW, 원금비보장형 ELS, 장외파생상품'이 초고위험등급에 해당된다.
③은 고위험 상품으로써 적극투자형 투자자에게 권유할 수 있다.

78 정답 ①

이자율이 하락할 때에는 예금이 불리하며, 반대로 차입은 유리해진다(즉, 차입은 늦출수록 유리).

79 정답 ③

위험인내수준은 질적인 자료(금액으로 표시될 수 없음)이며, 유언이나 상속 관련 자료와 보험 보장범위에 관한 자료는 양적인 자료에 속한다(금액으로 표시될 수 있음).

80 정답 ③

주택의 크기를 줄여서라도 부채를 갚는 것은 권장하지만, 주택을 팔아서 부채를 갚는 것은 재무안정성이나 주거 안정성이 떨어지므로 권장하지 않는다.

81 정답 ②

부동산투자회사	부동산투자유한회사	부동산투자합자회사	부동산투자유한책임회사
법인이사 1인	법인이사 1인	무한책임사원	업무집행자
감독이사 2인		유한책임사원	

(위칸이 집합투자업자)

82 정답 ②

법인격이 있으면서 유한책임을 지는 법적형태가 적합하다. 투자합자회사는 무한책임, 유한책임회사는 유한책임이긴 하지만 채권에 대해 직접 책임을 지는 등 유한책임의 범위가 투자회사나 유한회사보다 크다.

83 정답 ④

타 부동산펀드로부터도 차입이 가능하다. 그리고 차입한 금전은 부동산운용에만 사용되어야 한다.

84 정답 ②

부동산투자회사가 발행한 주식은 100%의 대상이 아니다.

85 정답 ④

①, ②, ③은 위탁이 불가한 본질적 업무에 해당된다.
※ 제3자 위탁이 가능한 업무 : 개발, 관리 및 개량, 임대 및 운영업무 그리고 그 부수업무

86 정답 ③

유동성은 공모형이 Moderate-high, 수익률은 사모형이 Relatively-high이다.

87 정답 ④

지분투자 중 실물형은 이미 완공된 실물부동산을 매입하는 것이므로 인허가위험이 없다.
※ 개발형은 인허가위험에 당연히 노출되며, 개발사업을 영위하는 법인에 대출을 하는 대출형도 간접적으로 인허가위험에 노출된다.

88 정답 ③

서류상의 회사(paper company)인 **위탁관리 리츠, 기업구조조정 리츠**의 최저자본금은 50억원이고 자기관리 리츠의 최저자본금은 70억원이다(실체가 있으므로 좀 더 많은 자본금을 필요로 함).

89 정답 ①

리츠의 운영방식과 가장 유사한 것은 임대형이다.

90 정답 ②

PF는 비소구 또는 제한적 소구금융의 성격을 띤다(cf. 소구금융은 수표나 어음에 해당됨).
※ 소구금융 : 소급하여 대금의 결제를 청구할 수 있는 금융을 말한다.

91 정답 ③

대출형펀드는 차입한 자금으로 대출을 할 수 없으므로(순자산의 100%까지 대출가능), 차입위험에 노출되지 않는다.

※ 대출형펀드에는 차입위험이 없고, 임대형부동산펀드에는 인허가위험이 없다.

92 정답 ①

유치권은 담보물권이다.

※ 부동산물권(物權) 중 제한물권

제한물권	
용익물권	담보물권
지상권, 지역권, 전세권	유치권, 질권, 저당권

93 정답 ③

공실률(vacancy rate)이 낮을수록 임대수익이 많아진다.

94 정답 ②

개량형부동산펀드이다.

95 정답 ③

일반인의 참여가 용이한 아파트나 토지는 입찰이 증가하고 낙찰가격이 높아지는 경향이 있어 수익률 면에서 불리하다(일반인의 참여가 힘든 오피스빌딩 등 상업용 부동산의 수익률이 더 높다).

96 정답 ④

$$\frac{10억원}{0.05} = 200억원$$

수익환원법에 의한 동 부동산의 가격은 200억원이다.

97 정답 ③

가치부가전략에 해당된다. 개량과 재개발은 가치부가전략, 개발사업은 기회추구전략이다.

98 정답 ②

운용보수는 운용대상인 총자산을 대상으로 하므로 2억원(200억원 × 1%)이고, 판매보수는 순자산액을 기준으로 하므로 1억원(100억원 × 1%)이다.

99 정답 ②

나. 만 틀린 내용이다. 사모형펀드는 상장의무가 없으므로 상장이 됨으로써 발생하는 시장위험은 존재하지 않는다.

100 정답 ③

공모형부동산펀드는 상장되어 거래된다(설정일로부터 90일 내로 상장). 그런데 기초자산인 부동산의 유동성 제약이 반영되어 펀드의 순자산가치에 비해 할인되어 거래되는 것이 일반적이다.

제2회 최종모의고사

1 펀드투자 1~35번

01 다음 빈칸을 옳게 연결한 것은?

> • 법정 결의사항에 대해서 수익자총회에서 의결을 시도하였고, 출석과반수의 찬성을 얻었으나 의결권을 행사한 수익증권의 수가 전체의 1/10에 불과하여 의결에 실패하였다.
> • 이때 집합투자업자는 기존의 찬성과 반대의 비율이 유지되도록 의결권을 행사하되 찬성한 수익증권의 수가 (   ) 이상이 되도록 하여, 해당 결의사항이 성공적으로 의결되도록 하는 것을 간주의결권(shadow voting) 제도라 한다.

① 1/4   ② 1/5

③ 1/8   ④ 1/10

02 다음 빈칸에 알맞은 것은?

> 집합투자기구에는 '투자자 평등의 원칙'이라는 기본 원칙이 있다. 그런데 이에 대한 예외로써 이익배당에 대해 투자자별로 차별적인 배당을 할 수 있는 집합투자기구는 (   )이다.

① 투자유한회사   ② 투자합자회사

③ 투자유한책임회사   ④ 투자익명조합

03 단기금융펀드(MMF)에 대한 설명이다. 틀린 것은?

① MMF에 대해서는 다른 유형의 펀드보다 더 강화된 운용제한 규정을 적용한다.

② MMF는 타 MMF의 집합투자증권을 매입할 수 없다.

③ 환매조건부 매수를 할 경우 펀드재산의 10% 이상을 투자해야 한다.

④ 남은 만기가 1년 이상인 국채증권에 대해서는 펀드재산의 5%까지만 매입할 수 있다.

04 다음 빈칸에 알맞은 것은?

> A 판매회사의 MMF판매총액이 4천억원이다. 그리고 해당 MMF의 수익자(개인투자자)가 환매청구를 하였다. 이 경우 동 판매회사는 자신의 고유자금으로 동 MMF의 집합투자증권을 (   )까지 매입하여 해당 개인투자자의 환매청구에 응할 수 있다.

① 100억원   ② 150억원
③ 200억원   ④ 4천억원

05 환매금지형으로 설정 또는 설립을 할 수 있는 펀드의 수는?

> • 부동산집합투자기구
> • 특별자산집합투자기구
> • 혼합자산집합투자기구
> • 펀드재산의 50%를 초과하여 외화자산에 투자하는 경우

① 1개   ② 2개
③ 3개   ④ 4개

06 모자형집합투자기구에 대한 설명이다. 틀린 것은?

① 자집합투자기구가 모집합투자기구의 집합투자증권 외에 다른 집합투자증권을 취득하는 것이 허용되지 않는다.
② 자집합투자기구 외의 자가 모집합투자기구의 집합투자증권을 취득하는 것이 허용되지 않는다.
③ 자집합투자기구와 모집합투자기구의 집합투자재산을 운용하는 집합투자업자가 동일해야 한다.
④ 공모대상은 모집합투자기구이다.

07 상장지수집합투자기구(ETF)에 대한 설명이다. 틀린 것은?

① 공모펀드는 금전납입을 해야 하지만, ETF는 실물납입이 가능하다.
② ETF는 대주주가 발행한 증권을 매입할 수 있다.
③ ETF는 동일법인이 발행한 지분증권에 펀드재산의 30%까지 투자할 수 있다.
④ ETF가 상장폐지되는 경우에는 상장폐지일로부터 10일 이내에 펀드를 해지해야 하며, 해지일로부터 7일 이내에 금융위에 보고해야 한다.

08 빈칸을 옳게 연결한 것은?

> 장외파생상품펀드의 경우 (　　), (　　)으로 설정·설립하는 것이 일반적이다.

① 단위형, 폐쇄형
② 단위형, 개방형
③ 추가형, 개방형
④ 추가형, 폐쇄형

09 다음 설명 중 가장 거리가 먼 것은?

① 국내 펀드는 대부분 개방형이다.
② 국내 펀드는 대부분 매출식이다.
③ 국내 펀드는 대부분 비상장형이다.
④ 국내 펀드는 대부분 증권형이다.

10 다음 중에서 기대수익률이 가장 낮을 것으로 추정되는 펀드는?

① 글로벌투자펀드(Global fund)
② 지역펀드(Regional fund)
③ 개별국가펀드(Single country fund)
④ 프런티어마켓에 투자하는 펀드

11 분양권에 부동산펀드재산의 50%를 초과하는 펀드를 정확히 규정한 것은?

① 실물형부동산펀드이다.
② 개발형부동산펀드이다.
③ 권리형부동산펀드이다.
④ 자본시장법상의 부동산펀드라고 할 수 없다.

12 빈칸에 들어갈 수 없는 것은?

> 공모특별자산펀드임에도 불구하고 집합투자규약에서 해당 내용을 정한 경우, (   )에 대해서는 각 펀드 자산총액의 100%까지 투자할 수 있다.

① 사회기반시설사업의 시행을 목적으로 하는 법인이 발행한 주식과 채권
② 사회기반시설사업의 시행을 목적으로 하는 법인에 대한 대출채권
③ 사회기반시설사업의 시행을 목적으로 하는 법인이 발행한 주식 및 채권을 취득하거나 그 법인에 대한 대출채권을 취득하는 방식으로 투자하는 것을 목표로 하는 법인의 지분증권
④ 선박투자회사법에 의해 선박투자회사가 발행한 주식

13 신탁(信託)에 대한 설명이다. 틀린 것은?

① 신탁과 집합투자는 모두 간접투자상품이다.
② 집합투자는 여러 투자자의 재산을 집합하여 운용을 하지만, 수탁자는 여러 위탁자의 재산을 집합하여 운용하는 것은 예외 없이 금지된다.
③ 투자일임제도는 투자자산을 분별관리한다는 점에서 신탁제도와 동일하지만, 일임재산의 소유권이 여전히 고객에게 있다는 점에서 신탁과 차이가 있다.
④ 신탁설정 전에 이미 저당권이 설정된 경우에는 신탁재산의 독립성에도 불구하고 강제집행이 가능하다.

14 다음 설명 중 가장 적절하지 않은 것은?

① 자본시장법에서는 신탁재산인 금전을 보험상품으로 운용하는 것을 금지하고 있다.
② 연금신탁을 주식형으로 운용할 경우 주식비중은 신탁재산의 10%를 초과할 수 없다.
③ 차입을 목적으로 하는 부동산신탁은 부동산관리신탁이다.
④ 비지정형 금전신탁에 대해서는 하나 이상의 자산배분 유형군을 마련해야 하며, 하나의 자산배분 유형군은 둘 이상의 세부자산 배분유형으로 구분해야 한다.

15 신탁상품의 판매절차에 대한 내용이다. 가장 적절하지 않은 것은?

① 일반투자자인 고객에게는 신탁상품을 권유하기 전에 면담, 질문 등을 통해서 투자목적, 재산상황, 투자경험 등의 정보를 투자자정보 확인서를 통해 파악한다.

② 위탁자인 고객에게 적합하지 않은 것으로 판단되는 신탁상품에 위탁자가 투자하고자 하는 경우에는 해당 투자가 고객에게 적합하지 않다는 사실과 해당 투자의 위험성을 고지한 후 판매할 수 있다. 단, 특정금전신탁은 위의 확인을 받더라도 판매가 불가하다.

③ 투자권유불원고객이라도 비지정형 금전신탁, 불특정금전신탁, 파생상품에 대해서 투자자정보를 제공하지 않으면 신탁계약 체결이 불가하다.

④ 투자위험이 매우 높은 장외파생상품을 신탁을 통해 거래하고자 하는 고객은 장외파생상품 투자자정보 확인서를 통해 추가적인 정보를 신탁회사에 제공해야 한다.

16 자산배분과 관련된 다음 설명 중 가장 적절하지 않은 것은?

① 자산배분은 이종자산배분을 의미하며, 동종 간의 자산배분은 포트폴리오전략에 해당된다.

② '계란을 한바구니에 담지 말라'는 것은 분산투자의 중요성을 말하며, 이는 곧 자산배분의 중요성을 의미하는 것이라고 할 수 있다.

③ 투자관리의 핵심솔루션은 '자산배분의 선택, 개별종목의 선택, 투자시점의 선택'의 3요소라 할 수 있는데, 이 중 투자관리의 근간이 되는 것은 자산배분과 종목선정의 문제이다.

④ 재무목표를 설정하기 전에 투자 목표를 먼저 설정하는 것이 바람직하다.

17 자산군(asset class)이 갖추어야 하는 기본적인 성격과 관련하여 보기가 의미하는 것은?

> 수익률을 높일 수 있거나 분산을 통해 위험을 줄일 수 있는 기회를 상실하지 않도록, 자산군은 광범위할수록 좋다.

① 자산군 상호간에는 배타적이어야 한다.
② 하나의 자산군 내의 자산들은 동질적이어야 한다.
③ 자산군은 분산투자 효과가 있어야 한다.
④ 자산군은 투자 가능한 자산군의 대부분을 커버해야 한다.

18 자산군은 이자지급형자산과 투자자산으로 구분할 수 있는데, 이자지급형자산에 대한 설명으로 가장 적절하지 않은 것은?

① 낮은 변동성을 보인다는 장점이 있다.
② 경기침체로 투자자산의 가치가 하락할 때에는 안전자산으로 투자매력도가 높아진다.
③ 언제 발생할지 모르는 현금의 필요에 대비한 단기자금운용에 활용하는 것이 바람직하다.
④ 인플레이션이 진행될 경우 이자지급형자산에 투자하는 것이 유리하다.

19 기대수익률을 추정하는 방식 중에서 보기가 뜻하는 것은?

> • 채권의 기대수익률은 채권의 수익률곡선에서 추정해 낸다.
> • 주식의 기대수익률은 배당평가모형이나 현금흐름방법 등을 이용하여 추정해 낸다.

① 추세분석법
② 시나리오 분석법
③ 펀드멘탈 분석법
④ 시장공동예측치 사용법

20 보기에 따를 때 기대수익률은 얼마인가? 그리고 이러한 기대수익률 추정방식을 무엇이라 하는가?

구 분	확 률	미래투자수익률
호경기	0.3	50%
정 상	0.5	20%
불경기	0.2	−40%

① 17%, 시나리오 분석법
② 17%, 시장공동예측치 사용법
③ 25%, 시나리오 분석법
④ 25%, 시장공동예측치 사용법

21 빈칸을 옳게 연결한 것은?

> • 전략적 자산배분은 대략 (　　)을 주기로 모니터링 후의 전략을 반영한다.
> • 전술적 자산배분은 대략 (　　)을 주기로 모니터링 후의 전략을 반영한다.

① 3개월 - 1개월　　　　　　　② 6개월 - 1개월
③ 6개월 - 2개월　　　　　　　④ 3개월 - 2주

22 산술평균수익률에 대한 설명이다. 틀린 것은?

① 다기간수익률에 해당한다.
② 기간별 단일기간수익률을 모두 합한 다음 이를 관찰수로 나누어 측정한다.
③ 기간별 투자금액의 크기를 고려하지 않고 결국 기간에만 가중치가 주어지므로 '시간가중평균수익률'이라고도 한다.
④ 중도현금흐름이 재투자되는 경우 적합한 측정방식이다.

23 전략적 자산배분의 실행방법 중 보기에 해당하는 것은?

> KOPSI200과 동일한 종목과 동일한 비율로 자산배분을 한다.

① 시장가치 접근방법
② 위험-수익 최적화 방법
③ 투자자별 특수상황을 고려하는 방법
④ 다른 유사한 기관투자가의 자산배분을 모방하는 방법

24 다음 빈칸을 옳게 연결한 것은?

> • 기대수익과 위험을 축으로 하여 (A)를 도출한다.
> • (A)와 투자자의 효용함수가 접하는 점을 (B)라고 한다.
> • 이러한 투자전략을 (C)으로 간주한다.

구 분	A	B	C
①	효율적 투자기회선	최적 포트폴리오	전략적 자산배분
②	효율적 투자기회선	최적 포트폴리오	전술적 자산배분
③	지배원리	효율적 투자기회선	전략적 자산배분
④	지배원리	효율적 투자기회선	전술적 자산배분

25   전술적 자산배분의 이론적 배경과 관련하여 빈칸에 알맞은 것은?

> 전술적 자산배분전략이 성립되기 위해서는 자산집단의 가격이 단기적으로는 내재가치에서 벗어나지만, 장기적으로는 내재가치로 회귀한다는 (　　　　)을 따른다는 가정이 성립해야 한다.

① 증권시장의 과잉반응현상
② 가격착오현상
③ 평균반전현상
④ 역투자전략

26   투자자 관점의 성과평가 대상이 아닌 것은?

① 자산배분의 선택
② 투자시점의 선택
③ 선택한 펀드의 운용수익률
④ 운용회사의 운용프로세스

27   집합투자기구 평가의 프로세스에서 정량평가로 분류되는 것이 아닌 것은?

① 수익률측정
② 위험조정성과측정
③ 성과요인분석
④ 등급부여

28   혼합형집합투자기구에 적합한 벤치마크는?

① 시장지수
② 합성지수
③ 정상포트폴리오
④ 맞춤형 포트폴리오

29 다음 빈칸을 옳게 연결한 것은?

> • 운용회사가 운용하는 일부 집합투자기구들만의 성과를 측정하여 비교할 경우 전체 성과를 정확히 나타내지 못하는 문제가 있다.
> • 이러한 문제를 (   )라고 하며, 동 오류를 바로 잡기 위해 (   )을 산출한다.

① 대표계정의 오류, 집합투자기구수익률
② 대표계정의 오류, 운용사그룹수익률
③ 생존계정의 오류, 집합투자기구수익률
④ 생존계정의 오류, 운용사그룹수익률

30 절대적 위험지표를 모두 묶은 것은?

> ㉠ 표준편차
> ㉡ VaR
> ㉢ 공분산
> ㉣ 베 타

① ㉠   ② ㉠, ㉡
③ ㉠, ㉡, ㉢   ④ ㉠, ㉡, ㉢, ㉣

31 다음 빈칸에 알맞은 것은?

> (   )가 크다는 것은 펀드가 투자한 종목의 구성이나 편입비가 벤치마크와 상이하다는 것을 의미하며, 펀드수익률이 벤치마크와 크게 다르게 나타났다는 것을 의미한다.

① 베 타
② 공분산
③ 초과수익률
④ 추적오차

32 젠센의 알파에 대한 설명이다. 틀린 것은?

① 집합투자기구의 실제수익률이 시장균형을 가정한 경우의 기대수익률보다 얼마나 높은지를 나타낸다.

② 젠센의 알파가 0보다 크다는 것은 시장균형하에서의 표준편차 위험을 가지는 펀드의 기대수익률보다 해당 펀드의 수익률이 더 높았다는 것을 의미한다.

③ 젠센의 알파가 0보다 크다는 것은 운용자의 종목선정능력이 좋았다고 볼 수 있다.

④ 젠센의 알파는 종목선택정보와 시장예측정보를 구분하지 못하는 단점이 있다.

33 보기에 근거하여 정보비율을 구하면?

> 포트폴리오수익률 20%, 무위험수익률 2%, 벤치마크수익률 10%, 집합투자기구의 초과수익률에 대한 표준편차 20%일 경우 정보비율은 (   )이며, 이때 (   )하다고 평가된다.

① 0.5, 우수   ② 0.5, 매우 우수
③ 0.9, 매우 우수   ④ 0.9, 탁월

34 집합투자기구 평가프로세스 중 스타일 분석을 하는 단계는?

① 위험조정성과측정 단계
② 성과요인 분석 단계
③ 포트폴리오 분석 단계
④ 운용자의 질적평가

35 집합투자기구의 평가 프로세스 중 보기의 내용을 평가하는 단계는?

> 펀드를 운용함에 있어 매매회전율이 지나치게 높다.

① 위험조정성과측정 단계
② 성과요인 분석 단계
③ 포트폴리오 분석 단계
④ 운용자의 질적평가

36 다음 설명 중 가장 적절하지 않은 것은?

① 집합투자업자 또는 투자회사 등은 금융위에 등록한 집합투자기구 관련사항이 변경된 경우에는 2주 이내에 그 내용을 금융위에 변경등록을 해야 한다.

② 환매연기를 결정한 날로부터 2주 이내에 집합투자자총회에서 환매연기에 관한 사항을 의결해야 한다.

③ 수익자총회의 결의가 이루어지지 않은 경우에는 2주 이내에 연기된 수익자총회를 소집해야 한다.

④ 수익자총회의 결의사항 중 합병이나 신탁계약 중요 내용에 대해 반대하는 경우 매수청구권을 행사할 수 있는데, 매수청구권은 수익자총회 결의일로부터 20일 내로 서면으로 통지하여 행사한다.

37 다음 설명 중 가장 적절하지 않은 것은?

① 법정 결의사항이 아닌 신탁계약으로 정한 결의사항은 연기수익자총회에서 '출석과반수 & 전체수익자의 1/8'의 수로 의결한다.

② 집합투자업자는 수익증권의 발행가액이 전액 납입된 후 신탁업자의 확인을 받아 수익증권을 발행한다.

③ 정식 투자설명서는 증권신고서의 효력이 발생한 후에만 사용할 수 있다.

④ 주권상장법인이 장외파생상품을 매매하고자 할 경우 일반투자자로 간주된다.

38 투자권유대행인의 금지행위가 아닌 것은?

① 위탁한 금융투자업자를 대리하여 계약을 체결하는 행위

② 금융투자업자로부터 위탁받은 투자권유 대행업무를 제3자에게 재위탁하는 행위

③ 설명의무를 이행함에 있어 일반투자자의 이해수준에 따라 설명의 정도를 달리하는 행위

④ 둘 이상의 금융투자업자와 투자권유 위탁계약을 체결하는 행위

39 집합투자증권에 대한 광고 시 반드시 포함시켜야 하는 사항은?

① 집합투자증권 취득 전에 투자설명서 또는 간이투자설명서를 읽어볼 것을 권고하는 내용
② 해당 펀드의 투자운용인력에 관한 사항
③ 환매에 관한 사항
④ 과거 운용실적이 있는 경우 그 운용실적

40 빈칸을 옳게 연결한 것은?

> • 판매수수료는 판매 또는 환매 시 일시에 (　　)로부터 징수한다.
> • 판매보수는 매일의 집합투자재산의 규모에 비례하여 (　　)로부터 징수한다.
> • 환매수수료는 환매를 청구한 투자자가 부담하고 (　　)로 귀속된다.

① 투자자 － 투자자 － 집합투자기구
② 투자자 － 집합투자기구 － 집합투자기구
③ 집합투자기구 － 집합투자기구 － 투자자
④ 집합투자기구 － 투자자 － 투자자

41 공모형집합투자기구에 적용되는 파생상품에 대한 거래제한이다. 틀린 것은?

① 일정한 적격요건을 갖추지 못한 자와 장외파생상품을 거래할 수 없다.
② 파생상품 매매에 따른 위험평가액이 각 집합투자기구의 자산총액에서 부채총액을 뺀 가액의 100%를 초과하여 투자할 수 없다.
③ 동일증권을 기초자산으로 한 파생상품 투자에 따른 위험평가액은 펀드 자산총액의 20%를 초과할 수 없다.
④ 동일 거래상대방과의 장외파생상품 매매에 따른 거래상대방 위험평가액이 각 집합투자기구 자산총액의 10%를 초과할 수 없다.

42 MMF에 대한 설명이다. 가장 적절하지 않은 것은?

① 증권의 대여나 차입은 금지되며 이에 대한 예외는 없다.
② 환매조건부 매수 총액은 집합투자기구가 보유하고 있는 증권총액의 5% 이내로 운용해야 한다.
③ 투자대상인 채무증권은 취득시점의 신용평가등급이 상위 2개 등급 이내이어야 한다.
④ 장부가로만 평가해야 한다.

43 ETF에 대한 설명이다. 틀린 항목의 수는?

> • ETF는 동일종목의 증권에 대해서는 자산총액의 30%까지 투자할 수 있다.
> • ETF는 동일법인이 발행한 지분증권에 대해서는 발행법인 지분증권 총수의 20%까지 투자할 수 있다.
> • ETF는 설정일로부터 30일 내로 상장되어야 한다.
> • ETF는 이해관계인과 거래를 할 수 있다.

① 0개   ② 1개
③ 2개   ④ 3개

44 보기에서 법정해지 사항이 아닌 것을 연결한 것은?

> 가. 수익자총수가 1인이 되는 경우
> 나. 수익증권 전부에 대한 환매청구가 있는 경우
> 다. 수익자 전원이 해지에 동의하는 경우
> 라. 수익자총회를 통해서 해지를 결의하는 경우

① 가, 나   ② 나, 다
③ 다, 라   ④ 가, 라

45 외국집합투자증권에 대한 특례이다. 가장 적절하지 않은 것은?

① 외국집합투자업자가 적격요건을 갖추기 위해서는 최근 사업연도말 운용자산의 규모가 1조
원 이상이어야 한다.
② 판매적격이 되는 외국집합투자증권은 OECD 가맹국이나 홍콩, 싱가폴 법률에 의해서 발행
된 증권이어야 한다.
③ 외국집합투자증권은 판매 적격요건을 갖춘 경우 공모 시 증권신고서를 제출하지 않아도
된다.
④ 외국집합투자업자는 자산운용보고서를 3개월에 1회 이상 투자자에게 제공해야 한다.

46 보기의 절차에 사용되는 투자권유상의 문서는?

> 투자자가 투자성향에 따른 판매회사 권유펀드를 거부하고 더 높은 위험수준의 펀드매수를 요청하는 경우 사용된다.

① 투자자정보 확인서
② 투자권유불원 확인서
③ 부적합 금융투자상품 거래확인서
④ 적합성 보고서

47 수익증권저축제도의 종류 중에서 보기에 해당하는 것은?

> • 목적식 저축에 해당된다.
> • 저축기간이 종료된 이후 환매청구 시 환매수수료가 전액 면제된다.
> • 6개월 이상 납입하지 않으면 해지될 수 있다.

① 임의식 저축
② 거치식 저축
③ 정액적립식 저축
④ 목표식 저축

48 다음 설명 중 옳은 것은?

① 판매회사는 저축자의 요청에 따라 저축기간이나 저축금액을 조정할 수 있는데 저축기간의 연장이나 저축금액의 증액은 가능하지만, 저축기간의 중도 종료나 저축금액의 감액은 불가하다.
② 저축기간은 수익증권의 최초매수일로부터 시작한다.
③ 임의식과 적립식을 혼합한 것은 목적식이다.
④ 판매회사는 월간 매매내역은 다음달 20일까지, 분기 동안 거래가 없는 경우는 잔고현황 등에 대해 분기종료 후 20일까지 저축자에게 통지해야 한다.

49 다음 중 수익증권의 만기지급일에 대한 설명이다. 틀린 것은?

① 저축기간을 월 또는 연단위로 정한 경우는 저축기간이 만료되는 월의 최초납입상당일을 만기지급일로 하되, 만료되는 월에 그 해당일이 없는 경우에는 그 월의 말일을 만기지급일로 한다.

② 저축기간을 일단위로 정한 경우는 수익증권의 최초 매수일로부터 계산하여 저축기간이 만료되는 날을 만기지급일로 한다.

③ 2018년 8월 10일을 최초매수일로 하여 저축기간을 5일로 한다면 만기지급일은 8월16일이다(8월15일을 제외하고 휴일은 없다고 가정함).

④ 투자신탁의 신탁계약의 해지로 인해 저축기간이 종료되는 경우에는 해지결산 후 첫 영업일을 만기 지급일로 한다.

50 저축자에 대한 우대조치이다. 잘못 설명한 것은?

① 저축기간을 1년으로 하는 목적식저축에 가입하고 저축기간이 종료된 후에 환매할 경우 환매수수료가 전액 면제된다.

② 저축기간 중 수익금을 새로 발행하는 집합투자증권으로 받은 경우, 이를 환매할 경우 환매수수료는 전액 면제된다.

③ 소규모투자신탁을 해지하고 해당 상환금액으로 판매사가 추천하는 수익증권을 매수하여 저축하는 경우, 선취판매수수료 또는 후취판매수수료 그리고 환매수수료가 전액 면제된다.

④ 저축자가 세금정산을 목적으로 수익증권 전부를 환매하고 그 환매자금으로 해당 수익증권을 재매입할 경우의 환매수수료와 판매수수료에 대해서는 연 1회에 한하여 면제한다.

51 보기의 경우 수익증권의 좌수는 얼마인가?

> 저축금액 600만원, 매수 시 적용되는 기준가격 1,130.00

① 5,309,733좌   ② 5,309,734좌
③ 5,309,735좌   ④ 6,000,000좌

52 다음 중 이자소득으로 과세하는 것을 모두 묶은 것은?

> ㉠ 환매조건부채권의 매매차익
> ㉡ 영업대금의 이익
> ㉢ 보장성보험의 보험차익
> ㉣ 코스피200을 기초자산으로 하는 ELW의 매매차익

① ㉠

② ㉠, ㉡

③ ㉠, ㉣

④ ㉠, ㉡, ㉢, ㉣

53 다음 중 직접투자 시 양도소득세가 부과되는 대상이 아닌 것은?

① 코스피200을 기초자산으로 하는 선물
② 코스피200을 기초자산으로 하는 ELW
③ 비상장주식의 매매차익
④ 상장채권의 매매차익

54 세제적격요건을 충족하지 못할 경우의 과세에 대한 내용이다. 틀린 것은?

① '투자회사, 투자유한회사, 투자합자회사'로부터의 이익은 배당과세하고, 투자신탁이나 투자합자조합, 투자익명조합은 '집합투자기구 외의 신탁이익'으로 보고 신탁재산의 내용에 따라 이자소득 또는 배당소득으로 과세한다.
② 일부손익과세제외 규정이 적용되지 않는다.
③ 운용보수, 수탁보수, 판매보수 등 비용을 공제하지 않는다.
④ 소득이 신탁재산에 귀속되는 때를 수입시기로 하는데, 편의성을 고려하여 신탁재산에 소득이 귀속된 날로부터 2개월 이내의 특정일을 정하여 과세한다.

55 빈칸에 들어갈 수 없는 것은?

> 거주자의 소득은 (   ), (   ), (   )으로 분류된다.

① 종합소득

② 금융소득

③ 양도소득

④ 퇴직소득

56 두 가지 윤리설 중 의무론설에 대한 설명이다. 가장 적절하지 않은 것은?

① 의무론설을 대표하는 것은 칸트의 도덕이론이다.

② 도덕규칙을 따르는 행위가 나쁜 결과를 유발할지라도 이를 무시하고 도덕규칙을 따라야 한다는 설이다.

③ 어떤 규칙이 모든 사람이 따를 수 있는 보편적인 법칙이 될 수 있을 때, 이 규칙에 따라야 한다는 것이 의무론설이다.

④ 어떤 규칙을 따르는 것이 결과적으로 더 큰 도덕규칙을 위배할 수 있다면, 그 규칙은 따르지 않아도 된다.

57 금융투자회사 표준윤리준칙 상 '고객에 대한 의무(또는 원칙)'를 모두 묶은 것은?

> ㉠ 고객우선의무
> ㉡ 신의성실의무
> ㉢ 법규준수의무
> ㉣ 시장질서존중의무

① ㉠

② ㉠, ㉡

③ ㉠, ㉡, ㉢

④ ㉠, ㉡, ㉢, ㉣

58 빈칸을 옳게 연결한 것은?

> • 직무윤리의 2대 원칙인 고객우선원칙과 신의성실원칙은 (   )에 근거한다.
> • 금융소비자 보호 의무는 신중한 투자자의 원칙과 (   )에 그 바탕을 둔다.

① 선량한 관리자로서의 주의의무, 전문가로서의 주의의무

② 이해상충 방지 의무, 전문가로서의 주의의무

③ 전문가로서의 주의의무, 이해상충 방지 의무

④ 전문가로서의 주의의무, 선량한 관리자로서의 주의의무

59 다음 중 금융소비자보호 총괄책임자(CCO)가 수행하는 직무가 아닌 것은?

① 금융소비자보호에 필요한 절차 및 기준의 수립
② 금융상품 판매의 전 단계에서 소비자보호 체계에 관한 관리, 감독 업무
③ 민원업무의 분석과 평가 및 대표이사 보고
④ 금융소비자보호 관련 관계부서 간 피드백업무 총괄

60 다음 중 증권투자권유자문인력의 자격으로서 권유할 수 없는 상품은?

① CMA
② ELB
③ ELT
④ CP

61 손실보전 등의 금지조항(자본시장법 제55조)과 관련하여 예외적으로 허용되는 경우는?

① 투자자가 입을 손실의 전부 또는 일부를 보전하여 줄 것을 사전에 약속하는 행위
② 투자자가 입을 손실의 전부 또는 일부를 사후에 보전하여 주는 행위
③ 회사의 위법행위로 인하여 회사가 손해를 배상하는 행위
④ 투자자에게 일정한 이익을 사후에 제공하는 행위

62 재산 상 이익으로 제공이나 수령이 금지되는 것이 아닌 것은?

① 경제적 가치의 크기가 일반인이 통상적으로 이해하는 수준을 초과하는 경우
② 재산 상 이익의 내용이 사회적 상규에 반하거나 거래상대방의 공정한 업무수행을 저해하는 경우
③ 금융투자상품에 대한 가치분석, 매매정보 또는 주문의 집행을 위하여 자체적으로 개발한 소프트웨어 활용에 불가피한 컴퓨터 등 전산기기를 제공하는 경우
④ 거래상대방만 참석한 여가 및 오락활동 등에 수반되는 비용을 제공하는 경우

63 금융투자회사 표준윤리준칙 제16조 대외활동에 대한 내용이다. 가장 적절하지 않은 것은?

① 임직원이 대외활동을 하기 위해서는 반드시 준법감시인으로부터 사전승인을 받아야 한다.

② 회사의 공식의견이 아닌 경우 사견임을 명백히 밝혀야 한다.

③ 회사는 대외활동을 하는 임직원이 당해 활동을 통해 회사로부터 부여받은 주된 업무를 충실히 이행하지 못하거나 고객과의 이해상충이 확대되는 경우, 회사는 당해 대외활동의 중단을 요구할 수 있다.

④ 임직원이 웹사이트나 인터넷 게시판에 특정 금융투자상품을 분석한 내용 또는 투자권유를 하는 내용을 게시하고자 할 경우 사전에 준법감시인의 출처를 받아야 한다. 단, 자료출처를 명시하고 인용하는 경우나 기술적 분석에 따른 투자권유는 준법감시인의 사전승인을 받지 않아도 된다.

64 준법감시인에 대한 설명이다. 가장 적절하지 않은 것은?

① 준법감시인을 임면(任免)하려는 경우에는 이사회 의결을 거쳐야 한다.

② 준법감시인을 해임하려는 경우에는 이사 총수의 3/4 이상의 찬성이 요구된다.

③ 통상의 회사를 대상으로 준법감시인은 사내이사 또는 업무집행자 중에서 선임할 것을 요구하고 있다.

④ 준법감시인의 임기는 2년 이상으로 한다.

65 내부통제기준 위반에 대한 과태료부과에 대한 내용이다. 1억원 이하의 과태료가 부과되는 대상이 아닌 것은?

① 내부통제기준을 마련하지 않은 경우

② 준법감시인을 두지 않은 경우

③ 사내이사 또는 업무집행책임자 중에서 준법감시인을 선임하지 않은 경우

④ 준법감시인이 금지대상 겸영업무를 겸직한 경우

66 회사에 대한 신임의무를 이행하는 것과 가장 거리가 먼 것은?

① 회사와 이해충돌이 발생할 수 있는 직무에 대한 겸임금지

② 회사의 재산이나 회사로부터 부여받은 지위를 이용하여 사적이익을 추구하는 행위를 하지 않을 것

③ 고용계약이 종료된 이후에도 일정기간 동안 회사의 명함을 사용하지 않는 행위

④ 합리적인 의사결정과 적정한 업무수행을 통해 주주가치를 극대화하고자 하는 행위

67 직무윤리 위반 시 가해지는 외부통제 중에서 금융감독기구가 취할 수 있는 제재사항에 속하지 않는 것은?

① 금융투자업자에 대한 검사권 또는 조치명령권
② 회원사에 대한 제명
③ 금융투자업자 임원에 대한 해임요구
④ 금융투자업자 직원에 대한 면직

68 분쟁조정제도의 장·단점에 대한 설명이다. 틀린 것은?

① 소송수행으로 인한 추가적인 부담 없이 최소한의 시간 내에 합리적으로 분쟁처리가 가능하다.
② 복잡한 금융관련 분쟁에 대한 전문가의 조언 및 도움을 받을 수 있다.
③ 개인투자자가 확인하기 어려운 금융투자회사의 보유자료 등을 조정기관을 통해 직접적으로 확인이 가능하다.
④ 양당사자의 합의가 도출되지 않으면 분쟁처리가 지연될 수 있다.

69 다음 빈칸을 바르게 연결한 것은?

> • 금융위원회의 처분 또는 조치에 대해 불복하는 자는 해당 처분 또는 조치를 받는 날로부터 (   ) 이내에 그 사유를 갖추어 금융위원회에 이의신청을 할 수 있고, 이때 금융위원회는 해당 이의신청에 대해 (   ) 이내에 결정을 해야 한다.
> • 금융분쟁조정위원회는 분쟁조정의 신청을 받은 날로부터 (   ) 이내에 당사자 간의 합의가 이루어지지 않은 때 지체없이 회부해야 하며, 조정위원회는 회부일로부터 (   ) 이내에 심의하여 조정안을 작성해야 한다.

① 30일, 30일, 30일, 30일
② 30일, 60일, 30일, 60일
③ 60일, 30일, 30일, 60일
④ 60일, 30일, 60일, 30일

70 보기는 어떤 금융분쟁의 유형에 속하는가?

> 금융투자회사 직원이 고객에게 투자권유를 하면서 금융투자상품에 대한 설명의무를 충실히 이행하지
> 않음으로써, 위험에 대한 투자자의 인식형성을 방해하고 과도하게 위험성이 높은 투자를 권유한 경우
> 사안에 따라 민사 상 손해배상 책임이 발생할 수 있다.

① 일임매매　　　　　　　　　　② 임의매매
③ 부당권유　　　　　　　　　　④ 주문관련

71 다음 설명 중 가장 거리가 먼 것은?

① 금융투자상품의 매매나 계약체결의 권유가 수반되지 않는 정보제공은 투자권유가 아니므
　로, 투자자정보 확인서를 작성할 필요가 없다.
② 투자자의 투자정보는 반드시 투자자가 자필로 작성할 필요는 없다.
③ 투자권유불원고객에 대해서는 원금손실가능성 등의 주요 유의사항을 알리지 않아도 된다.
④ 투자설명서는 법정 투자권유 문서이므로 투자권유불원고객이라도 해당 증권에 투자하고자
　하는 경우에는 판매 전에 알려야 한다.

72 적합성의 판단방식 중 보기는 무엇을 뜻하는가?

> 점수화 방식보다 불완전판매가능성이 낮고, 추출방식보다 불완전판매가능성은 높다.

① Scoring 방식
② Factor Out 방식
③ 혼합방식
④ 상담보고서 방식

73 빈칸에 들어갈 수 없는 것은?

> 투자자가 보유한 자산에 대한 (　　) 목적으로 투자를 하거나 (　　)으로 투자를 하는 등, 해당 투자를
> 통해 투자에 수반되는 위험을 낮추거나 회피할 수 있다고 판단하는 경우에는, 기존의 금융투자상품
> 위험도 분류기준보다 (　　) 기준을 적용하여 투자권유를 할 수 있다.

① 위험회피　　　　　　　　　　② 적립식
③ 거치식　　　　　　　　　　　④ 완화된

74 해외자산에 투자하는 신탁계약을 투자권유할 때 추가적으로 설명해야 할 사항이 아닌 것은?

① 투자대상 국가 또는 지역 및 자산별 투자비율
② 투자대상 국가 또는 지역의 경제, 시장상황 등의 특징
③ 과거의 환율변동추이가 미래의 환율변동을 전부 예측하지 못한다는 사실
④ 환위험 헤지를 할 경우 환율변동 위험을 완전하게 제거할 수 있다는 사실

※ 금융투자상품은 '초고위험, 고위험, 중위험, 저위험, 초저위험'의 5단계로 분류하며, 투자자의 위험 성향은 '공격투자형, 적극투자형, 위험중립형, 안정추구형, 안정형'의 5단계로 분류함을 전제하며, 이와 관련한 아래의 질문에 답하시오(문항 75, 76, 77).

75 안정추구형 투자자에게 권유할 수 없는 상품은?

① 원금보장형 ELS
② 채권형펀드
③ 금융채
④ 해외투자채권펀드

76 채권혼합형펀드를 권유할 수 대상이 아닌 자는?

① 공격투자형 투자자
② 적극투자형 투자자
③ 위험중립형 투자자
④ 안정추구형 투자자

77 적극투자형 투자자에게 권유할 수 있는 상품은?

① 혼합자산펀드
② 주식형펀드
③ BB(+)등급 이하의 회사채
④ 주식 신용거래

78 다음 설명 중 가장 적절하지 않은 것은?

① 재무설계는 전 생애에 걸친 과정이다.
② 우리나라는 현재 고령사회로 보는 것이 통설이다
③ 유언이나 상속 관련 자료, 보험 보장범위에 대한 자료는 양적인 자료에 속한다.
④ 재정상태의 건전성을 파악할 수 있는 것은 자산상태표이다.

79 재무목표 설정 시 유의사항이 아닌 것은?

① 재무목표는 현실적이어야 한다.
② 재무목표는 구체적이고 측정가능한 용어로 기술되어야 한다.
③ 다양한 재무목표가 있을 경우 가장 중요한 목표를 재무목표로 선택한다.
④ 취할 행동의 종류가 포함되어 있어야 한다.

80 퇴직 후 자산관리 운용지침의 하나로써, 안전성을 가장 먼저 고려하는 것과 가장 거리가 먼 것은?

① 주식투자와 같은 공격형 투자를 하지 않도록 해야 한다.
② 사금융을 피한다.
③ 실세연동형 금리보다는 변동금리를 선택한다.
④ 은행 정기예금, CD, MMDA, MMF, 국공채 등에 투자한다.

3 부동산펀드 81~100번

81 보기의 요건을 모두 충족하는 부동산집합투자기구의 법적형태는?

> • 부동산펀드가 직접 개발사업시행자로서 부동산개발에 투자하고자 한다.
> • 공모형이며 상장형으로 설정 또는 설립하고자 한다.

① 부동산투자신탁
② 부동산투자회사
③ 부동산투자유한회사
④ 부동산투자합자회사

82 부동산집합투자기구가 차입할 수 있는 기관이 아닌 것은?

① 상호저축은행   ② 증권금융회사

③ 우체국금융   ④ 다른 부동산펀드

83 다음 중 부동산펀드가 공모, 사모의 구분 없이 펀드재산의 100%를 투자할 수 있는 대상이 아닌 것은?

① 특정한 부동산을 개발하기 위하여 존속기간을 정하여 설립된 회사가 발행한 증권

② 부동산 투자를 목적으로 설립되고 회사자산의 90% 이상을 부동산에 투자하는 회사가 발행한 지분증권

③ 한국주택금융공사법에 따른 주택저당증권

④ 부동산투자회사(REITs)가 발행한 지분증권

84 다음 빈칸에 들어갈 수 없는 것은?

> • 국내에 있는 부동산 중 주택법에 해당하지 않는 부동산은 (　　)의 처분제한 기간이 적용된다.
> • 부동산펀드의 차입금한도는 순자산금액의 (　　)이다.
> • 부동산을 기초자산으로 하는 파생상품에 투자하는 경우(사모형), 동 파생상품이 헤지목적이 아니라면 해당 위험평가액의 합계는, 펀드 순자산총액의 (　　)이다.
> • 부동산의 개발 및 부수업무를 제3자에게 위탁하였을 때, 해당하는 제3자는 위탁받은 업무를 실제 수행하라는 날의 (　　) 전까지 서류를 첨부하여 금융위원회에 보고해야 한다.

① 1년   ② 100%

③ 200%   ④ 400%

85 다음 설명 중 가장 적절하지 않은 것은?

① 민법 상 부동산은 토지와 그 정착물로 정의된다.

② 국내부동산을 취득 후 1년 이내에는 처분할 수 없다는 규정은 사모펀드에도 적용된다.

③ 공모형부동산펀드의 차입한도는 펀드 순자산의 200%이다.

④ 집합투자재산평가위원회가 충실의무를 준수하고 평가의 일관성을 유지하여 평가한 가액을 시가라고 한다.

86 부동산투자의 효과이다. 가장 거리가 먼 것은?

① 중위험중수익의 투자상품이다.
② 인플레이션 헤징 효과가 있는 대표적은 투자상품이다.
③ 주식, 채권 등의 전통적인 투자자산과 상관관계가 높아 분산투자 효과가 높은 편이다.
④ 채권보다는 수익성이 높고 주식보다는 위험이 적다.

87 부동산에 대한 사모투자의 특성이다. 가장 거리가 먼 것은?

① 상장의무가 면제된다.
② 공모투자에 비해서 유동성이 낮다.
③ 공모투자에 비해서 수익성이 높다.
④ 투자자 요구사항에 따른 계약조건이나 상품구조의 변경이 쉽지 않다.

88 부동산에 대한 Equity투자(실물매입형)와 가장 가까운 부동산집합투자기구의 유형은?

① 대출형부동산집합투자기구
② 권리형부동산집합투자기구
③ 임대형부동산집합투자기구
④ 개발형부동산집합투자기구

89 부동산투자회사(REITs)에 대한 설명이다. 틀린 것은?

① 자본시장법이 아닌 부동산투자회사법의 규제를 받는다.
② REITs 중에서 유일하게 실체가 있는 회사는 자기관리리츠이다.
③ 최소자본금은 자기관리, 위탁관리, 기업구조조정의 3가지 유형 모두 50억원이다.
④ 실물부동산을 매입한 후 1년 이내에는 처분이 제한되는데, 기업구조조정 리츠에서는 예외가 적용된다.

90 다음 중 실물형부동산집합투자기구에 속하는 것은?

① 대출형부동산펀드
② 개량형부동산펀드
③ 증권형부동산펀드
④ 권리형부동산펀드

91 프로젝트 파이낸싱(Project Financing)에 대한 설명이다. 가장 거리가 먼 것은?

① 기존의 기업금융방식(담보대출방식)에 비해 자금의 공급규모가 크다.
② 비소구금융의 성격이 있다.
③ 부외금융(off balance)의 성격이 있다.
④ 출자방식과 대출방식이 있는데, 우리나라는 대부분 출자방식으로 시행법인에게 PF를 제공한다.

92 민법 상 물권 중에서 담보물권에 해당하는 것은?

① 저당권
② 지상권
③ 지역권
④ 전세권

93 대출형부동산펀드가 대출채권에 대한 신용보강을 하는 수단 중 시공사를 통한 신용보강수단이 아닌 것은?

① 사업부지에 대한 담보권 설정
② 책임준공 확약
③ 지급보증
④ 채무인수

94 다음 설명 중에서 가장 적절하지 않은 것은?

① 대출형부동산펀드는 절대 차입위험에 노출되지 않는다.
② 임대형부동산펀드는 인허가위험에 노출되지 않는다.
③ 개발형부동산펀드는 부동산펀드가 부동산개발사업을 영위하는 시행법인에게 자금을 지원하는 펀드이다.
④ 대출형부동산펀드는 시공사의 신용평가등급이 BBB(−) 이상을 요구하고 있지만, 시장상황에 따라 더 높은 신용등급을 요구하기도 한다.

95 임대형부동산펀드에 대한 설명이다. 가장 적절하지 않은 것은?

① 사전에 사업계획서를 작성하여 해당 사업계획서가 적정한지 감정평가업자의 확인을 받고 인터넷 홈페이지에 공시한다.
② 공실률 증가위험이 가장 큰 위험이다.
③ 임대료 외에도 기타소득을 확보할 수 있는데, 기타 소득 중에서는 관리비의 비중이 가장 높다.
④ buy & lease 방식의 운용이라고 할 수 있다.

96 경공매형의 주요검점사항 중 보기의 내용과 가장 관련이 깊은 점검사항은 무엇인가?

> 경공매형부동산펀드는 사전불특정형 방식(blind-방식)으로 운용된다.

① 부동산 운용전문인력의 전문성 보유
② 경공매형부동산펀드 규모의 적정성 여부
③ 체계적이고 투명한 펀드운용 가능성 여부
④ 펀드 관련비용의 적정성 여부

97 수익형부동산의 가치분석방법에 있어서 보기의 내용이 해당하는 것은?

> • 부동산의 신규가치는 투입된 비용과 일치한다는 논리이다.
> • 부동산의 가치는 기존건물을 완공하는데 투입되는 신규비용에서 그동안 경과기간에 대한 감가상각액을 차감하여 구한다.

① 시장접근법
② 매매사례비교법
③ 비용접근법
④ 소득접근법

98 부동산의 전통적인 투자전략(4가지) 중에서 보기에 해당하는 것은?

> 개발되지 않은 토지에 투자하여 개발하거나 저평가된 시장이나 교통이 덜 발달된 지역의 토지 등에 투자한다.

① 핵심전략(Core 전략)
② 핵심플러스전략(Core Plus 전략)
③ 가치부가전략(Value-added 전략)
④ 기회추구전략(Opportunitic 전략)

99 보기의 내용에 가장 부합하는 투자는?

> 프로젝트 파이낸싱에 있어서 중순위나 후순위로 투자하는 대출형펀드의 경우, 수익은 제한적인데 위험은 지분투자와 같은 수준을 감수하는 경우도 종종 발견된다.

① 고위험 · 고수익 투자
② 중위험 · 중수익 투자
③ 중위험 · 고수익 투자
④ 중수익 · 고위험 투자

100 다음 설명 중 가장 거리가 먼 것은?

① 자산운용사에 대한 시장평판을 고려할 때는, 일반적으로 대중에게 알려진 내용보다는 부동산관련업계에서의 평판이 중요하다.
② 판매보수는 순자산가액을 기준으로, 운용보수는 자산총액을 기준으로 부과하는 것이 일반적이다.
③ 거래소시장에서 상장되어 거래되는 공모형부동산펀드의 경우, 상장시장에서의 거래가격은 부동산의 순자산가치에 비해 할인되어 거래된다.
④ 공모형부동산펀드를 매입하고자 할 경우에는 발행시장에서 매입하는 것이 유리하다.

1 펀드투자

01	02	03	04	05	06	07	08	09	10
①	②	②	③	③	④	③	②	②	①
11	12	13	14	15	16	17	18	19	20
③	④	②	③	②	④	④	④	④	①
21	22	23	24	25	26	27	28	29	30
②	④	①	①	③	④	③	②	②	②
31	32	33	34	35					
④	②	①	③	③					

2 투자권유

36	37	38	39	40	41	42	43	44	45
②	①	③	①	②	③	②	①	②	③
46	47	48	49	50	51	52	53	54	55
③	③	②	②	④	③	①	④	④	②
56	57	58	59	60	61	62	63	64	65
④	②	①	③	③	③	③	①	②	④
66	67	68	69	70	71	72	73	74	75
④	②	③	②	③	③	③	③	④	④
76	77	78	79	80					
④	②	②	③	③					

3 부동산펀드

81	82	83	84	85	86	87	88	89	90
②	③	④	②	④	③	④	③	③	②
91	92	93	94	95	96	97	98	99	100
④	①	①	③	①	③	③	④	④	④

01 정답 ①

결국 수익자총회의 결의요건을 묻는 문제이다. 법정 결의사항이며 수익자총회이므로 **출석과반수 & 전체 1/4이** **상의 수로 의결할 수 있다.**

※ 간주의결권을 행사하기 위해서는 수익자가 의결권을 행사하지 않고, 의결권을 행사한 수가 전체의 1/10 이상 이어야 한다.

※ 수익자총회 결의요건

구 분	수익자총회	연기수익자총회
법정 결의사항	출석과반 & 전체 1/4	출석과반 & 전체 1/8
신탁계약으로 정한 결의사항	출석과반 & 전체 1/5	출석과반 & 전체 1/10

02 정답 ②

투자합자회사와 투자합자조합의 경우 무한책임을 지는 사원(조합원)과 유한책임을 지는 사원(조합원)으로 구성 되는데, 무한책임을 지는 자에게 더 많은 배당을 할 수 있다.

※ 단, 손실배분에 있어서는 차등적용을 할 수 없다.

03 정답 ②

타 MMF를 매입할 수 있다.

③ : MMF의 환매조건부채권 매매

환매조건부 매도	환매조건부 매수
증권총액의 5% 한도	펀드재산의 10% 이상

04 정답 ③

MMF판매회사는 MMF판매총액의 5%와 100억원 중 큰 금액의 범위 내에서 투자자의 환매청구에 응할 수 있다.

※ Max(4천억원 × 5%, 100억원) = Max(200억원, 100억원) = 200억원

05 정답 ③

펀드재산의 50%를 초과하여 외화자산에 투자하는 경우, 그리고 펀드재산의 10%를 초과하여 시장성 없는 자산 **에 투자하는 경우 → 환매연기사유이다.**

※ 펀드재산의 20%를 초과하여 시장성 없는 자산에 투자하는 경우 → 환매금지형 설정사유

06 정답 ④

공모대상은 재(子)집합투자기구이다.

07 정답 ③

동일 종목은 30%, 동일 법인이 발행한 지분증권은 20%가 투자한도이다.

08 정답 ②

단위형, 개방형이다.

※ 장외파생상품펀드가 단위형, 개방형으로 설정하는 이유
 • 단위형 : 투자일자가 달라질 경우 수익구조가 바뀌는 것이 일반적이므로 기간을 정하는 단위형으로 한다.
 • 개방형 : 단위형은 곧 폐쇄형이 되는 것이 일반적이나, 마케팅의 용이성과 상장의무를 회피하기 위해서 개방형으로 설정한다.
 * 단, 높은 환매수수료를 부과하여 개방형에서의 환매청구를 최소화하고 있다.

09 정답 ②

대부분은 모집식이다.

※ 펀드의 분류(윗줄이 대부분의 펀드에 해당됨)

개방형	추가형	증권형	비상장형	모집식
폐쇄형	단위형	파생형	상장형	매출식

10 정답 ①

글로벌투자펀드는 주로 선진시장에 투자하여 안정적인 수익을 목표로 하는 펀드이다.

※ 글로벌펀드는 저위험수익. 개별국가펀드는 고위험 고수익이라 할 수 있다.

※ 프런티어마켓의 경우 기대수익률은 높지만, 정치적 위험도 따르고 제도적인 제한도 많다.

11 정답 ③

지상권, 지역권, 전세권, 임차권, 분양권 등에 투자하는 부동산펀드는 '권리형부동산펀드'이다.

12 정답 ④

④는 특별자산에 해당되지만 **100% 투자대상**은 아니다.

※ 특별자산펀드의 100% 투자대상
 • 사회기반시설사업의 시행을 목적으로 하는 법인이 발행한 증권
 • 특별자산 투자목적회사가 발생한 지분증권

13 정답 ②

신탁에서 집합운용은 원칙적으로 금지된다. 즉 불특정금전신탁의 합동운용은 금지되지만, 유일하게 연금신탁에 대해서는 예외가 인정된다.

④ 신탁재산의 독립성으로 인해 신탁재산에 대해서는 강제집행이 불가하다. 그러나 신탁설정 전에 이미 저당권이 설정된 경우 등 신탁 전의 원인으로 발생한 권리 또는 신탁사무의 처리 상 발생한 권리에 대해서는 강제집행이 인정된다.

14 정답 ③

차입을 목적으로 하는 것은 부동산담보신탁이다.

15 정답 ②

②는 **비지정형 금전신탁**에 적용된다.

16　정답 ④

재무목표 → 투자 목표(재무목표가 선행되어야 한다).

17　정답 ④

자산군이 광범위할수록(대부분을 커버), 분산 투자의 기회가 더 많아진다는 의미이다. 이를 포괄성이라고도 한다.

18　정답 ④

인플레이션이 진행되면 투자자산에 투자하는 것이 옳다. 이자지급형자산은 인플레헤지 기능이 없어 인플레가 진행되면 실질구매력이 감소하게 된다.

19　정답 ④

시장공동예측치 사용법은 **시장참여자 간에 공통적으로 가지고 있는 미래수익률에 대한 추정치를 사용하는 방법**을 말한다(쉽게 말하면 공인된 이론을 통해 기대수익률을 추정하는 방법이라 할 수 있다).

20　정답 ①

시나리오 분석법이다.
$(50\% \times 0.3) + (20\% \times 0.5) + (-40\% \times 0.2) = 17\%$

21　정답 ②

6개월–1개월이다.

22　정답 ④

중도현금흐름이 재투자되는 경우에는 **기하평균수익률**이라 한다.

23　정답 ①

각 자산이 시장에서 차지하는 시가총액의 비율과 동일하게 포트폴리오를 구성하는 방법이다. 단, 소규모 자금의 경우 적합하지 않다.

24　정답 ①

효율적 투자기회선과 각 투자자의 효용함수의 접점이 최적포트폴리오(또는 최적증권)rk 된다. 이렇게 투자하는 방식을 **위험–수익 최적화 방법**이라 하며, 이는 전략적 자산배분에 속한다.
※ 기대수익과 위험을 알게 되면 → 지배원리 작동 → 효율적 투자기회선(또는 효율적 프런티어) 도출

25　정답 ③

평균반전현상(mean–reverting현상)은 단기적으로 가격착오현상이 발생하지만 장기적으로는 평균으로 수렴한다.
※ 전술적 자산배분의 실행도구에는 **가치평가모형, 기술적 분석, 포뮬러플랜**이 있다.

26　정답 ④

④는 펀드관점의 성과평가 대상이다.

27 정답 ③

성과요인 분석은 정성평가이다.

※ 정량평가 : 수익률측정, 위험측정, 위험조정성과측정, 등급부여(rating)

※ 정성평가 : 성과요인 분석, 포트폴리오 분석, 운용회사

※ 질적평가 : 성과요인은 시장예측능력과 종목선택능력으로 구분된다.

28 정답 ②

합성지수는 2개 이상의 벤치마크를 합성한 것인데, 이는 혼합형집합투자기구의 벤치마크에 부합한다.

29 정답 ②

대표계정의 오류, 운용사그룹수익률이다.

cf. 생존계정의 오류 : 성과가 나빠서 운용이 중단된 집합투자기구 등을 제외하고 현재시점에서 존재하는 집합투자기구만을 대상으로 평가함으로써, 부실한 운용으로 고객이탈이 많은 운용회사의 성과가 상대적으로 높게 표시되는 오류이다.

30 정답 ②

㉠, ㉡ : 절대적지표, ㉢, ㉣ : 상대적지표

31 정답 ④

추적오차(tracking error), 잔차위험을 말한다.

32 정답 ②

표준편차 위험 → 베타 위험

33 정답 ①

(1) 정보비율 $= \dfrac{20\% - 10\%}{20\%} = 0.5$

(2) 0.5 이상 : 우수, 0.75 이상 : 매우 우수, 1.0 이상 : 탁월

34 정답 ③

스타일 분석은 **포트폴리오 분석 단계**에 속한다.

※ 스타일 분석은 사전적으로는 수익률이 좋은 펀드를 고르는 판단요소가 되며, 사후적으로는 펀드의 성과원인을 적절하게 설명하는 역할을 한다.

35 정답 ③

포트폴리오 분석을 말한다. 포트폴리오 분석은 결과물이 아닌 포트폴리오 자체의 특성을 분석하는 정성평가에 속한다.

36 정답 ②

환매연기를 결정한 날로부터 6주 이내로 수익자총회에서 의결한다.

※ 반대수익자의 수익자 매수청구권 : 서면으로 통지하여 행사한다.

37 정답 ①

신탁계약으로 정한 의결사항은 법정 결의사항이 아니므로 더 완화된 요건이 적용된다.

구 분	수익자총회	연기수익자총회
법정 결의사항	출석과반 & 전체 1/4	출석과반 & 전체 1/8
신탁계약으로 정한 결의사항	출석과반 & 전체 1/5	출석과반 & 전체 1/10

38 정답 ③

③에서 설명의무는 **일반투자자가 이해할 수 있도록** 이행해야 하므로, 일반투자자 이해수준에 따라 설명의 정도를 달리할 수 있다.

①, ②, ④는 투자권유대행인의 금지행위이다.

39 정답 ①

①은 반드시 포함시켜야 할 사항이다.

※ 집합투자증권 광고 시 반드시 포함시켜야 할 사항
• 집합투자증권 취득 전에 투자설명서 또는 간이투자설명서를 읽어볼 것을 권고하는 내용
• 투자원금 손실가능성 및 손실의 투자자귀속 사실
• 과거 운용실적이 미래 수익률을 보장하지 않는다는 사실

40 정답 ②

구 분	판매수수료	판매보수	환매수수료
부담주체	투자자	집합투자기구	투자자
귀 속	판매회사	판매회사	집합투자기구

41 정답 ③

10%를 초과할 수 없다.

42 정답 ②

환매조건부 매수가 아니라 매도이다. 환매조건부 매도는 실질적으로 차입과 동일하므로 제한적으로(5%) 허용한다(cf. 환매조건부 매수는 운용대상으로서 10% 이상 매입할 수 있음).

43 정답 ①

모두 맞는 내용이다.

44 정답 ②

가, 라는 법정해지, 나, 다는 임의해지 사항이다.

※ 임의해지 : 임.동.환

45 정답 ③

외국집합투자증권을 공모할 경우 증권신고서를 제출해야 한다(외국집합투자증권에도 대부분의 규정이 동일하게 적용됨).

46 정답 ③

이 경우, **부적합 금융투자상품 거래확인서**의 확인을 받은 후 판매지속 또는 판매를 중단한다.

47 정답 ③

목적식 저축 중에서 정액적립식 저축에 해당된다.

48 정답 ②

① 중도 종료나 연장, 증액이나 감액 모두 가능하다.

③ 임의식과 적립식의 혼합은 목표식이다.

④ 반기종료 후 20일까지 통지한다.

49 정답 ②

만료되는 날의 다음 영업일을 만기지급일로 한다.

※ ③의 경우 : 최초매수일(8월 10일)로부터 계산하여 저축기간이 만료되는 날(8월 14일)의 다음 영업일은 8월 15일이지만, 8월 15일이 광복절 휴일이므로 이 날은 제외하고 그 다음날인 8월 16일이 만기지급일이 된다.

50 정답 ④

연 2회에 한해서 환매수수료를 면제한다.

51 정답 ③

$$\frac{6,000,000}{1,130} \times 1,000 = 5,309,734.5,$$

그런데, 좌수절상이므로 5,309,735좌가 된다.

52 정답 ①

환매조건부채권의 매매차익만 이자소득에 해당된다.

ⓒ 비영업대금의 이익은 이자소득, 영업대금의 이익은 사업소득이다.

ⓒ 보장성보험의 보험차익은 비열거소득으로 비과세(저축성보험의 보험차익이 이자소득).

ⓒ 양도소득세 부과

53 정답 ④

①, ②, ③은 양도소득세, ④는 비열거소득으로 비과세이다.

※ 상장채권의 매매차익은 직접투자 시 비과세이나, 간접 투자(펀드투자)시에는 과세된다.

54 정답 ④

3개월 이내의 특정일을 정하여 과세한다.

①에서 세제적격이라면 무조건 배당소득세로 과세한다.

55 정답 ②

거주자의 소득은 종합소득, 양도소득, 퇴직소득으로 분류된다.

※ 종합소득 : 이자소득, 배당소득, 근로소득, 사업소득, 연금소득, 기타소득(이 중에서 이자소득과 배당소득을 금융소득이라 한다)

※ 종합소득은 종합과세 대상이며, 양도소득과 퇴직소득은 분류과세 대상이다.

56 정답 ④

④는 목적론설에 해당된다.

57 정답 ②

㉠, ㉡ : 고객에 대한 의무, ㉢ : 본인에 대한 의무, ㉣ : 사회에 대한 의무

58 정답 ①

선량한 관리자로서의 주의의무(선관주의의무), 전문가로서의 주의의무이다.

59 정답 ③

③은 **금융소비자보호 전담부서**의 업무이다.

※ 민원과 관련된 업무의 구분

민원접수 및 처리에 관한 관리감독업무(CCO) → 접수된 민원에 대한 **민원업무의 분석·평가업무**(금융소비자보호 전담부서) → 민원을 분석한 결과, 관련부서와의 협의(금융소비자보호 협의회)

60 정답 ③

ELT는 ELS가 포함된 신탁으로서 **파생상품 등**으로 간주하며 파생상품권유자문인력 자격이 있어야만 권유가 가능하다(**금융소비자 보호 의무 → 상품 판매 이전 단계**에 속함).

※ ELB는 원금보장형 파생결합증권으로 자본시장법 상 채무증권에 해당되어 증권투자자문인력이 권유할 수 있다(CP, RP도 채무상품으로 분류). CMA는 RP나 MMF에 투자되는 투자형 상품으로 역시 증권투자자문인력이 권유할 수 있다.

61 정답 ③

③은 예외적으로 허용된다.

※ 손실보전금지의 예외사항

• 회사가 자신의 위법 행위 여부가 불명확한 경우 사적화해의 수단으로 손실을 보상하는 행위

• 회사의 위법행위로 인하여 손해를 배상하는 행위

• 분쟁조정 또는 재판상의 화해절차에 따라 손실을 보상하거나 손해를 배상하는 행위

62 정답 ③

③은 제공 및 수령이 가능한 경우이다.

※ 금품수수 금지대상(부당한 재산상의 이익) : 위의 ①, ②, ④에 추가하여,
- 재산 상 이익의 제공 및 수령조건이 비정상적인 조건의 금융투자상품 매매거래, 신탁계약의 체결 등으로 이루어지는 경우
- 거래상대방에게 금전, 상품권, 금융투자상품을 제공한 경우(단, 문화활동에 사용되는 상품권은 예외가 인정됨)
- 재산 상 이익의 제공 및 수령이 위법이나 부당행위의 은닉 또는 그 대가를 목적으로 하는 경우
- 금융투자상품 및 경제정보 등과 관련된 전산기기의 구입이나 통신서비스 이용에 소요되는 비용을 제공하거나 제공받는 경우

63 정답 ①

대외활동을 하기 위한 사전승인절차는 준법감시인 뿐 아니라 대표이사, 소속부점장으로부터도 받을 수 있다. ④에서 **기술적 분석에 따른 투자권유**는 사전승인을 받지 않아도 게시할 수 있음에 유의하도록 한다.

64 정답 ②

선임 시 이사회 과반 이상의 찬성으로, 해임 시에는 이사회 2/3의 찬성이 요구된다.

65 정답 ④

④는 **3천만원 이하의 과태료**가 부과되는 대상이다.

※ 1억원 이하의 과태료가 부과되는 대상 : 위의 ①, ②, ③에 추가하여 아래가 있다.
- 이사회결의를 거치지 않고 준법감시인을 임면한 경우

※ 3천만원 이하의 과태료가 부과되는 대상 : 위의 ④에 추가하여 아래가 있다.
- 준법감시인의 임면사실을 금융위원회에 보고하지 않은 경우
- 준법감시인에 대한 별도의 보수기준 및 평가기준을 마련하지 않은 경우

66 정답 ④

①, ②, ③은 회사에 대한 신임의무의 이행에 해당된다.

④ 주주는 회사의 범주를 벗어난 개념이다. 금융투자회사 표준윤리준칙에서는 주주가치 제고를 **사회에 대한 의무**로 분류하고 있다.

67 정답 ②

회원사에 대한 제재(회원사 제명, 회원사임직원에 대한 제재권고)는 자율규제기관(금융투자협회)의 제재사항이다.

68 정답 ③

직접적 확인 → 간접적 확인

69 정답 ②

30일, 60일, 30일, 60일이다. 만일 금융분쟁조정위원회가 아니라 **분쟁조조정위원회(협회)**일 경우는 30일, 60일, 30일, 30일이다.

70 정답 ③

부당권유에 해당된다.

71 정답 ③

원금손실가능성, 투자에 따른 손익이 투자자에게 귀속된다는 사실 등의 투자 유의사항은 투자권유불원고객이라도 알려야 한다.

72 정답 ③

혼합방식을 말한다.

73 정답 ③

위험회피 − 적립식 − 완화된이다.

74 정답 ④

환위험 헤지는 환율변동 위험을 완전하게 제거하는 것이 아니라, 결제시점을 환율의 계약체결시점에서 미리 정함으로써 추가적인 환율변동 위험에 노출되지 않고자 하는 것을 말한다.

75 정답 ④

해외투자채권펀드는 중위험등급의 상품이므로 안정추구형 투자자에게 권유할 수 없다.

76 정답 ④

채권혼합형펀드는 중위험등급의 상품이므로 **공격투자형−적극투자형−위험중립형** 투자자까지 권유할 수 있다. 안정추구형 투자자에게는 본인에 적합한 위험등급을 초과하는 상품이므로 권유할 수 없다.

77 정답 ②

①, ③, ④는 초고위험등급의 상품이므로 **공격투자형** 투자자에게만 권유할 수 있다.

78 정답 ②

우리나라는 현재 고령화사회(aging society)로 본다(2013년부터 진입). 고령사회(aged society)는 2020년에 진입할 것으로 예상한다. 초고령사회(super aging society)는 2030년에 진입할 것으로 예상한다.

79 정답 ③

다양한 재무목표가 있을 경우 우선순위를 정한다.

80 정답 ③

변동금리 → 확정금리 또는 실세금리연동형

81 정답 ②
(1) 개발형은 법인격이 있으면서 유한책임을 지는 법적형태가 적합하다. → 부동산투자회사, 부동산투자유한 회사
(2) 공모형으로써 상장의무가 부과되는 법적 형태 → 부동산투자신탁, 부동산투자회사
(3) 두 요건을 모두 충족하는 법적형태는 **부동산투자회사**이다.

82 정답 ③
우체국금융으로부터 차입은 불가하다(우체국은 대출영업을 하지 않음). 그리고 신용협동기구로부터 차입이 불가하다(신용협동기구 : 신협, 새마을금고, 농수협단위조합).

83 정답 ④
④는 100% 투자대상이 아니다. 부동산펀드가 공사모 구분없이 펀드재산의 100%를 투자할 수 있는 대상은 **부동산개발회사가 발행한 증권(①), 부동산투자목적회사가 발행한 지분증권(②), 주택저당증권(③)**이다.

84 정답 ②
차례대로 1년, 200%, 400%, 7일이다.

85 정답 ④
④는 공정가액을 말한다.

86 정답 ③
상관관계가 낮아서 분산투자 효과가 높은 편이다.
①과 ④는 같은 의미이다.

87 정답 ④
공모펀드는 계약조건의 변경 등이 쉽지 않지만, 사모펀드는 가능하다(신속하고 유연한 대처가 가능함).

88 정답 ③
※ debt투자와 equity투자

Debt투자	Equity투자(실물매입형)	Equity투자(개발형)
대출형부동산펀드	임대형부동산펀드	개발형부동산펀드

89 정답 ③
최소자본금은 위탁관리 리츠와 기업구조조정 리츠는 50억원, 자기관리 리츠는 70억원이다.

90 정답 ②
실물형부동산펀드에는 **임대형, 개량형, 경공매형, 개발형**이 있다(매매형을 포함하기도 함).

91 정답 ④

우리나라는 대부분 대출방식(Debt financing)으로 PF에 투자한다.

92 정답 ①

※ 제한물권의 종류

용익물권	담보물권
지상권, 지역권, 전세권	유치권, 질권, 저당권

93 정답 ①

사업부지에 대한 담보권 설정은 시행사를 통한 신용보강수단이다.

※ 사업부지매입은 시행사가 하는 것이며, 따라서 시행사에게 사업부지에 대한 담보권설정을 요구한다.

※ ②, ③, ④는 모두 시공사를 통한 신용보강수단이다. 시공사(건설사)의 책임준공확약, 지급보증, 채무인수는 PF참여자를 유인할 수 있는 중요한 신용보강수단이다.

94 정답 ③

개발형부동산펀드는 부동산펀드가 직접개발사업을 영위하는 것을 말한다. 개발사업을 영위하는 시행법인(시행사)에게 대출을 하는 펀드는 대출형부동산펀드이다.

95 정답 ①

사업계획서는 개발형 펀드에 해당하는 내용이다.

96 정답 ③

경공매형은 사전불특정형으로 운용되므로, 사전적으로 모집한 펀드자금을 운용함에 있어서 체계적이고 투명하게 운용할 수 있는 운용프로세스 및 운용매뉴얼이 중요하다.

97 정답 ③

비용접근법을 말한다.

※ 수익형부동산 가치분석 방법(시비수/매원수)

시장접근법	비용접근법	수익접근법
매매사례비교법	원가방식	수익환원법

98 정답 ④

개량과 재개발은 가치부가전략, 개발사업은 기회추구전략이다.

99 정답 ④

보기는 투자에 있어 최악이라고 볼 수 있다. 수익은 중수익인데 위험은 고위험이다. 즉 **중수익·고위험**투자에 해당한다. 프로젝트 파이낸싱에 투자하는 대출형펀드에서 이런 경우가 종종 발견된다(그만큼 PF에 투자할 때 조심해야 할 부분이 많다는 의미).

100 정답 ④

공모형부동산펀드의 상장가격은 순자산가치에 비해 할인되어 거래되므로, 매입관점에서는 발행시장보다는 유통시장에서 매입하는 것이 유리하다.

여기서 멈출 거예요? 고지가 바로 눈앞에 있어요.
마지막 한 걸음까지 시대에듀가 함께할게요!

적격성 인증시험
합격의 공식

(주)시대고시기획과 함께라면 증권투자권유자문인력, 펀드투자권유자문인력도 무조건 합격!

증권투자권유자문인력
한권으로 끝내기

핵심개념부터 실전까지 단기완성

POINT 1 합격률을 높이는 시험장용
        '핵심요약' 수록

POINT 2 핵심유형문제 + 보충문제 +
        출제예상문제

POINT 3 최종모의고사 2회분 수록

펀드투자권유자문인력
한권으로 끝내기

핵심개념부터 실전까지 단기완성

POINT 1 합격률을 높이는 빈출개념
        '워밍업' 수록

POINT 2 핵심유형문제 + 보충문제 +
        출제예상문제

POINT 3 최종모의고사 2회분 수록

(주)시대고시기획 도서는 독자님의 꿈을 향한 날개가 되겠습니다.

경제 · 경영 입문부터 실전까지 완성하기

 완성

매경 TEST 600점 뛰어넘기
차별화된 문제와 해설을 담은 고득점 공략서로 집중훈련 후
마스터하기

실전

매경 TEST 한권으로 끝내기
시험의 중요개념과 핵심이론을 담은 실전형 기본서로 실력 탄탄히 쌓기

입문

첫 술부터 배부른 경제학 뚝딱 레시피
경제공부! 이제 막 배움을 시작했거나 시작할 엄두가 나지 않는
사람들을 위한 가장 쉬운 경제 기초 입문서

경제 · 경영의 통합적인 이해력을 공식적으로 측정할 수 있는 매경 TEST
시대고시와 함께 준비하세요!

시대북 통합서비스 앱 안내

연간 1,500여 종의 수험서와 실용서를 출간하는 시대고시기획, 시대교육, 시대인에서
출간 도서 구매 고객에 대하여 도서와 관련한 "실시간 푸시 알림" 앱 서비스를 개시합니다.

이제 시험정보와 함께 도서와 관련한 다양한 서비스를
스마트폰에서 실시간으로 받을 수 있습니다.

⏍ 사용방법 안내

1. 메인 및 설정화면

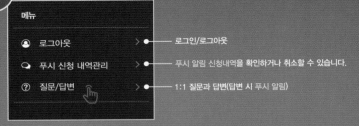

메뉴		
👤 로그아웃	>	로그인/로그아웃
🔍 푸시 신청 내역관리	>	푸시 알림 신청내역을 확인하거나 취소할 수 있습니다.
⏍ 질문/답변	>	1:1 질문과 답변(답변 시 푸시 알림)

2. 도서별 세부 서비스 신청화면

메인의 "도서명으로 찾기" 또는 "ISBN으로 찾기"로 도서를 검색, 선택하면
원하는 서비스를 신청할 수 있습니다.

| 제공 서비스 |

- 최신 이슈&상식 : 최신 이슈와 상식(주 1회)
- 뉴스로 배우는 필수 한자성어 : 시사 뉴스로 배우기 쉬운 한자성어(주 1회)
- 정오표 : 수험서 관련 정오 자료 업로드 시
- MP3 파일 : 어학 및 강의 관련 MP3 파일 업로드 시
- 시험일정 : 수험서 관련 시험 일정이 공고되고 게시될 때
- 기출문제 : 수험서 관련 기출문제가 게시될 때
- 도서업데이트 : 도서 부가 자료가 파일로 제공되어 게시될 때
- 개정법령 : 수험서 관련 법령이 개정되어 게시될 때
- 동영상강의 : 도서와 관련한 동영상강의 제공, 변경 정보가 발생한 경우

* 향후 서비스 자동 알림 신청 : 추가된 서비스에 대한 알림을 자동으로
발송해 드립니다.

* 질문과 답변 서비스 : 도서와 동영상강의 등에 대한 1:1 고객상담

⏍ 앱 설치방법   ▶ Google Play   📲 App Store

← 시대에듀로 검색   🎤

🎧 [고객센터]

1:1문의 http://www.sdedu.co.kr/cs

대표전화 1600-3600